Petra Schönemann-Behrens

Alfred H. Fried
Friedensaktivist – Nobelpreisträger

Erste Auflage 2011

info@roemerhof-verlag.ch
www.roemerhof-verlag.ch

Druck und Bindung: Books on Demand GmbH, Norderstedt
Papier: Cremeweiss, 90 g/m²

ISBN 978-3-905894-10-3

Inhalt

ANHANG

Für meinen Mann Uwe,
meine Freundin Trude Simonsohn
und alle, die niemals aufgeben

Einleitung

Die Idee zu diesem Buch entstand bereits 1984 während meiner Magisterarbeit über den Roman »Die Waffen nieder!« von Bertha von Suttner. Bei den Hintergrundrecherchen zum Leben und Wirken der Suttner stieß ich immer wieder auf den Namen Alfred Hermann Fried, der einmal als ihr Sekretär, gelegentlich als gleichberechtigter oder gar führender Mitstreiter, dann wieder als eine Art Gegenpart dargestellt wurde.

Obwohl ich in den nächsten Jahren nicht weiter recherchierte, verfolgte ich den Buchmarkt in der Erwartung, die große Popularität Bertha von Suttners und friedenspolitischer Themen, die die 1980er Jahre durchzog, werde über kurz oder lang auch zu einer ausführlichen Biographie Frieds führen. Meine Erwartungen wurden jedoch enttäuscht. Während neben den bereits vorhandenen Biographien über Georg Friedrich Nicolai[1], Ludwig Quidde[2] und Baron d'Estournelles de Constant[3] neue Werke über Bertha von Suttner[4], Otto Umfrid[5] und Harry Graf Kessler[6] erschienen, blieb es um Fried weitgehend still. 1987 kam mir neben den älteren Aufsätzen von Hans Wehberg[7] und der biographisch leider wertlosen Arbeit von Doris Dauber[8] lediglich eine kurze biographische Skizze von Dieter Riesenberger aus dem Sammelband »Wider den Krieg« in die Hände.[9] Ein Jahr später erschien eine Kurzbiographie Frieds von Wolfgang Stenke[10] in der Nobelpreis-Edition von Michael Neumann. Dann jedoch nichts mehr.[11]

Noch immer gehörte Fried zu den »disappeared people«, von denen Sandi E. Cooper 1991 in ihrem Werk »Patriotic Pacifism« spricht, zu den »unsatisfactory stick figures or disembodied spirits«.[12] Um das zu ändern, begann ich schließlich 1999 selbst zu recherchieren und reichte meine Ergebnisse fünf Jahre später als historisch-biographische Dissertation an der Universität Bremen ein.

Warum gerade Alfred H. Fried besonderes Interesse verdient, erklärt sich aus der Tatsache, dass kaum ein Buch über den deutschen Pazifismus der Kaiserzeit ohne Zitate aus seinen Werken auskommt und die Beschäftigung mit den Absichten und Zielen des Pazifismus dieser Jahrzehnte immer auch eine Beschäftigung mit den Theorien Frieds darstellt. Dass er scheinbar als führender Pazifist des deutschsprachigen Raums anerkannt war und doch nie eine führende Position in der Deutschen Friedensgesellschaft bekleidete, macht die Frage nach der Persönlichkeit Frieds und ihrem Werdegang umso interessanter.

Dieses Buch soll den Lebensweg Alfred H. Frieds von den familiären Wurzeln im liberalen jüdischen Bürgertum Ungarns, über die ersten Erfahrungen in Schule und Ausbildung, die Zeit der vergeblichen Etablierungsversuche als Verleger und Journalist in Berlin, die nur allmählich gelingende Konsolidierung in Wien und die exponierte Zeit im Schweizer Exil bis hin zu seinem Tod im Nachkriegs-Wien so genau wie möglich nachzeichnen.

Fried, ältester Sohn einer verarmten jüdischen Familie und auf dem Gymnasium gescheitert, war fleißig und ehrgeizig, doch zugleich auch sehr temperamentvoll und nur wenig anpassungsfähig. Erst kurz vor dem 1. Weltkrieg, mit weit über 40 Jahren, gelang ihm der ersehnte gesellschaftliche Aufstieg. Doch der Ausbruch des Krieges machte alle Hoffnungen zunichte und drängte Fried als Emigrant in die Schweiz. Als er nach dem Krieg, verarmt und innerlich wie äußerlich heimatlos, im Wiener Rudolfspital starb, schien seine Arbeit vergeblich und die Welt von seinen Ideen und Vorstellungen weiter entfernt zu sein denn je.

Einige wenige bewahrten auch in der turbulenten Weimarer Zeit sein Andenken, doch spätestens mit der Zäsur des 2. Weltkrieges und dem Beginn des Kalten Krieges in den 1950er Jahren schienen seine Ideen gänzlich an Aktualität verloren zu haben.

Heute jedoch zeigt sich ein anderes Bild, das viele der von seinen Zeitgenossen belächelten und für unerreichbar gehaltenen Visionen Frieds mit Leben erfüllt. Das wirtschaftliche und allmählich auch politische Zusammenwachsen Europas, das mit einer Verkleinerung und Umbewertung der Heere einhergeht, kommt Frieds Vorstellungen von der Entwicklung Europas erstaunlich nahe. Ebenso ist die von ihm immer wieder geforderte Verwissenschaftlichung der Friedensidee nicht nur in der Entwicklung der Völkerrechtswissenschaft Wirklichkeit geworden, sondern seit den 1970er Jahren vor allem auch in der Friedens- und Konfliktforschung und der historischen Friedensforschung, die beide in Fried einen ihrer Ahnherren sehen könnten.[13]

In anderen Bereichen, wie etwa dem von ihm geforderten Friedensjournalismus, oder seinen Bemühungen um die Festlegung und Verbreitung klar definierter Begriffe und Positionen der Friedensgesellschaften und eine verstärkte Medienarbeit, könnte Fried noch heute beispielgebend wirken.

Nicht zuletzt aber ist es die Unbedingtheit, mit der er auch im Krieg seine Meinung gegen eine Welt »im grünen Nebel«[14] vertrat, die ihn in einer langen Kette ebenso mit den Freiheitskämpfern der 1848er Revolution und den Widerstandskämpfern im Nationalsozialismus verbindet, wie mit den in den letzten Jahrzehnten für ihre »andere Meinung« verfolgten Personen und Gruppen. Wenn Sandi Cooper schreibt: »To be a pacifist in the political culture of Wilhelminian Germany was akin to professing communism in Cold War America«, dann erinnert man sich in Deutschland der wiederaufflammenden Diskriminierung der Friedensforen und -gruppen in den 1980er Jahren. Gerade auch in dieser Hinsicht wird und sollte Fried als ein mögliches Vorbild aktuell bleiben.

Auch nach hundert Jahren haben viele der Diskussionen, die die Pazifisten der damaligen Zeit führten, noch immer nichts von ihrer Aktualität verloren. Die Frage der »richtigen« Form und möglicher Einsatzbereiche des deutschen Militärs ist noch ebenso umstritten wie die anzustrebenden Verbesserungen im System der Vereinten Nationen, die Ausgestaltung der europäischen Verfassung oder die immer wieder diskutierte Fragestellung, inwieweit das Postulat der absoluten Gewaltfreiheit für Pazifisten generell verbindlich sein sollte.[15]

Gerade die jüngsten Ereignisse im Nahen Osten haben gezeigt, wie wichtig es ist, dass diese Diskussionen nicht abreißen und nach wirksamen Friedenskonzepten und vor allem wirksamen Mitteln zu ihrer Verbreitung gesucht wird. Denn noch heute gilt, was Fried am 28. Juli 1915 in sein Kriegs-Tagebuch schrieb: »Der Blick in die Vergangenheit bietet uns so viel Schreckliches und Wahnsinniges, dass uns nichts übrig bleibt, als den Blick trostsuchend der Zukunft zuzuwenden. Sie soll uns [...] auch den Verstand bringen, der bislang bei den Regelungen der Weltangelegenheiten gefehlt hat.«[16]

Dr. Petra Schönemann-Behrens
September 2011

1. Kindheit und Jugend

1.1 Die frühen Jahre

»Es lässt sich halt nicht verleugnen, dass ungarisches Blut in deinen Adern rollt«, schreibt Berta Fried am 17.4.1896 an ihren Sohn Alfred nach Berlin.[1] Tatsächlich stammen beide Eltern aus Ungarn. Der Vater, Samuel Fried, geboren am 1833 im ungarischen Szigetvar, geht vermutlich schon vor seiner Heirat als Geschäftsagent nach Wien. Die Mutter, Berta Engel, geboren 1842 in Budapest, entstammt einer liberalen, künstlerisch orientierten, jüdischen Kaufmannsfamilie. Ihr Bruder Moritz wird später in Wien das erfolgreiche »Wiener Salonblatt« gründen, Bruder Sigismund wird Ballettmeister in Schöppenstedt bei Braunschweig.

Bertas jüngere Schwester Katharina (Kathinka), die nach dem Tod der Eltern einige Jahre bei ihrem Bruder Moritz in Wien lebt, lernt während ihrer Ausbildung zur Sängerin am Wiener Burgtheater den Dichter Ludwig Albert Ganghofer[2] kennen und wird 1882 seine Frau.[3] Ein späterer Freund des Paares, der Dichter Vincenz Chiavacci, beschreibt Bertas Schwester in einer Ludwig Ganghofer zum 50. Geburtstag gewidmeten Biographie »als ein zierlich modelliertes, bewegliches Figürchen. Aus dem runden, blühenden Gesichte, unter blonden Flechten, lachten ein Paar heiter glänzende Augen – ganz der Typus der gutgeratenen Wienerin.«[4] Wohl nicht zufällig vergisst der Dichterfreund Katharinas ungarische Herkunft zu erwähnen, ebenso wie ihre jüdische Familie.[5]

Nach der Heirat in Budapest 1863 ziehen Samuel und Berta Fried zusammen mit der Familie Engel nach Wien und lassen sich im Stadtbezirk III (Landstraße) in der Radetzkystraße 4 nieder. Samuel Fried arbeitet zu dieser Zeit als Stroh- und Filzhuthändler und verfügt vermutlich über ein gutes Einkommen. Am 11.11.1864 wird ihr erstes Kind geboren: Alfred Hermann. Berta Fried ist eben 22 Jahre alt geworden, ihr Mann 31. Nach Alfred bringt Berta Fried noch acht weitere Kinder zur Welt, doch er bleibt viele Jahre lang der einzige Sohn: nach Gisela (1865), Pauline (1867), Charlotte (1869) und Betti (1871), bekommt Alfred erst 1873 mit Otto Emil einen Bruder, danach 1876 und 1879 noch zwei weitere: Carl Theodor und David Leopold. Als letztes Kind der Familie kommt 1880, genau am 47. Geburtstag ihres Vaters, Sidonie zur Welt.[6]

Sein ganzes Leben lang wird Alfred Hermann Fried mit seiner Familie eng verbunden bleiben und – als ältester Sohn – schon früh einen Teil der Familiensorgen mittragen müssen. Viele der Geschwister sind krank oder sterben früh: Alfreds kaum ein Jahr jüngere Schwester Gisela wird mit 18 Monaten Opfer einer Gehirnhautentzündung. Charlotte erliegt mit sieben Jahren einer Krankheit, die in den Sterbematrikeln der jüdischen Gemeinde Wiens mit »brandiger Bräune« bezeichnet wird. Schwester Betti stirbt 1885 mit 14 Jahren an einem angeborenen Herzfehler, dessen Folgen die Familie schon in den Jahren zuvor immer wieder in Angst versetzt hatte.[7]

Auch zwei der Brüder sind krank: Carl, der wie Betti an einem Herzfehler leidet, bleibt zeit seines Lebens schwach und kränklich und bis zu seinem Tode 1904 mit 28 Jahren auf die Hilfe und Unterstützung der Familie angewiesen. Leopold leidet an Epilepsie, und auch ihm gelingt es zunächst nur schwer, selbständig Fuß zu fassen. Otto, der zweitälteste Sohn, entpuppt sich schon früh als das schwarze Schaf der Familie. Noch bevor er

20 Jahre alt ist, wird er wegen Diebstahls und Veruntreuung mehrmals zu schweren Kerkerstrafen verurteilt. Besonders für die beiden jüngeren Brüder, aber auch für die anderen Mitglieder der Familie wird Alfred schon lange vor dem Tod des Vaters 1900 in allen Sorgen zum Hauptansprechpartner werden.

Die ersten Jahre seines Lebens verbringt Alfred im Wiener Bezirk Landstraße. Über diese frühe Zeit gibt es nur wenige Informationen, außer seinen posthum veröffentlichten Jugenderinnerungen[8] existiert noch ein unveröffentlichter Erinnerungsartikel seines Jugendfreundes und späteren Rivalen Siegfried Frankl.[9] Die Autorin konnte zudem eine bisher in Privatbesitz befindliche, frühe Fassung der »Jugenderinnerungen« ausfindig machen, die in wichtigen Details weit genauer ist als die veröffentlichte Fassung.[10] Sie ist Teil einer von Fried 1920 geplanten und in Angriff genommenen Autobiographie, die unter dem Titel »Dreißig Jahre Pazifismus« erscheinen sollte und sein Leben ganz unter diesem Aspekt beschreibt. Fried schildert darin, wie er während des deutsch-französischen Krieges mit den Altersgenossen »Preuß und Franzos«[11] spielte, aber auch, dass die Ereignisse im Elternhaus weit weniger enthusiastisch aufgenommen wurden: »Aus den Gesprächen der Erwachsenen und durch Bilder in den illustrierten Zeitschriften drang die Begebenheit bis in mein Kindergemüt. Dass sich dabei Fürchterliches ereignen musste, merkte ich an dem Entsetzen, das die Leute erfüllte, wenn sie sich in meiner Gegenwart Nachrichten darüber mitteilten von dem, was sie gehört oder gelesen.« Und weiter: »Leicht mag dieser erste Eindruck, den ich als Kind da empfangen, maßgebend für mein späteres Denken und Empfinden gewesen sein.«[12]

Zumindest dürften in der liberalen, humanistischen Erziehung im Elternhaus die eigentlichen Wurzeln seiner späteren Hinwendung zum Pazifismus liegen. Mutter Berta Fried-Engel stammte aus dem liberalen jüdischen Budapester Bürgertum, dessen Hauptinteressen im musisch-literarischen Bereich lagen und dem jede Form von Militarismus fremd war. Über die Herkunft und Einstellungen von Samuel Fried ist nicht viel bekannt[13], seine Ansichten dürften aber nicht allzu weit von denen seiner Frau abgewichen sein. Ohnehin dürfte Bertas Einfluss auf die Kinder überwogen haben, da der Vater in den ersten Jahren ganz mit seinem gesellschaftlichen Aufstieg beschäftigt und als Hutverkäufer, laut späterer Angaben sogar als Hutfabrikant, selten zu Hause war. Nach dem Scheitern seiner beruflichen Pläne, gebrochen und in sich gekehrt, war er kaum noch in der Lage, sich um die Belange seiner Familie zu kümmern, die sich einzig durch die unermüdliche Tatkraft der Mutter und die finanzielle Hilfe ihres Bruders Moritz über Wasser halten konnte.

Zunächst jedoch scheint der Vater erfolgreich zu sein. Im Herbst 1870 zieht die Familie aus der Radetzkystraße in die Hirschengasse 45 im Wiener Villenvorort Ober-Döbling.[14] Der eben schulpflichtige Alfred wird in einer Döblinger Privatschule eingeschult, der auch ein Internat angegliedert ist, und hat zugleich noch einen Hauslehrer, der ihm die Geschichte vom Kampf um Troja, von den Heldentaten des Achilles und den Irrfahrten des Odysseus erzählt.[15] Welche Bedeutung die Zeit in Döbling für den Jungen hat, erschließt sich aus einem Brief an seine dritte Frau Therese: »In Döbling verbrachte ich meine Kinderjahre, vielleicht die schönsten meines Lebens. In dem Hause Schegargasse, Ecke Hirschengasse, im ersten Stock, verträumte ich goldene Kindertage.«[16] Doch die Idylle dauert nicht lange. Schon im Herbst 1873 müssen Alfred und seine drei kleinen Schwestern mit dem Vater und der hochschwangeren Mutter ihre Wohnung verlassen und sich eine neue Unterkunft in der Leopoldstadt suchen. »Ich war neun Jahre alt, als meine Eltern wieder nach der Stadt übersiedelten und ich die letzte Klasse der Vorschule besuchte«, schreibt er später.[17] Ein Satz, der nicht ahnen lässt, was dieser Umzug für die Frieds bedeutete.

Die Geschichte der Familie Fried war bis zu diesem Zeitpunkt und darüber hinaus durchaus typisch für die meisten Juden Wiens: »So gut wie alle jüdischen Einwohner der österreichischen Hauptstadt waren Einwanderer oder doch Kinder von Einwanderern, die es in diese Stadt gezogen hatte, nachdem die österreichische Regierung während der Revolution des Jahres

1848 die althergebrachten Ansiedlungsbeschränkungen für Juden aufgehoben hatte.«[18]

Die Zuwanderung erfolgte in drei Wellen:[19] Die erste, die die meist aus Böhmen und Mähren stammenden, mit kaiserlichem Toleranzpatent in Wien lebenden Juden ergänzte, bestand in den 50er und 60er Jahren des 19. Jahrhunderts aus tschechischen Juden. Sie wurde aber schon kurz darauf von einer zweiten großen Zuwanderungswelle aus Ungarn überrollt, eine dritte kam später aus Galizien. Zu den ersten Einwanderern der zweiten Welle gehörten auch die Familie Engel und Berta und Samuel Fried. Beinahe ein Viertel der Wiener Juden stammte ursprünglich aus Ungarn, die meisten davon aus Budapest, das wegen seines außergewöhnlich hohen jüdischen Bevölkerungsanteils von 25 Prozent von Spöttern auch »Judapest« genannt wurde.

Die Gründe für eine Übersiedelung nach Wien waren für die Mehrheit der Einwanderer wohl die gleichen: Vor allem bot Wien als Hauptstadt der Doppelmonarchie, als supranationales, kosmopolitisches Zentrum des Habsburgreiches die besten Chancen für ein berufliches Fortkommen und den sozialen Aufstieg. Es gab aber noch eine andere wichtige Dimension: Neben seiner Rolle als Kaiserstadt galt Wien vor, aber auch noch nach 1866, als gänzlich deutsche Stadt und »die letzte Bastion der deutschen Kultur im südlichen Mitteleuropa«.[20] Neben den ökonomischen gab es also durchaus auch kulturelle und ideologische Gründe für eine Übersiedelung nach Wien. Und zunächst schien sich die Hoffnung vieler Einwanderer auf ein besseres, freieres Leben in der Metropole auch zu bestätigen.

1867, drei Jahre nach Alfreds Geburt, brachten die im Zuge des Österreichisch-Ungarischen Ausgleichs einsetzenden inneren Reformen den Juden die völlige Gleichstellung. Mit einem Schlag beseitigte die liberale Regierung alle noch bestehenden Einschränkungen der politischen und bürgerlichen Grundrechte, der Ansiedlungsfreiheit und der beruflichen Chancen. Damit schuf sie nicht nur die Möglichkeit zur Assimilation, sondern ermutigte die Juden auch noch in diesem Bestreben, was gerade bei den emanzipierten ungarischen Juden kaum noch nötig war.

Noch bis in die 90er Jahre des 19. Jahrhunderts verbanden die jüdischen Einwanderer Wien mit dieser Atmosphäre von Freiheit und Liberalismus und wirkten auch überwiegend in und für die Deutsch-liberale Partei, »selbst noch, als die Liberalen sie bereits im Stich gelassen hatten und viele Deutschösterreicher sich dem Antisemitismus zugewendet hatten«.[21]

Innerhalb Wiens zogen die Einwanderer zumeist in Stadtteile, wo es schon viele Juden gab, insbesondere in die Leopoldstadt, den Alsergrund und die Innere Stadt, die nationale Herkunft des Einzelnen oder seine Gesellschaftsschicht waren für die Wahl meist zweitrangig.[22] Interessanterweise setzen sich die Frieds aber von Anfang an von diesem Schema ab. In der ersten Zeit wohnt die Familie im Bezirk Landstraße, einem Bezirk der städtischen Mittelklasse, der zwar an die Leopoldstadt und die Innere Stadt angrenzte, in dem Juden aber damals deutlich unterrepräsentiert waren. Noch weit weniger Juden gab es in Ober-Döbling, dem Villenvorort im Nordwesten der Stadt, in dem überwiegend höhere Beamte, Ärzte und Firmeninhaber lebten.

Die Wahl dieser Wohnorte deutet darauf hin, dass sich die Frieds eher an der erreichten oder angestrebten Gesellschaftsschicht orientierten als an der Existenz jüdischer Nachbarn. Tatsächlich gibt es weder in Frieds Nachlass noch in seinen Werken Hinweise auf eine engere Bindung der Familie an ihren Glauben oder die Jüdische Kultusgemeinde Wiens. Fried schreibt sogar später, er habe in seiner Erziehung »vom jüdischen Glauben fast nichts erfahren«.[23]

In der Familie Engel waren Mischehen durchweg üblich. Sowohl Moritz als auch Katharina Engel heiraten katholische Partner und erziehen auch ihre Kinder überwiegend katholisch,[24] was einen ersten Hinweis darauf gibt, inwieweit man um vollständige Assimilation bemüht war. Auch Alfreds eigene Geschwister heiraten, mit Ausnahme seiner jüngsten Schwester Sidonie, später andersgläubige Partner und erklären sich für konfessionslos oder treten selbst, wie Pauline, zum Christentum über.[25] Fried meinte 1909 daher nicht zu Unrecht, das Christentum sei in seiner Familie »sozusagen epidemisch«.[26]

Die Jahre relativer Wohlhabenheit der Familie fallen mit dem allgemeinen Aufschwung der österreichischen Wirtschaft nach 1867 zusammen. Die Aussöhnung mit Ungarn und die Ideen des Wirtschaftsliberalismus führten zu einem deutlichen Anstieg der Konjunktur. Im Vorfeld der Wiener Weltausstellung kam es zu einer rasanten Zunahme der Firmengründungen in vielen Bereichen der Wirtschaft, die durch die großzügige Zulassung von Aktiengesellschaften noch verstärkt wurde. In großen Teilen der Wiener Bevölkerung setzte ein regelrechtes Spekulationsfieber ein.

Am 1. Mai öffnete nach zwei Jahren der fieberhaften Vorbereitungen die Wiener Weltausstellung im Prater ihre Tore. Ein Ereignis, das einen Glanzpunkt in der Geschichte der Kaiserstadt setzen sollte, aber zum Auslöser einer schweren Krise wurde. Viele Firmen und Spekulanten hatten mit mehr oder weniger ungedeckten Krediten gearbeitet; als die Kredit-Anstalt im April 1873 kurzfristige Kredite kündigte, mussten viele Insolvenz beantragen, ein Sturz der Aktienkurse war die Folge. Nur acht Tage nach dem Beginn der Weltausstellung kam es am 9. Mai 1873 zum »Schwarzen Freitag« an der Börse. Eine wirtschaftliche Katastrophe, die nicht nur eine große Zahl von Konkursen nach sich zog, sondern auch viele Menschen aus allen Schichten, die sich an Börsenspekulationen und Kreditgeschäften beteiligt hatten und nun oft ihr gesamtes Vermögen verloren, ins Elend stürzte – vielleicht auch die Familie Fried.

Zu den für die Juden Wiens schlimmsten, wenn auch erst langsam sichtbar werdenden Auswirkungen der Katastrophe, die noch durch den Ausbruch einer Choleraepidemie im Sommer und das dadurch bedingte Ausbleiben der erwarteten Ausstellungsbesucher verstärkt wurde, gehörte auf lange Sicht ihre politische Dimension: die Schwächung des Liberalismus in Österreich, die die Wurzel für ein von dieser Zeit an stetiges Anwachsen des Antisemitismus in Wien bilden sollte.

Ob auch Samuel Fried 1873 zu den gescheiterten Börsenspekulanten gehört oder ob er im Zuge einer Firmenpleite seine Anstellung verliert, kann heute nicht mehr geklärt werden. Bis zum Herbst verschlechtert sich die wirtschaftliche Situation der Frieds so dramatisch, dass sie ihre Wohnung in Ober-Döbling verlassen müssen, obwohl Berta Fried zu diesem Zeitpunkt hochschwanger ist. Zunächst kommt die Familie vorübergehend in der Leopoldstadt, möglicherweise bei Verwandten, unter. Dort, in der Lichtenauergasse 5, wird am 2. Dezember 1873 Otto Emil geboren; später ziehen die Frieds noch einmal in den Bezirk Landstraße, in die Löwengasse 2,[27] wo sie mehrere Jahre bleiben, bis sie 1880 in die Leopoldstadt zurückkehren. In der Leopoldstadt besucht Alfred noch die letzte Klasse der Weintraubschule, einer überwiegend von jüdischen Schülern besuchten Grundschule, und wechselt dann im Herbst 1875 auf das Gymnasium in der nahegelegenen Sperlgasse.

Welche besondere Bedeutung der akademischen Ausbildung gerade in jüdischen Familien beigemessen wurde, ist vielfach belegt. Die Gymnasialausbildung galt als wichtigstes Mittel, Klassen- und Statusschranken zu überschreiten, und so versuchten gerade aufstrebende jüdische Einwanderer, einen ihrer Söhne aufs Gymnasium zu schicken.[28] An manchen Gymnasien war es zwar möglich, eine Befreiung vom jährlichen Schulgeld zu erlangen, dennoch darf man nicht vergessen, dass nur ein sehr geringer Teil der Bevölkerung (1881 waren es 0,6 % aller Wiener, allerdings 2,2 % der Juden) ein Gymnasium besuchte. Trotz erhöhter sozialer Durchlässigkeit kam doch die überwiegende Mehrheit der Schüler aus der Oberschicht, und allein die zusätzlichen Kosten, wie etwa für angemessene Kleidung, bildeten für viele ärmere Familien eine Hürde. Die Entscheidung, Alfred trotz der schlechten finanziellen Situation auf ein Gymnasium zu schicken, dürfte den Eltern also nicht leichtgefallen sein und deutet zugleich schon an, wie hoch der Erwartungsdruck war, unter dem der Junge stand. Nach dem Scheitern des Vaters, der in den nächsten Jahren nur selten einmal vorübergehend Arbeit findet, soll nun der älteste Sohn die Chance zum Aufstieg bekommen und nutzen.

Auf dem Lehrplan der humanistischen Gymnasien, die seit 1869 vom Staat gelenkt und verwaltet wurden und die die Schüler gewöhnlich nach vier Jahren Volksschule vom 10. bis zum 18. Lebensjahr besuchten, standen insbesondere das Studium der Klassiker, Latein, deutsche Sprache und Literatur, ab der 3. Klasse auch Griechisch, während Mathematik und naturwissenschaftliche Fächer dahinter zurücktraten.[29] Alfred zeigt zwar großes Interesse an Literatur, die alten Sprachen bereiten ihm aber Schwierigkeiten, und auch sonst gehen seine Interessen nicht immer mit dem Unterrichtsstoff konform. Trotz sicherlich nicht fehlender Intelligenz hat er daher schnell massive Schwierigkeiten: »Ich kam mit zehn Jahren auf das Gymnasium. Aber ich war ein schlechter Schüler. Denn ich war immer Autodidakt. Ich war kein Faulpelz. Mein Fehler war nur der, dass ich dem Lehrplan immer vorauseilte und Dinge lernte, die noch gar nicht vorgesehen waren. So kam es, dass ich das Schulpensum, das mir nicht interessant genug war, vernachlässigte.«[30]

Er liest offenbar viel und bringt sich schon mit elf Jahren neben der Schule selbst Stenographie bei. Mit zwölf kauft er sich sein erstes Buch, »Leyer und Schwert«, eine »köstliche kriegerische Gedichtsammlung aus der Reclam-Sammlung«.[31] Da er kein Taschengeld bekommt, verzichtet er dafür mehrere Tage auf seine »Jausensemmel«. Als im selben Jahr der türkisch-serbische Krieg ausbricht, beginnt Alfred auch Zeitung zu lesen: »Wieder opferte ich die Jausensemmel, um mir für die zwei Kreuzer täglich heimlich die Zeitung kaufen zu können, deren Lektüre mir zu Hause nicht gestattet war. Da aber das Morgenblatt vier Kreuzer kostete, so musste ich mich mit dem Abendblatt begnügen und konnte so nur einen Teil der Ereignisse aufnehmen.«[32]

Im Februar 1877 stirbt Alfreds kleine, erst siebenjährige Schwester Charlotte, ein Tod, über den der große Bruder lange Jahre nicht hinwegkommt. Noch drei Jahre später notiert er: »Heute sind es drei Jahre, dass meine arme selige Schwester Lotti gestorben ist. Mit schwerem Herzen habe ich der Stunde gedacht, wo die Arme allein, ohne einen Verwandten in der Nähe, verschieden ist unter den größten Qualen. Kein zärtliches Mutterauge konnte bei ihr wachen, kein Vater an ihrem Bette sitzen, allein, ganz verlassen von allen Verwandten, von Eltern und Geschwistern, ihren treuen Begleitern in frohen Tagen, musste sie dem Kampf mit dem Tode unterliegen.«[33]

Inwieweit der Tod der Schwester Einfluss auf Alfreds schulische Leistung hatte, ist nicht mehr zu klären. Tatsache ist jedoch, dass er das zweite Jahr auf dem Gymnasium wegen schlechter Leistungen wiederholen muss.[34] Als er im dritten Schuljahr dann auch noch mit dem neuen Schulfach Griechisch nicht zurechtkommt,[35] beschließt Alfred, das Gymnasium zu verlassen: »Ich sollte zwar studieren. Da es mir aber in der Schule schlecht ging, waren meine Eltern wohl herzlich froh, als ich ihnen eines Tages erklärte, dass ich Buchhändler werden wollte und mir bereits eine Stelle als Lehrling in einer Buchhandlung besorgt hatte.«[36]

Am 20. Januar 1879 melden ihn die Eltern vom Gymnasium ab; der sichere Weg zur »höheren Bildung«, zum sozialen Aufstieg, ist damit gescheitert. Fried gibt noch einen weiteren Grund für seine Entscheidung an: »Ich hatte eine ungeheuere Sehnsucht nach Büchern, die ich im Elternhaus nicht befriedigen konnte, und so stellte ich mir vor, dass ich in einer Buchhandlung Gelegenheit haben werde, den ganzen Tag zu lesen und zu studieren. Überdies war ein Freund von mir aus dem Gymnasium ausgesprungen und in eine Buchhandlung eingetreten. Das reizte mich ebenfalls.«[37]

Bei dem erwähnten Freund handelt es sich mit großer Wahrscheinlichkeit um Siegfried Frankl, der auch in Alfreds weiterem Leben immer wieder eine Rolle spielen wird. Der 1861 in Oedenburg in Ungarn geborene Siegfried Frankl war mit seiner Familie 1866 nach Wien gekommen und verließ 1877, also etwa zwei Jahre vor Fried, das Gymnasium, um Verlagsbuchhändler zu werden.[38]

1.2 Buchhändlerlehre und erste pazifistische Erfahrungen

Ein Jahr nach dem Verlassen des Gymnasiums und dem Beginn der Lehre setzt ein handschriftliches Tagebuch vom 1. Februar 1880 bis zum 25. Mai 1880, mit einem kleinen Nachtrag vom 1.–13. März 1882 ein.[39] Da es nie veröffentlicht wurde, kann diese Momentaufnahme gerade auch in ihrer Subjektivität ein authentisches Bild der inneren und äußeren Situation des Fünfzehnjährigen zeigen.[40]

Wie so häufig markiert auch dieses Tagebuch eine Zeit des Umbruchs, die verzweifelte Suche eines Teenagers nach dem richtigen Weg im Leben. Gleichzeitig wird darin aber auch die familiäre Situation deutlich: »1. [Februar] Habe heute früh einen Gulden als Ergebnis meines Gehalts bekommen und denselben, nachdem ich ihn meiner Mama abgegeben, für mich verlangt. Habe ihn nicht bekommen, welches einen kleinen Auftritt veranlasste, der aber gut ablief.«[41] Nur selten darf der Junge wenigstens einen kleinen Teil seines Gehaltes behalten. Oft muss er im Geschäft sogar um Vorschuss für ein oder zwei Wochen bitten, damit die Mutter eine dringende finanzielle Forderung begleichen kann: »9. [April] Heute habe ich mir für 3 Wochen 6 Gulden im Voraus geben lassen, weil die Mama 5 Gulden morgen braucht, weil sie mit der Kindsfrau wechselt.«

Der Grund, warum das knappe Lehrgeld des Jungen benötigt wird, ist einfach: Samuel Fried ist arbeitslos. Seine beständigen Versuche, wenigstens mit kleineren Geschäften Geld zu verdienen, führen nur selten zum Erfolg. Kaum eine Woche vergeht ohne Eintragungen wie diese: »3. [Februar] Die Verhältnisse meiner Eltern schlecht und gar kein Geld im Hause.«

Manchmal hilft Onkel Moritz, Berta Frieds erfolgreicher, angesehener Bruder, Herausgeber und Besitzer des »Wiener Salonblattes« ein wenig aus: »4. [Februar] Die Verhältnisse meiner Eltern haben sich insofern etwas gebessert, dass der Onkel Moritz durch eine kleine Sendung von Geld und Wein etwas ausgeholfen hat, doch der Zins ist vor der Tür und das Elend wächst immer und kein Abend vergeht ohne Ausbruch der Sorge. Der Papa macht überhaupt seit einigen Tagen so ein sorgenvolles Gesicht, und hat gar kein Lächeln, gar nichts, so dass es einem schier das Herz zerbricht.«

Am 9. Februar wird den Frieds die Wohnung gekündigt. Wieder muss Onkel Moritz eingreifen, er bezahlt die fälligen Mieten und bewirkt, dass die Familie bis zum Mai bleiben kann. Aber selbst diese Unterstützung hilft auf Dauer wenig. Gegen Pfingsten wird es sogar noch ärger: »19. [Mai] Die Verhältnisse meiner Eltern sind elend. Heute Abend hatten wir nicht einmal Brot zu Hause, geschweige Nachtmahl. Die Wäscherin, welche gerade hier arbeitete, konnte nicht einmal bezahlt werden. Papa kam um 9 Uhr nach Hause. Mich schickte Mama mit einem Pack Wäsche um 9 Uhr ins Leihhaus. Dies war schon zugesperrt. Elend, elend, elend ist unsere Existenz. Ich denke Tag und Nacht daran, sie zu verbessern.«

Die Armut und die Suche nach einem Ausweg nehmen einen großen Raum in den Gedanken des Jungen ein. Immer wieder überlegt er, wie er die Situation verbessern könnte. Mit dem mageren Lohn eines Buchhandlungslehrlings ist das schwierig. Viel besser scheint ihm die Aussicht, ein berühmter Dichter zu werden. Er schreibt Gedichte und schickt sie immer wieder an den »Deutschen Dichterfreund«,[42] allerdings ohne je ein Gedicht von sich gedruckt zu sehen. Was der Junge offensichtlich nicht weiß, ist, dass die Zeitschrift bereits im Februar 1880 ihr Erscheinen eingestellt hatte. Auch Pläne für ein Drama um General York beschäftigen ihn zu dieser Zeit, das ihm helfen soll, sich »aus dem Schlamm emporzuarbeiten«.[43] Für kurze Zeit überlegt er, Onkel Moritz neben seiner Zeitschrift zur Gründung eines Verlages für Kalender und Jugendzeitschriften zu veranlassen, dessen Leitung er dann übernehmen könnte. Aber er wagt nicht, diese Ideen zu äußern, »[...] da ich meinen Eltern den Schmerz nicht bereiten kann, dass sie mich wieder einen Posten verlassen sehen sollen und mich für einen Taugenichts halten. Es bleibt mir nichts anderes übrig, ich muss mich zusammennehmen und muss durch eine tatkräftige literarische Arbeit den Ausschlag geben«.[44]

Heimlich beginnt er Arbeitsproben zusammenzustellen und einen Brief an den bekannten Wiener Dichter Ludwig Anzengruber zu schreiben, einen Vertreter des Freisinns, der durch seine naturalistisch gefärbten, antiklerikalen Bauerndramen und Bauernkomödien bekannt geworden war.[45] Von dessen Beurteilung erhofft er sich den Durchbruch. Die Arbeit kommt nur langsam voran, da er meist bis spätabends arbeiten muss und nebenbei auch noch ehrgeizige Weiterbildungspläne verfolgt: beinahe täglich übt er abends noch Latein und Stenographie, dennoch ständig unzufrieden damit, nicht noch mehr zu schaffen: »21. [Februar] Ich will lernen, studieren, ich muss, ich muss mich aus dem Schlamme der Unwissenheit und des Dilettantismus herausschleudern.«

Da Erschöpfung und Müdigkeit die ehrgeizigen Arbeitspläne immer wieder durchkreuzen, erscheint ihm schließlich die Buchhandlung als der entscheidende Hemmschuh für seine Weiterentwicklung. Er möchte nichts lieber, als das Geschäft verlassen, um sich ganz auf das Lernen und seine Karriere als Dichter zu konzentrieren: »2. [März] Ich verbringe eine Zeit voll innerer Kämpfe. Bei Tage, wenn ich im Geschäft bin und das Treiben mich im Strudel dahinreißt und die Zeit vorbeijagt, so denke ich immer, ich muss doch im Geschäft bleiben, und muss etwas sein, dass ich mich einst für etwas ausgeben kann. – Komme ich abends nach Hause und sehe ich mir meine Bücher an, und sehe ich, wie gerne ich dies wissen möchte, wie ich es verstehen muss, um meinem inneren Drang Genüge zu leisten, und sehe ich, wie es mir unmöglich ist, es jetzt zu lernen, wie es mich ins Bett hineinzieht, so denke ich immer, es ist kein Bleiben im Geschäft, ich muss fort, ich muss, damit ich etwas zu meiner Ausbildung beitragen kann. Ja, ich glaube, es ist mir jetzt bestimmt, zwischen 2 Rossen gespannt zu werden und von ihnen zerrissen zu werden. Diese inneren Kämpfe werden mich schier zerreißen, wenn nicht ein Zufall es verhindert, wenn nicht ein Retter erscheint.« Ein ähnlicher Eintrag findet sich eine Woche später: »10. [März] Verzweiflung, Jammer, Kummer, Elend, Sorgen, Schmerzen, oh, alles, alles, vereinigt sich jetzt. Schöne Tage des heranbrechenden Frühlings, welche mir die Fesseln des Geschäftes noch unerträglicher machen, verschwören sich gegen meine Seele, ich muss auch zu Hause die Not sich wieder erheben sehen. Mein Papa ist heute von der Reise zurückgekehrt, weil er kein Geschäft machte. Er steht wieder ohne Beschäftigung da. Als ich sein gekränktes Gesicht sah und seinen liebevollen, zärtlichen Ausdruck, da gab es mir einen Stich, dass ich diesem Papa, der so viel für uns tut, die Kränkung antun wollte, das Geschäft zu verlassen.«

Zu allem Unglück erkrankt Frieds kleine Schwester Betti zu dieser Zeit schwer. »Sie hat Gelenkentzündung, Rippenfellentzündung und Wasser im Herzbeutel, unsere Stimmung in der Familie daher sehr traurig.«[46] Dennoch gelingt es dem Jungen endlich, nachdem er sich geeignetes Briefpapier beschaffen konnte, den Brief an Anzengruber, »auf den ich meine ganze Hoffnung baue«,[47] fertigzustellen. Da ihm seine Handschrift nicht gut genug erscheint, lässt er ihn von einem Freund ins Reine schreiben. Der Wortlaut des Briefes ist unter dem Datum 28. März erhalten: »Werter Herr! Wenn ich es wage, Sie mit diesem Schreiben zu belästigen, so wollen Sie mir diesen kecken Schritt gnädigst verzeihen, und weder meiner Anmaßung noch meiner Eitelkeit zuschreiben. Der innere Zweifel über mein eigenes Ich ist es, welcher mich dazu veranlasst, Sie, werter Herr, zu meinem Richter auszuwählen, um von Ihrem Munde das Urteil zu empfangen [...]«

Fried zeichnet mit dem Pseudonym »Alfred Armin« und erbittet die Antwort »per Adresse poste restante Hauptpost Alfred Armin«, damit die Eltern auch weiterhin nichts von seinen Plänen erfahren. Ungeduldig wartet er auf Antwort, aber sie kommt nicht. Ein paar Tage später schreibt er resigniert: »3. [April] Mittlerweile sind die Ostern vorübergegangen, die kathol. und die israelitischen. [...] Von Anzengruber habe ich keine Antwort bekommen. Nachdem es heute 8 Tage waren, dass ich den Brief abgeschickt, habe alle Hoffnung schon verloren.«

Trotz dieser herben Enttäuschung gibt der Junge so schnell nicht auf. Wenn Anzengruber nicht antwortet, dann vielleicht ein anderer Dichter. Die Wahl fällt auf den liberalen Wiener Schriftsteller und Sekretär der Jüdischen Kultusgemeinde Ludwig August Frankl.[48] Tatsächlich ist der Brief kaum eine Woche später fertiggestellt und wird, mit ein paar Tagen Verzögerung, weil Geld für das Porto fehlt, abgeschickt. Der berühmte Dichter antwortet umgehend. Was genau er schreibt, ist nur noch aus einem 1931 von Siegfried Frankl verfassten Erinnerungsartikel zum 10. Todestag Frieds zu erschließen, in dem der Dichter zitiert wird: »Es ist mir geradezu peinlich, Ihnen, weil Sie entschiedene Wahrheit verlangen, zu sagen, dass aus den mir zur Einsicht vorgelegten Proben kein Talent spricht, abgesehen davon, dass Sie noch mit Sprache und Form ringen.«[49] Auch wenn die Authentizität dieses Zitates nicht mehr überprüft werden kann, so ist doch ein ähnlich lautendes Urteil mehr als wahrscheinlich, denn der Brief ist offensichtlich ein Schock. Telegrammartig notiert Fried: »14. [April] Habe heute von Frankl Antwort bekommen, in der er mir klar Talent abspricht. – Bestürzung groß.«

Das Urteil des alten Mannes in Zweifel zu ziehen, kommt Alfred keinen Moment in den Sinn, stattdessen orientiert er sich nun völlig um. Schon zwei Tage später legt er seine neuen Zukunftspläne schriftlich nieder: »16. [April] Ja der Frankl'sche Brief hat einen großen Umsturz in mir erzeugt. Es ist in mir der Plan reif geworden, mich vorläufig einer praktischen Tätigkeit hinzugeben und mit Leib und Seele dem Buchhandel zu widmen, meine Studien auf Hilfsstudien zu beschränken, um mir eine sichere, sorgenfreie Existenz zu gründen, und dann, wenn ich eine solche habe, mich den Wissenschaften zu widmen, sie als Nebenunterhaltung zu betreiben, die Poesie ganz auf den Nagel zu hängen und mich überhaupt nur mit Wissenschaft zu beschäftigen. Vielleicht wird sich dieser Plan in mir befruchten, vielleicht.«

Der Plan befruchtet sich wirklich. Obwohl er weiterhin viel liest, gibt es keinen Hinweis mehr auf eigene literarische Versuche. Am 23. Mai vermerkt er sogar, er habe fast alle seine Bücher, mit Ausnahme der wissenschaftlichen, verkauft. Die anhaltend schlechte finanzielle Situation der Familie lässt auch keine Experimente mehr geraten erscheinen. Zu Pfingsten sind die Frieds mit ihren mittlerweile sieben Kindern umgezogen: »Wir sind diese Woche übersiedelt in die neue Wohnung. Untere Donaustraße 47, 3. Stock, Tür 17. Haben eine Wohnung mit 2 Zimmern, Kabinett und Vorzimmer und Küche, eine prachtvolle Aussicht auf die Donau, die Eisenbahn-, Franzens- und Aspernbrücke.«[50]

Nach wie vor muss Alfred sich, wann immer möglich, Vorschuss auf seinen Lohn geben lassen, jeder Kreuzer wird gebraucht. Dabei wendet sich die Mutter wohl auch bevorzugt an ihn mit ihren Sorgen. Bezeichnend, wie empört der Junge ist, als er durch seine Schwester von einer Geldsendung aus Budapest erfährt: »Wie ich von Pauline gehört habe, soll die Mama aus Pest gestern einen Geldbrief mit 40 Gulden bekommen haben. Dies freut mich zwar sehr, doch kränkt es mich, dass mir die Mama von dem nichts gesagt, währenddem sie mir von unangenehmen Sachen gleich erzählt.«[51] Da der Vater sich weiterhin vergeblich um Arbeit bemüht, bleibt nur der Lehrjunge als zuverlässige Stütze, ein Status, der ihm zwar innerhalb der Familie einiges an Wichtigkeit und Anerkennung gegeben haben dürfte, ihm aber gleichzeitig wenige Freiheiten lässt.[52] Eine von Fried in jungen Jahren verfasste Kurzgeschichte wirft ein Schlaglicht auf diese Zeit. Unter dem Titel »Frostiger Lenz« im Nachlass erhalten, beschreibt sie eine Episode im Leben eines Jungen, der, um die 8-köpfige Familie zu ernähren, sechs Tage die Woche als Lehrbube auf der untersten Sprosse der Hierarchie in einem Kramladen arbeiten muss, von den anderen Angestellten drangsaliert, von früheren Mitschülern verspottet. »Und frierend den ganzen Tag. – Spät naht die Erlösung. Der Letzte heim, zum kargen Brot, das er mit sechs Geschwistern teilt. Wohl schmeckt ihm alles, wenn's Brot auch trocken ist, doch manchmal gibt es nicht einmal trockenes – dann kommt zum Hunger der Jammer, der Jammer über das Elend.« Jeden Samstag bekommt der Junge sein Gehalt und gibt es sofort zu Hause ab: »Es hat schon im Voraus seine Bestimmung, und nie fällt ein Stückchen ab für ihn, der es so schwer erwirbt. – Und doch, es ist ihm Freude, den teuren Preis seiner selbst des Abends in treue Hände zu legen und den Kummerblick der Lieben, wenn auch nur auf kurze Zeit zu erleuchten.« An diesem Samstag jedoch will der Junge der Mutter von dem Geld heimlich ein eigenes Geburtstagsgeschenk kaufen. Da er so lange arbeiten muss, dass viele Läden bereits geschlossen haben, findet er nach langem Umherirren nur noch ein kleines Figürchen in einem Porzellanladen: »Errötend und mit glänzenden Augen tritt er in die Wohnstube. Beim Schein der Petroleumlampe ein rotgedeckter Tisch und zierlich lag das Esszeug unbenutzt darauf. – Und rings um den Tisch saßen die Eltern und die sechs kleineren Geschwister. Alle waren stumm und still. Er kannte diese Stille des Kummers schon. – Die Mutter starrte nachdenklich in die Luft. – Der Vater stützte seinen Kopf schwer in den Arm. Die Kinder kennen dies und trauen sich nicht zu lispeln.« Ungeduldig und zornig über seine Verspätung herrschen die Eltern den Jungen an, sofort das Geld abzugeben, und sind entsetzt, als er gesteht, er habe es nicht mehr. »Wir haben hier kein Geld zum Abendessen und warten hungrig auf dich und auf das Geld [...] elender Kerl, sag, was hast du damit gemacht!« Endlich zeigt der Junge unter Tränen das Porzellanfigürchen, und die Kritik verstummt, obwohl alle nun hungrig ins Bett gehen müssen.

Trotz der anhaltenden finanziellen Schwierigkeiten und der räumlichen Enge, in der die neunköpfige Familie lebt, sind Berta und Samuel Fried fürsorgliche Eltern, die sehr darauf achten, dass ihre Kinder sich »ordentlich« betragen und nicht über die Stränge schlagen. Während seine nur drei Jahre jüngere Schwester Pauline den Eltern später die alleinige Schuld an dem Elend ihrer Kindheit gibt, führt der 15 Jahre jüngere Leopold sogar sein Scheitern in Berlin auf ein zu starkes Behütetwerden durch die Eltern zurück. »Systematisch wurde uns der Wille und Selbstgedanke gebrochen. Mama und Papa haben ja alle Liebe und Sorgfalt für uns aufgewendet, aber, aus allen meinen Schulkollegen, die ja und ohne Aufsicht alleine in den Prater gehen durften, die alleine zur Burgmusik sind und zur Parade, aus allen diesen ›Hallunken!!!‹ sind ›Menschen‹, Leute geworden, und wie stehe ich da? Gebrochen an Geist, Körper und Seele.«[53] Alfred dagegen bewahrt den Eltern gegenüber sein ganzes Leben lang Hochachtung und Respekt, gerade auch für ihr Verhalten in diesen unglücklichen Jahren. Was er besonders an der Mutter erlebt und bewundert, wird später auch zu seinen eigenen hervorstechendsten Charaktereigenschaften gehören: ein tiefwurzelnder Optimismus, Kampfgeist und das Niemals-Aufgeben, auch in den scheinbar aussichtslosesten Situationen.

Schon 1880 zeigt sich Fried fasziniert von Menschen, die geistige Interessen über ihr materielles Wohl stellen und sich einer Sache ganz widmen; Ende Februar 1880 begegnet er so einem in der Buchhandlung: »Heute war ein Herr bei uns im Geschäfte, welcher sich ein Meyers Lexikon kaufte. Er hat erzählt, dass er an einem wissenschaftlichen Werke seit 24 Jahren arbeite, ein Werk, welches ein Gegenstück zum Kosmos von Humboldt werden soll, außerdem ein Kosmos einer ethischen und physischen Weltanschauung. Er will jetzt noch ein Jahr mit der Einleitung zu dem Werke vollbringen. – Armer Teufel! Der gewiss, wie ich aus seinen Reden erfahren konnte, während diesem Zeitraum mit Not und Elend gekämpft hat und mit der Abfassung dieses Werkes ein Greis geworden ist. Was wird dir die Mitwelt zollen, und was die Nachwelt, und was hast du auch davon, wenn dir einst die Nachwelt auch Ehre und Achtung zollen wird.«[54]

Trotz dieses kritischen Kommentars macht der Mann einen tiefen Eindruck auf den Jungen: »Der Herr, der schon 24 Jahre an einem wissenschaftlichen Werk arbeitet, hat heute sich den ›Meyer‹ geholt. Der Arme. Er ist Freiherr, ein armer, herabgekommener Adeliger. Schneeweißes Haar bedeckt seine Schläfe. Er wird von allen in unserem Geschäfte verachtet und verspottet, nur ich bedaure ihn und habe Mitleid und Ehrfurcht für ihn. Er schrieb in jedem Bande Meyer seinen Namenszug. Ich lieh ihm dazu meinen Schraubblei, damit ich diesen Blei mir aufhebe zum Andenken, dass dieser Mann, den ich wirklich achte, damit geschrieben hat.«[55]

Dieser Eintrag weist schon deutlich in die Richtung, in der sich Frieds Denken später bewegen wird. Es sind nicht die berühmten Generäle, die bekannten Machtmenschen, die er bewundert, auch nicht die erfolgreichen Geschäftsleute wie sein Onkel Moritz Engel, dessen Audienz beim Kronprinzen ihm nur einen einzigen Satz wert ist,[56] es sind die »geistigen« Menschen, die am moralischen und kulturellen Fortschritt der Menschheit arbeitenden »Edelmenschen«, denen seine Bewunderung gilt. Und so klingt es auch schon fast wie eine frühe Absage an den Materialismus, wenn Fried seinem Tagebuch neben dem Motto des Mephistopheles die Worte voranstellt: »Erkämpfe und erwerbe. Verzweifle dran und sterbe.«

In seinen Jugenderinnerungen zitiert Fried eine stenographische Notiz, die er auf spätestens 1880 datiert, als seine erste pazifistische Niederschrift. Darin heißt es: »Der Ruhm der Völker lag einst im Altertum, wo die physische Kraft die geistige überholte (überragte) in der Macht der Waffen. Und die Waffen unserer Ahnen waren ihre Hände, ihre eigenen physischen Kräfte. Heutzutage, wo die Kultur, wo das Völkergesetz herrscht, heutzutage, wo im erbitterten Kriege das Töten, die Erbitterung nur am Schlachtfeld herrscht, wo das Völkergesetz die Feinde außerhalb der Schlacht zu Brüdern macht, heutzutage liegt der Ruhm einer Nation nicht mehr in dem Siegen (denn was ist eine Nation, die gut morden kann; ihre eigenen Kräfte sind es ja nicht, es sind die Kräfte ihrer Mordmaschinen und die Kräfte der Wissenschaft), sondern in der Kunst und Wissenschaft.«[57] Die Sätze fügen sich sehr gut in das Bild ein, das das Tagebuch vom jungen Fried zeichnet, und sind vermutlich authentisch. Allerdings sind sie keineswegs besonders originell, denn Aussagen wie diese gehörten zum normalen Repertoire liberalen Fortschrittsdenkens, wie es ja auch im Hause Fried gepflegt wurde.

Eine wesentlich größere Rolle bei der Entwicklung erster pazifistischer Gedanken dürfte in diesen Jahren ein anderes Erlebnis gespielt haben: »Damals ging ich an einem Sonntag Nachmittag, ohne jede Voraussetzung, nur um eine Sammlung zu besichtigen, von der in den Zeitungen viel die Rede war, in das Künstlerhaus, wo Wereschtschagin[58] seine Bilder vom russisch-türkischen Krieg ausstellte. Dieser Ausstellungsbesuch gab meinem Leben die entscheidende Richtung. Hier lernte ich den Krieg hassen. Hier wurde mir das Entsetzliche und Erbärmliche des Krieges so ganz zum Bewusstsein gebracht. Noch heute, nach vier Jahrzehnten, fühle ich so ganz die Empörung, die in mir aufloderte, als ich diese Bilder sah.«[59]

Obwohl die Geschichte zunächst wie geschickte Legendenbildung wirkt, ist es doch bei genauerer Betrachtung recht wahrscheinlich, dass dieser Besuch tatsächlich stattfand und die Bilder auf den sensiblen Teenager ihren Eindruck nicht verfehlten. Die Ausstellung zeigte unter dem Titel »Gemälde und Zeichnungen von W. Wereschagin« 113 Kunstwerke und ethnographische Objekte, darunter auch die 21 »Bilder vom russisch-türkischen

»Am Schipkapass alles ruhig«

Kriegsschauplatz«. Die Ausstellung erregte großes Aufsehen in Wien und konnte am Ende die Rekordzahl von 94 892 Besuchern verzeichnen.[60] Detailliert beschreibt Fried in seinen Erinnerungen die einzelnen Bilder und den Eindruck, den sie auf ihn machten: »Da war die Pyramide aus Totenschädeln mit den Raben darauf, die als ›Apotheose des Krieges‹ bezeichnet war, da jenes Feld mit grünlich-gelben Leichen, die ein Pope geschäftsmäßig kühl einsegnete, assistiert von einem gleichgültig-roh dreinschauenden Kommiskopf von einem Unteroffizier. Da jene erfrorene Schildwache mit der Inschrift ›Alles ruhig am Schipkapass‹. [...] Und schließlich das Bild, das meinen Zorn am meisten auslöste: Alexander II. wie er in einem bequemen Fauteuil sitzend, ein glänzendes Gefolge hinter sich, sämtliche mitFerngläsern und Krimstechern versehen, alle fern vom Schuss, den Gang der Schlacht von Plewna beobachtete. Unten der Tod und das Weh der Tausende, oben der Herr und Gebieter, das Ganze wie ein interessantes Schauspiel verfolgend. Da kam mir der Gedanke, dass der Krieg, der für die große Masse so ungeheurere Opfer an Leben, Gesundheit und Besitz fordert, für die Höherstehenden dieser Erde nur eine Art Gesellschaftsspiel sei, [...].«[61]

Fried beschreibt die Wirkung dieses Nachmittags überaus drastisch: »Als ich diese Ausstellung verließ, waren alle in meiner Jugend zum Vorschein gekommenen, durch eine gewissenlose öffentliche Erziehung geförderten Atavismen von mir abgefallen. Mein Denken hat diese künstlich bewirkte geistige Verschleimung schon längst zu lösen begonnen. Der Blick, den ein Künstler, der zugleich Menschenfreund war, mich in die Wirklichkeit tun ließ, hat den Reinigungsprozess in mir mit einem Schlage vollendet. Nun sah ich klar. Ich verließ an jenem denkwürdigen Tage meines Lebens das Wiener Künstlerhaus mit einer Gesinnung, für die es damals den Namen noch nicht gab. Ich war Pazifist geworden.«[62] Wahrscheinlich ist diese Aussage rückblickend etwas übertrieben, denn in den nächsten zehn Jahren zeigt Fried keinerlei Anzeichen einer ausgeprägt pazifistischen Gesinnung. »All die Zeit über blieb mein Pazifismus latent. Er äußerte sich höchstens dadurch, dass ich in meiner politischen Gesinnung

Apotheose des Krieges

nach links neigte und mich für Freisinn und Demokratie interessierte mit einer lebhaften Gegnerschaft gegen alles Konservative und Nationalistische.«[63] Fried erklärt die große zeitliche Distanz vom Pazifist »im Denken und Fühlen« zum »Pazifist der Tat, der werktätig für die von ihm erfasste Idee eintrat«[64] mit der Tatsache, dass es keine Gleichgesinnten zu geben schien, aber vor allem damit, »dass mich die Sturm- und Drangjahre, die mein Leben in diesem Zeitabschnitt erfüllten, den Weg vom Denken zum Handeln nicht finden ließen«.[65]

Nachdem er sich 1880 so mühsam durchgerungen hatte, seine Buchhändlerausbildung nicht abzubrechen, setzt er nun seine ganze Energie dafür ein. Ende des Jahres 1882 schließt Alfred Fried seine Ausbildung bei der Buchhandlung Bergman & Altmann in Wien I, offenbar mit sehr guten Noten, ab und beginnt sich bei Buchhandlungen im Deutschen Reich zu bewerben. Er will weg aus Wien, fort aus der Stadt, die ihm nur ihr dunkles Gesicht gezeigt hat. Noch 1903, kurz bevor er, nicht ganz freiwillig, nach Wien zurückkehrt, schreibt er an Therese Frankl: »Wenn man diese Elendstadt nicht wenigstens unter sehr guten Verhältnissen sieht, dann ist sie unerträglich.«[66] Und an anderer Stelle heißt es, noch deutlicher: »Also nach der Löwengasse wallfahrtetest Du? Nun wie gerne möchte ich mit Dir so die alten Stätten meiner Jugend aufsuchen. Leider kleben wenig schöne Erinnerungen daran. Wien hat für mich die Bedeutung eines Elends- und Sorgennestes.«[67]

Nun, nach Beendigung seiner Ausbildung, hat er zum ersten Mal die Chance, die Stadt verlassen zu können. Die erste Wahl fällt natürlich auf die Reichshauptstadt Berlin, in der Freund Siegfried bereits in Stellung ist. Im Januar 1883 schreibt dieser, er könne sich nichts Schöneres wünschen, »als einen gemeinsamen in Arbeit und Vergnügen zu verlebenden Sommer« mit Alfred in Berlin und werde seinen ganzen Einfluss aufbieten, um ihm zu einer Stelle zu verhelfen.[68] Um die Wahrscheinlichkeit eines Erfolges zu erhöhen, gibt er Fried zudem noch einige Ratschläge: »Schicke mir unter allen Umständen eine Offerte ein, damit ich von Dir etwas in Händen habe. – Eines hast Du Dir jedoch noch immer nicht abgewöhnt – Du stehst mit der Orthographie zu meinem Bedauern noch immer auf schlechtem Fuß. – Auch Dein Stil lässt viel zu wünschen übrig. Ferner missfällt mir in Deinen Briefen die Unregelmäßigkeit der Schrift sehr, man kann schlecht, aber doch kaufmännisch und männlich fest schreiben.«[69] Doch trotz aller Bemühungen findet sich in den nächsten Monaten keine Anstellung in Berlin. In Hamburg dagegen hat der junge Buchhandlungsgehilfe mehr Glück: Am 1. Oktober 1883 tritt er seine erste Stelle bei der Buchhandlung Moritz Glogau an.

Für den knapp 19-Jährigen ist es die Gelegenheit, sich ein Stück weit von der Familie zu lösen. So ist er sicher auch nicht allzu begeistert, dass die Mutter ihren Bruder Sigismund Engel, der als Ballettmeister in Braunschweig tätig ist, bittet, ein Auge auf ihn zu haben. Schon in seinem ersten Brief nach Hamburg macht der Onkel deutlich, dass er von nun an minutiös über alles informiert werden möchte: »Schreibe nur in nächstem Brief, wie viel Gehalt du bei Glogau bekommst und wie du dir jetzt dein Leben eingeteilt hast. Wann schließt ihr am Abend das Geschäft und wo isst du Abendbrot? Wo wird deine Wäsche gewaschen? Und wie stets mit deiner Kasse? Hast du noch so viel, dass du diesen Monat keinen Vorschuss brauchst? Denn das würde ja einen sehr schlechten Eindruck machen, andererseits ist das in Deutschland überhaupt keine Mode, sich Vorschuss geben zu lassen – also genauen Bericht über alles.«[70] Zugleich weist er den Jungen an, Probleme und Sorgen nicht nach Hause zu schreiben, wo sie doch »bloß ängstlich und verzagt werden« würden, sondern immer zuerst ihn zu informieren.

Antwortbriefe Frieds aus dieser Zeit sind nicht erhalten, die beinahe wöchentlichen Mahnungen und Beschwerden des Onkels deuten aber darauf hin, dass Fried nur knappe Berichte nach Schöppenstedt sendet und sich die ausführlichen Briefe für andere aufhebt. Mit den alten Freunden Siegfried und Max steht er in reger Korrespondenz, aber auch mit einem jüngeren Kollegen aus der Wiener Buchhandlung, Victor Bloch, der ihn sowohl über die kulturellen Entwicklungen in Wien als auch über die Vorgänge und Veränderungen bei Bergman & Altmann detailliert auf dem Laufenden hält. »Seit Ihrer Abwesenheit ist es im Geschäfte recht still geworden«, schreibt er noch im Oktober an Fried, »und ein Krach mit dem Alten gehört bereits zu den Seltenheiten.«[71] Zugleich beschwert er sich, nicht als Einziger, über Frieds »unentzifferbare Hieroglyphen«, was ein paar Jahre später dazu führen wird, dass Fried Briefe nur noch mit der Schreibmaschine schreibt – häufig mit Durchschlägen, die in seinen Unterlagen bis heute überdauert haben.

Fried berichtet dem erstaunten Victor, dass er in Hamburg viel ins Theater gehe und darüber Artikel schreibe. Victor erbittet Ansichtsexemplare und zeigt sich beeindruckt: »Ihr Artikel im Salonblatte hat mich geradezu überrascht, dass Sie, der Sie doch bis jetzt dem Theater ziemlich ferne gestanden, so zu schreiben verstünden, hätte ich Ihnen gar nicht zugetraut, und ich las mehrere Male die Unterschrift, ob diese Arbeit auch wirklich von Ihnen sei.«[72] Tatsächlich ist es nicht die erste Arbeit, die Fried für eine Zeitschrift schreibt. Schon in der Lehre hat er für das »Wiener Salonblatt« des Onkels des Öfteren Buchrezensionen verfasst.

Im November bittet Victor den Freund, seine sprachliche Überlegenheit anerkennend, um Hilfestellung bei seinen eigenen Bewerbungen, insbesondere beim Formulieren eines Inserats, und beweist zugleich seine Anhänglichkeit: »Am liebsten wäre es mir natürlich, wenn ich in Hamburg ein Engagement erhalten könnte, ich sehne mich förmlich danach, wieder mit Ihnen zusammen zu sein und mich recht von Herzen ausplauschen zu können.«[73]

Fried aber zieht es zu Siegfried nach Berlin, spätestens ab Januar 1884 bewirbt er sich wieder bei Buchhandlungen in der Reichshauptstadt. Dabei ist er in der Auswahl der angestrebten Posten nicht eben bescheiden, wie aus einigen erhaltenen Absagen deutlich wird. So schreibt beispielsweise die Buchhandlung Prager aus Berlin: »Ich habe die Erfahrung, dass der zu besetzende Posten eine Erfahrung & Umsicht verlangt, die bei all der Tüchtigkeit, die Sie nach Ihren Zeugnissen zu besitzen scheinen, Ihnen abgehen muss, da diese Eigenschaften in dem Maße, in dem ich sie verlange, nur durch Zeit erworben werden können.«[74] Aber schon zwei Zeilen weiter heißt es auch: »Es sollte mich freuen, wenn ich später, nachdem Sie sich noch ein wenig mehr in der Welt umgesehen haben, Gelegenheit hätte, auf die jetzige Korrespondenz zurückzukommen & Ihnen zu zeigen, dass ich wirklich durch Ihren Brief ein Interesse an Ihnen gewonnen habe.«

Trotz einiger Absagen wird Frieds Hartnäckigkeit diesmal mit Erfolg belohnt. Im März 1884 gelingt ihm der Sprung nach Berlin.

2. Die Berliner Jahre 1884–1903

2.1 Vom Buchhandlungsgehilfen zum Verleger

Berlin, die Hauptstadt des neuen Deutschen Reiches, war – im Gegensatz zu Wien – eine junge, moderne Stadt, voller Bewegung und Bewegungsmöglichkeiten, ein wahrer Magnet für Menschen, die es, wie Fried, zu etwas bringen wollten. Im Gegensatz zu Wien, wo noch eine strenge Trennung der Stände herrschte, gab es in Berlin, neben den knapp ein Prozent adliger Bewohner, schon eine Vielzahl neureicher Aufsteiger, die die Klassenschranken aufweichten und im Kleinen zu einem Mythos der »unbegrenzten Möglichkeiten« beitrugen, wie er im Großen für Amerika galt. In Berlin lebten und wirkten Industrielle wie Siemens und Borsig, Besitzer großer Warenhäuser wie Wertheim und Tietz, aber auch die drei großen Zeitungsverleger Mosse, Scherl und Ullstein, die die Stadt mehrmals täglich mit einer Vielzahl von Zeitungen überschwemmten, deren Palette von konservativ über liberal bis sozialistisch reichte und dabei jedes Leserniveau bediente. Die neuen Millionäre Berlins waren zumeist Aufsteiger aus unteren oder mittleren Schichten, denn »das Bedürfnis emporzukommen prägte damals die gesamte Berliner Gesellschaft quer durch alle Klassen«.[1] Obwohl die Berliner Juden ihre volle rechtliche Gleichstellung durch ein Gesetz des Norddeutschen Bundes 1869 erst zwei Jahre nach den Wienern erhalten hatten, war ihre gesellschaftliche Integration in das entstehende Bürgertum bereits viel weiter fortgeschritten als in der Donaumonarchie.[2] Schon zu Beginn des 19. Jahrhunderts hatte die Steinsche Städteordnung von 1808 den preußischen Juden das Stadtbürgerrecht mit aktivem und passivem Wahlrecht gebracht, ein Jahr später war David Friedländer zum Berliner Stadtrat gewählt worden. 1811 wurde die Gewerbefreiheit eingeführt, die den Zunftzwang aufhob und den Juden bislang versperrte Handwerksberufe öffnete. Und schließlich wurden sie 1812 offiziell zu »Einländern und preußischen Staatsbürgern« erklärt. Allerdings blieben ihnen Staats- und Lehrämter verschlossen, und dies war auch nach 1869 faktisch – wenn auch nicht mehr rechtlich – mehr oder weniger Praxis.

Die guten Lebens- und Arbeitsmöglichkeiten führten zu einem raschen Anstieg der jüdischen Bevölkerung, um 1890 lebten 79000 Juden in Berlin und bildeten damit fünf Prozent der Bevölkerung; die überwiegende Zahl arbeitete im Handel, im gewerblichen Mittelstand oder als Angestellte. Sie betrieben kleine Lebensmittelläden, Marktstände oder Schnittwarengeschäfte in den Vororten. Jüdische Universitätsabsolventen bevorzugten wie überall Tätigkeiten als frei praktizierende Ärzte, Rechtsanwälte, Schriftsteller und Journalisten oder gingen als Naturwissenschaftler in die Industrieforschung. Insbesondere die expandierende Berliner Medienlandschaft bot vielen geisteswissenschaftlich orientierten Juden ein breites Betätigungsfeld: »Jüdische Kritiker, Galeristen, Verleger, Lektoren, Theaterdirektoren und Regisseure – Alfred Kerr, Paul Cassirer, Samuel Fischer, Moritz Heimann, Otto Brahm und Max Reinhardt – prägten die urbane Kultur Berlins.«[3]

Aber Berlin war nicht nur ein früher Hort der jüdischen Emanzipation, es war auch die Stadt, in der 1879 der Begriff »Antisemitismus« geprägt wurde. Die anhaltende Wirtschaftskrise nach dem »Schwarzen Freitag« von 1873 hatte auch in Berlin den Liberalismus geschwächt und mit ihm die Ideen der Aufklärung.

Im Gegensatz zu Wien wurde der Antisemitismus in Berlin jedoch insbesondere von der Führungselite, der Professorenschaft und dem einflussreichen protestantischen Klerus getragen. Zu den bekanntesten antisemitischen Propagandisten gehörten der Publizist Wilhelm Marr,[4] der Hofprediger Adolf Stöcker[5] und der Historiker Heinrich von Treitschke,[6] die zugleich für die rassischen, religiösen und nationalen Ausprägungen standen. Ihr Wirkungsfeld fanden sie neben dem für ihre Ideen sehr empfänglichen Bildungs- und Kleinbürgertum auch und gerade an den Universitäten. Eine Petition, die 1880 die Aufhebung der Emanzipation forderte, wurde von fast der Hälfte der Berliner Studenten unterzeichnet.

Berlin barg für einen jungen Wiener Buchhandlungsgehilfen durchaus beste berufliche Chancen, aber auch viele Gefahren gesellschaftlicher Isolation, insbesondere dann, wenn er sich wie Fried nicht in der Jüdischen Kultusgemeinde verwurzelte oder sich den zahlreichen jüdischen Vereinen anschloss, die sich als Reaktion auf die zunehmende gesellschaftliche Ausgrenzung bildeten. Ob der junge Fried sich dieser Gefahren bewusst war, scheint eher zweifelhaft. Zumindest in den ersten Jahren dürfte die Hoffnung auf eine baldige wirtschaftliche und gesellschaftliche Karriere alle möglichen Zweifel überwogen haben.

Der junge Buchhändler arbeitet zunächst in der Kommissions- und Export-Buchhandlung M. Neufeld in Berlin SW und mietet ein Zimmer ganz in der Nähe. Später wechselt er zu Neufeld & Mehring, Verlagsbuchhandlung und Antiquariat, in die Wilhelmstraße 121.[7]

Zumindest ein Mitglied der Familie ist über den Umzug nach Berlin nicht glücklich: Alfreds Schwester Pauline, die unermüdlich versucht, den großen Bruder zur Rückkehr nach Wien zu bewegen. Ihre Schilderungen der Familiensituation werden immer drastischer: »Nein, Alfred, es kann dir gar nicht in der Fremde gefallen, wenn du dir nur einmal ein rechtes Bild unserer jetzigen Existenz entwerfen könntest, diesen Monat hat die Mama 17-mal um 11 Uhr noch nicht gewusst, wo sie für alle von uns Mittagsmahl hernehmen wird. An solchen Tagen geht der Papa des Morgens weg und kommt zu Mittag zum Essen, geht dann ohne ein Wort zu reden weg und kommt am Abend so spät, dass die Kinder derweil schon schlafen, es muss ihm auch schwer sein, wenn er am Abend mit leeren Taschen zu so viel leeren Mägen nach Hause kommen soll.«[8] An den anderen Tagen, schreibt Pauline, seien es ihre eigenen kleinen Einkünfte oder Gaben von Onkel Moritz, die die Ernährung der Familie kurzfristig sicherstellen würden. Nur Alfred sei in der Lage, der Familie wirklich zu helfen, wenn er sich eine Anstellung in Wien suche und einen Teil seines Einkommens der Familie zur Verfügung stelle. »Wie viel leichter wäre der Mama aber das Leben, wenn du hier wärst.«[9] Noch drängender schreibt Pauline im nächsten Brief von den nun häufigen Streitereien der Eltern, meist um ein paar Kreuzer: »Nach so energischen Szenen wie sie jetzt nicht selten sind, seufzt die Mama immer, und wenn sie seufzt, so sind es nur die Worte: ›Gott, Gott, hätt ich nur den Alfred nicht fortgelassen, wenn er nur wüsst, was er mir da angetan.‹«[10]

Aber Fried kehrt vorerst nicht zurück. Stattdessen befasst er sich neben seiner Arbeit mit der Herausgabe seines ersten eigenen Werkes, einer Zitatensammlung, die er, in Anlehnung an das bekannte große Zitatenwerk Georg Büchmanns[11] »Der kleine Büchmann«[12] nennt. »Die Kreise, für die das Büchlein bestimmt ist, werden das darin finden, was sie suchen, und es sind damit alle Klassen gemeint, die sich nicht auf philologische Studien einlassen wollen. Für die Gelehrten habe ich nicht gearbeitet, sie werden mein Werk unbefriedigt zur Seite legen.«[13] Schon sein erstes Buch zielt auf eine breite Masse ab, auf den »kleinen Mann«, der literarisch oder wissenschaftlich interessiert, aber nicht ausgebildet ist und weder über viel Geld noch Zeit verfügt, sich mit Einzelfragen lange zu beschäftigen – ein Mensch wie der junge Herausgeber selbst. Das Konzept scheint erfolgreich, denn noch im selben Jahr erscheint eine zweite Auflage.

Auch die Familie ist beeindruckt von seinem Erstling. Selbst der sehr religiöse Bruder des Vaters, Salomon Fried aus Fünfkirchen in Ungarn, zu dem die Familie schon seit vielen Jahren keinen Kontakt mehr pflegt, meldet sich bei Alfred, um ihm zu gratulieren:

»Bei der Schöpfungsgeschichte heißt es [hebräischer Einschub], als Gott den Menschen erschuf, machte er ihn zum Ebenbild Gottes, das heißt, er legte in ihn die Vernunft mit allen ihren Künsten u. Anlagen, aber dadurch sind sie noch nicht Mensch – sondern haben bloß die Anlage, Mensch zu werden, denn erst werden sie Mensch genannt, wenn sie selber sich erschaffen, selber bilden u. selbst ihre Anlagen zur Vollkommenheit bringen. Und das, mein teurer Neffe, ersehe ich an dir, du bist bestrebt, dich als vollkommener Mensch herauszubilden.«[14] Ein Lob, das der junge Fried sicher nicht ungern hörte, war es doch das, was er anstrebte: Sich selbst, aus dem Schlamme empor, zu einem gebildeten, angesehenen, erfolgreichen und letztlich eben »vollkommenen« Menschen zu formen. Die Zustimmung der Familie dürfte ihn auf seinem eingeschlagenen Weg bestärkt haben. Kaum eineinhalb Jahre später, im Februar 1888, gibt Fried eine deutsche Zitatensammlung heraus,[15] und noch im Herbst desselben Jahres schließt sich als Folgeband das »Lexikon fremdsprachlicher Zitate« an.[16]

Zunächst jedoch kehrt der junge Buchhändler noch einmal für kurze Zeit nach Wien zurück, allerdings keineswegs freiwillig. Am 15. Januar 1887, drei Jahre, nachdem er in Hamburg das erste Mal zur Musterung bestellt wurde,[17] beginnt Fried in Wien seinen Wehrdienst als Infanterist im 44. Infanterieregiment in Obersievering. Interessanterweise schweigt er sich über diese Zeit, die sicher Beispiele für das später so oft beschworene Unwesen des Kadavergehorsams geboten hätte, in seinen Jugenderinnerungen aus. Dort heißt es lediglich: »Im Jahre 1887 machte ich eine, erfreulich kurze, Militärdienstzeit in Wien ab.«[18]

Tatsächlich ist kaum vorstellbar, dass die Monate beim Militär an dem »latenten Pazifisten« so spurlos vorbeigegangen sind. Der in den 1890er Jahren zwischen Fried und den Behörden immer wieder ausgefochtene Kampf um die Teilnahme oder Nichtteilnahme an den vorgeschriebenen Übungen[19] lässt vermuten, dass wohl nicht alles so reibungslos ablief. Bei dieser kurzen Erwähnung in den am Ende seines Lebens geschriebenen Erinnerungen mag das Bedürfnis des bekannten, im 1. Weltkrieg vielfach angefeindeten Pazifisten eine Rolle gespielt haben, an seiner patriotischen Gesinnung und Pflichterfüllung keine Zweifel aufkommen zu lassen. Dennoch finden sich an anderer Stelle durchaus kritische Bemerkungen über das Militärwesen: »Die Erscheinung der Soldaten als willenlose Marionetten, ihre Behandlung mit Püffen und Scheltworten, wobei oft dem Einzelnen die Röte der Scham und des Zorns ins Gesicht stieg, ohne dass sich einer zu wehren vermochte, erfüllte mich mit kochender Empörung und dem Wunsch, einmal hier helfen zu können.«[20]

Sehr viel schärfere Worte für die »Kriegsknechtschaft« findet Fried in der »Friedens-Warte«; der Zwang zu militärischer Dienstleistung sei »[...] die ärgste, die skandalöseste, die schandbarste Sklaverei, die es je gegeben hat. Diese Einrichtung mit der Entsagung des Individuums über seinen Leib, die widerlichste Knechtung seiner Seele, die Herabsetzung des Menschen zu einem willen- und selbstlosen Tier ist eine Schändung der gesamten Menschheit.«[21]

Noch während der Militärzeit in Sievering, im Juli 1887, startet er sein erstes eigenes Verlagsprojekt, das sich unter dem Namen »Verlag des Allgemeinen deutschen Hochschulkalenders«, Wien, ausschließlich Werbung und Vertrieb des »unter Befürwortung und Unterstützung des k.k. Ministeriums für Kultus und Unterricht« von Dr. R. Kulka herausgegebenen »Allgemeinen deutschen Hochschulkalenders« widmet. Fried versendet Bücherbestellkarten an mögliche Interessenten und bekommt Ende August sogar einen besonderen, für drei Monate gültigen militärischen Pass, der ihm das Reisen von Wien über Berlin nach Hamburg ermöglicht. Der Ausweis[22] enthält kein Foto, aber eine Personenbeschreibung:

Statur:	*mittelgroß*
Gesicht:	*länglich*
Haare:	*braun*
Augen:	*grau*
Mund und Nase:	*proportioniert*
Bes. Kennzeichen:	*keine*

2.2 Alfred H. Fried & Cie.

Nach seiner Rückkehr gründet Fried am 25. November 1887 in Berlin den Alfred H. Fried Verlag.[23] Eines der ersten Bücher erscheint im April 1888 unter dem Titel »Buch berühmter Duelle«. Neben Buchbestellkarten und Plakaten greift Fried noch zu einem anderen Werbemittel: Er bietet Zeitungen und Zeitschriften ein mehrseitiges Feuilleton unter dem Titel »Das Duell im modernen Rechtsstaat« zum kostenlosen Abdruck an, »mit der Bitte, den Hinweis auf das ›Buch berühmter Duelle‹ von Dr. Adolph Kohut mit abzudrucken.«[24] Im selben Jahr erscheinen noch vier weitere Werke, die Fried ungewöhnlich offensiv bewirbt. Dazu übernimmt er vom Verlag Oppenheim in Berlin »Geschichte der jüdischen Literatur in 18 Lieferungen« von Dr. Gustav Karpeles.

Woher der mittellose Fried das Geld nimmt, erklärt er später in einem Schreiben an seine Gläubiger: »Im Frühjahr 1888 etablierte ich mich mit dem damaligen Lehrling im Bankgeschäft Herrn Jacques Gnadenfeld zur Gründung einer Verlagsbuchhandlung. [...] Ich brachte meine Kenntnisse und Erfahrungen sowie meinen Ideenschatz und Unternehmungsgeist in das Geschäft mit, von dessen Erträgnis Herr Gnadenfeld zu gleichen Teilen partizipieren sollte. Herrn Gnadenfelds Vater, Herr Leopold Gnadenfeld, stand der Etablierung seines Sohnes feindlich gegenüber, gewährte der neuen Firma im Mai 1888, als die Erfolge bereits auf der Hand lagen, dennoch einen Blankokredit von M. 3000.— Aufgrund dieses Blankokredits arbeiteten wir weiter und kann ich mir schmeicheln, an der Hand guter Ideen, die fast alle einschlugen, mit dem geringen Kapital einen Umsatz erzielt zu haben, den mir nicht sobald jemand nachmacht.«[25]

Tatsächlich kommt Jacques Gnadenfeld, Lehrling des Bankhauses Daniel & Frankenstein, und Sohn des Fabrikanten Leopold Gnadenfeld aus Breslau, im Frühjahr 1888 als stiller Teilhaber in die Firma. Bald jedoch reicht das Geld, das der Banklehrling sich von verschiedenen Freunden leiht, für die Kosten des kleinen Verlages nicht mehr aus. Fried drängt Gnadenfeld daher, seinen wohlhabenden Vater um einen Blankokredit zu bitten. Leopold

Gnadenfeld unterzeichnet den Kredit von 3000 Mark allerdings nur unter der Bedingung, dass Jacques umgehend offizieller Teilhaber werde.[26] Am 1. Oktober 1888 gibt Fried dem Buchhandel daher bekannt, dass sein bisheriger stiller Teilhaber »[...] mit heutigem Tage als öffentlicher Gesellschafter in mein Verlags-Geschäft eintritt und wir dasselbe nach erfolgter handelsgerichtlicher Eintragung gemeinschaftlich unter der Firma Alfred H. Fried & Cie. weiterführen werden.«[27] Fried, der sich gerne als einen Einsamen bezeichnet,[28] ist eher ein Einzelgänger und neigt zu heftigen Temperamentsausbrüchen.[29] Zudem dokumentieren die Briefe Jacques Gnadenfelds schon früh, dass Fried offensichtlich keine allzu hohe Meinung von seinem Partner hat.[30]

Zunächst scheint sich alles positiv zu entwickeln, 1889 erscheinen mehr als 20 Werke mit insgesamt über 60 Bänden. Schon in diesen ersten Jahren erweist sich, dass Fried keine Angst hat, auch heiße Eisen anzufassen. Dies bringt ihn 1889 mit Richard Grelling[31] zusammen, mit dem er später die Gründung der Deutschen Friedensgesellschaft vorbereiten wird. In der anlässlich von Frieds Tod 1922 erschienenen Sammlung von Gedenkblättern erinnert sich Richard Grelling an seine erste Begegnung mit Fried: »Ich bin wohl der Einzige, der mit Fried schon in Beziehung stand, als er noch gar nicht Fried, der Friedensmann – nomen, omen –, sondern ein simpler Verlagsbuchhändler, Inhaber der Firma Alfred H. Fried & Co., als er zwar pazifistischer Gesinnung, aber noch nicht Pazifist von Beruf war. Ein von mir im Fortschrittlichen Verein Waldeck gehaltener Vortrag über ›Kaiser Friedrichs Tagebuch und der Prozess Geffcken‹ hatte durch seine scharfe Kritik der durch Bismarck veranlassten Landesverratsuntersuchung gegen den ehemaligen intimen Freund des Kaisers Friedrich III., den bekannten Völkerrechtslehrer Geffcken, erhebliches Aufsehen erregt. [...] Es war bekanntlich ebenso gefährlich, damals den Fürsten Bismarck irgendeiner Schuld zu zeihen, wie es heute in Deutschland gefährlich ist, die Schuld Wilhelms und seiner Leute am Weltkriege darzutun. Das hinderte aber weder mich noch den jungen Verleger Fried [...] dem Sturm zu trotzen. Und so erschien – als erstes Resultat unserer öffentlichen politischen Zusammenarbeit – mein Vortrag, unter obigem Titel und knallrotem Umschlag, im Jahre 1889 im Verlage von Alfred H. Fried & Cie.«[32]

Die Publikation bleibt unbeanstandet. Es ist Fried sogar möglich, schon ein Jahr später mit Bismarck selbst in Kontakt zu treten und eine Volksausgabe seiner »Gesammelten Werke« herauszugeben.[33] Auch Umsatz und Gewinn können sich sehen lassen. Fried gibt später an: »Wir setzten im ersten Jahre 58 000 Mark, im zweiten Jahre 68 000 Mark [...] um. Wir verdienten rein netto im ersten Jahre 11 000, im zweiten Jahre 17 000 [...] Mark.«[34]

Die Zeichen stehen gut für die jungen Verleger. Besonders für Fried, der neben der erfolgreichen Verlagsgründung und der Herausgabe der beiden Zitatwerke bei Reclam auch noch privat einen Glückstreffer gelandet zu haben scheint. Während eines Besuches in Breslau 1888 hat er die Familie seines Geschäftspartners kennengelernt. Leopold Gnadenfeld ist Inhaber einer »Fabrik für wollene und baumwollene gestrickte Strümpfe und Socken«, ein angesehener, wohlhabender Breslauer Bürger. Der 24-jährige Fried verliebt sich in Gnadenfelds zweitälteste, gerade 19 Jahre alte Tochter Gertrud. Schon am 7. Februar 1889 findet in Breslau die Hochzeit statt. Gertrud bringt aber, wie Fried später angibt, »nur die Wohnungs-Einrichtung« mit in die Ehe. Vielleicht aus Enttäuschung über diese sparsame Mitgift, vielleicht auch,

Verlagslogo Alfred H. Frieds & Cie.

weil Fried die Arbeit des mehr kaufmännisch orientierten Jacques nicht zu würdigen weiß, gibt es immer häufiger Krach zwischen den beiden: »Herr Gnadenfeld nahm Teil an meinen Erfolgen und an dem Verdienst, leistete mir aber sonst nichts, rein nichts, höchstens ein paar mechanische Arbeiten, die ein einfacher Gehilfe für 100 M. monatlich verrichtet. Sonst verstand er noch, wenn ein Lieferant eine Preis-Forderung von 90 Pf. stellte, 85 Pf. zu bieten und zu erwirken.«

Im Januar 1890 versucht Fried, der den Verlag weiterhin als seine ureigenste Schöpfung ansieht, den Teilhaber abzuschütteln und dies der Familie Gnadenfeld gegenüber mit seinen durch die Heirat gestiegenen Lebenshaltungskosten zu rechtfertigen. Die Gnadenfelds zeigen sich kompromissbereit und erhöhen Frieds Gewinnanteil. Trotzdem besteht er nur ein Jahr später auf einer Trennung. Am 1. Februar 1891 gibt Fried dem Buchhandel durch eine Zeitungsanzeige bekannt, dass er von nun an wieder alleiniger Besitzer der Firma Alfred H. Fried & Cie. sei: »Nach gütlicher Übereinkunft tritt mein bisheriger Sozius Herr Jacques Gnadenfeld mit heutigem Tage aus der von uns beiden gemeinschaftlich unter der Firma Alfred H. Fried & Cie. an hiesigem Orte betriebenen Verlagsbuchhandlung aus. Ich werde dieselbe allein unter der bisherigen Firma unverändert weiterführen.«[35]

Doch ganz so einfach, wie Fried es sich vorgestellt hat, wird es nicht. Jacques Gnadenfeld und sein Vater wehren sich und zwingen Fried zu einer Teilung des Verlages, beide Partner sollen einen Teil mit den entsprechenden Passiva übernehmen. »Ich erklärte mich einverstanden, obwohl es mir das Herz zerriss, meine eigenen Geisteskinder und die Früchte meiner Arbeit so aus den Händen eskamotiert zu sehen.«[36] Damit nicht genug, verlangen Jacques Gnadenfeld und sein Schwager und neuer Teilhaber Sally Simon von Fried eine Garantie, dass er die übernommenen Passiva bezahlen werde. Frieds erschreckend naiv anmutende Hoffnung, sein Schwiegervater werde noch einmal in die Bresche springen, erfüllt sich nicht. Auch ein zunächst williger Teilhaber springt kurz vor Abschluss des Vertrages ab. So sieht er sich gezwungen, noch im Frühjahr 1891 einen Aufruf an seine Gläubiger zu erlassen: »[...] und Sie zu bitten, durch Ihr vereintes Vorgehen mir zu ermöglichen, das von mir gegründete und aus nichts selbständig geschaffene Geschäft weiterführen zu können. Es ist durch Gutachten von vereideten Bücherrevisoren sowie durch unsere eigenen Geschäftsbücher erwiesen, dass Ihnen bei einer Weiterführung des Geschäftes nicht der geringste Verlust erwachsen könne.« Augenscheinlich gelingt es ihm, die Gläubiger zu überzeugen, er kann weitermachen.

Gnadenfeld behält vor allem die klassischen Literaten, während Fried unbekanntere Autoren wie Hans Land[37] und Heinrich Zschokke[38] und modernere, häufig auch umstrittene Themen wie etwa eine Hygiene-Reihe, in der sich verschiedene Autoren mit der Hygiene der Keuschheit, der Flitterwochen, der geistigen Arbeit und der Nahrungsmittel befassen,[39] anbietet. Und er geht diesen Weg zunächst weiter: Unter den 1891 neu herausgegebenen oder wiederaufgelegten 27 Werken sind allein vier Bände der Frauenrechtlerin Gisela von Streitberg,[40] fünf weitere Hygienebände und eine neue Reihe, die unter dem Titel »Sammlung Fried« Werke erotischer Literatur vereint. Da gerade die Herausgabe dieser Reihe später im Vorstand der Deutschen Friedensgesellschaft zu Kritik an Fried führen wird, seien die Titel hier genannt: 1.: Restif de la Bretonne, »Die Liebe mit 45 Jahren. Intime Memoiren« 2./3.: Paul Mantegazza, »Die Hygiene der Liebe« 4.: Arthur Schopenhauer, »Zur Metaphysik der Geschlechterliebe« 5./6. Bd.: Paul Mantegazza, »Die Physiologie der Liebe« 7.: Paul Mantegazza, »Die Physiologie des Genusses« 8.: J.S.Mill, »Die Hörigkeit der Frau.« Man kann kaum behaupten, dass es sich bei diesen Werken um pornographische Literatur handelte, umstritten waren sie in der prüden Zeit des Kaiserreiches aber zweifellos.

Trotz der überwiegend aktuellen und teilweise auch brisanten Themen scheint Fried den kommerziell schlechteren Teil des Programms übernommen zu haben, denn während es Gnadenfeld schnell immer bessergeht und der Verlag bis 1935 immer weiter wächst, bleibt Fried hoch verschuldet. Auch als er sein Programm 1892 mehr auf politische und lexikalische Werke umstellt, ändert sich daran nichts. Folgen hat diese Umstellung dennoch, denn Gnadenfeld, für den Lexika und klassische Werke ausschließlich zu seinem eigenen Verlagsteil gehören, wirft Fried, sobald im Herbst 1891 sein neues Programm herauskommt, Vertragsbruch und Plagiat vor.

Die beiden Kontrahenten führen ihre Auseinandersetzungen öffentlich, mit Plakaten und mehrseitigen Zirkularen an die Buchhändler und allzu oft weit unter der Gürtellinie. Erst im November 1891, genau an seinem Geburtstag, setzt Fried dem Treiben ein Ende: »Genug!! Ich erkläre hiermit, dass ich mich auf alle weiteren Anfeindungen seitens der Genossenschaft Jacques Gnadenfeld, Adolf Hein, Sally Simon auf keine Weiterungen mehr einlasse, sondern dem Treiben meiner Herren Schwäger ruhig zusehen und den Buchhandel vor dieser unerquicklichen offenen Korrespondenz bewahren werde, bis die Gerichte ihre Entscheidung getroffen. Alle derartigen Angriffe wandern in den Papierkorb, und bitte ich jeden rechtlich denkenden Kollegen, diesem unqualifizierten Treiben die gebührende Würdigung zu schenken. Berlin, den 11. November 1891. Hochachtungsvoll Alfred H. Fried.«[41]

Letztlich gewinnt Fried diesen Streit, und Gnadenfeld muss zumindest den Plagiatsvorwurf im Sommer 1892 widerrufen.[42] Der Schaden, den Frieds Ruf in Buchhändlerkreisen genommen hat, ist aber kaum wiedergutzumachen.

Genau in diese Zeit der Unruhe und materiellen Unsicherheit fällt sein erster Kontakt mit der Friedensbewegung.

2.3 Der Weg in die Friedensbewegung

»Es dürfte am 1. oder 2. November 1891 gewesen sein«,[43] schreibt Fried, »da saß ich im Café Kaiserhof in Berlin und las zu meinem Staunen und mit größtem Interesse, dass Baronin Bertha von Suttner in Wien als Präsidentin einer Österreichischen Friedensgesellschaft in den nächsten Tagen nach Rom abreisen werde, um als Delegierte an einem dort abzuhaltenden Friedenskongress teilzunehmen. [...] Wie, es gab also in Wien eine Gesellschaft, die sich die Bekämpfung des Krieges zur Aufgabe stellt, es gab also noch Menschen, die wie ich den Krieg als Übel ansahen, es gab solche Menschen sogar in verschiedenen Ländern, so dass sie sich zu einem internationalen Kongress vereinigen konnten? Wie eine Offenbarung kam es über mich. Zu diesen Menschen gehöre ich, rief es in mir, an ihrer Arbeit mitzuwirken ist meine Aufgabe! Zu ihnen! Noch am selben Tage schrieb ich Bertha von Suttner, die damals auf Schloss Harmannsdorf in Niederösterreich wohnte [...] und drückte ihr den festen Willen aus, an dem großen Werke, das sie unternommen, mitzuarbeiten. Ich machte ihr den Vorschlag, um der Friedensidee in Deutschland und Österreich die nötige Verbreitung zu geben, eine Monatsschrift zu veröffentlichen, die ich verlegen wollte.«[44]

Bertha von Suttner antwortet sofort und signalisiert Interesse. Für Fried »das wichtigste Wegzeichen meiner Lebensbahn. [...] Von diesem Tage an war ich in das Räderwerk der Friedensbewegung eingegliedert und habe von da ab nie mehr aufgehört, in ihr zu wirken. [...] Genau erinnere ich mich der Stunde, wo es wie eine höhere Eingebung über mich kam und ich mir sagte, hier ist etwas, mit dem du dein Leben erfüllen und es wertvoll machen kannst. Von meinem Beruf nicht befriedigt, mit einem Verlangen nach höheren Aufgaben erfüllt, sah ich hier plötzlich das Ziel gegeben, für das es sich zu wirken und zu kämpfen lohnte.«

Dies Bekenntnis ist durchaus wörtlich zu nehmen. Obwohl er ohne Pause arbeitet, entwickelt sich das Verlagsgeschäft nicht so gut, wie erhofft. Vor allem aber bringt es dem jungen Mann nicht das, was er eigentlich möchte: gesellschaftliches Ansehen. Was schon im Tagebuch des Fünfzehnjährigen deutlich wird, dass der treibende Wunsch, »sich aus dem Schlamme emporzuarbeiten«, sich nicht nur auf die materielle Situation, sondern vor allem auf seine Position in der Gesellschaft bezieht, bleibt für Fried ein Leben lang Triebfeder seines Handelns. So ist es nicht verwunderlich, wenn ihn die Aussicht, zusammen mit Trägern klangvoller Namen für eine gute, ethisch hochstehende Sache zu kämpfen, begeistert. Auch der enorme Erfolg des Suttnerschen Buches »Die Waffen nieder!«[45] war dem jungen Verleger nicht entgangen: »Die Tendenz dieses Buches schien an den Nerv der Zeit zu rühren; denn die Wirkung auf diese war stark. Es erschienen über das Buch spaltenlange Artikel in den Zeitungen, es wurden Vorträge darüber gehalten und im österreichischen Reichsrat wies bei einer Militärdebatte der Finanzminister darauf hin und empfahl den Abgeordneten, einige Stunden der Lektüre dieses Romans zu widmen.«[46] Der Erfolg einer Zeitschrift, die an das populäre Buch anknüpfte, musste Fried, besonders wenn noch eine finanzkräftige Herausgeberin dahinterstand, durchaus wahrscheinlich erscheinen. Die Stimmung schien günstig. Die Gründung der Österreichischen Friedensbewegung ließ eine ebenfalls erfolgreiche Gründung einer Deutschen Friedensgesellschaft erhoffen, und damit auch einen großen Abonnentenkreis für die neue Zeitschrift.

Gleich nach Bertha von Suttners Rückkehr aus Rom beginnen die Verhandlungen. Dabei stellt sich rasch heraus, dass eine Voraussetzung nicht gegeben ist: die finanzkräftige Herausgeberin. Während Fried die Schriftstellerin für vermögend hält, gilt dies auch umgekehrt für die Baronin, die in Fried einen unabhängigen, erfolgreichen Geschäftsmann vermutet. So verlangt sie für die Herausgabe der Zeitschrift ein angemessenes Honorar: »Sie rechneten 3000 Mark für Papier und Druckkosten. Sie müssen eben noch 2400 Mark für Redakteur und Autoren hinzurechnen. Dass gerade diese nichts kosten sollen, ist nicht billig.«[47] Für Fried ist diese Forderung unerfüllbar. Beladen mit Schulden ist er nicht einmal in der Lage, das geringe Honorar von 50 Mark im Monat, auf das er sich schließlich mit Bertha von Suttner einigt, zu zahlen.[48] Obwohl beiden rasch klar wird, dass sie keine finanzielle Stütze aneinander finden werden, machen sie in der Hoffnung, die fehlenden Gelder über eine feste Abonnentenzahl zu erhalten, weiter.

Wie Fried sich von der Enttäuschung über von Suttners unerwartet geringe Mittel nicht entmutigen lässt, so macht sie sich nichts daraus, als sie von seiner Herkunft und Lebenssituation erfährt: »Gerade dass Sie noch so jung sind, lässt auf Feuer und Tatkraft hoffen – und dass Sie *self* sind, wird Sie auch bald als *made* erscheinen lassen. Wachsen – das ist die Grundlage aller Größe und Stärke; das vom Himmel heruntergefallene Große (durch Geburt oder Reichtum) bleibt oft stehen, wenn's nicht abnimmt.«[49]

In der zweiten Januarhälfte 1892 lässt Fried das erste Heft drucken. Es wird, wie erhofft, zumindest ein Prestigeerfolg: »Von allen Seiten trafen Glückwünsche ein. Es wurde allenthalben als ein Ereignis betrachtet, das Erscheinen einer dem Friedensgedanken gewidmeten Zeitschrift mitten im militärischen Berlin, noch dazu mit dem damals mehr als je anachronistischen Streitruf ›Die Waffen nieder!‹ als Titel. Größere deutsche Zeitungen brachten die Anzeige und einzelne sogar längere Besprechungen. Auch im Auslande wurde die Revue begrüßt. In Pariser und Londoner Blättern erschienen sympathische Kommentare.«[50]

Die hochgespannten Erwartungen erfüllen sich jedoch nicht. Die Zahl der Abonnenten bleibt zu niedrig, was sicher auch damit zusammenhängt, dass es nicht so schnell wie erwartet gelingt, eine Deutsche Friedensgesellschaft ins Leben zu rufen. Im Januar 1892 schreibt Bertha von Suttner an Fried: »Ich bin über die Abonnentenfrage überhaupt sehr beschämt. Wir sind beide, wie es scheint, zu sanguinisch gewesen [...] alles verhält sich so teilnahmslos und abwartend [...] Um glänzende Mitarbeiter ist mir nicht bange – nur um Abonnentenglanz: der ist schwer zu erlangen.«[51] Im Februar lässt Fried vorsorglich nur noch 370 Exemplare drucken, aber auch diese werden nicht verkauft.[52] »Im Ganzen waren es zweihundert Abonnenten, die dem Unternehmen ihre Stütze gaben«,[53] hält er fest. Das reicht nicht, um die Zeitschrift aus den roten Zahlen herauszureißen; als sich auch in den kommenden Monaten die Situation nicht bessert, gibt Fried sie im Frühsommer 1893 an den E. Pierson Verlag in Dresden ab, der, wie Fried schreibt, »das Defizit leichter tragen konnte«.[54]

Eine erste herbe Enttäuschung auch für Bertha von Suttner. Zu ihrem 50. Geburtstag am 9. Juni 1893 schreibt ihr Fried einen sehr zerknirschten Brief: »Hochverehrte Frau Baronin! Im Büßergewande und Asche am Haupte naht im heutigen Festzuge ein stiller Gast, um bescheiden seinen Glückwunsch darzubringen. – Die alte Tragik vom großen Wollen und vom schwachen Können hat den Mann so stumm gemacht und so nachdenklich

[…]«[55] Er habe lange überlegt, ob er überhaupt noch gratulieren dürfe, aber er wolle sich die Erinnerung an die schönste Episode seines Lebens, »die kurze Spanne Zeit, die mein Wirken in den Dienst eines großen Menschen stellte«, nicht nehmen lassen und werde auch weiterhin ihr »treuer Knappe« sein. Die Verstimmung zwischen beiden dauert jedoch nicht lange, und schon bald wird Fried ein regelmäßiger Mitarbeiter der Zeitschrift, was, wie Karl Ferdinand Reichel meint, »für den Inhalt nicht unwesentlich war, da er in seinen Aufsätzen […] einen knappen journalistischen Stil beherrschte und propagandistisch erfolgreicher war«.[56]

Fried engagiert sich nun mit voller Kraft für die Gründung einer Deutschen Friedensgesellschaft, denn seine Grundidee, die neue Revue zu einem Sammelpunkt der entstehenden Bewegung zu machen, schloss die Gründung einer Deutschen Friedensgesellschaft unabdingbar mit ein. »Die mit so großem Erfolg unternommene Bildung der Österreichischen Friedensgesellschaft sollte als Beispiel dienen.«[57]

Bertha von Suttner war im Winter 1890/91 eher zufällig mit dem Gründungsmitglied und aktiven Mitarbeiter der »International Arbitration and Peace Association of Great Britain and Ireland«, dem Maler und Schriftsteller Felix Moscheles[58] in Venedig zusammengetroffen, der kurz zuvor ihren Roman »Die Waffen nieder!« gelesen hatte und, wie auch viele andere Zeitgenossen, die Geschichte für autobiographisch hielt. Sein erstes Treffen mit Bertha von Suttner galt daher der »armen Witwe«, dem lebenden Beweis für die Grausamkeiten des Krieges, und er zeigte sich sehr erstaunt, als er erfuhr, dass die Geschichte reine Fiktion war. Dennoch hatte er sogleich die Chance genutzt, die bekannte Autorin von der Notwendigkeit einer Friedensgesellschaft in Österreich zu überzeugen.[59] Letztlich mit Erfolg. Am 3. September 1891 hatte Bertha von Suttner einen Aufruf in der liberalen Wiener Tageszeitung »Neue Freie Presse« veröffentlicht, in dem sie über den kommenden Weltfriedenskongress in Rom und die Aktivitäten ausländischer Friedensvereine berichtet und am Ende die Gründung eines Friedensvereines auch in Österreich angeregt hatte.[60] Für sie überraschend war das Echo recht groß. Bertha von Suttner sprach später von Hunderten von zustimmenden Briefen aus allen Teilen Österreichs, die sie erhalten habe. Daraufhin hatte sie die in Wien wohnhaften Adressaten zu einer Versammlung eingeladen, um ein provisorisches Komitee zu bilden. Schon am 29. September fand das erste Treffen statt. Die Versammelten erklärten sich als neuer nationaler Zweig der Londoner Association und wandten sich am 18. Oktober noch einmal an die Öffentlichkeit, um ihre Ziele darzulegen, wobei insbesondere der völlig unpolitische, rein humanitäre Charakter der Gesellschaft betont wurde, und zu einer konstituierenden Versammlung einzuladen. Als vorbereitendes Komitee zeichneten den Aufruf zehn Personen,[61] unter ihnen Bertha von Suttner als einzige Frau und P. K. Rosegger, der einzige Nichtadelige. Wenige Tage später konstituierte sich, mit behördlicher Genehmigung, die »Österreichische Friedensgesellschaft« und schickte auch gleich sechs Vertreter nach Rom. Die Vereinskasse war zu diesem Zeitpunkt durch verschiedene Einzelspenden bereits so gut gefüllt, dass Reisesubventionen gewährt werden konnten.

Innerhalb von nicht einmal zwei Monaten war also in Österreich die Gründung eines Vereins geglückt, der nicht nur über glänzende Namen, sondern auch schon zu Beginn über volle Kassen und 2000 Mitglieder verfügte.[62] Ein lockendes Beispiel für Berlin. Es schien, als brauche man nur eine Initialzündung – eine Rede, einen Artikel, den Besuch eines bekannten Pazifisten, dann ein paar große Namen –, und schon würde man auch in Berlin binnen kurzem eine eigene Friedensgesellschaft ins Leben rufen können. Doch anders als für Österreich waren die letzten Kriege namentlich für den preußischen Teil des Deutschen Reiches überaus günstig verlaufen. Frankreich war zurückgedrängt, die deutsche Nation nach den Wünschen Preußens gebildet worden. Das Militär genoss hohes Ansehen, und sein Atem durchwehte alle Teile der Gesellschaft – auch und gerade in der jungen Reichshauptstadt Berlin. Dazu war am Ende des Dreikaiserjahres 1888 mit Wilhelm II. ein Monarch an die Macht gekommen, der keinen Zweifel daran ließ, dass er seine eigene und die Macht seines Staates weiter auszubauen gedachte.[63]

Nach Bismarcks Sturz 1890 stand mit Leo Graf Caprivi zudem ein Reichskanzler an der Spitze, der zwar innenpolitisch auf sozialen Ausgleich bedacht war und sowohl das Zentrum als auch die Linksliberalen an seine Politik anzubinden versuchte, daneben jedoch entschieden für eine Stärkung des Militärs durch erhöhte Rüstungsanstrengungen eintrat. Nachdem er bereits im Sommer 1890 eine Heeresverstärkung durchgesetzt hatte, forderte er im November 1892 eine erneute Verstärkung um 80 000 Mann.[64] Trotz der Ablehnung dieser Vorlage durch die Liberalen und das Zentrum im Reichstag[65] sollten sich die parlamentarischen Auseinandersetzungen im Vorfeld eher negativ auf die beabsichtigte Gründung einer Friedensgesellschaft auswirken. Zudem war die Basis, auf der die Friedensbewegung im Reich aufbauen konnte, verschwindend gering.[66]

Der erste Friedensverein auf dem Gebiet des späteren deutschen Reiches war im September 1850 im Anschluss an den im August tagenden internationalen Friedenskongress in Frankfurt vom Prediger der Freien Evangelischen Gemeinde Julius Rupp und dem Arzt Robert Motherby in Königsberg gegründet worden und hatte während der kurzen Zeit seines Bestehens immerhin 140 Mitglieder. Allerdings wurde der Verein mit der einsetzenden politischen Reaktion bereits im Mai 1851 verboten und polizeilich aufgelöst. Ende der 60er und Mitte der 70er Jahre hatte der Publizist Eduard Loewenthal zunächst in Dresden, dann in Berlin zwei Versuche zur Gründung von Vereinen mit pazifistischen Zielsetzungen unternommen, denen jedoch ebenfalls nur eine geringe Lebensdauer beschieden war. Die Reichseinigungskriege, die unter preußischer Führung den von so vielen ersehnten deutschen Nationalstaat durch »Blut und Eisen« begründeten, bildeten einen schlechten Nährboden für pazifistisches Gedankengut.

Erst zehn Jahre später gelang es dem Engländer Hodgson Pratt, Vorsitzender der »International Arbitration and Peace Society« in London, durch zwei Agitationsreisen durch Deutschland im Sommer und Herbst 1885, einige neue Friedensvereine ins Leben zu rufen. Während es in Berlin lediglich zur Bildung eines vorbereitenden Komitees unter Leitung des Arztes und freisinnigen Reichstagsabgeordneten Rudolf Virchow kam, wurden in Darmstadt, Stuttgart und Frankfurt Friedensvereine gegründet. Um 1892 existierte von diesen dreien aber nur noch der Frankfurter Ableger, da die anderen beiden sich nach Differenzen mit Pratt über die Stellung zur Elsass-Lothringen-Frage schon nach zwei Jahren wieder aufgelöst hatten. Der polizeilich überwachte Frankfurter Friedensverein unter Leitung des 66-jährigen Patentanwaltes Franz Wirth mit seinen 71 Mitgliedern war der einzige, auf den sich Bertha von Suttner und Fried bei ihrem Gründungsversuch stützen konnten.

So optimistisch, wie Fried und Suttner an die Gründung der neuen Zeitschrift gehen, glauben sie auch an eine schnelle Gründung einer Deutschen Friedensgesellschaft. Als Bertha von Suttner eine Einladung des Vereins »Berliner Presse« erhält, im März einen Vortrag zu halten, beschließen sie, die scheinbar gute Gelegenheit zu nutzen. Fried lässt Zettel drucken mit der Aufschrift »Vorbereitendes Komitee zur Gründung einer deutschen Friedensgesellschaft«, auf denen sich Interessenten einzeichnen sollen. Doch es gelingt ihm lediglich für das Festbankett, das zu Ehren von Suttners stattfinden soll, ein Organisationskomitee mit Trägern bekannter Namen aus Politik und Geistesleben zusammenzubringen. An erster Stelle den Vizepräsidenten des Reichstages Dr. Karl Baumbach, daneben Abgeordnete wie Dr. Theodor Barth, Dr. Max Hirsch, Friedrich Spielhagen, Heinrich Prinz zu Schönaich-Carolath,[67] aber auch Schriftsteller wie Fritz Mauthner, Wilhelm Bölsche, Hans Land und Dr. Arthur Levysohn, den Chefredakteur des »Berliner Tageblatts«. Fried übernimmt die administrativen Vorbereitungen und druckt neben den Werbeplakaten auch die Einlasskarten, die in seinem Verlag zum Preis von 6 Mark verkauft werden.

Der Vortrag und das Bankett, das nach Frieds Angaben von über 250 Personen besucht wird,[68] werden ein Erfolg, allerdings mehr für die bekannte Autorin und als gesellschaftliches Ereignis, nicht als pazifistische Veranstaltung. Zur Gründung einer Friedensgesellschaft trägt ihr Besuch kaum bei. Dennoch bleibt er laut Fried nicht ganz ohne Wirkung: »Es erschien nach der Zustimmung und Ehrung, die der österreichischen Wortführerin in der Reichshauptstadt zuteil wurde, nicht mehr so blamabel, für diese Idee einzutreten.«

Die nationale Presse verfolgt die Ereignisse offenbar mit einiger Sorge. Zumindest deutet der Spottartikel darauf hin, den Fried zitiert: »Die Dame, welche sich vorgenommen hat, den Kriegsgott mit einem Schürzenband zu erdrosseln, kommt Mitte dieses Monats nach Berlin, und das wird von ihren Anbetern als ein Ereignis angesehen, würdig durch ein Fest-Bankett begangen zu werden. Ein solches ist auf den 18. März im Englischen Haus anberaumt, zu dem einladenden Ausschuss gehören nicht nur der Vizepräsident des Reichstags und mehrere Reichstagsabgeordnete, sondern auch eine Reihe bekannter hiesiger Schriftsteller und Journalisten, die alle mit einstimmen in den friedlichen Schlachtruf: ›Die Waffen nieder, die Feder gesträubt!‹ Wer zum Besten des Weltfriedens mitessen will, hat 6 Mark zu zahlen, die Karten sind natürlich bei F r i e d zu haben; nach dem Souper wird die Weltfriedenspfeife geraucht. Einige der Ausschussmitglieder sollen sich vorgenommen haben, den Krieg aus der Welt zu pokulieren, und sollten sie die ganze Nacht beim Sekt aufbleiben, während die Damen beabsichtigen, ein Experiment zur Lösung der schwierigen Frage in der Weise zu machen, dass sie alle Leutnants zu Tode tanzen, damit aus Mangel an solchen aus einem etwa beabsichtigten Krieg später nichts werden kann.«

Für den jungen Fried und seinen Freund Hans Land ist Bertha von Suttners Aufenthalt in Berlin die erste persönliche Begegnung mit ihr – und zunächst eine herbe Enttäuschung: »Ich weiß heute wirklich nicht mehr, worin die Enttäuschung lag. Bertha v. Suttner zählte damals bald 49 Jahre. Auf einen erotischen Eindruck konnten wir Jünglinge uns doch kaum gefasst gemacht haben. War es die Schwerfälligkeit des Gesprächs, vielleicht auch die Nichtigkeit des Themas. Kurz, wir Schwärmer litten furchtbar, und nachdem wir uns lange unsre Herzen ausgeschüttet hatten, trotteten wir weltschmerzbeladen um vier Uhr morgens nach Hause.«

Im Verlauf des Besuches bessert sich das Verhältnis jedoch und wird immer herzlicher: »[...] auf der Fahrt zum Bahnhof riss

Bertha v. Suttner einen Maiglöckchenzweig aus ihrem Bukett und steckte ihn mir ins Knopfloch. Eine Auszeichnung und Dank.« Fried bedeutet diese kleine Geste viel, er legt den Zweig unter das Glas ihres Bildes und wird ihn dort sein Leben lang aufheben. An die Suttners schreibt er am 26. März: »Ihre hiesige Anwesenheit war für mich eine Etappe meines Lebens. Der ungestüme Drang meines Herzens hat sich durch Ihre Anwesenheit zur Erkenntnis entwickelt, dass ich mein Leben in den Dienst der Sache stellen werde, die Sie so erhaben und groß vertreten. Nehmen Sie mich auf in die Reihen Ihrer Armee und lassen Sie mich unter Ihren Fittichen dem größten aller Ziele zustreben. Ich will es Ihnen durch Taten danken.«[69]

Doch auch in den folgenden Monaten gelingt es Fried nicht, eine deutsche Friedensgesellschaft ins Leben zu rufen. Die freisinnigen Parlamentarier, auf die er seine Hoffnung setzt, zögern nicht nur wegen der eben wogenden Diskussion um die Caprivische Militärvorlage, sondern auch, weil sie die neue Gesellschaft nicht mit ihrer eigenen Gründung vermischen wollen: Erst wenige Monate zuvor, am 14. Dezember 1891, war das »Deutsche parlamentarischen Komitee für Schiedsgericht und Frieden« im deutschen Reichstag gegründet worden, dem etwa 60 vorwiegend freisinnige Abgeordnete angehörten, unter ihnen Virchow, Dr. Theodor Barth und Dr. Max Hirsch als Schriftführer.[70] Obwohl gerade Max Hirsch später in der DFG eine wichtige Rolle spielte, waren und blieben doch die meisten Parlamentarier für eine klare Trennung der politischen von der Vereinsebene.

Anfang Herbst reist Fried, anlässlich eines Besuchs bei den Eltern in Wien, auch zu den Suttners nach Schloss Harmannsdorf.[71] Das kleine Schloss, in dem Bertha von Suttner mit ihrem Mann und seinen Eltern und Geschwistern lebt, liegt abgelegen im Waldviertel von Eggenburg, etwa eine Wagenstunde von der nächsten Bahnstation entfernt und ist schwer zu erreichen. Das herrschaftliche Anwesen mit dem großen, gemeinsamen Arbeitszimmer des Ehepaars und der angrenzenden Bibliothek beeindruckt den Besucher, auch wenn er bereits weiß, dass es um die Finanzen nicht sehr gut bestellt ist. Hauptthema der Zusammenkunft sind die Möglichkeiten, endlich die Gründung einer deutschen Friedensgesellschaft zu bewerkstelligen.[72] Nach seiner Rückkehr ändert Fried seine Taktik und spricht nun vermehrt mögliche Sympathisanten außerhalb Berlins an. So setzt er sich mit Eugen Schlief[73] in Dresden in Verbindung, der gerade sein Werk »Der Friede in Europa«[74] veröffentlicht hat: »Schlief war Jurist, Mitglied der nationalliberalen Partei, für die er auch einmal zum Reichstag kandidiert hatte. Er war ein sehr vermögender Mann, eine starke Erscheinung mit weltmännischen Manieren [...]«[75]

Schliefs Buch, das Fried auch fast dreißig Jahre später noch »die beste und politisch reifste Ausarbeitung eines Völkerbundes in der neuen Zeit« nennt, macht trotz seiner schweren Lesbarkeit auf den jungen Fried großen Eindruck: »Das Schliefsche Buch war für mich, namentlich in seinem kritischen Teil, eine Offenbarung. Ich glaubte zu erkennen, dass in dieser sachlichen Behandlung des Stoffes die Grundlagen für den Erfolg zu suchen seien. Und obwohl ich die Ablehnung des Ethischen durchaus nicht billigte, wandte ich mich brieflich an Schlief, seine Mitwirkung an einer deutschen Friedensgesellschaft erbittend.«

Intuitiv erkennt Fried, dass sich in dem wissenschaftlichen Ansatz Schliefs ein Gegenpol zum emotionalen Appell Bertha von Suttners bietet, der gerade für die Arbeit in Berlin von großer Bedeutung sein konnte. Der rationalistische, alle ethischen Aspekte ausklammernde Entwurf Schliefs kam, wie Fried später betont, dem Zeitgeist entgegen, wo man vielfach von der namentlich »die Politiker dieser Periode beherrschenden Panik befallen war, als Gefühlsmensch zu gelten«. Fried empfindet Schliefs Position von Anfang an nicht als Gegensatz, sondern als Ergänzung zu Bertha von Suttner, der er schreibt: »Während Sie, gnädige Frau, mit Ihrer Kampfweise den Süden repräsentieren, vertritt Herr Dr. Schlief den Norden. Herz und Verstand, als ob eines oder das andere allein wirken könnte.«[76]

Obwohl sein Weg später auch in die Richtung einer sachlichen, alle ethischen und moralischen Aspekte zurückstellenden pazifistischen Theorie führen wird, ist er um 1892 noch sehr viel näher am Suttnerschen Ansatz, erkennt jedoch schon zu diesem Zeitpunkt die Notwendigkeit, das eine mit dem anderen zu verbinden. Was von der heutigen Forschung gerne als Gegensatz proklamiert wird, der wissenschaftlich orientierte Ansatz des organisatorischen Pazifismus Frieds und der neukantianisch-ethische Ansatz etwa eines Ludwig Quidde, sind für Fried nur die Eckpfeiler einer einzigen facettenreichen Bewegung, die gerade durch ihre unterschiedlichen Formen geeignet sein sollte, möglichst viele Menschen an sich zu binden.

Schlief steht einer Mitwirkung zunächst offen gegenüber und kommt für weitere Planungen nach Berlin. Gemeinsam gehen sie zu Richard Grelling: »Ich war schon im Laufe des Sommers mit ihm wegen der Friedensgesellschaft in Verbindung getreten und hatte bei ihm Verständnis und Neigung zur Mitarbeit gefunden. Schlief und ich kamen mit ihm rasch ins Klare. Wir drei bildeten nun einen festen Kern, um den herum sich die Gesellschaft kristallisieren konnte.«[77]

Die Versuche, weitere Mitstreiter zu finden, stoßen auf verschiedene Hindernisse: Neben dem Zögern der freisinnigen Parlamentarier erweist sich auch der nach Aufhebung der Sozialistengesetze 1890 sprunghafte Anstieg neuer Reformbewegungen als Hemmnis, da viele dem Friedensgedanken positiv gegenüberstehende Kräfte in anderen Gruppen gebunden werden. Fried erwähnt etwa in seinen Erinnerungen, dass die nur ein paar Wochen vor der DFG von Wilhelm Foerster gegründete »Ethische Gesellschaft« fast die gleichen Kräfte anzog, die auch die Friedensgesellschaft benötigte.[78]

Ebenso stand es mit der neuen Bewegung Moritz von Egidys,[79] der im Herbst 1891 von Dresden nach Berlin übersiedelt war. Auch er war grundsätzlich pazifistisch ausgerichtet, stellte aber im Gegensatz zu Schlief ethisch-moralische Aspekte in den Vordergrund. Als Fried Egidy persönlich um seine Mitarbeit bittet, erhält er eine Absage: »Ich sehe ihn noch vor mir stehen, mitten im Zimmer: ›Kommen Sie zu uns, die Fahne ist aufgepflanzt‹, so sagte er in feierlichem Ton mit einer gewissen Sehergebärde. Er meinte, die von ihm gepredigte Lehre könne der Mittelpunkt aller Reformbewegungen werden.«[80] Einige Jahre später wird sich Egidy dennoch der Friedensgesellschaft anschließen und sich bis zu seinem Tod im Dezember 1898 mit ganzer Kraft vor allem der Propaganda für das Zarenmanifest widmen.

Neben Foerster und Egidy wendet sich Fried an alle, die sich in irgendeiner Form mit der Friedensthematik schriftlich auseinandergesetzt haben, so an Moritz Brasch in Leipzig, Dr. E. Harmening in Jena und den emeritierten Pfarrer Hetzel in Fürstenwalde, der kurz zuvor das Buch »Die Humanisierung des Kriegs in ihrer kulturgeschichtlichen Entwicklung«[81] veröffentlicht hatte. Bei ihm hat Fried Glück, denn der alte Herr interessiert sich für die Gründung einer Friedensgesellschaft und beteiligt sich.[82] Auch ein junger Student, der in Kontakt mit Bertha von Suttner steht, engagiert sich in der ersten Zeit aktiv, wird sich aber später enttäuscht zurückziehen. Es ist der spätere Sozialistenführer und preußische Finanzminister Albert Südekum.

Schon bei der ersten Sitzung des Komitees, die ganz in der Nähe von Frieds Wohnung in der Weinstube Knoop stattfindet, kommt es zu harten Auseinandersetzungen mit Schlief. Seine Vorstellung einer rein politisch orientierten Gesellschaft, eventuell sogar einer Friedenspartei, wird von den anderen nicht geteilt: »Erstens, weil man sich noch zu schwach fühlte, mit einem nur politischen Programm in die Arena zu steigen, dann, weil man fürchtete, die Massen damit nicht gewinnen zu können. Auch war die Bewegungsfreiheit der politischen Vereine durch die Gesetzgebung sehr eingeschränkt. Frauen, auf deren Mitwirkung man auf keinen Fall verzichten wollte, war z. B. die Teilnahme nicht gestattet. [...] Kurz, man fühlte und mit Recht, mit einem rein politischen Programm in dem damaligen Deutschland kaum wirken zu können, während die Errichtung des Vereins als eine ethische Gemeinschaft die Aussicht weiterer Betätigung mit schließlich auch politischem Einfluss gewährte.«[83] Die konstituierende Sitzung der Friedensgesellschaft, die am 9. November 1892 in der respektableren Weinstube des Hotels Kaiserhof tagt, muss schließlich ohne Schlief stattfinden. Der Hochstimmung der Anwesenden tut das aber keinen Abbruch, wie sich Fried später erinnert: »Nach der Sitzung trat Theodor Barth auf mich zu und drückte mir die Hand mit den Worten: ›Du hast's erreicht, Oktavio‹.«[84]

Für Fried ist dieser persönliche Triumph jedoch von kurzer Dauer. Der provisorische Vorstand mit 15 Mitgliedern[85] findet zunächst keinen Vorsitzenden, was an der geringen Attraktivität des »wenig dankbaren Amtes, das von vornherein sicherlich vielen Anfeindungen ausgesetzt war«[86] liegt, aber auch daran, dass Fried sich, dem Beispiel der Österreicher folgend, einzig an die Träger klangvoller Namen wendet, für die eine Mitwirkung an der neuen Gesellschaft jedoch noch weniger attraktiv sein musste. Selbst Bertha von Suttner rät Fried schließlich von dieser Haltung ab: »Also Titel braucht Ihr, Ihr Demokraten? Halte es nicht für nötig. Der in Bethlehem Geborene hatte auch keinen Titel und sein Verein blüht doch.«

Fried beharrt jedoch auf seinem Plan, und tatsächlich gelingt es ihm am Ende, eine scheinbar geeignete Person zu finden. In der Vorstandssitzung am 21. Dezember 1892 wird der Berliner Jurist Professor Josef Kohler zum Vorsitzenden gewählt, der jedoch schon nach ein paar Monaten von Pfarrer Hetzel abgelöst wird. Vermutlich liegt von Anfang an die Hauptlast beim stellvertretenden Vorsitzenden Richard Grelling.[87] Doch auch er kann nicht verhindern, dass sich die Stimmung der Gesellschaft schon bald gegen ihren Initiator wendet.

Fried mag den anderen Mitgliedern aus verschiedenen Gründen unliebsam erschienen sein: Sein ungezügeltes Temperament und seine bestimmende Art mögen besonders auf die älteren Mitglieder abschreckend gewirkt haben, auch seine niedere gesellschaftliche Stellung und geringe Schulbildung könnte die überwiegend akademisch gebildeten Vorstandsmitglieder negativ beeinflusst haben. Möglich auch, dass der Österreicher mit seiner engen Anbindung an Bertha von Suttner der von Anfang an stark nationalen Tendenz der deutschen Pazifisten ein Dorn im Auge war. Auf jeden Fall war es sicher nicht allein seine Ausgaben erotischer Literatur, die zu einer Isolierung Frieds führten, denn zumindest einige Mitglieder, wie etwa Grelling, müssen von diesem Teil seines Verlagsgeschäftes schon früher gewusst haben. Immerhin bot die »Sammlung Fried« aber einen willkommenen Anlass, ihn mit Hinweis auf die Sorge um den guten Ruf der neuen Vereinigung abzuschieben: Zwischen Dezember 1892 und Januar 1893 wird er veranlasst, den Vorstand zu verlassen.[88] Es ist die erste von mehreren bitteren Erfahrungen, die er mit der DFG machen wird.

Für die junge DFG selbst ist sein Ausschluss eine Entscheidung mit fatalen Folgen. Ohne Frieds treibende Kraft dauert es bis in den Oktober, bis die DFG ihren ersten Aufruf veröffentlicht, in dem sie grob ihre Ziele darlegt: Es gehe vor allem darum, das deutsche Volk von dem Verdacht zu befreien, weniger friedliebend als andere Völker zu sein, in denen sich bereits Friedensgesellschaften gebildet hätten. Die DFG solle daher »einen Vereinigungspunkt für alle bilden, denen es wünschenswert erscheint, dass die aufeinander angewiesenen Staaten sich durch Verträge verpflichten, alle unter ihnen entstehenden Streitigkeiten durch internationale Schiedsgerichte zu entscheiden«.[89]

Trotz der herben Enttäuschung ist Fried weit davon entfernt, sich aus der Friedensarbeit zurückzuziehen. Noch ist er auch der Überzeugung, dass es gelingen müsste, die Friedensbewegung auf eine reelle Massenbasis zu stellen. Da die DFG sich nicht so entwickelt, wie er gehofft hatte, sucht Fried nach neuen Wegen. Dabei erkennt er früher und intensiver als seine Gesinnungsgenossen die Notwendigkeit von allgemeinverständlichen Publikationen und Artikeln, die der Idee eine breitere Grundlage in der Bevölkerung geben können. 1893/94 arbeitet er an einer Frage/Antwort-Broschüre, die dazu dienen soll, »[...] den Uneingeweihten über Stand, Ursachen und Ziele der Friedensbewegung Aufklärung zu geben, den Eingeweihten als ein Leitfaden für jene Fälle, wo man von gewisser Seite mehr gefragt wird, als man beantworten kann. Ich habe ziemlich treu die Gemeinplätze der Gegner alle gesammelt und zu widerlegen gesucht.«[90]

Fried untergliedert die Schrift in fünf Hauptkapitel und einen Anhang, in dem er die Aufrufe der ÖFG und der DFG, eine Liste der Ortsgruppen und ein Verzeichnis »hervorragender Schriften und Zeitschriften der Friedens-Literatur« abdruckt, das neben Bertha von Suttner, Schlief, Grelling, Hetzel und anderen Pazifisten auch Kant, Tolstoi und zwei Werke Wilhelm Liebknechts verzeichnet.[91] Im fünften Hauptkapitel finden sich verschiedene Aussprüche berühmter Persönlichkeiten zur Friedensbewegung, während Fried in den vier ersten Kapiteln versucht, kurze und klare Antworten auf 119 Fragen rund um die Themenkreise Krieg, bewaffneter Frieden, Nation, Völkerhass und Ziele der Friedensbewegung zu geben. Er berechnet die Kosten eines Kanonenschusses, befasst sich mit der sozialdarwinistischen Frage, ob der Krieg eine Spielart des Kampfes ums Dasein sei, erläutert die Stellung der Friedensbewegung zur Armee und bezeichnet den gegenwärtigen Rechtszustand in Europa als Anarchie, die mit der Kulturstufe des modernen Europa nicht mehr in Einklang stünde. Fried dürfte kaum eine der üblichen Fragen in der Friedenspropaganda ausgelassen haben.

Als das »dem unermüdlichen Kämpferpaar für die Rettung unserer Zeit, Frau Baronin Bertha von Suttner und Herrn Baron Arthur Gundaccar von Suttner, in aufrichtigster Verehrung und Bewunderung gewidmete« Werk im Sommer 1894 unter dem Titel »Friedens-Katechismus. Ein Kompendium der Friedenslehre zur Einführung in die Friedensbewegung« erscheint,[92] wird es ein so großer Erfolg, dass schon nach fünf Monaten die nächste Auflage gedruckt werden muss, 1896 dann eine weitere. Obwohl Fried diese Broschüre – wohl wegen ihres Theoriedefizits – später als eine Jugendsünde bezeichnet,[93] leistet sie der Friedensbewegung gute Dienste, insbesondere, da es bis zum November 1898 dauern sollte, bis die DFG ein erstes eigenes Programm entwickelt hatte.[94]

Seinen Verlag hat Fried zu diesem Zeitpunkt bereits so gut wie aufgegeben, obwohl er ihn erst Anfang 1895 beim Börsenverein offiziell abmeldet. Was bleibt, ist ein Schuldenberg. Noch Anfang 1896 steht ein Einkommen von kaum 250 Mark mehreren Tausend Mark Schulden gegenüber, wie er einem Freund berichtet.[95] Vergeblich schreibt er immer wieder Bewerbungen für leitende Verlagspositionen, in der Hoffnung, seine Finanzen durch eine Festanstellung auf Dauer konsolidieren zu können. Letztlich bleibt ihm nur der Versuch, sich als Journalist durchzuschlagen.

Auch von der Familie aus Wien gibt es schlechte Nachrichten. Otto, der schon früh straffällig geworden war und wegen Diebstahls und Veruntreuung im Kerker saß, wird im Mai 1894 in München wegen Falschmünzerei zu zehn Monaten Gefängnis verurteilt. Nach einem im Nachlass Fried erhaltenen Zeitungsausschnitt[96] begründet Otto, der in München als Kellner arbeitete, seine Taten vor dem Schwurgericht damit, dass er mit seinem Mitangeklagten zusammen habe nach Amerika auswandern wollen, ihnen aber dafür das Geld fehlte.

Spätestens 1895 ist auch Frieds Ehe endgültig gescheitert. Gertrud hat das Leben mit dem immer unleidlicher werdenden Ehemann nicht mehr ertragen und eine neue Beziehung angeknüpft – mit dem Berliner Sozialdemokraten Richard Calwer, der ein paar Jahre später ihr zweiter Mann werden wird. Albert Südekum schreibt 1898 an Fried: »Meiner Ansicht nach sind an der ganzen Katastrophe lediglich die damaligen misslichen Vermögensverhältnisse schuld; alles andere kam erst in zweiter Linie hinzu. [...] Du warst so recht der verbitterte Haustyrann geworden und legtest Deiner schlechten Laune allen anderen gegenüber wohl Zügel an, nie aber Deiner Frau gegenüber.«[97]

Es ist kaum vorstellbar, unter welchem Druck der junge Fried zu dieser Zeit steht. Dabei versucht er nicht nur seinen Freunden, sondern wohl auch seiner Familie in Wien gegenüber, seine prekäre wirtschaftliche Lage zu verheimlichen. Die im Nachlass erhaltenen Haushaltsbücher aus seiner Ehe mit Gertrud weisen sogar Geldsendungen nach Wien auf, die monatlich bis zu einem Drittel der Gesamtausgaben ausmachten.[98]

Trotz allem gibt Fried nicht auf. Er zieht in die Hauptstraße 145 in Berlin-Schöneberg. Von hier aus, später aus der Steinmetzstraße 25 in Berlin-West, bietet er in kunstvoll gedruckten Angebotsseiten Zeitungen und Zeitschriften exklusive Berichterstattungen von wichtigen Ereignissen im In- und Ausland an, so zum Beispiel über die Antwerpener Weltausstellung im Sommer 1894 und andere gesellschaftlich interessante Ereignisse.

In seinem 1908 erschienenen »Verzeichnis von 1000 Zeitungs-Artikeln Alfred H. Frieds zur Friedensbewegung« gibt Fried den Herbst 1894, genauer den Antwerpener Friedenskongress, als den eigentlichen Beginn seiner journalistischen Tätigkeit für die Friedensidee an.[99] Dabei entsteht leicht der Eindruck, er habe sich von diesem Zeitpunkt an ausschließlich der Friedenspropaganda in der Presse gewidmet. Tatsächlich bildet diese in den ersten Jahren jedoch nur einen kleineren Teil seiner journalistischen Arbeit, neben Feuilletons, Reisebeschreibungen und Berichten über unterschiedliche Ausstellungen und Kongresse. Je tiefer Fried jedoch in die Theorie und Praxis des europäischen Pazifismus eintauchte, umso mehr verschob sich der Akzent hin zum Friedensjournalismus, so dass man ihn wohl spätestens ab der Jahrhundertwende als ersten wirklichen Friedensjournalisten im deutschen Sprachraum bezeichnen kann.

Schon im Herbst 1894 versucht Fried auch noch einmal auf die DFG einzuwirken, indem er die Einrichtung eines unabhängigen Propaganda-Komitees zur weiteren Verbreitung des Friedensgedankens fordert und zusammen mit Maximilian Stein auch schon konkrete Pläne ausarbeitet. Die DFG reagiert zurückhaltend; am 11. Oktober 1894 antwortet Richard Grelling: »Geehrter Herr Fried! Im Besitze Ihres gefälligen Schreibens vom 10. d. M. danke ich Ihnen zunächst für Ihre in jeder Beziehung vorzüglichen Vorschläge, von denen ich jeden Satz unterschreibe. Die Ausführung hängt indessen von der Vorfrage ab, dass wir eine Anzahl jüngerer Kräfte zu einem Propaganda-Komitee zusammenbringen müssen, denn augenblicklich fehlt es uns weniger an Gedanken als an Arbeitskräften. [...] Im Interesse der Einheitlichkeit unserer Bewegung kann dieses Komitee indessen nur als Organ unserer Gesellschaft, wenn auch in voller Freiheit, tätig sein. Der Zusammenhang mit dem Vorstande muss dadurch aufrechterhalten werden, dass der Vorstand eines oder mehrere Mitglieder in das Komitee delegiert. In dieser Form verspreche ich mir den größten Nutzen von der Institution und möchte vor allem Sie selbst bitten, sich wieder als Mitglied unserer Gesellschaft eintragen zu lassen und dem Propaganda-Komitee Ihre so wertvollen Kräfte zu widmen.«[100]

Fried lässt sich darauf nicht ein, so dass der Plan schließlich im Sande verläuft. Stattdessen stellt er im Februar 1895 den Antrag, aufgrund des völligen Versagens des Berliner Vorstandes den Sitz der Friedensgesellschaft von Berlin nach Frankfurt, der süddeutschen Propagandazentrale, zu verlegen. Um diesem Antrag größere Wirkung zu verleihen, schreibt er einen Beitrag in der Schweizer Friedens-Zeitschrift »Der Friede«,der – wie beabsichtigt – für erhebliche Unruhe sorgt. In dem »Pro domo!« betitelten Artikel[101] stellt er die hochfliegenden Pläne der Gründungstage der tatsächlichen Wirkungsbilanz der DFG gegenüber: »Vier Versammlungen hat sie abgehalten, worunter sich zwei statutenmäßig vorgeschriebene Generalversammlungen befanden, 3000 Mitglieder unter den 51 Millionen Staatsangehöriger gesammelt und einen Kassenbestand von M. 602.35 ergattert, wie ihn die letzte Generalversammlung vom Dezember 1894 offenherzig deklarierte, 602 Mark und 35 Pfennige im Lande des 650-Millionen-Militärbudgets pro Jahr!«

Schonungslos analysiert Fried die Lage, die völlige Unwirksamkeit Berlins als Leitzentrale der Ortsgruppen und besonders das Fehlen einer wirklichen Führungspersönlichkeit: »Wir haben in Berlin den Kutschbock errichtet, und auf dem Kutschbock sitzt kein Führer. Der einzige, der richtigste Mann, der Älteste der deutschen Bewegung, der am meisten zum Führer prädestinierte, läuft hinter dem Wagen her und schiebt die verrosteten Räder vorwärts.« Die einzig wirksame Möglichkeit sei daher, den Wagen zu seinem rechtmäßigen Kutscher zu bringen, dorthin, wo für ihn das eigentliche Zentrum der Friedensbewegung liegt und wo der Mann wohnt, den er für die einzig richtige Wahl an die Spitze hält: nach Frankfurt a. M. zu Franz Wirth. Der Patentanwalt im Ruhestand Franz Wirth hatte 1886, im Alter von 60 Jahren, den Frankfurter Friedensverein gegründet und war seitdem dessen Vorsitzender. Später hatte er nicht nur bei der Gründung der DFG mitgewirkt, sondern vor allem mit einer systematischen Friedensagitation im süddeutschen Raum begonnen und bis Ende 1895 annähernd zwanzig neue Friedensvereine ins Leben gerufen.[102] Auch die Mitgliederzahl des Frankfurter Vereins war durch seine Werbetätigkeit stetig gestiegen und erreichte bei seinem Tod 1897 die Zahl von 353 Personen. Ebenso wie Fried, mit dem er in reger Korrespondenz stand, war Wirth »empört über die Lauheit und Untätigkeit des Berliner Zentralvorstandes und beklagte sich oft bitter über denselben«. Als wirkungsvolles und notwendiges Rezept für eine erfolgreiche Agitation hatte Wirth mit dem Beispiel der eigenen Person auf die Notwendigkeit des vollen persönlichen Einsatzes für die Friedensarbeit hingewiesen: »Ich habe mich derselben ganz gewidmet u. treibe nichts anderes mehr; auch den Schreiber u. Stenograph habe ich auf meine Kosten übernommen. Im vorigen Jahr habe ich allein 250 M. Porto ausgegeben! Es wäre auch für die Gesellschaft wichtig, jemanden zu haben, der sich ausschließlich der Sache widmet.« Vermutlich dachte Wirth, der zu keinem Zeitpunkt, wie manchmal behauptet wird, ein Gegenspieler Frieds war, am ehesten an diesen.[103] Der sehr umfangreiche, freundschaftliche Briefwechsel, der zum Teil in Steno geführt wurde, belegt eine enge Beziehung der beiden.

Wirth war für Fried der richtige Mann und Frankfurt der richtige Ort für den Sitz der Zentrale: »Eine Zentrale in Frankfurt kann Mächtiges leisten, und sie wird halten, was sie verspricht.«[104] Noch bevor der Vorschlag in Berlin diskutiert werden kann, lehnt der Frankfurter Friedensverein die Übernahme der offiziellen Leitung bereits präventiv ab: Der Vorstand sei der Meinung, dass dem Ausland gegenüber die Zentrale in Berlin bleiben müsse. Allerdings sei man in Frankfurt notfalls bereit, auch die Propaganda für den Norden mit zu übernehmen.[105] Ein durchaus ernstgemeintes Angebot, denn Wirth veranlasst etwa zur selben Zeit, dass die von ihm und Elie Ducommun zwei Jahre zuvor in Bern gegründete »Monatliche Friedens-Korrespondenz« des Berner Büros der DFG als Organ überlassen wird, wobei er selbst weiter die redaktionelle Arbeit leistet. Seine Bemühungen werden jedoch in Berlin keineswegs anerkannt, sondern führen, da Wirth seine Kritik an der Passivität der Berliner Zentrale weiterhin offen äußert, schon bald zu schweren persönlichen Streitereien. Zudem macht man ihm in Berlin den Vorwurf, an Frieds Artikel mehr oder minder beteiligt gewesen zu sein, so dass in den folgenden Monaten nicht nur Fried, sondern auch Wirth von Berlin aus scharf angegriffen wird. Im Oktober 1895 legt

Wirth daher die Redaktion nieder und tritt kurz danach »tief gekränkt«[106] auch aus dem Vorstand der DFG aus.

Zwischen Fried und wechselnden Personen des Berliner Vorstandes entspinnt sich dagegen ab März 1895 eine fast zwei Monate dauernde schriftliche Auseinandersetzung um die Frage, ob der Artikel in der Schweizer Friedenszeitschrift bewusst oder durch einen Fehler der Redaktion anonym erschienen sei und damit einen Angriff »im Rücken« darstelle, und ob und in welcher Weise die Zentrale darauf entgegnen müsse oder dürfe. Auch Bertha von Suttner schaltet sich von Österreich aus in die Kontroverse ein. Am 26. April macht Richard Grelling Fried schließlich das Angebot, die Angelegenheit mit einer formlosen Entschuldigung aus der Welt zu schaffen, und bietet ihm zugleich, wieder einmal, eine Rückkehr in die DFG an, »zumal die Gründe, welche seinerzeit Ihren Austritt veranlasst haben, durch den Wechsel der Vorstands-Mitglieder zum Teil hinfällig geworden sind«.[107] Doch Fried sieht sich zu diesem Zeitpunkt bereits nach neuen Betätigungsmöglichkeiten um.

Nur wenige Monate später, im November 1895, erscheint das Programm des »Deutschen Vereins für internationale Friedenspropaganda von 1874« zu Berlin mit dem Namen des Gründers Eduard Loewenthal als 1. Vorsitzenden und Frieds als 1. Schriftführer. Es ist ein getarnter Gründungsaufruf, denn das Datum 1874 verweist nur scheinbar auf eine schon lange bestehende Organisation. Tatsächlich hatte Loewenthal schon 1869 in Dresden den »Europäischen Unionsverein« gegründet und nach seinem Umzug nach Berlin 1874 den »Deutschen Unionsverein für internationale Friedenspropaganda«, beide Gründungen waren aber nach kurzer Zeit mangels Beteiligung wieder eingegangen.

Die Ausrichtung des neuen Vereins war rein völkerrechtlich und wollte einen »jeden Krieg ausschließenden Rechtszustand«[108] erreichen, und zwar durch einen »von den Regierungen abzuschließenden und von den Parlamenten zu genehmigenden Völkerrechtsvertrag«, der eine obligatorische Unterwerfung unter eine »zu errichtende internationale Friedensjustiz« beinhalten sollte.

Damit hofft Fried endlich eine geeignete Aktionsbasis gefunden zu haben. Im Dezember 1895 berichtet er dem Vorsitzenden der Dänischen Friedensgesellschaft Fredrik Bajer[109] in Kopenhagen, mit dem er ebenso wie mit Wirth in engem Kontakt steht, begeistert von der Neugründung. Bajer antwortet jedoch zurückhaltend: »Entschuldigen Sie, dass ich nichts vom neuen Verein für ›Friedenspropaganda‹ wusste, bevor er gestiftet wurde! [...] Ich bin ganz und gar Beobachter.«[110]

Auch Franz Wirth hatte, von Fried von der Neugründung informiert, nicht ganz so enthusiastisch geantwortet, wie Fried das wohl erwartet hatte. Trotz seiner eigenen Querelen mit der DFG will Wirth Fried unbedingt in ihr halten und hält ihm die Schädlichkeit eines zweiten Vereins für die Propaganda vor. Fried antwortet, er habe seine Mitarbeit im Vorstand nur unter der Bedingung zugesagt, »dass der neue Verein der bestehenden Friedensgesellschaft keine öffentliche Opposition machen darf, dass er sich selbst im Falle eines Angriffes von jener Seite passiv verhalten müsse«.[111] Dann macht er Wirth deutlich, warum er von der Nützlichkeit des neuen Vereins überzeugt sei: »Zunächst haben wir jede Woche Versammlung. In den drei Wochen bereits 3 Versammlungen mit Vorträgen, die immer gut besucht sind und über die in den Zeitungen vorher und nachher berichtet wird. Ist das nicht schon ein Erfolg? – In 14 Tagen haben wir die 5. Versammlung, wir werden demnach in 4 Wochen mehr Versammlungen abgehalten haben, als die große D.F.G. in den 4 Jahren ihres Bestandes. Ferner werden wir durch Einrichtung einer Bibliothek und eines Lesezirkels auf unsere Mitglieder wirken, wir werden Flugschriften veröffentlichen und in 4 Wochen erscheinen die beiden ersten Bände unserer friedensliterarischen Publikationen. Band 1. Revon, Band 2. Novicow. Beide von mir übersetzt. Hat das schon ein deutscher Friedensverein gemacht? Die Bücher sind bereits in Druck und werden durch den Buchhandel in 4000 Exemplaren vertrieben werden!!!!!!!«

Begeistert breitet Fried die weiteren Pläne aus, die sich allerdings nicht sehr von denen der anderen Gesellschaft unterscheiden: Redner will man aussenden, Kränzchen und Bälle für die

Mitglieder veranstalten, eine Frauengruppe gründen. Glänzende Namen habe man zwar nicht aufzuweisen, aber dafür Menschen, die bereit seien, sich einzusetzen: »Grelling kann unter seinen 900 Mitgliedern keinen Arbeiter finden, wir haben unter unseren 90 Mitgliedern schon 90 Arbeiter!!!!!!« Zwischen all den begeisterten Sätzen findet sich aber auch ein Absatz, der vermutlich schon die Gründe für Frieds baldiges Zerwürfnis mit dem Verein aufzeigt: »Das einzige Bedenken, das ich für den Anfang habe, ist das, dass ich der einzige Praktiker im Vorstande bin, und dass ich daher leicht überstimmt werden kann, von den anderen Herren, die von der Bewegung selbst noch nicht viel gehört haben.«

Die erste Aktivität besteht in der Herausgabe zweier Schriften, die zugleich Frieds erste bekannte Übersetzungsarbeiten aus dem Französischen darstellen: »Die Philosophie des Krieges«[112] vom Schweizer Michel Revon, der zu diesem Zeitpunkt den ersten Lehrstuhl für internationales Recht an der Universität Tokio innehat und zu den weithin bekannten Persönlichkeiten innerhalb der europäischen Friedensbewegung gehört;[113] »Der Krieg und seine angeblichen Wohltaten«[114] des russischen Soziologen Jacques Novicow,[115] einer in einschlägigen Kreisen ebenfalls bekannten Persönlichkeit. Beide Werke, Revons völkerrechtliche Ausrichtung, besonders aber Novicows soziologischer Ansatz, der sich direkt gegen die Theorien des Sozialdarwinismus wendet, werden auf Frieds eigene pazifistische Theorie später entscheidenden Einfluss haben. Schnell stellt sich jedoch heraus, dass auch der neue Verein sich nicht so entwickelt, wie Fried gehofft hat. Als er Grelling davon berichtet, zeigt sich dieser nicht überrascht: »Die Entwicklung der Dinge in dem Verein von 1874 setzt mich nicht in Erstaunen, da ich Herrn Dr. Loewenthal von Anfang an so beurteilt habe, wie er sich jetzt zeigt. Es kommt dem Herrn offenbar viel weniger auf die Sache als darauf an, den Präsidenten zu spielen.«[116]

Nur wenige Monate nach seinem Eintritt orientiert sich Fried daher wieder auf die DFG um, die ihm im Januar 1896 auf Drängen des zurückgetretenen Franz Wirth eine Anstellung als verantwortlicher Redakteur der »Monatlichen Friedens-Korrespondenz« anbietet. Da in diesem Monat zugleich seine kurze Anstellung im Verlag der Romanwelt in Charlottenburg mit viel Streit endet, willigt er ohne zu zögern ein, so dass schon die Februar-Ausgabe des Blattes unter seiner Leitung erscheint.

Die Übernahme der Redaktion und der kurz darauf erfolgende Austritt aus dem Verein für Internationale Verständigung, dazu die bleibende Sympathie Grellings scheinen nun auch einen Wiedereintritt Frieds in den Vorstand der DFG zu begünstigen. Grelling: »Im Interesse unseres gemeinschaftlichen Zusammenarbeitens freut es mich außerordentlich, dass Sie die unfruchtbare Verbindung mit dem Loewenthalschen Verein aufgegeben haben, und ich rechne nunmehr bestimmt darauf, dass Sie als Mitglied bei uns eintreten, was ja eigentlich bei Ihrer Stellung als Redakteur unserer Korrespondenz auch selbstverständlich ist. Persönlich kann ich hinzufügen, dass ich meinerseits alles tun werde, um Ihre baldige Aufnahme in den Vorstand zu bewirken. Ihre Stellung als Redakteur wird meines Erachtens ganz von selbst in nicht langer Zeit zu diesem Ziele führen, und für uns ist Ihre Mitarbeiterschaft auch an den übrigen Vorstandsgeschäften nach meiner persönlichen Überzeugung ebenso notwendig wie erwünscht.«[117] Eine Hoffnung, die sich jedoch nicht erfüllen wird. Auch in den nächsten Jahren wird Fried weiterhin der Außenseiter bleiben, der insbesondere nach der Wahl von Dr. Max Hirsch zum Vorsitzenden 1897 keine weitere Chance auf eine Position in der Führungsebene bekommt.

Frieds Kontakt zu Eduard Loewenthal bricht nach seinem Austritt aus dessen Verein in den folgenden Jahren ganz ab. Allerdings wendet sich Loewenthal 1901 noch einmal vertraulich an Fried, um dessen Unterstützung für seine Wahl als Friedensnobelpreiskandidat zu bekommen[118] – was Fried jedoch vehement ablehnt. Als Loewenthal sich nach der Preisverleihung in einem Flugblatt über seine Nichternennung beschwert, sieht Fried sich sogar genötigt, sich in einem Artikel, den er »Humoristisches aus der Friedensbewegung« benennt,[119] demonstrativ von Loewenthal zu distanzieren. Als Loewenthal Anfang 1917 stirbt, widmet Fried ihm in der »Friedens-Warte« einen kurzen Nachruf, der mit dem Satz endet: »Er war eine stark polemische

Natur und fand dadurch wenig Freunde in der Bewegung, die er oft und stets gehässig bekämpfte.«[120]

Für kurze Zeit scheint es, als habe Fried nun endlich eine feste Position innerhalb der DFG errungen. Doch kaum eineinhalb Jahre nach Beginn seiner Anstellung, am 30. September 1897, überrascht die Geschäftsstelle ihn mit einer vom 1. Vorsitzenden Seydel und Georg Haberland als Schriftführer unterschriebenen Kündigung: »Zu unserm Bedauern müssen wir Ihnen mitteilen, dass der Vorstand angesichts der traurigen Finanzlage [...] beschlossen hat, die ›Friedenskorrespondenz‹ nicht eher weitererscheinen zu lassen, als bis die Ortsgruppen ihre Zahlungsverpflichtungen gegen uns erfüllt haben. Aus diesem Grunde können wir leider von Ihren Diensten als Redakteur vorläufig keinen Gebrauch weiter machen und müssen Ihnen hierdurch in aller Form Ihre Stellung als Redakteur kündigen.«[121] Es ist fraglich, ob die finanzielle Seite den einzigen Grund für die Kündigung bildete, oder ob man in Berlin nach dem Tod seines Unterstützers Franz Wirth im Mai 1897 hoffte, den ungeliebten Fried möglichst geräuschlos wieder loszuwerden.

Mit der Einstellung des Blattes ist die DFG ohne offizielles Organ – und Fried ohne Anstellung. So bemüht er sich schnellstmöglich um eine neue, kostengünstigere Lösung. Diese bietet sich durch eine Verbindung mit der bereits seit 1893 bei Pierson erscheinenden Revue »Die Waffen nieder!« an. Fried tritt daher umgehend in Verhandlungen mit Pierson ein und erreicht tatsächlich eine kostengünstige Anbindung der MFK an die Revue: »Mit diesem [Pierson] gelang mir ein Abkommen, ein Blatt herzustellen, das jeden Monat einmal erscheinen sollte, 12 Seiten stark sein müsse und auf 9 Seiten den stehenden Satz der Revue ›Die Waffen nieder!‹ enthalten solle. Drei Seiten könnten mit Neusatz ausgefüllt werden. [...] Die DFG, die früher für die Monatl. Friedens-Korrespondenz in einer Auflage von 5000 Exemplaren ca. M. 4–5000 jährlich auszugeben hatte, war nun in der Lage, ein regelmäßig erscheinendes Blatt für M. 2000.— zu beziehen.«[122] Da Pierson aber eine Garantie über 5000 Abonnenten verlangt, bemüht sich Fried, die Ortsgruppen zu festen Bestellungen zu veranlassen. Es gelingt ihm, 3000 Abonnenten zu bekommen, dazu eine Subvention für 1000 Exemplare von Dr. Heinrich Rössler, der nach dem Tode Franz Wirths den Vorsitz des Frankfurter Friedensvereins übernommen hatte.

Die fehlenden 1000 erwartet Fried von der mit etwa 1000 Mitgliedern angegebenen Berliner Ortsgruppe. Dort aber weigert man sich, die fehlenden Exemplare zu abonnieren, da man bereits mit den Vorbereitungen zur Herausgabe eines neuen Blattes, den »Zwanglosen Mitteilungen«, begonnen hat, die in unregelmäßigen Abständen erscheinen sollen. Zwar wird das neue Blatt schon bald wegen seiner Unzuverlässigkeit und Unbrauchbarkeit für die Propaganda gerade aus Süddeutschland kritisiert,[123] aber einen entscheidenden Vorteil hat es für Berlin doch: Es ist billiger und wird direkt vom Berliner Vorstand ohne Mitwirkung Frieds herausgegeben.[124]

Um sein Blatt doch noch zu sichern, erzwingt Fried die Einberufung eines Delegiertentages nach Frankfurt a. M. am 6. März 1898; Frankfurt, wo der Geist Franz Wirths dominiert, ist das ideale Umfeld für seine Forderungen. Ohnehin haben die Berliner, denen ja nicht nur von Fried, sondern auch von den anderen agilen süddeutschen Gruppen immer wieder Inaktivität vorgeworfen wird, dort einen schweren Stand. Es gelingt Fried erwartungsgemäß, sein Anliegen durchzusetzen und Berlin offiziell zum Einlenken zu zwingen. Stellvertretend für seinen Ortsverband ordert Georg Haberland die fehlenden 1000 Exemplare.[125] Allerdings ist der Sieg nicht vollkommen. Die Delegiertenversammlung erteilt Fried den Auftrag zunächst nur bis zum 1. Januar 1899 und knüpft zudem die Bedingung daran, dass jede Nummer dem Vorsitzenden des Berliner Zentralausschusses zur Genehmigung vorgelegt werden müsse. Damit aber ist der Keim zu neuen Auseinandersetzungen bereits gelegt, und die Kette von Missverständnissen, persönlichen Angriffen und Intrigen gegen Fried reißt nicht ab. Fried wehrt sich mit einer eigenmächtigen Redaktion des Blattes, verzögert die Vorlage beim neuen Vorsitzenden Dr. Max Hirsch[126] und umgeht, wenn möglich, dessen Anweisungen.

Am 27. November 1898 beruft die Berliner Zentrale, ohne Fried hinzuzuziehen, eine weitere Delegiertenversammlung, diesmal nach Berlin, ein, um offizielle Beschwerden und Kritik an der Redaktion der MFK vorzubringen. Doch wieder können sich die Berliner nicht durchsetzen. Fried darf auch im nächsten Jahr weitermachen. Allerdings verlangt Hirsch von Fried nun ein pünktlicheres Erscheinen des Blattes und ein weitreichenderes Korrekturrecht für sich selbst. Fried stimmt notgedrungen zu – ohne dass sich die Situation dadurch bessert. Später gibt er an, der Vorstand habe von Anfang an gewusst, »wie ich mich gegen jeden Eingriff in meine persönliche Freiheit bei der Redaktion stets wehrte«,[127] und gesteht damit indirekt auch seine eigene mangelnde Kompromissbereitschaft ein.

Neben den persönlichen Animositäten zwischen der Gruppe Penzig, Boll, Hirsch und Fried gibt es immer wieder größere und kleinere Machtkämpfe zwischen Redakteur und Zentrale, insbesondere, da Fried den Wunsch Hirschs, friedenspolitisch relevante Parlamentsdebatten, und damit seine eigene Arbeit als Mitglied der Interparlamentarischen Union (IPU), ausführlich zu dokumentieren, immer wieder unterläuft und stattdessen lieber Artikel wie etwa einen ausführlichen Nekrolog auf Moritz von Egidy oder allgemeine Fragen der Friedensbewegung bringt.

Zum offenen Bruch kommt es Ende März 1899, als Fried einen von ihm verfassten Artikel mit dem Titel »1900 nach Paris!«, der über ein Ratenzahlungsangebot einer Pariser Gesellschaft für die Fahrt zur Weltausstellung berichtet,[128] entgegen der ausdrücklichen Anordnung Hirschs nicht aus dem Blatt nimmt. Ende April 1899 erklärt dieser daraufhin, die MFK sei ab sofort nicht mehr Organ der DFG. Gleichzeitig kündigt die Berliner Ortsgruppe in einem offiziellen Rundschreiben an alle Ortsgruppen fristlos ihr Abonnement.

Unterzeichnet ist das Rundschreiben vom Hauptvorstand Dr. Max Hirsch, Dr. Rudolph Penzig und Ernst Boll.[129] Fried, der Pierson gegenüber bis Jahresende verpflichtet ist und neben seinem Verdienstausfall noch Schadensersatzforderungen des Verlages befürchten muss, wendet sich Anfang Mai 1899 in einem

Gegen-Rundschreiben an die Ortsgruppen. Er schildert dabei nicht nur in allen Einzelheiten die verschiedenen Konflikte um die Zeitschrift, sondern erklärt sie auch direkt aus der Ablehnung seiner Person: »Einen so unliebsamen Mitarbeiter, der alle Mängel sieht und der die Frechheit besitzt, sich einer kompakten Majorität gegenüber zu äußern, den hat man nicht gerne. Das bedaure ich nun allerdings unendlich, aber ich kann nicht für meinen Charakter, der den graden Weg liebt und der die Sache über die Person stellt und kein Verständnis hat für das Reklamebedürfnis Einzelner.«[130] Eine Sichtweise, die sicherlich nicht ganz falsch war. Frieds eigenwillige Redaktion und die enge Anbindung des Blattes an die Revue »Die Waffen nieder!« spielten sicher ebenso eine Rolle wie die grundsätzlichen Unterschiede zwischen Fried und dem Zentralvorstand um Max Hirsch.

Tatsächlich hat auch Fried selbst ein Reklamebedürfnis, und viele Aspekte seines oft streitlustigen und dickköpfigen Verhaltens lassen sich wohl daraus erklären, dass ihm, der sich ja nicht ganz zu Unrecht als Gründer und Initiator der DFG fühlte, in seinen Berliner Jahren jedwede Anerkennung, auch seiner vielfältigen Arbeiten und Impulse für die Bewegung, versagt bleibt.

Noch einmal hofft Fried auf eine Intervention der Ortsgruppen, aber diesmal stellen sich die meisten hinter Hirsch. Die Kritik der Zentrale an dem Weltausstellungsartikel erscheint ihnen berechtigt. Sogar der Bankier Georg Arnhold in Dresden, ein Freund Bertha von Suttners und späterer Förderer Frieds, der eben eine eigene Ortsgruppe ins Leben gerufen hat, schreibt: »Antwortlich Ihrer geschätzten Frage teile ich Ihnen mit, dass ich 40 Exemplare der monatlichen Friedenskorrespondenz jüngst von Pierson erhalten habe. Ich kann aber auch diese des Leitartikels wegen unmöglich zur Versendung bringen, was mir äußerst unangenehm ist.«[131] Auf Frieds Vorwürfe, er habe sich von dem negativen Rundschreiben der Berliner Zentrale beeinflussen lassen, antwortet Arnhold: »Sie irren, wenn Sie glauben, dass ich mich bei meinem Entschluss [...] von dem Rundschreiben [...] habe leiten lassen. Ich habe vielmehr aus eigener Initiative und nach Rücksprache mit den anderen Herren vom hiesigen Vorstand gehandelt. Wenn Sie berücksichtigen, dass es die erste Nummer sein soll, die wir zum Versand brachten, so werden Sie sicher auch selbst zugeben müssen, dass es einen höchst ungünstigen Eindruck gemacht haben müsste, in Gestalt einer Reklame mit der Tür ins Haus zu fallen.«[132]

Obwohl längst nicht alle Ortsgruppen dem Ansinnen der ohnehin umstrittenen DFG-Leitung folgen,[133] wird für alle die Notwendigkeit einer Neuregelung für das Vereinsorgan sichtbar. Diesmal verliert Fried den Kampf: In einer außerordentlichen Generalversammlung beschließt die DFG am 2. Juli 1899, die bisherige Zeitschrift nicht mehr als Organ der Gesellschaft gelten zu lassen und stattdessen die »Friedensblätter« zu schaffen, die nicht mehr von Fried redigiert werden sollen.[134] Im September 1899 erscheint die letzte Ausgabe der MFK.

Von Oktober bis Dezember bringt man in Berlin nun die »Friedensblätter« ohne Frieds Hilfe heraus – doch nur kurz. Richard Grelling und Georg Haberland sind bereits ein Jahr zuvor aus dem Vorstand ausgetreten, Dr. Max Hirsch ist seit 1898 Abgeordneter der Freisinnigen Volkspartei im preußischen Landtag und als Sekretär der deutschen Gruppe der IPU vielfältig beschäftigt und legt sein Amt als Vorsitzender Ende 1899 nieder. Neue Aktivisten finden sich nicht.

Längst sind, unterstützt von Fried, neue Verhandlungen über einen Wechsel der Vereinsleitung nach Süddeutschland im Gange. Am 3. Dezember 1899 beschließt die Generalversammlung der DFG in Frankfurt a.M. mit Zustimmung der Berliner Vertreter die vorläufige Verlegung der Zentrale nach Stuttgart.[135] Neuer 1. Vorsitzender wird Adolf Richter aus Pforzheim, ein Veteran der Bewegung, der im Ausland schon viele Jahre als der führende Vertreter des reichsdeutschen Pazifismus gilt, Mitglied des Berner Büros und Leiter des Friedenskongresses in Hamburg 1897.[136] An seiner Seite steht als 2. Vorsitzender der überaus aktive und organisatorisch wie publizistisch begabte Stuttgarter Stadtpfarrer Otto Umfrid,[137] den Fried später zu den »hervorragendsten Theoretikern des Pazifismus in Deutschland« zählt.[138]

Obwohl Fried einiges zu diesem überaus nötigen Wechsel nach Süddeutschland beigetragen hat, definiert er seinen Standort auch weiterhin, und nun sogar noch stärker, innerhalb der Friedensbewegung, aber außerhalb der DFG. Ein Grund dafür ist sicher auch, dass die formal weiterbestehende Berliner Ortsgruppe, von Fried beharrlich beobachtet und kritisiert, nach dem Wechsel der Leitung nach Stuttgart noch weniger Aktivitäten entfaltet als zuvor. Ungeachtet der Tatsache, dass es nach wie vor und auch in späteren Jahren in Berlin an aktiven Mitgliedern fehlt, geht man von Seiten des Ortsvereins zu keinem Zeitpunkt mehr auf Fried zu. Im Gegenteil, selbst als auf Frieds Initiative hin 1902 eine Reorganisation der Berliner Ortsgruppe stattfindet, hält man ihn bewusst draußen. Fried konzentriert sich daher weiterhin auf die Publizistik, versucht aber immer wieder auch in ganz anderen Bereichen sein Glück.

2.4 Experimente

Eines dieser Experimente ist seine Ehe mit Martha Holländer 1896. Wahrscheinlich lernt Fried zunächst ihren Bruder Felix Holländer über den Schriftsteller Hans Land kennen, mit dem beide befreundet sind. Felix Holländer, Arztsohn aus Oberschlesien und seit seiner Jugend in Berlin, hatte durch zwei erfolgreiche Romane auf sich aufmerksam gemacht[139] und war 1894 von langen Studienreisen nach Berlin zurückgekehrt, um sich eine gesicherte Existenz aufzubauen. 1895 wurde sein Bruder Gustav, ein bekannter Violinist und Komponist, Direktor des Sternschen Konservatoriums in Berlin, während sein Bruder Victor, ein bekannter Theaterkapellmeister, zu dieser Zeit noch in London lebte. Eine Verbindung mit der angesehenen Berliner Familie musste auf Fried überaus attraktiv wirken.

Im März 1896 verlobt sich Fried mit der vermutlich schon zu diesem Zeitpunkt psychisch kranken, 27-jährigen Martha. Kaum drei Monate später, im Juni 1896, findet in Berlin die Hochzeit statt. Dass es keine Liebesheirat ist, beweist ein rückblickender Brief Frieds an Therese Frankl, die Frau seines Freundes Siegfried, die später seine dritte Ehefrau werden wird. »Ich nahm gestern

Nachmittag bei Josty meinen Kaffee, wo kein Stuhl zu haben war. Mutzerl, da saßen wir auch einmal, und meine Frau, die vorüberfuhr und nicht einmal meine Braut noch war, sagte mir, sie hätte sicher gedacht, der Fried hat mit dieser Dame ein Verhältnis.«[140]

Tatsächlich ist die heimliche Beziehung zwischen Therese und Fried 1896 schon zwei Jahre alt[141] und wird auch während Frieds Ehe mit Martha nicht abreißen. Zudem scheint Fried erst einige Zeit nach der Hochzeit Marthas psychische Störungen bemerkt zu haben, die im Laufe der Ehe zunehmen. An was genau die junge Frau erkrankt war, ist nicht mehr festzustellen. Zu den wenigen erhaltenen Zeugnissen gehört, neben einigen Briefen aus dem Trennungsjahr 1903,[142] auch ein Manuskript Frieds aus demselben Jahr, das sich mit »Experimentalehen« beschäftigt, der beklagten Angewohnheit vieler Familien, »[...] eines ihrer Mitglieder, das physisch oder sozial aus der Art geschlagen ist, durch eine Verheiratung zu kurieren«.[143] Dort heißt es: »Man denke, was es heißt, wenn, wie es in einem mir bekannten Fall sich zutrug, der Mann, der sich in ein Mädchen verliebt hatte und nach kurzem Brautstand voll Hoffnungen in die Ehe trat, in der festen Meinung, nun sein Lebensglück begründet zu haben, plötzlich vom Dienstmädchen erfahren muss, dass seine Frau schon vor der Ehe [...] zu wiederholten Malen in Irrenanstalten untergebracht war, dass er eine Geisteskranke geheiratet hat, mit der ihm jede geistige Gemeinschaft für immer fehlen muss. Man denke sich eine solche Täuschung aus, ein derartig verpfuschtes Leben ständiger Unruhe, ständiger Aufregung, ständiger Erbitterung und der Isoliertheit mit einem in seiner Vernunft schwer beeinträchtigten Wesen. Der vollständige wirtschaftliche Verfall infolge von Arbeitsunfähigkeit und Lebensüberdruss des gewissenlos geopferten Versuchsobjektes waren die Folgen in dem mir bekannten Falle, und dabei hat sich die Hoffnung der experimentierenden Familie, die kalten Blutes ihre Einwilligung zu jenem Verbrechen gegeben hat und ihre Unterstützung dazu herlieh, obwohl angesehene, im öffentlichen Leben stehende Männer zu dieser Familie gehörten, gar nicht erfüllt, denn die Geisteskrankheit, die eine periodische mit luziden Intervallen war – und daher keine Handhabe zur Lösung jener Ehe bot – hatte sich in der Ehe nur verschlimmert, die akuten Anfälle wurden häufiger und die Perioden des Irrseins dauerten länger.«[144] Auch wenn einiges übertrieben sein mag, kann man doch davon ausgehen, dass die Jahre ab 1896 für Fried keine glücklichen sind. Die Ehe mit Martha bleibt, wie die mit Gertrud, kinderlos und wird zunehmend belastender. Der erhoffte gesellschaftliche Aufstieg bleibt langfristig aus, ebenso eine Konsolidierung der finanziellen Situation.

Zunächst scheint es jedoch endlich aufwärtszugehen. Durch seinen Schwager Felix, der bei der ein Jahr zuvor gegründeten Wochenzeitung »Die Welt am Montag« als Feuilletonredakteur arbeitet, bekommt Fried Kontakt zum Besitzer Dr. Martin Langen und erhält, nach ersten Sondierungsgesprächen im April und Mai, von diesem Ende Juni 1896 endlich den ersehnten festen Anstellungsvertrag: »Ich engagiere Sie ab 1. Juli 1896 für die Dauer von 5 Jahren als geschäftlichen Leiter der in meinem Verlage erscheinenden Zeitung ›Die Welt am Montag‹ mit einem Monatsgehalt von M. 350 (dreihundertfünfzig Mark) und beteilige Sie mit 25% (fünfundzwanzig Prozent) an dem mir zustehenden Anteil am Reingewinn des Unternehmens.«[145]

Ein scheinbarer Glückstreffer, zumal der Vertrag, der ohne Probezeit gestaltet ist und das erste volle Jahr ohne Kündigungsmöglichkeit garantiert, zwar Frieds anderweitige schriftstellerische Tätigkeit einschränkt, ihm aber erlaubt, zusätzlich honorierte Artikel für »Die Welt am Montag« zu schreiben und seine Arbeiten »im Dienste der Friedensbewegung« ungehindert fortzusetzen. Doch es gibt einen Pferdefuß, im weiteren Verlauf heißt es nämlich: »Wenn ich die Zeitung ›Die Welt am Montag‹ eingehen lasse, steht mir – auch schon während der ersten fünf Jahre dieses Vertrages – das Recht zu, diesen Vertrag mit sechsmonatiger Frist, vom Tage der diesbezüglichen Erklärung ab gerechnet, aufzukündigen.« Tatsächlich ist das junge Wochenblatt, das am Sonntagabend gedruckt Montag früh erscheint, bis zum Sommer 1896 ein reines Verlustunternehmen und auch die Anstellung Frieds als »geschäftlicher Leiter« oder wirtschaftlicher »Direktor«, wie er sich selbst nennt, ändert daran wenig.

Vermutlich hoffte Langen durch die Einbeziehung eines gelernten Verlagsbuchhändlers den Ertrag des Inseratenteils der Zeitung, den Fried leiten sollte, zu erhöhen. Ein letzter Versuch wohl, denn als sich bis zum Ende des Jahres keine wesentliche Besserung einstellt, beschließt er, die Zeitung aufzugeben. Am 27. Dezember 1896 erhält Fried in dürren Worten die fristgerechte Kündigung zum 1. Juli 1897.

Zusammen mit Felix Holländer tritt er in Verkaufsverhandlungen mit Martin Langen ein. Da Felix Holländer über wenig, Fried über gar kein Geld verfügt, einigen sich beide Seiten in einem Vorvertrag im Februar 1897 auf eine nachträgliche Finanzierung des Kaufs aus den erwarteten Gewinnen. Doch ein endgültiger Vertrag kommt aus ungeklärten Gründen nicht zustande, und so verkauft Langen die Zeitung Mitte März an einen anderen Interessenten. Da er Fried an diesem Abend, wie er moniert, nicht mehr im Büro vorfindet, setzt er ihn schriftlich vom Verkauf in Kenntnis: »Ich habe das Eigentum an der Zeitung ›Die Welt am Montag‹ heute Nachmittag an den Verlagsbuchhändler Herrn Hermann Bousset (Verleger der ›Zeit‹) hier käuflich abgetreten. Da Herr Bousset die kaufmännische Leitung der Zeitung selbst übernehmen wird, so ist leider für Ihre Kraft bei dem Unternehmen in Zukunft keine Verwendung mehr. Ich möchte Sie daher bitten, Ihre diesbezügliche Tätigkeit – da Herr Bousset bereits morgen in diese eintreten wird – von heute ab einzustellen.«[146] Falls er auf die ohnehin nicht zu erwartende Beteiligung am Jahresgewinn verzichte, so Langen weiter, könne er sich bereits zum ersten April eine neue Stelle suchen, werde aber sein Gehalt vertragsgemäß bis Ende Juni weiterbeziehen. Ein nur scheinbar günstiges Angebot, denn Fried gelingt es in der Folgezeit trotz zahlreicher Bewerbungen nicht, eine neue Festanstellung zu finden. Arbeit hat er genug, denn die Redaktion der »Monatlichen Friedens-Korrespondenz« und die Mitarbeit an der Zeitschrift »Die Waffen nieder!« lassen ihm nur wenig freie Zeit. Beides jedoch bringt so gut wie nichts ein, so dass Fried wieder einmal um die nackte Existenz kämpft. Wie früher in Wien, lebt er auch in Berlin nie frei von Existenzängsten. Und das, obwohl er ohne Pause arbeitet und sich neben seinen journalistischen und schriftstellerischen Bemühungen sogar als Erfinder versucht.

Frieds hygienischer Müll-, Sammel- und Abfuhrapparat

Vermutlich schon 1893 berichtet die »Illustrierte Zeitung« ausführlich über Frieds Erfindung zur verbesserten Aufbewahrung und Abfuhr von Hausmüll in der Stadt.[147]

Es handle sich dabei um eine etwa 170 cm hohe und 70 cm breite Eisenblech-Konstruktion, in deren unterem Teil sich eine herausnehmbare, auswechselbare Müllkiste befände, die von oben mit Hilfe eines Klappmechanismus befüllt werde. Durch diese Art der Müllsammlung werde der Müll staubfrei, geruchlos und für Ungeziefer, aber auch für unbefugte Personen unzugänglich aufbewahrt und durch den Abtransport der ganzen verschließbaren Müllkiste auch hygienisch geleert. Sogar über die weitere Lagerung macht sich Fried Gedanken. Statt den Müll einfach auf ein offenes Feld zu schütten, könne man »den nicht zu unterschätzenden Wert des Mülls« nutzen und die verschlossenen Kisten zunächst in Baracken lagern, um sie dann in großen Sortierräumen nach und nach zu sortieren. Ob dieses System jemals ausprobiert wurde, ist unbekannt.

Das selbstdatierende Couvert

Eine weitere Erfindung meldet Fried im Herbst 1897 zum Patent an: das selbstdatierende Couvert, ein Briefumschlag, der durch eine Aussparung im oberen rechten Teil ein Kleben und Stempeln der Briefmarke direkt auf das innenliegende Dokument ermöglichen soll, um etwa bei amtlichen Schreiben eine genaue Kontrolle des fristgerechten Ein- oder Ausgangs zu ermöglichen. Tatsächlich stößt diese Erfindung zunächst auf Interesse. Carl Rudolf Bergmann, ein Berliner Interessent, schreibt an seine Druckerei: »In der Anlage komme ich Ihnen mit einer Neuheit näher, für wel-

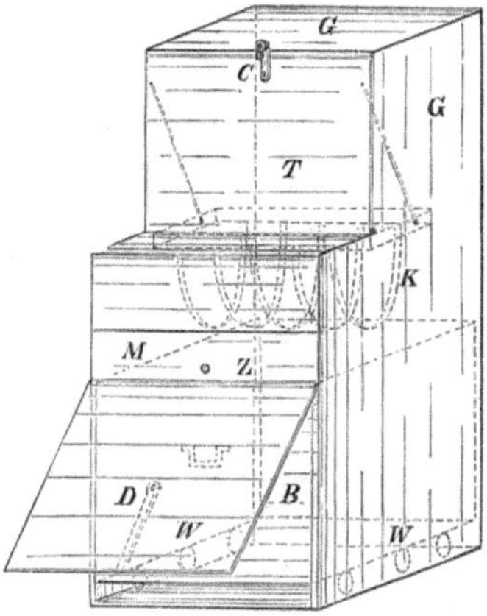

Fig. 1.

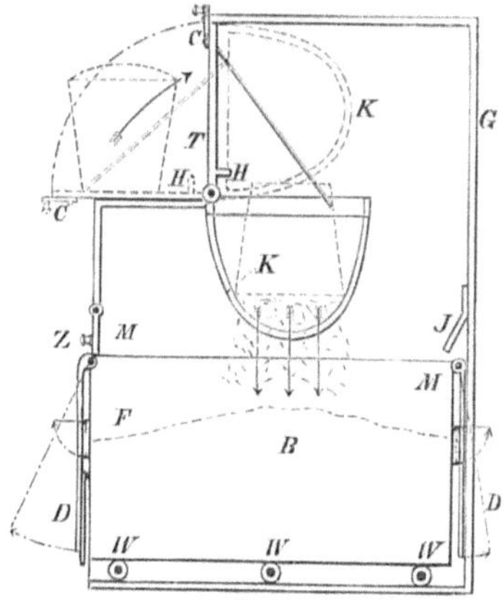

Fig. 2.

Fig. 3.

Fried's hygienischer Müll-, Sammel- und Abfuhrapparat.

Frieds Müllentsorgungssystem

che ich mich aus eigener Initiative interessiert habe, weil ich von derselben in der Zeitung las, und mir diese neue Idee in der Tat recht originell und der Beachtung würdig erschien. Das Besondere an der Sache ist, dass die Couverts, wie mir scheinen will, in der bisherigen Weise hergestellt werden können und dass alleine nur vor dem Gummieren der einzelnen Blätter ein Loch, viereckig oder rund, ausgestanzt zu werden braucht. Dieses Loch soll es ermöglichen, die Marke direkt auf den Inhalt des Couverts zu kleben, um im Wesentlichen den Poststempel auf ihm zu haben. Dass Letzteres namentlich bei Gerichtssachen und vielen anderen oft außerordentlich erwünscht ist, liegt auf der Hand.«[148]

Bergmann erbittet eine Einschätzung der Druckerei und einen Probedruck. Der Adressat macht jedoch sofort gravierende Bedenken geltend: Die Käufer würden voraussichtlich keine Lust verspüren, das um einiges teurere Couvert zu kaufen, nur damit der Empfänger einen möglichen Vorteil davon hätte. Zudem werde die Post möglicherweise die Briefe nicht zulassen, da andere Briefe an der Stanzöffnung hängen bleiben könnten. Die Marke müsse sehr sorgfältig in die Öffnung geklebt werden, denn wenn sie an einem Rand des Briefumschlags klebe, würde der Brief beim Öffnen beschädigt. Brauche man mehrere Marken, sei der ganze Umschlag unnütz. Vor allem aber sieht der Drucker ein gravierendes Problem: »Und endlich wird auch vielen Absendern die Öffnung sehr unangenehm sein, da sie das Briefgeheimnis und vielleicht gar den ganzen Inhalt des Couverts gefährdet.«[149] Ähnliche Überlegungen führen auch die Berliner Paketfahrt-Aktien-Gesellschaft, der Fried schon im September 1897 ein Muster geschickt hat, zu einer Absage. Dort macht man sogar die Probe aufs Exempel und schickt Fried eine bruchstückhafte Abschrift seines ungeöffneten Briefes zurück.[150]

Ein Wahlatlas

Noch eine weitere Idee Frieds erweist sich als Flop: Im Herbst 1897 bietet er der Kartographischen Anstalt G. Freytag & Berndt in Wien die Idee eines Wahlatlanten für die Deutschen Reichstagswahlen von 1898 an, der sämtliche Informationen über die letzten drei Wahlen enthalten solle: die Wahlkreise in den Farben der gewählten Parteien, die Wahlbeteiligungen und die Sitzverteilung im Deutschen Reichstag. »Wie Sie wissen werden, steht Deutschland im nächsten Jahre vor dem Wahlkampfe, der nach Lage der politischen Verhältnisse ein sehr bewegter und ausgedehnter sein wird. Sieben Millionen Wähler gehen hier an die Urne, zeigen also ein lebendiges Interesse an den politischen Vorgängen. Das Volk ist durch die enorme Ausbreitung der Sozialdemokratie und der radikalen bürgerlichen Parteien politisch sehr reif, so dass das von mir angeregte Unternehmen, das durchwegs gerade in den Rahmen Ihres Verlages passen würde, Aussichten auf einen schönen buchhändlerischen Erfolg gewährt.«[151] Doch der Verlag winkt mit dem Hinweis ab, es gäbe bereits seit 1893 ähnliche Karten und man habe sowieso vorgehabt, derartige Diagramme zu veröffentlichen.[152]

Ergänzungsfähiges Lexikon

1901 meldet Fried im Kaiserlichen Patentamt Berlin seine vermutlich letzte Erfindung an, die Idee »eines durch Einzelherstellung der lose aneinanderzureihenden Artikel ergänzungsfähigen Lexikons«.[153] Spätere Entwicklungen vorwegnehmend, sieht er den Wert seines Lexikons in der bleibenden Aktualität, da veraltete Artikel ausgeheftet und durch neue ersetzt oder um weitere ergänzt werden könnten. Leider lässt sich aus der vorhandenen Korrespondenz nicht erkennen, ob das Patent erteilt wurde und ob es Interessenten fand. Zu einer Verbesserung seiner Lebenssituation trug jedoch offensichtlich keine seiner Ideen und Erfindungen bei. Und auch die größeren Werke dieser Jahre bringen keinen finanziellen Durchbruch.

Nach dem großen Erfolg seines »Friedens-Katechismus« äußert sich Fried 1895 zu einer der brennendsten Fragen innerhalb der europäischen Friedensbewegung: der Rechtmäßigkeit der

Annexion Elsass-Lothringens durch das Deutsche Reich. In »Elsass-Lothringen und der Krieg«, einem zweisprachigen Werk, das 1895 gleichzeitig in Paris und Leipzig erscheint,[154] versucht er den Ausweg aus dem Dilemma durch eine »Nicht-Lösung« anzubieten. Die Zukunft, so seine These, werde eines Tages das nationale Denken überwinden und Deutschland und Frankreich würden dann zusammen mit den übrigen europäischen Kulturstaaten eine Staatengemeinschaft bilden, in der sich die Frage der Zugehörigkeit Elsass-Lothringens gar nicht mehr stellen werde. Alle konkreten Vorschläge zur Lösung der Elsass-Lothringen-Frage seien daher als der Entwicklung schädlich abzulehnen, stattdessen sei von den Besten beider Länder, »nicht die Betressten und Besternten, sondern die wahrhaft Menschlichen, die Geistesprinzen«, auf kultureller Ebene eine Brücke zu bauen: »Die deutsch-französische Liga zur gemeinschaftlichen Förderung der Kultur- und humanitären Interessen beider Nationen muss gegründet werden!«[155] Zusammen mit den ersten Programmpunkten der Liga entwirft Fried ein Aktionskonzept: die Mitglieder der Liga sollten sich alljährlich, »alternierend in einem der beiden Länder oder auf neutralem Boden zu gegenseitiger Aussprache zu Kongressen vereinigen«. Daneben werde es für einzelne Berufszweige Spezialkongresse und Ausstellungen geben. Ärzte- und Techniker-Kongresse seien anzuregen, ebenso der Schüleraustausch und Vermittlungsstellen für Briefkontakte. Einer der wichtigsten Arbeitspunkte werde die Propaganda in Literatur und Presse sein: »Sie wird bemüht sein, die Schriften beider Völker in beiden Sprachen zur gegenseitigen Kenntnis der Massen zu bringen und so das schönste versöhnende Moment zeitigen.«[156]

Tatsächlich plant Fried zu diesem Zeitpunkt mit Albert Südekum bereits die zweisprachige Revue »Deutsch-Französische Jahrbücher / Annales Franco-Allemandes«, die zweimal monatlich erscheinen und »mit Umgehung der engen nationalpolitischen Standpunkte einen gemeinschaftlichen Mittelpunkt für das Geistesleben beider Völker bilden und das gegenseitige Verständnis vermitteln und vermehren«[157] soll. Im Sommer 1895 werben Fried und Südekum um finanzielle Unterstützung für ihre Idee;

da sich jedoch kein einziger Finanzier für das kühne Projekt findet, kommt es nicht einmal zu einer Probenummer. Auch die von Fried angeregte deutsch-französische Liga, der er in seinem Buch eine große Zukunft prophezeit und deren Gründung auf deutscher Seite von Fried und Südekum, auf französischer Seite von Bernard Lazare[158] versucht wird, scheitert am mangelnden Interesse der Zeitgenossen.

Fried bleibt am Ende nur der philosophische Standpunkt: »Das Streben nach dem Guten, das ist eben das Ewige in uns! Das ist der Teil jener Kette, die uns rückwärts an unsere Vorfahren, vorne an unsere Nachkommen dauernd schließt. Dies erklärt uns den Wagemut derjenigen, die mit dem Einsatz eines ganzen Lebens für ein Ideal kämpfen, dessen Erfüllung zu erleben ihnen bewusst versagt ist und unter dessen Kämpfen ihr ephemeres Dasein dahinschwindet. [...] was wir auch zu erreichen streben im Dienste des Guten, wir sind immer die Pioniere der Zukunft, immer die momentanen Vertreter des Ewigen.«[159] Diese oder ähnliche Ausführungen werden sich in späteren Werken Frieds nicht mehr finden, sondern einem nüchtern-wissenschaftlicheren Stil weichen. Dennoch sind sie grundlegend für sein Selbstverständnis und bilden zusammen mit dem unbedingten Glauben an die unaufhaltsame Höherentwicklung der Menschheit die Grundpfeiler seines Wirkens.

Weit mehr Aufsehen erregt im selben Jahr »Dschingis-Khan mit Telegraphen«,[160] das Fried, wohl dem Beispiel Bertha von Suttners im »Maschinenzeitalter«[161] folgend, unter Pseudonym veröffentlicht. Es handelte sich um eine nur grob geordnete, aphoristische[162] Sammlung von Gedanken und kleineren Aufsätzen zu Krieg und Frieden, Kulturentwicklung, Emanzipation und Fortschritt. Der Themenkreis Krieg und Frieden steht klar im Mittelpunkt und zeigt auch schon deutliche Ansätze seiner späteren Theorieentwicklung: die Unterscheidung von »Kampf« und »Krieg«, die Analyse der Gegenwartssituation als eines Kriegszustandes im Frieden, die Ablehnung aller Bestrebungen einer Humanisierung des Krieges und die positive Bewertung der allgemeinen Wehrpflicht als eines Übergangsstadiums zum Weltfrieden, »eine Institution einer Zeit, in welcher sich nicht mehr das nötige Maß von Rohheit findet, um freiwillige Heere zu bilden«. Die Friedensgesellschaften, so Fried, seien nicht dazu da, den Krieg direkt abzuschaffen, sondern lediglich einen internationalen Massenwillen zu konstatieren, »ein Wille, der durch seine Existenzbetätigung [!] allein genügt, den Armeen das Feld ihrer Tätigkeit zu rauben«.

Interessant ist Frieds vehementer Einspruch gegen den Begriff »Friedensverein«. Die Friedensgesellschaften seien keine geselligen Verbindungen, schreibt er, und wollten sich nicht mit Gesangs- und Kegelvereinen auf eine Liste setzen lassen. Stattdessen seien sie eine »Ideensozietät, der jeder angehört, der unsere Ideen teilt«. Die tatsächliche (zahlende) Mitgliedschaft sei dabei zweitrangig. »Wir wollen keine Vereinigung bilden mit langatmigen Statuten! Unser einziges Statut sei das Losungswort ›Die Waffen nieder!‹ Wenn wir diese Maxime befolgen, dann haben wir mit einem Male mehr Mitglieder, als Europa bewaffnete Männer hat. Diejenigen aber, die sich als Mitglieder einer Friedensgesellschaft einschreiben, seien nur als Soldaten zu betrachten [...] die sich auf den Ruf ›Freiwillige vor!‹ zum Angriffssturm gemeldet haben.« Fried widmet das Werk seinen Eltern und gibt in der Einleitung an, er übergebe seine privaten Gedanken hierin der Öffentlichkeit, »weil ich ungefähr zehn Personen kenne, die für meine Gedanken Interesse haben dürften«.

Der Name des Autors bleibt nicht lange ein Geheimnis. Schon im Dezember 1895 heißt es in einer Besprechung der Zeitschrift »Die Waffen nieder!«: »Dschingis-Khan mit Telegraphen von Manfred Herald Frei. Eine bedeutsame Bereicherung der Friedensliteratur. Oder vielmehr eine friedensbedeutende Bereicherung der sozialwissenschaftlichen Literatur. [...] Es ist ein stolzes, kühnes Buch. Die Sprache schwungvoll und feurig, die Gedanken von mitunter überraschender Tiefe und Neuheit. Unsere Freunde werden das Werk mit großer Genugtuung begrüßen, daraus Freude und Belehrung schöpfen. Aber eine Enttäuschung wird ihnen nicht erspart: – Zuerst ist man froh, dass wieder ein neuer kräftiger Mitkämpfer unsrer Sache entstanden ist – hat man aber die ersten hundert Seiten gelesen, so bleibt kein Zweifel mehr, dass er einer unsrer längst gekannten und bewährten Friedensgenossen ist, der sich da unter dem allzu durchsichtigen Pseudonym verbirgt.«[163] Zumindest in Friedenskreisen wird das Buch ein kurzfristiger Erfolg, 1896 erscheint die zweite Auflage, dann jedoch keine weitere mehr.

Als nächstes Buchprojekt nimmt sich Fried die Todesstrafe vor, ein durchaus aktuelles Thema zu dieser Zeit. Seitdem die Abschaffung der Todesstrafe im August 1848 von der Mehrheit der Paulskirchenabgeordneten in die Grundrechte aufgenommen worden war, wurde das Thema von liberaler Seite immer wieder aufgegriffen. Da die Anzahl der vollstreckten Urteile nach einem deutlichen Rückgang in der Bismarck-Ära unter der Regierung Wilhelms II. wieder drastisch ansteigt, melden sich auch die Gegner wieder häufiger zu Wort.[164] Anfang 1898 plant Fried daher ein großes Sammelwerk mit den Antworten möglichst vieler »Kulturträger« auf die Frage: »Wie denken Sie über die Todesstrafe?« Er verfasst einen Aufruf, den er in großer Stückzahl versendet und spannt darin, ausgehend von dem »Dogma der Unverletzlichkeit des menschlichen Lebens« den Bogen von den sich feindlich und kriegsbereit gegenüberstehenden europäischen Heeren bis zur Rechtsprechung seiner Zeit.

Nicht alle Angesprochenen antworten so, wie Fried es erhofft. Während sich die Suttners, Leopold Katscher, Gaston Moch, Moritz Adler und Wilhelm Liebknecht erwartungsgemäß gegen die Todesstrafe aussprechen, halten etwa Max Nordau, Ernst Haeckel und Alfred Kerr sie für zeitgemäß, und selbst ein so eingefleischter Pazifist wie der Stuttgarter Stadtpfarrer Otto Umfrid spricht sich für die Beibehaltung aus.[165] Deshalb entschließt sich Fried, das geplante Projekt aufzugeben und schreibt stattdessen einen Roman, der – in der Ich-Form eines Brieftagebuchs an die Geliebte verfasst – die letzten Tage eines zum Tode Verurteilten in der Gefängniszelle, seine Gedanken und Gefühle, die seelischen Qualen bis zum Todestag schildert.[166] Dem Werk voran stellt er die Umfrage-Antwort von Ludwig Büchner, der die Todesstrafe, wie er selbst, für ein mittelalterliches Überbleibsel, eines modernen Staates unwürdig, erachtet, für einen »kalten Blutes« begangenen Mord.[167] Fried ist sich bewusst, dass die literarische Qualität des kleinen Werkes sehr gering ist. In einer Selbstanzeige schreibt er: »Ich machte, als ich das Buch schrieb, keinen Anspruch darauf, ein Kunstwerk zu schaffen: nur der Tendenz wollte ich es gewidmet wissen.«[168] Obwohl es dem Verlag mit Vermittlung Victor Holländers gelingt, eine englische Ausgabe anzuregen, erlebt es keine zweite Auflage mehr.

2.5 Im Umfeld der Haager Konferenz 1899

Die letzten Jahre vor der Jahrhundertwende sind nicht nur für Fried persönlich eine schwierige Zeit. Während er nach dem unerwartet raschen Ende seiner Anstellung bei der »Welt am Montag« seinen Lebensunterhalt mit journalistischen und literarischen Arbeiten zu verdienen versucht, zugleich als Redakteur der »Monatlichen Friedens-Korrespondenz« in ständige Querelen mit dem Vorstand der DFG verstrickt, steckt nicht nur die DFG in der Krise, sondern die Friedensbewegung insgesamt hat mit Rückschlägen zu kämpfen.

Ein bedeutender Faktor ist die für viele enttäuschende Haltung der USA. Gerade die Pazifisten auf dem europäischen Kontinent sahen Amerika gern als zukunftsweisendes Vorbild, auf das sie besonders im Kampf um die Schiedsgerichtsbarkeit große Hoffnungen setzten. Umso größer ist die Enttäuschung, als der US-Senat 1896/97 den englisch-amerikanischen Schiedsvertrag nicht ratifiziert. Als Amerika dann auch noch ein Jahr später in den Krieg mit Spanien eintritt, scheint die Lage hoffnungslos. Fried über den Sommer 1898: »Der spanisch-amerikanische Krieg war eben zu Ende. Der demokratischste Staat der Welt hatte mit seinen grundlegenden Prinzipien gebrochen und war am besten Wege, sich einer wilden Eroberungspolitik hinzugeben. Ein alter Kulturstaat, in dessen Grenzen einmal die Sonne nie unterging, war in wenigen Wochen zusammengebrochen und hatte sich, durch die Macht der Kanonen und der Gewehre seines Gegners gezwungen, aus seiner bisherigen politischen Position zurückgezogen und seinen ehemals so großen Kolonialbesitz preisgeben müssen. Die Gewalt stand triumphierend über dem Rechte.«[169]

Der Gedanke an einen friedlichen Ausgleich der Kräfte scheint ferner denn je. Auch in Europa beschleunigt sich der Rüstungswettlauf. In Berlin erfasst die Friedensfreunde, bedingt durch die zunehmende Unpopularität ihrer Ideen und Vorschläge, tiefe Mutlosigkeit. Anfang 1898 wird die Initiative Frieds, Bertha von Suttner nach Berlin einzuladen, um einmal wieder als Friedensgesellschaft in Erscheinung zu treten, mit der Begründung abgelehnt, dass sich wohl niemand fände, der bereit sei, »das pekuniäre Risiko einer derartigen Veranstaltung zu tragen«.[170] Und weiter: »Bei dem jetzigen Stand der Dinge im politischen Leben, bei dem Interesse, welches das Publikum den bevorstehenden Neuwahlen zum Reichstag widmet, ist die Zeit für die Propagierung unserer Gedanken durchaus keine günstige, und wir werden wenigstens für Berlin für die nächste Zeit nur das Veilchen sein können, das im Verborgenen blüht.« Ende Juli 1898 schreibt Fried an Bertha von Suttner: »Traurig, traurig, liebe Baronin, diese momentane Rückwärtskurve der Friedensbewegung. Ich merke das auch an den Zeitungen, die mir früher die Aufträge für die Berichterstattung über die beiden Friedenskongresse gegeben haben. Es waren nur wenige, aber diese wenigen schnappen in diesem Jahre alle ab.«[171]

Gerade in diesem Augenblick aber geschieht etwas völlig Unerwartetes, das noch dazu aus einer Richtung kommt, in die die Pazifisten bisher nur mit Ablehnung gesehen hatten: Am 24. August 1898 überreicht der russische Außenminister Murav'ev in St. Petersburg während seines wöchentlichen Empfangs für das diplomatische Korps den Botschaftern und Gesandten der anwesenden Staaten ein Schriftstück, das später als das Friedensmanifest des Zaren in die Geschichte eingehen wird.[172] Darin wird im Namen des jungen Nikolaus II., der seinem Vater Alexander III. 1894 mit 25 Jahren auf den Thron gefolgt ist, die »Aufrechterhaltung des allgemeinen Friedens und eine mögliche Herabsetzung der übermäßigen Rüstungen«[173] als ein Ideal beschworen, »auf das die Bemühungen aller Regierungen gerichtet sein müssten«. Nach der Beschreibung der negativen Folgen des europäischen Wettrüstens lädt der Zar alle am kaiserlichen Hof vertretenen Regierungen zu einer Konferenz ein, um diesen »unaufhörlichen Rüstungen ein Ziel zu setzen und die Mittel zu suchen, dem Unheil vorzubeugen, das die ganze Welt bedroht«.

Das Zarenmanifest löst einen neuen Aufschwung in der Friedensbewegung aus. Allein die Möglichkeit, dass die vorausgegangenen Aktivitäten, ihre Bücher und Resolutionen einen Anteil an diesem Manifest gehabt haben könnten, reißt die Friedensfreunde für einige Zeit aus dem lähmenden Gefühl der Machtlosigkeit heraus. In ganz Europa stehen die führenden Pazifisten im Rampenlicht, »das wunderbare Ereignis nach allen Seiten kommentierend«.[174] Man sendet sich gegenseitig Glückwunschtelegramme und diskutiert das freudige Ereignis mit Freunden und Sympathisanten. Endlich scheint man auch in den Schaltzentralen der Macht die Argumente der Pazifisten ernst zu nehmen, und endlich gibt es auch wieder ein klar umrissenes Aktionsziel: die Propaganda für das Zarenmanifest.

In einem Leitartikel der »Berliner Zeitung« vom 30. August 1898[175] zieht Fried die Verbindung zum Wirken der Pazifisten schon mit der Überschrift »Die Waffen nieder!« Er beschreibt die immer weitere Ausbreitung des Friedensgedankens in Kreisen der internationalen Intelligenz, der Parlamente, Zeitungen und Friedensgesellschaften, wobei Fried – sehr optimistisch – die »Pazifikation Europas« zum »Ideal von Millionen« erklärt, dem lediglich die starre Haltung der Politik entgegenstehe, die sich zum Schaden der Menschheit weiterhin in den »alteingetretenen Pfaden« bewege. Erst mit dem Zarenmanifest habe sich das gewandelt: »Die Friedensidee hat eine Siegesnachricht zu verzeichnen, eine Siegesnachricht, wie man sie sich nicht zu träumen wagte. Das gekrönte Haupt des mächtigsten europäischen Staates hat das Banner ergriffen, auf dessen Höhe die Worte ›Die Waffen nieder!‹ stehen.« Zwar erwartet Fried keine schnellen Erfolge, »der Plan ist zu groß, als dass er mit der Schnelligkeit eines heißen Wunsches erfüllt werden könnte«, sondern rechnet damit, dass Jahre bis zur Verwirklichung vergehen werden, dennoch sieht er den Beginn einer unumkehrbaren Entwicklung: »Sein Aufruf ist ein Fortschritt, von dem es kein Rückwärts mehr gibt, und man kann mit festem Bewusstsein behaupten, dass in den letzten 48 Stunden die Weltgeschichte einen hörbaren Ruck vorwärts gemacht hat und sich nicht wieder nach rückwärts dirigieren lässt.« Gefragt sei nun die nicht abreißende Propaganda in Parlamenten und Zeitungen, auf Volksversammlungen und Kongressen. »Alle Mann an Bord, muss es heißen, alle Mann zu den Waffen des Geistes: ›Der Friede ist ausgebrochen!‹«

In ihrer Euphorie lassen die Friedensfreunde Bedenken gegen die Person oder die Absichten des Zaren nicht gelten, oder, wie Sandi Cooper es ausdrückt: »Pacifists forgot that the tsar was not among their usual gallery of heroes.«[176] Auch Fried, der schon wegen der jahrzehntelangen Pogrome gegen die Juden alles andere als ein Freund der russischen Autokratie ist, äußert keine offenen Bedenken. Dagegen versucht er es mit einem Winkelzug: »Von Osten her kommt diese Heilsbotschaft: Der absolute Herrscher des Russenvolkes ergriff die Initiative und macht damit einem Wahn ein Ende, der in der russischen Unkultur den Feind Europas erblickte. Sollten die Wilden wirklich bessere Menschen sein?« Die Antwort: »Der Zar hat mit seinem Manifeste in einer den Völkern Europas viel verständlicheren Sprache zugerufen, sie sollen ihre heiligsten Güter wahren, und die Völker Europas werden diesem Rufe folgen und werden dafür Sorge tragen, dass der Gedanke nicht vergessen wird. Ist er doch ein Kind ihres Geistes, ist er doch ein Gedanke der demokratischen Welt, der seine Macht bis zu der Einsicht eines gekrönten Hauptes hinauf geltend gemacht hat.« Das eigentliche Verdienst des westlich erzogenen Zaren liegt für Fried lediglich darin, Gedanken »hoffähig« gemacht zu haben, die längst in den westlichen Kulturländern vorgedacht und ausgearbeitet worden sind. Propaganda für das Manifest ist damit nicht Propaganda für das Zarenreich, sondern für schon lange vorher im Westen geborene Ideen. Ideen, die direkt aus der Friedensbewegung zu stammen scheinen.

Auch die meisten anderen Pazifisten glauben fest daran, dass die Wurzeln des Zarenmanifestes letztlich in ihrer Propaganda zu finden sind. Verbindungen russischer Diplomaten mit der Friedensbewegung sind nicht erst heutigen Forschern bekannt.[177] Schon bald kursieren auch Gerüchte, der Zar habe vor der Abfassung des Manifestes den Roman »Die Waffen nieder!« gelesen. Bertha von Suttner, die darüber von Fürst Dolgorukow informiert wird, tritt allerdings in ihren Memoiren später der Auffassung, ihr Roman allein könnte den Zaren zu seiner Initiative veranlasst haben, entschieden entgegen.[178]

Der Einfluss Johann von Blochs und seines Werkes[179] ist jedoch unter den Pazifisten unumstritten. Tatsächlich scheint sich der Zar mit dem umfangreichen, sechsbändigen Werk, das die Leiden, vor allem aber die Sinnlosigkeit eines modernen Krieges beschreibt, der nach Blochs Darstellung nicht zum Sieg eines, sondern zum Ruin aller Staaten führen müsse, im Mai 1898 beschäftigt zu haben.[180] Das Werk wurde nicht, wie sonst bei Büchern mit pazifistischer Tendenz üblich, von der Zensur verboten, sondern brachte dem Verfasser sogar eine Audienz beim Zaren ein.

Wichtiger noch als der Einfluss auf den Zaren ist für die Pazifisten die erwartete Rückwirkung des Manifestes auf ihre eigene Position in der Gesellschaft. Was sie sich erhoffen, ist ein deutlicher Gewinn an gesellschaftlicher und politischer Akzeptanz ihrer Ideen, einen »Wendepunkt in der Geschichte Europas«,[181] oder wie Henry Dunant, der Gründer des Roten Kreuzes, es gegenüber Bertha von Suttner ausdrückt: »Es ist dies ein riesengroßer Schritt, und was immer geschehe, die Welt wird nicht ›Utopie!‹ schreien; die Geringschätzung unserer Ideen ist ihr versagt; und wenn die Verwirklichung auch dem Kongress, der sicher stattfinden wird, nicht augenblicklich folgt, so ist sie doch jedenfalls in Gang gebracht. Diese Initiative bleibt auf immer als Präzedenzfall bestehen.«[182]

Nicht nur Fried ist schon früh klar, dass eine möglichst breite Unterstützung in der Öffentlichkeit nötig sein wird, um die zu erwartenden Widerstände innerhalb der europäischen Regierungen zu überwinden. So schreibt der russische Soziologe Jacques Novicow an Bertha von Suttner, es sei nun vor allem nötig, Nikolaus II. mit aller Kraft zu unterstützen, »nicht nur gegen seine Gegner, sondern auch gegen seine eigene Person«.[183] Das Unternehmen sei so schwierig, dass der Zar vor den Hindernissen den Mut verlieren könnte. »Dann wird es nötig sein, dass die liberale Meinung Europas und besonders die Friedensvereine ihm eine unermüdliche, nimmer wankende Mitarbeit leisten.«

Tatsächlich ist die Resonanz auf das Zarenmanifest außerhalb des pazifistischen und linksliberalen Lagers mehr als verhalten. Fried schreibt später, in Deutschland hätten alle Parteien von der äußersten Rechten bis zur Sozialdemokratie dem Manifest »mit seltener Einmütigkeit [...] misstrauisch, ja sogar feindlich« gegenübergestanden; noch ablehnender sei es in der Presse und unter den Gelehrten aufgenommen worden.[184] Während der nächsten Monate geht es für die Friedensfreunde deshalb darum, einen Umschwung der öffentlichen Meinung zu erzeugen, so dass sich die Staaten zu einem tatsächlichen Zusammentreffen genötigt sehen, aber auch, zu hohe Erwartungen schon im Vorfeld zu bremsen und realistische Verhandlungsmöglichkeiten vorzudenken.

Fried arbeitet in beide Richtungen: Während er die Presse mit immer neuen, begeisterten Artikeln versorgt und sich für eine aktive öffentliche Propaganda durch die Friedensbewegung einsetzt, versucht er insbesondere in seinem Werk »Was kann die Petersburger Konferenz erreichen?«[185] (zu diesem frühen Zeitpunkt galt ein Treffen in Petersburg noch als wahrscheinlich), die realen Möglichkeiten einer solchen Staatenkonferenz auszuloten. »Diejenigen, die von der Petersburger Friedenskonferenz gar n i c h t s erwarten, übertreiben ebenso wie jene, die von dieser Konferenz a l l e s erwarten und das goldene Zeitalter bereits angebrochen sehen.« Haupthindernisse eines spektakulären Ergebnisses seien die souveränen Machtstaaten, »deren einziges Gesetz und deren einzige Moral die Waffe ist, die sie jetzt zu schwächen sich entschließen sollen«, und die Diplomaten, die sie entsenden werden: »Und was für Menschen werden sie aussenden können? [...] Männer der alten Anschauungen, der alten Traditionen, der alten Dinge und der alten Sitten, die mit ihrem Herzen und mit ihrem Geiste, aber ebenso mit ihrem Fühlen und Begreifen im zu Ende gehenden Jahrhundert stecken werden, und nicht im kommenden.« Ein tatsächliches Abrüstungsabkommen sei daher kaum vorstellbar, allenfalls eine Verminderung der Rüstungsgeschwindigkeit. Ein gebremstes Wettrüsten erhöhe aber möglicherweise die Kriegsgefahr, statt sie zu reduzieren. Viel wichtiger sei daher die Beseitigung der Rüstungs*ursachen*: der Aufbau des fehlenden Rechtssystems und damit das Ende der Anarchie zwischen den Staaten: »Die Konferenz wird der Ursache der Rüstungen näher auf den Grund gehen müssen und wird schließlich, wenn es ihr ernst um ihre Arbeiten zu tun sein wird, den einzig möglichen und richtigen Weg einschlagen, die Rechtsverhältnisse der Staaten untereinander auszudehnen und um ein Bedeutendes zu erweitern.«

Fried meint noch nicht das Traumziel der Friedensfreunde, das permanente internationale Schiedsgericht, das von allen Staaten angerufen werden kann und dessen Urteile und Beschlüsse für alle Staaten bindend sind. Möglich sei aber eine Interessengemeinschaft der europäischen Kulturstaaten, »zu denen ich z.B. die Türkei und die übrigen Balkanstaaten ebenso wenig rechne, wie China und Japan«, aber eingeschlossen »das europäisierte Amerika«. Die Interessengemeinschaft, die Fried vorschwebt, und die schließlich im Laufe der Zeit zu einer Kodifikation der internationalen Rechtsgrundsätze und der Schaffung eines internationalen Gerichtshofes führen soll, sieht er in einer »europäischen Kolonisations-Alliance, einem Zusammenschluss, der, die bestehenden Besitzverhältnisse unangetastet lassend, eine gemeinsame Ausbeutung noch unerschlossener Gebiete in Angriff nehmen könnte«. Da er die Staaten innerhalb Europas für saturiert hält und einen großen europäischen Krieg für ein wirtschaftliches Desaster und »beinahe ein Ding der Unmöglichkeit«, sieht er nur in den Kolonien noch echten Konfliktstoff: »Die einzige Möglichkeit eines Zusammenstoßes europäischer Großstaaten liegt heute nur noch auf kolonialem Gebiete.« Genau dort sucht er auch den Schlüssel für eine künftige friedliche Entwicklung: »Uns genügt eine Vereinigung der Staaten Europas zu einem bestimmten Zwecke, ein richtiger Geschäftsvertrag, eine Gesellschaft mit beschränkter Haftpflicht zur Aufschließung Chinas, zur Aufschließung Afrikas und weiß

Gott noch welcher unerschlossenen Landstriche.« Dieser Schritt böte dann die Keimzelle weiterer Entwicklungen. Die teilnehmenden Staaten würden sich rechtlich annähern und zugleich mit der gemeinsamen Weltpolitik auch ein einheitliches Weltrecht schaffen und Gemeinsamkeiten auf allen anderen Gebieten entwickeln. Statt gegeneinander, werde man sich daran gewöhnen, miteinander zu agieren: »Eine mit europäischem Mandat operierende internationale Flotte wird die Geschäfte viel friedlicher besorgen und ein europäischer Staatenkongress, der Aufsichtsrat dieser großen Kommanditgesellschaft wird die Unternehmungen leiten und regeln.« Was Fried bewegt, diesen abenteuerlich anmutenden Umweg über eine »Kolonialunion« vorzuschlagen, ist eine sehr skeptische Einschätzung der Wirksamkeit ethischer oder moralischer Argumente ökonomischen Vorteilen gegenüber. Letztlich, so meint er, würden »über das Feingefühl der Moralisten hinweg« nur materielle Interessen zu Kulturfortschritten führen.

Besonders in Süddeutschland finden diese Vorschläge breite Zustimmung. So schreibt etwa der spätere 2. Vorsitzende der DFG, Otto Umfrid: »Ihr Gedanke, dass auf der Konferenz eine Kolonisationsallianz zwischen den Europamächten geschlossen werden soll nach Analogie der Trusts, zu dem die Konkurrenten zusammentreten, hat etwas Bestechendes und, was nicht zu unterschätzen ist – der Vorschlag besitzt den Vorzug der Originalität.«[186] Auch Graf von Bothmer, der Vorsitzende der Wiesbadener Gruppe, äußert sich positiv, ebenso wie Richard Feldhaus, Heinrich Rössler und die Schweizer Zeitschrift »Der Friede«.[187] Allerdings trifft Fried mit seinen Vorschlägen auch auf heftigen Widerstand, etwa in der Berliner Leitung der DFG und bei Bertha von Suttner, die eine Raubpolitik in Asien und Afrika entschieden ablehnt.[188] Einig sind sich aber alle Pazifisten darin, dass das Manifest des Zaren eine Chance ist – für die europäischen Staaten und für die Friedensbewegung. Es musste unbedingt gelingen, die Idee einer Friedenskonferenz so populär zu machen, dass es den Regierungen schwerfallen würde, sich einer solchen Zusammenkunft zu verweigern. Wie nötig dieser »Druck von unten« sein würde, zeigte sich schnell, als nach den ersten diplomatischen Glückwünschen an den Zaren von Seiten der betroffenen Regierungen nur wenig Begeisterung, jedoch viel unverhohlene Kritik folgte. Erst durch eine zweite Note am 11. Januar 1899, die den Bedenken der Staaten weitgehend Rechnung trug und, wie von pazifistischer Seite beklagt wurde, »eine starke Verwässerung der ursprünglich aufgestellten Gesichtspunkte darstellte«,[189] konnte die Idee überhaupt gerettet werden.[190]

Nach der Veröffentlichung des ersten Manifestes am 28. August 1898 bemühte man sich seitens der Pazifisten zunächst in aller Eile um eine internationale Zusammenkunft, denn ausgerechnet in diesem Jahr waren – in Folge des spanisch-amerikanischen Krieges – der in Lissabon geplante Weltfriedenskongress und die Interparlamentarische Konferenz abgesagt worden. Stattdessen berief das Internationale Friedensbüro nun eine erweiterte Generalversammlung in Turin ein, die vom 26. bis 28. September tagte.[191] Natürlich wurde das Manifest einstimmig begrüßt und in einer Resolution die Hoffnung ausgesprochen, dass es von den Regierungen positiv aufgenommen und eine künftige Konferenz erfolgreich sein werde.[192] Vor allem aber empfahl man den nationalen Vereinen, umgehend aktiv zu werden. Lediglich die englischen Teilnehmer konnten berichteten, dass die Propaganda in ihrem Land bereits begonnen habe. Besondere Bedeutung erlangte die von dem englischen Journalisten William T. Stead ins Leben gerufene Idee eines Friedenskreuzzuges, der durch die großen Städte Europas bis nach Petersburg führen und dem sich die führenden Persönlichkeiten aller europäischen Nationen anschließen sollten. Obwohl der Plan so nie in die Tat umgesetzt wurde, hatten doch die vorbereitenden Reisen und Gespräche Steads und die breite Diskussion in der Presse den gewünschten propagandistischen Erfolg.[193]

Auch in Deutschland kommt es zu zahlreichen Aktionen und Versammlungen zugunsten des Zarenmanifestes, in München gründet beispielsweise Margarethe Leonore Selenka[194] im Winter 1898 das »Komitee für Kundgebungen zur Friedenskonferenz«, das sich am 27. Januar mit einem von 90 Münchener Persönlichkeiten aus Politik, Kultur und Wissenschaft unterzeichneten Aufruf an die Öffentlichkeit wendet.

Schon Monate zuvor hatte Fried vergeblich auf öffentliche Aktivitäten der Berliner Gruppe gedrängt. Als sich im Winter 1898 das Münchner Komitee zu bilden beginnt, ohne dass in Berlin ähnliche Vorbereitungen getroffen werden, ist seine Geduld am Ende. Über die Köpfe des Vorstandes hinweg lädt er Bertha von Suttner nach Berlin ein. Sie stimmt zu und überlässt es ihm, alles weitere zu arrangieren. Fried gelingt es, von einem befreundeten Reichstagsabgeordneten das nötige Geld zu besorgen. Was dann geschieht, beschreibt er im Mai 1899: »Nun wäre es mir ja ein Leichtes gewesen, einen Suttnerabend in Berlin unter völliger Umgehung der Berliner Friedensgesellschaft zu arrangieren, tat ich nicht. Ich machte dem Vorsitzenden Mitteilung, dass ich zur Ausrichtung eines Suttnerabends ihm die Einwilligung der Baronin und das nötige Geld an die Hand geben könne. Eine Vorstandssitzung wurde einberufen, an der 6 Mitglieder des Vorstandes teilnahmen, die sich über mein Geschenk anstandshalber sehr erfreut zeigten, aber dennoch dem kleinlichen Bedenken Ausdruck gaben, eine Ausländerin hier in die Bewegung zu stellen!!!!«[195] Für Fried, der in Bertha von Suttner die Gründerin und bedeutendste Persönlichkeit der Friedensbewegung im deutschsprachigen Raum verehrt, sind das völlig absurde Bedenken. Zudem treffen sie ihn, der ja in diesem Sinne selbst Ausländer ist, auch ganz persönlich.

Dem Politiker Hirsch, der sich weit mehr von Debatten und Petitionen im Reichstag verspricht als von öffentlichen Versammlungen, kommt Frieds Initiative eher ungelegen. So scheint es nur konsequent, wenn er sich bemüht, den Vortragsabend für seine eigenen Zwecke zu nutzen. Empört registriert Fried, dass man seitens der DFG nicht nur einen viel zu kleinen Saal anmietet: »In einem Saal, der nur 250 Personen fasste, musste sie sprechen. Tausende mussten unverrichteter Dinge weggehen«, sondern auch noch der vorbereiteten Unterschriftenaktion für den Kreuzzug durch eine weitere Unterschriftensammlung für eine Petition an den Reichstag die Wirkung nimmt. Frieds Unmut verstärkt sich noch, als Hirsch versucht, die Bildung eines Ehrenkomitees zum Empfang des »Kreuzzuges«, das Bertha von Suttner während ihres Besuches vorbereitet, zu torpedieren: »Zur Baronin v. Suttner waren ins Hotel eine Anzahl von Notabeln geladen. Lauter Männer in den hervorragendsten Lebensstellungen, die den Grund eines Notabelnkomitees zum Empfang des Steadschen Kreuzzuges bilden sollten, da erschien der ebenfalls geladene Herr Hirsch und wetterte gegen Stead, und protegierte ein rein nationales Unternehmen.« Tatsächlich steht Max Hirsch mit seiner Ablehnung Steads in Deutschland nicht allein. »Bereits im Oktober 1898 war er vom Zaren in Petersburg in Audienz empfangen worden und galt seitdem zumindest aus deutscher Sicht als in russischen Diensten stehender Schreiberling.«[196] Dennoch kommt es in Berlin zur Gründung eines Komitees, an dem auch Fried teilnimmt und sich bis Mai 1899 der Propaganda widmet.

Zwei Tage vor Bertha von Suttner und vier Tage vor dem offiziellen Beginn der Konferenz, trifft Fried am 14. Mai im Haag ein. Im Gegensatz zu der Baronin ist Fried vor allem als Journalist dort, der als Korrespondent für die »Berliner Zeitung« und den »Pester Lloyd« arbeitet, aber auch andere Zeitungen, wie die »Hartungsche Zeitung« in Königsberg, die »Berliner Volkszeitung« oder den »Fränkischen Kurier«, mit Berichten von der Konferenz und ihrem Umfeld versorgt. Dabei leistet ihm Bertha von Suttner mit ihren Kontakten gute Dienste. Daneben gilt Fried den internationalen Friedensfreunden aber immer auch als der Vertreter der DFG. Am 18. Mai 1899 nimmt er als eine von nur 15 ausgewählten Personen, neben Bertha von Suttner als einziger Frau, an der feierlichen Eröffnungssitzung der Konferenz teil. Nicht nur eine Ehre, sondern auch ein Abenteuer, denn den Journalisten wird nicht im Saal, sondern »auf der baufälligen Brüstung unter dem Kuppeldach des Hauptsaales ein Stehplatz eingeräumt«, zu dem sie erst über eine Bodenstiege, Balken und Sparren hinaufklettern müssen.[197] Dennoch ist Fried begeistert und glaubt, einen geschichtlichen Wendepunkt mitzuerleben, ein Gefühl, das er später mit dem Goethezitat beschreibt: »Von hier und heute geht eine neue Epoche der Weltgeschichte aus, und Ihr könnt sagen, Ihr seid dabei gewesen.«[198]

Die Atmosphäre im niederländischen Konferenzort beschreibt Fried wie folgt: »Aus allen Ländern, sogar über den Ocean herüber, kamen die bekannten Gestalten der Friedensfreunde, so dass es zuweilen aussah, als wäre man auf einem Friedenskongresse der letzten Jahre. Im Zentralhotel im Haag hatten die Friedensfreunde ihr Hauptquartier aufgeschlagen und vom Dache dieses Hotels wehte, vielleicht zum ersten Male in der Geschichte, eine weiße Fahne herab.«[199]

Innerhalb des Hotels wird der Salon der Suttners zu einer Stätte der Begegnung zwischen langjährigen »Friedensworkers«, wie Fried sie nennt, zahlreichen Mitgliedern der Diplomatie und Konferenzdelegierten. Inwieweit die Pazifisten auf die Haltung der Konferenzdelegierten tatsächlich Einfluss ausüben konnten, soll hier nicht untersucht werden, interessant ist aber, dass Fried in einem Artikel für den »Pester Lloyd« die Gefahr einer Einflussnahme auf den Konferenzverlauf glaubt herunterspielen zu müssen. Über den Suttner-Salon heißt es: »Man hat aus diesem Zirkel schnell eine Staatsaktion gemacht und die Absichten der Mitglieder desselben insofern diskreditiert, als man ihnen unterschob, sie wollen als eine Art ›Nebenkongress‹ (dieses Wort hat schnelle Verbreitung gefunden) Einfluss auf den Gang der Verhandlungen im ›Haus am Busch‹ nehmen. Dies ist nicht der Fall. Der Salon Suttner im Haag ist nichts weiter als ein Beobachtungsposten, wo die Pioniere sich zusammenfinden, um dem Fortgang der von ihnen begonnenen Arbeit zuzusehen.«[200]

Tatsächlich gingen die Absichten der Friedensfreunde jedoch weit über die Rolle bloßer Zuschauer hinaus. Ihnen ging es um eine möglichst umfassende Unterrichtung der Weltöffentlichkeit, deren anhaltendes Interesse auf die Konferenz zurückwirken konnte, sowie darum, die teilweise wenig sachkundigen Delegierten über die bisherige Arbeit der Friedensbewegung zu unterrichten. Der russische Staatsrat von Bloch,[201] dessen Monumentalwerk »Der zukünftige Krieg« mit zur Initiative des Zaren beigetragen haben sollte, war extra angereist, um seine Erkenntnisse mit Broschüren und Vorträgen unter den Delegierten zu verbreiten.

Für Fried ist die persönliche Begegnung mit Bloch noch in ganz anderer Weise von Nutzen. Nach dem Kongress bleiben beide in enger schriftlicher Verbindung, und für die kurze Zeit bis zu Blochs Tod im Januar 1902 findet Fried in ihm einen großzügigen Gönner, der nicht nur die neu entstehende Zeitschrift »Die Friedens-Warte« unterstützt,[202] sondern Fried auch für die deutsche Übersetzung und den Druck seiner weiteren kleinen Werke bezahlt. Zudem kümmert sich Fried um den Vertrieb von Blochs Broschüren. Bloch, der in Göttingen studiert hat, aber seinen deutschen Stil für unzulänglich hält, geht sogar so weit, Fried seine Artikel für deutschsprachige Zeitschriften stilistisch überarbeiten zu lassen.[203]

Neben Bloch trifft Fried im Haag auch den holländischen Maler Jan Ten Kate wieder, mit dem er seit dem Weltfriedenskongress in Hamburg 1897 in Kontakt steht und der auch, obwohl er selbst nur über geringe finanzielle Mittel verfügt, Frieds Reise mit 300 Mark unterstützt.[204] Ten Kate, der zu diesem Zeitpunkt bereits seit zehn Jahren Bilder zu Friedens- und Antikriegsthemen malt, ist eine bekannte und bewunderte Persönlichkeit unter den Pazifisten, hat aber – anders als etwa Wereschagin – keinen kommerziellen Erfolg mit seinen Bildern und steht daher, ähnlich wie Fried, immer kurz vor dem Ruin.[205] Im Haag zeigt Ten Kate Teile einer für die Pariser Weltausstellung entworfenen Bilderserie, über die Fried begeistert berichtet.[206]

Im Zentrum der Ausstellung steht das allegorische Gemälde »Krieg dem Kriege«, auf dem neben Krieg, Tod und Leid auch Christus, Bertha von Suttner, Henry Dunant, Tolstoi und Zola dargestellt sind. Eine Zusammenstellung, die zugleich die Richtung des christlich-humanitären Pazifismus Ten Kates andeutet. Fried, der schon zu dieser Zeit davon überzeugt ist, dass eine breitabgestützte Friedensbewegung der Sache nur nützlich sein kann, hat dafür gesorgt, dass auch Johann von Bloch zu der kleinen Schar geladener Gäste gehört, die die Bilder als Erste besichtigen dürfen: »Es war mir interessant, den Mann der realen Antikriegsbewegung mit dem Manne der idealen Richtung dieser Bewegung vereint zu sehen. Wie weit sind diese beiden Menschen in ihrer Auffassung derselben Sache getrennt und doch wie nahe stehen sie sich in ihrem Ziele. [...] Der eine will überzeugen, der andere begeistern. Wahrhaftig zwei Gegner des Krieges, die sich vereinigen müssten, um das Jahrhundert in die Schranken zu fordern.«[207]

Viele der im Haag versammelten Pazifisten kennt Fried bereits von den Friedenskongressen der Vorjahre, andere, wie den Pariser Physiologen Charles Richet, »den Vertreter der philosophischen Schule der Friedensbewegung, die durch Michel Revon begründet wurde«,[208] und den französischen Konferenzdelegierten Baron d'Estournelles de Constant, der sich mit diesem eine Wohnung teilt, lernt Fried erst kennen. Zu wieder anderen, wie Felix Moscheles, die er vorher nur flüchtig kannte, kann Fried eine engere Beziehung aufbauen. Andererseits ist Frieds eigene Tätigkeit für die Propaganda der Konferenz im deutschsprachigen Raum sehr wichtig. Bertha von Suttner etwa notiert anerkennend: »Sehr viel leistet in dieser Beziehung A. H. Fried, der für die ›Berliner Zeitung‹, für den ›Pester Lloyd‹ und noch mehrere andere Blätter täglich lange Berichte und Stimmungsartikel von hier versendet. Einen gründlicheren Kenner und eifrigeren Kämpfer in der Friedenssache, in der er nun schon seit acht Jahren wirkt, gibt es unter den deutschen Publizisten kaum.«[209]

Bis zum 2. Juni bleibt Fried in der Konferenzstadt. An diesem Tag hält Bertha von Suttner fest: »Dr. Frischauer und A. H. Fried verabschieden sich. Beide reisen heute ab. Es ist ja natürlich: Die Blätter wollen nicht länger ihre Korrespondenten an einem Ort belassen, wo ihnen der Zutritt zu den an diesem Ort gepflogenen Verhandlungen verwehrt ist. Und ihnen selber ist diese Rolle, nur Erhaschtes, Erspähtes zu berichten, im höchsten Grad unangenehm.«[210]

Tatsächlich war das Interesse der Öffentlichkeit nach mehr als zweiwöchiger Konferenzdauer bereits so gut wie erloschen, zumal die Informationen aus den einzelnen Ausschüssen, die unter Ausschluss der Öffentlichkeit tagten, nur sehr spärlich nach außen drangen, und das wenige, was man hörte, nicht auf große Sensationen hindeutete. Die meisten Journalisten und

»Krieg dem Kriege«, Jan Ten Kate

auch viele Pazifisten waren längst abgereist, als die Konferenz am 29. Juli ihre Schlusserklärung verkündete. Die Ergebnisse waren auch für die langfristig denkenden Pazifisten nicht sehr ermutigend. Zwar hatte man den Wunsch nach einer künftigen Rüstungsbegrenzung ausgesprochen und einige Verbote bestimmter Waffengattungen beschlossen, aber einzig die Ergebnisse der dritten Kommission, in der die Einrichtung eines ständigen Schiedshofes beschlossen worden war, wenn er auch nur aus einem Sekretariat und einer unverbindlichen Schiedsrichterliste bestand und seine Anrufung fakultativ blieb, boten einen kleinen Funken Hoffnung für die Zukunft.[211]

Für die Pazifisten kam es nun darauf an, diesen Funken am Leben zu halten. Viele Artikel Frieds zielten in den folgenden Monaten darauf ab, den Eindruck eines völligen Versagens der Konferenz in der Öffentlichkeit zu revidieren oder nationalistischen Schmähungen entgegenzutreten. In seinem Artikel »Das Werk der Haager Konferenz«[212] beschreibt er im Feuilletonstil den pazifistischen Alltag in diesen Monaten: »›Sie waren im Haag?‹ – ›Ja.‹ – ›Das war wohl ein großer Reinfall?‹ – ›Wieso?‹ – ›Nun, es ist doch nichts rausgekommen.‹ – ›So ...‹ Dieses Gespräch habe ich im vergangenen Sommer ungefähr 500-mal führen müssen. Die ersten zwölfmal bemühte ich mich, den Fragesteller zu überzeugen und ihm beizubringen, dass auf der Haager Konferenz doch etwas herausgekommen ist; als ich aber einsah, dass diese Erläuterungen nicht verstanden wurden, und als diese stereotypen Fragen immer und immer wiederkehrten, unterließ ich es, den Fragesteller zu ›bessern und zu bekehren‹. Ich wette, er glaubt seinem General-Anzeiger doch viel mehr als mir.«

Trotzdem predigt er nicht Resignation, sondern ruft alle Pazifisten zu verstärktem Handeln in Wort und Schrift auf, um den eigentlichen Erfolg der Konferenz, einen möglichen Wertewandel, bekannt zu machen: »Es muss vor allen Dingen klargemacht werden, dass in dieser ersten Konferenz, unter der Zusammenarbeit der ersten Diplomaten beider Welten, der Krieg im Prinzip einstimmig verurteilt wurde, dass das Schiedsgerichtsprinzip zum ersten Male von der großen Mehrheit der Staaten der Welt anerkannt wurde, wenn auch vorläufig nur in beschränkter Weise, und dass in Bezug auf die ungeheuren Rüstungslasten der Übelstand zum ersten Male offiziell zugegeben wurde.«

Neben zahllosen Artikeln, die immer häufiger in der »Friedens-Warte« und immer seltener als Leitartikel einer Tageszeitung erscheinen, verfasst Fried auch ein 80-seitiges Werk über die Haager Konferenz, das nahezu zeitgleich mit den Tagebuchblättern Bertha von Suttners herauskommt. Finanziert wird es von Mitgliedern des Berliner Komitees für Kundgebungen zur Friedenskonferenz und vermutlich zusätzlich noch von Johann von Bloch, dem »Realpolitiker des Friedens«, dem Fried das Werk »ehrerbietigst« widmet.[213] Ein Brief von Baron d'Estournelles de Constant vom 25. März 1900, in dem er seine Freude darüber ausdrückt, dass Fried die Ergebnisse der Haager Konferenz nun in Deutschland ebenso bekannt machen wolle, wie er selbst es in Frankreich tue, dient als Vorwort. Anders als Bertha von Suttner, der es mit der Veröffentlichung ihres Haager Tagebuches[214] vor allem darum geht, ein authentisches Bild der Ereignisse festzuhalten,[215] legt Fried den Schwerpunkt auf die pazifistische Interpretation der Konferenz und ihrer Ergebnisse.

Schon in der Einleitung lässt er keinen Zweifel am Stellenwert, dem er »dieser ewig denkwürdigen Versammlung von Vertretern fast aller Kulturstaaten [...] diesem bedeutungsvollsten Werk unserer Zeit«[216] beimisst. Auf einer Stufe mit der Entdeckung Amerikas und der Französischen Revolution stehend, werde die Konferenz zwangsläufig zu Umwälzungen weittragendster Bedeutung führen.

Um den ungeheuren Wert der russischen Initiative deutlich zu machen, schildert er zunächst die düstere Ausgangslage am Ende des amerikanisch-spanischen Krieges, die beständige Zunahme militaristischer und imperialistischer Tendenzen und das Wettrüsten in Europa, das mit einer Überschuldung der Staaten und schlechten Lebensverhältnissen für die Masse der Bevölkerung einhergeht. Dem stellt er die Bedürfnisse der Weltwirtschaft, die internationalen Tendenzen in Kultur und Wissenschaft und die Friedenssehnsucht der Völker gegenüber, die im

Zarenmanifest ihren Ausdruck finden: »Auf einmal wurde es ausgesprochen, das, was Millionen längst gefühlt hatten, das, wonach sich die Völker beider Hemisphären so lange sehnten, dass die herrschenden anarchischen Zustände den Völkergemeinschaften eine Last seien, derer man sich entledigen müsse, dass der herrschende Friede weder ein ›wahrer‹ noch ein ›dauernder‹ sei und dass ›der fortschreitenden Entwicklung der gegenwärtigen Rüstungen ein Ziel gesetzt werden müsse‹, da diese ›die Volkswohlfahrt an der Wurzel‹ treffen.«

Warum das Zarenmanifest, bei dieser vermuteten Einstellung der Massen, nach dem ersten Erstaunen schnell überwiegend skeptische oder ablehnende Reaktionen hervorrief, erklärt Fried dann eher inkonsequent mit der »Geistesträgheit« der Menschen und spricht sogar von der »großen Masse der Denkträgen und Denkunfähigen«, die sich zu einer starken Gegnerschaft vereint habe. Ganz besonders einmütig sei der Widerstand in Deutschland gewesen, wo er, durch die noch nicht überwundene »überkommene Blut- und Eisentradition der Nationalitäten-Konsolidationsära« in unterschiedlichen Graden alle Parteien sowie die Diplomatie und Gelehrtenwelt umfasst habe. Die Verantwortung für die mangelnde Zustimmung der breiten Bevölkerung sieht Fried aber vor allem bei der Presse: »Die Presse bekämpfte das Zarenmanifest, weil sie glaubte, das Publikum nehme es nicht ernst, und das Publikum wieder nahm das Manifest nicht ernst, weil seine Presse es bekämpfte.«

Dieser Punkt ist Fried besonders wichtig; dahinter stehen zum einen seine praktischen Erfahrungen als »Friedensjournalist«, zum anderen erkennt er aber auch deutlicher als viele andere Pazifisten die stetig anwachsende Bedeutung der öffentlichen Meinung und den enormen Einfluss der Presse. Er kritisiert die Ausrichtung der Presse an den vermuteten Erwartungen des Lesepublikums ebenso scharf, wie er ihre meinungsbildende Rolle betont und einen unabhängigen, kritisch-verantwortungsvollen Umgang mit neuen Ideen fordert. »Würde die Presse sich ihrer hohen Verantwortung bewusst sein, würde sie ihr Handwerk mit mehr Idealismus betreiben, dann würde sie zu jeder neuen Frage neu Stellung nehmen und es auch zuweilen wagen, aus der Schablone der Partei- und sonstigen Durchschnittsanschauung herauszutreten.«

Dass die Presse diesem Anspruch in keiner Weise gerecht wurde, liegt für Fried auf der Hand. Sie habe nicht nur in Deutschland die Ideen des Manifestes diskreditiert, die Konferenz bis zuletzt für unmöglich erklärt und sie später, als sie doch zustande kam, als »Haager Komödie« lächerlich gemacht. Auch habe man sie bewusst als Abrüstungskonferenz deklariert, um ihr Scheitern später eindeutig beweisen zu können. Interessant ist, dass Fried, obwohl er ja für mehrere deutsche Blätter im Haag tätig war, die deutsche Presse ohne Ausnahme verurteilt: »Kein deutsches Blatt fand sich, das es für angezeigt gefunden hätte, die Völker über die große Bedeutung dieser Konferenz aufzuklären und zu einer tatkräftigen Unterstützung ihrer Arbeiten aufzufordern.« Sicher fließt in diese nachträgliche Beurteilung auch die Erinnerung mit ein, wie schnell das – zunächst durchaus vorhandene – Interesse vieler Blätter wieder erlosch.

Während er der Presse ein denkbar schlechtes Zeugnis ausstellt,[217] sieht Fried im Verhalten der Delegierten im Verlauf der Konferenz einen deutlichen Wandel zum Positiven und konstatiert, »dass die bei weitem ausschlaggebendere Mehrheit der Delegierten bemüht war, aus den Verhandlungen etwas Greifbares hervorgehen zu lassen«.[218] Noch weitergehend sieht er sogar den Beginn einer neuen Schule der Diplomatie, die stärker international ausgerichtet sein werde und damit befasst, »die Beziehungen der Völker zu regeln und zu sichern«. Dafür zieht er persönliche Erfahrungen heran: »Ich habe selbst Gelegenheit gehabt, mich während meines Aufenthaltes in der holländischen Residenz gelegentlich der Friedenskonferenz davon zu überzeugen, dass den jüngeren Diplomaten der Friedensgedanke, der Gedanke eines wahren, dauernden Friedens eine neue Perspektive eröffnet.«

Zu den eigentlichen Arbeiten hält Fried fest: »Bei den Beratungen ergab sich, dass fast alle Mächte die stets zunehmende Last der Rüstungen beklagten, dass sie die Gefahren dieser fortwährend steigenden Lasten anerkannten, die Mittel, diesen Gefahren vorzubeugen, jedoch nicht finden konnten.« Das Urteil über die zweite Kommission, die sich mit der Erweiterung der Genfer Konvention befasst hatte und die von den Pazifisten von vorneherein abgelehnt wurde, fällt noch prägnanter aus: »Diese Kommission hat viel gearbeitet, aber wenig geleistet.« Lediglich der dritten Kommission, die sich mit dem Themenkreis Schiedsgericht und Mediation zu befassen hatte, stellt er ein besseres Zeugnis aus. Hier habe der Schwerpunkt gelegen, und dies sei von den Mitgliedern der Konferenz erkannt worden. Um die Bedeutung der dort gefassten Beschlüsse zu betonen, druckt er sie vollständig ab, um dann im folgenden sein Resumee zu ziehen.

Den Friedensfreunden sei klar gewesen, dass auf dieser Konferenz lediglich die ersten Ansätze von Entwicklungen zu erwarten seien und noch keine beeindruckenden Ergebnisse. Erschwert hätten die Verhandlungen zum einen die ungeschulten Diplomaten, die bis auf wenige Ausnahmen (Descamps, Pauncefote, d'Estournelles, Rahusen und Martens) mit der neuen völkerrechtlichen Denkweise nicht vertraut gewesen seien, zum anderen aber auch die Größe, die mit 26 auch außereuropäischen Staaten auf verschiedenen Entwicklungsstufen – »nicht alle Staaten sind friedensreif« zu heterogen gewesen sei. Er plädiert für einen sehr viel engeren Kreis auf der erhofften Folgekonferenz.

Die Gründung der »Friedens-Warte« 1899

Das für Fried persönlich wichtigste Ereignis der Haager Konferenz lag jedoch in einem ganz anderen Bereich: die Gründung seiner eigenen, von ihm selbst herausgegebenen und redigierten Friedenszeitschrift. Bereits vor der Reise hatte sich ein mögliches Ende der »Monatlichen Friedens-Korrespondenz« angedeutet. Auch mit der Zeitschrift »Die Waffen nieder!« gab es bereits seit längerem Probleme. Der ständige Kampf um die Finanzierung hatte Bertha von Suttner schließlich ermüdet, und so nahm sie das Zarenmanifest zum willkommenen Anlass, ihre Revue für die kommende neue Zeit als überflüssig zu erklären.

Anfang November 1898 setzt sie Fried davon in Kenntnis, dass sie Pierson ein Ende der Revue angekündigt habe. Empört und entsetzt schreibt er ihr: »Baronin! [...] so übermütig, so töricht, so unüberlegt können Sie nicht sein. Was fällt Ihnen denn eigentlich ein? Was erträumen Sie sich denn von unserer gegenwärtigen Lage, dass Sie meinen, wir haben diese Revue nicht mehr nötig? Wie können Sie glauben, dass der Tag gekommen ist, wo <u>wir</u> die Waffen niederlegen können, wo <u>wir</u> den Ereignissen mit den Händen in dem Schoß zusehen sollen, wo <u>wir</u> dieses mit Arbeit und mit Sorge und mit Kampf sieben Jahre hochgehaltene Blatt einfach als überflüssig zum alten Eisen werfen können [...] hat diese Revue nicht das kleine, aber feste Stammhäuflein zusammengehalten, hat diese Revue nicht den größten, den bedeutendsten Anteil an dem ganzen Fortschritt der Bewegung [...] und nun stellen Sie sich nach sieben mühevollen, durchgekämpften Jahren, nachdem ich mit aller Gewalt den weiteren Bestand auf ein Jahr noch gesichert habe, hin und sagen, ich kann nicht mehr?«[219]

Für Fried ist die Weiterexistenz der Revue nicht nur eine ideelle, sondern auch eine finanzielle Notwendigkeit, denn sie verschafft ihm zumindest ein kleines Einkommen von 100 Mark im Monat,[220] auf das er dringend angewiesen ist. Zudem würde das Ende der Revue zugleich das Ende der »Monatlichen Friedens-Korrespondenz« bedeuten, die Fried ja angekoppelt hatte, um die Druckkosten für beide Blätter zu senken. Damit aber wäre seine letzte feste Einnahmequelle ebenfalls dahin. Als Bertha von Suttner ihn damit beruhigen will, dass er sicherlich eine gute Stelle bei einer Tageszeitung finden werde, antwortet Fried resigniert: »Meine liebe Baronin, hörn's ma auf mit der Prophezeiung von der großen Stellung bei großer Tageszeitung! Ob ich, wenn's wirklich einmal wird, noch die Zähne zum Beißen haben werde, bezweifle ich sehr, denn sie fallen mir schon jetzt aus. Und vorläufig ist meine journalistische Stellung eine sehr prekäre. Meine Friedenseinseitigkeit hat mir bei der Berliner Zeitung nur den Einfluss gekostet, und ich stehe dort jetzt so, dass mein Verdienst beinahe Null ist.«[221]

Obwohl es Fried gelingt, Bertha von Suttner für das bereits finanziell gesicherte Jahr zum Weitermachen zu bewegen, ist für ihn im Mai 1899 das Ende doch bereits absehbar. So ist es nicht verwunderlich, dass er die vielen Begegnungen und Gespräche mit anderen Pazifisten im Haag nutzt, um sich nach Finanzierungsmöglichkeiten für eine neue Zeitschrift umzusehen. Und er hat Glück. Seine Idee einer in der Reichshauptstadt Berlin herausgegebenen »Wochenzeitschrift für internationale Verständigung«, die aktuell auf alle für den Pazifismus relevanten Ereignisse eingehen und zugleich ein Forum für in- und ausländische Pazifisten sein soll, kommt an. Ein kleiner Gründungsfonds entsteht, mit dem Fried die Arbeit beginnen kann.[222]

Als er am 2. Juni aus dem Haag zurückkehrt, macht er sich gleich an die Arbeit und kann schon am 1. Juli, während die Konferenz im Haag noch im vollen Gange ist, die erste Probenummer vorlegen. Die neue Zeitschrift umfasst acht Seiten und trägt den Titel »Die Friedens-Warte. Wochenschrift für internationale Verständigung«. In seinem Einleitungsartikel[223] spricht Fried davon, dass für die Friedensbewegung mit den Haager Ereignissen eine neue Phase begonnen habe, in der sie nun berufen erscheine, »im politischen Leben der Völker eine gewichtige Rolle zu spielen«. Auch die Ziele der Bewegung, so wie er sie versteht, legt er noch einmal dar: den Kampf für Ausbau und Sicherung des Friedens durch Recht und Vernunft, der weder gegen die Armee noch gegen die Nation gerichtet sei, zudem den Verzicht auf das Dogma der »Abrüstung um jeden Preis« und die Negierung eines Strebens nach dem »ewigen Frieden«. Auf diesem Boden werde die neue Zeitschrift stehen, völkerverbindend zu wirken suchen und: »Sie wird ferner von der ›Friedens-Warte‹ aus zu den Ereignissen Stellung nehmen, die Fortschritte der Bewegung registrieren und dieser selbst unter Mithilfe der hervorragendsten Friedensarbeiter auf jenen Bahnen voranzugehen streben, die zum Wohle der Menschheit und des Volkes führen.«

Den großen Vorteil sieht Fried im wöchentlichen Erscheinen, was es, wie es in einer Werbeanzeige in der Zeitschrift »Die Waffen nieder!« heißt, ermögliche, »mit den Ereignissen Schritt zu halten, zu diesen rasch und entschieden Stellung zu nehmen, den Entstellungen in der Presse und den falschen Ansichten der Gegner sofort zu begegnen, aufzuklären und Verständigung herbeizuführen«.[224] Auch Bertha von Suttner sieht in der Aktualität den größten Vorteil und weist die Leser ihrer eigenen Revue schon im Oktober darauf hin,[225] dass »Die Waffen nieder!« als Monatsschrift den Erfordernissen »nicht mehr angemessen« sei und daher »vorläufig aufgegeben« werden müsse.

Im Dezember 1899 erscheint die letzte Ausgabe der Revue, die bis zum Ende nie aus den roten Zahlen herauskommt. Auch das neue Blatt steht auf wackeligen Füßen. Die erwarteten Mitarbeiter bleiben ebenso aus wie die erhofften Abonnenten. Fried schreibt die Artikel überwiegend allein und muss den Umfang des Blattes schon im Herbst von acht auf vier Seiten herabsetzen. Auch mit dem Ende der Zeitschrift »Die Waffen nieder!«, als deren Nachfolger Fried die »Friedens-Warte« nun darstellt,[226] ändert sich an dieser Situation zunächst kaum etwas. Erst in der zweiten Jahreshälfte 1900 finden sich hier und da auch die Namen anderer Autoren wie Novicow, Johann von Bloch und Leroy-Beaulieu. Häufig kommt das vierseitige Wochenblatt nun jedoch vierzehntägig als achtseitige Doppelnummer heraus.

Obwohl es Fried gelingen wird, das Blatt, dass er später doch wieder in eine Monatsschrift umwandeln wird, zu erhalten, wird es viele Jahre dauern, bis die »Friedens-Warte« auf einer soliden finanziellen Basis steht. Einen Gewinn abwerfen wird sie dagegen nie. Dennoch wird die Herausgabe und Redaktion der Zeitschrift für Fried von diesem Zeitpunkt an zu einer Aufgabe, die untrennbar mit seinem weiteren Leben verknüpft ist und die über seinen Tod hinaus mit seinem Namen verbunden bleiben wird.

2.6 Konsolidierungsversuche um 1900

Trotz aller Anstrengungen bessert sich Frieds materielle Situation um die Jahrhundertwende nicht. Weiterhin lebt er von einem Tag zum nächsten, mit oft erdrückenden Schulden. Im Nachlass sind davon viele Zeugnisse erhalten:[227] Mahnungen privater Geldgeber, Schreiben von Gerichtsvollziehern und Pfandhausquittungen wechseln mit Steuermahnungen der jüdischen Gemeinde und der Gemeinde Schöneberg, auch Ärzte und Rechtsanwälte erhalten ihr Geld scheinbar nur selten nach der ersten Aufforderung. All dies weist darauf hin, dass Fried den Sprung in eine gesicherte Existenz noch immer nicht geschafft hat.

Mittlerweile ist die Familie, abgesehen von Pauline und Otto, die eigene Wege gehen, nach Berlin nachgekommen. Nach dem schulischen Scheitern seines ältesten Sohnes hat Samuel Fried die jüngeren Söhne in Kaufmannslehren gedrängt, die aber weder Leopold noch Carl beenden.[228] Die jüngste Tochter Sidonie hatte noch in Wien, nach dem Vorbild der Tante Katharina Ganghofer, eine Gesangs- und Schauspielausbildung begonnen und unter dem Künstlernamen »Sidonie Forbeck« auch schon einen Auftritt am Wiener Raimund-Theater absolviert,[229] in Berlin jedoch setzt sie die Ausbildung scheinbar nicht fort. Als Vater Samuel Fried am 29. Juli 1900 stirbt,[230] drängt die besorgte Mutter auf eine möglichst rasche Verheiratung der 20-Jährigen. Die Gelegenheit dafür bietet sich schon kurze Zeit später, als Sidonie den 22 Jahre älteren Alfred Simonsohn, einen überaus erfolgreichen Geschäftsmann aus Gutstadt in Ostpreußen kennenlernt, der sich erst kurz zuvor in Bernburg an der Saale niedergelassen hat und dort Hauptgesellschafter und Geschäftsführer zweier Fabriken ist. Schon im Januar 1902 heiraten die beiden und nehmen Berta Fried zu sich.

Der Wohlstand und das Ansehen seines nur sechs Jahre älteren Schwagers stehen in krassem Gegensatz zu Frieds eigener Position. Auch sein zunehmender Bekanntheitsgrad ändert daran nichts. Im November 1901 schreibt er bitter an Bertha von Suttner: »Man kennt mich in weiteren Kreisen, und ich weiß, wenn ich mir heute die befreiende Kugel in den Kopf jagen würde, würde man mein Schicksal bedauern, mein Wollen anerkennen und rührend schöne Phrasen über den frühen Tod schreiben. Aber dem Lebenden ist das bisschen Renommee zur Qual, zum Hindernis geworden. Ich weiß, ich bin selbst daran schuld;

ich habe nicht die nötige Robustheit, mir Stellung zu erringen und die Welt zu zwingen, an mein Wirken zu glauben.«[231]

Tatsächlich ist Fried in diesen Jahren so bekannt geworden, dass er 1902 sogar Aufnahme in die geplante »Jewish Enzyklopädia« Isidore Singers finden soll. In einem Anschreiben, in dem Singer Fried um biographische Daten bittet, beschreibt er auch, warum: »Wir nehmen nicht bloß die sog. Berühmtheiten auf, sondern alle jene, welche etwas wirklich Tüchtiges auf ihrem Gebiete geleistet haben, und in einer ausführlichen Familiengeschichte ihres Stammes Erwähnung verdienen.«[232] Und zu den Tüchtigen gehört Fried in dieser Zeit bereits ganz sicher. Allerdings ist er in dem Lexikon später nicht zu finden. Ob Fried die Aufnahme in eine jüdische Enzyklopädie selbst ablehnte oder ob er den Herausgebern später doch nicht bedeutend genug erschien, ist unklar. In einem anderen Lexikon jedoch ist Fried schon ein paar Jahre früher tatsächlich vertreten: 1897 erscheint seine Biographie in einer Enzyklopädie von Richard Wrede und Hans von Reinfels, die sich dem »geistigen Leben« Berlins widmet.[233] Die Autoren hatten sich, wie es in der Einleitung heißt, zur Aufgabe gesetzt, »über alle jene Frauen und Männer Berlins, die durch Begabung, Talent oder Genie über das geistige Niveau des Alltagsmenschen sich zu erheben gewusst haben, Auskunft zu erteilen«.[234] Da es ja immer Frieds Ziel war, zu diesen Menschen gezählt zu werden, dürfte ihn seine Wahl sehr gefreut haben. In dem kleinen Artikel, der eine kurze Zusammenfassung seines Lebenslaufes und seiner bisherigen Tätigkeiten und schriftstellerischen Arbeiten gibt, nennt Fried auch die beiden Pseudonyme, die er in diesen Jahren sporadisch benutzt: Manfred Herald Frei und Leo Karrassowitsch.[235]

Dennoch fühlt sich Fried von der Berliner Gesellschaft insgesamt und insbesondere von seinen direkten Arbeitgebern, den Redaktionen der großen Berliner Zeitungen, eher diskriminiert. Im November 1901 beklagt er sich in einem Brief an die »Berliner Zeitung« darüber, dass er seit Monaten um die Aufnahme jedes einzelnen Artikels kämpfen müsse und durchschnittlich nur jeder vierte angenommen werde. Akribisch rechnet er weiter vor, dass sein Honorar in den fünfeinhalb Jahren seiner Mitarbeiterschaft von einem Spitzensatz von 3183 Mark im Jahre 1898 auf 360 Mark im Jahre 1901 gesunken sei:[236] »Wenn ich mir andererseits bedenke, in welchem Umfange sich in diesen 5½ Jahren Ihr Verlag vergrößerte, wie viel neue Arbeitsgelegenheit sich geboten hätte und wie sich meine Mitarbeiterschaft dennoch von Jahr zu Jahr verringerte, so muss mir, vielleicht etwas spät, die Idee kommen, dass diese Mitarbeiterschaft vielleicht überhaupt nicht gewollt ist. Es täte mir dies ja sehr leid, und zwar aus doppeltem Grunde. Erstens lebe ich vom Ertrag meiner Feder, und wie Sie wissen, ist das Feld der journalistischen Tätigkeit für einen Mann, der sich den Luxus einer Gesinnung und einer Weltanschauung gestattet, nicht groß. Zweitens glaube ich, dass gerade meine uneigennützige Tätigkeit auf dem Gebiete der Friedensbewegung der Grund ist, weshalb ich in meiner Mitarbeiterschaft an der Berliner Zeitung immer mehr zurückgedrängt wurde.«[237]

Eine Antwort der Redaktion ist nicht erhalten. Ganz so, wie Fried befürchtet, kann es aber nicht gewesen sein, denn auch in den nächsten Jahren erscheinen dort weiterhin, neben Feuilleton-Artikeln und Buchbesprechungen, auch pazifistische Artikel von ihm, und selbst als er Berlin schließlich verlässt, arbeitet er als »Wiener Korrespondent« weiter. Dennoch wird die Stellung eines pazifistischen Journalisten im wilhelminischen Berlin in diesen Jahren immer schwieriger. Die wenig greifbaren Ergebnisse der Haager Konferenz wurden durch den Ausbruch des Burenkrieges knapp drei Monate nach ihrem Ende noch deutlicher und führten eher zu einem Anwachsen der in weiten Kreisen bereits bestehenden Ressentiments gegen England als zum Interesse für pazifistisches Gedankengut.[238]

Auch Frieds seit etwa 1900 laufenden Bemühungen um eine Einbürgerung in Deutschland scheitern, wohl aufgrund der Tatsache, dass er kein ausreichendes Einkommen vorweisen kann. 1902 wird sein Naturalisationsantrag endgültig abgelehnt.[239] Am Ende des Jahres 1901, zehn Jahre nach dem ersten Kontakt, zieht Fried in einem Brief an Bertha von Suttner eine erschütternde Bilanz: »In meinem damals so hoffnungsfrohen Innern ist's kahl geworden und trostlos. Ein Jahrzehnt, das Jahrzehnt der höchsten Schaffenskraft ist ungelebt für mich vorübergegangen, und ich habe weder innere noch äußere Erfolge aufzuweisen. Ich sehe vielmehr mit Grauen einer ungewissen Zukunft entgegen; mit 37 Jahren ein müder Mann.«[240]

Aber Fried ist kein Mensch, der so schnell aufgibt, und nach Phasen der Depression folgen immer wieder solche erhöhter und höchster Aktivität. Einen großen Teil seiner Arbeitskraft widmet er weiterhin seiner Zeitschrift. Da sie ihm jedoch in finanzieller Hinsicht keinerlei Gewinn einbringt, muss er seinen Lebensunterhalt auf andere Weise verdienen. Vor allem arbeitet er als Journalist für diverse Zeitungen auch außerhalb Berlins, so u. a. für die »Breslauer Zeitung«, das »Hamburger Fremden-Blatt«, die »Königsberger Hartungsche Zeitung«, die »Frankfurter Zeitung«, das »Karlsbader Tageblatt«, die »Kölnische Zeitung« sowie den »General-Anzeiger für Dortmund und die Provinz Westfalen«. Überwiegend sind es Texte im Feuilleton: kleine Geschichten und Erzählungen, wie »Mein bester Freund«, über die große Bedeutung des Briefträgers oder die kulturelle Bedeutung einer kleinen Erfindung in »Knöpfe«. Fried bietet aber auch ganze Serien, wie die sehr erfolgreichen »Berliner Briefe« an, die insbesondere Zeitungen weit abseits der Metropole die Möglichkeit geben, sich mit ein bisschen Großstadtflair zu schmücken. In ihnen berichtet er im Plauderton über gesellschaftliche, literarische und künstlerische Ereignisse Berlins, über Vorkommnisse im Parlament oder im Gerichtssaal und andere Geschehnisse im öffentlichen Leben der Hauptstadt, wobei er jedoch auf politische Themen ausdrücklich verzichtet und reine Unterhaltung produziert. Ganz ähnlich ist der Ton seiner Reisekorrespondenz, in der er meist in zehn Feuilletons über seine Erlebnisse berichtet. Im April und Mai 1902 über Frühlingstage an der Riviera: »Feuilletonistische Schilderungen von der Azurküste (über Nizza, Monte Carlo, San Remo, Cannes, Marseille, Südfrankreich etc.), je nach meinen an Ort und Stelle zu treffenden Dispositionen.«[241]

Für den Mai bietet Fried im selben Jahr eine Serie unter dem Titel »Wanderungen durch die Düsseldorfer Ausstellung« an, einer westdeutschen Industrie-Ausstellung, der er eine große Bedeutung für das ganze Reich beimisst. »Ich werde mich bemühen, in unterhaltender feuilletonistischer Weise ein allgemeines Bild der Ausstellung und ihres rheinischen Milieus zu entwerfen, ohne dabei in zu sehr fachliche Details einzugehen.«[242] Da die Serien billig sind (zehn bis dreizehn Artikel für zusammen 10 Mark), so dass sich auch kleinere Zeitungen ein Abonnement leisten können, ist er relativ erfolgreich. 1902 erscheinen die »Berliner Briefe« bereits in Zeitungen in 22 deutschen Städten – reich wird er damit jedoch nicht. Auch zwei große Werke entstehen in dieser Zeit: »Kleine Anzeigen«, ein Werk über die Kleinanzeigen in Zeitungen und Zeitschriften, und die Streitschrift »Theaterdusel«, die sich gegen die Überschätzung des Theaters wendet.

Noch immer sprudelt Fried vor Ideen, von denen er nur einen Bruchteil umsetzen kann. Er plant eine Telefonzeitung, die sich über Anzeigenkunden finanzieren soll, eine Weltgeschichte des Asphalts und entwirft eine illustrierte Straßenbahnkunde, die u.a. die Regeln für sicheres Ein- und Aussteigen enthalten soll. Daneben befasst er sich mit den Plänen für eine große »Bibliothek der modernen Reformbewegungen«, die die progressiven Strömungen der Zeit umfassen soll. An erster Stelle steht natürlich die Friedensbewegung, danach folgen: Bodenbesitz-Reform-Bewegung, Frauenbewegung, Anti-Alkoholbewegung, Anti-Duell-Bewegung, Ethische Bewegung, Egidy-Bewegung, Zionismus, Freireligiöse Bewegung, Feuerbestattungsbewegung, Kunsterziehungsbewegung, Gasthausreformbewegung, Anti-Mädchenhandel-Bewegung, die Bewegung zur Reform der Frauenkleidung und zur Bekämpfung der Geschlechtskrankheiten sowie die Vegetarische Bewegung.[243] Für die meisten dieser Ideen sucht er jedoch vergeblich nach finanzkräftigen Verlegern.

Seine Offenheit für neue Entwicklungen und sein Interesse für die verschiedenen Reformbewegungen seiner Zeit führt Fried um 1900 in das Umfeld der sozial-religiösen »Neuen Gemeinschaft« um die Brüder Heinrich und Julius Hart, einem Lebensreformprojekt, das Anfang 1900 aus den Kreisen der Berliner Boheme entsteht.[244] Zum Ziel der Gemeinschaft, deren engster Kreis im Frühjahr 1900 eine Wohngemeinschaft im unteren Stockwerk eines Gartenhauses gründet, heißt es: »In inniger Verschmelzung von Religion, Kunst, Wissen und Leben sucht die Neue Gemeinschaft das Menschen- und Menschheitsideal, die Vollendung des Einzelnen und der Gesamtheit zu verwirklichen.«[245] Dabei sollte den Menschen das »richtige Leben« von den Mitgliedern der Gemeinschaft vorgelebt werden.

Vermutlich kommt Fried über seinen Schwager Felix Holländer dazu, der mit Gustav Landauer und den Brüdern Hart eng befreundet ist. Frieds Begeisterungsfähigkeit öffnet ihm schnell alle Türen, so schreibt ihm Heinrich Hart: »Mit Freude heißen wir Sie willkommen und danken Ihnen herzlich für Ihren inbrünstigen Zuruf. Die Begeisterung, die Ihre Worte atmen, erfüllt auch uns, und gemeinsam werden wir mit der Sonne in uns die Welt entzünden zu einem neuen Frühlingssein.«[246] Ab Sommer 1900 wird Fried bereits zu den Planungssitzungen des »inneren Kreises« eingeladen und unterstützt sogar, trotz seiner eigenen finanziellen Notlage, regelmäßig den Unterhalt der Gemeinschaftswohnung. Dennoch bleibt die Verbindung nur ein kurzes Zwischenspiel. Persönliche Differenzen mit Felix Holländer, die nichts mit der Neuen Gemeinschaft zu tun haben, bewegen Fried Ende des Jahres dazu, sich zurückzuziehen. »Ich schreibe heute an Harts und kündige ihnen meinen Austritt aus dem Kreise der Engeren an. Es wäre mir bitter, in diesen harmonischen Kreis eine Lüge hineinzutragen.«[247] Heinrich Harts eindringliche Versuche, Fried von seiner Entscheidung abzubringen, scheitern, im Frühling 1901 bricht jeder weitere Kontakt ab.

Dennoch geht die Begegnung nicht spurlos an Fried vorüber, das Sendungsbewusstsein der Gemeinschaft, die der Menschheit durch Wort und Tat zu höherer Erkenntnis und Entwicklung verhelfen will, korrespondiert mit seinen eigenen Einstellungen. Der Ausspruch Julius Harts: »Aber wir bekämpfen in niemandem einen Feind, sondern einen Zurückgebliebenen, einen Befangenen, einen Verworrenen und einseitig Schauenden, den wir, soweit es auf uns ankommt, auch mit dem Kampf zu fördern suchen«,[248] den Fried einem Streitbrief an seinen Schwager voranstellt, erinnert sehr an Frieds spätere Äußerungen, dass die richtige Erkenntnis der Friedensidee lediglich ein Problem der geistigen Optik und den rückständigen und blinden Zeitgenossen nur die richtige Sichtweise beizubringen sei.

Esperanto

Etwa in dieselbe Zeit wie seine Begegnung mit der Neuen Gemeinschaft fällt auch Frieds erste Beschäftigung mit der künstlichen Hilfssprache Esperanto. Um 1878 hatte der polnische Augenarzt Dr. Ludwig Zamenhof[249] aus Elementen verschiedener europäischer Sprachen eine Welthilfssprache entwickelt, die er erstmals 1887 unter der Bezeichnung »Lingvo Internacia« in russischer, später in polnischer Sprache der Öffentlichkeit vorstellte. Sein Pseudonym »Esperanto«, der Hoffende, löste schon bald den ursprünglichen Namen der Sprache ab.

Möglicherweise war es Gaston Moch, der ehemalige französische Offizier und bekannte Pazifist elsässischer Abstammung, der Fried auf die Bedeutung dieser neuen Kunstsprache aufmerksam machte. Der sprachgewandte Franzose hatte, nach ersten, wenig ermutigenden Erfahrungen mit der Kunstsprache Volapük, schon 1889 die neue Sprache gelernt und war ihr eifriger Fürsprecher geworden.[250] Sicher fiel es ihm nicht schwer, Fried, der immer auf der Suche nach neuen Betätigungsfeldern war, für die vielversprechende neue »Weltsprache« zu interessieren. Aber auch andere Pazifisten engagierten sich früh für Esperanto, in England z.B. William T. Stead, der vor allem in seiner Zeitschrift »Review of Reviews« dafür warb.

Während sich die neue Sprache in Russland und Frankreich relativ rasch verbreitet, ist sie in Deutschland nach vorübergehenden Anfangserfolgen um 1900 noch so gut wie unbekannt. Um die Möglichkeiten für eigene Aktivitäten auszuloten und erstes Informationsmaterial zu erhalten, wendet Fried sich direkt an den Erfinder Dr. Ludwig Zamenhof in Warschau. Der reagiert überaus erfreut: »Es freut mich sehr, dass Sie für unsere Sache in Deutschland arbeiten wollen. Sie haben vor sich noch ein ganz freies Feld, denn leider ist Esperanto in Deutschland fast noch ganz unbekannt! [...]

Ein tüchtiger Agitator war L. Einstein, ist aber leider gleich in der ersten Zeit gestorben. Die Herren Schmidt und Meyer haben zwar Grammatiken herausgegeben, aber vor 6–7 Jahren, als unsere Sache sich in sehr schlechter Lage befand, sind sie abgefallen.«[251]

Fried beschließt, sich selbst in die neue Sprache zu vertiefen und sich dann mit den Möglichkeiten für die Herausgabe eines deutschen Lehrbuches zu beschäftigen. Zu diesem Zweck wendet er sich auch an den Geomagnetiker Professor Adolf Schmidt in Gotha, mit dem er schon seit 1896 in loser Korrespondenz steht und der bereits in früherer Zeit eine Esperanto-Grammatik erstellt hatte. Im Frühling 1902 kommen beide überein, dass Schmidt bis zum Sommer ein umfassendes deutsches Esperanto-Lehrbuch verfassen soll – dem dann in rascher Folge Grammatik, Wörterbuch, Übungs- und Lesebücher folgen sollen, die Fried in einem eigenen Verlag herausbringen will.[252]

Um einen Markt für die neuen Werke zu schaffen, will Fried, nach altbewährtem Muster, möglichst rasch »daran gehen, eine deutsche Esperanto-Gesellschaft, wenigstens in ihrem Kern, zu gründen«.[253] Schmidt mahnt, erst müsse das Werk erschienen sein, bevor man an die Gründung einer Gesellschaft denken könne.[254] Doch die Arbeit Schmidts verzögert sich; Mitte Juni wird es dem ungeduldigen Fried zu viel. Er beginnt nicht nur selbst mit den Arbeiten an einem Esperanto-Lehrbuch, sondern startet auch die Propaganda in der Presse. Ende Juni 1902 erscheint ein Artikel in »Die Woche«,[255] in der er die einzigartigen Vorteile des Esperanto: seine phonetische Orthographie, die auf europäische Stammwurzeln zurückzuführenden Stammsilben, die nur 16 Regeln umfassende Grammatik etc. – kurz, seine leichte Erlernbarkeit – betont, die es auch für einfache Menschen brauchbar mache, die weder Englisch noch Französisch erlernt hätten. Zugleich sei Esperanto auch eine Sprache, die für den internationalen Handel und die Gelehrtenwelt bald unentbehrlich sein werde.

Während Fried mit Hochdruck an der Fertigstellung seines Manuskriptes arbeitet, ergeben sich rechtliche Schwierigkeiten mit dem Hachette-Verlag, bei dem Zamenhof unter Vertrag ist. Zamenhof bemüht sich, so gut er kann, zu helfen, doch nach weiteren Schwierigkeiten entschließt sich Fried, sein Lehrbuch ohne Einverständnis des Pariser Verlages zu veröffentlichen. In seinem neuen Esperanto-Verlag, der sich ganz auf die Herausgabe von Esperanto-Literatur spezialisieren soll, geht das Lehrbuch Anfang 1903 in Druck.

Zamenhof ist begeistert: »Ihr Lehrbuch habe ich mit wahrem Vergnügen erhalten und danke Ihnen herzlichst. Das Buch macht einen sehr guten Eindruck, und ich wünsche ihm den besten Erfolg, der ganz gewiss auch nicht ausbleiben wird.«[256] Gleichzeitig mahnt er Fried zur Geduld. Der Anfang werde nicht leicht sein, er sei jedoch überzeugt, dass Esperanto früher oder später in Deutschland glänzend dastehen werde.

In den nächsten Monaten kommt es für Fried nun darauf an, durch Gründung einer Gruppe oder eines Vereins Interessenten für sein neues Buch und weitere geplante Esperanto-Projekte zu finden, wie etwa das als direkter Folgeband geplante Übungsbuch, das er auf dem Umschlag des Lehrbuchs schon für April fest angekündigt hat, das aber nie erscheinen wird. Im März 1903 schreibt er an Therese Frankl nach Wien: »Das Esperantobuch hast Du nun bekommen. Ich habe die Bestellungen bereits in die Welt gehen lassen und fange an, die Pressepropaganda zu betreiben. Auch mit dem Übungsbuch beginne ich bereits. [...] Heute Abend habe ich bei mir in der Wohnung Sitzung des Esperantoklubs.«[257]

Was Fried in diesem Brief als »Esperantoklub« bezeichnet, ist allerdings vorerst nur ein Treffen mit zwei interessierten 19-jährigen Berliner Jungen.[258] Noch bevor sich die kleine Gruppe etablieren kann, wird Fried nach der Trennung von seiner zweiten Frau Martha im Frühsommer 1903 Berlin verlassen und nach Wien zurückkehren; die Gründung findet ohne ihn statt. Am 28. November informiert Jean Borel Fried über die Ereignisse: »Mit Vergnügen informiere ich Sie über die Gründung der Berliner Esperantistengruppe mit 20 Teilnehmern. Provisorischer Vorstand sind die Herren Prof. Dr. Schmidt, Potsdam, Jürgenson, Philipp, Seeger und ich. Wir bedauerten Ihre Abwesenheit, doch wir hoffen, dass Sie unserer Gruppe beitreten und dass wir bald das Vergnügen haben werden, Sie in Berlin zu sehen.«[259]

Das Angebot einer bloßen Mitgliedschaft reicht Fried jedoch nicht aus. Im Dezember 1903 schreibt er enttäuscht an Adolf Mehlisch, einem Bekannten aus der DFG, unter deren Schirmherrschaft die Esperanto-Gruppe steht: »Die Gründung einer Esperantistengruppe in Berlin betrachte ich als ein erfreuliches Zeichen für die Entwicklung des Fortschrittes der Esperantosache in unserem allen neuen und internationalen Dingen gegenüber so spröden Lande. Offen gesagt berührte es mich wundersam, dass man mich, der ich als Erster neuerdings für die Bekanntwerdung des Esperanto in Deutschland eintrat und unter großen finanziellen Opfern das erste Lehrbuch herausgab, nicht aufgefordert hat, in den Vorstand dieser Gruppe zu treten.«[260]

Doch in der Berliner Ortsgruppe der DFG verspürt man offenbar kein Bedürfnis, Fried in irgendeiner Form fest mit einzubinden, zumal der Umstand, dass er nun in Wien lebt, der Leitung zusätzlich ein gutes Argument gegen seine Aufnahme in die Hand spielt. Für Fried werden diese Berliner Erfahrungen grundlegend; leicht verletzbar wie er ist, wird er sich in den nächsten Jahren von allen Vereinen und Verbänden möglichst fernhalten.

Da sich Fried ab April 1903 überwiegend in Wien aufhält, kümmert sich sein Bruder Leopold weiter um den Vertrieb des Lehrbuches und versucht, den großen Bruder zur Fertigstellung seines Übungsbuches anzutreiben: »Wenn ich das Übungsbuch hätte, würde ich gewiss schon sehr gut Esperanto sprechen und schreiben können. Es ist auch eine große Nachfrage danach, d.h. die Leute, die seinerzeit das Geld dafür eingesandt hatten, es waren ca. 3 oder 4 Stück, gleich nachdem Du von hier fort bist, haben wiederholt angefragt. [...] Die später eingelaufenen Geldsendungen für das Übungsbuch haben wir wieder zurückgesandt; die Adressen haben wir notiert.«[261] Auch im folgenden Jahr drängt Leopold wieder und betont bedauernd, was für ein großes Geschäft der Bruder hätte machen können.[262]

Tatsächlich hätte der Verlag unter anderen Umständen eine durchaus vielversprechende Einnahmequelle für Fried werden können. Im Sommer 1903, kurz nachdem er Berlin verlassen hat, gelingt es dem bereits als Verleger tätigen Bruder Jean Borels, mit Hachette eine Übereinkunft für die deutschen Verlagsrechte an den Werken Zamenhofs zu erzielen und in der Folge den überaus erfolgreichen Berliner Esperanto-Verlag Möller & Borel zu gründen. Fried aber hat seine Verlagspläne bereits aufgegeben. Stattdessen bemüht er sich darum, einen größeren Verlag für sein Lehrbuch zu interessieren. Als die Franckh'sche Verlagsbuchhandlung in Stuttgart Interesse an der jungen Weltsprachenbewegung zeigt, ergreift Fried die Gelegenheit beim Schopf. Er bietet dem Verlag nicht nur die Restbestände seines Lehrbuches inklusive der Verlagsrechte an, sondern daneben auch die Zusammenstellung des Übungsbuches und weiterer Konversations-, Lese- und Korrespondenzhandbücher. 1905 erscheint eine 2. verbesserte und vermehrte Auflage bei der Franckh'schen Verlagsbuchhandlung, und in den nächsten drei Jahren werden sogar noch drei weitere Auflagen folgen.[263]

Frieds schriftstellerisches Hauptthema bleibt allerdings die Friedensidee. Bereits im Frühjahr 1901 erscheint »Unter der weißen Fahne«,[264] das 46 ausgewählte Artikel und Aufsätze zu den Themenkreisen »Friedens-Bewegung«, »Friedens-Politik«, »Verständigung«, »Haag« und »Cuba – Transvaal – China« enthält, geschrieben im Zeitraum zwischen 1895 und 1901, die Mehrzahl in den Jahren 1898 und 1899. Die Titelseite ziert ein Ausspruch über die Bedeutung der Presse für die Verbreitung der Friedensidee von Graf Albert Apponyi, »dem hervorragenden ungarischen Staatsmann, Präsidenten der ungar. Gruppe der Interparlamentarischen Union, Mitglied des Haager Schiedsgerichtshofes, dem Begründer der Internationalen Presse-Union für Frieden und Schiedsgericht«,[265] dem auch das ganze Werk »ehrerbietigst gewidmet« ist.

Der ungarische Politiker hatte als Vorsitzender der interparlamentarischen Gruppe seines Landes nach der Haager Konferenz die Bildung einer »Internationalen Presse-Vereinigung für Frieden und Schiedsgericht« angeregt und die Bildung eines ungarischen Zweiges im März 1900 während eines Vortrages vor Budapester Journalisten bereits erfolgreich initiiert.[266] Frieds Hoffnung, auch in Deutschland würde sich nun eine Gruppe bilden,[267] erfüllt sich jedoch nicht. Lediglich in Frankreich, wo schon seit

Lehrbuch

der

Internationalen Hilfssprache

„ESPERANTO"

Mit Wörterbuch in Esperanto-Deutsch
und Deutsch-Esperanto

von

Alfred H. Fried.

„Diese internationalen Beziehungen, welche sich unaufhörlich ausdehnen und vermehren, lassen die Nothwendigkeit eines gemeinsamen Organs immer lebhafter empfinden, denn das erheblichste Hinderniss, wenn nicht das einzige, das ihnen noch entgegensteht, ist die Verschiedenheit der Sprachen. Die Hilfsmittel des geistigen Verkehrs sind in beschämender Weise hinter denen des materiellen zurückgeblieben. *Man hat nur die Körper genähert, aber nichts gethan, um die Geister zu nähern.* Was nützt es, dass wir von einem Ende der Welt zum anderen reisen, schreiben, sprechen können, wenn wir uns nicht verstehen.

BERLIN 1903.

Esperanto-Verlag, Berlin-Schöneberg

Grunewaldstrasse 40.

Titelblatt des Esperanto-Buches

1895/1896 eine ähnliche Vereinigung existierte,[268] fällt die Anregung Apponyis auf fruchtbaren Boden und erfüllt die dortige »Association Internationale des Journalistes Amis de la Paix« mit neuem Leben. Enttäuscht über die geringe Resonanz im deutschsprachigen Raum schließt sich Fried dieser Organisation an.

In der »Presse- und Friedensbewegung« betitelten Einleitung geht Fried ausführlich auf die ungeheure Bedeutung der Presse für die Friedensbewegung ein. »So glänzend die Perspektiven auch sind, die sich ihr auftun, sie darf das Wirken in der Gegenwart keinen Augenblick vergessen, sie muss die Presse erreichen, um zum Volke zu gelangen. Sie braucht die Presse und muss sie erobern. Die Friedensfachblätter sind nur ein Notbehelf; mit ihnen wird die Idee nicht verbreitet, nicht gerechtfertigt, sondern nur dort gepflegt, wo sie schon vorhanden ist, neue Anhänger werden durch die Friedensfachpresse kaum geworben, sie wendet sich ausschließlich an die bereits Überzeugten. Draußen in der Tagespresse muss das große Jagen abgehalten werden, und deshalb muss unablässig dafür gekämpft werden, die Presse zu erobern.«[269] In diesem Kampf um die »weiße Presse« sieht sich Fried an vorderster Front. Jahrelang habe er seine journalistische Tätigkeit ausschließlich der Propagierung der Friedensidee gewidmet, dabei habe er auf den Kongressen der Friedensgesellschaften und der IPU jedoch nie einen deutschen Kollegen gefunden. Eine Behauptung, die tatsächlich der Wahrheit entsprechen kann. Allerdings schrieben einige Parlamentarier und viele Pazifisten direkt für die wenigen interessierten liberalen Zeitungen, die sich daher noch weniger veranlasst gesehen haben dürften, eigene Korrespondenten zu schicken. Fried sieht sich also auch als Journalist, wie schon als Mitglied der Friedensbewegung, in einer Sonderposition, nicht eigentlich am Rande, sondern an der Spitze – als Vorreiter der kommenden Kulturentwicklung: »Will man kurz sein, so könnte man sagen, Friedensbewegung ist Kulturentwicklung. Will man etwas ausführlicher sein, so könnte es heißen: Friedensbewegung ist alles Streben im Dienste der geistigen Entwicklung der Menschheit und Übertragung der dabei errungenen theoretischen Erkenntnisse in die Praxis; sie ist der Antrieb auf der Bahn moderner Entwicklung und bezeichnet das Streben, von dem Errungenen zum neu zu Erringenden emporzudringen.«

So weit gefasst mag auch Frieds Aussage, er habe sich ausschließlich der Propagierung der Friedensidee gewidmet, stimmen. Zwischen Herbst 1902 und Frühling 1903 entstehen kurz hintereinander noch vier Broschüren, die sich mit Themen der Friedensbewegung befassen. Die erste und wohl auch interessanteste »Die Ausgestaltung der Friedensaktion in Deutschland« erscheint Ende Oktober 1902. Zunächst einziger Inhalt einer sechszehnseitigen Doppelnummer der zu diesem Zeitpunkt noch vierzehntägig erscheinenden »Friedens-Warte«,[270] wird sie von Fried schon im November auch als Separatdruck verbreitet.[271] Das kleine Werk soll eine Denkschrift zum zehnjährigen Bestehen der DFG sein und befasst sich vor allem mit einer möglichen Umgestaltung. Die Zeit sei gekommen, aus den esoterischen Zirkeln heraus in die Arena des politischen Lebens einzutreten und zwar durch eine schlagkräftige Reorganisation der Ortsgruppen und ein neues Programm, das die moderne wissenschaftlich-politische Ausrichtung über die rein ethisch-humanitäre stelle. Massive Propaganda sei das Gebot der Stunde.

Diesen Zielen dienen auch schon die weiteren drei Werke dieser Zeit: »Die Grundlagen der modernen Wirtschaft und der Krieg«, »Die Lasten des bewaffneten Friedens und der Zukunftskrieg« und »Die hauptsächlichsten Missverständnisse über die Friedensbewegung«[272], das vor allem der Begriffsklärung in der Propaganda dienen sollte. Wie wenig allerdings die DFG geneigt war, Frieds unentwegte Bemühungen anzuerkennen, zeigt sich am besten am Beispiel der Berliner Ortsgruppe. Mit dem von Fried so lange geforderten Umzug der DFG-Zentrale nach Süddeutschland und dem definitiven Ende der »Monatlichen Friedens-Korrespondenz« wird es still um die Berliner, die kleine Ortsgruppe stirbt schließlich ganz. Im Frühjahr 1902, nach seiner Rückkehr vom Weltfriedenskongress in Monaco, macht Fried die Zentrale in Stuttgart auf die Situation in Berlin aufmerksam. Im Briefkasten der »Friedensblätter« erhält er die hinhaltende Antwort: »A. H. Fr. – B. Wir bedauern lebhaft die in Ihrer Zuschrift geschilderten unhaltbaren Zustände in der Berliner Ortsgruppe und hoffen, dass eine Abhilfe in allernächster Zeit erfolgen wird.«[273]

Fried macht sich daraufhin selbst daran, die Ortsgruppe neu zu gründen,[274] nicht zuletzt in der Hoffnung, diesmal dort fester Fuß fassen zu können und vielleicht eine Spitzenposition zu besetzen. Aus der Stuttgarter Zentrale kommt zwar kein direkter Protest, man bittet Fried aber, mit der Neugründung zu warten, bis man selbst im Herbst den Versuch einer Reorganisation der bestehenden Gruppe gemacht habe. Bis dahin solle er eine Namensliste möglicher Kandidaten für einen neuen Berliner Vorstand an Dr. Quidde in München senden. Tatsächlich nehmen Quidde und Richter mit den acht von Fried genannten Personen im Herbst 1902 persönliche Gespräche auf, Fried selbst wird aber nicht hinzugezogen. Selbst zu der am 13. November von Quidde und Richter in Berlin einberufenen Generalversammlung wird Fried nicht eingeladen. Verbittert schreibt er an Adolf Mehlisch, einen der von ihm Vorgeschlagenen: »Ich hörte auch am Abend, wie sehnsüchtig nach einer Person gesucht wurde, die in Berlin ansässig und inmitten der Friedensbewegung stünde, ohne dass ich irgendwie genannt wurde.« Und er bittet den Adressaten, ihm mitzuteilen, ob man im Gespräch Gründe dafür genannt habe. Ein Antwortbrief ist nicht erhalten. Leicht denkbar aber ist, dass man weder in Berlin noch in Stuttgart oder München ein großes Interesse daran hatte, den passionierten Querdenker und unkonventionellen Aktivisten, der eben mit seiner Denkschrift zum zehnjährigen Bestehen der DFG wieder unliebsam auf sich aufmerksam gemacht hatte, auf einen Vorstandsposten zu setzen.

Für Fried ist diese Ablehnung jedoch ein neuer schwerer Rückschlag, denn er hat längst erkannt, dass er auch für seine journalistische und publizistische Arbeit ein gewisses Maß an Reputation braucht – oder, in seinen eigenen Worten, »dass ich zur vollen Entfaltung meiner Tätigkeit eine Körperschaft brauche, die meiner Arbeit mehr Nachdruck verleiht«.[275] In Berlin jedoch wird er diesen Rückhalt nicht mehr bekommen.

2.7 Flucht aus Berlin 1903

Das Jahr 1903 wird für Fried zum Entscheidungsjahr. Im Januar eskaliert die Situation mit seiner kranken Frau Martha so weit, dass Fried am Donnerstag, den 15. Januar, mittags fluchtartig die Wohnung und Berlin verlässt und zu Mutter und Schwester nach Bernburg reist. Nach seiner Rückkehr macht er der Familie seiner Frau schwere Vorwürfe: »Lieber Gustav! Nicht Dir persönlich, aber Dir als dem Oberhaupte der Familie, drängt es mich, meiner tiefen Erregung und Entrüstung Ausdruck zu geben, dass man Martha, nachdem ihre geistige Erkrankung feststand, in der Nacht von Sonntag zum Montag mit einem unerfahrenen 20-jährigen Dienstmädchen allein in der Wohnung ließ, und sich bis Montag um 11 Uhr nicht um sie kümmerte. Das größte Unglück hätte geschehen können. Martha legte sich im Dienstmädchenzimmer schlafen und das Mädchen verschloss sich in dem kleinen Vorderzimmer aus Angst. Sie war sich in ihrem Zustande allein überlassen und hat weiß Gott was für Qualen ausgestanden. Ich glaube, dass so etwas, dass solche Rücksichtslosigkeit, solcher Egoismus nicht einmal bei den Botokuden möglich wäre. Wenn die Familie wenigstens erklärt hätte, dass sie sich der Pflicht einer Nachtwache nicht unterziehen wolle, so hätten Frankl dies ohne mit der Wimper zu zucken übernommen. Außerdem wäre es angebracht gewesen, telefonisch eine Wärterin herbeizurufen. Es gibt keine Entschuldigung für ein derartiges Vorgehen, das selbst die Ärzte unbegreiflich finden. Um dem Einwande zu begegnen, warum ich nicht selbst zur Stelle war, so muss ich zur Erklärung mitteilen, dass ich am Donnerstagmittag als ein [!] nach dem furchtbaren Kampfe mit der seit Wochen unter der beginnenden Krankheit leidenden Frau Berlin verlassen musste und einfach nicht mehr fähig war mitzutun. Meine Hilfeschreie am Abend des Mittwoch, wo ich dringend die Anwesenheit einer dritten Person erbat, verhallten ungehört. Der Egoismus mag sehr nützlich sein – schön ist er nicht.«[276]

Die Familie reagiert verärgert und wirft Fried in einem kurzen handschriftlichen Schreiben Gustav Holländers nun ihrerseits unverantwortliches Handeln vor, da er Martha alleine und fast ohne Geld zurückgelassen habe.[277] Fried wehrt sich mit einem mehrseitigen Schreiben an einen ihm mehr verbundenen Verwandten, in dem er ausführlich die Gründe für seine Abreise erklärt: die Empfehlung des Arztes, seinen nervlich völlig zerrütteten Zustand, die Notwendigkeit, ein paar Arbeiten zu beenden, um sich nicht jeder finanziellen Grundlage zu berauben. »Gustav und wohl auch die anderen Mitglieder der Familie haben Martha in diesem Zustand nie gesehen, sie haben in keinem Falle mit ihr in diesem Zustande das Haus geteilt und mit ihr zusammengelebt. Sie können sich keine Ahnung mache, wie sich das Leben unter solchen Verhältnissen gestaltet und wie es auch die Nerven eines Mannes, und noch dazu die eines nervösen Mannes, aufreibt.«[278] Am Ende des Briefes erklärt er das Tischtuch zwischen sich und der Familie Holländer als zerrissen und jede Hoffnung auf Verständnis und Entgegenkommen für begraben. Fried steht an einem Wendepunkt. Die Ehe mit Martha ist für ihn unerträglich geworden, die Beziehung zu Siegfried Frankls Frau Therese, die in ihrer Ehe ähnlich unglücklich ist, wird immer enger. Es fehlt nur noch ein kleiner Anstoß, um die Dinge unwiderruflich ins Rollen zu bringen. Zu diesem einschneidenden Ereignis kommt es schon zwei Wochen später. Während Martha noch im Charlottenburger »Asyl für Gemütskranke« bei Dr. Edel ist, in dem sie zuvor schon öfter für mehrere Wochen behandelt wurde, geschieht am 8. Februar etwas, was sich im Ablauf aus den vorhandenen Unterlagen nicht mehr genau erschließen lässt[279] – jedoch in seinem Ergebnis: Das langjährige Verhältnis zwischen Fried und Therese Frankl wird öffentlich bekannt.

Siegfried reagiert entsetzt und verbietet Therese, Alfred wiederzusehen. Ein schwieriges Unterfangen, da die Familien seit einem Jahr nebeneinander im selben Haus Grunewaldstraße 40 in Berlin-Schöneberg wohnen und einen gemeinsamen Telefonanschluss haben, der auch als Haustelefon verwendbar ist.Siegfried beschließt deshalb, Therese für einige Zeit zur Familie ihrer Schwester nach Wien zu schicken, in der Hoffnung, die Affäre damit beenden zu können. Zwei Wochen später kommt Thereses Schwager aus Wien und holt sie ab, am 26. 2. abends trifft sie mit ihm in Wien ein.

Der Plan, die beiden Liebenden so zu trennen, schlägt jedoch fehl. Schon vor ihrer Abreise schreibt Fried seinem »Röschen« den ersten Brief ins »Wiener Exil«. Bei legt er ein Gedicht, betitelt »AN MEIN ROES'CHEN!«, in dem er seinen ganzen Schmerz über die Trennung ausdrückt, aber auch die Gewissheit, dass beide nicht mehr wirklich zu trennen seien.

Auch Therese ist von Anfang an entschlossen, sich von ihren Gefühlen nicht mehr abbringen zu lassen, auch sie getragen von der gleichen Gewissheit und Zuversicht wie er. In ihrem ersten Brief aus Wien schreibt sie: »Wir ergänzen uns so ganz in gleichen Gefühlen füreinander und wir werden und müssen ganz glücklich werden. [...] Hole mich bald, und du wirst mich, wie es immer sein wird, zum Paradies führen – und ewig wirst du die Liebe und Dankbarkeit eines geretteten Menschen fühlen.«[280]

Ausgerechnet in dieser Zeit der persönlichen Wirren muss Fried neben seinen normalen Arbeiten auch noch eine schwierige Übersetzungsarbeit beenden: die deutsche Übersetzung der Autobiographie des Fürsten von Monaco: »Carrière d'un navigateur«.[281] Als Bertha von Suttner, die zu dieser Zeit gerade zur Eröffnung des Friedensinstitutes in Monaco weilt, die ersten Druckfahnen sieht, ist sie entsetzt über die vielen Fehler und macht sich selbst an die Korrekturen. »Es waren so viele Verbesserungen nötig, dass die bereits ausgedruckten Bogen wieder eingestampft werden mussten.«[282] Für Fried, dem sein Ansehen in Monaco gerade im Hinblick auf das neugegründete Friedensinstitut sehr am Herzen liegt, ein Schlag, aber verständlich, wenn man bedenkt, dass selbst Bertha von Suttner für eine gute Übersetzung sechs Monate intensiver und ausschließlicher Arbeit rechnete,[283] die Fried selbst ohne seine privaten Probleme niemals gehabt hätte. Im Spannungsfeld zwischen der kranken Martha und Therese war es fast ein Wunder, dass Fried die Arbeiten überhaupt pünktlich hatte beenden können.[284]

In den ersten Wochen, während Therese in Wien und Martha im Sanatorium ist, wird Fried von seiner Mutter unterstützt, die,

Therese Frankl-Vollandt

»Sie können uns zur Liebe dort nicht zwingen,
Wo sich die Lieb nicht aus sich selbst ergibt,
Und dort nicht zum Verzicht es bringen,
Wo jede Ader, jede Faser l i e b t.

Leb' wohl, mein Weib! Mein bist Du, wirst es bleiben,
Verzage nicht in nächt'ger Sturmeszeit,
Das was uns schmerzhaft jetzt das Herz versenget,
Das ist der Kitt nur für die Ewigkeit.«[285]

anders als seine Umgebung, vollstes Verständnis für ihn zeigt. Fast amüsiert beschreibt Fried Therese erste Reaktionen von Bekannten und Freunden: »Herr Adolf, den ich täglich sehe, kriegt ordentlich Krämpfe, um mich nicht zu sehen.«[286] Viele Bekannte reagieren mit Ablehnung und Unverständnis auf den doppelten Ehebruch, wobei die Kritik die untreue Ehefrau zumeist härter trifft, wie Fried Therese berichtet: »Sie missbilligen mehr Dein Vorgehen als meines, und waren der Meinung, Du seiest auf meine Kosten nach Wien gefahren. Die sittliche Entrüstung der geschwängerten Jungfrau und ihrer Mutter und ihres Gatten ist bezeichnend für die ganze Sippe.«

Nur äußerst selten erlebt Fried in den kommenden Wochen einmal eine andere Reaktion, die er Therese sogleich freudig mitteilt: »Gestern hatte ich eine große Freude. Ich war nämlich seit Monaten zum ersten Mal bei Antricks drin. Nur sie war im Geschäft, und da konnte ich es mir nicht versagen, ihr zu sagen, was vorgeht. So nach und nach kam ich damit heraus. Na, die wäre bald vom Stuhl gefallen. – Das hätte sie schon immer gesagt, dass wir beide zusammenpassen, und sie hätte es auch Dir schon einmal gesagt und Du antwortetest ganz resigniert, ›ja, was soll man aber machen?‹ Sie lässt Dich herzlich grüßen und Dir sagen, ihren Segen hättest Du. Na also.«[287]

Reaktionen wie diese bleiben jedoch die Ausnahme. Selbst bei Bertha von Suttner, die im Dezember 1902 ihren Mann verloren hatte, findet Fried nicht die erhoffte Unterstützung, und er beklagt sich bei Therese: »[...] meinen Seelenschmerz, über den ich ihr Andeutungen gemacht, weiß sie nicht besser zu stillen, als dass sie mir ihr Seelenweh über den Verstorbenen klagt.«[288] Allerdings ist unklar, wie weit Fried Bertha von Suttner zu diesem Zeitpunkt tatsächlich in die Geschehnisse einweihte.

Allgemein verstößt das Verhalten der beiden viel zu sehr gegen die Moral der Zeit, um auf Verständnis zu stoßen. Sowohl Fried als auch Therese bemühen sich daher schon sehr bald um offizielle Scheidungen ihrer Ehen.

Um Therese in ihrer Trennungsabsicht zu bestärken, lässt Fried Siegfried Frankl von seinen Brüdern Leopold und Carl beobachten, die auch schon bald damit aufwarten können, dass Siegfried eine Prostituierte besucht. Sofort setzt Fried Therese, die sich mit einem schlechten Gewissen ihrem Mann gegenüber plagt, von diesem Umstand in Kenntnis und schlägt ihr auch gleich die geeigneten Formulierungen für einen Brief vor: »Du musst hart sein. Zum Mildesein ist dann später noch Zeit. Ich würde ja ganz kurz sein. Etwa: Lieber Siegfried! Es ist mir eben zur Kenntnis gekommen, dass Du mit einer Dirne in der Markgrafenstraße, deren Name und Adresse bekannt ist, längere Zeit hindurch ehebrecherischen Verkehr getrieben. Carl Fried hat dies, nicht ahnend, welche Bedeutung dieser Tatsache innewohnt, seinem Bruder im Gespräch erzählt. Er und die Dirne bezeugen die Tatsache. [...] Durch dies Ereignis halte ich, abgesehen von allem anderen, ein weiteres Zusammenleben mit Dir für unmöglich, und werde nunmehr die Scheidungsklage gegen Dich einreichen.«[289] Ob Therese seinem Vorschlag folgt, ist nicht bekannt, zumindest scheint sie ihren Mann jedoch erfolgreich mit den erhobenen Vorwürfen zu konfrontieren, denn Siegfried bekennt sich schuldig und willigt ein, keinen Widerspruch gegen die Klage seiner Frau zu erheben.[290] Dennoch verzögert sich die Scheidung, da sich bald herausstellt, dass Siegfried als gebürtiger Ungar auch dort geschieden werden muss, was mit großem und kostenintensivem Verwaltungsaufwand verbunden ist.

Bei seiner eigenen Ehe versucht es Fried mit einer Annullierung wegen erwiesener Geisteskrankheit der Frau, stößt dabei jedoch von allen Seiten auf Widerstand. Selbst ein von Fried bezahlter Sachverständiger, der Mitte März ein Gutachten über die Aussichten einer Scheidungsklage unter diesen Umständen abgibt, äußert sich »in einem nicht sehr günstigen Sinne«.[291] Auch ein gerichtlicher Gutachter kann nicht weiterhelfen, da Fried als Österreicher nach den österreichischen Gesetzen geschieden werden muss, die keine Scheidung wegen Geisteskrankheit vorsehen.

Zwischen Anfang März und Mai 1903 geht es daher erst einmal darum zu entscheiden, wie die ungewollte räumliche Trennung überwunden werden kann. Dabei kommt eine Übersiedelung nach Wien für Fried zunächst nicht in Frage. Seine negativen Kindheitserinnerungen lassen ihm Wien eher als ein Schreckgespenst, denn als eine Zukunftshoffnung erscheinen: »Wie bedaure ich Dich, mein Gold, dass Du so furchtbare Zeiten in diesem Elendsnest verbringen musst, wo Du in dem schönen Berlin zu leben berechtigt wärest. Wahrhaftig, wir, die wir hier in Berlin leben, sind Götter gegen diese armseligen Bewohner Wiens.«[292] Fried schlägt Therese vor, nach Berlin zurückzukehren und dort eine Zeitlang in einer Pension zu wohnen oder allein in ihrer alten Wohnung, die dann von ihm bezahlt würde. Aber da ihm wieder einmal alle finanziellen Mittel fehlen, wird dieser Plan immer wieder verschoben. Anfang April ist Fried so weit, dass er die gemeinsame Wohnung mit Martha endgültig verlässt. »Am Sonnabend geht mein Mädchen ab, dann versperre ich die Wohnung Grunewaldstraße 40 und diese Ära meines Lebens hat dann ihr Ende erreicht.«[293]

Zunächst verbringt er einige Tage in Bernburg bei Mutter und Schwester, Ende Mai ist er in Paris. Immer wieder kommt er auch kurz nach Wien, wo Therese noch immer bei der Familie ihrer Schwester lebt, während Fried sich in einem Hotel einquartieren muss, obwohl seine Schwester Pauline mit ihrem Mann, dem betuchten englischen Journalisten Reginald Wyon, in guten Verhältnissen in Wien lebt. In einem bitteren Brief rechnet Fried 1908 mit Pauline ab: »Dann die Zeit, wie ich nach Wien kam. Röschen hattest Du in der schwersten Zeit ihres Lebens vor die Türe gesetzt. Kalt lächelnd vor die Türe gesetzt. Was Du mir damals angetan, weißt Du nicht!!![294] Und die Tränen, die ich verschluckt habe, wenn ich am Hof vorbeiging, wo Du im Palais wohntest, und ich nicht wusste, wo ich wohnen soll. Wo Röschen mit einer Verrückten und fünf anderen Personen in zwei Zimmern hausen musste, wo ich nicht hinaufkonnte, während ich in einem kleinen Hotelzimmer logieren musste und angewiesen war, mit ihr den ganzen Tag auf der Straße zu liegen. Und das in der schwersten Zeit meines Lebens!«[295]

Daneben verbringt Fried in diesen Monaten viel Zeit in Berlin, wo er sich bemüht, die Scheidungsangelegenheiten voranzutreiben und seinen journalistischen Arbeiten nachgeht. Sein unruhiges Leben hinterlässt auch in der in diesen Jahren vierzehntägig erscheinenden »Friedens-Warte« seine Spuren. Schon Ende April 1903 muss er sich das erste Mal bei seinen Lesern entschuldigen: »Durch die Abwesenheit des Herausgebers von Berlin hat sich die Redaktionsarbeit und Herstellung etwas verzögert. No. 7 und 8 erscheinen deshalb als Doppelnummer vereinigt. Unerledigte Korrespondenzen möge man derselben Ursache zuschreiben. Es wird alles nachgeholt.«[296] Aber auch Ende Mai und Ende Juni erscheinen wieder Doppelnummern, diesmal mit der Erklärung, es gäbe eine Anzahl »schwerwiegender privater Umstände«, die den Herausgeber hinderten, seiner Tätigkeit in vollem Umfange nachzugehen.[297] Erst im Juli erscheint die Zeitschrift wieder 14-tägig.

Spätestens im Juni nämlich fällt die Entscheidung für Wien. Warum genau sich Fried letztlich entscheidet, die Pläne für ein gemeinsames Leben in Berlin vorerst aufzugeben, ist aus den vorhandenen Unterlagen nicht eindeutig zu ermitteln. Sicher ist jedoch, dass seine Affäre mit Therese in Berlin bereits weite Kreise gezogen hatte und die Gegnerschaft der einflussreichen Familie Holländer ihm dort auch beruflich schwer zu schaffen machte. An den befreundeten Abgeordneten Otto Antrick in Berlin schreibt Fried im Dezember 1903,[298] die Familie Holländer habe (mit einer eidesstattlichen Versicherung, dass alles seiner Frau gehöre) nicht nur seine Möbel beschlagnahmen lassen, sondern ihn auch mit Pfändungen bei Zeitungen und Verlegern schikaniert, da er kein Geld gehabt habe, seine Frau zu alimentieren. Zudem überziehe man ihn mit kostspieligen Prozessen. Zur Haltung der übrigen Gesellschaft schreibt er: »Seit der Affäre mit Frau Frankl hat sich die Spießbürgergesellschaft völlig von mir abgewendet.« Hochverschuldet und mit wenig Hoffnung flüchtet Fried nach Wien.

3. Die Wiener Jahre 1903–1915

3.1 Zögernde Heimkehr

Das Wien, in das Fried im Juni 1903 nach fast 20 Jahren Abwesenheit zurückkehrt, ist eine veränderte Stadt, insbesondere für einen Juden. Bereits in den Reichsratswahlen von 1891 hatten die antisemitischen Parteien einen imposanten Sieg errungen. Deutschnationale Kreise, militante Katholiken und insbesondere die christlichsoziale Bewegung übernahmen mehr und mehr die Führung. 1895 brachten die Wiener Gemeinderatswahlen den Sieg des christlichsozialen Dr. Karl Lueger,[1] dessen Wahlpropaganda neben der unbedingten Betonung Wiens als »deutscher Stadt« besonders auf die Juden als Feindbild abzielte. Zwar hatte sich Kaiser Franz Joseph der Berufung Luegers zum Wiener Bürgermeister zwei Jahre lang widersetzt, da er die verbriefte Gleichbehandlung aller Staatsbürger durch ihn gefährdet sah, letztlich musste er dem Druck der Öffentlichkeit 1897 aber nachgeben. Lueger übernahm das Amt und hatte es bis zu seinem Tode im Frühjahr 1910 inne;[2] wie kein anderer Bürgermeister vor und nach ihm prägte der »Herrgott von Wien«[3] die Stadt, in der man noch heute überall auf seinen Namen stößt. Mit Rieseninvestitionen aus in- und ausländischen Anleihen baute er Wien, dessen Einwohnerzahl sich zwischen 1880 und 1910 verdoppelte[4] und 1908 bereits die 2-Millionen-Grenze erreichte, zu einer modernen Metropole mit kommunaler Gas- und Stromversorgung und einem modernen Straßenbahnnetz aus. Dem Nationalitätenstreit, der den Vielvölkerstaat durchzog und der das Parlament immer wieder lahmlegte, setzte er die Maxime entgegen, Wien sei eine deutsche Stadt und müsse es bleiben. Damit nahm Lueger gezielt die Überfremdungsängste vieler Einheimischen auf, umso mehr, als Wohnungsnot, Arbeitslosigkeit und Teuerungen sich im Laufe der Jahre beständig verstärkten.

Für die Wiener Juden war der erklärte Antisemit Lueger, auch wenn er selbst nach dem Motto »Wer a Jud ist, bestimm i!« persönlichen Umgang mit ihnen pflegte und sich um eine Zusammenarbeit mit der Jüdischen Kultusgemeinde bemühte, ein Unglück, denn er verstand es geschickt, alle Missstände auf die einfache Formel »Die Juden sind schuld!« zu reduzieren und Feindbilder wie den »Börsenjuden«, den »Pressejuden«, den osteuropäischen »Betteljuden« oder die »Judenschutztruppe« als Bezeichnung für die Sozialdemokratie zu schüren. Immer wieder betonte er, die Emanzipation von 1867 rückgängig machen zu wollen: »Es handelt sich in Österreich vor allem um die Befreiung des christlichen Volkes aus der Vorherrschaft des Judentums.«[5] Brigitte Hamann fasst die Wirkung des »Volkstribuns« Lueger folgendermaßen zusammen: »Politisch ist es bedeutungslos, ob und wie viele jüdische Freunde Lueger privat gehabt haben mag. Von Bedeutung ist allein die Wirkung seiner aufhetzenden Reden – und diese war verheerend. Der Antisemitismus, den Lueger über Jahrzehnte als hypnotischer Redner in die ihn verehrenden Volksmassen brachte, die ordinären Entgleisungen seiner Parteigenossen und geistlichen Freunde, die er unwidersprochen ließ, vergifteten die Atmosphäre.«[6]

Schon Jahre vor Luegers Machtantritt hatten Bertha von Suttner und ihr Mann im Sommer 1891 einen »Verein zur Abwehr des Antisemitismus« gegründet,[7] dem neben vielen Wiener Prominenten wie Eduard Sueß, Wilhelm Exner, Peter Rosegger und Johann Strauß auch Frieds Onkel Ludwig Ganghofer angehört haben soll,[8] und der, finanziert vom Textilindustriellen Baron Friedrich Leitenberger, ab 1892 auch die Zeitschrift »Das freie Blatt« herausgab. Die Mitglieder des Vereins boten beleidigten Juden kostenlosen Rechtsschutz an und wandten sich öffentlich gegen antisemitische Parolen. So konterte Bertha von Suttner den Appell des christlichsozialen Politikers Prinz Liechtenstein: »Kauft nicht bei Juden!« mit dem Aufruf an die Frauen: »Liebt nicht bei Antisemiten!« und erregte damit großes Aufsehen.[9] Letztlich blieb der Verein jedoch wirkungslos, und das große Engagement der Suttners führte nur dazu, dass von Seiten der Gegner Pazifismus und Philosemitismus noch weiter verquickt und neben der »Friedensbertha« nun auch die »Judenbertha«[10] angegriffen wurde. Schon 1896 ging das Vereinsorgan des »Anti-Anti-Vereins« ein, 1900 musste er sein Büro aufgeben.

Unter Lueger war der Antisemitismus in Wien zur Modegesinnung geworden. Selbst die Suttners, die lange Zeit auf die Assimilation der Juden im Sinne ihres unbeirrbaren Fortschrittsglaubens gesetzt hatten, gaben Ende der 90er Jahre die Hoffnung auf baldige Besserung der Zustände auf. Als Theodor Herzl 1896 mit seinem Roman »Der Judenstaat« die zionistische Bewegung gründete und zur Propaganda seiner Idee ein Jahr später die Zeitschrift »Die Welt« ins Leben rief, reagierte besonders Arthur Gundaccar von Suttner sofort positiv. Bertha zögerte zunächst, eine nationale Bewegung zu unterstützen, und schrieb an Herzl: »Und ich weiß wirklich nicht, ob Assimilation nicht besser wäre als eine neue Staats- und Nationalitätsgründung. Ich wollte ja, dass alle vernünftigen Menschen sich dem höheren Typus ›Europäer‹, ›Kulturmensch‹ assimilieren, der jetzt im Werden begriffen ist und der über die nationalen, religiösen, sozialen Eigendünkeleien und Fanatismen hinaus ist.«[11] Bald sah aber auch sie ein, dass die Schaffung eines Zufluchtsortes viele Juden vor Elend und Verfolgung würde retten können, und unterstützte Herzl, so gut sie konnte. Allerdings war dieser auch immer geneigt, die Friedensbewegung zu unterstützen und schickte etwa Bertha von Suttner 1899 für seine Zeitschrift »Die Welt« zur Haager Konferenz. Noch 1903, ein Jahr vor Herzls

Tod, bemühte sich Bertha von Suttner angesichts der Pogrome in Russland vergeblich um eine Audienz für ihn beim Zaren.

Die Pogrome von Kischinew führten zu einer neuerlichen Massenflucht über die Grenze, und mit ihr verschlechterte sich auch die Lage der Wiener Juden weiter. Mit dem anhaltenden Zuzug jüdischer Flüchtlinge aus dem Osten, die sich in Aussehen und Anpassungsgrad deutlich von den weitgehend assimilierten einheimischen Juden unterschieden, wuchs auch das Konfliktpotential innerhalb der jüdischen Gemeinschaft. Für die Jüdische Kultusgemeinde Wiens erwies sich der Umgang mit den meist auf Unterstützung angewiesenen östlichen Glaubensgenossen als problematisch. Einerseits fürchtete man die Wirkung der Neuzuzügler, die schon allein durch ihr auffallendes Äußeres die Propaganda der Antisemiten stärkten, andererseits konnte man den vor immer entsetzlicheren Pogromen fliehenden Glaubensbrüdern nicht verübeln, dass sie sich in den sicheren Rechtsschutz der Kaiserstadt flüchteten, wo Polizei und Behörden zumindest vom Gesetz her verpflichtet waren, sie zu schützen und gleich zu behandeln.

Fried, der 1903 nach Wien zurückkehrt, bleibt sicher nicht unberührt von den Ereignissen, obwohl er nicht in der jüdischen Glaubensgemeinschaft wurzelt und es auch keine Zeugnisse darüber gibt, dass er sich intensiver mit der Lage der Juden in Wien auseinandersetzt; dennoch scheint es fast so, als habe die sich zunehmend verschlechternde Lage Frieds jüdisches Bewusstsein geschärft: 1908 tritt er offiziell wieder in die Jüdische Kultusgemeinde ein, der er nach dem Verlassen Berlins, vielleicht aus Kostengründen, zunächst ferngeblieben war.[12]

Einen Hinweis auf seine Motive bietet ein Brief, den Fried 1909 an den Stuttgarter Stadtpfarrer Otto Umfrid schreibt, der ihm vorgeschlagen hatte, aus propagandistischen Erwägungen zum Christentum überzutreten.[13] Fried antwortet, nachdem er darauf hingewiesen hat, wie verbreitet das Christentum in seiner Familie bereits sei: »Es ist nicht die Glaubensgemeinschaft, die mich an das Judentum fesselt, denn ich habe in meiner Erziehung vom jüdischen Glauben fast nichts erfahren und stehe mit meiner Weltanschauung dem jüdischen Glauben unendlich fern. Was mich veranlasst auszuharren, ist die heutige soziale Lage des Judentums. In dieser Zeit der Bedrückung und Verfolgung mich von einer Gemeinschaft zu lösen, der ich nun einmal von Geburt und Abstammung angehöre, würde ich als Desertion in Kriegszeiten betrachten. Wäre ich Kaufmann oder sonst zu einem indifferenten Berufe gehörig, so würde das gar nicht so ins Gewicht fallen. Aber als Intellektueller glaube ich die Pflicht zu haben, bei der unterdrückten Minderheit auszuharren.«[14] Auch bei der Eheschließung mit Therese 1908 setzt er ein deutliches Zeichen, denn anders als zumeist in Mischehen üblich, gibt nicht Fried seine Religionszugehörigkeit auf, um die evangelische Therese heiraten zu können, sondern sie.[15]

Die ersten Monate lebt Fried zusammen mit Therese in einer Unterkunft in Mödling bei Wien. Von dort ziehen die beiden im September 1903 in die Müllnergasse 3 und ein Jahr später in den Währinger Gürtel 118 im Alsergrund, Wiener Bezirk IX, wie die Leopoldstadt ein gern von Juden bewohnter Stadtteil, der um diese Zeit besonders von jüdischen Angestellten und Freiberuflern bevorzugt wurde.[16]

Es ist in keiner Weise eine glückliche Heimkehr für Fried. Wenn Siegfried Frankl in seinen Erinnerungen zum 10. Todestag Frieds dessen enge Beziehung zu Wien betont und sogar meint, Fried habe Wien über alles geliebt,[17] dann mögen das Erinnerungen aus der Zeit kurz vor dem 1. Weltkrieg sein, als Fried endlich in seiner Vaterstadt Fuß gefasst hatte, für die ersten Jahre nach der Rückkehr gilt jedoch Frieds Aussage von 1903: »Ich möchte lieber heute wie morgen nach Berlin zurück, das ist aber bei der feindseligen Haltung der Holländers ein Ding der Unmöglichkeit. Bei ihnen heißt es ›Liebe mich oder ich zerhack dir die Kommode‹, und sie haben mir meine Kommode bereits sehr arg zerhackt.«[18]

Noch 1905 findet sich im Titelkopf der »Friedens-Warte« die Angabe Berlin-Schöneberg (allerdings nun ohne genaue Adresse) als Wohnsitz und selbst 1906 schreibt er noch »z. Zt. Wien«, als sei er nur vorübergehend dort zu Besuch.

Obwohl Fried unermüdlich arbeitet und sich kaum Ruhepausen gönnt, bleibt die finanzielle Situation des Paares überaus kritisch. Als die Holländers 1904 einige seiner Sachen, darunter Manuskripte, Bücher und Familienbilder, freigeben, schreibt Fried dem Speditionsunternehmer, der die Habe befördern soll: »Ich bitte Sie inständigst darum, den denkbar billigsten Weg zu suchen.«[19] Und noch 1906 zeugt ein familiärer Streit zwischen Pauline und Fried von der angespannten Situation. Der nahezu mittellose Fried hatte sich Anfang 1906 von der Schwester einige Möbel geliehen, die diese im Sommer wegen ihrer geplanten Übersiedelung nach London zurückverlangt. Fried reagiert entsetzt: »Die Sachen von Dir sind mir unentbehrlich, und ich hatte mir nicht gedacht, dass Du sie mir früher wirst wegnehmen wollen, solange sie für mich von Wert sind, wenn Du auch die Form des Leihens gewählt hast.«[20] Fried erklärt sich bereit, Pauline die Sachen abzukaufen, kann und will aber den geforderten Preis nicht zahlen: »›Ein Entgegenkommen, das ins Unglaubliche geht‹, nennst Du es, wenn ich verlange, Du sollst mir, der ich Dir in schweren Stunden zur Seite stand, nicht die paar Gegenstände wegnehmen, die zum Teil meine Kasernenwohnung wohnlich machen, andererseits mich zwingen würden, meine Bücher auf die Erde zu stapeln, oder mir wenigstens Preise dafür abfordern, die im Bereiche der Möglichkeit stehen und nicht um das Vierfache höher sind, als Du schließlich anderswo erreichen würdest. [...] Ich habe in meinem Leben ganze Einrichtungen im Stich gelassen, die Tausende wert waren, aber sie waren mir nicht so viel wert, wie jetzt diese vier Geraffelstücke, um die Du Dich grämst.«[21] Schließlich stimmt Pauline zu, mit Therese – nicht mit ihrem Bruder – einen Vertrag zu schließen und ihr gegen ein Pfand von 50 Kronen zwei der Gegenstände, ein schwarzes Bücherregal und ein amerikanisches Drehpult, bis zum Mai 1907 zu leihen. Penibel bemerkt Pauline, dass sie auf einen Ersatz für »etwaige aus dem ordnungsgemäßen Gebrauch der Gegenstände sich ergebende Beschädigung« verzichte.[22]

Trotz seiner eigenen schlechten Lage bleibt Fried für seine Brüder weiterhin Ansprechpartner in allen Schwierigkeiten, insbesondere da es Pauline schon ein Jahr später nach der Trennung von ihrem Mann Reginald schlechtgeht. Selbst Otto, der nach seiner Entlassung aus dem Gefängnis mit dem älteren Bruder nur wenig Kontakt hat, wendet sich im Sommer 1907 bei einem Besuch in Wien mit der verzweifelten Bitte an ihn, seiner Frau Marie in London schnellstens etwas Geld zukommen zu lassen, da sie nichts mehr hätte und die Miete nicht bezahlen könnte.[23] Da er den Bruder, der gerade als Journalist bei der 2. Friedenskonferenz ist, in Wien nicht antrifft, schreibt er ihm einen vorwurfsvollen Eilbrief. Fried erkundigt sich von Den Haag aus bei Pauline über die tatsächliche Lage. Ihre Antwort ist wenig ermutigend: »Es ist selbstverständlich, dass Du wissen willst, was Otto hier macht. – Nun, er ist mit einer ziemlich guten Idee hergekommen, die ein anderer Mensch auch ausführen würde und was dabei verdienen – aber er ist derart am Hund, dass ihm der Mut und die Kraft fehlt – kannst Dir denken, er lebt jetzt von mir, was ich ihm schon geben kann, und doch kriecht er von der Praterstraße bis Döbling zu Fuß her um ein paar Kreuzer, dass er was essen kann – [...] Schicke ihm, [ich] bitte Dich, etwas, sonst verhungert er, denn ich hab auch nichts mehr.«[24]

Aus Berlin, wo Frieds jüngere Brüder Carl und Leopold 1903 alleine zurückgeblieben sind, kommen ebenfalls schlechte Nachrichten. Carl, durch den angeborenen Herzfehler zeitlebens kränklich und beruflich niemals Fuß fassend, wird im Sommer 1904 ins jüdische Krankenhaus in der Auguststraße in Berlin eingeliefert. Fried setzt sich sofort von Wien aus mit den Ärzten in Verbindung und erfährt, Carl leide an einer akuten Herzschwäche, die sich jedoch sicherlich bald wieder bessern werde.[25] Eine Fehleinschätzung – Carls Zustand stabilisiert sich nicht. Nach der Entlassung aus dem Krankenhaus nehmen Mutter und Schwester ihn vorübergehend in Bernburg auf, wo er schon am 7. September 1904 stirbt. Auch Leopold hat große gesundheitliche Probleme. In langen Briefen an die Geschwister[26] beklagt er seine immer häufiger werdenden epileptischen Anfälle, die schließlich auch zu seiner Entlassung als Maschinenschreiber und Stenograph führen. Nur mühsam gelingt es ihm, wieder auf die Beine zu kommen. Der große Bruder hilft, so gut er kann, aber über finanzielle Mittel verfügt auch er nur selten.

Eine große Stütze und Hilfe findet Fried in Therese, deren grenzenlose Verehrung ihn immer wieder aufbaut. Trotz aller Rückschläge und Hindernisse bleibt Therese sich sicher, dass ihrem Geliebten eine große Karriere bevorsteht: »Herzerl, ich baue auf deinen Erfolg, er muss dir kommen. – Ich habe immer das Gefühl, dass dir noch eine große Zukunft bestimmt ist. – Er wird kommen!«[27] Zugleich bemüht sie sich, auch in geistiger Hinsicht mit Fried mitzuhalten. Noch in Berlin hat sie begonnen, Esperanto zu lernen, in Wien lernt sie Französisch und veröffentlicht kleinere Artikel über Theaterbesuche, Mode und die Wiener Küche in verschiedenen Zeitschriften und Journalen.[28] Begeistert schreibt Fried an Antrick: » Endlich habe ich die Frau, die in jeder Beziehung zu mir passt und die mir eine treue Kameradin ist. Ich habe sie zur Schriftstellerin ausgebildet. Bereits ist eine Anzahl Artikel von ihr gedruckt worden und kleidet sie sich schon aus ihrem eigenen Verdienst. [...] Wir leben in heiligster Harmonie, ohne Zank, ohne Streit, ohne Missverständnisse.«[29]

Für Fried erfüllt sich in der Verbindung mit Therese ein Ideal, das er mit Bertha von Suttner gemeinsam hat. Die Gleichberechtigung der Frau und ihre freie, selbstbewusste Stellung neben dem Mann, die gemeinsame Pflicht zur Weiterbildung und menschlichen Veredelung. Auch er strebt die umfassende Partnerschaft an, wie sie Bertha von Suttner beschreibt: »Mann und Weib nebeneinander, ebenbürtig, gleichberechtigt – das Weib gekräftigt, der Mann gemildert, beide zum werdenden Typus der Vollmenschlichkeit veredelt.«[30]

Fried ist überzeugt, mit Therese eine solche Verbindung erreicht zu haben. Er, der verheiratete Mann, bezeichnet das Zusammenleben mit einer ebenfalls verheirateten Frau mit voller Überzeugung als »Ehe in ihrer reinsten Heiligkeit«.[31] Die Wiener Gesellschaft allerdings ist von dieser Heiligkeit ebenso wenig überzeugt wie die in Berlin. Ein Beispiel dafür ist die Haltung von Frieds zehn Jahre jüngerem katholischen Vetter Tassilo Engel, dem ältesten Sohn seines Onkels Moritz Engel, der seit dem Tod seines Vaters 1897 Eigentümer und Herausgeber des »Wiener Salonblattes« geworden war. Noch im Februar 1906 schreibt er seinem Cousin: »Näher verkehren können wir nicht, Deiner Frau halber, die Du mit vollem Rechte vor irgendwelchen nur irgendwie unangenehmen Gesellschaftsvorurteilen schützen willst – und denen sie ja bei mir und Katzl gewiss nicht, aber doch bei den Leuten, die bei uns verkehren, vielleicht ausgesetzt wäre. Deshalb keine Feindschaft, Aufrichtigkeit ist doch immer das beste. Mach, dass Du doch auf irgendwelche Weise die früheren Bande lösen kannst, denn Deine Frau scheint eine sehr liebenswürdige Dame zu sein und wert, aus dieser schiefen Stellung herauszukommen.«[32] Doch so einfach ist das nicht, die Scheidung von Martha verzögert sich weiter, denn nach österreichischem Recht ist eine Einwilligung der Ehefrau erforderlich.[33] Martha aber weigert sich, diese Zustimmung ohne ausreichende finanzielle Zusagen zu geben.

Im Februar 1907 wendet sich Fried mit einem Hilfegesuch an den Berliner Justizrat Arnold Goldstein, dem er seine Broschüre »Experimentalehen« beilegt. Im Brief beklagt er sich über den Rechtsanwalt der Familie Holländer. »Mit einer an das Perverse grenzenden Grausamkeit, die direkt erfinderisch ist in Grausamkeiten geht er gegen mich vor«,[34] schreibt er. Man habe ihm nicht nur sein gesamtes Hab und Gut weggepfändet, sondern ihn auch durch Pfändungsbescheide bei Berliner Zeitungen diskreditiert. Der Anwalt zeigt sich betroffen: »Mit Erschütterung habe ich das Schicksal, das Sie in Ihrer zweiten Ehe erlitten, aus Ihrer Broschüre kennengelernt. Ich bin gern bereit, Ihnen zur Seite zu stehen, wenn ich auch nach der Sachlage, die inzwischen geschaffen worden ist, nicht recht übersehen kann, wie noch zu helfen ist.«[35]

Fried erklärt Goldstein daraufhin, er habe im Januar 1905 einen Vergleich mit seiner Frau geschlossen, ihr monatlich 60 Mark Unterhalt zu zahlen und die entstehenden Scheidungskosten zu tragen, habe aber Ende des Jahres diese Zahlungen eingestellt, da er keine Bereitschaft seiner Frau zu einer Scheidung erkannt habe. Mittlerweile sei sie zwar dazu bereit, verlange aber neben dem festen monatlichen Unterhalt von 60 Mark eine Zahlungsgarantie von dritter Seite und eine automatische Erhöhung, wenn sich Frieds finanzielle Situation bessere. Er sei zwar mit den 60 Mark einverstanden, aber ohne Garantie und nur mit freiwilliger Erhöhung. Goldstein verspricht, sich der Sache anzunehmen, erhält aber auf seine nächsten Briefe offenbar keine Antwort mehr, ebenso wenig wie er auf seine bewusst gering gehaltenen Honorarforderungen, die er im Juni sogar freiwillig halbiert, eine Antwort bekommt. Die letzte Mahnung datiert vom Oktober 1908. Zu diesem Zeitpunkt aber hat Fried sein Ziel längst erreicht, im Mai 1907 hat das Bezirksgericht Josefstadt seine Ehe mit Martha für aufgelöst erklärt.[36]

Bei Therese dauert es dagegen noch bis Juli 1908, bis der königliche Gerichtshof in Pressburg das Scheidungsurteil ausspricht, und erst Ende Oktober wird sie die Urkunde in Händen halten.[37] Der Grund für diese jahrelange Verzögerung liegt jedoch nicht bei Siegfried Frankl, der ja bereits 1903 in die Scheidung eingewilligt hatte, sondern bei Fried. Die hohen Kosten einer Scheidung in Ungarn, für die neben dem Wiener auch noch ein ungarischer Anwalt benötigt wird, schrecken den in diesen Jahren nicht zuletzt wegen seinen eigenen Scheidungsangelegenheiten mehr als finanzschwachen Fried ab, die Dinge voranzutreiben. Als Siegfrieds Mutter Fried vorwirft, er wolle die Scheidung verzögern, antwortet er daher auch: »Das ist eine falsche Annahme. Die Sache wird nur von uns nicht beschleunigt, weil ich momentan nicht das Geld dazu flüssig habe. Die Prozesse mit meiner Frau absorbieren augenblicklich meine ganze Kraft. Außerdem habe ich momentan kein Interesse an einer Beschleunigung der Sache, da meine eigene Scheidungsangelegenheit mir mehr am Herzen liegt.«[38]

Sehr viel kürzer ist dagegen die Zeit von der Scheidung Thereses bis zu ihrer Neuvermählung mit Fried. Am 17. Dezember 1908 werden der 44-jährige Alfred Hermann Fried und die 39-jährige Marie Friederike Therese Frankl, geborene Vollandt, auf dem Standesamt in Wien getraut.

EHE-SCHEIN.

Von dem Magistrate
k. k. Reichshaupt- und Residenzstadt
WIEN

[illegible], daß in dem hierämtlichen, über die Eheschließungen vor der weltlichen Behörde geführten Ehe-Register, Band IV Seite 194 der nachfolgende Eheschließungs-Akt wortgetreu enthalten ist.

Jahr, Monat und Tag der Eheschließung	Ein Tausend neunhundertundacht, am siebzehnten Dezember (17. XII. 1908)	
	des Bräutigams	der Braut
Vor- und Familien-Name, Geburtsort, Beschäftigung, dann Vor- und Familien-Name und Beschäftigung der Eltern	Alfred Hermann Fried, [illegible]	Maria Friederike Therese Frankl geborene Vollandt [illegible]
Wohnung	Wien, IX. Bezirk, [illegible] Nr. 5,	Wien, IX. Bezirk, [illegible] Nr. 5,
Religion	mosaisch	konfessionslos,
Alter	44 Jahre	39 Jahre,
Stand	gerichtlich geschieden,	gerichtlich geschieden,
Vor- und Familien-Name und Beschäftigung der Zeugen	Dr. Alexander [illegible], [illegible]; David Goldberg, Kaufmann,	
Name und Dienst-Charakter der Amtspersonen, vor welchen die feierliche Erklärung der Einwilligung zur Ehe abgegeben worden ist.	Josef [illegible], Mag. Ober-Kommissär, Max Reinh[illegible], [illegible]	

Wien, am 21. Dezember 1908

Eheschein Therese und Alfred Frieds

3.2 Fried, von Suttner und die ÖFG

Als Fried im Sommer 1903 nach Wien zurückkehrt, hat sich auch Bertha von Suttner gerade unfreiwillig dort niedergelassen. Nach dem Tode ihres Mannes war das heruntergewirtschaftete und völlig überschuldete Gut und Familienschloss Harmannsdorf versteigert worden und Bertha von Suttner hatte eine kleine Notunterkunft in der Heugasse 20 gemietet.[39] Eine großangelegte Sammlung unter ihren Freunden in aller Welt anlässlich ihres 60. Geburtstags im Juni 1903 erbrachte 20 000 Kronen und ermöglichte ihr, eine standesgemäße Innenstadtwohnung in der Zedlitzgasse 7 zu beziehen, wo sie bis zu ihrem Lebensende bleiben sollte.[40]

Fried lebt Luftlinie nur etwa 2 km entfernt auf der gegenüberliegenden Seite der Stadt. Die räumliche Nähe, aber auch die Tatsache, dass Bertha von Suttner mit ihrem Mann ihren engsten Mitarbeiter verloren hat, schaffen eine immer engere Vertrautheit zwischen den beiden Pazifisten, so dass es sicher zutrifft, wenn Brigitte Hamann schreibt: »In den letzten Lebensjahren war Fried für Bertha der wichtigste Mensch.«[41] Da Suttner zu Frieds Verdruss kein Telefon besitzt, schreiben sich die beiden, neben ihren persönlichen Treffen, noch unzählige Briefe, die Aufschluss über ihre enge Zusammenarbeit geben.[42]

Schon 1903 beginnt die Freundin, Fried in die Tätigkeiten der ÖFG einzubinden. Sie organisiert Diskussionsabende, an denen sie gemeinsam mit ihm auftritt, und nötigt ihn zu ersten öffentlichen Vorträgen.[43] Einen dieser Vorträge, den Fried im April 1904 anlässlich des russisch-japanischen Krieges im niederösterreichischen Gewerbeverein hält, lässt die ÖFG sogar drucken.[44] Nach eigenen Angaben wird Fried bis Anfang 1914 über siebzig Vorträge halten.[45]

Obwohl er der ÖFG gegenüber zunächst sehr zurückhaltend bleibt, ist doch nicht zu übersehen, dass die Tatsache, dass in Österreich eine Freundin und Mentorin an der Spitze der Gesellschaft steht, Fried den Rückhalt zu geben vermag, den er in Berlin so vermisst hatte. Auch wenn er nicht sofort in den Vorstand der ÖFG eintritt und sogar eine im Oktober 1906 bereits öffentlich verkündete Kooptation ablehnt,[46] sorgt Bertha von Suttner dafür, dass die ÖFG Frieds Projekte so gut wie möglich unterstützt, und nimmt ihrerseits viele seiner Ideen in ihre Vereinsarbeit auf. Zugleich bemüht sie sich weiter, ihren längst als potentiellen Nachfolger ins Auge gefassten Protégé für die internationale Bühne und den Umgang mit höheren Kreisen tauglich zu machen.

Schon während Frieds Berliner Zeit hatte sie von Wien aus ihren Schützling nach ihren Kriterien zu erziehen versucht[47] – allerdings nicht immer erfolgreich. Für die Aristokratin gehört besonders das fließende Schreiben und Sprechen mehrerer Sprachen zum Grundinventar eines internationalen Friedenskämpfers. Schon 1900 mahnt sie Fried daher, Englisch zu lernen, und kritisiert seine Übersetzungen aus dem Französischen. Doch Fried fällt es bei seinen vielen Aktivitäten schwer, diesen Ansprüchen gerecht zu werden, zumal er aus der kurzen Schulzeit nur auf einfache Französischkenntnisse zurückgreifen kann. Dennoch bemüht er sich, nimmt Englischunterricht und beginnt daneben 1902 eifrig Esperanto zu lernen. Auch sein Französisch versucht er weiter zu verbessern, Bertha von Suttner wird es aber nie gut genug sein. Noch 1905 schreibt sie: »Ich muss Ihnen noch einmal das Französische beibringen. Gehört zur pazifistischen Karriere. Ich meine korrektes und elegantes Französisch.«[48]

Insbesondere Frieds Übersetzungsarbeiten bleiben für Bertha von Suttner eine ständige Quelle der Kritik, gegen die sich Fried nur mühsam verteidigen kann. So wehrt er sich etwa 1901 gegen ihre harsche Kritik an seiner Übertragung des umfangreichen Novicow-Werkes »Die Föderation Europas«[49] mit dem Hinweis, er habe seinen Text einer Stenographin diktiert, die mit der Übertragung ihres eigenen Stenogramms später Schwierigkeiten gehabt hätte: »So kam es – da ich ja ohnehin ein schlechter Korrektor bin –, dass Unsinn hineingekommen, den ich gar nicht geschrieben habe.«[50] Gleichzeitig verweist er auf seine persönliche Situation: »Im Allgemeinen haben Sie recht, wenn Sie sagen, dass man meiner Arbeit die Peitsche anmerkt, die hinter mir hängt. Geben Sie mir schäbige M 6000.— sichere Rente, und ich will arbeiten wie ein Präzisionsmechaniker, will sogar gewissenhaft Korrektur lesen. [...] Wenn Sie mir diese Rente aber nicht geben, na – dann werde ich weiterarbeiten, aber wie ein Maurer mit Sandsteinquadern im Schweiße meines Angesichts und ungenau.«[51] Trotz dieses und wohl noch anderer Versuche Frieds, Bertha von Suttner seine Situation in Berlin deutlich zu machen, bleibt fraglich, ob sie sich seine Lage wirklich vorstellen konnte. Das gilt auch für ihre Kritik an Frieds mangelhaften Umgangsformen und seinen vielen Streitereien.

Obwohl Bertha von Suttners Belehrungen auch in Wien nicht ganz aufhören (so erläutert sie Fried vor einer Englandreise 1906 ausführlich die Tischsitten der feineren Gesellschaft), lernt sie Fried im persönlichen Umgang immer mehr zu schätzen. Trotz der Unterschiede in Herkunft und Stand sind sich die beiden Pazifisten in ihrer Struktur sehr ähnlich: beide in Humanismus und Aufklärung wurzelnde Freigeister, die dem »Edelmenschentum« zustreben, haben sie, beide kinderlos, den Pazifismus zu ihrem geistigen Kind erklärt und setzen ihre ungeheure Arbeitskraft und ihren Ideenreichtum für ihn ein. Wie Fried, leidet auch Bertha von Suttner gerade in ihren späten Jahren nach Phasen erhöhter Aktivität unter Anzeichen von Depressionen und Erschöpfung und braucht dann den Zuspruch und die Unterstützung des Freundes umso mehr. Fried ist auch der Einzige, der ihr die Angst vor dem »öffentlichen Altwerden« nehmen kann, indem er sie immer wieder zu großen, dringenden Arbeiten antreibt, die »nur sie« machen könne.[52]

Auch die Wirkung seiner, von der ihren teilweise abweichenden, pazifistischen Theorie erkennt sie an. Nach der Lektüre seines »Revolutionären Pazifismus« 1908 schreibt sie: »Mich freute da eigentlich, dass in Ihrem Buch das Gefühlsmoment ausgeschaltet wird [...]«,[53] weil es dadurch mehr »Effekt« machen werde. Klar erkennt sie, dass Fried mit seinem »wissenschaftlichen« Ansatz andere Kreise anspricht als sie selbst und dass dies der Bewegung insgesamt zugutekommt. Ja, sie ist sogar, wie sie ihrem Tagebuch anvertraut davon überzeugt, dass sein Ansatz die Friedensbewegung letztlich besser voranbringen werde als ihr eigener: »Fried wird viel mehr nützen, als ich nützen kann.«[54] 1912 geht sie sogar noch weiter und schreibt ihm anerkennend: »Sie sind de facto der Einzige, den wir in Mitteleuropa haben, der den Pazifismus da repräsentiert und publizistisch lebendig macht.«[55]

Im selben Jahr schreibt Fried für die Reihe »Persönlichkeiten« ein 28-seitiges Porträt der Freundin:[56] »Aristokratie, wie ich sie hier verstehe, ist Selbstdisziplin des Individuums zum Zwecke einer höheren, einer künstlerischen Lebensführung, die, wenn sie zum kategorischen Imperativ erhoben werden würde, dem Zusammenleben eine höhere, künstlerische Harmonie verleihen würde. Und wenn nun zu dieser Lebensform auch ein höherer Lebensinhalt kommt, wenn die aristokratisch lebende Persönlichkeit auch einen aristokratischen Geist besitzt, wenn sie das, was sie ererbt von ihren Vätern hat, durch eine erworbene Weltanschauung in den eigenen Besitz bringt, dann entwickelt sich jene Spezies Mensch, die wir als Edelmensch bezeichnen, jene Spezies, die heute vorwiegend noch erstrebt, noch herangezüchtet wird, die aber noch zu selten vorkommt. Ein solcher Edelmensch ist die Suttner.«

In diesem Edelmenschentum ist und bleibt Bertha von Suttner Frieds großes Vorbild. Dabei ist ihm bewusst, dass er bestimmte Vorzüge ihrer Geburt, wie die adlige Erziehung und die Möglichkeiten, sich in einflussreichsten Kreisen zu bewegen, die gerade für die Propaganda der eigenen Weltanschauung wichtig sind, selbst nicht erreichen kann. In seinem Porträt vertritt er die These, dass der Roman »Die Waffen nieder!«, geschrieben von einer »Frau Schulze oder auch von der Schulze«, niemals so durchschlagende, lang andauernde Wirkung hätte haben können: »Ihr standen eben jene Türen offen, die dem gewöhnlichen Sterblichen, dem Durchschnittsmenschen sonst verschlossen sind. [...] Sie war die geborene Repräsentantin der Idee auf den Höhen der Gesellschaft. Im persönlichen Verkehr mit Staatsoberhäuptern, mit Ministern, in den Salons der Diplomatie und der hohen Bürokratie schoss sie Bresche und machte die konservativsten Menschen empfänglich für die neue Idee.« Dass auch die verehrte Baronin dabei beständig mit finanziellen Schwierigkeiten zu kämpfen und alles andere als ein leichtes, sorgloses Leben hat, vertieft Frieds Bewunderung nur noch. Er sieht in der Baronin aber nicht nur den Schlüssel für einen Zugang pazifistischer Ideen zu hohen und höchsten Kreisen, sondern auch zur Presse. In seinem Porträt lobt er ihre journalistische Arbeit, ihre »besondere Gabe zur Erfassung der Geschehnisse und zu deren Charakteristik in kurzen Strichen«, ihre reiche Metaphorik und die Fähigkeit zu prägnanten Wortschöpfungen und nennt sie eine »Journalistin höheren Stils«, die eben durch die ihr eigene Mischung aus Talent und Stand auch zu sonst skeptischen oder sogar gegnerischen Teilen der Presse Zugang bekommen habe.

Die lebenslange tiefe Bewunderung für die Persönlichkeit und das Wirken der Freundin schloss unterschiedliche Ansichten in einzelnen Punkten nicht aus. Letztlich ging es beiden darum, den Pazifismus in möglichst weite Kreise hineinzutragen, wobei der Presse eine besondere Bedeutung zukam, aber auch, neben dem Werben um die Mächtigen, den immer neuen Versuchen einer Annäherung an die Sozialdemokratie. Ihr Weg dorthin war teilweise unterschiedlich, grundsätzlich aber war Bertha von Suttner ebenso wenig nur eine »Schwärmerin für Güte«[57] wie Fried ein nüchterner, rein wissenschaftlich orientierter Mensch war. Auch die These Brigitte Hamanns, Bertha von Suttner habe »mehr an die Bedeutung der persönlichen Leistung für den Pazifismus« geglaubt, Fried dagegen »mit einem quasi materialistischen, sich zwangsläufig ergebenden Sieg der Bewegung« gerechnet,[58] ist als Gegensatz aufgefasst nicht haltbar. Gerade Frieds Beurteilung Suttners zeigt ja, wie hoch er ihr persönliches Wirken und ihre Bedeutung für die Bewegung einschätzte, und wenn Bertha von Suttner schon 1907 an Fried schreibt: »Die Sache geht ihren großen, sicheren, geschichtlichen Gang dem Ziel entgegen«,[59] dann zeigt sich auch bei ihr der Glaube an eine zuverlässig zu erwartende positive Entwicklung in der Zukunft. Zudem waren manche Einstellungen durchaus fließend. Fried polemisiert zwar auch in Wien immer wieder gegen die ineffektiven Friedensvereine und rät der Baronin nach ihrer Rückkehr aus Amerika im November 1904 sogar, aus ihrer eigenen Gründung auszutreten, da die Wirkung ihrer Persönlichkeit durch den Kleingeist der Vorstandsmitglieder nur behindert werde.[60] Als Bertha von Suttner

1914 stirbt, übernimmt Fried jedoch ganz selbstverständlich die Führung und den offiziellen Vorsitz der ÖFG.

Da beide Pazifisten quasi in ständigem Kontakt standen, wichtige Ereignisse und Informationen diskutierten, sich gegenseitig Bücher empfahlen und neue Gedanken und Ideen besprachen – auch wenn sie dabei zumindest im schriftlichen Verkehr nie zum vertraulichen Du übergingen –, dürfte es schwer sein zu entscheiden, wie viel Anteil sie tatsächlich an den Werken, Einstellungen und Ideen des jeweils anderen gehabt haben, doch sollte man den wechselseitigen Einfluss nicht unterschätzen.

Was Frieds gesellschaftliche Stellung anbelangt, macht sich Bertha von Suttners Einfluss jedenfalls deutlich bemerkbar. Sie bringt ihn nicht nur mit wichtigen Wiener Persönlichkeiten wie Arthur Schnitzler, Balduin Groller und Heinrich Lammasch zusammen, sondern setzt sich auch bei Mäzenen wie Carnegie oder dem Fürsten Albert von Monaco für Fried ein und sorgt so mit dafür, dass seine gesellschaftliche und finanzielle Situation sich in Wien langsam stabilisiert. Nebenbei dürfte auch Frieds Ernennung als österreichisches Mitglied des Rates des Internationalen Friedensbüros in Bern 1907 nicht zuletzt Bertha von Suttners Einfluss zuzuschreiben sein.

So eng Suttner und Fried in Wien zusammenarbeiten, und so unübersehbar sie sich dabei gegenseitig beeinflussen, in einem Punkt bleiben sie lange Zeit verschiedener Ansicht: in ihrer Einstellung zum deutschen Kaiser Wilhelm II. Obwohl die Doppelstrategie der Friedensbewegung von Anfang an darauf abzielte, nicht nur das Volk, sondern auch die Herrschenden von ihren Ideen zu überzeugen, setzte Bertha von Suttner in den deutschen Kaiser wenig Hoffnung.[61] Schon 1890 hatte sie sich empört gegen den Vorschlag eines Freundes verwahrt, dem Kaiser ihr Buch »Die Waffen nieder!« zu übersenden, und erklärt, »das Mystisch-Großwahnsinnige, das Kriegerisch-Abenteuerliche, welches diesen ruhelosen Hohenzollern beseelt, vermöchten meine Worte nicht wegzuscheuchen«.[62]

Zehn Jahre später kam es zwischen ihr und Fried sogar zu einem handfesten Streit um die Gestaltung ihrer »Zeitschau« in der

»Friedens-Warte«. Die unverhohlene Kritik am deutschen Kaiser, die sie darin immer wieder zum Ausdruck brachte, war Fried, der sich gerade um seine Einbürgerung bemühte, im hohen Maße unangenehm. Zwar war die deutsche Presse seit dem Pressegesetz von 1874 keiner direkten Zensur mehr unterworfen, Prozesse wegen Majestätsbeleidigung waren aber mehr oder weniger an der Tagesordnung. »Auch am Ende des Jahrhunderts war es fast ein Gütezeichen für Journalisten, einige Wochen ihres Lebens im Gefängnis verbracht zu haben.«[63] Im August bat er Bertha von Suttner daher, Wilhelm II. von ihrer Kritik auszunehmen. Sie reagierte empört: »Es ist ja ganz unmöglich, Kriegs- und Friedenschroniken zu schreiben, ohne denjenigen zu erwähnen, und zwar kritisch zu erwähnen, der die ganzen Fäden der Kriegsmarionetten in den Händen hält. Unter solchen Umständen kann ich nicht für die Zeitschau schreiben, und Sie selbst sollten die Friedenswarte aufgeben. Denn als ›unliebsam‹ hinausgeworfen zu werden, ist wahrlich kein angenehmes Damoklesschwert.«[64]

Tatsächlich gab Bertha von Suttner noch im selben Monat die »Zeitschau« auf. Und es sollten mehr als vier Jahre vergehen, bis sie sie unter dem Titel »Randglossen zur Zeitgeschichte« im Januar 1905 wieder fortsetzte. Der Zeitpunkt des Neubeginns ist vielsagend: Erst als Fried keine Chance zur Rückkehr nach Berlin mehr sah und sich auf einen längeren Verbleib in Wien einstellte, wagte er es wieder, die kritischen politischen Kommentare der Freundin zu drucken. Aber auch Bertha von Suttner hatte ihre Einstellung zumindest insofern geändert, dass sie es nun für der Mühe wert und angesichts seiner Machtfülle wohl auch für notwendig hielt, eine pazifistische Einflussnahme auf den Kaiser zumindest zu versuchen. Ihr Weg führte über den mit ihr befreundeten Fürsten von Monaco, Albert I., der häufiger mit dem Kaiser zusammentraf und den sie erfolgreich animierte, Wilhelm II. über pazifistische Tätigkeiten zu informieren oder ihn sogar mit Pazifisten zusammenzubringen.[65] Fried dagegen, dem solche Wege nicht offen standen, versuchte den Kaiser mit seinen Schriften zu erreichen. Den Anfang macht er 1905 mit »Kaiser, werde modern!«, worin er ihn als die »populärste Persönlichkeit des Erdballs«[66] auffordert, sich an die Spitze der pazifistischen Bewegung zu stellen. Dabei gibt sich Fried überzeugt, der Wille des Kaisers zum Frieden in Europa sei »über allen Zweifel erhaben«, was auch darin seinen Ausdruck fände, dass er bei jeder Gelegenheit eine freundschaftliche Annäherung an Frankreich suche. Das deutsche Heer, das der Kaiser zur einzigen Säule des deutschen Reiches erklärt habe, sei für ihn deshalb eindeutig nur ein Mittel zur Erhaltung des europäischen Friedens. Den könne man in der modernen Zeit aber längst nicht mehr durch nationale Heere, sondern nur durch internationale Vereinbarungen gewährleisten, für deren Zustandekommen es allerdings einer starken Führungspersönlichkeit bedürfe. Geschickt nimmt Fried damit den schon 1905 offensichtlichen Führungsanspruch Wilhelms II. in Europa auf, um ihm dafür eine ganz andere und neue Perspektive zu suggerieren.

Fünf Jahre später wird Fried in seinem weiteren, sehr viel umfangreicheren und detaillierten Werk »Der Kaiser und der Weltfrieden« das Thema der besonderen Mission des deutschen Kaisers erneut aufnehmen. Diesmal versucht er nicht nur, die Entwicklung Wilhelms II. zu immer größerer Besonnenheit und Friedensliebe, vom »War-Lord zum Peacemaker«,[67] anhand dutzender Zitate aus Reden und veröffentlichten Gesprächen des Kaisers darzustellen, sondern auch die Bedeutung, die dem Kaiser in anderen Ländern in dieser Hinsicht zugesprochen wird. Als Kronzeuge zitiert Fried an erster Stelle Andrew Carnegies Rede vor dem New-Yorker-Friedenskongress von 1907, in der er den Kaiser als den einzigen Menschen auf der Welt bezeichnet hatte, in dessen Macht es läge, den Krieg abzuschaffen.

Unzweifelhaft setzt Fried in diesen Jahren große Hoffnungen auf Wilhelm II. Zu Unrecht, wie wir heute wissen. Allerdings muss man bedenken, dass Fried den Kaiser und seine engere Umgebung nicht persönlich kannte, sondern ausschließlich aus veröffentlichten Reden und Gesprächsberichten Rückschlüsse auf die Persönlichkeit Wilhelms II. ziehen konnte, was die sehr wechselhaften Aussprüche des Kaisers, die in diesen Jahren durch die Zeitungslandschaft schwirrten, nicht eben erleichterten. Allein die Tatsache, dass während seiner Regentschaft – entgegen allen Befürchtungen und Warnungen – auch 1910 noch Frieden in Europa herrschte, bildete das wichtigste Argument für die Hoffnungen Frieds auf die Friedensliebe Wilhelms II. Und er stand damit nicht allein, selbst ein so kritischer Geist wie der englische Schriftsteller und spätere Friedensnobelpreisträger (1933) Norman Angell[68] schrieb noch 1912 in seinem Vorwort zur englischen Übersetzung des Kaiser-Buches: »Is it not time, therefore, that the English-speaking world tried to judge of this ruler in the light of facts instead of prejudice and prepossession?«[69]

Noch ein weiterer, tiefer liegender Grund für einen gewissen Zweckoptimismus der Pazifisten darf an dieser Stelle nicht übersehen werden: die Erkenntnis, dass die Bewegung »von unten«, die Mitwirkung der Volksmassen, auf absehbare Zeit kaum zu erreichen war.[70] Selbst wenn der Friedensbewegung genügend Gelder für eine massenhafte Propaganda zur Verfügung gestanden hätten, wäre es doch mehr als zweifelhaft gewesen, ob die mehr oder weniger rein außenpolitische Ausrichtung der Pazifisten, die die brennende soziale Frage unberührt ließ, die Menschen zur Mitarbeit hätte bewegen können. Da auch der größte Teil der Sozialdemokratie sich ablehnend verhielt, war die Sache doppelt aussichtslos. Die Hoffnung auf eine Wende der internationalen Politik richtete sich daher zwangsläufig immer wieder auf die Mächtigen: erst auf den russischen Zaren Nikolaus II., dann auf Kaiser Wilhelm II., später auf den amerikanischen Präsidenten Wilson.[71]

3.3 Publizistische Arbeiten bis 1907

Neben den Kaiser-Büchern erscheinen in den ersten Jahren in Wien, nicht zuletzt mit der Unterstützung Suttners und der ÖFG, eine Vielzahl von Büchern und Broschüren, die Frieds Bedeutung innerhalb der deutschsprachigen Friedensbewegung weiter festigen, da er darin zu zentralen Themen der Friedensbewegung eindeutig Stellung nimmt: »Deutschland und Frankreich. Ein Wort über die Notwendigkeit und Möglichkeit einer Deutsch-Französischen Verständigung«, »Die moderne Schiedsgerichtsbewegung«[72], »Das Abrüstungs-Problem«[73] und »Die Nobelstiftung. Ihre Einrichtungen und ihre Bestimmungen«.[74] Keines dieser Werke kommt jedoch über eine Auflage von 2000 Exemplaren hinaus, da sie lediglich im engeren Kreis der Friedensfreunde Interessenten finden.

Verhältnismäßig größeren Anklang finden lediglich drei Werke dieser Zeit: die Broschüre »Weder Sedan noch Jena«,[75] die es auf 10 000 Exemplare bringt, »Die Friedensbewegung, was sie will und was sie erreicht hat«,[76] die bis 1907 in 8000 Exemplaren verbreitet wird und sogar eine zweite Auflage erlebt; und das bis heute bekannteste Werk, das »Handbuch der Friedensbewegung« von 1905. Mit »Weder Sedan noch Jena« knüpft Fried an einen heißdiskutierten Roman von Franz Adam Beyerlein,[77] »Jena oder Sedan?«, an, der im Frühling 1903 in der Reichshauptstadt Berlin großes Aufsehen erregte und noch im gleichen Jahr mit insgesamt 280 000 Exemplaren zu einem Bestseller in Deutschland wurde.

Der »dem deutschen Heere« gewidmete Roman zeichnet um den Bauernsohn Vogt, der seine zweijährige Dienstzeit ableistet, ein überaus kritisches Bild der maroden Zustände im preußisch-deutschen Militär, das von vielen Zeitgenossen durchaus als realistisch betrachtet wurde und gerade deshalb nicht nur militärische Kreise zu vielfachen Gegendarstellungen nötigte. Beyerleins Kritik am seelenlosen Drill der Soldaten und am Dünkel des Offizierskorps stießen bei den Pazifisten auf volle Zustimmung. Wenn es Beyerlein auch primär darum ging, die Gefahr einer künftigen Niederlage des deutschen Heeres (wie vormals bei Jena) aufzuzeigen, und seine Kritik darauf abzielte, das deutsche Heer wieder wehrhafter zu machen, ließ sich der Roman doch auch für die Pazifisten propagandistisch verwerten.

Schon die Fragestellung, so Fried, sei falsch: Weder Sedan noch Jena, müsse die Antwort heißen. Die Zersetzung der Armee, die Beyerlein richtig erkannt habe, sei ein Symptom einer großen Veränderung in den zwischenstaatlichen Beziehungen, die auf die Armee zurückgewirkt habe. Durch die Bildung gleich starker

Nationalstaaten, die im beständigen Wettrüsten befangen seien, sei ein Krieg in Europa zu einem unkalkulierbaren Risiko geworden und damit praktisch nicht mehr führbar. Die Erkenntnis des im Gang befindlichen internationalen Veränderungsprozesses müsse endlich zu deutlichen Veränderungen führen: Zunächst müsse die Armee nach dem Vorbild der Schweiz zu einer rein defensiven, alle Bürger umfassenden Miliz umgestaltet werden. Das Berufssoldatentum gehöre abgeschafft, Offiziere nach Intelligenz und Fähigkeiten, nicht nach gesellschaftlicher Stellung gewählt. Dem Einwand zuvorkommend, dass diese Art der Verteidigung sich nicht für eine Großmacht eigne, verweist Fried explizit auf das von ihm schon vier Jahre zuvor übersetzte Werk des französischen Artilleriehauptmanns Gaston Moch,[78] der einen konkreten Entwurf dieser Umgestaltung für Frankreich vorgelegt habe. Die Umwandlung der Armeen werde den bereits im Gang befindlichen Prozess der zwischenstaatlichen Organisation hin zu einer internationalen Rechtsordnung weiter fördern. Die Staaten würden sich immer enger zusammenschließen und vorhandene Differenzen, die zum gegenwärtigen Zeitpunkt stets latent wachgehalten würden, immer häufiger auf friedlichem Wege über ein Schiedsgericht regeln. Dies wiederum werde in langfristiger Perspektive zu einem neuerlichen Funktionswandel der Armee führen: »Die Verteidigungsarmeen der einzelnen Staaten werden dann Verteidigungsarmeen der gemeinsamen Rechtsordnung werden und vermöge ihrer trefflichen Organisation die Schutzmannschaften der internationalen Ordnung sein, Armeen, die nicht gegeneinander, sondern miteinander arbeiten, die eine gemeinsame Aufgabe und einen gemeinsamen Zweck haben werden.«[79]

So kühn diese These um 1904 in den Ohren der Zeitgenossen klingen musste, so vertraut klingt sie heute und zeigt, dass Frieds Entwicklungsthesen, die immer auf einen unbestimmt langen Zeitraum ausgerichtet waren und dabei von weiteren Anpassungen an veränderte Verhältnisse ausgingen, in manchen Bereichen auch heute noch – und gerade heute – durchaus interessant sein können.

Seine Hauptenergie richtet Fried in den ersten zwei Jahren in Wien aber auf die Abfassung seines »Handbuches der Friedensbewegung«, in dem er all seine Ansichten und Erkenntnisse zusammengefasst niederlegt. Die Idee war aus einem sechsteiligen Vortragszyklus hervorgegangen, den er Anfang 1904 im »Wiener Akademischen Friedensverein« gehalten und dessen Drucklegung Bertha von Suttner angeregt hatte.[80] Welche Bedeutung dem Handbuch für Fried zukommt, zeigt sich schon in der Tatsache, dass er das Vorwort auf den 11. November 1904 datiert – seinen 40. Geburtstag.

Wie schon sein »Friedens-Katechismus« zehn Jahre zuvor, wendet sich auch dieses weit umfangreichere Buch vor allem an die »in der pazifistischen Propaganda Stehenden« und soll ihnen bei der Werbung und in der Diskussion als nützliches Nachschlagewerk dienen. Im ersten Kapitel erläutert Fried die Unterschiede zwischen pazifistischem und militärischem Friedensbegriff, zwischen Kampf und Krieg, Kosmopolitismus und Internationalismus. Er erklärt die grundlegende Bedeutung einer internationalen Rechtsorganisation, die Gewalt nicht »an Stelle« sondern »im Dienste« des Rechtes einsetze, und grenzt die Ideen der Friedensbewegung gegen Begriffe wie den »ewigen Frieden« oder den »Allerweltsfrieden« ab. Wichtig ist ihm auch zu betonen, dass der Internationalismus der Friedensbewegung einen »Patriotismus auf der höchsten Stufe« bedeute und die Friedensbewegung daher »die patriotischste Bewegung der Gegenwart« sei.

Im zweiten Kapitel, das »Die realen Grundlagen der Friedensbewegung« überschrieben ist, geht er kurz auf die Situation und die Strömungen der Zeit ein, die internationalen Verflechtungen von Wirtschaft und Technik, die Entwicklung der Rüstungstechnik und die Beziehungen der Staaten zueinander. Am Ende kommt er zu dem Schluss: »Der bewaffnete Friede, den wir seit drei Jahrzehnten ertragen, stellt sich hemmend der Kulturentwicklung entgegen und widerstrebt der natürlichen Tendenz zu einer höheren Organisation der Menschheit. Vollends zeigen uns die Berechnungen über einen eventuellen Krieg den völligen Zusammenbruch der europäischen Wirtschaft, des europäischen

Geisteslebens. Das, was aus diesen überspannten Rüstungen droht, ist Tod und Vernichtung. Das, was uns aus den Rüstungen erblüht, die diesen Krieg hintanhalten sollen, ist Stillstand und Hindernis der Entwicklung.« Den einzigen Ausweg aus diesem Dilemma sieht Fried in der internationalen Organisation der Staaten und einer internationalen Rechtsordnung, womit die Friedensbewegung, die diese Ideen am konsequentesten vertritt, zur »Retterin Europas wird« und zugleich bewiesen ist, »dass diese Bewegung nicht etwa ein spekulatives Ideengebäude ist, sondern eine Notwendigkeit, aus den Tatsachen heraus geboren, das Rettungsventil, das Europa vor der Vernichtung bewahren wird«. Hätte bewahren können, müsste es wohl aus heutiger Sicht heißen. Fried aber sieht die Bewegung bereits in weitem Maße fortgeschritten, und so handelt dann auch sein drittes Kapitel von der »Organisation des Weltfriedens«, wobei die allmähliche Entstehung einer europäischen Föderation im Gegensatz zur noch dominanten internationalen Anarchie im Zentrum seiner Beschreibung steht.

Dann befasst sich Fried mit der Geschichte der Friedensbewegung, wobei er vom Altertum über die Zeit nach dem Wiener Kongress, der Gründung der ersten Friedensgesellschaften und der Weltfriedenskongresse bis zur Haager Konferenz und zur Gegenwart fortschreitet. »Dieser Rückblick ist notwendig, um zu zeigen, dass die Friedensbewegung nicht, wie es im gegnerischen Lager irrtümlich angenommen wird, eine reine Modelaune der Gegenwart ist, die eines Tages ebenso rasch verschwinden wird, wie sie angeblich gekommen sein soll, dass sie vielmehr schon seit langer Zeit besteht und sich, wenn auch allmählich, aber in stets aufsteigender Linie entwickelt, so dass ihr Zusammenhang mit der allgemeinen Entwicklung des Menschengeschlechtes, mit der Ausbreitung der Gesittung, erkannt, und der logische Schluss auf die nicht mehr zu hemmende Weiterentwicklung und den endgültigen Sieg dieser Bewegung offenbar wird.« Letztlich geht es also darum, Frieds evolutionären Fortschrittsglauben, den er allerdings mit den meisten führenden Pazifisten teilte, zu belegen und daraus die Motivation und Kraft zu schöpfen, trotz aller Anfeindungen und negativen Tendenzen der Zeit weiterzumachen.

Der letzte Abschnitt widmet sich der reinen Information über die Institute, Gruppen, Organe und Führungspersönlichkeiten der internationalen Friedensbewegung: Hier finden sich die Beschreibungen, Adressen und Mitgliederlisten des Interparlamentarischen Rates der IPU, des Internationalen Friedensbüros, des Institut du droit international, des Internationalen Friedensinstitutes in Monaco, der Nobelstiftung u.a.; die Anschriften, Vorstände und Ortsgruppen der Friedensgesellschaften und ein biographisches Lexikon, das 85 führende Pazifisten verschiedener Nationalitäten vorstellt, wobei Fried betont, trotz aller Bemühungen sei dieses Verzeichnis »natürlich nach keiner Richtung als erschöpfend anzusehen«. Obwohl er in der Einleitung dieses Kapitels ausdrücklich von Personen aller Nationen spricht, nimmt Fried, wie seine eigene Statistik am Beginn belegt, nur Europäer und Nordamerikaner auf, darunter die Franzosen mit 19 Vertretern an erster Stelle, gefolgt von Engländern (15), Deutschen (9) und US-Amerikanern (8). Russland bildet mit Novicow als einzigem Vertreter den Schluss. Auffällig ist auch, dass Fried sehr viel weniger Frauen als Männer aufnimmt (13 zu 72), obwohl sie einen hohen Prozentsatz in der Gesellschaft ausmachten. Wahrscheinlich deutet dies aber weniger auf eine willkürliche Auswahl, als auf den geringen Anteil von Frauen in den Vorständen und Führungsgremien hin.

Wie weit sich Fried bei der Auswahl um eine gewisse Objektivität bemüht, beweist schon der Umstand, dass er neben Otto Umfrid, M.L. Selenka, Eugen Schlief, Adolf Richter, Richard Reuter, Ludwig Quidde und Richard Feldhaus auch den ungeliebten Max Hirsch aufnimmt. Allerdings legt Fried die Betonung auf dessen Wirken als Parlamentarier und Gründer der deutschen Gruppe der IPU und zieht die Verbindung zur DFG nur im Schlusssatz, wo es heißt, er sei von 1897 bis 1900 ihr Präsident gewesen. Den Abschluss des Kapitels bildet eine Übersicht über die vorhandene pazifistische Literatur, in die auch die bestehenden pazifistischen Zeitschriften mit Bezugsadressen, Erscheinungsintervallen und Preisen mit aufgenommen sind.

Seine herausragende Bedeutung erhielt das Handbuch schon aus dem Umstand, dass es im deutschsprachigen Raum keine zweite Arbeit dieser Art gab und Fried damit quasi als »erster Friedensforscher im deutschsprachigen Raum«[81] tätig wurde. Üblicherweise äußerten sich die führenden Pazifisten in Artikeln oder Broschüren nur zu speziellen Einzelthemen oder verfassten Repliken gegen diffamierende Broschüren von nationalistischer oder militaristischer Seite. Andererseits war das Handbuch zu umfangreich und nicht billig genug, um es in größeren Stückzahlen als Propagandamittel zu verbreiten. Dafür benötigte man Flugblätter oder kleine Broschüren, wie das Heft »Die Friedensbewegung, was sie will und was sie erreicht hat«, das kurz nach dem Handbuch entstand. Auffällig ist auch hier der Absolutheitsanspruch, mit dem Fried für »die Friedensbewegung« spricht, die er weder national noch in Bezug auf die verschiedenen Gruppen und Gesellschaften einengt. Vermutlich fühlte er sich durch seine Außenseiterstellung in der deutschen und österreichischen Friedensbewegung dazu berechtigt. Als Legitimation des Autor steht auf dem Titelblatt: »Alfred H. Fried, Mitglied des Internationalen Friedensinstituts«.

Das »Institut international de la Paix«, das im Februar 1903 auf Anregung Gaston Mochs unter dem Protektorat des Fürsten Albert I. von Monaco entstand und das in einer kleinen ehemaligen Kapelle untergebracht war, hatte sich selbst die Aufgabe gestellt, wissenschaftliche Arbeiten über die verschiedenen Bereiche pazifistischer Tätigkeiten und internationaler Entwicklung zu sammeln und zu dokumentieren.[82] Die Mitgliederzahl des Institutes war von vornherein auf 60 Personen begrenzt worden, von denen zudem mindestens zehn in Monaco ansässig sein sollten.

Als im März 1903 die Namen der Auserwählten bekanntgegeben werden, ist Fried neben dem Göttinger Professor und Mitglied des Haager Schiedsgerichtshofes Carl Ludwig von Bar der einzige deutsche Vertreter (bis 1905 galt er auch hier noch als in Berlin ansässig).[83] Diese Aufnahme in den illustren Kreis aus Angehörigen des Haager Schiedsgerichtshofs, Mitgliedern der IPU, Professoren des Völkerrechts und altgedienten Pazifisten ist für ihn ein erster Prestigeerfolg. Stolz schreibt er Therese: »Diese Ernennung als Mitglied der Akademie [...] ist für mich doch eine sehr große Sache. Es figurieren sehr bedeutende Männer unter den Ernannten, und es ist ein Titel, den man sich beilegt: ›Mitglied des Internationalen Friedensinstituts‹. Wenigstens auf Büchern und sonstigen Schriften werde ich ihn führen.«[84]

Schon während der Gründungsfeier in Monaco am 25. Februar 1903, bei der Fried fehlt, regt der eben ernannte Präsident, Gaston Moch, auf Frieds Vorschlag hin die Herausgabe eines »Jahrbuchs des internationalen Lebens« an, das alle internationalen Kongresse und Vereinigungen auf den Gebieten der Wissenschaft, der Kunst, des Handels und des Verkehrs aufzeichnen soll.[85] Im März wird Fried zugleich mit seiner Ernennung offiziell mit der Redaktion beauftragt. Allerdings scheitert eine sofortige Umsetzung der Idee zunächst. »Die Kosten dieses Jahrbuches werden auf ca. 52 000 Frs. berechnet. Diese Summe steht aber nicht im Einklang mit den Mitteln des Instituts, und man muss sich darauf beschränken, einen Verleger zu suchen, der das Risiko der Kosten übernehmen würde, um in dem wahrscheinlichen späteren Gewinn eine Entschädigung zu erhoffen.«[86] Da dieser Verleger sich jedoch auch im Laufe des Jahres 1904 nicht findet, erscheint der erste Band Anfang 1905 doch als eigene Publikation des Institutes.[87] Das kleine Werk, das Fried vermutlich ganz alleine zusammenstellt, ist trotz seines geringen Umfangs eine Fleißarbeit, denn der »Herausgeber verfügte zu seiner Information nur über die Zeitungen und über die Bereitwilligkeit einzelner Personen, die die Freundlichkeit hatten, auf seine Fragen zu antworten«.[88] Schon in der Vorrede 1905 definiert Fried das – in diesem Jahr zwar noch nicht erreichte, aber angestrebte – Ziel: »Die Gesamtheit des gegenwärtigen internationalen Lebens darzustellen, das Wesen der in Bildung befindlichen internationalen Zivilisation erkennbar zu machen und zu zeigen, dass die Internationalisierung der Kulturmenschheit jetzt bereits fortgeschrittener ist als man im Allgemeinen annimmt.«[89]

In den nächsten beiden Jahrgängen, die Fried wieder allein betreut, wird der Umfang sichtbar zunehmen und er in seinem

Glauben an ein stetiges Zusammenwachsen der Kulturnationen bestärken. Der Lohn, den er für seine mühsame Arbeit bekommt, wächst jedoch nicht, denn schon bald stellt sich heraus, dass Albert I. dem Friedensinstitut sehr viel weniger Aufmerksamkeit widmet als den beiden anderen von ihm gegründeten Instituten zur Ozeanographie und Paläontologie.[90] Die Mittel fließen so spärlich, dass das Projekt Anfang 1908 nach Brüssel, auf das vom Präsidenten des Internationalen Friedensbüros Henri La Fontaine gegründete Internationale Institut für Bibliographie übergeht. Fried bleibt zwar mit Henri La Fontaine und Paul Otlet im Herausgebergremium, die eigentliche Arbeit aber geschieht nun in Belgien.

Ein wichtiger Grund für den Wechsel liegt auch in der leichteren Versorgung mit Daten, die am Brüsseler Institut gegeben ist, was aber schon in der nächsten Ausgabe 1908/1909, noch verstärkt in der Ausgabe 1910/1911, zu einer Überfülle an Material führt. Fried scheint zudem immer weniger in die Arbeiten in Brüssel einbezogen zu werden. Stattdessen arbeitet er zu diesem Zeitpunkt bereits an einer weit bescheideneren Chronik und gibt seit 1909 alljährlich eine Jahresübersicht über die Entwicklung des Pazifismus heraus, die er »Der Weg zum Weltfrieden« nennt.[91] Für die Propaganda ist die kleine Broschüre, die Fried und andere Pazifisten bis 1914 als Neujahrsgruß versenden, weit geeigneter als das umfangreiche »Annuaire de la Vie Internationale«, denn sie ist übersichtlich, handlich und kostengünstig, aber kaum weniger wirkungsvoll, da sie in größerer Stückzahl hergestellt und verbreitet werden kann.[92]

3.4 Haager Impulse

Seit dem Ende der 1. Haager Konferenz hatten die Pazifisten immer wieder auf eine Fortsetzung des »Haager Werkes« gedrängt, doch die ungünstigen weltpolitischen Umstände hatten einen neuerlichen Zusammentritt stets verzögert. Eine Initiative Roosevelts 1904 war am noch schwelenden russisch-japanischen Krieg gescheitert, 1905 hatte die russische Regierung die weitere Initiative übernommen, wurde aber durch die ausbrechenden inneren Unruhen zunächst an der Ausführung gehindert, so dass es erst im März 1906 zu einem positiven Vorschlag für ein Konferenzprogramm kam. Der anvisierte Termin im Sommer 1906 musste aber wiederum verschoben werden, da er sich mit der für August 1906 in Rio geplanten dritten panamerikanischen Konferenz überschnitt. Schließlich einigte man sich auf den Juli 1907.

Die ganze Zeit über hatte Fried die Entwicklung in der »Friedens-Warte« genau verfolgt und kommentiert; als die Planungen schließlich konkret werden, wird die Konferenz ab Januar 1907 zum Hauptthema der »Friedens-Warte«. Im April hält er in der Wiener Technischen Hochschule einen dreiteiligen Vortragszyklus zum Themenkreis der Konferenz, der, wie er stolz vermerkt, »von einem distinguierten Publikum überaus gut besucht«[93] und von der Wiener Presse ausführlich wiedergegeben worden sei. Ebenfalls mit Blick auf die bevorstehende Konferenz gründen Bertha von Suttner und Fried im Frühjahr 1907 die »Politisch-Pazifistische Korrespondenz« (PoPaKo), ein einseitig gedrucktes Blatt, das an etwa 300 Zeitungen im deutschen Sprachraum mit dem Angebot eines kostenlosen Nachdrucks seiner Artikel versandt wird, das aber kaum Anklang findet.

Als die 2. Haager Konferenz am 15. Juni 1907 unter Beteiligung von 44 Staaten zusammentritt, ist Fried wie Bertha von Suttner und viele andere Pazifisten vor Ort. Er wohnt jedoch nicht mit der Baronin zusammen, die als Präsidentin der ÖFG mit Eduard de Neufville als offiziellem Vertreter der DFG ein repräsentatives Quartier bezogen hat, sondern mit den überaus regen pazifistischen Schriftstellern und Aktivisten Leopold Katscher und Fritz Decker, die auch an Steads »Courrier de la Conférence« mitarbeiten.

Wie schon auf der ersten Konferenz versuchen die vielen Pazifisten, »zuweilen hatte es den Anschein, als ob sich da ein kleiner Pazifistenkongress etabliert hätte«,[94] durch Gespräche, Vorträge und Pressearbeit auf die Delegierten und den Gang der Verhandlungen Einfluss zu nehmen. Fried selbst ist für elf reichsdeutsche und zwei österreichisch-ungarische Blätter im Haag.[95] Vermutlich erhöht sich diese Zahl im Laufe der Zeit noch, denn die unerwartet lange Dauer und die spärlichen Ergebnisse führen dazu, dass viele Pazifisten und Journalisten den Haag vorzeitig verlassen. Ende August berichtet Fried,[96] dass außer ihm selbst nur noch Stead, Barclay, Davis und de Neufville anwesend seien. Auch Bertha von Suttner war bereits am 25. August abgereist. Fried bleibt bis zum Beginn des Weltfriedenskongresses, der vom 9. bis 14. September in München tagt; dreizehn Wochen, wie er penibel in seinem Kontobuch vermerkt.[97] Während dieser Zeit nimmt er zusammen mit seiner Frau Therese auch am VIII. Zionistenkongress teil, der ebenfalls im Haag stattfindet.[98]

Die letzten fünf Verhandlungswochen bis zum Ende des Kongresses am 18. Oktober erlebt auch er nicht mehr mit. Dafür bemüht sich Fried jedoch sofort nach Ende der Konferenz um die pazifistische Auswertung ihrer Ergebnisse.[99] Zu den erwähnenswerten Erfolgen gehört für ihn vor allem die Schaffung eines internationalen Prisengerichtshofes: »... dieser Prisenhof [ist] das erste übernationale Gericht, dessen Richter namens der internationalen Gemeinschaft fungieren werden und deren Spruch nationales Recht aufheben kann. Der Prisenhof ist vor allen Dingen der erste wirkliche Gerichtshof der internationalen Gemeinschaft.«[100] Der Anfang zu einer Umkehr des Rechtssystems sei damit gemacht. Wo bisher das nationale Recht immer über dem internationalen Recht stehe, werde eines Tages der Grundsatz gelten: Internationales Recht bricht Staatenrecht.

Dieser positiven Bewertung steht allerdings eine harsche Kritik am Verhalten Deutschlands gegenüber. Für Fried trägt Deutschland am Scheitern der Verhandlungen die alleinige Verantwortung, da es seine Bundesgenossen und auch eine Reihe kleinerer Staaten negativ beeinflusst habe. Es habe damit seiner politischen Stellung sehr geschadet und sich »vor einer die ganze Welt umspannenden Versammlung freiwillig isoliert«. Im Vergleich mit dem Werk zur 1. Haager Konferenz ist Frieds Ton diesmal deutlich schärfer und lässt keine Rücksichten und besonderen Umstände mehr gelten.

Obwohl Fried sich vor Beginn der Konferenz gegen eine Erweiterung ihres Teilnehmerkreises ausgesprochen hatte, wirkte sie im Nachhinein doch befruchtend. Er glaubt jetzt in der Organisation des amerikanischen Kontinents ein mögliches Vorbild für Europa zu erkennen und sieht eine neue Aufgabe darin, die pan-amerikanische Bewegung hier bekannt zu machen. Gleich nach Ende der Haager Konferenz beginnt er mit den Vorarbeiten für eine umfangreiche Darstellung der pan-amerikanischen Bewegung, die er erst im März 1910 abschließen wird. Die Schwierigkeiten, die er dabei zu überwinden hat, sind enorm: »Ich habe mein Material aus den zerstreutesten Quellen zusammensuchen müssen, und muss feststellen, dass es in deutscher Sprache bis jetzt überhaupt nur einen einzigen Revueartikel gibt, der sich mit diesem Thema befasst, der obendrein von einem Amerikaner herrührt.«[101]

Dennoch gelingt es ihm, ein imposantes Buch zusammenzustellen. Das dreihundert Seiten starke Werk umfasst die Geschichte der pan-amerikanischen Bewegung von den Anfängen 1810, über die drei pan-amerikanischen Konferenzen, bis zur Teilnahme der lateinamerikanischen Staaten an der 2. Haager Konferenz und der Organisation Zentralamerikas. Das letzte Kapitel widmet Fried der Bedeutung der pan-amerikanischen Bewegung für Europa. Während Amerika immer organisierter werde, zersplittere Europa immer weiter und führe damit selbst eine Kluft zwischen sich und Amerika herbei, die immer größer werde: »Ich glaube nicht zu übertreiben, wenn ich behaupte, dass Europa einem durch Organisation gefestigten Amerika gegenüber keine größere Bedeutung haben wird, als etwa heute die Balkanländer dem englischen Weltreich gegenüber.« Europa müsse endlich Europa werden, nicht durch die von den Kosmopoliten des vorigen Jahrhunderts erträumten »Vereinigten Staaten Europas«, sondern durch eine moderne Organisation: »Statt die ganze Kraft der Völker auf Rüstungen zu vergeuden, ohne damit die ersehnte Sicherheit zu schaffen, und dafür die Entwicklungsmöglichkeiten zu lähmen, müssen die Staaten Europas daran gehen, ihre Einrichtungen auszugleichen, ihren Verkehr zu erleichtern, ihre Verwaltung zu internationalisieren und die Sicherheit durch auf

Gegenseitigkeit errichtete Schutzverträge herzustellen.« Nur so könne ein modernes Europa nicht gegen, sondern an der Seite Amerikas entstehen. Einen ersten Schritt in diese Richtung sieht Fried in der Errichtung eines pan-europäischen Büros. Als sein Werk 1910 erscheint, hat er bereits erste Versuche zur Anregung eines solchen Büros unternommen. Im Oktober 1909 schlägt Fried dem Internationalen Friedensbüro erstmals vor, sich für die Schaffung eines Pan-Europa-Büros einzusetzen.[102]

Bereiche gemeinsamer Interessen sieht Fried in Handel, Verkehr, Landwirtschaft, Sozialpolitik, Sanitätspflege, Recht und internationaler Politik. Gelänge es, die bereits vorhandenen internationalen Vereinigungen auf diesen Gebieten an einem Ort zusammenzufassen, so werde von hier aus eine Sogwirkung entstehen, die immer weitere Bereiche erfassen werde.

Frieds Vorschlag wird auf der Generalversammlung mit Beifall aufgenommen,[103] dennoch werden in der Folge Bedenken aus den eigenen Reihen laut, ein europäisches Büro werde möglicherweise zu ernsten wirtschaftlichen Spannungen mit Amerika führen und eher einen Rückschritt als einen Fortschritt in der Weltorganisation bedeuten. Fried dagegen setzt auf eine Politik der kleinen Schritte: »Meines Erachtens ist bei den im heftigsten Antagonismus entbrannten Regierungen Europas zunächst der Wille zur Organisation zu erwecken. An diesem Willen fehlt es in Europa. Dieses psychische Hindernis gilt es in erster Linie zu überwinden. Dies geht am besten, wenn man an dem in Europa bereits als möglich und vorteilhaft Erkannten anknüpft.«[104] Das letztendliche Ziel einer Weltorganisation bleibe davon ebenso unangetastet wie bereits bestehende mondiale Einrichtungen. Zudem weist er darauf hin, dass es durchaus einige rein europäische Angelegenheiten gäbe, und dass das Beispiel der pan-amerikanischen Organisation zeige, wie sehr auch eine zunächst begrenzte Vereinigung ein immer mächtigerer Förderer der Weltorganisation werden könne.

Die Uneinigkeit in der Bewegung lässt das Projekt schließlich versanden. Die erweiterte Generalversammlung des Berner Büros Ende September 1911, die den Weltfriedenskongress in Rom ersetzt, der wegen einer Cholera-Epidemie abgesagt werden muss, hat sich bereits mit ganz anderen, aktuelleren Problemen zu befassen. Die elf von der Generalversammlung verabschiedeten Resolutionen gelten dem Marokkokonflikt und der Tripolisfrage,[105] politischen Zeitereignissen, die die Möglichkeit eines Pan-Europa-Büros in weite Ferne rücken. Erst nach dem Weltkrieg wurde die Idee mit der Gründung der Paneuropa-Bewegung durch Graf von Coudenhove-Kalergi in Wien 1923 wieder aufgenommen. Die erste Darstellung seiner Ideen findet sich in der »Friedens-Warte«.[106]

Auch ein anderes Projekt, dessen Wurzeln in den Erfahrungen der 2. Haager Konferenz liegen, nimmt Fried 1909 in Angriff: Die Schaffung einer internationalen Union der Friedenspresse. Schon in Berlin hatte er sich, damals vergeblich, für den Zusammenschluss der friedensfreundlichen Presse im deutschsprachigen Raum eingesetzt. Im Mai 1904 wendet er sich von Wien aus erneut mit dem Rundschreiben »An die Führer der deutschen Presse der Linken!«[107] an 150 deutsche Zeitungen und ruft sie zur Gründung einer »Union der schiedsgerichtsfreundlichen Presse Deutschlands« auf, »um den Völkern Europas und Amerikas den Beweis zu erbringen, dass man in Deutschland gesonnen ist, den modernen zivilisatorischen Aufgaben auch nach dieser Richtung hin gerecht zu werden«.[108] Der überlange, umständlich und zum Teil auch ungeschickt formulierte Aufruf findet jedoch kaum Zustimmung und führt zu keinen weiteren Aktionen.

Dennoch startet Fried im April 1909 einen neuen Versuch zur Gründung einer solchen Vereinigung, die er nun »Internationale Union der Friedenspresse« (kurz I. U. F. P.) tauft. Von Wien aus versendet er ein Rundschreiben in deutscher und französischer Sprache an »einige Hundert in Betracht kommende Personen in Europa und Amerika«, vor allem natürlich an bekannte, dem Pazifismus nahestehende Schriftsteller und Journalisten, aber auch an bedeutende Pazifisten, die er als »außerordentliche Mitglieder«, d.h. Förderer der Union aufnehmen möchte. In dem Aufruf[109] erklärt er, es solle nun nicht mehr versucht werden, der Friedensidee fernstehende Journalisten anzuwerben, sondern die bereits für den Pazifismus wirkenden, »heute schon recht zahlreichen, aber noch verstreut wirkenden Elemente« zu sammeln und unter einem Dach zu vereinigen. Eine internationale Organisation werde durch ihre bloße Existenz stärker ins Gewicht fallen als ein einzelner Journalist und zugleich »ein Kristallisationspunkt werden, dem sich nach und nach die anderen besseren Elemente der übrigen Presse anschließen werden«.

Der Aufruf endet mit einer dringenden Aufforderung an alle Gesinnungsgenossen, die Gründung der I.U.F.P. tatkräftig zu unterstützen und weitere mögliche Interessenten zu benennen. Zugleich fordert er alle Angesprochenen zum sofortigen Beitritt auf: »Ich erwarte daher, dass alle Empfänger* [* Auch die Leser der ›Friedens-Warte‹] dieses Rundschreibens sich als ordentliche oder außerordentliche Mitglieder zur Kerntruppe der ›Internationalen Union der Friedenspresse‹ melden werden und bitte, dies umgehend zu tun.«[110]

Der forsche Ton hat offensichtlich Erfolg: »Die I.U.F.P. nimmt Gestalt an. Über 200 Anmeldungen zur Mitgliedschaft sind aus allen Ländern Europas eingelangt. Auch in Südamerika und in den Vereinigten Staaten haben es Personen unternommen, für die Union in den betreffenden Ländern Propaganda zu machen.«[111] Tatsächlich kommt es noch im selben Jahr zur offiziellen Gründung, allerdings nicht in Stockholm, da der geplante Weltfriedenskongress wegen eines Generalstreiks in Schweden ausfallen muss, sondern auf der erweiterten Generalversammlung des Berner Büros Anfang Oktober 1909 in Brüssel, auf der auch das Pan-Europa-Projekt besprochen wird.[112]

Am 9. Oktober stellt Fried die geplante Gründung der Presseunion zusammen mit seinem Bericht über die Schaffung eines pan-europäischen Büros vor. Am 11. Oktober findet daraufhin die konstituierende Sitzung der »Union internationale de la Presse pour la Paix« statt. Man einigt sich darauf, das Büro der Vereinigung zunächst in Wien zu errichten und Fried zu seinem Leiter zu bestimmen, der auch den Statutenentwurf erarbeiten und ihn so abfassen soll, dass er »den Anforderungen der österreichischen Gesetzgebung bezüglich der der Union zu erteilenden Rechte einer juristischen Person gerecht wird«.

Nachdem die Versammlung einen achtköpfigen Arbeitsausschuss (mit Fried, La Fontaine, G. H. Perris, Prudhommeaux u.a.) und ein internationales Komitee gewählt hat, das sich aus dem Arbeitsausschuss und sechs weiteren Personen zusammensetzt, wird »im Prinzip beschlossen, im Mai nächsten Jahres eine erste Versammlung oder einen Kongress der Friedenspresse nach Brüssel einzuberufen«. Bis dahin soll das Büro ein Netz aus Vertrauensmännern »an allen namhaften Orten« aufbauen[113] und an einem Zeitungskatalog arbeiten, der Haltung, Bedeutung und Verbreitung aller bekannteren Blätter erfasst.

Der Mitgliedsbeitrag für aktive Mitglieder ist nicht obligatorisch, für Förderer liegt er bei einem Mindestbetrag von 5 Francs jährlich. Eine lächerliche Summe, gerade zu Beginn der Aktion, da noch kein größerer Sponsor in Sicht ist. Kein Wunder, dass die großen Pläne schon bald ins Stocken geraten. Auf der nächsten Sitzung Ende April 1910 in Bern muss Fried den Teilnehmern denn auch mitteilen, »dass es ihm im Hinblick auf materielle Schwierigkeiten bis zur Stunde nicht möglich war, das in Brüssel beschlossene Sekretariat zu organisieren«.[114] Der geplante Kongress wird auf unbestimmte Zeit verschoben.

Obwohl sich Fried in den nächsten Jahren immer wieder mit der Bedeutung der Presse und den Möglichkeiten einer Einflussnahme auf sie befasst, sich auch in der zweiten Ausgabe seines »Handbuch der Friedensbewegung« 1913 noch immer als Generalsekretär der Union bezeichnet,[115] bleibt die internationale Union der Friedenspresse doch eine bloße Absichtserklärung.

3.5 »Die Grundlagen des revolutionären Pazifismus« 1908

Weit wichtiger noch als die vorgenannten Themen ist Fried in dieser Zeit jedoch die Ausformung einer pazifistischen Theorie. 1908 fasst er seine Anschauungen in »Die Grundlagen des revolutionären Pazifismus«[116] zusammen, das schon bald zu seinen bekanntesten Werken zählen wird. Dabei stellt die Broschüre eigentlich nur eine Zusammenfassung längst veröffentlichter Ansichten und

Argumente dar, die nur in dem am Schluss entwickelten Aktionsprogramm eine Weiterentwicklung erfahren.

Tatsächlich finden sich viele Grundgedanken des »revolutionären Pazifismus« schon bei Jacques Novicow und besonders in Eugen Schliefs »Der Friede in Europa«, dort allerdings, wie Fried 1904 kritisiert, in einem unpopulären, sehr schwer lesbaren Stil: »Ihre Perioden sind gotische Meisterwerke und jeder Satz ließe sich in ein Kapitel zerlegen«,[117] die Massen aber könne man mit so einem Werk nicht gewinnen. Da Schlief die Bedeutung seiner Theorie für die Friedensbewegung gerne mit der von Marx für die Sozialdemokratie vergleicht, fügt Fried hinzu: »Die drei Millionen Wähler jener Partei sind nicht mit Marx gewonnen worden, sondern mit dem Phrasengedresche, das um diese herumwächst.« Populäre Propaganda mit eingängigen Schlagworten sei nötig, um größere Massen anzusprechen, und nur mit dieser Masse hinter sich könne die Friedensbewegung Einfluss auf die Regierungen ausüben. Davon ist Fried überzeugt und versucht – allerdings vergeblich – auch Schlief davon zu überzeugen. Er selbst verfolgt diesen Weg jedoch konsequent weiter und wird sich in der Folgezeit immer bemühen, seine eigene Theorie möglichst einfach zu formulieren und mit prägnanten Schlagworten zu verknüpfen.

Einen weiteren Entwicklungsschritt bei der Ausformung seiner Theorie macht Fried bei Ausbruch des russisch-japanischen Krieges praktisch aus Notwehr. In »Der gegenwärtige Krieg und die Friedensbewegung« schreibt er zu Beginn: »Der Ausbruch des russisch-japanischen Krieges hat die Gegner der Friedensbewegung wieder einmal veranlasst, den Bankrott dieser Lehre und die Unerreichbarkeit der von ihr erstrebten Ziele mit einem beneidenswerten Gefühle der Überlegenheit und einer unverhüllten Schadenfreude in die Welt zu posaunen.«[118]

Die Machtlosigkeit der Friedensbewegung in akuten Gefahrensituationen bildete schon in früheren Zeiten immer wieder einen Ansatzpunkt für ihre Gegner. Trotz aller Resolutionen und Appelle war die kleine Gruppe der Friedensfreunde weder in der Lage, Kriege zu verhüten, noch, zu ihrer Abkürzung beizutragen, und musste sich daher in jeder Kriegssituation die Nutzlosigkeit ihres Tuns vor Augen halten lassen. Die Notwendigkeit, hier einen neuen Ansatz zu finden, war offensichtlich. Für Fried bedeutet diese Überlegung den letzten Schritt zur ersten Ausformung seiner Theorie.

Schon im August 1905 stellt er in der »Friedens-Warte« zum ersten Mal sein »System des revolutionären Pazifismus«[119] vor. In ihm unterscheidet er den »revolutionären« Pazifismus, der sich gegen die Ursachen des Krieges richte, vom vorherrschenden »Reformpazifismus«, der sich nur gegen die Erscheinung des Krieges wende. Während der Reformpazifismus Kriege lediglich möglichst lange vermeiden oder abkürzen wolle und der Schiedsgerichtsbarkeit in der Propaganda einen viel zu breiten Raum einräume, gehe es dem revolutionären Pazifismus darum, das Übel an der Wurzel zu packen und die internationale Staatenanarchie durch eine Ordnung des internationalen Zusammenlebens zu ersetzen. Mit diesem Ansatz glaubt Fried, den Gegnern den Wind aus den Segeln nehmen zu können: »Man wird dann bei Ausbruch eines Krieges den Pazifisten nicht mehr vorwerfen können, dass ihre Aktion zwecklos ist, wenn sie ruhig erwidern können, dass es ja nicht Aufgabe ihrer Aktion ist, Kriege zu vermeiden, solange die Ursachen dazu nicht beseitigt sind.«

Auch der Hinweis der Gegner auf die Halbheiten der Schiedsverträge und die Unwirksamkeit der Schiedsgerichtsbarkeit in wesentlichen Fragen sei für den revolutionären Pazifisten kein Argument, denn er betrachte die Entwicklung der Schiedsgerichtsbarkeit lediglich als einen »Gradmesser, der uns die Höhe des internationalen Rechtsstandes anzeigt«. Erst nach Errichtung einer stabilen internationalen Ordnung könne das Schiedsgericht seine wirkliche Funktion entfalten, in der Anarchie dagegen müsse es zwangsläufig unvollkommen bleiben. Dennoch könne die Friedensbewegung ruhig jeden Abschluss eines Schiedsvertrages als Anzeichen für eine Weiterentwicklung der internationalen Organisation begrüßen. Für Fried ist diese Sichtweise »logisch, natürlich und daher allein zweckvoll«; sie weise nicht nur der pazifistischen Propaganda den richtigen

Weg, sondern werfe vor allem auch »mit einem Schlage das ganze Arsenal der Gegnerschaft über den Haufen«.

Obwohl Fried weitere Ausführungen verspricht, dauert es doch bis zum Januar 1906, bis er das Thema wieder aufnimmt. Diesmal mit dem Ausruf »Organisiert die Welt!«,[120] der von diesem Monat an bis 1915 zusammen mit einer Reihe ineinandergreifender Zahnräder auch das Emblem der »Friedens-Warte« bildet. Ganz bewusst setzt er sich damit von der herkömmlichen Symbolik der Friedensengel, Tauben, Ölzweige und zerbrochenen Schwerter ab, die er als zu sentimental ablehnt, und versucht seiner neuen Form des Pazifismus auch neue Bilder zu geben. Dass er damit einem Bedürfnis vieler Pazifisten entgegenkommt, beweist die Tatsache, dass das Logo schon bald auf dem Briefpapier süddeutscher Pazifisten auftaucht[121] und 1908 von der Hamburger Friedensgesellschaft auch als Friedensmarke hergestellt und verbreitet wird.[122]

Zugleich ersetzt Fried die vorherrschende christliche Metaphorik der pazifistischen »Heilslehre« und »Friedens-Apostel« durch nüchternere Bezeichnungen wie den »Friedens-Techniker« und bemüht sich, Begriffe wie Krieg und Frieden präzise zu definieren. So beschäftigte er sich schon im Handbuch von 1905 mit »Kampf« und »Krieg« und erklärte den ersteren zum übergeordneten Begriff, der sowohl physische Gewalt (wie etwa den Krieg) als auch psychische Formen (wie den Wettbewerb) umfasse. Dann untersucht Fried die verschiedenen Bedeutungsebenen des Wortes »Frieden«, das Ruhe, Stillstand und Tod bedeuten könne, im militärischen Sinne eine längere oder kürzere Waffenruhe bezeichne, im pazifistischen Sinne jedoch, weit umfassender, als das durch feste Rechtsnormen geregelte friedliche Zusammenleben der Kulturvölker zu verstehen sei, bei dem Streitigkeiten durch darauf beruhende »Entscheidungen eines Völkertribunals« gelöst würden.

Ausgehend von dieser Definitionen ließen sich auch Parolen der Gegner besser bekämpfen, indem man ihnen Begriffsverwirrung vorwerfen konnte, so bei der Behauptung vom Krieg als »Vater aller Dinge«, die nun, durch das Auswechseln der Begriffe »Krieg« und »Kampf«, als Argument gegen die Friedensidee entkräftet werden konnten. Zugleich wurde damit der Vorwurf abgewehrt, die Bewegung stemme sich gegen Naturgesetze, denn der Kampf, namentlich der Konkurrenzkampf, wurde als notwendiges Mittel der Entwicklung nicht in Frage gestellt, wohl aber der Krieg, d.h. der physische Kampf, der für höhere Kulturstufen nicht mehr als adäquates Mittel der Auseinandersetzung akzeptiert wurde. In ähnlicher Weise wandte sich Fried auch gegen das vom militärischen Friedensbegriff abgeleitete »si vis pacem para bellum« oder den oft zitierten Moltke-Ausspruch, der Friede sei ein Traum und nicht einmal ein schöner: »Moltke dachte hier im Sinne des biologischen Friedensbegriffes, folgerte aber im Sinne des militaristischen Friedensbegriffes.«[123]

Noch wichtiger war jedoch, dass sich die neue Richtung des Pazifismus, die Fried propagierte, erst durch exakte Begriffsabgrenzungen überhaupt festmachen ließ. Denn ohne sie wäre etwa seine Erklärung, »dass wir nicht nur den Krieg, sondern auch den Frieden unserer Gegner bekämpfen«,[124] kaum verständlich gewesen. So aber konnte er den Zusammenhang zwischen akuten Kriegen und den dazwischenliegenden Zeiten des Nicht-Kriegs, der begrenzten Waffenruhe, die durch ständige Kriegsbereitschaft und Konzentration auf möglichst effektive Rüstungen gekennzeichnet ist, als letztlich »wesensgleich« herausarbeiten und den Schluss ziehen: »Unter der Herrschaft des Systems der internationalen Anarchie zeitigen Krieg und Frieden die gleichen, die Entwicklung und den Lebenswert der Menschheit hemmenden und schädigenden Folgen. In Bezug auf die schädigenden Folgen ist es fast gleichgültig, ob gerade ein Krieg tobt oder ob sich die Menschheit des sogenannten Friedens erfreut. Der Pazifismus hat daher nicht nur den Krieg zu bekämpfen, sondern auch den Frieden seiner Gegner; er hat das ganze System zu bekämpfen.«[125]

Das neue System, das es zu propagieren galt, war eine mehr oder weniger umfassende Staatenorganisation mit einer anerkannten internationalen Rechtsordnung, die für alle Mitgliedsstaaten verbindlich und im Falle einer Zuwiderhandlung eines einzelnen Mitglieds notfalls von der Gemeinschaft auch mit Gewaltmitteln durchzusetzen sein sollte. Wichtig an der neuen, realpolitischen Orientierung war aber auch der Prozesscharakter, der der angestrebten Friedensordnung zugewiesen wurde und dessen dynamische Komponente schon Ansätze heutiger Definitionen vorwegnahm.[126] Aus diesem Grund vermied Fried, sich auf eine bestimmte Gestalt der angestrebten Organisation festzulegen: »Einzig und allein die Weltorganisation zu proklamieren, zu zeigen haben wir, dass sie zum großen Teil schon vorhanden ist, dass sie sich täglich erweitert, dass sie größer und mächtiger wird, ob die Blinden Kriege entfesseln oder Kriege fürchten, und dass der denkende Mensch nur die letzte Hand an den großen Bau zu legen, dass er die Teile zu polieren, dem Ganzen eine einheitliche Fassade zu geben hat. Nenne man dann diese Fassade wie man will: Vereinigte Staaten, Föderation, Weltreich. Organisation muss ihr Wesen bilden [...]«[127] Obwohl die Ziele des revolutionären Pazifismus damit bereits definiert sind, bleibt Fried die Antwort auf die Frage, was genau die pazifistische Propaganda nun zu tun habe, weiterhin schuldig.

Erst 1908 erscheint der zweiteilige Artikel »Neue Bahnen des Pazifismus«.[128] Im ersten Teil geht Fried noch einmal auf die Schiedsgerichtsbarkeit ein, deren Überbewertung in pazifistischen Kreisen er nun auch damit begründet, dass die meisten Kriege gar nicht wegen eines Streites geführt würden, sondern »zur Gewinnung von Luft und Ellbogenraum, um die Möglichkeit der Weiterexistenz in der erstickenden Atmosphäre der Unordnung«, dass sie also nicht durch eine Rechtseinrichtung zu verhindern seien. »Durch das Schiedsgericht gelangen wir ebenso wenig zum Frieden wie durch die Abrüstung. Beides sind Folgen, die uns als selbstverständlich in den Schoß fallen werden, wenn wir die Ursachen geändert haben werden.« Daher sei es Aufgabe der Pazifisten, die in diese Richtung führende Entwicklung sichtbar zu machen, zu unterstützen und wenn möglich zu beschleunigen.

Im zweiten, mehr theoretischen Teil geht Fried noch einmal auf den Unterschied zwischen militärischem und pazifistischem Frieden ein und erklärt: »Unter der Herrschaft der internationalen Anarchie sind Krieg und Friede wesensgleich. Es handelt sich lediglich um zwei verschiedene Erscheinungsformen ein und derselben Sache.« Auch im Frieden führten die hohen Militärausgaben, die dem Staat an anderer Stelle fehlten, zu unzähligen Opfern etwa durch vermeidbare Krankheiten und Arbeitsunfälle, Unterernährung und vorzeitigen Tod. Dem Pazifismus könne es also eigentlich gleichgültig sein, ob innerhalb des alten anarchischen Systems gerade Krieg oder Frieden herrsche. Wenn das nicht so sei – und hier macht Fried deutliche Konzessionen an Vertreter anderer Richtungen –, dann deshalb, weil ein akuter Krieg die Entwicklung der internationalen Organisation hemme. »Deshalb ist es auch vom pazifistischen Standpunkt aus von größter Bedeutung, trotz aller Wesensgleichheit zwischen Krieg und Frieden im gegenwärtigen System auch in der anarchischen Periode den Krieg nach Möglichkeit hintanzuhalten.«

Dann stellt Fried die Entwicklung der internationalen Organisation als einen unumkehrbaren, quasi evolutionären Prozess dar, der sich aus der schon in der Natur angelegten Tendenz zur höheren Organisation und damit Kraftersparnis für den Einzelnen ergebe. »Unsere Aufgabe besteht demnach in erster Linie darin, das Sehvermögen unserer Zeitgenossen zu schärfen. Sie sollen den Gang der Entwicklung erkennen lernen, damit sie ihre Handlungen danach einrichten.« Daneben stehe an zweiter Stelle die Notwendigkeit, die Faktoren, die sich hemmend auf diesen Prozess auswirken könnten, zu schwächen und im Gegenzug andere, die dem Organisationsprozess zugutekämen, zu stärken.

Über diese allgemeinen Richtlinien hinaus geht Fried jedoch nicht weiter auf konkrete Aktionsmöglichkeiten ein, erst das Erscheinen der »Grundlagen des revolutionären Pazifismus« im Sommer 1908 schließt diese Lücke. Das 68-Seiten-Werk, das eine Mark kostet, besteht aus den leicht überarbeiteten obenbeschriebenen Artikeln,[129] ergänzt um das Kapitel »Abrüstung« und Teilen des umfangreichen Kapitels »Die Aktion«.[130] Darin versucht Fried zum ersten Mal ein detailliertes Aktionsprogramm zu entwickeln, das den revolutionären Pazifismus als einen, wie er schreibt, »Pazifismus der Tat«[131] kennzeichnet. Er sieht zwei Hauptgebiete der Agitation: Einerseits gelte es, den natürlichen Organisationsprozess vor hemmenden Einflüssen zu schützen, andererseits, ihn positiv zu fördern. Man müsse zunächst verhindern, dass der Kriegswunsch, der immer nur von einer kleinen Gruppe im Staat ausgehe, auf die zur Kriegsdurchführung notwendige Masse des Volkes übertragen werden könne. Dafür sei es nötig, die Volksbildung allgemein zu erhöhen und die nationalen Vorurteile durch eine intensive Förderung des persönlichen und geistigen Austausches der Völker untereinander abzubauen. Neben Auslandsreisen und internationaler Korrespondenz sei dabei vor allem der Austausch von Schülern, Lehrern, Beamten, Kaufleuten und Arbeitern zu fördern und eventuell sogar ein sechsmonatiger Pflichtaufenthalt junger Männer im Ausland anzuregen. Da Fried sich bewusst ist, dass diese »Immunisierung der Massen« ein langwieriger Prozess ist und dass sie bei einer akuten Krise dennoch versagen kann, fordert er zugleich die Einrichtung mobiler, permanenter und vor allem obligatorischer Untersuchungskommissionen, die dazu dienen sollen, »die einmal entfesselten Volksleidenschaften auszuschalten«, das heißt, durch eine zeitliche Verzögerung und objektive Untersuchung des Sachverhaltes zu einer Beruhigung und Versachlichung beizutragen. Daneben sei auch die Einführung der obligatorischen Vermittlung zu propagieren. Da beides jedoch nicht ohne Mitwirkung von Regierung und Diplomatie möglich sei, fordert er, »dass die internationale Politik immer mehr der Kontrolle der Parlamente unterstellt wird, dass die Diplomatie aufhört, eine Geheimkunst zu sein, und im modernen Geiste reformiert wird«.

Die Hauptaufgabe des revolutionären Pazifismus sieht Fried in allem, was zur Förderung der internationalen Organisation beitragen kann. Hier sind es vor allem die Förderung des Verkehrs, die Entwicklung des internationalen Rechts und eine daraus folgende Anpassung der Politik an die neuen Entwicklungen, insbesondere gemeinsame Interessenvertretungen und Verwaltungseinrichtungen und die schon oben zitierte Modernisierung der Diplomatie.

Insgesamt gesehen, ist es eigentlich mehr ein Programm des Internationalismus als des Pazifismus, das Fried in dem Bemühen, seine Theorie an vorhandene Tendenzen anzupassen und den Pazifismus damit aus der Isolation herauszuführen, entwickelt. Und es gab unübersehbare Schwachstellen: So blieben Prämissen Friedscher Argumentation wie der fortschreitende Rückgang der physischen Gewalt in Auseinandersetzungen, die kräfteökonomische Entwicklung vom Chaos zur Ordnung und vom Einzelnen zur Gesamtheit ebenso wie die stete Höherentwicklung des Menschen hin zum Edelmenschen bestenfalls umstrittene Thesen. Andererseits lag in dem Vertrauen auf eine zwangsläufige, gradlinige Entwicklung zur höheren Organisation, die durch menschliches Zutun nur beschleunigt werden konnte, auch eine große Verführung zur Passivität. Dies betonten besonders die deutschen Pazifisten um Ludwig Quidde, die, tief in der Kantschen Ethik verwurzelt, daran festhielten, dass der Krieg nur aus der Welt verschwinden würde, wenn sich die Menschheit aktiv für seine Abschaffung entscheiden und einsetzen würde und die damit den freien Willen des Menschen gegen jeden Determinismus stellten.

Dennoch gelang es Fried mit diesem Werk, eine eigenständige Ideologie mit weltanschaulicher Basis, wissenschaftlichem Charakter und politischem Programm zu gestalten[132] und ein in sich geschlossenes System zu formen. Auch wenn man die Fehler und Grenzen dieses Ansatzes, insbesondere im Verzicht auf alle ethischen und humanitären Motive, dem Aussparen innenpolitischer Ansätze und der gefährlichen Überschätzung wirtschaftlicher Kooperationstendenzen als Triebkräfte der internationalen Organisation, nicht unterschätzen darf, so wurde hier doch erstmals der Versuch gemacht, »systematisch über Voraussetzungen und Bedingungen, die Frieden ermöglichen und wahrscheinlich werden lassen, nachzudenken«.[133] Und damit war Frieds Lehre, wie der Friedensforscher Dieter Senghaas betont, in analytischer Hinsicht »den heutigen Bemühungen um eine zeitgemäße Friedenstheorie vergleichbar«. Fried wird damit zum führenden pazifistischen Theoretiker der Kaiserzeit, und sein Ansatz hat zusammen mit dem demokratischen Pazifismus Ludwig Quiddes die Entwicklung des Pazifismus bis zum 1. Weltkrieg maßgeblich beeinflusst.

Einzig der Name »revolutionärer« Pazifismus bleibt lange Zeit umstritten. Schon 1905, bei der ersten Erwähnung, hatte

Fried sich genötigt gesehen, den gerade im bürgerlichen Lager deutlich negativ besetzten Begriff »Revolution« als »Umwandlung eines Prinzips« im Gegensatz zur Reform als »Umwandlung einer Erscheinung« zu definieren. »Man erschrecke nicht! – Das Wort ›revolutionär‹ ist auch hier nicht im Heugabelsinne der Gewalt gedacht. Revolution heißt nicht schlechtweg Barrikadenbau, Meuchelmord, Meuterei, Brandstiftung und Straßenkampf.«[134] Ein halbes Jahr später setzt er den Kritikern der Namensgebung sein neues Zahnrad-Emblem für die »Friedens-Warte« entgegen und betont, es möge jene beruhigen, die bei dem Begriff »revolutionär« Angst bekommen hätten.[135] Doch auch 1908 muss Fried den Begriff noch immer verteidigen und klarstellen, dass er keinesfalls politisch gemeint sei. In einer Anmerkung gibt er nun sogar zu, »dass diese Bezeichnung nicht recht glücklich ist, da sie bei oberflächlicher Betrachtung leicht zu irrigen Annahmen führen kann«.[136] Es werde jedoch nicht schwer sein, später einen passenderen Ausdruck zu finden.

Tatsächlich gibt es im Laufe der Zeit verschiedene Vorschläge; so führt Fried an, neben dem Begriff »revolutionär« habe es von Professor Schücking den Vorschlag »organisatorisch« und von anderer Seite den Vorschlag »wissenschaftlich« gegeben, er selbst halte aber die Bezeichnung »ursächlich« für das am meisten sinnentsprechende Wort.[137] 1916 kommt die Neuauflage daher unter dem Titel »Grundlagen des ursächlichen Pazifismus« heraus. Allerdings wird sich auch diese Bezeichnung nicht durchsetzen. Nach Frieds Tod wird durch den Einfluss der Völkerrechtler Walther Schücking und Hans Wehberg zumeist die Bezeichnung »organisatorischer Pazifismus« für den Pazifismus Friedscher Prägung üblich.

Indirekt wird daraus deutlich, dass Frieds Theorien gerade in Teilen der modernen Völkerrechtswissenschaft Anklang fanden, und dort auch später bis zu einem gewissen Grad weiterentwickelt wurden. Damit verhalf Fried einer Strömung zum Durchbruch, die sich gegen den allgemeinen Trend in den Rechtswissenschaften, die Souveränität des Nationalstaates für unantastbar zu halten, entwickelte.[138] Um 1905, als Fried mit der Ausformung seiner Theorie begann, führte die Beschäftigung mit dem Haager Werk und seinen Ausbaumöglichkeiten einzelne Völkerrechtler langsam zu Überlegungen über Vorteile einer internationalen Organisation, die auch die Notwendigkeit einer uneingeschränkten Staatensouveränität in Frage stellte. Für diese Gruppe, die allerdings erst nach dem Krieg deutlich an Einfluss gewann, war Frieds Theorie von entscheidender Bedeutung für die Ausprägung eines pazifistischen Völkerrechts, das den Krieg nicht mehr zu regeln versuchte, sondern seine Berechtigung generell bestritt. Schücking dazu: »Meine ganze Völkerrechtsrichtung ist von Fried im hohem Maße bestimmt worden«,[139] und auch Wehberg und Lammasch betonten an vielen Stellen Frieds Einfluss auf ihre Denkrichtung.

1908 zählt für Fried aber zunächst nur, dass sein »Lehrgebäude« über die Anhänger des Pazifismus hinaus Aufsehen erregt und sogar in wissenschaftlichen Kreisen anerkannt wird. »Ich hatte die Genugtuung zu sehen, dass dieses Lehrgebäude von wissenschaftlicher Seite anerkannt, sein Einfluss auf die Entwicklung der Völkerrechtswissenschaft zugegeben wurde.«[140] Der erste Schritt zu der so lange erstrebten Anerkennung als Gelehrter und Wissenschaftler war damit getan.

3.6 Integration und Anerkennung

Das Jahr 1908 bedeutet für Fried in vielfacher Hinsicht einen Schritt vorwärts, auch im privaten Bereich kommt es zu Veränderungen. Nachdem Fried und Therese Frankl von ihren ersten Ehepartnern geschieden sind, können sie endlich heiraten. Es ist unbezweifelbar eine Liebesheirat, und auch wenn ihr gemeinsames Leben nur wenige Jahre in ruhigeren Bahnen verläuft und oft schweren Belastungen ausgesetzt sein wird, schreibt Fried noch 1918 in einem privaten Testament an seine Frau: »Du hast mich im vollen Umfang glücklich gemacht. Ich danke dem gütigen Geschick, das mich Dich finden ließ. Ich liebe Dich unaussprechlich und werde Dich lieben bis zu meinem letzten Atemzug.«[141]

Mit dieser Heirat scheint die Konsolidierungsphase abgeschlossen zu sein. Fried hat in Wien seine neue/alte Heimat gefunden; in den folgenden Jahren wird er in Wien Freunde und Gleichgesinnte auch außerhalb bzw. am Rand der Friedensbewegung finden und mit zunehmender Popularität auch Zugang zu ihm zuvor, trotz der Protektion Bertha von Suttners, verschlossenen Kreisen bekommen. Schon 1910 kann Fried stolz über seine Teilnahme am großen Festbankett zu Ehren des Wiener Hofrats und Mitglieds des Herrenhauses Professor Heinrich Lammasch berichten: »Es war eine illustre Versammlung, die der Einladung zur Ehrung des großen Völkerrechtsjuristen Folge leistete. Die Spitzen der Regierung waren anwesend und die Diplomatie, die Mitglieder des Herrenhauses und des Parlamentes, wie die Leuchten der Wiener Universität waren zahlreich erschienen.«[142] Und darunter Alfred H. Fried, noch ohne Nobelpreis oder Doktortitel, der als Vertreter der nichtparlamentarischen Friedensbewegung und des Berner Friedensbüros sogar eine Rede halten darf – es gehört nicht viel Phantasie dazu, sich vorzustellen, welche Gefühle den armen Wiener Judenjungen mit der abgebrochenen Schulausbildung dabei bewegen.

Selbst die finanzielle Situation der Frieds bessert sich in diesen Jahren, wenn sie auch bis zur Verleihung des Nobelpreises nie wirklich solide sein wird und Fried weiterhin für seine Arbeit auf Spenden von Freunden und Gönnern angewiesen ist. Sein wachsender Bekanntheitsgrad öffnet ihm jedoch die Spalten vieler Zeitungen und das Interesse verschiedener, auch nicht rein pazifistisch ausgerichteter Verlage. Allein 1908 erscheinen sieben Publikationen, darunter die Broschüren »Die moderne Friedensbewegung in Deutschland und Frankreich« und »Internationalismus und Patriotismus«, ein Zeitporträt Bertha von Suttners, die ausführliche Darstellung »Das internationale Leben der Gegenwart« und »Die zweite Haager Konferenz«.

Ebenfalls 1908 bringt Fried ein »Verzeichnis von 1000 Zeitungs-Artikeln Alfred H. Frieds zur Friedensbewegung« heraus, das seine unübertroffene Tätigkeit als Friedensjournalist dokumentieren soll. Das thematisch geordnete Verzeichnis weist im

Zeitraum von 1892–1908 Artikel Frieds in 95 verschiedenen in- und ausländischen Blättern nach, darunter allein 350 zum Haager Werk – insgesamt eine beeindruckende Sammlung.

Auch das einzige nicht-pazifistische Werk dieser Zeit erscheint 1908, ein Vergleich zwischen Wien und Berlin[143] und zugleich ein Zeugnis dafür, wie sehr sich Frieds Einstellung zur »Elendsstadt« Wien inzwischen gewandelt hatte. Denn nun schneidet die »Idiotenstadt« von 1903 – trotz aller sichtbaren Bemühungen um Ausgewogenheit – deutlich besser ab als Berlin. Jetzt sieht er in Wien vor allem das Wirken der älteren und höher entwickelten Kultur, die zwar weniger innovativ und flexibel sei als das junge, moderne Berlin und weniger Aufstiegschancen biete, aber den Menschen dafür doch ein ruhigeres, lebenswerteres Leben biete – ein Leben, wie der inzwischen 44-jährige Fried selbst es mittlerweile wohl zu schätzen gelernt hat.

Positiv an Berlin sind vor allem seine modernen Einrichtungen, besonders das effektive Verkehrsnetz. Ganz negativ erscheint dagegen der Berliner selbst: Ihm bescheinigt Fried zwar Arbeitseifer, Pflichtgefühl und Ordnungssinn, aber »der harte Kampf mit der Natur hat bei ihm die Verstandesfähigkeiten zu sehr ausgebildet und die Seelenfähigkeiten verkümmern lassen«. Auch in der Haltung der Klassen, Parteien und Interessengruppen zueinander spiegeln sich für Fried diese Wesenszüge wider und führen zu »einem ständigen Kriegszustand der Gesellschaft«. So herrsche »sogar innerhalb der nach außen anscheinend geschlossenen Gruppen stete Gehässigkeit, Missgunst und Neid«. Engere Beziehungen zwischen Berlinern und Wienern seien kaum möglich: »Dazu sind die Gegensätze zu groß, als dass Wiener und Berliner in ihrem persönlichen Wesen gegeneinander Gefallen finden könnten. Auch die große Anzahl der in Berlin lebenden Wiener findet sich nur mit den großartigen Einrichtungen Berlins ab, weniger mit den Berlinern selbst, am allerwenigsten mit ihren Sitten und Gepflogenheiten.« In Wien dagegen seien die Gegensätze viel weniger schroff. Selbst die größten politischen Gegner könnten sich bei bestimmten Themen zu gemeinsamen Aktionen zusammenfinden, und man unterscheide sehr deutlich zwischen Gruppe und

Individuum, Mensch und Meinung. Hier kenne man auch, anders als in Berlin, jene neutralen Momente, »wo man endlich einmal aufhört, Kämpfer zu sein, und nur Mensch ist«. Als Beispiel führt Fried ausgerechnet den Wiener Bürgermeister Dr. Karl Lueger an: »Hier arbeiten Staatsbeamte an sozialdemokratischen Zeitungen mit, hier erhält auch ein Sozialdemokrat in einer bürgerlichen Zeitung das Wort, und selbst der berühmte Antisemit Dr. Lueger soll im persönlichen Verkehr mit Juden sehr zuvorkommend sein, soll namentlich armen Juden, die sich bittend an ihn wenden, sehr freundlich entgegenkommen.«

Erstaunliche Sätze eines Wiener Juden, selbst wenn man davon ausgeht, dass Fried zu diesem Zeitpunkt in Wien noch selten antisemitischen Angriffen ausgesetzt gewesen sein dürfte. Anders als die zu dieser Zeit bereits in großen Mengen nach Wien strömenden Ostjuden war er äußerlich in keiner Weise als Jude erkennbar und zudem in der ÖFG noch nicht exponiert genug, um ein bevorzugtes Angriffsziel zu bilden. Dennoch lässt sich der Verweis auf Lueger nur damit erklären, dass Fried mit seinem Werk, wie angekündigt, ganz an der Oberfläche zu bleiben beabsichtigte. Kritische Töne, die einen Hinweis darauf gäben, dass auch in Wien die sozialen Spannungen zunahmen, die Nationalitäten gegeneinander kämpften und der Antisemitismus sich ausbreitete, fehlen daher völlig. Fried kritisiert lediglich ein paar Einrichtungen Wiens, wie das mangelhafte Nahverkehrsnetz, die teuren Droschken, die Sperrstunde um 10 Uhr abends und die mangelnde Aufgeschlossenheit gegenüber Neuerungen. Und so kommt er zu dem Schluss, dass die Wiener letztlich von den Berlinern profitieren könnten, wenn sie verschiedene Berliner Einrichtungen nachahmen würden, allerdings: »Nur die Einrichtungen sind nachzuahmen, nicht die Menschen.«

Deutliche Zeichen einer beginnenden Integration Frieds in das Wiener Gesellschaftsleben und seiner persönlichen Konsolidierung ab 1908 bieten auch die Belege für seine Mitgliedschaft und sein Engagement in verschiedenen Vereinen und Verbänden, allen voran seine Aufnahme bei den Freimaurern. Die weltbürgerliche Freimaurerbewegung mit ihrem Ideal des nach Vervollkommnung strebenden Menschen, ihrem Einsatz für eine humanitäre Ethik und ein friedliches, sozial gerechtes Zusammenleben, verbunden mit dem Kampf gegen jede Form von Fanatismus, Chauvinismus und Kastengeist, der auch die strikte Ablehnung jedes Antisemitismus beinhaltete,[144] stand, obwohl zunächst nicht explizit pazifistisch ausgerichtet, der Friedensbewegung immer nahe. Viele bekannte Pazifisten[145] gehörten den verschiedenen Freimaurerlogen an, darunter auch der von Fried verehrte Leiter des Internationalen Friedensbüros in Bern Elie Ducommun. Im Februar 1908 wird Fried in Pressburg als »Lehrling« einer sogenannten »Grenzloge« aufgenommen.

Da das restriktive österreichische Vereinsgesetz staatlichen Kommissären eine Teilnahme an allen Vereinssitzungen erlaubte, was von den Freimaurern strikt abgelehnt wurde, waren seit 1869 die »Grenzlogen« entstanden, die in der Heimatstadt einen der amtlichen Kontrolle unterliegenden humanitären Verein betrieben, sich aber für die eigentliche Logen-Arbeit in den ungarischen Grenzstädten Ödenburg, Neudörfl und Pressburg trafen, wo die Freimaurerei seit 1867 erlaubt war. Die Grenzlogen unterstellten sich daher offiziell der Großloge von Ungarn, wirkten jedoch in Österreich.[146] In die Wiener Grenzloge »Sokrates« wird Fried unter der Matrikelnummer 228 am 9. Februar 1908 in Pressburg aufgenommen.[147]

Gleichzeitig tritt er damit auch in den zugehörigen »nichtpolitischen Verein Humanitas« ein, der seine eigene Zeitschrift »Der Zirkel« unter Leitung des Wiener Schriftstellers und Dramaturgen Heinrich Glücksmann[148] herausgibt. Glücksmann, der auch in Kontakt mit Bertha von Suttner steht und schon 1906 ihre »Randglossen zur Zeitgeschichte« aus der »schönen Zeitschrift ›Friedenswarte‹«[149] in seinen Zirkel übernimmt, wendet sich nun auch an Fried, um ihn zur Mitarbeit aufzufordern. Tatsächlich erscheinen dort im Laufe der nächsten Jahre verschiedene Artikel Frieds: Mal sind es Berichte über Veranstaltungen und Versammlungen der Loge Sokrates, mal Leitartikel aus der »Friedens-Warte«, die im Vorabdruck oder im Nachdruck erscheinen.

Dass die Wiener Logen zu diesem Zeitpunkt dem Friedensgedanken nahestehen, beweist ein Artikel der »Friedens-Warte«,[150] den Fried bezeichnenderweise in der Rubrik »Aus der Bewegung« abdruckt. Darin wird von einem Friedensfest der vereinigten österreichischen Grenzlogen in Wien berichtet, auf dem Bertha von Suttner und Heinrich Glücksmann die Festreden halten, Erstere über die Bedeutung der Haager Konferenz, Letzterer über die Beziehungen der Freimaurer zur Friedensidee. Ab 1908 berichtet »Der Zirkel« immer häufiger über die Aktivitäten der ÖFG, druckt einen Aufsatz Andrew Carnegies über »Die Rüstungen und ihre Ergebnisse« nach[151] und wirbt auch für Frieds Schriften und die »Friedens-Warte« selbst. Bis 1914 ist so eine stetig zunehmende Annäherung zwischen der ÖFG und den Wiener Grenzlogen zu verzeichnen, an der auch Fried zweifellos seinen Anteil hatte.

Für Fried ist die Aufnahme bei den Freimaurern von nicht zu unterschätzender Bedeutung. Else Frankl, Ehefrau von Frieds Freund und Rechtsanwalt Emil Frankl, die gemeinsam mit ihrem Mann den Freimaurern angehörte, schreibt in einem 1921 in der Wiener Freimaurer-Zeitung veröffentlichten Gedenkartikel über Fried[152] sicher nicht zu Unrecht: »Im Kreise der Brüder Freimaurer, die alle verkannten Idealen dienten, konnte Fried auf Verständnis für seinen so oft missdeuteten, oft spöttisch belächelten Kampf für die Weltfriedensidee rechnen. Hier hat er auch die Heimat des Geistes gefunden, Gefährten, die willig und ohne Voreingenommenheit das ideale Ziel seines Strebens, seiner rastlosen Arbeit anerkannten.« Im April 1909 steigt Fried in den 2. Grad auf, am 22. Januar 1910 erhält er den Meistergrad der Loge Sokrates.

Der zunehmende Bekanntheitsgrad ihres Bruders erfüllt die Wiener Grenzlogen offensichtlich mit Stolz. Über den Stockholmer Friedenskongress 1910 schreibt der »Zirkel«: »In der ersten Reihe der Friedensbewegung steht unser Br. Alfred H. Fried, der mit seiner Frau kam.«[153] Als Anfang 1911 bekannt wird, dass Fried von mehreren Seiten für den Friedensnobelpreis vorgeschlagen sei, heißt es: »Br. Fried, der für die heilige Sache des Menschheitsfriedens auch in unseren Logen und auch im ›Zirkel‹

des Öfteren mit begeisternder Begeisterung eingetreten ist, reiht sich zu den eifervollsten und zielbewusstesten Führern der pazifistischen Bewegung und ist der ihm zugedachten Auszeichnung voll würdig. [...] Uns muss diese Ehrung besonders erfreuen, weil sie einen der Unseren trifft und so auch einen Teil ihres Glanzes auf unseren Bund und dessen ethische Ziele wirft, zu denen die lautere Menschenverbrüderung, die Schlichtung von Völkerzwisten auf dem Wege der Gerechtigkeit, statt auf dem der brutalen Gewalt, des privilegierten Massenmordes, auch gehört.«[154]

Als die Verleihung Wirklichkeit wird, sind die Logen unter den ersten Gratulanten, der Großmeister der Symbolischen Großloge von Ungarn schreibt aus Budapest an Fried, man habe aus der Tageszeitung die »hocherfreuliche Mitteilung« erfahren: »Da ist uns Ihre bereits über zwei Jahrzehnte andauernde, rastlose, für die Friedens-Idee mit wahrem Feuereifer durchgeführte, ganz besonders im Dienste der königlichen Kunst gestandene und stehende, erstklassige frmr. Arbeit vor unsern geistigen Augen vorübergezogen, und wir mussten uns und müssen es auch Ihnen gel. Br. sagen, dass Sie Ihre frmr. Pflicht in vollstem Maße erfüllt haben. Wir freuen uns ganz besonders darüber, dass der diesjährige Friedenspreis einem der Bbr. der Symbolischen Großloge von Ungarn zuerkannt wurde [...]«[155] Dieser Stolz der Brüder auf Fried wird ihn in den nächsten Jahren begleiten und ihm den Rücken stärken. Und selbst nach Ausbruch des Krieges 1914 halten die Brüder an Fried fest.

Schon ein Jahr vor seinem Eintritt in die Loge wird Fried Mitglied der neugegründeten »Soziologischen Gesellschaft« an der Universität Wien. Von Anfang an ist er in die Planungen und Vorbesprechungen der Gründung einbezogen: »[...] und zwar bitten wir Sie sowohl um Ihre wertvolle Mitarbeit an dem geplanten Unternehmen, wie darum, durch Ihr freundliches Erscheinen Ihr Interesse an der Sache lebendig zu dokumentieren.«[156] Bei Fried, der zu diesem Zeitpunkt gerade an der Übersetzung von »Gerechtigkeit und Lebensexpansion« des russischen Soziologen Novicow arbeitet, das für ihn »eine der genialsten soziologischen

Schriften ist, die je geschrieben wurden«,[157] stößt dieses Ansinnen nicht auf taube Ohren. Als die Gesellschaft im Frühjahr 1907 gegründet wird, ist er eines ihrer ersten ordentlichen Mitglieder.

Zweck des neuen Vereins, dem »alle Gebildeten ohne Unterschied des Geschlechtes« beitreten können, ist das Verständnis für Wesen und Bedeutung der Soziologie und »die Kenntnis und Erkenntnis soziologischer Tatsachen in streng wissenschaftlicher Weise zu fördern und zu verbreiten«.[158]

An der Spitze steht Rudolf Goldscheid, Abkömmling einer reichen jüdischen Wiener Familie, der einige Jahre in Berlin verbracht hatte und dort durch seine persönliche Bekanntschaft mit August Bebel zum überzeugten Sozialisten geworden war. Nach Abbruch des Studiums nach Wien zurückgekehrt, war er zunächst durch Schriften im Bereich der Ethik bekannt geworden und wandte sich nun der Ökonomie und Soziologie zu.[159] Goldscheid, der sich dem Pazifismus erst ganz allmählich nähern wird, entwickelt seine später von den Pazifisten hochgeschätzte Theorie der »Menschenökonomie«, des ständig steigenden ökonomischen Wertes des Menschenlebens, der menschlichen Arbeitskraft und der Volksgesundheit in einer kulturell hochstehenden Gesellschaft,[160] zeitgleich mit Frieds »revolutionärem Pazifismus«, bleibt aber als überzeugter Sozialist, der die Probleme in der inneren, statt in der äußeren Ordnung der Staaten sieht, der ÖFG zunächst fern.

Obwohl Fried und Goldscheid sich persönlich erst langsam näherkommen, ist der zunehmende Einfluss beider Männer aufeinander unverkennbar. Während Fried durch Vorträge und Diskussionen in der Soziologischen Gesellschaft wirkt und damit auch Rudolf Goldscheid immer näher an die Friedensbewegung heranbringt, fällt auf, dass sich die »Friedens-Warte« von 1908 an immer häufiger mit den Ansichten der Sozialdemokraten auseinandersetzt. Dass Fried selber zu dieser Zeit keinen direkten Kontakt zur österreichischen Sozialdemokratie hatte, sich der Kontakte Goldscheids aber bewusst war, zeigt ein Brief an ihn von Ende 1912/Anfang 1913, in dem Fried für sein Vorhaben, dem Nobelinstitut das sozialistische Büro in Brüssel als Nobelpreiskandidaten für 1913 vorzuschlagen, um Unterstützung führender Vertreter der Wiener Sozialdemokratie bittet: »Da ich gar keine Beziehung zu den Herren habe, bitte ich Sie, mit einem Ihrer Bekannten der Partei darüber zu sprechen und mir eventuell Gelegenheit zu geben, mit der betreffenden Persönlichkeit zusammenzukommen.«[161]

1912 gibt Fried in seiner Reihe »Internationale Verständigung«[162] Goldscheids Broschüre »Friedensbewegung und Menschenökonomie« heraus, die auf einen Vortrag des Autors vor der ÖFG zurückgeht. Darin legt Goldscheid den besonderen Zusammenhang zwischen seiner Theorie und dem Wirken der Friedensbewegung dar. Ausgehend vom sozialistischen Ansatz der Arbeit als »Mutter aller Dinge«,[163] betont Goldscheid die »veränderte Rolle, die der Krieg im Produktionssystem der Gegenwart spielt«, die ihn durch die mittlerweile eindeutig negative Bilanz »zu einem Anachronismus stempelt«. Ebenso verheerend falle die ökonomische Bilanz des bewaffneten Friedens aus, auf dessen Konto vielfach Armut, Ausbeutung und Volkskrankheiten gingen. Einen Ausweg sieht er nur in internationaler Verständigung und organisatorischem Internationalismus, wobei der Schwerpunkt allerdings mehr auf einer gerechten internationalen Wirtschaftsordnung und dem Ausgleich der ökonomischen Länderinteressen liegt als auf dem Völkerrecht. Dabei beschreibt Goldscheid ein direktes Abhängigkeitsverhältnis der inneren von der äußeren Ausbeutung. Es sei daher nicht richtig – und hier sieht er eine Lücke im marxistischen System –, die Lösung einzig durch die zunehmende Macht der Arbeiterklasse zu erwarten: »Es ist vielmehr eine Tatsache, dass von einem bestimmten Punkt ab das Völkerverhältnis jeglichen weiteren Fortschritt der sozialistischen Bewegung unterbindet.« Beides müsse sich gleichzeitig entwickeln und stützen. Daher brauche die Friedensbewegung, wenn sie wirklich etwas bewirken wolle, den Sozialismus als Untergrund, so wie dieser den organisatorischen Internationalismus als Rückgrat benötige.

Für Goldscheid selbst führen diese Überlegungen direkt zur Zusammenarbeit mit den Pazifisten. Im Dezember 1912 schreibt er erstmals einen Leitartikel für die »Friedens-Warte«,[164] und schon ein halbes Jahr später gibt die ÖFG dort seine (und Frieds) Kooptation in den Vorstand bekannt.[165] In den kommenden Jahren wird Goldscheid eine wichtige Rolle in der Friedensbewegung spielen: in der Kriegszeit vor allem im »Bund Neues Vaterland«, später als Nachfolger Frieds in der ÖFG, deren Präsidentschaft er von 1923 bis zu seinem Tode 1931 innehat, und im Rat des Internationalen Friedensbüros.

3.7 Der Verband für internationale Verständigung

Durch erste positive Reaktionen einiger Völkerrechtswissenschaftler, Soziologen und Nationalökonomen ermutigt, beschäftigt sich Fried um 1909 auch mit einer möglichen Ausweitung der pazifistischen Basis in Deutschland auf die bis dahin zumeist ablehnenden akademischen Kreise. »Die Zeit ist allerdings jetzt reif dafür, größere Massen für die Friedensidee zu gewinnen. Aber noch reifer scheint mir jetzt die Intelligenz zu sein. Hier ist starke Bresche geschossen worden, und ich kann Ihnen verraten, dass in allernächster Zeit eine Organisation ins Leben tritt, die sich die Aufgabe stellt, die Intelligenz in Deutschland für die Sache zu gewinnen.«[166]

Was Fried hier Hans Wehberg gegenüber Ende April 1910 andeutet, ist das Entstehen einer neuen Gesellschaft, die er selbst mitinitiiert hat. Die ursprüngliche Idee stammte wohl von Eugen Schlief, der sich schon Anfang 1907 unter dem Eindruck, dass neben den in seinen Augen wenig effektiven Friedensgesellschaften eine Vereinigung der pazifistischen Intelligenz nötig sei, an Fried wendet. Der greift die Idee sofort auf: »Was Ihren Vorschlag zur Gründung eines Ausschusses der Friedensbewegung anbelangt, will ich gerne dabei mithelfen, doch wüsste ich außer Nippold in Deutschland absolut keine Persönlichkeit weiter, die dafür zu gewinnen wäre. Quidde ist zu sehr im Fahrwasser ›des Vereins‹ drinnen, und es scheint mir, dass er in Rücksicht auf seine etwaige Parlamentskandidatur sich mit dem ›Verein‹ nicht in Gegensatz wird bringen wollen.«[167]

Während Fried die Anregung Schliefs an den Völkerrechtler Otfried Nippold, Rechtsanwalt und Privatdozent in Bern, weitergibt, mit dem er schon seit 1905 in regem Briefkontakt steht, stellt sich schnell heraus, dass es Schlief eher um die Gründung einer Partei als eines Ausschusses geht. Schlief macht den Vorschlag, sie »Partei der Internationalen Ordnung« zu nennen und sich um einen Gründungsstamm von dreißig bis vierzig Personen zu bemühen. Fried antwortet, ein Dutzend würden wohl für den Anfang genügen, und schlägt einen Gründungskern aus sich, Schlief, Nippold und Schücking vor.[168]

Doch die Resonanz bei den Erwähnten scheint nicht übermäßig groß gewesen zu sein, denn schon bald lässt Frieds erste Euphorie merklich nach, und auch der Kontakt zwischen ihm und Schlief wird wieder sporadischer. Immerhin veröffentlicht Fried noch Schliefs Artikel »Die Partei der internationalen Ordnung«, in der Schlief eine Partei fordert, »welche sich aus den verschiedensten Ländern rekrutiert«.[169] Ein konkreter Gründungsaufruf ist das jedoch nicht, eher eine – sehr in Schliefs eigenem Denksystem wurzelnde – Diskussionsvorlage. Fried selbst spricht in einer »Anmerkung der Redaktion« lediglich vage von dem »seit einigen Jahren zwischen einigen deutschen Pazifisten brieflich und mündlich erörterten Projekt« zur Gründung der Partei und sieht sich gleichzeitig genötigt, sich von den sehr polemischen Bemerkungen Schliefs zur bestehenden Friedensbewegung und ihren Aktivitäten zu distanzieren.

Zur selben Zeit verfolgt Fried in seiner Korrespondenz mit Nippold jedoch einen etwas anderen Plan: »Meine Hoffnung ist es, einmal neben den Friedensgesellschaften eine große wissenschaftlich-politische Gesellschaft zu gründen, die sich durch ihre Zusammensetzung und durch ihre Wirksamkeit augenfällig von den bisherigen Teegesellschaften und Stammtischen abhebt. Eine solche Gesellschaft tut not. Sie wird sich die aufgerüttelte öffentliche Meinung im Fluge gewinnen und wird die ›Vereine‹ auf ihren wahren Wert reduzieren.«[170] Wieder bildet die Kritik an den Missständen innerhalb der bestehenden Gesellschaften den Kern der Initiative, in der sich Fried sowohl mit Schlief als auch mit Nippold einig weiß: »Es gibt Leute, die die windigsten Hohlköpfe sind, aber die Friedensbewegung dazu erkoren haben, ihren Ehrgeiz zu befriedigen. Menschen auf der Intelligenzstufe von Köchinnen, die Ehrenämter erhalten und in den Vordergrund gestellt werden, weil sie ›gute Figur‹ machen und in der Lage sind, sich Ehrenstellen auch zu kaufen [....]. Natürlich muss dieses ganze Elend der Außenwelt verborgen bleiben, denn wenn die Friedensgesellschaften auch fürchterlich sind, so haben sie auch Vorteile. Sie wirken etwas und deshalb muss man sie in den Kauf nehmen.«

Von sich selbst schreibt Fried, er arbeite schon seit vielen Jahren als »Freischärler« und sei bei den Führern der DFG mittlerweile der bestgehasste Mann. Allerdings sei es im Interesse der Sache ratsam, bei aller Abgrenzung die Fühlung zu den Vereinen zu bewahren und auch auf die Kongresse Einfluss auszuüben. Nippold antwortet darauf im Januar, dass er gerne, wenn Fried in den nächsten Monaten in die Schweiz käme, einmal mit ihm mündlich über das Thema konferieren wolle.[171] Ob dieses Treffen zustande kommt, ist allerdings unklar, auch ob, wie Fried später behaupten wird, über die Jahre ein ständiger Gedankenaustausch zwischen ihm und Nippold über eine Verbandsgründung stattfindet.[172]

Sicher ist, dass Nippold sich ab 1908 mit einem internationalen Zusammenschluss gleichgesinnter Völkerrechtler befasst. In »Meine Erlebnisse in Deutschland vor dem Weltkriege«[173] beschreibt er, dass ihm während seiner Studien zum Völkerrecht der Gedanke gekommen sei, die Völkerverständigung in die breite Masse zu tragen, und er daher im Februar 1909 eine Deutschlandreise angetreten habe, um mit Völkerrechtlern, Staatsmännern, Parlamentariern und anderen Persönlichkeiten die Idee einer Organisationsgründung zu beraten.[174] Fried erwähnt er in diesem Zusammenhang mit keinem Wort, und er kommt auch an keiner anderen Stelle seines Werkes vor.

Nach seiner Übersiedelung von Bern nach Frankfurt im Oktober 1909 beginnt Nippold zusammen mit dem Marburger Völkerrechtsprofessor Walther Schücking konkret an der Gründung einer größeren Gesellschaft zu arbeiten. Fried scheint sich in dieser Phase zurückzuziehen: »Obwohl der Plan zur Gründung einer wissenschaftlich-politischen Organisation zwecks besserer Vertretung des pazifistischen Gedankens von mir ausgegangen ist, und wir beide lange hindurch gemeinsam diesen Plan erörterten, habe ich mich sofort diskret zurückgezogen, als ich bemerkte, dass Sie die Idee ohne mich im Verein mit Schücking ausführen wollten. Erstens wusste ich Sie dabei in guten Händen, zweitens liegt mir nichts ferner, als mich vorzudrängen«, schreibt er später.[175]

Tatsächlich dürfte Frieds Zurückhaltung vor allem darin begründet gewesen sein, dass er selbst zu den universitären und politischen Kreisen in Deutschland, die Nippold für das Projekt interessieren wollte, wenig Verbindungen hatte und dass er mit seinen eigenen Arbeitsprojekten ohnehin mehr als ausgelastet war. Dennoch beobachtet er die Entwicklung sehr genau und scheut auch nicht davor zurück, sich einzumischen. Als Schücking ihm den Entwurf für den Gründungsaufruf sendet, spricht sich Fried vehement gegen den darin enthaltenen Passus aus: »Alle deutschen Männer und Frauen ohne Unterschied der Partei sind uns willkommen.« Nippold gegenüber begründet er seine Ablehnung damit, dass es ja gerade um die Sammlung der geistigen Elite gehe, dieser Passus aber dieselben Menschen ansprechen würde, die auch in den Friedensgesellschaften wirkten, von denen man sich ja unterscheiden wolle. Nippold reagiert verletzt und wirft Fried vor, ihm ein Bein zu stellen und die Gründung erschweren zu wollen. Als der Aufruf im Mai veröffentlicht wird, ist der von Fried kritisierte Passus unverändert enthalten.[176]

Im Oktober 1910 erwähnt Fried Wehberg gegenüber »einige Unstimmigkeiten«, die ihn möglicherweise daran hindern könnten, an der Frankfurter Gründungsversammlung teilzunehmen,[177] im Mai 1911 sagt er seine Teilnahme endgültig ab. In seiner Begründung erklärt er, Nippold habe es, als die Gründung konkrete Formen annahm, »vorgezogen, mich auszuschiffen, und das Werk alleine weiterzuführen«.[178] Vor allem aber wirft er Nippold vor, er habe bei der Sitzung des Vorbereitungskomitees am 13. März 1911 einen Vorschlag Schückings, ihn in den Zentralvorstand zu wählen, aus »taktischen Gründen« abgelehnt.

An Nippold selbst schreibt er: »Ich hatte geglaubt, durch die Schaffung dieser Neuorganisation mir auch sozusagen eine politische Heimstätte zu schaffen. Da ich den Friedens-Gesellschaften stets fernstand und immer allein auf eigene Faust arbeitete, hatte ich die Sehnsucht nach einer Gesinnungsgemeinschaft, der ich mich anschließen könnte, und jetzt, da diese Gesinnungsgemeinschaft geschaffen wird, wird mir die Türe verschlossen und ich abermals obdachlos gemacht. Das ist für mich eine große Enttäuschung, und ich weiß noch nicht, wie ich mich dazu verhalten werde.«[179]

Tatsächlich entsprang die Entscheidung, den bekannten Pazifisten Fried nicht in den Zentralvorstand zu wählen, was Schücking »wegen seiner Verdienste um das Völkerrecht« und auch, um zumindest mittelbar eine Verbindung zu pazifistischen Kreisen zu signalisieren,[180] vorgeschlagen hatte, aus der fortwährenden Angst der meisten Gründungsmitglieder, mit den gesellschaftlich geächteten Pazifisten identifiziert zu werden. Dabei ging es nicht nur um eine Abgrenzung von den Friedensgesellschaften, sondern auch um einen Verzicht auf alle genuin pazifistischen Forderungen. Die deutliche Zurückhaltung der umworbenen Persönlichkeiten nötigte die Initiatoren dazu, das ursprüngliche Programm immer weiter abzuschwächen und zuletzt sogar den gerade von Schücking – und eben auch von Fried – unterstrichenen Gedanken der internationalen Organisation in den Hintergrund treten zu lassen und an dessen Stelle nur noch das Bekenntnis zur Verständigungsbereitschaft zu setzen.[181]

Fried lag also nicht ganz richtig, wenn er glaubte, Nippold lehne seine führende Mitwirkung nur deshalb ab, weil er ihn zu eng mit den Friedensgesellschaften verbunden sähe, von denen man sich abgrenzen wollte: »Es ist ein Fehler, wenn Sie versuchen, mich als Vertreter jenes Pazifismus hinzustellen, den die neue Organisation überwinden will. Im Gegenteil. Ich war der Erste, der jenen Pazifismus überwunden hatte.«[182] Eher schon ging es um den Bekanntheitsgrad des Pazifisten Fried und seiner (radikalen) Theorien, die potentielle Mitglieder hätten abschrecken können. Auf die Mitwirkung gemäßigter Pazifisten, insbesondere, wenn sie Akademiker waren, konnte und wollte man dagegen nicht verzichten. Daneben ging es für Nippold persönlich aber auch um seinen Führungsanspruch im Verband, den er als seine persönliche Gründung darstellen und den er nicht als einen Zweig der Friedensbewegung etablieren wollte, sondern allenfalls als einen Verband, der sich »in den breiten Strom der Verständigungsbewegung« einreihte.[183]

Trotz seiner persönlichen Enttäuschung setzt Fried weiterhin große Hoffnungen auf den Verband und bittet Hans Wehberg, für die »Friedens-Warte« zu berichten. Diesem Artikel setzt er aber dann doch noch einige Zeilen voran, in denen er, obwohl unnötig, da Wehberg dies ohnehin tut, noch einmal seine eigenen Verdienste als Initiator betont: »Der Herausgeber dieser Blätter ist stolz darauf, die erste Anregung zu dieser Gründung gegeben zu haben, deren Notwendigkeit er seit langem betonte und in diesen Blättern auch vertrat. Nicht aus Ruhmsucht sei dies hier festgestellt, sondern aus dem Bestreben, die Nabelschnur anzudeuten, die die neue Gründung mit dem Pazifismus verbindet.«[184]

Auch Wehberg vergisst in seinem nachfolgenden Artikel nicht, Frieds Urheberschaft zu betonen, die auch von mehreren Rednern der Versammlung, besonders von Schücking und Nippold, »warm hervorgehoben« worden sei. Dabei nennt er, wohl nach Angaben Nippolds, den Weltfriedenskongress in Luzern 1905 als den Zeitpunkt des ersten Gespräches über das Thema.[185]

Unter den 41 Teilnehmern der Versammlung befinden sich auch Mitglieder der DFG und der IPU, von denen einige, wie Ludwig Quidde und Richard Eickhoff, auch in den etwa zwanzigköpfigen Ausschuss der Gesellschaft gewählt werden, überwiegend bemüht man sich aber tatsächlich, bisher nicht pazifistisch aktive Männer aus Wirtschaft, Wissenschaft und Politik einzubinden. Die ehrenden Erwähnungen, die er auf der Versammlung erfahren hatte, beschwichtigen Fried zunächst, und während der nächsten Monate ebben die Konflikte ab. Fried wird, ohne weitere Ansprüche zu stellen, einfaches Mitglied des Verbandes und berichtet häufig über ihn in der »Friedens-Warte«. Dann jedoch bahnt sich unerwartet rasch ein neuer Konflikt an.

Im April 1912 kommt es, für Fried völlig unerwartet, zu einer schweren Auseinandersetzung. Am 17. April bittet Fried Wehberg, bei Prof. Robert Piloty in Würzburg nachzufragen, ob ein Vortrag von ihm in Frieds Broschüren-Serie »Internationale Verständigung«, in der er bereits eine Rede des britischen Lordkanzlers Haldane über die deutsch-englischen Beziehungen veröffentlicht hatte,[186] gedruckt werden könnte. Dabei erwähnt er auch, dass er in Kürze noch einige weitere Werke in dieser Reihe herausbringen wolle.[187] Die Anfrage tritt eine Lawine los, denn der Verband für internationale Verständigung fürchtet durch den Reihentitel »Internationale Verständigung« Verwechselungen mit einer von ihm selbst geplanten Reihe und will auch den möglichen Eindruck einer direkten Verbindung zwischen sich und der »Friedens-Warte« bzw. ihrem Herausgeber verhindern. Piloty lehnt daher nicht nur die geplante Veröffentlichung ab, sondern informiert auch sofort Nippold, der im Namen des Verbandes verlangt, Fried solle den Titel seiner Reihe umgehend ändern. Dieser jedoch weigert sich zunächst: »Ich kann meine Sammlung absolut nicht anders nennen, da sie eine deutsche Parallele zur ›International Conciliation‹ ist, für die es einfach keine andere Übersetzung gibt. Außerdem dürfen die Herren nicht so tun, als ob ›Internationale Verständigung‹ das Charakteristikum ihrer Bestrebungen ist, während ich diese Bezeichnung just für meine Bestrebungen erfand. Sie wissen, dass die ›Friedenswarte‹« früher ›Organ für internationale Verständigung‹ hieß.«[188] Da Fried zugleich noch offizieller Generalsekretär der »Conciliation internationale« für Mitteleuropa ist, glaubt er sich doppelt berechtigt, den Reihentitel weiterzuführen. In der ersten Hälfte des Jahres 1912 gibt er vier weitere Bändchen der Reihe heraus, alle mit der Devise der »Conciliation internationale«: »pro patria per orbis concordiam« auf der Titelseite.[189] Um möglichen Protesten vorzubeugen, druckt er eine Erklärung auf die innere vordere Umschlagseite, in der er sich offiziell vom Frankfurter Verband abgrenzt.

Was Fried zu diesem Zeitpunkt noch nicht weiß, ist, dass es Nippold in der Zwischenzeit gelungen ist, mit dem europäischen

Präsidenten der »Conciliation internationale«, Baron Paul Henri d'Estournelles de Constant, einen Anschluss seines Verbandes an die internationale Organisation zu vereinbaren, der zugleich einen Alleinvertretungsanspruch für die deutschsprachigen Publikationen des Gesamtverbandes beinhaltet.

Trotz der Erklärung auf der Umschlagseite fühlt sich der Verband in Person Nippolds provoziert. Im Juli 1912 schreibt er an Fried: »Dadurch haben Sie sich einer Verletzung unseres geistigen Eigentums schuldig gemacht, und zwar unterliegt es keinem Zweifel, dass, nachdem wir Sie im vorigen Jahre verwarnt hatten, dies in doloser Absicht geschehen ist. Sie werden daher hierdurch aufgefordert, den Vertrieb der gedachten Broschüren sofort zu sistieren. Wir behalten uns im Übrigen vor, Ihr widerrechtliches Vorgehen der Öffentlichkeit bekanntzugeben und durch richterliche Verfügung Konfiskation der Broschüren zu beantragen.«[190]

Fried ist über den Ton des Briefes tief erschüttert. Noch am selben Tag setzt er einen vierseitigen Verteidigungsbrief auf, den er, zusammen mit einer Kopie des Nippold-Briefes, gleichzeitig an Schücking und Wehberg schickt.[191] Darin betont er nicht nur, dass er Generalsekretär der »Conciliation internationale« für Zentraleuropa sei[192] und schon seit 1907 Bände unter der Überschrift »Conciliation internationale« veröffentlicht habe und dass der amerikanische Zweig seine Broschürenreihe mitfinanziere, sondern er unterstreicht auch noch einmal sein geistiges Urheberrecht: »Ich war der Erste, der diese Worte als Kennzeichnung der Friedensbewegung gebracht hat. Sie bildeten von 1899–1908 den Untertitel der ›Friedens-Warte‹.«

Am Schluss seines Briefes bittet er die beiden Männer um Intervention: »Ich bitte Sie zu beurteilen, mit welchem Recht Herr Professor Nippold dazu kommt, mir einen derartigen Brief zu schreiben, wie Sie ihn in der Anlage finden, und ich bitte Sie, alles aufzuwenden, um zu verhindern, dass Professor Nippold die Sache zu einem öffentlichen Skandal treibt, durch den die Sache der ›Internationalen Verständigung‹ in Deutschland vielleicht mehr leiden kann, als er und ich ihr bisher nutzen konnten.«[193] Handschriftlich fügt Fried dem Brief an Wehberg die Bemerkung hinzu, Nippolds Brief habe ihn derart aufgeregt, dass er arbeitsunfähig sei.

Tatsächlich wendet sich Wehberg nur vier Tage später in Frieds Sinne an Nippold[194] und bemängelt sowohl, dass die Verhandlungen mit den ausländischen Vereinigungen hinter Frieds Rücken geführt worden seien, als auch die »ungerechtfertigte Schärfe des Briefes vom 1. Juli«. Er drängt auf eine Entschuldigung des Verbandes und eine friedliche Verständigung mit Fried. »Der Gedanke, der Verband für internationale Verständigung werde mit dem verdienstvollsten Pazifisten Deutschlands prozessieren, ist ja ganz unmöglich. Auf jeden Fall würde die Angelegenheit weitere Kreise beschäftigen und viele Freunde Frieds würden vielleicht im weiteren Verlaufe der Sache gezwungen sein, gegen den Verband für internationale Verständigung unzweideutig Stellung zu nehmen.« Doch es ist bereits zu spät. Schon am 4. Juli hat der Verband seine Anschuldigungen gegen Fried öffentlich gemacht, und Fried denkt nun seinerseits daran, eine Klage anzustrengen, und droht auch damit, die Amerikaner in den Streit mit einzubeziehen.

Aber auch da kommt ihm Nippold zuvor. Bei einem Treffen in Paris einigen sich Butler und d'Estournelles unter Nippolds Einfluss darauf, Fried um eine Änderung seines Reihentitels zu bitten, wobei sie zugleich aber deutlich machen, dass die Schuld an den Verwicklungen allein auf ihrer Seite liegt.[195] Fried lenkt ein und sagt nicht nur zu, seine Serie künftig umzubenennen, sondern sogar die vorhandenen Lagerbestände mit neuen Umschlägen zu versehen. Sie tragen ab diesem Zeitpunkt den Reihentitel »Internationale Organisation« und weisen keinen Wahlspruch mehr auf. Damit jedoch sind auch die Gelder aus Amerika, die nun der neuen Broschürenreihe des Verbandes für Internationale Verständigung zufließen, für ihn versiegt, so dass die nächsten Bände erst 1914 erscheinen.

Der Grund für diese ungewöhnliche Nachgiebigkeit Frieds ist sicher vor allem in der Tatsache zu suchen, dass Butler zugleich mit dem Vorsitz der »American Association for International Conciliation« auch den Direktionsposten der Abteilung für

Propaganda und Erziehung der Carnegie-Stiftung innehatte und damit über die Zuweisung der Gelder für Fried und die »Friedens-Warte« bestimmte. Seit Gründung der Carnegie-Stiftung 1910 war Fried als Spezialkorrespondent für Österreich der Abteilung »Intercourse and Education« tätig, seit Anfang 1912 erhielt er einen jährlichen Zuschuss von 6000 Dollar für die Zeitschrift.[196] Einen Konflikt mit Butler konnte sich Fried daher unter keinen Umständen leisten, noch weniger als mit d'Estournelles de Constant, der Fried als Sekretär für Mitteleuropa der französischen »Conciliation internationale« eingesetzt hatte.

Nippold gegenüber bleibt er jedoch zunächst hart und droht weiter mit einer Beleidigungsklage, wobei für ihn noch erschwerend hinzukommt, dass er glaubt, Nippold habe ihn bei den ausländischen Freunden diskreditiert. Gerade ein halbes Jahr zuvor mit dem Nobelpreis ausgezeichnet, glaubt sich Fried wieder unverschuldet an den Rand gedrängt. Frustriert schreibt er an Wehberg: »Mein lieber Herr Doktor, das Gefühl des Ekels war bei mir in diesen letzten Wochen oft so stark, dass ich mir die Frage vorlegte, ob es nicht vielleicht das Richtigste wäre, meine gesamte Arbeit einzustellen. Unter diesen Umständen wird sie unerquicklich.«[197]

Als im Oktober 1912 der erste Verbandstag in Heidelberg stattfindet, ist Fried dennoch dabei und berichtet in der »Friedens-Warte« begeistert: »Ich muss es offen gestehen, dass mich an jenen Tagen in der Heidelberger Aula, als ich jene wichtigen Volksteile, die Vertreter der hohen Wissenschaft und Intelligenz, die bei der internationalen Verständigungsarbeit in Deutschland so lange vermisst wurden, mit dem selbstverständlichen Ernste nunmehr arbeitsbereit und arbeitsfähig am Werke sah, ein heiliger Schauer durchlief. Ich hatte ein Empfinden wie an jenem schönen Maienmorgen des Jahres 1899, als ich auf der Galerie des Buschhauses im Haag der Eröffnung der ersten Friedenskonferenz beiwohnte.«[198]

Ein Grund für diese Euphorie sind sicher auch Frieds ganz persönliche Erlebnisse in Heidelberg. Stolz berichtet er, d'Estournelles habe ihn beim Bankett als seinen »Mitarbeiter der ersten Stunde« und alten Freund apostrophiert, »womit er mich vor versammeltem Friedensvolk rehabilitierte«.[199] Auch

Nippold habe daraufhin mit ihm angestoßen und den Inhalt seiner Briefe per Handschlag zurückgenommen. Allerdings bezweifelt Fried, dass der Friede von Dauer sein werde.[200]

Den zunehmenden Abgrenzungsbemühungen des Verbandes gegen die Friedensgesellschaften, bzw. den »Alt-Pazifismus«, die weiterhin besonders auf Nippolds Initiative zurückgehen, versucht Fried in seinem Artikel mit dem Hinweis zu begegnen, man ginge ja letztlich in dieselbe Richtung und es sei für den Verband wohl eine Lebensbedingung, sich deutlich abzugrenzen. »Nur nicht so drastisch sollte er es tun.«[201] Und noch einmal weist er darauf hin, dass der Pazifismus aus vielen verschiedenen Strömungen bestehe: »Es sei nur auf die vom Pazifismus geschaffene Wissenschaft des Internationalismus verwiesen und auch auf den Umstand aufmerksam gemacht, dass die wirklichen Führer des Pazifismus in ihren Anschauungen dem Verbande sehr nahe stehen.« Für die Leser der »Friedens-Warte« dürfte es nicht schwer gewesen sein zu erraten, wen Fried damit im Besonderen meinte.

Auch vom zweiten Verbandstag, an dem der eben zum Ehrendoktor ernannte Fried ebenfalls teilnimmt, berichtet er überwiegend positiv und optimistisch.[202] Wieder ist es lediglich Nippolds mit einer polemischen Abwertung der bestehenden Friedensgesellschaften betriebene Abgrenzungspolitik, gegen die Fried Einspruch erhebt, der Verband habe »es nicht nötig, alle andern Friedenskämpfer und alle seine Vorkämpfer als Dummköpfe hinzustellen, um seine eigene Klugheit zu beweisen. Seine Aufgabe wäre es nur, die alten und gesunden Ideen mit neuen Mitteln unter neuen Formen zu vertreten. Er hat den mehr kleinbürgerlichen Charakter der bisherigen Friedensorganisationen durch die Großzügigkeit einer Vereinigung von Gelehrten und Politikern zu ersetzen. Darin – in der veränderten Form, nicht im Wesen – liegt seine Rechtfertigung, seine Stärke und Bedeutung.«

Dass nicht nur Nippold, sondern auch die meisten Mitglieder des Verbandes das durchaus anders sahen und sich nicht nur äußerlich, sondern auch von ihren nicht genuin pazifistischen Überzeugungen her deutlich von den Friedensgesellschaftlern unterschieden, zeigte sich spätestens mit Ausbruch des Weltkrieges. Während Nippold selbst den Verband bei Kriegsbeginn verließ, sich aber von der Schweiz aus umgehend mit Fried in Verbindung setzte, um dort eine neue Vereinigung zu gründen, distanzierten sich viele prominente Mitglieder des Verbandes öffentlich von ihrer Mitgliedschaft, und einige Namen ehemaliger Verbandsmitglieder standen sogar unter dem berühmten »Aufruf an die Kulturwelt« vom Oktober 1914.[203]

Frieds Hoffnung auf den Verband als »Oberhaus der Friedensbewegung«[204] war spätestens zu diesem Zeitpunkt endgültig gescheitert: »Es ist wirklich bedauerlich, dass der Verband jetzt so versagt, aber das kommt daher, dass zu viele ›halbe‹ darin waren. Das rächt sich jetzt.«[205]

Etwas mehr Glück hatte er mit dem erst 1914 gegründeten österreichischen Zweig der Verständigungsbewegung, der sich »Para Pacem« nannte. Dieser Zweig erkannte Frieds »revolutionären Pazifismus« als seine theoretische Basis an und bemühte sich auch von Anfang an um Zusammenarbeit mit der ÖFG. Zu den Führern der österreichischen Vereinigung, die wie der Verband für Internationale Verständigung in Deutschland außerhalb der Friedensgesellschaft stehende Kreise für die Völkerverständigung zu interessieren suchten, gehörten der Völkerrechtler Heinrich Lammasch, der spätere Präsident der österreichischen Völkerbundliga Konstantin Dumba, später auch der Theologe Johannes Ude und die Frauenrechtlerin Rosa Mayreder. Sie alle blieben während des Krieges ihren Überzeugungen treu und bemühten sich um einen schnellen Verständigungsfrieden. Auch der Versuch, nach dem Tod Kaiser Franz Josephs I. unter seinem Nachfolger Kaiser Karl im Sommer 1917 ein Friedenskabinett zu bilden und einen österreichischen Sonderfrieden auszuhandeln, wurde unter Führung von Lammasch und dem Kaufmann Julius Meinl,[206] der 1915 die zum größten Teil aus denselben Personen bestehende »Österreichische Politische Gesellschaft« gegründet hatte, von Mitgliedern dieser Gruppe initiiert.[207]

3.8 Friedensnobelpreis 1911 und Ehren-Doktorat 1913

Ostern 1911 schreibt Fried das Vorwort für die zweite, gänzlich umgearbeitete und erweiterte Auflage seines Handbuchs und erläutert darin, warum es sich nicht nur um einen leicht korrigierten Nachdruck, sondern faktisch um ein gänzlich neues Buch handle.[208] Durch die befruchtende Wirkung der 2. Haager Konferenz sei die Entwicklung der Staatenorganisation rasch fortgeschritten, die Völkerrechtswissenschaft neu belebt und der Friedensgedanke namentlich in Deutschland weiterentwickelt worden. Ebenso habe die Friedensbewegung sich feste theoretische Grundlagen geschaffen und sie wissenschaftlich untermauert.

Wegen des großen Umfangs entscheidet sich Fried, das Werk zweibändig herauszugeben. Nur der erste Band erscheint 1911, der zweite Teil erst im Frühjahr 1913.[209] Insgesamt gesehen, ist das Handbuch mit seinen akribischen Datensammlungen, seinem gut recherchierten Überblick über die Geschichte der Friedensbewegung und ihre aktuellen Entwicklungen ein überaus wertvolles Hilfsmittel insbesondere für aktive Pazifisten von damals und Friedenshistoriker von heute, und es ist in seiner Form bis heute einmalig geblieben. Zugleich gelingt es Fried damit, sein Ansehen in wissenschaftlichen Kreisen weiter auszubauen, was sicher dazu beiträgt, dass Fried in diesen Jahren die ersehnten öffentlichen Ehrungen erhält.

Die Zuerkennung des halben Friedensnobelpreises im Dezember 1911 ist für ihn die erste offizielle Anerkennung seiner Friedensarbeit. 1909 war Fried dem Nobelkomitee in Kristiania zum ersten Mal vorgeschlagen worden, damals allerdings allein von Fredrik Bajer, dem Nobelpreisträger des Vorjahres und langjährigen Freund Frieds.[210]

1910 umfasste die Liste derer, die Fried protegierten, bereits acht Namen: Jacques Novicow, Walther Schücking, Theodor Niemeyer, H. Rehm, Ernesto T. Moneta, L. Oppenheim, Eduard Wavrinsky und wiederum Fredrik Bajer. Oppenheim betont besonders, dass Fried, der ohne weitere Mittel nur vom Ertrag seiner Feder lebe, durch seine publizistischen Arbeiten und besonders durch die Herausgabe der »Friedens-Warte« gerade die Völkerrechtler sehr beeinflusst habe. Von allen, die aus diesen Reihen bisher den Nobelpreis bekommen hätten, schreibt Oppenheim: »Mr Fried seems to be the most worthy.« Und weiter heißt es: »But I must emphasise this – that he has put the movement of Pacificism on a Scientific basis, that he has founded the Science of the so-called ›Internationalism‹, and that he has by his arguments compelled most representatives of the science of International law to become his followers in the pursuit of the Ideal of Permanent Peace.«[211]

Auch Schücking betont in einem vierseitigen Schreiben, der »reaktionäre Geist einer Epoche, wie wir sie in Deutschland in den letzten 30 Jahren gehabt haben«,[212] habe auch die Völkerrechts- und Staatsrechtswissenschaften beherrscht und über die Professoren an den Universitäten auf das parlamentarische System zurückgewirkt, da viele Staatsmänner Juristen seien. »Es kam also für die Friedensbewegung unendlich viel darauf an, Fühlung mit der offiziellen Völkerrechtswissenschaft zu gewinnen. Diese Fühlung hat niemand anderer als A. H. Fried hergestellt. Seine geistvollen Abhandlungen, insbesondere die trefflich geleitete ›Friedens-Warte‹ haben die Mehrzahl der deutschen Völkerrechtslehrer mehr oder weniger für den Pazifismus gewonnen.«[213]

Nach Ablauf der Frist und nicht mehr berücksichtigt trifft noch ein weiteres Votum in Kristiania ein. Es stammt vom Staats- und Völkerrechtler der Universität Innsbruck Dr. Ferdinand Lentner: »Bei dem Umstande, als die Mitteilung des hohen Unterrichtsministeriums, betreffend die Zuerkennung des Friedenspreises der Nobel-Stiftung für 1910, mir am 2. d. M. intimiert wurde und ich Wert darauf legen musste, im Einvernehmen mit dem Professorenkollegium mein Votum abzugeben, stelle ich die Bitte, noch nach Ablauf der Frist zur geneigten Kenntnis zu nehmen, dass ich mich beehre, Herrn Alfred Fried [....] in Vorschlag zu bringen.«[214] Die einvernehmliche Entscheidung eines österreichischen Professorenkollegiums, Fried für den Nobelpreis vorzuschlagen, scheint interessant, vor allem unter dem Aspekt, dass sich Hans Wehberg ein Jahr später vergeblich bemühen wird, eine Universität zu finden, die bereit ist, Fried die Ehrendoktorwürde zuzuerkennen.

Im Januar 1911 erweitert sich die Liste der Fürsprecher noch einmal auf insgesamt vierzehn. Neben Ferdinand Lentner, dessen Vorschlag diesmal rechtzeitig eingeht, und anderen Persönlichkeiten wie Moneta, Novicow, Schücking und Bajer, die ihren Vorschlag vom Vorjahr erneuern, Bajer nun bereits zum zweiten Mal, kommen u.a. Gaston Moch, Leon de Montluc, Karl Lamprecht, Ludwig von Bar und Baron Ernst von Plener dazu, daneben aber auch Anna Zipernowsky, die bekannteste Frau der ungarischen Friedensbewegung[215] und Bertha von Suttner. Bertha von Suttner weist in ihrem Schreiben nicht nur auf Frieds außergewöhnlich rege publizistische Tätigkeit hin, mit der er die Friedensliteratur bereichert habe »wie kein anderer«. Sie betont auch seine pazifistische Gesamtpersönlichkeit: »Was ich aber zur Begründung meines Vorschlags aus persönlicher Kenntnis mitteilen kann, bezieht sich nicht auf die bekannt gewordenen literarischen Arbeiten Herrn Frieds, sondern auf sein Leben, seinen Charakter und seine Gesinnung, die ihn – nicht minder als seine publizistische und agitatorische Tätigkeit – geeignet erscheinen lassen, mit dem von Alfred Nobel eingesetzten Preis gelohnt und zu weiterem Wirken ermutigt zu werden.«[216]

Von Bedeutung für die diesmal positive Entscheidung des Komitees dürfte auch die Tatsache gewesen sein, dass es dem schwedischen Reichstagsmitglied Eduard Wavrinsky, der im Vorjahr als Einzelperson für Fried gesprochen hatte, gelungen war, die gesamte schwedische interparlamentarische Gruppe hinter sich zu bringen. So entscheidet das Nobelkomitee 1911 gegen eine Vielzahl anderer vorgeschlagener Persönlichkeiten, wie etwa Wilhelm Foerster, Henri La Fontaine, Gaston Moch, Felix Moscheles und Adolf Richter, der u.a. Ludwig Quiddes Kandidat ist, für Fried und spricht ihm zusammen mit dem niederländischen Rechtswissenschaftler und Mitglied des Haager Schiedshofes Tobias M.C. Asser den Nobelpreis zu.

Die Erste, die die gute Nachricht von Fried erfährt, ist Berta Fried-Engel. Schon am 5. Dezember schickt er der Mutter ein Telegramm nach Bernburg, auf das sie »zitternd vor Freude« umgehend antwortet[217] und sofort mit den Vorbereitungen für ihre Reise nach Wien beginnt, wo sie schon ein paar Tage später eintrifft. Am 8. Dezember informiert Fried Wehberg mit einer Postkarte von der bevorstehenden Preisverleihung.

Dann besucht er Bertha von Suttner. Wie dieser Besuch abläuft, notiert sie in ihrem Tagebuch unter dem 9. 12.: »Fried kommt – stürzt mir weinend an die Brust – ich glaube, seine Frau sei tot – Nein, das Unglück meldet er so: ›Ich habe den Nobelpreis‹ – Nun, das ist freudig. Lange Gespräche. Leider ist der Preis geteilt mit Asser. Er ist aber so auch zufrieden. Anlegen wird's größer machen. Und Fried u. Frau sind über die schlimmsten Sorgen hinaus.«[218]

Als die Nachricht von Frieds Wahl offiziell bekannt wird, treffen aus allen Teilen der Welt Glückwünsche ein. Bereits am 11. Dezember häufen sich die Telegramme, unter anderen von Walther Schücking, der sich »selten so gefreut«[219] hat, Adolf Heilberg aus Breslau, der nicht nur im Namen seiner Ortsgruppe, sondern »besonders aber von der ganzen Familie« gratuliert, und Georg Arnhold, der Frieds für diesen Preis »jugendliches Alter« hervorhebt, dabei aber auch seiner Überzeugung Ausdruck verleiht: »[....] auf niemand konnte mit größerem Recht die Wahl fallen.«

Ebenfalls noch am 11. Dezember berichtet auch die kaiserliche deutsche Gesandtschaft in Kristiania in einem ausführlichen Bericht die offizielle Begründung der Preisverleihung nach Berlin: »Seinem Wirken sei nicht zum wenigsten die Beeinflussung der Stimmung in Deutschland zugunsten eines friedlichen Abschlusses des deutsch-französischen Marokkokonfliktes zu danken.«[220] Als der Bericht eine Woche später Kaiser Wilhelm II. vorgelegt wird, schreibt dieser wütend an den Rand: »So ein unerhörter Schluss! Ich habe von dem Esel noch nie etwas gehört!«[221] Tatsächlich dürfte man in Kristiania den Einfluss und Bekanntheitsgrad Frieds deutlich überschätzt haben. So bekannt Fried außerhalb Deutschlands war, so hätten doch die meisten Deutschen dem Urteil des Kaisers zugestimmt.

Da die Nachricht am selben Tag über die »Daily News« und andere Zeitungen auch in England verbreitet wird, kommen auch von dort die ersten Gratulanten: unter ihnen William T. Stead und der zu dieser Zeit in Letchworth lebende Leopold Katscher. Während Katscher schreibt, Fried hätte den Nobelpreis sicher ungeteilt erhalten, wäre es ihm gelungen, die geplante Friedenspresse-Union ins Leben zu rufen, betont Stead: »But, anyhow, it enables you to rank as one of the Peace worthies of the world, and we have at least the consolation of knowing that you will not follow the example of Moneta, and betray the cause to which you are pledged.«[222] Selbst der immer in Querelen mit Fried verstrickte Otfried Nippold erkennt seine Verdienste uneingeschränkt an: »Sie haben sich in meinen Augen um die Friedenssache die größten, die wertvollsten Verdienste erworben und deshalb haben Sie den Nobelpreis auch am meisten verdient.«

Natürlich wird man in einem Glückwunsch-Telegramm auch keine ernstere Kritik erwarten, und so finden sich unter den vielen Gratulanten kaum zweifelnde Stimmen. Umso mehr fällt der ironische Ton von Ludwig Quidde auf, wenn er »halbtot vom Wahlkampf« erst am 19. Dezember aus einem Hotel in Ansbach schreibt: »Seit Wochen so überlastet, dass ich nur selten dazu komme, eine Zeitung zu lesen, erfahre ich jetzt erst, dass Sie den Nobelpreis erhalten haben; freilich nur den halben. Das ist eigentlich ein Pech, denn ein paar Jahre später hätte es für Sie sicher den ungeteilten ganzen Preis gegeben. So werden Sie selbst vielleicht mit einem nassen und einem trockenen Auge die Nachricht aufgenommen haben. Oder nicht?« Und er verheimlicht auch nicht, dass nicht Fried sein Wunschkandidat war, sondern der erste Vorsitzende der DFG: »Sie werden wissen, dass ich letztes Jahr eine sogenannte ›warme Lanze‹ für Dr. Richter eingelegt habe wegen seiner unscheinbaren, aber tatsächlich sehr hoch zu bewertenden Verdienste um die deutsche Organisation der Friedensbewegung.«

Vermutlich stand Quidde innerhalb der DFG mit dieser Meinung nicht allein, zumal man hier einen deutlichen Unterschied zwischen den deutschen und den österreichischen Pazifisten machte und sich dadurch nicht gleichsam mitgeehrt fühlen konnte. Richter selbst allerdings hatte Fried schon am 12. Dezember einen sehr herzlichen Brief geschrieben und seine Freude darüber ausgedrückt, »dass Ihre Verdienste um die Friedenssache die gebührende Anerkennung gefunden haben«.

So groß die Resonanz auf die Preisverleihung unter den Pazifisten ist, so gering ist sie namentlich in der österreichischen Presse, die sich gerade mit der Affäre Hötzendorf[223] und einem möglichen Präventivkrieg gegen Italien befasst, was die Beschäftigung mit pazifistischen Themen noch unbeliebter macht als ohnehin schon.[224] Am 15.12. beklagt sich Fried bei Wehberg: »Ich sage Ihnen meinen innigsten Dank für Ihre Glückwünsche und vor allen Dingen für den ausgezeichneten Artikel in der Köln. Zeitung. [...] Die hiesigen Blätter z.B. wussten gar nicht, was sie mit mir anfangen sollten. Über Asser wussten sie Bescheid, da sie sich die Notizen bei mir holten. So erwähnt die Neue Freie Presse als mein Hauptwerk meinen ›Friedens-Katechismus‹, ein Büchlein, das mein pazifistisches Erstlingswerk war, dessen ich mich heute schäme, und das erfreulicherweise seit 15 Jahren vergriffen ist.«[225] Er bittet Wehberg daher, auch für die »Neue Freie Presse« einen Artikel zu schreiben und fügt hinzu, er wolle dies nicht aus Eitelkeit, sondern um aus der Verleihung an einen Wiener in Österreich Kapital für die Friedensidee zu schlagen. Wehberg entspricht seinem Wunsch. Der Artikel wird auch angenommen, erscheint aber aus unbekannten Gründen nie im Druck.

Tatsächlich gibt es weder in Österreich noch in Deutschland größeres Interesse an der Nachricht und der Person,[226] weder von Seiten des Staates und der Regierung noch seitens der Presse, und mit ihr der Öffentlichkeit, die meisten begnügen sich, wenn überhaupt, mit einigen wenigen Zeilen auf der dritten Seite. Lediglich einige Blätter der Gegenseite, wie die »Danzer Armee-Zeitung« oder der antisemitisch orientierte »Kikeriki« befassen sich polemisch mit der Preisverleihung. Beide konzentrieren sich vor allem auf das Preisgeld und werfen Fried vor, sein ganzes Engagement für den Frieden sei ein reines Geschäft, das sich nun ausgezahlt habe; ein Vorwurf, der noch weitere Nahrung durch die Nachricht aus Holland erhält, dass Asser sein Preisgeld stiften werde. Neben dieser »schlechten Presse« sind es nur die Zeitungen, für die Fried selbst schreibt, wie das »Neue Wiener Tagblatt« und der »Pester Lloyd«, die positiv berichten – der liberale, deutschsprachige »Pester Lloyd« sogar mit einem 36 Zeilen umfassenden Bericht – dem längsten überhaupt.

So wichtig Fried die Darstellung in der Öffentlichkeit ist, so wenig wünscht er eine größere Würdigung in seinem eigenen Blatt. Einen entsprechenden Artikel Wehbergs sendet er ihm am 8. Januar 1912 mit der Bemerkung zurück: »Sie werden sicher begreifen, dass ich ihn nicht veröffentlichen möchte.«[227] In der Dezemberausgabe erwähnt Fried die Ernennung einmal lakonisch in seiner »Pazifistischen Chronik«: »10. Dezember: Der Friedenspreis der Nobelstiftung fällt Staatsminister Asser und Alfred H. Fried zu«,[228] und dann ausführlicher in der Rubrik »Aus der Bewegung«. Auf eine umfangreiche Würdigung Assers folgt: »Der andere Laureat ist sich angesichts einer solchen Fülle von Taten der Bescheidenheit seines eigenen Wirkens wohl bewusst. Er betrachtet die hohe Auszeichnung, die ihm verliehen wurde, in erster Linie als eine Ehrung des Standes, dem er angehört; als eine Aneiferung für die dem Frieden dienenden Journalisten und Schriftsteller.« Ganz so bescheiden ist Fried dann aber doch nicht, denn er fährt fort: »Er fühlt sich auf das tiefste berührt durch den Umstand, dass er der Jüngste unter den Trägern der Nobelkrone ist und begreift die große Pflicht, die ihm damit auferlegt wurde: Mit verdoppelter Kraft für die heilige Sache zu wirken, ihr bis zum letzten Atemzug zu dienen; ohne Kompromiss und ohne Zaudern.«

Tatsächlich ist Fried von den 13 bis zu diesem Zeitpunkt geehrten Persönlichkeiten der Jüngste – und wohl auch der mit dem, nach damaligen Maßstäben gemessen, geringsten gesellschaftlichen Status. Lediglich dem verarmten und verfemten Gründer des Roten Kreuzes, Henry Dunant in Heiden, dürfte es zum Zeitpunkt der Ernennung finanziell noch schlechter als Fried gegangen sein, doch er ist bereits 79 Jahre alt, als ihm der Nobelpreis 1901 zuerkannt wird. Nur ein Jahr älter als Fried war dagegen Theodore Roosevelt 1906. Die meisten geehrten Kämpfer der Friedensbewegung waren bei ihrer Ernennung über 60 oder, wie Frederic Passy, Ernesto Moneta und Fredrik Bajer, sogar über 70 Jahre alt.[229] Fast alle hatten studiert und lebten als

Anwälte, Professoren oder Politiker in soliden Verhältnissen. Fried hatte also durchaus Grund, stolz zu sein, auch wenn sein Ansehen in der deutschen und österreichischen Öffentlichkeit mit der Verleihung des Nobelpreises nicht merkbar anstieg.

Wichtiger ist für Fried, dass er durch das Preisgeld nun endlich eine finanziell gesicherte Existenz führen kann. Am 13. Dezember 1911 informiert die Nobelstiftung ihn darüber, dass dem Wiener Bank-Verein sein Preisgeld von 70 347 schwedischen Kronen überwiesen worden sei. Für Fried bedeutet dies nicht nur, endlich einmal schuldenfrei und ohne materielle Unsicherheiten in die Zukunft zu sehen, sondern es erlaubt ihm auch ein wenig Luxus, wie die Anstellung einer Sekretärin und die Suche nach einer neuen, größeren und ruhigeren Wohnung.

Eigentlich ist mit der offiziellen Annahme des Preises auch das Halten einer Nobelpreisrede innerhalb eines halben Jahres statutenmäßig vorgesehen, doch dazu wird es nicht kommen.[230] Im März 1912 tritt Fried mit dem Sekretär des Nobelkomitees des norwegischen Storthing, Ragnvald Moe, in Kristiania in Verbindung, um einen geeigneten Termin für seine Rede zu vereinbaren. Seine Idee, während einer im August stattfindenden Tagung des Institut de Droit International in Kristiania zu sprechen, wird jedoch abgelehnt. Man einigt sich auf Anfang Juni 1912, doch schon Anfang Mai 1912 sagt Fried diesen Termin aus gesundheitlichen Gründen wieder ab und bittet um eine Fristverlängerung, da die ursprüngliche Frist am 10. Juni ausläuft. Moe ist einverstanden. Ein neuer Termin kommt erst im Januar 1914 zustande. Moe bittet Fried, Ende Juni oder Anfang Juli nach Kristiania zu kommen: »Dies ist gewöhnlich die schönste Zeit der Stadt, und die Ferien sind dann noch nicht angefangen.«[231] Fried kündigt sein Kommen auch für die Zeit zwischen dem 20. und 27. Juni an. Doch wieder wird die Reise vereitelt. Die zunehmende Arbeit für den geplanten Weltfriedenskongress in Wien und die schwere Erkrankung Bertha von Suttners, die ab Anfang Juni ohne Hoffnung auf Genesung ans Bett gefesselt ist und am 21. Juni stirbt, lassen Fried keinen Spielraum für eine längere Reise. Wieder sagt er Moe ab, diesmal zum letzten Mal, denn der 1. Weltkrieg wird ihm die Chance für einen neuen Versuch nehmen.

Immerhin kann sich Fried nun endlich eine richtige Sekretärin leisten. Anfang des Jahres 1912 gibt er in der »Neuen Freien Presse« eine Annonce auf. Unter den Bewerbungen ist eine, die sein besonderes Interesse erregt. Geschrieben ist sie von einer Frau, die sich Leonore Mundy aus der Mondscheingasse nennt, offensichtlich ein falscher Name, der sich aber aus der im Bewerbungsschreiben erwähnten ungekündigten Stellung in einem vornehmen Wiener Haus erklärt. Die Bewerberin gibt an, genügend Kenntnisse in der Buchhaltung und Korrespondenz zu besitzen, um allen Anforderungen gerecht werden zu können. Ihr besonderer Vorzug aber liegt für Fried in ihrer Vielsprachigkeit: »Ich bin in Rumänien geboren und erzogen, spreche und schreibe Französisch, Deutsch, Rumänisch, Englisch, teilweise auch Italienisch, schreibe Maschine und stenographiere.«[232]

In den nächsten Tagen lädt Fried die junge Frau, die Rosamunde, genannt Mundy, Schwalb heißt, mehrmals zu Besprechungen ein, und schon am 18. März schließt er mit ihr einen Anstellungsvertrag als Sekretärin mit einem Gehalt von 150 Kronen im Monat.[233] Eine gute Wahl, denn Mundy Schwalb wird Fried nicht nur schnell unentbehrlich, sie wird ihm auch bis zu seinem Tod als Sekretärin und Freundin zur Seite stehen und 1915 sogar mit ihm in die Schweiz emigrieren. Weit über Frieds Tod hinaus wird sie auch seiner Familie und besonders Therese verbunden bleiben und der lieben »Tante Röschen« noch 1946 aus England liebevolle Briefe schreiben.[234]

In den ersten Jahren muss Mundy Schwalb ihre Fähigkeiten besonders während Frieds häufiger Abwesenheit aus Wien unter Beweis stellen, wobei es gilt, ihn über alles auf dem Laufenden zu halten, wichtige Post sofort nachzusenden und gleichzeitig so viel wie möglich selber zu regeln oder zumindest vorzubereiten. Meist ist Fried mehrere Tage, häufig auch Wochen von Wien abwesend. Im Mai 1912 ist er in Paris, im September in Genf, im Oktober in Bernburg. 1913 ist er noch häufiger unterwegs: im Frühling fast zwei Monate lang und im Sommer noch einmal von

Mitte Juli bis September, da er am 14. Juli eine Kur in Dr. Lahmanns Sanatorium »Weißer Hirsch« bei Dresden beginnt, die vornehmlich dem Stressabbau dienen und ihn für die folgenden Ereignisse (den Weltfriedenskongress und die Verleihung der Ehrendoktorwürde) fit machen soll, denn wie schon so oft zuvor hat Fried auch im Frühjahr und Sommer 1913 seine Kräfte überstrapaziert. »Augenblicklich bin ich wiederum mit meinen Nerven ziemlich stark parterre und muss ein wenig aussetzen«,[235] schreibt er am 3. Juli an Wehberg, und auch Bertha von Suttner notiert zur selben Zeit: »Fried [...] fühlt sich nervenkrank. Nikotinvergiftet. Platzangst.«[236] Der Arzt im Sanatorium verschreibt Spaziergänge, saure Milch, Gymnastik und Massagen. Doppelt unterstrichen ist der Eintrag: »Weniger rauchen!«[237]

Von Dresden aus fährt Fried, begleitet von Therese, zum 20. Weltfriedenskongress, der vom 18. bis 23. August stattfindet und an dem Fried als Referent mitwirkt, nach Den Haag. Nur fünf Tage später ist dort auch die offizielle Einweihung des von Carnegie gestifteten Friedenspalastes vorgesehen, zu der Fried ebenfalls geladen ist. Das wichtigste Ereignis für Fried aber – vielleicht das wichtigste überhaupt in seinem Leben – liegt zwischen diesen beiden Terminen: die Verleihung der Ehrendoktorwürde der Universität Leiden.

Spätestens nach der Verleihung des Friedensnobelpreises hatte Fried sich Hoffnungen gemacht, nun auch bald die ersehnte wissenschaftliche Anerkennung zu erlangen. Erste Vorstöße in diese Richtung gingen, wohl ohne sein Wissen, von Wehberg aus, der schon im Januar 1912 beim Präsidenten der Columbia-Universität in New York, Nicholas Murray Butler, diesbezüglich nachfragte. Für Butler war Fried kein Unbekannter. Schon 1909 hatte Fried in dem von ihm herausgegebenen Werk »Amerika gegen die Rüstungen« eine bedeutende Rede Butlers übersetzt und später als Sonderkorrespondent der 1. Abteilung der Carnegie-Stiftung, der Butler vorstand, direkt mit ihm zu tun. Tatsächlich äußert sich Butler Wehberg gegenüber auch nicht abgeneigt, erklärt aber zugleich, die Verleihung der Doktorwürde setze die persönliche Anwesenheit des Geehrten voraus.[238]

Die Hoffnung auf einen Doktortitel aus Amerika war damit zunächst erloschen, da Fried eine solche Reise in naher Zukunft nicht plante – und auch später nicht mehr antrat. Als Wehberg Fried von seinen Bemühungen unterrichtet, zeigt der sich gerührt: »Ihre freundlichen Bemühungen bei Butler haben mich überrascht und außerordentlich erfreut. Das ist sehr liebenswürdig von Ihnen. Ich gestehe, dass eine derartige Auszeichnung in der Tat einen stillen Wunsch erfüllen würde. In Deutschland wird das ja leider nicht möglich sein, eher noch in der Schweiz oder in England (Cambridge). Jedenfalls nehmen Sie meinen herzlichen Dank dafür.«[239] Doch auch aus der Schweiz erhält Wehberg eine Absage, Professor Sieveking aus Zürich schreibt, er habe den Vertretern des Staatsrechts bereits einmal eine Ehrenpromotion Frieds vorgeschlagen, aber kein Entgegenkommen gefunden, und sei vorläufig nicht in der Lage, seinen Antrag zu erneuern.[240] Allerdings biete sich eventuell bei der Einweihung der neuen Universität in zwei Jahren eine Möglichkeit. Als auch aus England eine negative Antwort eintrifft, bemüht sich Wehberg in Athen – auch hier vergeblich. Dann erhält Fried am 18. Juni 1913 überraschend ein Telegramm, von dem er Wehberg schon am nächsten Tag eine Abschrift sendet, darin heißt es: »Im Jahre der Eröffnung des Friedenspalastes hat der Senat der Leidener Universität Ihnen, Asser, Renault und Root das Doktorat honoris causa in der Staatswissenschaft verliehen – Rector magnificus Eerdmans.«[241]

Der gescheiterte Gymnasiast und Buchhandlungsgehilfe aus ärmlichen Verhältnissen, der – gerade im Führungszirkel der internationalen Friedensbewegung von Doktoren und Professoren umgeben – sein Leben lang um gesellschaftliche Anerkennung gerungen hat, steht als Nobelpreisträger und Ehrendoktor nun endlich mit ihnen auf einer Stufe und wird offiziell als der Intellektuelle und Wissenschaftler anerkannt, für den er sich immer gehalten hat.

Natürlich vermutet Fried Wehberg als Initiator der Auszeichnung. »Ich glaube nicht fehlzugehen, wenn ich annehme, dass Sie dabei irgendwie Ihre Hände im Spiel gehabt haben. Bitte, gestehen Sie. Dass ich mich sehr freue, mögen Sie mir glauben.«[242] Wehberg

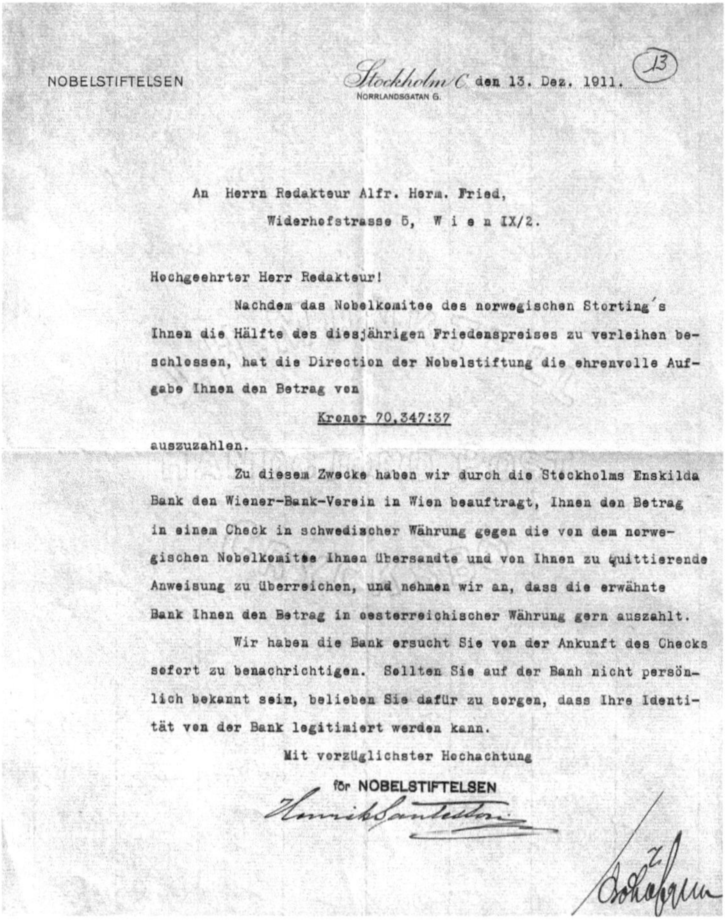

NOBELSTIFTELSEN

Stockholm C den 13. Dez. 1911.

NORRLANDSGATAN 6.

(13)

An Herrn Redakteur Alfr. Herm. Fried,

Widerhofstrasse 5, W i e n IX/2.

Hochgeehrter Herr Redakteur!

Nachdem das Nobelkomitee des norwegischen Storting´s Ihnen die Hälfte des diesjährigen Friedenspreises zu verleihen beschlossen, hat die Direction der Nobelstiftung die ehrenvolle Aufgabe Ihnen den Betrag von

Kroner 70,347:37

auszuzahlen.

Zu diesem Zwecke haben wir durch die Stockholms Enskilda Bank den Wiener-Bank-Verein in Wien beauftragt, Ihnen den Betrag in einem Check in schwedischer Währung gegen die von dem norwegischen Nobelkomitee Ihnen übersandte und von Ihnen zu quittierende Anweisung zu überreichen, und nehmen wir an, dass die erwähnte Bank Ihnen den Betrag in oesterreichischer Währung gern auszahlt.

Wir haben die Bank ersucht Sie von der Ankunft des Checks sofort zu benachrichtigen. Sollten Sie auf der Bank nicht persönlich bekannt sein, belieben Sie dafür zu sorgen, dass Ihre Identität von der Bank legitimiert werden kann.

Mit vorzüglichster Hochachtung

för NOBELSTIFTELSEN

Henrik Santesson

Mitteilung der Nobelstiftung

antwortet schon am nächsten Tag mit einem überschwänglichen Gratulationsbrief und gibt an, höchstens sehr indirekt mitgewirkt zu haben, indem er sich bei seinen zahlreichen Versuchen im Sommer 1911 auch an Professor van Vollenhoven in Leiden gewandt habe, der dem Senat Wehbergs Vorschlag damals habe unterbreiten wollen. Es sei aber kaum wahrscheinlich, dass die jetzige Ehrung damit noch zusammenhänge. »Man ist jetzt ganz von selbst auf Sie gekommen, weil Sie eben in erster Linie in Betracht kamen.«[243] Zugleich sieht Wehberg für Fried eine glänzende Zukunft voraus: »Es ist das ein großer Sieg, den nicht nur Sie, sondern unsere Sache errungen hat. Ich prophezeie Ihnen heute schon, dass diesem Titel noch ehrenvollere folgen werden. Sie werden später noch in das Herrenhaus berufen. Es wird gewaltig auf die Gegner wirken, Ihre Leistungen so anerkannt zu sehen, und wird nicht jetzt eine deutsche Universität folgen?« Fried ist skeptisch: »Ihre Prophezeiungen haben mich amüsiert. Seien Sie versichert, dass ich keinen weiteren Ehrgeiz habe. Ich gestehe offen ein, dass ich den Ehrgeiz nach einem akademischen Titel hatte; weiter aber lockt mich nichts. Dass dies so plötzlich und unerwartet kam, war mir eine ungeheuere Überraschung. Die Gratulationen häufen sich wieder, wie im Dez. 1911. Die Wiener Zeitungen brachten die Notiz, ferner das Berliner Tageblatt, die Frankfurter und die Vossische.«[244] Er werde den Titel führen, da ihm viel daran gelegen habe und er nicht so tun wolle, als sei das nicht so, und am Ende des Briefes fragt er sogar: »Apropos: Darf ich mich eigentlich vor der Leidener Sitzung als Dr. bezeichnen?«[245]

Wehbergs Antwort fällt wohl positiv aus, denn schon in der »Friedens-Warte« vom Juli 1913 findet sich, neben der Nachricht der Ernennung, bereits eine wichtige Mitteilung der ÖFG, in der von Dr. Alfred H. Fried die Rede ist – seine Kooptation in den Vorstand der Gesellschaft,[246] die Fried diesmal annehmen wird.

Die offizielle schriftliche Mitteilung des Senates der Universität erreicht Fried Mitte Juli 1913: »Hiermit beehren wir uns, Euer Hoch Edel Geb. zu berichten, dass der Senat der Leidener Universität in seiner Sitzung vom 18. Juni dieses Jahres Euer Hoch Edel Geb. als Doktor Honoris causa in den Staatswissenschaften ernannt hat und Ihnen also die höchste wissenschaftliche Auszeichnung, welche ihm zur Verfügung steht, anbietet.«[247] Zugleich fragt man an, ob Fried bereit sei, die Urkunde im Rahmen einer feierlichen Senatssitzung am 27. August persönlich entgegenzunehmen. Der Termin ist günstig, denn er liegt zwischen dem 20. Weltfriedenskongress, bei dem Frieds Erscheinen schon deshalb notwenig ist, weil er dort zum Thema »Presse und Friedensbewegung« sprechen soll, und der lang erwarteten Einweihung des Haager Friedenspalastes am 28. August. Fried sagt daher sein persönliches Erscheinen gerne zu.

Über seinen Promotor Professor Jhr. Willem Jan Marie Eysinga erfährt er die näheren Einzelheiten der Verleihung: Die Sitzung sei für 16 Uhr anberaumt, ein Umtrunk im Senatszimmer werde folgen sowie ein abendliches Dinner, zu dem die juristische Fakultät die neuen Doktoren einlade. Selbst um die genaue Zugverbindung von Haag nach Leiden, den Empfang am Bahnhof, die Platzreservierungen für Therese und einige pazifistische Freunde, die Fried zur Feierstunde begleiten wollen, sowie Kleidungsvorschläge kümmert sich Eysinga selbst: »Der Senat trägt bei der Promotion Frack mit weißem Schlips und Ehrenzeichen: ich möchte Ihnen deshalb anheimstellen, das nämliche zu tun, dann brauchen Sie sich vor dem Dinner nicht umzuziehen und können Sie nach der Feierlichkeit mit Muße bei einem der Professoren eine halbe Stunde Siesta halten.«[248] Auch die Rede, die er bei der Promotionsverleihung halten wird, übersendet Eysinga Fried schon im Vorfeld. Sie beinhaltet genau die Art von wissenschaftlicher Würdigung, die Fried sich so lange erhofft hatte: »In voller Anerkennung Ihrer riesengroßen und begeisternden Propagandaarbeit hat Ihnen der Senat der Leidener Universität den Titel eines »doctores honoris causa« verliehen, und zwar umso lieber, als er damit zugleich der vollen Anerkennung des Ihrer Arbeit innewohnenden sehr wesentlichen wissenschaftlichen Wertes Ausdruck verleihen möchte. Frei von jedem ausschließlichen Gefühlspazifismus stehen Ihre zahlreichen Schriften auf dem positiven Boden eines nun einmal nicht zu leugnenden zwischenstaatlichen Rechts, was von anderen oft nur fragmentarisch und ohne Verständnis für das Ganze dargestellt wird, empfängt in Ihren Händen den Charakter eines von jedem Gebildeten zu begreifenden Gesamtbildes, von dem aber auch für den Fachjuristen immer neue Anregungen ausgehen. Nehmen Sie, sehr geehrter Herr Fried, mit dieser Doktorbulle die Versicherung entgegen, dass an dieser der reinen Wissenschaft gewidmeten Stätte auch die wissenschaftliche Bedeutung Ihrer Arbeit die ihr gebührende Würdigung gefunden hat.«[249]

Für Fried ist diese Ehrung und Anerkennung als ernstzunehmender Wissenschaftler weit wichtiger, als es der Nobelpreis war. Leider ist seine Promotionsrede nicht erhalten. Ihr Tenor wird aber aus einer Schilderung Elsbeth Friedrichs deutlich: »Dr. Alfred H. Fried, der nun akademisch anerkannte Vertreter des wissenschaftlichen Pazifismus, hat in seiner kurzen, aber charakteristischen Promotionsrede in bescheidener persönlicher Zurückhaltung diesen Sinn seiner Doktorwürde h.c. hervorgehoben, er hat mit Freude und Genugtuung der Friedensbewegung die Ehre zugewiesen, und er hat damit nichts weniger hervorgehoben als den Eintritt einer neuen Wissenschaft in die Menschheitsgeschichte.«[250]

Die deutsche Presse nimmt von all dem noch weniger Notiz als von der Verleihung des Nobelpreises. Lediglich die »Kölnische Zeitung« berichtet in einem 19-zeiligen Artikel »Zur Einweihung des Haager Friedenspalastes« über die Verleihung der Titel an Renault, Root und Fried. Über Frieds Rede heißt es dort: »Fried erklärte, die heutige Ehrung gelte nicht allein ihm, sondern mehr noch der großen Idee der Friedensbewegung.«[251]

Wichtig ist für Fried aber das mit dem Doktortitel deutlich ansteigende gesellschaftliche Ansehen. Zusammen mit der Tatsache, dass er durch das Nobelpreis-Geld nicht mehr mittellos ist, bringt ihm der offizielle Aufstieg in die Reihen der Gebildeten nun endlich die Position im gehobenen Bildungsbürgertum, die er immer angestrebt hat. Als äußeres Zeichen der Veränderung zieht Fried 1913 in eine Neubauwohnung im »Dürwaringer Hof« in der Bastiengasse 54, im Außenbezirk Währing, eine große Gartenwohnung mit Balkon im 2. Stock, die neben vier Zimmern, Kabinett, Küche, Bad und Vorzimmer auch ein Dienerzimmer und, wie die Beschreibung extra vermerkt, ein Klosett und eine Toilette enthält.[252] Mit dieser Größe und der stolzen Jahresmiete von 3000 Kronen ist es eine Luxuswohnung für das kinderlose Ehepaar und sicher dazu angetan, Frieds Aufstieg nun auch äußerlich zu dokumentieren. Mit 49 Jahren scheint er am Ziel seiner Jugendwünsche angekommen zu sein und der »Schlamm« seiner Jugend endlich weit hinter ihm zu liegen.

3.9 Vor dem großen Krieg

Doch das Glück währt nur kurz. Trotz der persönlichen Triumphe beobachtet Fried die Auseinandersetzungen auf dem Balkan sehr genau und kommentiert sie in der »Friedens-Warte» in einer Mischung aus Hilflosigkeit, Wut und Hoffnung.[253] Bei Ausbruch des ersten Balkankrieges im Oktober 1912 schreibt er unter »Die Propaganda der Tat« zynisch: »Auf dem Balkan wird ›aktive‹ Politik gemacht. Das heißt, man versucht durch das uns heute schon etwas vorsintflutlich anmutende Mittel des Zerbrechens menschlicher Knochen und Zerreißens menschlicher Gewebe, durch das Verbrennen und Zertrümmern von Gütern Vorteile zu erringen.«[254]

Die Pazifisten könnten nichts tun als mit dem geschriebenen und gesprochenen Wort gegen diese mittelalterlichen Vorstellungen ankämpfen und hoffen, dass die Erfahrungen dieses Krieges, den, so Frieds Überzeugung, die Großmächte Europas hätten verhindern können und müssen, mit all seinem vorhersehbaren Elend zur »Propaganda der Tat« für den Pazifismus würden. Dabei ist auch Fried klar, wie schnell der Funke auf ganz Europa überspringen kann, und er fragt, welchen Umfang diese »Propaganda der Tat« am Ende wohl annehmen werde: »Muss erst ein allgemeines europäisches Debakel kommen, um Europa die Organisation zu geben, die es braucht? Wir werden an dem Tage, an dem die Kulturvölker Europas, dank der Borniertheit ihrer Diplomaten und der Schwäche ihrer Regierungen, darangehen werden, sich gegenseitig die Gurgeln abzuschneiden, unsere Hände in Unschuld waschen. Wir haben unsere ganze

Lebenskraft dafür eingesetzt, um zu warnen. [...] Der Pazifismus kann durch einen allgemeinen europäischen Krieg zum Siege kommen; er müsste nicht auf diese Weise siegen.«

In den ersten Wochen und Monaten hält Fried eine genaue und kritische Berichterstattung vom Kriegsschauplatz gerade unter diesem Aspekt für überaus wichtig und moniert daher schon im November die Behandlung der Kriegsberichterstatter und die einsetzende Pressezensur: »Der Krieg wird mit Ausschluss der Öffentlichkeit geführt. Nicht dass man die Kriegsberichterstatter ausgeschlossen hätte [...] eingeschlossen hat man sie in Konzentrationslagern [...]. Vertrauensvoll kamen die Herren in die verschiedenen Hauptquartiere; allerlei Reverenzen wurden ihnen erwiesen, alle möglichen Bequemlichkeiten stellte man ihnen zu Verfügung, nur die Ausübung ihres Berufes wollte man ihnen nicht gestatten. Nichts dürfen sie melden, was nicht vorher einer scharfen Zensur unterworfen ist.«[255] Man versuche, so Fried, »den kriegsgegnerischen Parteien keine zu wirksame Waffe in die Hand zu geben«. Aus diesem Grund sei auch die Kinozensur in Europa eingeführt worden, die verhindern werde, dass die von einigen Filmteams an der Front gemachten Aufnahmen dem normalen Bürger zu Gesicht kämen: »Den Krieg wird man nicht verbieten, aber seine Betrachtung durch Außenstehende wird man aus sittlichen Gründen zu verhindern suchen.«

Dennoch glaubt Fried im Verlauf der Auseinandersetzungen auch positive Zeichen erkennen zu können. Hoffnungsvoll konstatiert er, dass die Unruhen auf dem Balkan vorübergehend zu einem Zusammengehen der europäischen Großmächte führen.[256] Im Mai 1913 sieht er in der vorübergehenden Eindämmung des Konfliktes sogar einen Präzedenzfall für Europa: »Die Balkanliquidation ist ohne europäischen Krieg vorübergegangen. Welche Krisis auf diesem Erdteil kann man sich noch vorstellen, die danach nur durch Blut gelöst werden könnte. Die pazifistisch beeinflussten und pazifistisch wirkenden Kräfte, die in dieser Krisis den europäischen Zusammenprall vermieden haben [...] schafften Zukunftswerte von höchster Bedeutung. Der vermiedene Krieg von 1913 hat für alle künftigen europäischen Konflikte das Kriegsventil verrammelt.«[257]

Zwar glaubt er auch im Dezember 1913 noch nicht an einen Frieden auf dem Balkan selbst,[258] der befürchtete große Krieg scheint ihm aber auf absehbare Zeit verhindert. In seiner »Pazifistischen Chronik 1913«, die er zum letzten Mal »als Neujahrsgruß vom Verfasser« an Freunde und Bekannte verschicken wird, heißt es: »Als das größte Ergebnis dieses Jahres ist es doch zu vermerken, dass der Brand auf dem Balkan nicht auf Europa hinüberspringen konnte.«[259] Den Grund dafür glaubt er, neben der exzessiven Hochrüstung der europäischen Staaten, in der »erst zur Hälfte entwickelten Staatenorganisation« zu erkennen, »die bereits kriegsvermeidend wirkt«.

Schon 1912 hatte sich Fried zum Dreibund geäußert[260] und festgestellt, dass er eigentlich in keiner Weise zeitgemäß sei, dennoch aber indirekt und ungewollt friedensfördernd wirke, da er den Ausbruch eines akuten Krieges verhindern helfe und so der weiteren Entwicklung der internationalen Organisation die Zeit verschaffe, die sie brauche, um den bestehenden Nicht-Krieg in einen wirklichen Frieden umzuwandeln und die bestehenden Bündnissysteme in den »Zweckverband Europa«.[261]

Fried hofft, dass die positiven, kriegshemmenden Kräfte in Europa die Oberhand behalten werden, und bemüht sich, diese Kräfte von Wien aus zu unterstützen, denn hier, nicht weit vom Krisenherd entfernt, soll 1914 ein großer Weltfriedenskongress die öffentliche Aufmerksamkeit erregen.

In erster Linie wollen die österreichischen Pazifisten damit eine Lücke schließen, denn Österreich hatte bisher in der Reihe der Ausrichterländer gefehlt, obwohl selbst im Deutschen Reich bereits zwei Kongresse (1897 in Hamburg, 1907 in München) stattgefunden hatten. Zugleich hofft man innerhalb der ÖFG auf eine positive Propagandawirkung für die eigene, sich eher kümmerlich entwickelnde Gesellschaft und auf eine Rolle als Bindeglied zwischen den westlichen und den slawischen Staaten, deren Beteiligung an den Weltfriedenskongressen meist relativ gering war. Gerade die Ereignisse 1912/1913 hatten gezeigt, wie wichtig eine Stärkung der slawischen Pazifisten für Europa sein konnte. Zudem hofft man auf eine rege Beteiligung Italiens, um zugleich dem sich ebenfalls nur zögernd entwickelnden austro-italienischen Freundschaftskomitee neuen Auftrieb zu geben. Der hundertste Jahrestag des Wiener Kongresses von 1814, »der die Grundlage zum heutigen Europa legte«,[262] bietet den österreichischen Pazifisten daher einen willkommenen Anlass für die Ausrichtung des Weltfriedenskongresses. Die treibende Kraft hinter dieser Idee ist Fried selbst. In der ersten Vorstandssitzung der ÖFG Mitte Oktober 1913 wird er daher nicht nur – zusammen mit Rudolf Goldscheid – offiziell in den Vorstand aufgenommen, sondern auch gleich in das dreiköpfige Exekutivkomitee gewählt, das die vorbereitende Planung übernehmen soll. Mit ihm zusammen arbeiten darin Bertha von Suttner und der Wiener Gemeinderat Alexander von Dorn.[263]

Die Aufgaben sind enorm.[264] In der durch mehrere Spionage-Affären aufgeheizten Atmosphäre der Hauptstadt sind weder die erhofften Mitstreiter aus höheren Kreisen noch die erwarteten Subventionen zu bekommen. Dazu kommt im Winter 1913/14 noch eine schwere Erkrankung des alten Kaisers Franz Joseph, die Zweifel aufkommen lassen, ob der Kongress überhaupt wird stattfinden können.[265]

Aber nicht nur die Schwierigkeiten im eigenen Land sind zu überwinden. Der im August 1913 im Haag gefasste Beschluss der Generalversammlung des Berner Friedensbüros, ein gänzlich neues Kongressreglement für den Ablauf zu erstellen, führt zu ersten Verzögerungen, da die neuen Regeln erst Mitte März 1914 in Bern beschlossen werden und das Aktionskomitee in Wien bis zu diesem Zeitpunkt keine fundierte Planungsgrundlage hat.[266] Zudem muss der ursprünglich vorgesehene Termin vom 7.–15. September im März um eine Woche verschoben werden, da sich herausstellt, dass zeitgleich im Haag die 29. Konferenz der »International Law Association« und eine von der holländischen Regierung einberufene internationale Erziehungskonferenz tagt.[267] Dennoch gelingt es der kleinen Planungsgruppe, angetrieben von Fried, alle Hürden zu überwinden. Im Mai berichtet Fried stolz, dass es gelungen sei, den österreichischen Außenminister Graf Berchtold für das Amt des Präsidenten des Ehrenkomitees zu gewinnen.[268]

Anfang Juni sind die verschiedenen Komitees benannt und das Programm, trotz der schweren Erkrankung Bertha von Suttners, fertiggestellt.[269] Während Fried als Obmann des geschäftsführenden Ausschusses fungiert, gehört Therese zusammen mit Marie Goldscheid, der Frau Rudolf Goldscheids, zum Damenkomitee und Mundy Schwalb zum Sekretariat. Das ausgearbeitete Programm kann sich sehen lassen: neben einer Galavorstellung der Hofoper, einem Ausflug auf den Kahlenberg und einem von der Stadt Wien finanzierten Schlussbankett ist auch die erste Vorführung des eben fertiggestellten Films »Die Waffen nieder!« der Nordisk Films Co. aus Kopenhagen geplant, der nach dem gleichnamigen Buch Bertha von Suttners eben abgedreht worden war. Ende April 1914 hatte ein Kamerateam die Autorin für den Vorspann zusätzlich an ihrem Schreibtisch gefilmt.[270]

Unerwartet bekommt der Film eine ganz neue Bedeutung. Während die Arbeiten für den Kongress schon im vollen Gange sind, wird die 70-jährige Bertha von Suttner Anfang 1914 zusehends kraftloser und müder.[271] Ab April leidet sie an Übelkeit und heftigen Magenverstimmungen, Vorboten der späteren Diagnose Magenkrebs. Da sie außer Milch jede Nahrung verweigert, wird sie zusehends schwächer. Am 13. Juni, vor einer Reise nach Paris, bespricht sich Fried zum letzten Mal mit ihr. Als er am 21. Juni morgens zurückkehrt und, alarmiert von schlechten Nachrichten, mit Therese sofort zur Wohnung der Baronin eilt, ist sie bereits bewusstlos. Zehn Minuten später wird sie sterben. Bei ihr sind neben den Frieds nur ihre Nichte Luise, ihre Dienerin und der behandelnde Arzt. Für Fried ist der Tod der älteren Freundin ein schwerer Schlag. »Der Tod der Suttner hat mich schwer getroffen, da mir jetzt eine Person mit Verständnis für die Arbeit in Wien fehlt.«[272]

Vermutlich ist es vor allem der rege Gedankenaustausch, den Fried vermisst, aber auch die beständige Unterstützung und den Zuspruch der Freundin. So steht die Juli-Ausgabe der »Friedens-

Warte« auch ganz im Zeichen der Trauer um Bertha von Suttner. Nach einem Abschiedsgedicht Herbert Eulenbergs auf der Titelseite beschreibt Fried einleitend wohl seine eigenen Gefühle, wenn er formuliert: »Sie hat ihren Tod leichtgenommen; umso schwerer wird es uns werden, sich damit abzufinden. Es ist, als ob ein neuer Abschnitt unseres Lebens, unserer Arbeit beginnt. [...] Eine spätere Generation wird sich daran gewöhnt haben, das Unsterbliche, das sie uns hinterlassen, als Palladium zu betrachten. Für uns jedoch, die wir mit ihr gelebt und mit ihr gekämpft haben, wird, solange unser Atem sich regt, die bittere Trauer nicht mehr schwinden, dass der große Mensch, an dessen Persönlichkeit wir so gewöhnt waren, nicht mehr ist. Unser eigenes Leben hat durch ihren Tod eine schwere Einbuße erlitten. Das Gewicht der Leere, die über uns gekommen, wird uns niederdrücken, solange wir noch zu schaffen haben.«[273] Er sieht aber auch schon seine neue Aufgabe vor sich: »Ihr Andenken zu wahren, die von ihr gelieferten Waffen blank zu halten, ist die neue Lebensaufgabe, die uns als heilige Pflicht zuteil wurde.« Tatsächlich wird Fried das Andenken Bertha von Suttners in den knapp sieben Jahren, die ihm selbst noch bleiben, immer in Ehren halten und jedes Todestages gedenken, zugleich beständig bemüht, ihre Schriften nicht in Vergessenheit geraten zu lassen.

Mit ihrem Tod hinterlässt Bertha von Suttner Fried ein umfangreiches Erbe. Schon ein Jahr zuvor hatte sie ihn in ihrem Testament zum Alleinerben ihres gesamten schriftlichen Nachlasses gemacht, was neben den Tantiemen bereits erschienener Werke auch die Möglichkeit weiterer Veröffentlichungen beinhaltete. Im August 1914 kann Fried mit der Sammlung und Herausgabe ihrer in der Revue »Die Waffen nieder!« und in der »Friedens-Warte« erschienenen »Randglossen zur Zeitgeschichte« beginnen, die mitten im Krieg 1916 erscheinen werden. Später bemüht er sich auch – allerdings vergeblich – um die Erlaubnis zur Herausgabe ihrer Tagebücher.

Daneben muss sich Fried nun auch um die führerlose ÖFG kümmern. Drei Tage nach Bertha von Suttners Tod wird er in einer Vorstandssitzung in Abwesenheit zum geschäftsführenden Vizepräsidenten gewählt. Einen neuen Präsidenten zu wählen, hält man zu diesem Zeitpunkt noch nicht für statthaft, sieht aber Fried bereits dafür vor. Im Antrag des Vorstandsmitgliedes Balduin Groller[274] heißt es: »[...] dass der Mann, der in erster Linie berufen erscheint, vermöge seiner schriftstellerischen Tätigkeit, vermöge seines heiligen Feuers, das ihn für unsere Sache erfüllt, und schließlich durch die hervorragende internationale Stellung, die er im Laufe der Ereignisse gewonnen hat, d.i. unser Nobelpreisträger Dr. Alfred H. Fried, die Stelle eines geschäftsführenden Vizepräsidenten zu übernehmen [...] Die Wahl des Präsidenten werden wir bis nach den Ferien verlegen, wo wir den dringenden Anforderungen des Tages Genüge leisten können. Ich glaube, dass alle der Ansicht sein werden, dass auch dieser berufene Pazifist an die Stelle der Verstorbenen tritt.«[275]

So tritt Fried also auch in der Friedensgesellschaft Bertha von Suttners Erbe an. Allerdings wird er durch die folgenden Ereignisse nicht mehr viel mit der eigentlichen Vereinsarbeit zu tun haben, da der Vorstand schon am 30. Juli 1914 zum letzten Mal offiziell zusammentritt. Zwar finden auch danach noch Sitzungen statt, von denen Fried auch zwei (am 7. 8. und am 11. 9.) noch persönlich leitet, doch wird es der ÖFG zu diesem Zeitpunkt bereits behördlich verboten sein, über anderes als humanitäre Hilfsaktionen zu beraten.

In der Juli-Ausgabe der »Friedens-Warte« kündigt Fried das geänderte Programm des Kongresses an; am Abend des 17. September finde statt der große Festversammlung eine Trauerfeier statt: »Am selben Tage wird die Vorführung des Films ›Die Waffen nieder!‹ sich ebenfalls zu einer Gedenkfeier für die Heimgegangene gestalten. [...] So werden wir Bertha von Suttner wenigstens im Film noch einmal beweglich und schaffend vor unserem Auge sehen.«[276]

Obwohl der Tod Bertha von Suttners für die ÖFG und für Fried persönlich ein schwerer Schlag ist, gehen die Vorarbeiten für den Kongress unvermindert weiter. Selbst das Attentat von Sarajewo behindert die Arbeiten nur kurz. Fried weist der Ermordung des österreichisch-ungarischen Thronfolgerpaares am

28. Juni offensichtlich noch keine größere Bedeutung zu als ähnlichen Ereignissen in den Jahren zuvor. In der »Friedens-Warte« beginnt er einen diesbezüglichen Artikel[277] mit einem lediglich in den Namen veränderten Beitrag Bertha von Suttners, den sie anlässlich der Ermordung des portugiesischen Königs Karl I. und des Kronprinzen geschrieben hatte und in dem es vornehmlich um die Kritik an den unterschiedlichen Sichtweisen der Gesellschaft bei der Ermordung Einzelner und beim Massenmord auf den Schlachtfeldern geht. Fried betont, er sei sicher, Bertha von Suttner hätte einen ähnlichen Artikel auch über die »Katastrophe von Sarajevo« geschrieben.

Er selbst sieht in einem angefügten Kommentar vor allem den kriegerischen Zeitgeist und die »nationale Verhetzung« als Ursache des Attentats, »die in Europa an vielen Stellen künstlich gezüchtet wird, um dadurch die Notwendigkeit der Rüstungen zu beweisen«, und wendet sich daher vehement gegen jede Serbien-Hetze. Deutlich wird auch, dass Fried die Gefahr offensichtlich unterschätzt: »Der Mörder von Sarajevo und seine Mitverschwörer sind Serben. Dies genügt einigen verblendeten Patrioten und ihren Zeitungen, die Hetze gegen Serbien noch zu vermehren und sogar den Krieg zu verlangen. Der Mörder war ein Gymnasiast. Man könnte mit demselben Recht die Schließung aller Gymnasien fordern.«[278]

Um lediglich einige verblendete Patrioten, wie Fried noch zu glauben scheint, handelt es sich zu diesem Zeitpunkt jedoch längst nicht mehr. Ob und wieweit er die Entwicklungen der nächsten Tage und Wochen mitverfolgt und analysiert, lässt sich nicht genau sagen, da die Kongressarbeit ihm wenig Zeit für die üblichen Korrespondenzen lässt. Selbst an Wehberg schreibt er nur noch selten. Der letzte Brief vor dem Krieg datiert vom 9. Juli 1914[279] und enthält keinerlei Hinweise auf eine mögliche Kriegsfurcht, stattdessen schreibt Fried »in Eile aus schwerer Arbeit heraus«, er freue sich, dass Wehberg auch seine Frau zum Kongress nach Wien mitbringen wolle.

Noch bis Ende Juli glaubt das Aktionskomitee an ein Stattfinden des Kongresses, zumal gerade zu dieser Zeit von Seiten der österreichischen Ministerien das so lange vergeblich erhoffte Interesse an der Durchführung bekundet wird. Fried dazu später: »Noch einen Tag vor dem Erlass der Note an Serbien hat das Finanzministerium eine beträchtliche Summe für die Durchführung des Kongresses bewilligt [...] Das Ministerium des Innern hat für seine Vorarbeiten für die Eröffnung des Kongresses durch den Minister noch am 21. Juli Material verlangt, und sogar das Kriegsministerium teilte dem Komitee unter dem Datum des 27. Juli mit, dass es sich auf dem Kongress durch Delegierte werde vertreten lassen.«[280]

Durch diese Haltung amtlicher Stellen immer wieder kurzfristig beruhigt, dauert es bis zum 30. Juli, zwei Tage nach der Kriegserklärung Österreich-Ungarns an Serbien, bis das Aktionskomitee beschließt, den Kongress endgültig offiziell abzusagen. Monate intensiver, kräftezehrender Arbeit werden damit vergeblich. Was bleibt, ist ein Fehlbetrag von etwa 4000 Kronen und die Genugtuung, dass der Wiener Kongress zu den an Teilnehmerzahl größten unter den Weltfriedenskongressen gehört haben würde.[281] Am selben Tag beruft Fried noch eine Sondersitzung des Vorstandes ein. Haupttagesordnungspunkt ist die Verabschiedung einer, vermutlich von Fried selbst verfassten, Resolution, die er in der August-September-Nummer der »Friedens-Warte« zusammen mit dem zweiten Kriegsflugblatt der Deutschen Friedensgesellschaft vom 15. August 1914 und anderen Zeugnissen pazifistischer Tätigkeit abdruckt.

In der Resolution heißt es, der Vorstand der ÖFG erkenne »die Schwere der Anklagen an, die die Regierung der Monarchie gegen den südlichen Nachbarn erhoben«, bedaure jedoch, dass keine Mittel zur friedlichen Einigung nach den Haager Abkommen versucht worden seien. Zugleich wird betont, dass der Krieg den Grundsatz »Si vis pacem, para bellum« widerlegt habe und stattdessen die Notwendigkeit einer modernen Friedenstechnik bewiesen sei. Zum Schluss gibt der Vorstand der Hoffnung Ausdruck, »dass eine baldige Rückkehr normaler Zustände es der Gesellschaft möglich machen werde, wieder zum Wohle unseres Vaterlandes im Sinne dieser Aufgabe zu wirken«. Damit stellt die Gesellschaft faktisch ihre politische Tätigkeit ein.[282]

Am 31. Juli versammelt sich der Rat des Internationalen Friedensbüros in Brüssel, dem auch Fried angehört, zu einer Sondersitzung, um sein weiteres Vorgehen zu beraten. Während die Vertreter aller anderen Länder sich versammeln, fehlen die Österreicher, die nach eigenen Angaben zu spät benachrichtigt worden sind.[283] Da die Teilnehmer telegraphisch eingeladen werden und die Verzögerungen im Nachrichtenwesen in Österreich bereits wirksam sind, ist es durchaus denkbar, dass die Einladung tatsächlich verspätet eintraf. Andererseits ist aber auch nicht völlig auszuschließen, dass Fried zu diesem frühen Zeitpunkt eine Auseinandersetzung mit den Vertretern anderer Nationen über den Weg der österreichischen Politik scheute. Immerhin erkannte die Resolution der ÖFG die Schwere der Anklagen gegen Serbien offiziell an und stellte sich damit mehr oder weniger auf die Seite der Regierung. Selbst die DFG hatte dagegen in ihrem am 29. Juli verfassten ersten Kriegsflugblatt die Situation weitaus kritischer beurteilt: »Die österreichisch-ungarische Regierung hat Forderungen gestellt, die nicht nur für die Erfüllung ihrer, nur zu berechtigten und lange Zeit langmütig zurückgestellten Ansprüche Gewähr bieten sollten, sondern die zugleich, wie alle Welt erkannt hat, nach Form und Inhalt den serbischen Staat aufs tiefste zu demütigen bestimmt waren. Sie hat damit eine schwere Verantwortung übernommen.«[284]

Die erste Augustwoche verbringt Fried wartend, immer in der Hoffnung, »es müsse sich doch noch etwas ereignen, das dem Wahnsinn Einhalt gebieten könnte«.[285] Er fühlt sich hilflos und vom Tempo der Ereignisse überrollt: »Das ist das Fürchterliche dabei, diese Plötzlichkeit, diese Überrumpelung«,[286] notiert er. In der allgemeinen Hochstimmung der ersten Kriegstage fühlt er sich einsam, unverstanden und isoliert, was noch dadurch verstärkt wird, dass ihn Briefe von Freunden und Gesinnungsgenossen erst um Tage oder Wochen verspätet erreichen.[287]

Ob auch die Familie von der allgemeinen Kriegseuphorie ergriffen wird, ist unklar. Fotos von Frieds Bruder Otto in Uniform und stolzer Pose[288] deuten möglicherweise darauf hin, dass er sich als Freiwilliger meldete, was dem kranken Leopold in Berlin auch dann nicht möglich gewesen wäre, wenn er es gewollt hätte. Auch Dr. Bernhard von Jacobi[289] aus München, der Mann von Thereses Nichte Lucy, zu der Fried und seine Frau ein besonders enges Verhältnis haben, wird, allerdings nicht als Freiwilliger, bereits in den ersten Tagen nach Kriegsausbruch als Vizefeldwebel an die Westfront beordert, wo er wenige Monate später fällt. Aus der übrigen Verwandtschaft ist nur die Kriegsbegeisterung von Frieds Onkel Ludwig Ganghofer eindeutig belegt, der schon Ende 1914 ein Kriegsliederbuch unter dem Titel »Eiserne Zither« herausbringt,[290] in dem er den Krieg verherrlicht. In einer Besprechung in der Freimaurer-Zeitung heißt es dazu: »Aber das starke Erlebnis, das ihm dieser ungeheure Krieg ist, in den er selbst noch gern als Kämpfer mitgezogen wäre und – als Freiwilliger nicht mehr angenommen – Sohn und Schwiegersohn mit gönnendem Neide ziehen lassen musste, gibt ihm Töne von besonderem Reiz und eigener Kraft.«[291]

Ab Januar 1915 reist Ganghofer als Kriegsberichterstatter im Auftrag der deutschen Regierung ins »Große Hauptquartier« und an die Front und bringt dabei nicht nur, wie es in einer Werbeanzeige heißt,[292] dem Volke die führenden Persönlichkeiten Deutschlands nahe, die »viel beachteten, inhaltschweren Äußerungen« des Kaisers, sondern er schildert auch »das Grauen und die Erhabenheit des neuen Krieges« und die jungen Soldaten, »die in standhaftem Heldentum dem Ruhm der Väter nacheifern«.

Im Gegensatz zur Begeisterung des Onkels, mit dem Fried allerdings, anders als seine Schwester Sidonie, schon seit Jahren kaum mehr als einen losen Kontakt pflegt, ist er selbst wie gelähmt von der Wucht der Ereignisse. Eine Einberufung muss er zwar nicht befürchten, da er bereits 1906 vom Wiener k.k. Landsturmbezirkskommando Nr. 1 seine Entlassungsurkunde bekommen hat,[293] an seiner Stimmung ändert das jedoch nichts. Im ersten Eintrag in sein Kriegstagebuch vom 7. August 1914 beschreibt er seine Stimmung: »Ein fürchterliches Weh erfüllt mich. Der Krieg lastet wie ein Zentnergewicht auf mir. Als ob alle Lebenswerte erstickt wären. [..] Seit dem 25. Juli, dem Tage des Abbruchs der austro-serbischen Beziehungen, war es mir nicht mehr möglich, eine Arbeit vorzunehmen, ein Buch zu lesen. Ruhelos lungere ich herum, ich lese die Zeitungen und warte auf die neuen Ausgaben der Blätter. Keine Sammlung zur Arbeit, nicht zum Denken.«[294] Dennoch leitet er an diesem Abend eine Vorstandssitzung der ÖFG, die aber kaum mehr tut, als über die Verteilung von Spendengeldern an die Kriegswohlfahrt, das Rote Kreuz und die Familien von Reservisten zu beraten.[295]

Erst allmählich findet Fried zu seiner Arbeit zurück. Seine Hauptsorge gilt nun dem Erhalt der »Friedens-Warte« und ihrer inhaltlichen Ausgestaltung. Der Ausbruch des Krieges erschwert den Kontakt mit der Berliner Druckerei und mit seinen Autoren. Die noch vor dem Krieg fertiggestellte Augustnummer kann nicht erscheinen, da die Korrekturbögen aus Berlin, am 1. August abgesandt, mehrere Wochen zu Fried unterwegs sind. Allerdings ist der Inhalt der Zeitschrift am 1. August ohnehin bereits veraltet. Fried gelingt es jedoch, im September eine Doppelnummer herauszubringen, die er überwiegend mit eigenen Artikeln füllt. Dabei bildet sein »Kriegs-Tagebuch«, dessen Beginn er auf den 7. August datiert, mit 16 Seiten den Hauptteil: »Ausdruck verleihen wollte ich meinen Empfindungen, meiner Erkenntnis, meinen Befürchtungen und Hoffnungen. Die Ereignisse wollte ich festhalten, sie vom pazifistischen Gesichtspunkt aus erörtern, am Krankheitsverlauf des fiebernden Europas die Fehler der Vergangenheit klarlegen und den Weg zur Genesung weisen.«[296] Allerdings ist der Begriff »Tagebuch«, der ja zumeist intime, unzensierte Eintragungen impliziert, irreführend, denn: »Von vornherein war es meine Absicht, meine Eintragungen wenigstens in Bruchstücken sofort zur Veröffentlichung zu bringen. In meiner ›Friedens-Warte‹, die in Berlin erschien, sollten sie allmonatlich zum Abdruck kommen. In Wien, wo ich wohnte, schrieb ich sie nieder. Diese Umstände sollen für die Eintragungen der ersten Monate die erkennbare Zurückhaltung und die Umschreibung des Ausdrucks erklären.«

Auch in der nächsten Ausgabe vom Oktober 1914, die ein letztes Mal im vollen vierzigseitigen Umfang in Berlin erscheint, bildet das Tagebuch den Hauptbestandteil. Die Einstellungen, die

№ 96, 28. April 1915. Fertige Bücher. Börsenblatt f. d. Dtschn. Buchhandel. 2589

Ludwig Ganghofer

Reise zur deutschen Front

In allen deutschen Landen haben die Berichte Ludwig Ganghofers über seine Fahrt ins Große Hauptquartier das stärkste Aufsehen erregt. Seit Januar 1915 ist er Zeuge all des Gewaltigen, das sich auf französischem Boden vollzieht. Großzügig, durch ihre Warmherzigkeit und Echtheit bezwingend ist seine Darstellung. Sie bringt die führenden Persönlichkeiten dem Volke nahe, den Kaiser, der zu Ganghofer die in Deutschland viel beachteten, inhaltsschweren Aeußerungen tat, den König von Bayern, den Kronprinzen und den Reichskanzler von Bethmann Hollweg. Sie beschreiben die Stätten der Erinnerung, das Schlachtfeld von Sedan, Schloß Bellevue, das kleine Haus bei Donchery, vor dem der gebeugte Napoleon mit dem eisernen Grafen Bismarck zusammentraf. Sie schildern das Grauen und die Erhabenheit des neuen Krieges, sie frohlocken mit den Liedern unserer jungen Soldaten, die in standhaftem Heldentum dem Ruhm der Väter nacheifern, und sie verkünden die über Winter und Dunkelheit siegende, herrliche Sonne des deutschen Frühlings.

Der neueste Band
der
Ullstein-Kriegsbücher
1 Mark

Werbeanzeige, Börsenblatt 1915

Fried darin vertritt, werden aber zugleich zum Stein des Anstoßes für die nationale Presse in Deutschland und Österreich und rufen die Zensurbehörde auf den Plan, die die »Friedens-Warte« von November an rigoros verfolgt und dadurch letztlich ihre Verlegung in die Schweiz erzwingt. Dabei bemüht sich Fried bewusst um einen gemäßigten Ton, um sich nicht aller Sympathien in Deutschland und Österreich zu berauben – allerdings mit nur teilweisem Erfolg. »Das ›Kriegstagebuch‹ trägt mir außerordentlich viel Zustimmung ein; aber auch sehr gehässige Angriffe in der deutschen Presse. Dabei kann ich ja doch nur ›Bruchstücke‹ veröffentlichen, denn alles kann man ja heute doch nicht sagen. Und ich muss mich kreditfähig halten für den später uns obliegenden Kampf in Deutschland und Österreich.«[297]

Schon die erste Ausgabe im September führt in verschiedenen deutschen Zeitungen zu Artikeln voll beißender Polemik. Als einer der Ersten meldet sich im Oktober 1914 der Wiener Professor Benno Imendörffer in der »Süddeutschen Zeitung« mit dem von einem Treitschke-Zitat und einem Heldengedicht eingerahmten Hetzartikel »Aus dem Tagebuche eines ›Pazifisten‹« zu Wort.[298] Imendörffer, der Fried den »bekanntesten Vorkämpfer der butterweichen Friedensidee« nennt und ihn, trotz seiner österreichischen Staatsangehörigkeit, »nach Gesinnung und Lebenslauf als einen echten Vertreter internationalen, durch keinerlei völkische Anwandlungen getrübten Literatentums« schmäht, befasst sich vor allem mit dem »Kriegstagebuch«, welches, wie er feststellt, »zwei Drittel dieses auch sonst recht unerfreulichen Heftes« ausmache. Dabei erregt den Professor besonders die »nationale Geschlechtslosigkeit der Friedensduselei«, die nicht wahrhaben wolle, dass das Deutsche Reich um seinen Bestand kämpfe und nur eine völlige Niederwerfung der Westmächte einen längeren europäischen Frieden garantiere. Daneben entdeckt Imendörffer jedoch auch »versteckte Ausfälle gegen das Deutsche Reich«, was sich in Andeutungen eines möglichen deutschen Präventivkrieges zeige, aber auch bei der Inschutznahme Englands, und er konstatiert: »Die Stellen, in denen die mehr oder weniger verhüllte feindselige Gesinnung des Verfassers gegen alles Deutschtum und seine Vorliebe für die ›westlichen Kulturvölker‹ deutlich hervortritt, sind zu zahlreich, um sie alle hier zu besprechen.« Imendörffer wendet sich daher auch rigoros gegen die angedeuteten Ziele der Pazifisten, einen raschen und ehrenvollen Friedensschluss zu vermitteln, der keiner Seite zu sehr schade, da er sicher ist, dass dies bei der prowestlichen Einstellung der Pazifisten zu einer direkten Schädigung des Deutschen Reiches führen müsse, und beendet seinen Artikel mit dem Satz: »Vom deutschen Standpunkte also erscheint derzeit die Tätigkeit der ›Friedensfreunde‹, solange der Krieg dauert und solange später über den Frieden verhandelt werden wird, einfach als gemeingefährlich.«

Dies ist nur ein Beispiel für eine Reihe von ähnlichen Angriffen in der deutschsprachigen Presse. Sachlicher, aber dabei nicht weniger scharf, ist beispielsweise der Beitrag des Heidelberger Privatdozenten W. Schoenborn in der »Kölnischen Zeitung«, der Mitte November wohl direkt zum Zugriff der Zensur auf die »Friedens-Warte« führt. Ganz ähnliche Töne schlägt zur selben Zeit die österreichische Zeitschrift »Roseggers Heimgarten« an, die früher unter der Leitung des Schriftstellers Peter Rosegger eindeutig für die Pazifisten Stellung genommen hatte,[299] nun jedoch unter seinem Sohn Hans Ludwig deutlich ins nationalistische Fahrwasser gerät. Im Dezember 1914 schreibt Hans Ludwig Rosegger in der Rubrik »Postkarten des ›Heimgarten‹«, einer Art Briefkasten-Rubrik, an einen Adressaten in Bosnien: »Ich teile Ihre Entrüstung über das ›Kriegstagebuch‹ Alfred H. Frieds in der ›Friedens-Warte‹. Der ›Pazifist‹ begreift und entschuldigt die Grausamkeiten der Franzosen und Belgier [...] und verdächtigt nebenbei Deutschland und Österreich! Wir alle sind Friedensfreunde – aber nicht bis zur Selbstentmannung, Ehrlosigkeit und bis zum Volksverrat –, und gerade deshalb verdammen wir das Gewinsel des Herrn Fried, der unsere Kraft und unsere Macht von dem feindlichen Auslande herabsetzt und dadurch baldige, günstige Friedensaussichten schmälert.«[300]

Auf den ersten Blick mag dabei erstaunen, dass das in einer relativ kleinen »Fachzeitschrift« veröffentlichte Tagebuch überhaupt so viel Aufsehen erregte. Der eigentliche Grund für diese Aufregung wird aber in einem Absatz Imendörffers deutlich, wo es heißt, das Tagebuch lasse »deutlich, ja erschreckend deutlich erkennen, was wir, wir Deutsche vor allem, von dieser Seite zu erwarten haben, wenn es den ›Pazifisten‹ gelingt, etwa gar beim Friedensschlusse ein Wörtlein mitzureden. Unter diesem Gesichtspunkte werden die an sich belanglosen und unbedeutenden Ergüsse des Tagebuchschreibers geradezu gefährlich, steht der Mann doch unglaublicherweise mit vielen einflussreichen, aber von der Friedensseuche ergriffenen Männern in engster Beziehung.«

Man hielt die Pazifisten also durch ihre internationalen Verbindungen für weit einflussreicher, als sie tatsächlich waren. Ein weiterer Aspekt war die Tatsache, dass die »Friedens-Warte« auch im Ausland, insbesondere in den Niederlanden und den USA, gelesen wurde, und man fürchtete, Frieds Äußerungen zum Präventivkrieg Deutschlands und andere Kritikpunkte könnten die Neutralen gegen die Mittelmächte beeinflussen und der gegnerischen Presse Propagandamaterial liefern.

Mit diesen Angriffen auf Fried hatte die nationalistische Presse nach dem Tod Bertha von Suttners beinahe nahtlos ein neues Zielobjekt aus den Reihen der Pazifisten gefunden. Allerdings eignete er sich nur wenig für Spott und Lächerlichmachung, die Zeit und die Person Frieds forderten die meisten Journalisten zu ernsthafter Auseinandersetzung heraus. Gerade die Brandmarkung als »gefährliche Person« machte seine Lebenssituation in Wien jedoch immer riskanter.

Fried spürt das schon früh und spielt wohl schon im August 1914 mit dem Gedanken, Wien zu verlassen. Zumindest erteilt er seinem Rechtsanwalt Dr. Emil Frankl zu diesem Zeitpunkt bereits vorsorglich eine umfassende Bankvollmacht, die diesen ermächtigt: »[...] über mein beim Wiener Bank-Verein bestehendes Konto und Depot gleich mir vollkommen frei zu verfügen, sohin insbesondere Geld- und Geldeswert zu beheben und deren Empfang in meinem Namen zu bestätigen, Aufträge zum Kaufe und Verkaufe von Effekten zu erteilen, Effekten zu belehnen, alle an mich gerichteten Korrespondenzen für mich in Empfang zu nehmen, Abrechnungen mit dem Wiener Bank-Verein zu pflegen und denselben zu dechargieren.«[301]

Am 11. September leitet Fried zum vorerst letzten Mal eine Vorstandssitzung der ÖFG, auf der er den Anwesenden berichtet, dass es nicht ausgeschlossen sei, dass das Direktorium des Berner Büros demnächst dauerhaft zusammentreten werde und dass er beabsichtige, »sich an dieser Permanenz-Tagung als Mitglied des Direktoriums zu beteiligen«.[302]

Doch erst im Oktober ist Fried tatsächlich bereit, seinen Plan in die Tat umzusetzen und – vorübergehend, wie er glaubt – in die Schweiz zu ziehen. In Wien gibt es für den Pazifisten nichts mehr zu tun, und auch als Journalist sieht er kaum noch Möglichkeiten der Betätigung. Selbst in befreundeten Journalistenkreisen gerät er immer mehr ins Abseits, besonders, als das österreichisch-ungarische Heer im September 1914 erstmals massiv zurückweichen muss: »Im Kreise meiner journalistischen Freunde wurde gestern behauptet, es ist jetzt geboten, bewusst zu lügen, d.h. die Stimmung als zuversichtlich und stark hinzustellen. Ich meinte, das wäre Jesuitenmoral. Aber – das gehört nun einmal zum Krieg. Die Völkerverhetzung und nun auch die Zuversicht sind Bestandteil der Waffe.«[303]

Doch Fried ist nicht bereit, Teil dieser Waffe zu werden. Stattdessen möchte er erfahren und beschreiben, was wirklich vor sich geht, und seine Arbeit für den Frieden – nun für einen künftigen wahren Frieden – fortsetzen. Bern, Hauptstadt der neutralen Schweiz, Sitz der Botschaften und des internationalen Friedensbüros und zugleich im deutschsprachigen Teil des Landes gelegen, scheint dafür der geeignetste Ort zu sein.

4. Im Schweizer Exil 1914/15–1919

4.1 Umzug nach Bern

Zusammen mit Therese reist Fried am Abend des 18. Oktober von Wien nach Zürich und von dort weiter nach Bern, wo das Paar am 20. von Otfried Nippold und Walther Schücking empfangen wird. Anlass für das Treffen ist die Gründungssitzung eines neuen Komitees unter Leitung des früheren Direktors der »Frankfurter Zeitung« Dr. Curti, das sich mit dem Studium der Grundlagen für einen dauerhaften Friedensvertrag befassen soll.[1] Fried sieht darin nun die Hauptaufgabe des Pazifismus.

Für diese Arbeit bietet sich die neutrale Schweiz an. In einem Brief an John Mez in den USA erklärt Fried: »Seit Mitte Oktober befinde ich mich mit meiner Frau in der Schweiz, um hier die etwas freiere Luft zu atmen, einen besseren Überblick über die Ereignisse zu gewinnen und auch an verschiedenen vorbereitenden Arbeiten für die Zukunft teilzunehmen.«[2] An Wehberg schreibt er: »Ich bin seit einem Monat hier, gedenke noch lange hier zu bleiben. Es ist doch sehr gesund, ein bisschen außerhalb der belligeranten Atmosphäre zu leben. Man sieht und hört viel.«[3] Fried gibt seine Wohnung in Wien aber noch nicht auf, und auch sein »Büro« bleibt mit Mundy Schwalb zunächst in Wien; noch zögert er, die

Brücken hinter sich abzubrechen, denn auch in der Schweiz ist das Leben wie jemanden wie ihn nicht einfach.

Im ständigen Wechsel zwischen Pensionen, Hotels und Gastunterkünften, von den eigenen wie den Behörden des Gastlandes überwacht, führen die Emigranten ein Leben als Außenseiter. Gerade in den ersten Kriegsmonaten ist die Stimmung der Bevölkerung den oppositionellen deutschen Emigranten gegenüber auch keineswegs freundlich: »Tatsächlich ist unbestritten, dass die deutschsprachige Schweiz die organisatorische und militärische Leistungskraft des Deutschen Reiches bewunderte, am undemokratisch-feudalistischen Charakter Deutschlands kaum Anstoß nahm und die Verletzung der belgischen Neutralität eher zurückhaltend verurteilte.«[4] Kritiker am Vorgehen der Mittelmächte sieht man nicht allzu gerne. Fried kann sich daher trotz hohem Bekanntheitsgrad zunächst nicht sicher sein, ob er auch in Schweizer Zeitungen und Zeitschriften wird schreiben und damit eine Einnahmequelle finden können.

Doch es gibt kein Zurück mehr. Als Fried Anfang Februar 1915 noch einmal für zwei Wochen nach Wien zurückkehrt, macht ihm ein Erlebnis in der Innenstadt seine Situation deutlich: »Gestern Abend auf belebter Kärntnerstraße rief mir ein Kerl halblaut das Wort ›Hochverräter‹ nach. Es war ein mir als desequilibriert bekannter Militärschriftsteller, der durch öffentliche Skandale schon oft von sich reden gemacht hat. Ein wahrscheinlich nicht normaler Mensch. Ich musste tun, als ob ich nicht gehört habe. Aber die Sache beschäftigt mich sehr. Ein Exzess auf der Kärntnerstraße bei der jetzigen Stimmung wäre gefährlich gewesen. Der Gedanke an Schuhmeier[5] und Jaurès[6] zuckte durch meinen Kopf.«[7] In der aufgeheizten Stimmung der kriegführenden Länder wird der Raum für Andersdenkende immer enger.

Ende Februar kehrt Fried in die Schweiz zurück, um die »Monate« bis Kriegsende dort zu verbringen. Er ahnt noch nicht, dass ganze vier Jahre vergehen werden, bis er Wien im Januar 1919 das nächste Mal wiedersehen wird. Begleitet von seiner Frau und Mundy Schwalb, später auch deren Schwester Irene, die Fried als zweite Sekretärin anstellt, geht er zunächst nach Zürich,[8] um dort mit Verlagen und Zeitungen in Verbindung zu treten. Die Situation lastet schwer auf ihm: »3. März (Zürich) Es häufen sich die Tage der seelischen Depression. Rückwirkungen des Kriegs, die immer unerträglicher werden. Vor allen Dingen ist es die Unmöglichkeit zu reden, die mich am meisten bedrückt. Schweigen zu müssen, wo man so viel zu sagen hätte, ist eine Qual. Keine Zeitung, in der ich nur halbwegs offen sprechen könnte, steht mir zur Verfügung. [...] Das Bewusstsein des ›Dépaysiertseins‹ quält mich. [...] Unzählige Pläne gehen mir durch den Kopf, aber es fehlt mir unter den geschilderten Umständen an Sammlung und Ruhe, ganz abgesehen von den technischen Möglichkeiten zu ihrer Ausführung.«[9]

Doch er hat Glück: Nach intensiven Gesprächen nimmt ihn die »Neue Zürcher Zeitung« noch im März als Mitarbeiter auf. Zugleich findet Fried im Orell Füssli Verlag einen Partner, der ab Juni die »Friedens-Warte« übernimmt und der auch Frieds neue Werke herausgeben wird.

Fried selbst bleibt jedoch nicht in Zürich. Im März reist er zunächst nach Lugano, noch unsicher, wo in der Schweiz er sich niederlassen soll, und im Juni weiter nach Thun, dem Wohnort Otfried Nippolds und Romain Rollands, den er Anfang September dort trifft. Rolland notiert über diese erste Begegnung: »Besuch von Dr. Alfred H. Fried (Friedensnobelpreis). Von noch jugendlichem und angenehmem, mehr französischem als deutschem Aussehen, mit feinen Zügen und sanften Augen. Aber selbstsicher. Spricht schlecht Französisch; beendet seine Sätze fast immer auf Deutsch. Er wohnt jetzt in Thun [...] fühlt sich dort sehr einsam und langweilt sich. Sonst wohnt er in Wien, weil er die Stadt angenehm findet; aber er sagt, dass er deutsch, nicht österreichisch empfinde.«[10]

Nach einem längeren Gespräch kommt es schon am nächsten Tag zu einem Gegenbesuch Rollands bei Fried. Rolland gegenüber äußert sich Fried mehrfach negativ über die Wiener Gesellschaft, der er zum einen vorwirft, nur durch die »Neue Freie Presse« zu denken, zum anderen, das Theater in den Mittelpunkt ihres Lebens zu stellen. Sonst aber fallen Rolland, der sich mit Fried in ähnlicher Lage fühlt, da auch er als Exilant aus der Heimat heftig angegriffen wird, Frieds gemäßigte Äußerungen zu Deutschland und Österreich auf, durch die hindurch er jedoch einen ganz anderen Charakterzug zu erkennen glaubt: »Er spricht mild von Deutschland und Österreich. (Unter dem äußeren Anschein von Sanftmut muss er wohl cholerisch und heftig sein; und es ist recht komisch, die Leidenschaft zu hören, mit der er versichert, gegen Leidenschaft immun zu sein. Er erinnert mich – obwohl er viel vornehmer ist – an die kriegerische Pazifistin Frida Perlen.)«[11] Bereits ein paar Tage nach dieser Begegnung kehrt Fried mit Therese und Mundy Schwalb nach Bern zurück, wo er nun zu bleiben entschlossen ist, und bezieht Zimmer in einer Pension.

Bern, wo nicht nur das Internationale Friedensbüro und andere internationale Organisationen, sondern auch die europäischen Gesandtschaften ihren Sitz haben, scheint Fried der geeignetste Ort für die Vorbereitung eines künftigen Friedens zu sein. Noch immer rechnet er mit einem Friedensschluss in wenigen Monaten: »Dass Bern die Stadt des Friedensschlusses sein könnte, wird vielfach behauptet.«[12]

Obwohl er seine Mietwohnung in Wien im Februar 1915 gekündigt hat, sind seine meisten Besitztümer nur untergestellt und nicht in die Schweiz verbracht worden. Auch sein (Nobelpreis-) Vermögen befindet sich unter der Obhut seines Freundes und Anwalts Emil Frankl weiterhin in Wien. Fried fühlt sich keineswegs als »Fahnenflüchtiger« oder gar Landesverräter, sondern sieht sich ganz im Gegenteil als Patriot, der seinem Land mit Einsatz all seiner Kräfte auf den rechten Weg zurückhelfen möchte. So wehrt er sich auch entschieden gegen die Befürchtungen des befreundeten deutschen Abgeordneten Georg Gothein, er könne in der Schweiz auf die Seite der Entente gezogen werden. »Mein Aufenthalt in der Schweiz dürfte keineswegs den Einfluss auf mich ausüben, den Sie befürchten. Ursprünglich nur auf einige Wochen berechnet, habe ich ihn für die gesamte Kriegsdauer ausgedehnt, weil ich erkannt habe, dass ich bei dauernder Anwesenheit in Wien den Überblick über die Ereignisse vollständig verlieren müsste, und ich weiß, dass viele unserer Gesinnungsgenossen erst nach dem Krieg in der Lage sein werden, sich eine Anschauung zu bilden, die ich mir hier bereits jetzt zu bilden imstande bin.«[13] Aus diesen Worten wird ein weiteres Motiv Frieds deutlich, das ihn bewegt, ein Leben im Exil zu führen: sein Anspruch, Führer und Vordenker des Pazifismus zu sein und zu bleiben. Wichtiger ist ihm daneben, auch während des Kriegs die Gemeinschaft der pazifistischen europäischen Intellektuellen zu demonstrieren und so viele wie möglich zu gemeinsamen Gesprächen und Beratungen in der Schweiz zusammenzuführen. Hoffnungen setzt er dabei zunächst vor allem auf das Internationale Friedensbüro in Bern, das »Berner Büro«, wie es die meisten Pazifisten nennen.[14]

Allerdings ist die Situation innerhalb des Büros in diesen Monaten überaus gespannt. So wie die ÖFG im Juni 1914 durch den Tod Bertha von Suttners erschüttert worden war, hatte auch das Internationale Friedensbüro durch den Tod seines langjährigen Leiters Albert Gobats (Friedensnobelpreis 1902)[15] am 16. März 1914 seine Führung verloren. Viele Pazifisten befürchteten, dass sich die Lähmung der nationalen Gesellschaften auch auf das Friedensbüro übertragen könnte.[16]

Für die Deutschen und Österreicher kam noch ein weiteres Problem hinzu: das »Ständige Komitee« des Internationalen Friedensbüros bestand aus drei Persönlichkeiten der französischen Schweiz, die bereits in zwei Telegrammen an Deutschland und Österreich[17] eine eindeutige Position für Frankreich und gegen die Mittelmächte bezogen hatten. Die zu befürchtenden weiteren offiziellen Äußerungen des Büros in diese Richtung hätten aber die deutschen und österreichischen Mitglieder in eine überaus schwierige Lage gebracht; ihre Präsenz in Bern schien daher überaus wichtig.

Immerhin gelingt es Fried zusammen mit Otfried Nippold,[18] am 31. Oktober einige Mitglieder des Rates zu einer ersten Aussprache in Bern zu versammeln, an der jedoch keine Vertreter aus Frankreich und England teilnehmen. Auch als es nach langem Zögern am 6. und 7. Januar 1915 endlich zu einer offiziellen Ratssitzung kommt, lehnen die meisten Mitglieder der Entente-Staaten eine Beteiligung kategorisch ab, da sie eine eindeutige Verurteilung der deutsch-österreichischen Politik und ihrer Völkerrechtsbrüche verlangen und dies in einem gemischten Gremium aus Vertretern beider Kriegsparteien nicht zu erreichen können glauben. Auch die besonders von den deutschen und österreichischen Vertretern angestrebte Ausarbeitung von Richtlinien für einen baldigen Verständigungsfrieden stößt bei vielen Vertretern der Entente auf Ablehnung, da sie nur in einem vollständigen Sieg der Alliierten den Sieg der pazifistischen Ideen über den preußischen Militarismus garantiert sehen.[19] So sind neben den Vertretern der Mittelmächte vor allem die Delegierten der neutralen Länder auf der Ratssitzung vertreten, von den Vertretern der Entente dagegen lediglich der Engländer Alexander. Einige der Abwesenden hatten ihre Stimmen jedoch auf Vertreter der neutralen Länder übertragen, um eine theoretische Stimmenmehrheit der Mittelmächte auszuschließen. Bei der Abstimmung kommt es jedoch überraschend zu einem Unentschieden, da die Niederländer und der Deutsch-Schweizer Bucher-Heller gemeinsam mit den deutschen und österreichisch-ungarischen Vertretern abstimmen. Wie von Fried, Quidde und den anderen Vertretern der Mittelmächte gewünscht, gibt es daher nur vorsichtige Stellungnahmen zu den politischen Ereignissen.

Am Ende einigt sich der Rat lediglich auf drei von Fried angeregte und vorformulierte Appelle an die »Geistigen Führer aller Nationen«, die »Internationalen Organisationen« und die »Friedensgesellschaften aller Länder«.[20] Während man die geistigen Führer aller Nationen an ihre Aufgabe erinnert, sofort nach Ende des Krieges die internationalen Beziehungen wieder anzuknüpfen: »Seid die Brückenköpfe, die intakt erhalten bleiben müssen, damit die Brücken, die heute allerorten gesprengt wurden, wiederhergestellt werden können«,[21] und auch die internationalen Organisationen auffordert, »bei ihrem Werk auszuharren und es mit aller Energie weiterzuverfolgen«,[22] umfasste der Aufruf an die Friedensgesellschaften weit mehr als das: Neben einer kurzen Darlegung der Diskussionen und Entscheidungen der Ratssitzung enthält er einen Appell, die eigenen Organisationen, soweit es nach Lage der Dinge in den einzelnen Ländern möglich sei, nicht nur aufrechtzuerhalten, sondern auszubauen, Kontakt mit möglichen Bündnispartnern aufzunehmen oder sogar, nach Vorbild des niederländischen Anti-Oorlog-Raads, gemeinsame neue Organisationen zu gründen. Danach werden die neun Punkte umfassenden Forderungen des Internationalen Friedensbüros für künftige Friedensverhandlungen zur Diskussion gestellt: an erster Stelle die Beteiligung der Neutralen an den Friedensverhandlungen und die Ablehnung aller Annexionen, die nicht die Zustimmung der betroffenen Bevölkerung finden.[23]

Während Fried die Sitzung in der »Friedens-Warte« als Erfolg darzustellen versucht und betont, es sei ja alleine schon eine Leistung, mitten im Krieg »Pazifisten aller Länder zur gemeinsamen Arbeit vereinigt zu sehen«,[24] schreibt er in seinem Tagebuch: »Wehe uns, wenn der Hass zwischen den Völkern sich in dieser Weise aufrechterhält, wenn er schon zwischen Gleichgesinnten und langjährigen Arbeitsgenossen nicht überwunden werden kann!«[25] Zudem gelingt es nicht, ein Handlungskonzept für das IFB zu erarbeiten, das, durch die innere Spaltung gelähmt, immer mehr in Passivität versinkt. In den folgenden Kriegsjahren beschränkte sich das Büro überwiegend auf humanitäre Aufgaben, wie die Suche nach Kriegsgefangenen, bei der auch Fried mitwirkt.[26] In einer Replik auf einen Artikel Hermann Hesses vom November 1915,[27] der den Pazifisten vorwarf, sie würden nur reden und schreiben, statt tatkräftig zu helfen, führt Fried aus: »An seinem Wohnort in Bern hat z. B. das ›Internationale Friedensbüro‹ seinen Sitz, das während des Krieges seine pazifistische Tätigkeit eingestellt hat (leider!) und seinen Arbeitsapparat, seine über die ganze Welt reichenden internationalen Verbindungen in den Dienst der Korrespondenzvermittlung für Gefangene und Zivilinternierte und des Aufsuchens von Vermissten und Evakuierten gestellt hat. Es hat nach einem im November d. J. veröffentlichten Bericht bis dahin über 15 000 Einzelfälle und über 100 000 Korrespondenzstücke erledigt.«[28] Der Zusatz »leider!« ist für Frieds Einstellung bezeichnend. So sehr er auch durch die maßlosen Leiden des Krieges erschüttert ist, hält er es doch nach wie vor nicht für die Aufgabe des Pazifismus, die Kriegsfolgen zu lindern, sondern das Übel selbst unschädlich zu machen.[29]

Mitte Januar 1915 trifft Fried einen alten Bekannten in Bern: Es ist Richard Grelling, der sich kurz nach der Jahrhundertwende auf ein Landgut bei Florenz zurückgezogen hatte. Der Besuch kommt nicht unerwartet: »Im Dezember 1914 erreichte mich in Bern die Mitteilung eines bekannten deutschen Reichstagsabgeordneten, dass Grelling, der damals in Florenz wohnte, mich mit seinem ›Töchterchen‹ besuchen würde. Ich möchte mich doch des ›Mädchens annehmen‹.«[30]

Das »Mädchen« ist ein Manuskript, das Grelling nach dem Studium der Farbbücher[31] Deutschlands, Englands und Frankreichs im Dezember 1914 erstellt hat und in dem er der deutschen Regierung die Hauptschuld am Kriegsausbruch anlastet. Grelling hofft, in der deutschsprachigen Schweiz einen Verleger für sein Werk zu finden. Als er Fried daraus vorliest, ist dieser erschüttert: »Ich kann die Stimmung nicht schildern, die damals in jenem kleinen Berner Pensionszimmer herrschte, als Grelling mir stundenlang die Beweise für die frevelhafte Schuld am Weltkrieg vorbrachte.«[32]

Dennoch ist Fried, anders als Grelling, nicht für eine sofortige Veröffentlichung: »Das Erscheinen wollte ich vertagt wissen bis nachher, bis die Stunde der Abrechnung nach dem Krieg gekommen war.« Er geht noch immer von einem kurzen Krieg aus, den er in wenigen Monaten beendet glaubt, und will erst dann mit der Diskussion um die Kriegsschuld beginnen. Trotz seiner Skepsis hilft er Grelling jedoch bei der Suche nach einem Verlag: »Tagelang schlichen wir von Verleger zu Verleger, von Druckerei zu Druckerei, und Grelling bot sein ›J'accuse‹ gegen Zahlung eines Teils der Druckkosten aus eigner Tasche an. Er suchte den Inhalt klarzumachen. Man tat sehr unbestimmt, sicherte reifliche Überlegung zu und erklärte dann nach einem Tag, dass man während des Krieges keine Unternehmenslust besitze.«

Fried führt diese Ablehnung auf das mangelnde Interesse des »großen Publikums« zurück und auf das massenhaft kostenlos verbreitete deutsche Propagandamaterial. Tatsächlich dürfte aber die zu diesem Zeitpunkt noch deutlich pro-deutsche Haltung in der Schweiz den Ausschlag für die Ablehnung gegeben haben. Erst als sich Grelling schließlich auf Frieds Rat hin[33] an Verlage der französischen Schweiz wendet, hat er Erfolg. Das Buch erscheint am 4. April 1915 anonym unter dem Titel »J'accuse! Von einem Deutschen« in Lausanne und findet umgehend ein enormes Echo in allen Lagern.[34] Grelling wird Fried später wegen seiner Hilfe bei der Vermittlung als »Geburtshelfer« seines Werkes bezeichnen, der »als treuer Pate an seiner Wiege gestanden«[35] habe. In seinem öffentlichen Urteil hält sich Fried jedoch zurück. Erst als die Kriegs-Tagebücher 1918 in Buchform erscheinen, findet sich dort auch ein Kommentar zu Grellings Werk: »Das Buch, ›J'accuse! Von einem Deutschen‹ betitelt, ist erschienen. Ich habe es gestern zu Ende gelesen und bin davon aufs Tiefste erschüttert. Die Schuld Deutschlands und Österreich-Ungarns an dem Krieg ist aufgrund der veröffentlichten Akten mit solch überzeugender Schärfe dargelegt, dass keine Schönfärberei dagegen aufkommen kann.«[36]

Tatsächlich ist Fried im Sommer 1915 jedoch noch nicht bereit, diese Meinung öffentlich zu äußern und sich damit gegen das Deutsche Reich auf die Seite der Entente zu stellen, die Grellings Broschüre bald großflächig verbreitet und sogar Tausende von Exemplaren über der deutschen Front abwerfen lässt.[37] Obwohl er selbst wohl längst von der Hauptschuld Deutschlands und Österreichs am Kriegsausbruch überzeugt ist, ist Fried doch auch klar, dass eine eindeutige Stellungnahme in dieser Richtung ihn von den meisten seiner pazifistischen Freunde nicht nur in Deutschland trennen und zu einer weiteren Zersplitterung der pazifistischen Kräfte führen würde. Zudem bestand die Gefahr einer Verhärtung der Fronten, die dem von ihm angestrebten baldigen Verständigungsfrieden entgegengestanden hätte. Die Vorbereitung eines baldigen, dauerhaften und tragfähigen Friedens aber ist für Fried zu diesem Zeitpunkt das Wichtigste.

Als die Ratssitzung des Berner Büros Anfang Januar 1915 seine hoffnungslose Zersplitterung und Handlungsunfähigkeit verdeutlicht, kommen Vertreter des Schweizer Komitees und des holländischen Anti-Orlog-Raad überein, 1915 einen internationalen Kongress zu organisieren. In seinem Tagebuch schreibt Fried sich selbst die Initiative zu: »Außerhalb der Bürositzung vereinbarten auf meine Anregung die Holländer mit Nippold und mir die Einberufung einer außerordentlichen Friedenskonferenz nach Bern oder nach dem Haag für Ostern.«[38] Als im April 1915 unter der Beteiligung von 30 Delegierten aus zehn Nationen ein erstes Treffen im Haag stattfindet, ist Fried jedoch nicht dabei. Wehberg gegenüber begründet Fried, der zu diesem Zeitpunkt für mehrere Wochen in Lugano weilt und am Abschluss seines ersten Exilwerkes schreibt, dies mit der weiten Entfernung und seiner Arbeit.[39] Vielleicht unterschätzte Fried die Bedeutung dieses Treffens, zumal es dort eigentlich nur um die Bildung eines Vorbereitungskomitees für den geplanten Kongress gehen sollte und nicht, wie es sich aus der Diskussion vor Ort tatsächlich ergab, um die Schaffung einer zentralen Koordinationsstelle aller nationalen Bestrebungen für eine dauerhafte Friedensordnung, die unter dem Namen »Zentralorganisation für einen dauernden Frieden« in Den Haag gegründet wurde und dort unter der Leitung des Anti-Oorlog-Raads dauerhaft ihren Sitz haben sollte. Nippold zeigt sich von diesem Beschluss persönlich verletzt, da er sich den Zentralsitz in Bern unter seiner Leitung gewünscht hatte, und zieht sich in der Folge immer weiter aus der Arbeit zurück.[40]

Immerhin plant man in der Folge einen von Den Haag und Bern gemeinsam organisierten großen internationalen Studienkongress. Auf der Seite des Schweizer Komitees arbeitet Fried mit auf diese Zusammenkunft hin und beteiligt sich auch an einer der neun internationalen Studienkommissionen, deren Berichte auf dem Kongress diskutiert werden sollen.[41] Der endgültige Termin wird zunächst auf Mitte Dezember festgesetzt, doch kriegsbedingte Probleme, insbesondere die Verweigerung von Aus- oder Einreisegenehmigungen, erschweren das Projekt, so dass es bis zum November 1917 dauern wird, bis es endlich gelingt, zumindest einen Teilkongress in Bern zu versammeln. In der Zwischenzeit bleibt Fried nur seine schriftstellerische Arbeit.

Schon das erste Werk der Exilzeit, das Fried bereits im April 1915 beendet, stellt Überlegungen zu Voraussetzungen und Bedingungen eines künftigen dauerhaften Friedensschluss in den Mittelpunkt, wobei der Titel »Europäische Wiederherstellung« ein wenig irreführend ist, da es Fried gerade nicht darum geht, die alten Verhältnisse in Europa wiederherzustellen, sondern um »einen wirklichen Frieden, der die Beziehungen der Staatengemeinschaft in die ihr notwendigen Bahnen lenkt und eine ganz neue Form des Verkehrs schafft«.[42] Ausgehend von der auf den Lehren Blochs beruhenden Annahme, dass es in diesem Krieg keine »Sieger im alten Sinne« und damit auch keinen Diktatfrieden geben werde, beschäftigt sich Fried vor allem mit dem möglichen Ablauf der Friedensverhandlungen und schlägt dafür ein schrittweises Vorgehen vor. Wesentlich sei, »den Ausweg aus dem gegenwärtigen Krieg von zwei getrennten Aktionen zu erwarten, deren einer in erster Linie der Abschluss der Feindseligkeiten im sogenannten ›Friedensschluss‹ obliegen wird, während die andere der Errichtung des künftigen wirklichen Friedens durch Grundlegung einer neuen europäischen Ordnung wird dienen müssen«. Erst wenn die kriegführenden Staaten den Krieg liquidiert hätten, könne das eigentliche, sehr viel zeitraubendere Friedenswerk in Angriff genommen werden. Schon bei dem ersten Schritt müsse man aber bestimmte Richtlinien einhalten, um dem zweiten den Boden zu bereiten: »Der Liquidationsvertrag der Kriegführenden wird jede Demütigung einer Gruppe, jede wirtschaftliche Lähmung oder Aussaugung vermeiden und die Grundlinien für den nachfolgenden europäischen Kongress bereits erkennen lassen müssen. Außerdem wird dieser zweiten Versammlung, an der außer den Kriegführenden auch die Neutralen teilnehmen werden, das Recht eingeräumt werden müssen, Bestimmungen des Liquidationsvertrages aufzuheben oder zu ergänzen.«

Wie genau er sich den Friedenskongress vorstellt, lässt Fried an dieser Stelle offen, betont jedoch, dass er damit nicht eine 3. Haager Konferenz meine, die erst nach Abschluss des »Friedenserrichtungs-Vertrags« folgen und sinnvoll sein werde. Seine eigenen Vorschläge für eine neue Ordnung in Europa knüpfen an frühere Forderungen an: Abschaffung der Diplomatenkasten, Beteiligung von Volksvertretern an allen Verhandlungen mit auswärtigen Regierungen, Abschaffung des bisherigen Bündnissystems und Schaffung eines europäischen Zweckverbandes nach dem Vorbild Pan-Amerikas mit einem mit weitgehenden Befugnissen ausgestatteten pan-europäischen Büro als Zentrale in der Großstadt eines neutralen Landes sowie mindestens alle drei Jahre tagenden Konferenzen. Danach und daneben Verminderung der Rüstungen unter Kontrolle eines internationalen Rüstungskontrollhofes, Verstaatlichung der Rüstungsindustrie oder zumindest scharfe staatliche Kontrollen und ein entschiedenes Vorgehen gegen die nationalistische Hetzpresse auch mit Hilfe der Gesetzgebung. Bei allem steht für ihn fest, dass der Krieg die Lehren des Pazifismus bestätigt habe und man nach Kriegsende auf sie und seine Verfechter zurückgreifen werde. Die große Stunde des Pazifismus rücke immer näher, denn das »Zeitalter, das jetzt anbricht, ist das pazifistische«.

Dieser Glaube, dass der Pazifismus durch den Krieg nicht widerlegt, sondern bestätigt und gerechtfertigt sei und ein allgemeines Umdenken nach dem Krieg die bis dahin geschmähten und verachteten Pazifisten rehabilitieren und in die Führungsspitzen der Gesellschaft katapultieren werde, durchzieht alle Äußerungen Frieds während der ersten Kriegsjahre und dürfte zugleich den Motor seines ungebrochenen Arbeitseifers im Schweizer Exil gebildet haben.

4.2 Im Kreuzfeuer der Kritik 1916

In der ganzen Zeit bleibt die »Friedens-Warte« Frieds Hauptanliegen und Hauptarbeitsbereich. Wie schon vor dem Krieg liegt Fried viel daran, die Zeitschrift auch für Vertreter anderer pazifistischer Strömungen offen zu halten. Dabei scheut er aber auch nicht davor zurück, gegebenenfalls seine eigene, abweichende Position deutlich zu machen oder andere Autoren zum gleichen

Thema Stellung beziehen zu lassen, so dass es oft zu Abfolgen aufeinander bezüglicher Artikel kommt. Allerdings wirkten sich der beschränkte Platz und die monatliche Erscheinungsweise des Blattes für solche Kontroversen ungünstig aus.

Ein besseres Forum bildete die »NZZ«.[43] Die Zeitung, die sich schon am 16.8.1914 der absoluten Neutralität verpflichtet hatte, sah ihre Aufgabe spätestens nach der Übernahme der Chefredaktion durch Albert Meyer[44] im April 1915 immer mehr darin, den verschiedenen Meinungen und Ansichten aus allen Lagern Raum zur gegenseitigen Aussprache zu bieten. Mit diesem Ansatz kam die »NZZ« Frieds persönlichen Einstellungen sehr nahe. Von Ende März 1915 bis nach Kriegsende wurde er einer ihrer eifrigsten Mitarbeiter und beeinflusste die Linie der Zeitung bald auch maßgebend mit.[45]

Gleich mit seinem ersten Artikel, »Die tieferen Ursachen des Weltkrieges«,[46] stößt Fried eine langanhaltende Diskussion an, die sich sowohl mit den Ursachen und möglichen Zielen des Krieges, als auch mit der generellen Möglichkeit eines dauerhaften Friedens in Europa befasst.[47] Während er die Suche nach der unmittelbaren Kriegsschuld im Juli 1914 der Nachkriegszeit überlassen möchte, steht die tiefste Ursache für ihn bereits fest: die zwischenstaatliche Anarchie, die zu gegenseitigem Misstrauen und Wettrüsten geführt habe, zu einem Zustand des »Nicht-Krieges«, des »latenten Krieges«, den man fälschlich Frieden genannt habe. »Uns kann einzig die Vernichtung der Anarchie frommen und als einziges Kriegsziel die Erkenntnis, dass nach diesem Kriege der alte Friede nicht wiederkehren darf, der ihn erzeugt hat, die Erkenntnis, dass nicht die Staaten gegenseitig die Feinde sind, sondern der Zustand ihres bisherigen Nebeneinanderlebens, der sie zermalmend bedrückte, der einzige Feind aller ist.«

Gerade diese Schlussfolgerung musste auf Widerspruch nicht nur aus nationalistischen Kreisen stoßen. Die Mehrheit der französischen Pazifisten zum Beispiel hielt für die Errichtung eines wirksamen Friedenssystems einen eindeutigen Sieg über das Deutsche Reich, das sie mit dem preußischen Militarismus gleichsetzten, für unbedingt erforderlich, während man auf Seiten der

Deutschnationalen von einem europäischen Frieden unter deutscher Hegemonie träumte. Daneben hatte auch bereits die Diskussion begonnen, inwieweit vielleicht nur demokratische Regierungsformen überhaupt für die Schaffung einer dauerhaften Friedensordnung geeignet seien. Auch die Frage, ob eine internationale Ordnung nach Frieds Vorstellungen einen dauerhaften, einen »ewigen« Frieden in Europa bewirken könne und ob so ein Dauerfriede überhaupt wünschenswert sei, blieb umstritten.

Neben seinen zahlreichen Artikeln in der »NZZ« und der »Friedens-Warte« verfasst Fried in diesem Jahr auch wieder kleinere Bücher und Broschüren. Ebenso wichtig, vielleicht sogar noch wichtiger ist ihm aber die Herausgabe der gesammelten »Randglossen zur Zeitgeschichte« Bertha von Suttners. Kaum zwei Monate nach ihrem Tod, im August 1914, hatte er mit den Arbeiten begonnen, »um mich zu betäuben und meine Kräfte auf ein gutes Werk für die Zukunft zu konzentrieren«.[48] – »Der Normalzustand wird ja doch einmal wieder einkehren. Und dann wird auch die Zeit Bertha Suttners kommen. Man wird sich ihrer erinnern, man wird anfangen, ihre Arbeit zu begreifen, ihre Schriften zu verstehen.« Zwei Jahre später, im Herbst 1916, schließt er das umfangreiche Werk ab. Es erscheint vermutlich schon Ende 1916, datiert jedoch auf 1917, unter dem Titel »Der Kampf um die Vermeidung des Weltkrieges«.[49] Fried erfüllt damit einen Wunsch der Toten und gibt auch seiner Verehrung neuen Ausdruck, indem er sie nicht als die Romanschriftstellerin zeigt oder die »Schwärmerin für Güte«, wie der österreichische Pazifist Leopold Katscher sie genannt hatte,[50] sondern als die Kämpferin, die intelligente Zeitkritikerin, »eine Journalistin im besten Sinne«,[51] wie er möchte, dass die Nachwelt sie sieht.

Noch aber liegen diese Zeiten fern.[52] Wie die »Friedens-Warte« werden 1916 auch die meisten Schriften Frieds in Deutschland und Österreich verboten. Der Umschwung der Meinungen lässt auf sich warten, und auch die Presse hat ihren Anteil daran. Nach den ersten Kriegsmonaten mit ihren scharfen Attacken der nationalen und nationalistischen Presse gegen Fried und sein Tagebuch ebbt die Zahl der Angriffe zunächst deutlich ab, um dann jedoch

1916 im Zuge der veränderten Situation auf dem Kriegsschauplatz erneut anzusteigen. Immer mehr wird er als bedeutendste pazifistische Führungspersönlichkeit unter den deutschsprachigen Exilanten zu einem bevorzugten Angriffsziel der rechten Presse, wobei aber am Rande erwähnt werden soll, dass er, anders als etwa Hermann Fernau[53] u.a., meist nur als Führer des Pazifismus, und nicht als Jude angegriffen wird. Schon der erste, am 17. Februar in der »Rheinisch-Westfälischen Zeitung« unter dem Titel »Pazifistentreiben« anonym erscheinende Artikel lässt den Tenor der Anschuldigungen erkennen: »Den aufreizendsten Lesestoff bietet die jetzt in Bern erscheinende ›Friedens-Warte‹. Ihr Herausgeber, Dr. Alfred H. Fried, führt ein ›Kriegstagebuch‹, als wollte er beweisen, dass er und seine ›Pazifisten‹ die größten Stänker und Hetzer sind. Auch nicht ein einziges Wort findet sich in diesen Blättern, das eine Spur von Vaterlandsliebe verriete, wohl aber fällt dieser ›Deutsche‹ Deutschland und seinen Verbündeten unausgesetzt in den Rücken. Nachdem das Kartenhaus des Weltfriedens zusammengestürzt, unser Vaterland von allen Seiten angefallen ist und den ihm aufgedrungenen Kampf um Sein oder Nichtsein führen muss, müsste sich ein deutsch empfindender Mann sagen, dass jeder gegen Deutschland gerichtete Tadel die Feinde stärkt. Aber dieser traurige Geselle, gebläht von widerlicher Eitelkeit, wirft sich zum Richter auf und schürt die Kriegslust der Entente durch die Art seiner Urteilsfällung.«[54] Stets wird das seine Existenz verteidigende Deutschland als Opfer einer Schmutzkampagne vaterlandsloser Gesellen gezeigt, die es mit aufgebauschter, einseitiger Kritik dem Feind in die Hände spielen – erste Ansätze für die spätere Dolchstoßlegende. Der Vorwurf von Eitelkeit und Anmaßung trifft Fried dabei weit weniger als der des fehlenden Patriotismus oder gar der Zusammenarbeit mit der Entente.

Ende März startet die »Kreuz-Zeitung« eine Kampagne gegen Fried und die »Friedens-Warte«, mit dem Ziel, ein generelles Verbot in Deutschland zu erreichen. Den Anfang macht am 26. März der Artikel »Schleichendes Gift«,[55] in dem bereits offen das Einfuhrverbot verlangt wird. Zwar sei kaum zu befürchten, schreibt der anonyme Verfasser, dass die Bevölkerung in Deutschland sich von dem »verschwommenen Tun des vaterlandslosen Pazifismus« beeinflussen lasse, dennoch sei es wichtig, auf das »schleichende Gift« aufmerksam zu machen, das »von dem früheren sozialistischen Journalisten Dr. Alfred H. Fried« mit der »Friedens-Warte« nach Deutschland eindringe, und »derartiges Unkraut von unserem Acker fernzuhalten«. Und nach einigen kurzen Auszügen aus der »Friedens-Warte« betont er am Schluss: »Im vaterländischen Interesse ist zu verlangen, dass solchen Zeitschriften der Zutritt in das Reich verwehrt werde!«

Schon zehn Tage später folgt ein weiterer Angriff: »Herr Fried bei der Verleumdungsarbeit«,[56] der diesmal von zahlreichen Blättern übernommen wird.[57] Diesmal versucht Fried, sich zu wehren, und schreibt, »in der Annahme, dass ich es mit Männern zu tun haben könnte, die auch im Gegner den Menschen achten«,[58] an den Chefredakteur der »Kreuz-Zeitung« eine Berichtigung. Tatsächlich bringt die Zeitung den Hauptteil seines Briefes, doch durch Schlusskommentar und Aufmachung gelingt es der Redaktion,[59] dem Artikel die von ihr gewünschte Wirkung zu geben. Die »Deutsche Tageszeitung« lehnt eine Gegendarstellung ganz ab. Erbittert notiert Fried: »So ist man denn vogelfrei in dieser ›großen‹ Zeit. Wenn ich bedenke, dass eine ›Deutsche Tageszeitung‹, dass die ›Hamburger Nachrichten‹(!) ungestraft schreiben dürfen, dass es meine ›alte Tradition vor dem Kriege‹ war, ›unseren Gegnern Material zu ihrer Hetze zu liefern‹, ich, der ich seit 25 Jahren nur für Verständigung und Verständnis gewirkt habe, während die gegen Deutschland hetzenden und Hass verbreitenden Organe des Auslandes, wie ›Matin‹ und ›Daily Mail‹, nur von den Zitaten aus der ›Deutschen Tageszeitung‹ und den ›Hamburger Nachrichten‹ sich mästeten, so bleibt einem neben aufwallendem Zorn über diese Niedertracht nur der aus tiefstem Innern kommende Ekel.«[60] Die Kampagne der »Kreuz-Zeitung« hat Erfolg: Anfang April wird der Jahrgang 1916 der »Friedens-Warte« vom stellvertretenden Generalkommando in Leipzig für Deutschland verboten.[61]

Zu dem Verbot beigetragen hatte auch der »Fall Foerster«,[62] eine Hetzkampagne gegen den seit 1914 an der philosophischen Fakultät in München lehrenden Ethiker und Pazifisten Friedrich Wilhelm Foerster,[63] der in der »Friedens-Warte« einen Artikel über »Bismarcks Werk im Lichte der großdeutschen Kritik«[64] veröffentlicht hatte, einen Artikel, den Hans Wehberg später als einen der »wertvollsten Aufsätze, die jemals in dieser führenden deutschen pazifistischen Zeitschrift veröffentlicht worden sind«,[65] bezeichnete. Angriffe gegen Foerster und die »Friedens-Warte« gingen schnell Hand in Hand,[66] insbesondere, da sich ein Teil der Argumentation gegen Foerster daraus ableitete, dass er seinen Artikel in einem deutschfeindlichen, ausländischen Blatt veröffentlicht habe.[67]

Mit dem Verbot der »Friedens-Warte» in Deutschland sind die Angriffe gegen Fried noch lange nicht zu Ende. Während die »Kreuz-Zeitung« ihn Anfang Juni zu den »literarischen Hochverrätern« zählt und die »Friedens-Warte« an die Spitze der »Pflanzstätten von Vaterlands- und Charakterlosigkeit« in der Schweiz stellt, die man im Solde der Entente vermutet,[68] kommt nun auch von der Gegenseite scharfe Kritik. Die »Gazette de Lausanne«, eines der führenden Blätter der Westschweiz, das auch in Frankreich viel gelesen wird, verdächtigt die »Friedens-Warte« und ihren Herausgeber in einem Leitartikel vom 12. Juni der Arbeit für die deutsche Regierung. Die heftigsten Angriffe kommen aber aus Frieds Heimatland Österreich. Dort leitet die Regierung unter dem national-konservativen Regiment des Ministerpräsidenten Karl Graf von Stürgkh sogar eine Untersuchung wegen Hochverrats gegen Fried ein, die jedoch durch den Regierungswechsel nach dem Tod des greisen Kaiser Franz Joseph und die Ermordung Stürgkhs Anfang 1917 eingestellt wird.

Schmerzlich ist auch die Polemik aus den eigenen Reihen. Im Rückblick wird er dazu schreiben: »Was ich schrieb [...] hat den Durchhaltern, den Eroberungssüchtigen, den Siegesgewissen, denen, die den Überfall heuchelten, nicht gefallen. Sie haben mich geschmäht, beschimpft, verleumdet. Die Pfeile flogen nicht nur von vorn. Sie kamen zuweilen auch von hinten, aus den eigenen Reihen. Das waren die schmerzlicheren.«[69]

Obwohl die meisten Pazifisten lediglich ihre Arbeit einstellen und sich nicht öffentlich äußern, oder zumindest die Führer der Bewegung nicht persönlich angreifen, gibt es doch Einzelne, die diese Zurückhaltung nicht üben. Unter ihnen ist Oskar Schwonder,[70] Pseudonym: Carl Ludwig Siemering, ein Journalist aus Königsberg, der seit 1897 in der Friedensbewegung aktiv war, schon bei der Abfassung der ersten Auflage des Handbuches geholfen hatte[71] und über Jahre zu Frieds persönlichen Freunden zählte. Bis Anfang 1914 hatte er auch zahlreiche Artikel in der »Friedens-Warte« veröffentlicht,[72] mit Kriegsbeginn jedoch wendet sich der Redakteur der »Königsberger Hartungschen Zeitung« gänzlich von Fried und seiner Form des Pazifismus ab.[73]

Als Anfang 1917 ein anderer früherer Mitarbeiter der »Friedens-Warte«, Dr. Max Seber, eine Broschüre unter dem Titel »Die Schicksalsstunde des Pazifismus«[74] veröffentlicht, die sich der vernichtenden Kritik des internationalen Pazifismus, insbesondere aber der Person ihres Führers Fried widmet, schreibt Schwonder ein enthusiastisches Vorwort. Vehement klagt er darin die »berüchtigten Auswüchse von Dr. A. H. Frieds ›Kriegstagebuch‹« an und rühmt sich, der einzige innerhalb der DFG gewesen zu sein, der sich, trotz seiner früheren Freundschaft zu Fried, frühzeitig offen gegen ihn gewandt hätte: »So wie es eine meiner größten Lebensfreuden war, als mein bester Freund und hochverehrter Lehrer Fried im Dezember 1911 den halben Friedenspreis der Nobelstiftung erhielt (diese Halbierung schien mir damals ein schweres Unrecht an dem Pionier der modernen Friedensbewegung), so war es vielleicht der tiefste, kaum überwindbare Schmerz meines Lebens, als ich bald nach Ausbruch des europäischen Krieges von Monat zu Monat deutlicher erkennen musste, wie grenzenlos oberflächlich, voreingenommen und starr doktrinär Fried über die Schuldfrage und die Ereignisse dieses Krieges orakelte, zumeist in einem seinem eigenen Vaterlande abträglichen Sinn.« Für Schwonder steht es außer Frage, dass die Zeit für eine neue Form, einen deutsch-nationalen, auf Hegemonie der Mittelmächte zielenden Pazifismus gekommen sei, wie sie Seber beschreibt, und so endet er auch mit den Worten: »Ihnen aber, werter Herr Doktor, gebührt für Ihre geradezu vernichtende Kritik von Frieds unqualifizierbarem Verhalten der wärmste Dank all jener, die es in deutschen Landen mit der Zukunft des fortschrittlichen Pazifismus gut meinen.«

Trotz aller Anfeindungen bemüht sich Fried weiter um die Verbreitung seiner Ideen und versucht dort, wo er mit einflussreichen Persönlichkeiten in Kontakt kommt, in seinem Sinne auf sie einzuwirken. Obwohl viele Initiativen letztlich scheitern, ist doch zu vermerken, dass Fried, der meist im Hintergrund blieb, mit allen pazifistischen Gruppierungen in der Schweiz in enger Verbindung stand und es als seine Aufgabe ansah, zwischen den verschiedenen Personen Kontakte herzustellen und Informationen weiterzuleiten. Auch wenn er selbst über keinen unmittelbaren politischen Einfluss verfügte, gehörte er damit zweifellos zu den wichtigen Persönlichkeiten des Schweizer Exils.

Schon im November 1915 hatte sich Fried erstmals für eine vage Vermittlungshoffnung eingesetzt, als er ein Gespräch zwischen dem offiziell in privaten Angelegenheiten, in Wirklichkeit, wie aus den Akten des Auswärtigen Amtes hervorgeht, aber im Auftrag Bülows reisenden Konsul von Stettin, Carl René, mit dem russischen Gesandten in Bern, Staatsrat von Bacheracht, vermittelte. René, der sich in Zürich mit Kontaktmännern der russischen Regierung treffen sollte, war in Bern auch mit dem »mir seit Jahren befreundeten Schriftsteller Dr. Alfred H. Fried, dem bekannten Nobelpreisträger«,[75] zusammengetroffen, ohne ihn jedoch über seine eigentlichen Absichten zu informieren. Dennoch hatte Fried eine vage Andeutung Renés sofort aufgegriffen und über die mit ihm befreundete Privatsekretärin des russischen Botschafters einen Kontakt vermittelt. Wie sehr man dabei um absolute Geheimhaltung bemüht war, wird aus der Beschreibung Renés deutlich: »Am 17. November ds. Js. vormittags 10½ Uhr erschien bei mir im Hotel Bellevue in Bern zunächst Herr Dr. Fried, um mich zu einem Spaziergang abzuholen. – Später erschien auch noch Herr Frankenthal [...] Um alles Aufsehen zu vermeiden, fuhren wir – Dr. Fried, Frankenthal und ich – zunächst per elektrischer Bahn einige Straßen entlang und stiegen dann unweit der Ensinger-Straße aus. – Niemand war uns gefolgt. – Frankenthal begleitete mich dann bis an das Haus, in welchem der russische Gesandte seine Privatwohnung hat, und ich erschien präzise um 11 Uhr bei demselben.«

Das einstündige Gespräch verläuft nicht nur ohne nennenswerte Ergebnisse, sondern erweist sich im Nachhinein für René als Fallstrick, da er es ohne Rücksprache mit Berlin geführt hatte. Als eine Genfer Zeitung das Treffen als ein »Friedensangebot eines Vertreter des Fürsten Bülow« deklariert, wird René vom Auswärtigen Amt zu einer Rechtfertigung genötigt,[76] während die kaiserliche deutsche Gesandtschaft in Bern Reichskanzler Bethmann-Hollweg gleichzeitig empfiehlt, René von allen Kontaktsondierungen abzuziehen: »Immerhin erscheint es mir zweifelhaft, ob Herr René nach dieser Erfahrung noch die geeignete Persönlichkeit sein dürfte, um eine Zusammenkunft gerade mit einem Russen zu vermitteln.«[77]

Einen ganz anderen Vermittlungsversuch unternimmt Fried im Juni 1917 für die Freimaurer, als er – erfolglos – versucht, bei einer Festveranstaltung der Schweizer Großloge in Basel zwischen den seit Kriegsbeginn ebenfalls zerstrittenen Logen der Mittelmächte und der Schweiz zu vermitteln. Auch im Exil verliert Fried nie ganz die Fühlung zu den Brüdern in Wien, die ihrerseits auch während des Kriegs treu zu ihm stehen. Im November 1914 widmet der »Zirkel« dem »weltgeschätzten Vorkämpfer der Menschheitsverbrüderung« herzliche Worte zum 50. Geburtstag: »Dieser Tag hat den zahlreichen Freunden und Verehrern des Jubilars, der ihn in der neutralen Schweiz verbrachte, willkommenen Anlass geboten, Br. Fried zu sagen, wie lieb und wert er ihnen ist, wie hoch sie seine vorbildliche Kulturarbeit einschätzen und wie herzlich sie wünschen, ihn dieser noch lange erhalten und an ihrer Ernte, an ihrem Erfolge sich freuen zu sehen.«[78]

Auch im weiteren Verlauf des Krieges hält Heinrich Glücksmann die Brüder so gut wie möglich über die Aktivitäten der Pazifisten und insbesondere Frieds auf dem Laufenden. Allerdings wird er dabei schon bald von der Zensur eingeschränkt. Im Februar 1915 darf Frieds Flugblatt »Ein Dutzend Wahrheiten«[79] vollständig abgedruckt werden, Ende März wird der Aufruf des Internationalen Friedensbüros in Bern »An die Friedensgesellschaften aller Länder« dagegen vollständig gestrichen, die gleichzeitigen Aufrufe »An die Intellektuellen« und »An die internationalen Organisationen« jedoch freigegeben. Im April kann ein Artikel Frieds über »Die Zukunft des Internationalismus« ungekürzt erscheinen,[80] und im selben Heft findet sich sogar unbeanstandet ein Aufruf der ÖFG an alle Mitglieder der Grenzlogen, der Friedensgesellschaft beizutreten.[81] Noch im September 1915 erscheint der kleine Artikel »Ein Jahrhundert Friedensbewegung«, dann jedoch scheint die Zensur schärfer zu werden, denn es finden sich bis Sommer 1917 kaum noch pazifistische Äußerungen im Blatt.

4.3 Schweizer Exil 1917 bis Kriegsende

Der Kriegseintritt Amerikas am 16. April 1917 ist für Fried wie für das ganze kriegführende Europa ein Wendepunkt. Für Fried persönlich bedeutet er zunächst einmal das Ende der Carnegie-Subventionen, was ihn zwingt, die anhaltenden Defizite seiner Zeitschrift aus eigener Tasche zu bezahlen. Zugleich steht mit Woodrow Wilson nun aber auch ein Mann auf der Seite der Entente, auf den Fried – 1916 noch vorsichtig,[82] dann aber immer deutlicher – seine Hoffnungen setzt. Als der amerikanische Präsident sich am 22. Januar 1917 mit der Forderung nach einem Verständigungsfrieden ohne Sieger und Besiegte und der Errichtung eines Völkerbundes an die Welt wendet, ist das für Fried »der größte geschichtliche Akt dieses Kriegs«. Und mehr noch: »Die Wilson-Botschaft ist nächst dem Zarenmanifest vom 24. August 1898 das wichtigste Dokument der Durchdringung der pazifistischen Lehre. [...] Es ist die pazifistische Lehre, die er verkündet, die seit einem Menschenalter in allen unsern Schriften vertreten und verbreitet wurde [...] Diese Botschaft ist unser Sieg, unsre Legitimierung, die Krönung unsrer Arbeit.«[83]

Wie 1898 hofft Fried auch diesmal wieder auf die Wende durch ein Staatsoberhaupt, ein »Macht-Wort« zugunsten des Pazifismus. Zwar gibt er sich nicht der Hoffnung hin, diese Wende werde sofort eintreten, in der vergifteten Atmosphäre des Weltkriegs rechnet Fried eher mit Spott als mit Zustimmung, aber er glaubt doch, dass die Worte Wilsons nach Ende des Krieges auf fruchtbaren Boden fallen werden, und hofft zudem auf neue Gespräche über einen Verständigungsfrieden.

Für Fried wie für viele Pazifisten und Angehörige des linken Spektrums ist Wilson der Kristallisationspunkt ihrer Hoffnungen. Entsprechend erkannte man in ihm im anderen Lager früh den Hauptgegner: »Je mehr aber die Gedanken des Verständigungsfriedens und der Demokratie auf der einen Seite und die Gedanken des Siegfriedens und des autoritären Staates auf der anderen Seite als Einheiten empfunden wurden, desto profilierter musste die Figur des amerikanischen Präsidenten im deutschen politischen Bewusstsein in Erscheinung treten, der zugleich der hervorragendste Verkünder der Idee der Völkerverständigung und der eindrucksvollste Repräsentant eines machtvollen demokratischen Staatswesens seiner Zeitepoche gewesen ist.«[84]

Nicht zuletzt aus diesem Grund hatte die deutsche Regierung Vermittlungsversuche Wilsons schon im Sommer 1916 rigoros abgelehnt.[85] Man war weder bereit, die Monarchie aufzugeben, noch sich von der Hoffnung auf einen gewinnbringenden Siegfrieden zu trennen. Eindeutig für Wilsons Ziele sprachen sich in Deutschland dagegen der revisionistische Flügel der SPD, die »ethischen Sozialisten« um Eduard Bernstein, Hugo Haase, Karl Kautsky und Kurt Eisner aus, einige liberale Politiker und vor allem die verschiedenen pazifistischen Gruppen unter Führung des Bundes »Neues Vaterland«. Viele dieser Politiker trifft Fried persönlich, als es vom 19. bis 22. November in Bern endlich zu der schon seit 1915 geplanten Konferenz zum Studium der Grundlagen eines dauerhaften Friedens kommt. Allerdings wird es wieder kein vollständiger Kongress, denn den Vertretern der Entente werden von ihren Regierungen die Pässe verweigert.[86] Nur 48 Vertreter der Mittelmächte und der Neutralen können an der Konferenz teilnehmen. Dennoch ist der Kongress für Fried eine große Freude, und er schwärmt von dem »prachtvollen pazifistischen und demokratischen Geist«,[87] der die Zusammenkunft belebt habe. Tatsächlich sind viele Bekannte und Freunde Frieds unter den Teilnehmern. Von besonderer Bedeutung aber ist, dass sich in Bern nicht nur Pazifisten und Völkerrechtler, sondern, mit Bernstein für die USPD, Gothein für die liberale FVP, Blunck für die Nationalliberalen, Heine für die SPD und Erzberger für das Zentrum, auch deutsche Reichstagsabgeordnete versammeln,[88] Vertreter jener Parteien, die im Juli 1917 im Reichstag für die Friedensresolution gestimmt hatten.[89] Allerdings scheitern die Verständigungsbemühungen nicht nur am Fernbleiben der Entente. Fried hatte schon in der Reichstagsresolution kritisch »zwei schwere Fehler« angemerkt, die mögliche Verhandlungen erschweren könnten: die wenig konkrete Bekundung, an internationalen Rechtsorganisationen mitwirken zu wollen, aber vor allem die einleitende Feststellung, Deutschland habe nur zur Verteidigung seiner Freiheit und Selbständigkeit zu den Waffen gegriffen.[90] Dennoch steht für Fried fest: »Dieser Vorkongress hat bewiesen, dass die Welt reif wäre zu vernünftigem Verhandeln, zu einer kraftvollen Schlusshandlung gegenüber dem Wahnsinn.«[91] Nicht einmal die erhoffte gemeinsame Konferenz mit den Ententestaaten wird vor Kriegsende zustande kommen, die Gräben sind zu tief.

Auch unter den Emigranten in Bern findet Fried Ende 1917 schon längst nicht mehr nur Gleichgesinnte. Ab Ende 1916 war die Zahl der Exilanten in der Schweiz sprunghaft gestiegen, wobei sich auch zunehmend radikalere Kräfte einfanden, die allein im Sturz der Monarchie in Deutschland und der Errichtung einer föderativen Republik durch einen Siegfrieden der Entente die Basis für einen Friedensschluss und eine antimilitaristische Entwicklung des Deutschen Reiches sahen. Dieser Kreis, zu dem unter anderem Richard Grelling, Ernst Bloch, Hugo Ball und Hermann Rösemeier gehörten, zentrierte sich im Wesentlichen um die 1917 gegründete, zweimal wöchentlich erscheinende »Freie Zeitung«, die sich offen zur Entente bekannte und den Krieg als einen Kampf der Regierungssysteme begriff.[92] Im Gegensatz zu Fried, der sich bemühte, die »Friedens-Warte« zurückhaltend und sachlich zu führen, verstießen die »Freie Zeitung« und ihre Mitarbeiter

»wahrscheinlich bewusst gegen die schweizerischen Neutralitätsbestimmungen und betrieben auch eine gezielte Propaganda.«[93]

Obwohl es einzelne Mitarbeiter gab, die kürzere oder längere Zeit für beide Blätter arbeiteten, kam es doch kaum zu engeren Beziehungen auf beruflicher oder privater Ebene, dafür waren die Positionen, zumindest bis kurz vor Kriegsende, zu unterschiedlich.[94] Für einen längeren Zeitraum galt jedoch, dass die »Freie Zeitung« Fried »wenigstens mit Nichtachtung strafte«.[95]

Frieds Bestreben bleibt es dagegen, möglichst viele Strömungen in oder am Rand der Friedensbewegung zu vereinen. Im Sommer 1918 nimmt er eine Idee Otto Flakes auf, in der Schweiz einen aus deutschen und österreichischen Intellektuellen zu bildenden »Bund der Geistigen«[96] zu konstituieren, und sammelt in der Sondernummer der »Friedens-Warte« zum 5. Kriegsjahr Beiträge von Exilanten der verschiedensten Strömungen, darunter neben Hermann Hesse, Stefan Zweig, Romain Rolland, Alexander von Hohenlohe-Schillingsfürst und Wilhelm Mühlon auch Andreas Latzko, Richard Grelling, Leonhard Frank und Ernst Bloch.[97] Auch wenn längst nicht alle angesprochenen Emigranten bereit sind, einen Beitrag für die Sondernummer zu liefern, und sich in der Folge nur wenige an einem Zusammenschluss interessiert zeigten, ist es doch bemerkenswert, wie viele Stimmen er in diesem Heft vereinen konnte.[98]

Die Grabenkämpfe unter den Emigranten machten das ohnehin nicht leichte Leben im Exil noch schwerer. So empfand es auch Stefan Zweig, der in einem Brief an Romain Rolland feststellte: »Übrigens ist Bern die Hölle. Alles ein einziger Wirrwarr; die Revolutionäre sind gleichzeitig noch Agenten ihrer Regierung, die Journalisten Spione, und die meisten Leute dort leben schon so lange dieses Doppelleben, dass sie nicht mehr wissen, welcher Idee sie mit ihrem Wesen eigentlich dienen.«[99] In dieser vergifteten Atmosphäre gegenseitigen Misstrauens war es schwer, Mitstreiter oder gar Freunde zu finden, dennoch erwies es sich als nicht unmöglich. Fried fand einen solchen Freund in René Schickele, dem Herausgeber der »Weißen Blätter«, die seit 1915 in Zürich (ab 1918 in Bern) erschienen.[100] Um das Blatt sammelten sich vor allem Expressionisten wie Gottfried Benn, Johannes R. Becher und Walter Hasenclever, aber auch Antikriegsliteraten wie Leonhard Frank, Andreas Latzko und Henri Barbusse und radikale Pazifisten wie Kurt Hiller.[101]

Zwischen den »Weißen Blättern« und der »Friedens-Warte« gab es weit mehr Überschneidungen bei der Mitarbeiterschaft als mit der »Freien Zeitung«, und Fried pflegte hier auch deutlich intensivere Kontakte, insbesondere zum Herausgeber selbst. Der gebürtige Elsässer René Schickele,[102] 19 Jahre jünger als Fried und damit im wehrfähigen Alter, aber wegen extremer Kurzsichtigkeit kriegsuntauglich geschrieben, hatte sich früh für eine deutsch-französische Verständigung eingesetzt und Anfang 1915 die Redaktion der Zeitschrift in Berlin übernommen. Ebenso wie Fried hatte er im Herbst 1915 auf den Druck der deutschen Zensur mit einer Verlegung nach Zürich reagiert. Auch wenn Schickele Ende 1914 vorübergehend der allgemeinen Kriegsbegeisterung erlegen war,[103] gehörte er doch vorher und nachher zu den überzeugten Pazifisten und lehnte daher auch die Richtung, die die »Freie Zeitung« einschlug, grundsätzlich ab. Fried und Schickele, die, wie der Fried-Nachlass in Genf belegt, schon seit 1912 in Kontakt standen,[104] rückten im Laufe der Zeit immer enger zusammen, zumal sie auch noch durch eine gemeinsame Freundin verbunden waren: die deutsch-französische Schriftstellerin Annette Kolb.[105]

Seit 1915 stand die Pazifistin Annette Kolb von München aus mit René Schickele in Verbindung und arbeitete an den »Weißen Blättern« mit, die Fried aufmerksam verfolgte. Am 8. Februar 1916 zitiert er bewundernd aus ihren »Briefen an einen Toten« und zählt dabei die Verfasserin zu den wenigen »standhaft und immun Gebliebenen«.[106] Anfang September lernt er sie dann in Bern persönlich kennen. Annette Kolb, die in München wegen ihrer pazifistischen Reden und Veröffentlichungen verfolgt wird und der dort jede pazifistische Tätigkeit und sogar Briefverkehr untersagt ist, befindet sich zu diesem Zeitpunkt für zwei Monate in der Schweiz und besucht nicht nur Fried, sondern auch René Schickele und den ebenfalls seit 1915 mit ihr in engem Kontakt stehenden Romain Rolland. Am 1. Februar 1917 siedelt sie endgültig nach Bern über, wo sie bis nach Kriegsende bleiben wird. Über ihre Zeit in der Schweiz wird Annette Kolb 1921 unter dem Titel »Zarastro – westliche Tage«[107] ein literarisches, teilweise verschlüsseltes Tagebuch herausgeben, das an mehreren Stellen auch über Fried (als A. H. Pax) berichtet. Ende Februar 1917 heißt es dort: »Den Abend bei A. H. Pax verbracht. Bei ihm kann man sagen, was einem gerade einfällt, ohne Gefahr zu laufen, dass es entstellt in alle Winde hinauswirbelt. Dieser Vorkämpfer des Friedensgedankens, der mit so feierlichem Ernst seine Stimme zu erheben weiß, ist bei strengster Sachlichkeit der gemütlichste Mann der Welt, in dessen Atmosphäre man sein bisschen Humor und sein verlorenes Lachen auf Augenblicke rettet.«[108]

Ende April folgt sie einer Einladung der Frieds nach Lugano und verbringt dort einige Wochen gemeinsam mit dem Ehepaar. Dabei treffen die drei auch mit einem alten Bekannten Frieds zusammen. Anekdotenhaft schildert Annette Kolb diese Begegnung: »Ein Berliner Kriegsgewinnler, den Paxens von Wien her kennen, meldete sich bei ihnen zu Besuch. Der Erste, dem ich mit Bewusstsein begegne. Nie habe man bei Hiller so gut gegessen, nie bei Borchard so viel Champagner getrunken. Die Welt habe jetzt die deutsche Faust kennenzulernen. Was Ludendorff befahl, sei u n b e s e h e n das Richtige, und keine Kritik gestattet (das galt mir!); Gott, wie gemütlich man hier beisammensäße, während die Völker einander schlachteten. (Dies sagte er, wie man am warmen Kamin vom Schneesturm spricht, der draußen wütet.) Allen könne es nicht gutgehen, bemerkte er auch. ›Schweigen Sie‹, rief Frau A. H. Pax. Er guckte etwas verdutzt. ›Das ist ja schrecklich mit unserer Valuta‹, lenkte er dann ein. ›Und mit der geistigen erst!‹, fuhr A. H. Pax dazwischen.«[109]

Annette Kolb, die bis Kriegsende in ihren Bemühungen, Kriegsopfern zu helfen, enge Kontakte zu beiden kriegführenden Parteien unterhält und daher mehr noch als andere angegriffen und der Spionage für die jeweilige Gegenseite bezichtigt wird, sich auch in der Schweiz ständig bespitzelt fühlt, empfindet den Umgang mit den Frieds als Erholung, wie sie sich später erinnert: »Er war die Friedensecke, um die wir Verstreuten und Entwurzelten uns zu sammeln gedachten. Er war derjenige, ohne den wir nie vollzählig beisammen waren, der uns immer fehlte, wenn wir ihn nicht hatten, der uns immer fehlen wird. [...] In dem immer kleiner werdenden Empfangszimmer des zusehends verarmenden Fried traf man sich während der Kriegsjahre in Bern und rettete sich vor der Atmosphäre, welche dort die Agenten, die Horcher-an-der-Wand, der oberste Nachrichtendienst, seine Zentralen und Nebenstellen geschaffen hatte. Frieds Gegenwart wirkte wie ein Zerstäuber in dieser Luft. Er schied ihre Giftmikroben immer aus.«[110] Auch Fried ist der »lieben Seele« sehr zugetan und schreibt ihr im Sommer 1919 aus seinem Sommerdomizil in Interlaken, wie sehr er sie und Schickele vermisse, und dass nun auch das Du endlich fällig sei: »Liebes Schneckerl! Ich hab Sie wirklich lieb. Und wenn Du nach Interlaken kommst, müssen wir Bruderschaft trinken. Gell?«[111]

Kurz vor Ende des Krieges trifft Fried unerwartet ein harter persönlicher Schlag: Völlig überraschend stirbt sein Neffe Lionel Wyon, der älteste Sohn seiner Schwester Pauline. In der verspätet erscheinenden Oktoberausgabe der »Friedens-Warte« heißt es: »Lionel Wyon. Einer, der Gutes gewollt hat und Großes erstrebte, ist im Frührotglanze seines Lebens rasch und unerwartet aus der Welt geschieden. Am Morgen des ersten Oktober, einen Monat vor seinem 22. Geburtstag, sank er lautlos dahin. Mitten in der Arbeit, mitten in einer Überfülle von Hoffnungen, Plänen und Sorgen. Lionel Wyon war ein Frühreifer. Dies machte ihn hasten und suchen. Er hatte immer mit einem frühen Ende gerechnet; hat davon gesprochen. Doch dass es so früh kommen sollte, ahnte er nicht. So fing er schon mit jungen Jahren an, sich zu betätigen. Im Jahrgang 1911 der ›Friedens-Warte‹ hat er – damals ein Vierzehnjähriger – seine ersten Ergüsse gegen den Krieg veröffentlicht. ›Wehe über jene, welche Krieg erzeugten. Und das Blut so vieler komme über deren Haupt.‹ Damit schloss jenes Opus 1911! – In Zürich begann er 1915, mit 18 Jahren, an der Friedensbewegung mitzuarbeiten. Er hielt Vorträge und gab sogar eine Zeitschrift heraus. ›Das Wort‹ erschien nicht lange. Aber es enthält starke Proben des nun dahingegangenen Talents. Er wollte in seinem jugendlichen

Idealismus eine ›Europäische Gesellschaft‹ gründen und verstand es auch, Träger guter Namen für seinen Plan zu interessieren. Er war ruhelos und tatendurstig, ein Stufenverächter. Sein jäher Tod schnitt tausend Pläne, tausend Entwürfe ab. Ich habe mit ihm eine Hoffnung und einen Neffen verloren. A. H. F.«[112]

Etwa seit 1908 hatte Fried sich verstärkt um seine Neffen Lionel und Gordon bemüht, die ihm zuvor, wie er in einem Brief beklagt,[113] von der Schwester und ihrem Mann »entzogen« worden seien. Nachdem Reginald Wyon seine Frau 1906 verlassen hatte und in seine Heimatstadt London zurückgekehrt war, lebten die beiden Kinder in einem Internat in Baden bei Wien, das von der Londoner Großmutter finanziert wurde, während Pauline sich ohne Unterstützung durchzuschlagen versuchte und zeitweise sogar um das Besuchsrecht im Internat kämpfen musste.[114] In dieser schwierigen Zeit hatte sie sich wieder enger an den Bruder angeschlossen und ging wohl auch etwa zeitgleich mit ihm in die Schweiz. Ob Pauline selbst dem Pazifismus näher stand, ist nicht belegt. Von Frieds zu diesem Zeitpunkt noch lebenden Geschwistern scheint lediglich der in Berlin lebende Leopold, der auch in seinem Engagement für Esperanto dem großen Bruder folgte, tieferes Interesse am Pazifismus und an Frieds Ideen gehabt zu haben – dies spiegeln nicht nur die in Frieds Nachlass erhaltenen Briefe »Poldis«, sondern auch die Tatsache, dass er stellvertretend für seinen Bruder im Juni 1919 den achten deutschen Pazifistenkongress in Berlin besuchte.[115]

Nicht erstaunlich, dass Fried sich über die Entwicklung seines Neffen freute und im April 1911 ein langes episches Gedicht des Vierzehnjährigen mit dem Titel »Was ist Mord?« in der »Friedens-Warte« veröffentlichte,[116] die sonst jede Art von Lyrik vermied.[117] Das in sechs Strophen untergliederte Gedicht beschreibt den Ablauf einer Schlacht vom »Morgen vor der Schlacht« bis zum Sterben der zurückbleibenden Verwundeten am nächsten Tag.

Zum Wintersemester 1915 schrieb sich Lionel an der Philosophischen Fakultät der Universität Zürich ein, brach jedoch nach nur vier Semestern, vermutlich mit neuen Plänen befasst, das Studium ohne Zeugnis ab.

Obwohl Lionel Wyon nicht direkt an der »Friedens-Warte« mitarbeitete, sondern seinen eigenen Weg innerhalb der pazifistischen Strömungen suchte, lag dieser doch nicht weit von dem seines Onkels entfernt, und Fried mag durchaus die Hoffnung gehegt haben, in diesem Neffen den Nachfolger heranwachsen zu sehen, der seine Arbeit einmal weiterführen würde.

4.4 Nach Kriegsende – die letzten Monate in der Schweiz

Als Wilson im Januar 1918 sein Vierzehn-Punkte-Programm zur Beendigung des Krieges verkündet, glaubt Fried noch einmal an eine Chance für einen Verständigungsfrieden. Am 10. Januar schreibt er: »Die Friedenshoffnung leuchtet auf. Es könnte jetzt Frieden werden, wenn in Deutschland der Kampf zwischen Militärs und Staatsmannschaft im Sinne Bismarcks zu Gunsten der Letzteren erledigt werden würde. Ludendorff, gestützt von den verzweifelten, um ihre Existenz ringenden Alldeutschen, ringt mit Kühlmann, auf dessen Seite alle Vernünftigen stehen.« Aber nicht Kühlmann, sondern Ludendorff sollte neun Monate später veranlassen, dass das deutsche Waffenstillstandsangebot auf der Grundlage der Vierzehn Punkte Wilsons erfolgte und damit indirekt die große Enttäuschung aller Wilson-Anhänger heraufbeschwören.

Die Hoffnungen, die Fried in diesen Monaten bewegen, halten der Wirklichkeit nicht lange stand. Am 11. Dezember 1918 schreibt er: »Mitten im Jubel über ihren Sieg schmieden die Staatsmänner der Entente die Friedensbedingungen. Ein seltsamer Friedensschluss, der mehr einer Gerichtssitzung gleichen dürfte, wo das Urteil dem Beklagten als fertige Tatsache übermittelt wird.«[118]

Noch hoffen die Pazifisten zwar auf Wilson, der am 13. Dezember in Europa eintrifft, doch »man zittert darüber, ob er die Macht besitzen wird, die Siegestrunkenen zu beeinflussen«.[119] Die »Zentralorganisation für einen dauernden Frieden« stellt ihre Tätigkeit ein und wendet sich ganz der Propaganda des Wilsonschen Völkerbundgedankens zu, um wenigstens einen kleinen

Teil der eigenen Zukunftsvorstellungen zu retten. Fried scheinen die Perspektiven mehr als düster. Zur Jahreswende 1919 schreibt er niedergeschlagen: »Hoffnungsloser und bedrückter als je in diesen unseligen viereinhalb Jahren des Weltkriegs stehen wir an dieser Jahreswende. Früher leuchtete uns doch noch die Möglichkeit eines für die Menschheit günstigen Abschlusses der schweren Krise, heute ist dieser Lichtschein nur mehr winzig, kaum noch wahrnehmbar. Der Krieg ist nur in der Theorie beendigt, er wütet in noch schrecklicherer Gestalt als bisher weiter. Täuschen wir uns nicht; das Fürchterlichste kann noch kommen.«[120]

Im Januar 1919 erhält Fried unerwartet die Gelegenheit, als Führer einer Studienkommission von amerikanischen Offizieren für zwei Wochen nach Wien zu reisen. Für ihn ist es ein kurzer Moment des Triumphes: »So kehre ich, der ich als ›Hochverräter‹ verfolgt worden bin, im Salonwagen der Regierung in die Heimat zurück. Neben dem persönlichen Erlebnis auch eines des Pazifismus.«[121] Die Freude währt nur kurz. Erschüttert registriert Fried die Verheerungen des Krieges, die in Wien alle Lebensbereiche erfasst haben. Er beschreibt die schmutzigen, vernachlässigten Häuser und Straßen, die versagenden öffentlichen Transport- und Kommunikationsmittel, den brachliegenden Handel, die fehlende öffentliche Sicherheit, die sich besonders in einer sprunghaften Zunahme von Eigentumsdelikten bemerkbar macht; vor allem aber das Elend der Kriegsversehrten und der hungernden Bevölkerung, der die Kohlenknappheit noch zusätzlich zu schaffen macht: »In den Wohnungen ist die Beleuchtung durch Vorschriften auf das Äußerste beschränkt, ebenso die Heizung. Zu dem Hunger gesellt sich noch die Trostlosigkeit der Finsternis und der Kälte.«[122] Klar erkennt er, dass der »republikanische Geist« in dieser Situation kaum eine Chance hat, dass das Volk in seiner großen Masse »zu lethargisch« ist, zu sehr mit grundlegenden Existenzsorgen behaftet, um sich mit seinen neuen Rechten und Möglichkeiten zu beschäftigen. Der erwartete Sieg der klerikalen Reaktion bei den kommenden Wahlen durch eine Mehrheit der Christlichsozialen, denen Fried als Kriegshetzer-Partei eine deutliche Mitschuld am Kriegsausbruch, ja sogar

»die Hauptschuld an all dem Elend« zuschreibt, lässt ihm wenig Hoffnung für die Zukunft.

Zugleich erreichen ihn in diesen Wochen in Wien die Nachrichten vom Spartakus-Aufstand in Berlin und anderen deutschen Städten, den er als »Fäulnisprodukt des Militarismus« und diesem an Gewaltpotentzial gleich scharf ablehnt, obwohl er den Idealismus seiner Führer durchaus anerkennt: »Diese Idealisten in der Theorie, wenn sie zur praktischen Tat gelangen, werden die Verbrecher an der Menschheit. Der Kronprinz, Tirpitz, Ludendorff unterscheiden sich darin gar nicht von Liebknecht, Radek, der Luxemburg. Sie sind das Ergebnis einer gleichen Ursache. Militarismus in auf- und absteigender Linie.«[123] Die triumphale Rückkehr des Pazifismus und seiner Lehren nach Österreich, die Fried einen Augenblick lang in seiner eigenen Reise verkörpert sah, gibt es hier ebenso wenig wie in Deutschland oder in Paris, wo zur selben Zeit, am 18. Januar 1919, die »Friedenskonferenz« begonnen hat.

Anfang Februar, zu Beginn des internationalen Sozialistenkongresses, an dem er als Beobachter teilnimmt,[124] kehrt Fried nach Bern zurück. Für ihn ist diese erste internationale Konferenz nach dem Krieg mehr als ein Hoffnungsschimmer für den Neubeginn der internationalen Zusammenarbeit, er sieht in ihr ein »weltgeschichtliches Ereignis« von weitreichender Bedeutung, auch und gerade mit Blick auf die Waffenstillstandsverhandlungen in Paris: »Immer deutlicher wurde es bei den Verhandlungen, dass dieser Berner Kongress die Antithese der Pariser Friedenskonferenz ist, dass sich hier der Friedenswille der Völker zusammenballt gegenüber jenen Diplomaten und Militärs, die in Paris die alten trennenden und blutbefleckten Ideen in neuer Verkleidung hinüberretten wollen in die kommende Welt. [...] Deshalb widmete der Kongress den Anfang und den Hauptteil seiner Arbeit dem Völkerbundgedanken; deshalb war er in erster Linie pazifistisch, ehe er die sozialen Fragen behandelte.«[125] Fried betont vor allem die für den Pazifismus relevanten Aspekte, wie die Forderung nach Abschaffung der Rüstungen und der militärischen Dienstpflicht und die Errichtung eines demokratischen Völkerbundes, der das Fundament für einen wahren Friedensschluss bilden sollte. Obwohl er auch die wunden Punkte anspricht, wie die oft erbittert diskutierten Nationalitätenfragen, so empfindet er doch den Brückenschlag der Völkerversöhnung und wittert die »Morgenluft einer nahenden bessern Zeit!« – »Rund um die Delegierten versammelten sich als Journalisten und interessierte Zuhörer, was Bern, was die Schweiz an internationaler Intelligenz aufzuweisen hat. Das ist ein anderer internationaler Kongress, der sich um den einen schlingt.«[126] Für Fried, der Teil dieses »anderen« Kongresses ist, bietet er die Möglichkeit, sich endlich einmal wieder mit Gleich- oder Ähnlichgesinnten auszutauschen. »Nach ein paar Tagen kannten wir einander fast alle«, schreibt Annette Kolb, die ebenfalls anwesend ist.[127] Fried trifft auch Kurt Eisner,[128] den er später als »sicherlich die interessanteste Erscheinung [...]«[129] beschreibt. Anders als Karl Liebknecht, dessen Idealismus Fried zwar anerkennt, dessen Gewaltbereitschaft er aber scharf verurteilt,[130] ist der undoktrinäre Eisner, der jede Gewalt ablehnt, zwischen den verschiedenen Strömungen im eigenen Lager zu vermitteln sucht und sich persönlich für Frieden und Völkerversöhnung einsetzt,[131] für Fried ein bewundernswerter Politiker von »warmem Herzen« und »großen Geistesgaben«, dessen Ermordung nur ein paar Tage später ihn tief erschüttert. Nun wieder tief pessimistisch schreibt Fried: »Die Ermordung Kurt Eisners ist eine Tat, die erkennen lässt, wo wir sind, wohin wir steuern.«[132]

Während Fried aus Deutschland von allen Seiten nur traurige Nachrichten erhält und die »soziale Zersetzung« rapide fortschreiten sieht,[133] werden aus Paris die ersten Friedensbedingungen bekannt, u.a. das Verlangen der Entente, Deutschland solle sein Heer bis auf 100 000 Mann abrüsten. Eine Forderung, die ganz im Gegensatz zu Frieds Auffassung steht, dass eine Abrüstung, nach Etablierung einer zwischenstaatlichen Ordnung, auf allen Seiten gleichzeitig erfolgen müsse. Resigniert notiert er: »Das wäre nun die Abrüstung; nur nicht die, die wir Pazifisten erstrebten. Die Zwangsabrüstung eines einzelnen Staats, während die andern gerüstet bleiben, ist ein Unding.«[134] Und warnend fügt er hinzu: »So wird dieser Friedensschluss jene militärischen Kreise, die die Revolution überwunden hat, neu beleben und ihren völligen Untergang verhindern. Es ist Blindheit, die in Paris wirkt, die mit der unabwendbaren Sicherheit das nächste Blutbad vorbereitet […].«[135]

Wie die deutsche Regierung, so waren auch die Pazifisten davon ausgegangen, dass dem Vertrag von Versailles die 14 Punkte Wilsons zugrunde liegen würden.[136] Noch im Dezember des Vorjahres hatte Fried, die Entwicklung voraussehend, alle Hoffnung auf Wilson gesetzt: »Von Wilson, dem Einzigen, bei dem ruhiges und klares Denken noch zu erwarten ist, erhoffe ich den mächtigen Einfluss, auf dass dieser Friede doch das werde, was er der geplagten Menschheit sein muss, der erste wahre Friede, der den Krieg für alle Zukunft verdammt.«[137] Und ein paar Tage später, bei der Ankunft des amerikanischen Präsidenten in Europa, vermerkt er, für alle die klar sehen könnten, hinge »mit dem Erscheinen dieses Mannes alle Hoffnung zusammen«.[138] Umso schlimmer empfindet Fried die Gerüchte und ersten Informationen über den beabsichtigten Inhalt des Vertrages: »Wird dieser Friede so werden, wie es jetzt den Anschein hat? Noch möchte ich auf Wilson hoffen, der sich nicht so beiseiteschieben lassen darf. Er verkörpert das gute Prinzip, seine Niederlage wäre die Niederlage des bessern Teils der Menschheit […]«[139]

Spätestens in diesem Moment ist Fried klar, dass von dem Ausgang der Verhandlungen auch seine eigene und die Stellung aller anderen Pazifisten und Wilson-Anhänger abhängen wird. Tatsächlich werden die Folgen sogar weit gravierender sein, denn weite Teile der deutschen Bevölkerung werden bald an eine doppelte Dolchstoßlegende glauben – eine innen- und eine außenpolitische –, wobei Wilson und seine Anhänger zum Drahtzieher der Letzteren werden[140] und die Pazifisten zu Mitschuldigen in beiden Fällen. Die »Schicksalstragödie der progressiv-demokratischen Kreise der Weimarer Republik«[141] hat hier ihre Wurzeln.

Als die Einzelheiten des Vertrages bekannt werden, schreibt Fried erschüttert: »Und wie sollen wir Pazifisten den Bankrott Wilsons ertragen? Seien wir ehrlich: Wir haben alles auf diese Karte gesetzt. Wir durften es tun; denn Wilsons Verkündigung war unsre Lehre, unser Ideal, der Inhalt unsrer jahrzehntelangen Kämpfe, der Inhalt des Lebens von uns allen, die wir die Herbeiführung einer neuen Weltordnung uns zur Lebensaufgabe gemacht haben. Es ist nicht bloß der Friedensschluss, der auf dem Spiel steht, es ist der Kredit einer Idee, von deren Erfüllung das Heil der Menschheit abhängt.«[142] Wenn es dem Oberhaupt des mächtigsten Volkes der Erde nach einem solchen Krieg nicht gelänge, die Forderung nach einem wahren Frieden umzusetzen, dann »ist alles Tun nach dieser Richtung umsonst«, und nur der Sozialismus könne vielleicht noch helfen.[143] Fried scheint in diesen Tagen völlig zu resignieren, dann aber siegt wie immer in Krisensituationen sein Kampfgeist und das »Prinzip Hoffnung«.

Mit der nicht nur von Fried, sondern insbesondere auch vom Bund Neues Vaterland und anderen demokratisch-pazifistischen Verbänden erhobenen unbedingten Forderung nach einer Revision des Versailler Vertrages, für den Fried den Begriff »Vertrag« nicht einmal gelten lassen will, da er nicht auf Verhandlungen, sondern auf einer Verurteilung basiere,[144] rücken die Pazifisten dicht an die Forderungen ihrer konservativen Gegner heran. Spätere Historiker haben denn auch in einer unzureichenden Abgrenzung der Pazifisten von jener chauvinistischen Anti-Versailles-Propaganda die entscheidende Schwäche ihres Kampfes gegen Versailles gesehen.[145] Dagegen steht jedoch, dass die Pazifisten keine Gelegenheit ausließen, ihre eigene Position von der der Konservativen abzugrenzen.[146]

Auch Fried betont immer wieder, dass die Aufgabe der Pazifisten nun vor allem darin läge, den Rufen nach Revanche entgegenzutreten und den Menschen klarzumachen, dass die notwendige Revision des Versailler Vertrages nur im Rahmen und mit den Mitteln des Völkerbundes möglich sei. »Alle Versuche, die Kräfte des deutschen Volkes zum Rachekampf aufzurütteln, sind Mordversuche an diesem Volk«,[147] schreibt er beschwörend, und: »Durch die Tore des Pazifismus geht es zum Resorgimento. Anders nicht.« Dabei ist ihm – wie vielen anderen – die ungeheure Gefahr eines Folgekrieges immer bewusst: »Nie und nimmer können wir den Krieg als beendigt erachten. Der Vorhang fällt über ein Vorspiel. Gelingt es, im Zwischenakt das Elend gründlich zu überwinden, so ist die Möglichkeit eines Friedens gegeben, wenn nicht, fängt nach kurzer Pause der Gewaltwahnsinn des Kriegs von neuem an. Fürchterlicher, blutiger, vernichtender, als es die vergangenen vier Blutjahre waren.«[148] Der Warnung vor einem neuen Krieg und der Suche nach den Mitteln, dies zu verhindern, gilt fortan sein Hauptaugenmerk. Sein nächstes Werk »Der Weltprotest gegen den Versailler Frieden«[149] dient letztlich dieser Aufgabe. Gleich nach Bekanntwerden der Friedensbedingungen hatte er begonnen, Briefe, Zeitungsartikel und Kundgebungen zu sammeln, die sich auf Seiten der ehemaligen Kriegsgegner oder Neutralen gegen diese Art des Friedensschlusses aussprachen. Im Sommer 1919 stellt er daraus eine 78-seitige Broschüre zusammen, die dem deutschen Volk die Richtung eines sinnvollen Protestes zeigen soll.

So klar es für Fried ist, dass die »alten Männer in Versailles« die Chancen eines wirklichen Friedens vertan, »die Ideen Wilsons und des Pazifismus weggefegt« und lediglich »dieses verblendete Rache- und Strafwerk« geschaffen haben, so sicher ist er auch, dass nur ein Deutschland, das auf jeden Rache- und Revanchegedanken verzichte und sich der Demokratie und dem Pazifismus zuwende, eine Chance auf Revision des Vertrages und Aufnahme in die Völkergemeinschaft habe. Nur so könne der durch den Krieg und den militärischen Sieg in der Entente geschaffene Militarismus wieder entmachtet und den fortschrittlichen Kräften in allen Staaten der Rücken so weit gestärkt werden, dass sie die Macht übernehmen könnten: »Wird das deutsche Volk die Ideen der Demokratie und des Pazifismus zu den seinen machen, dann hört seine Isoliertheit auf, dann tritt es in die Bundesgemeinschaft aller jener Volksteile in den Siegerstaaten, die für ein pazifistisches und demokratisches Deutschland die Freiheit und mit einem solchen Deutschland die Gemeinschaft wollen.« Um dieses Ziel zu erreichen, sei jedoch weit mehr nötig als ein Lippenbekenntnis zum Frieden: »Nur wenn der Wille zur Demokratie und zum Rechtsfrieden ehrlich ist, wird er den Schlüssel bilden, der das Schloss des Kerkers öffnet! – Dazu ist nötig der vorherige Bruch mit allem Vergangenen, mit den alten Götzen und den alten Ideen, ein Bruch auch mit den alten Menschen, die durch die frühere deutsche Politik in Verruf gekommen und mit ihrer Geistesbeschaffenheit behaftet sind. Neue Menschen führen zum neuen Volk; das neue Volk nur gelangt zur Gemeinschaft der Völker.«

Der Bruch mit der Vergangenheit, den Fried fordert, führt naturgemäß über eine Auseinandersetzung mit dieser. Das deutsche Bekenntnis zur Kriegsschuld wird daher für ihn eine der wichtigsten Forderungen der Stunde. Er kritisiert jede Bemühung, von dieser Schuld abzulenken, mit unverhohlener Schärfe: »Statt die Schuld am Weltkrieg doch nun unumwunden zuzugeben und den allein rettenden Strich zwischen Gegenwart und altem Regime zu ziehen, wird das Reinwaschen weiter unternommen und mit erkennbarer Planmäßigkeit die Verwirrung der Geister herbeigeführt.«[150] Doch selbst im eigenen Lager findet Frieds These von der Hauptschuld der deutschen Regierung, die ihn schon während des Krieges mit Richard Grelling, aber auch mit Pazifisten wie Hermann Fernau und Friedrich Wilhelm Foerster verband, keine ungeteilte Zustimmung. Insbesondere der gemäßigte Flügel des Pazifismus unter Ludwig Quidde, unterstützt von Völkerrechtlern wie Walther Schücking, wendet sich gegen ein ihrer Meinung nach voreiliges deutsches Schuldeingeständnis und fordert zunächst die Öffnung aller Archive für eine unabhängige Untersuchungskommission.[151] Dabei spielt wohl vor allem die Angst eine Rolle, durch eine bedingungslose Schuldanerkennung eine mögliche Revision des Versailler Vertrages zu verhindern, was zur selben Zeit auch von einigen ausländischen Pazifisten befürchtet wird.

Für Fried aber ist klar, dass das österreichisch-ungarische Ultimatum an Serbien in der gasgeschwängerten Atmosphäre der Vorkriegszeit das Streichholz gewesen sei, das die Explosion verursacht habe. »Die deutsche Regierung hat dessen Überreichung gebilligt, hat das Vorgehen der österreichisch-ungarischen Regierung unterstützt. Ohne diese Unterstützung hätten die Mitschuldigen der Donaumonarchie niemals diesen Akt der Brandstiftung vollziehen können.«[152] Mit einem Seitenhieb auf die Position der gemäßigten Pazifisten schreibt Fried: »Wer erkennen will, kann die Schuld in ihrer vollen Deutlichkeit aus dem bis jetzt bekannten Material erkennen. Gewisse zaghafte Naturen, die, um sich ein Urteil zu bilden, erst die Öffnung aller Archive der Welt abwarten wollen, gleichen jenen Rechtsanwälten, die einen bereits als aussichtslos erkannten Prozess durch Vertagungsanträge verdunkeln wollen [...].« Der Satz »right or wrong my country« dürfe dabei keine Bedeutung haben. Wichtig sei dagegen zu betonen, »dass es sich bei der Klarlegung der Kriegsschuld nicht um die Schuld des deutschen Volkes handelt, sondern um die Schuld jenes Regierungssystems, das das deutsche Volk beherrschte.« Durch die Revolution habe sich das Volk von dieser Regierung getrennt und könne nun durch ein klares Schuldbekenntnis einen Trennungsstrich zwischen sich und dem alten System ziehen.

Schon im Juli–August 1918 hatte Fried die »Desinfizierung der Gehirne«[153] als wichtigste Aufgabe der Nachkriegszeit angemahnt und davor gewarnt, dass »vier Jahre der Herrschaft geistigen Morastes«, in denen »nichtige Menschen, ideenlose Stümper, dienstbeflissene Geschöpfe« an der Arbeit seien, »um alle Anschauungen, alle Tatsachen zu verdrehen, die grinsenden Wahrheiten zu vertuschen, die Fäulnis zu vergolden, die Wahrheit und ihre Verkünder zu ächten, zu quälen, zu vernichten«, tiefe Spuren hinterlassen würden, und eine radikale, weitgehende Wende nach Kriegsende gefordert: »Aber nicht auf die Beseitigung der Geistesverseuchung wird man sich beschränken dürfen. Mehr noch gilt die Vorbeugung, die Versicherung vor der Wiederkehr solcher Möglichkeiten, dass nie mehr wieder die Stiefelputzer im Tempel der Ideen die Herrschaft über das Geistesleben eines Volkes übernehmen dürfen.«

Eines der Mittel zur Erkenntnis sieht Fried in der öffentlichen Auseinandersetzung mit den Akteuren des Juli 1914. Einen der Hauptschuldigen in Österreich hat er dabei in Bern direkt in seiner Nähe, den ehemaligen österreichisch-ungarischen Außenminister Leopold Graf Berchtold, der nach dem Attentat von Sarajewo das Ultimatum an Serbien formuliert hatte, und der nun in der Schweiz Asyl genoss. In seinem sehr emotional gehaltenen Artikel »Schweizer Gesichte«[154] beschreibt Fried das elende Aussehen der aus Wien zur Erholung in die Schweiz verschickten Kinder und die Not, Hoffnungslosigkeit und Verzweiflung, aus der sie kommen, und stellt sie der Erscheinung des Grafen gegenüber: »Wer in Bern wohnt, kann ihn öfter sehen, diesen Grafen Berchtold. Vom grünen Hütchen, das auf dem länglich-schmalen Kretinkopf balanciert, bis hinunter zu den mit Gamaschen bedeckten Lackschuhen in tadelloser Eleganz. Die Hände stets mit weißen Handschuhen bedeckt, mit seinem Spazierstöckchen sorglos spielend, das Gesicht immer heiter froh, schlendert er durch die Lauben.«

Deutlich spürt man den Zorn des Autors, wenn er berichtet, wie der Graf von seinen neuerworbenen Besitzungen direkt am Thuner See aus mit dem Auto durch die Gegend reise, »ein umgekehrter Adam, der erst nach dem Sündenfall ins Paradies gelangte«. Und er appelliert inbrünstig an seine Landsleute, trotz ihrer persönlichen Existenzsorgen nicht die Abrechnung mit dem Mann zu vergessen, »der die Inszenierung des Überfalls auf Serbien kaltlächelnd vorbereitet hat, der sich erst der Hilfe Wilhelms II. versicherte und dann im Ministerrat vom 7. und 19. Juli den Krieg gegen Serbien mit dem klaren Bewusstsein durchsetzte, dass dies Russland zum Krieg führen müsse und dadurch Europa in Flammen aufgehen könne.« Es sei die Pflicht des Volkes von Deutsch-Österreich, den Verbrecher vor ein Gericht zu stellen, »vor unser Gericht, nicht vor das der fremden Sieger«, und abzuurteilen, ungeachtet der Tatsache, dass weder die Siegermächte noch Österreich eine Auslieferung des gebürtigen Tschechen Berchtold durch die Schweiz würden erreichen können. Dabei geht es Fried nicht um die Vollstreckung des Urteils, sondern nur um eine öffentliche Klarlegung der Schuld: »Die Personen, die ruchlos diesen Krieg herbeigeführt, sollen geächtet werden, in erster Linie der Hauptfrevler, der lächelnde Schlossherr vom Thuner See.«

Doch auch wenn Fried einen Fluch gegen alle jene schleudert, die »im Sommer 1914 frivol und unbekümmert, ebenso unverständig wie gewissenlos diesen Krieg ausgelöst haben«,[155] weder in Deutschland noch in Österreich haben Bemühungen um eine ernsthafte Auseinandersetzung mit der Schuldfrage und den Schuldigen langfristig Erfolg. Im Gegenteil, gefördert durch die Wut und Enttäuschung über den Versailler Vertrag im Volk, gelingt es der politischen Rechten nur allzu schnell, die Schuld an Elend und Niederlage den schon im Krieg geächteten »Defaitisten« und »Landesverrätern« zuzuschieben,[156] allen voran emigrierten Pazifisten wie Fried. Schon bald wird diesen klar, dass sie nicht als geachtete Vertreter der Vernunft zurückkehren werden, um die Macht zu übernehmen, sondern, wie zuvor, nur zu einer mehr denn je verfemten Randgruppe gehören. Dennoch plant Fried 1919 die Rückkehr nach Deutschland – muss sie planen, denn seine persönliche Situation bietet in diesen Tagen wenig Anlass zu Optimismus. Sein kleines (Nobelpreis-)Vermögen ist durch den Zusammenbruch der österreichischen Währung nahezu wertlos geworden. Das wenige Einkommen, das ihm seine journalistische Tätigkeit in der Schweiz verschafft, reicht zum Leben kaum aus, zumal die »Friedens-Warte« seit dem Ende der Carnegie-Subventionen wieder zu einem reinen Zuschussunternehmen geworden ist. Im Juni 1919 schreibt Fried an Wehberg, der eine Erweiterung der »Friedens-Warte« angeregt hatte, er wisse nicht einmal, ob die nächste Nummer noch erscheinen könne. Darunter findet sich, handschriftlich ergänzt, der Satz: »Ich bin fertig, auch privat. Der wirtschaftliche Zusammenbruch Deutsch-Österreichs hat mich z. Bettler gemacht.«[157]

Verzweifelt schreibt er an Annette Kolb: »Ist es nicht schrecklich im ›Frieden‹? Nun haben wir ihn. Schön schauen wir aus.«[158] Und er fragt sie, die sich bei ihm nach Möglichkeiten erkundigt hatte, den ebenfalls in materiellen Schwierigkeiten steckenden Musiker Busoni für den Literaturnobelpreis vorzuschlagen, halb im Scherz, halb im Ernst, ob sie nicht jemanden wisse, der seinen eigenen Nobelpreis kaufen wolle: »Ich möchte gern meinen hergeben, wenn man ihn mir gut bezahlt. Er besteht in österreichischen Noten. Vielleicht wissen Sie einen Reichen, der auf diese Weise den Nobelpreis (aus zweiter Hand; second hand, antiquarisch, von Herrschaften abgelegt) erwerben möchte. Er braucht mir nur die Kronen pari zu bezahlen. Dann kann er sich auf die Visitenkarte drucken lassen: ›Inhaber eines Nobelpreises.‹«

Ende Oktober 1919 fährt Fried zum ersten Mal wieder nach Deutschland; vier Monate vorher hatte er seine Teilnahme am Pazifistenkongress in Berlin noch abgesagt, da er sich »den Aufregungen und Gefährdungen einer Reise nach Deutschland«[159] nicht aussetzen könne[160] und seine Positionen lediglich in einem längeren Schreiben an die Versammlung dargelegt, nun aber ist die Fahrt nach Deutschland für ihn überaus wichtig geworden, denn Frieds Lage in der Schweiz wird zunehmend kritischer. Eine Rückübersiedelung der Zeitschrift und ihres Herausgebers nach Deutschland oder Österreich scheint daher nicht nur aus taktischen, sondern auch aus finanziellen Gründen schnellstens geboten. Obwohl darüber keine Aufzeichnungen vorliegen, ist anzunehmen, dass Fried den Kongress in Kassel nutzt, um Unterstützung für seine Umzugspläne zu suchen und seinen persönlichen Stellenwert innerhalb der DFG auszuloten. Dass man ihn dort noch immer zu den führenden Persönlichkeiten zählt, zeigt die Tatsache, dass Fried zusammen mit Quidde und Nicolai in der öffentlichen Volksversammlung spricht.

Mitte November scheint der Umzug der »Friedens-Warte« nach Deutschland bereits beschlossene Sache und in Dr. Peter Reinhold in Leipzig ein potentzieller Verleger gefunden, der allerdings noch finanzielle Sicherheiten fordert. Fried sieht sich nach einem neuen Heim in Deutschland um, obwohl ihm Freunde dringend davon abraten. Unter ihnen ist die langjährige Freundin Elsbeth Friedrichs, die sich mit ihrem Mann in Locarno niedergelassen hat. Entsetzt schreibt sie Fried Ende Dezember 1919: »Sie wollen nach Deutschland gehen? Wie denn wollen Sie da leben? Viele, viele sind von hier dorthin gegangen wegen der Valuta u. nun kommen Klagebriefe u. Reuebriefe. Man hätte hier bleiben sollen, denn das wäre nicht zu ertragen [...] Wenn Sie mit allen Ihren zu Ihnen Gehörigen im Hotel leben und das bezahlen können, so werden Sie ja satt u. bekommen auch etwas Wärme, aber eine Wohnung haben, wohl gar selbst haushalten, dies scheint mir ganz unmöglich zu sein nach allem, was ich über das häusliche Leben i. D. erfahre. [...] Und nun wollen Sie gar im Januar dorthin gehen, um zu frieren? Sie waren doch vor zwei Jahren sehr krank, wie, wenn dies bei den ungesunden Verhältnissen Sie wieder trifft?«[161]

Aber Fried hat längst keine Wahl mehr, er kann sich den Aufenthalt in der Schweiz einfach nicht mehr leisten. Auch in seinem Gastland hat der Krieg Spuren hinterlassen, nicht nur dadurch, dass er zu einer inneren Zerreißprobe zwischen der Deutschschweiz und den übrigen Landesteilen geführt hatte, sondern vor allem auch durch die schwierige Versorgungslage des importabhängigen Landes. Wie in den kriegführenden Ländern mussten auch in der Schweiz die Lebensmittel ab 1917 rationiert werden, und 1918 lebte bereits jeder sechste Schweizer unter dem Existenzminimum. Die stetig steigenden Preise auch für den Druck der »Friedens-Warte« sind für Fried ohne sein österreichisches Vermögen im Rücken längst nicht mehr bezahlbar.

5. Überall fremd

5.1 Über München zurück nach Wien

Anfang Februar 1920 reist Fried mit einer Empfehlung des deutschen Gesandten in Bern, Dr. Adolf Müller, nach Deutschland, um sich mit der »Friedens-Warte« dort niederzulassen. Von München führt sein Weg über Berlin nach Leipzig, wo er mit dem Verleger des Neuen Geist Verlages um die Übernahme seiner Zeitschrift verhandelt; als dieser unerwartet zögert, orientiert sich Fried nach München um. Dort scheint die Situation günstiger zu sein, doch sein Zuzugsgesuch fällt in unruhige Zeiten: »Von der damaligen Regierung in Bayern wurde mir [...] eine wohlwollende Prüfung des Gesuchs in Aussicht gestellt. Als Folge des Kapp-Putsches demissionierte diese Regierung, und die neue Regierung begann mit einer strengen Verordnung gegen die in Bayern Nicht-Einheimischen.«[1]

Nach dem Rücktritt der sozialdemokratischen Regierung am 14. März und der Machtübernahme durch den rechtsstehenden, monarchistischen Regierungspräsidenten von Oberbayern Gustav von Kahr, der die alte Regierungskoalition ohne die Sozialdemokraten fortführte und Bayern innerhalb kürzester Zeit zu einem »Hort der aufstrebenden nationalistischen Kräfte«, zur

»Ordnungszelle im Reich«[2] machte, gab es für Fried keine Hoffnung mehr, in Bayern willkommen geheißen zu werden.

In diesen Wochen wird Fried, wie er seiner Sekretärin schreibt, immer wieder von Zweifeln geplagt, ob er angesichts der politischen und wirtschaftlichen Situation überhaupt bleiben oder lieber in die Schweiz zurückkehren soll.[3] Verständnisvoll tröstet sie ihn: »Als wenn Heimat die Steine auf den Straßen hießen, die gewiss dieselben geblieben sind. Heimat ist die unwägbare Atmosphäre, die uns zärtlich entgegenströmte, wenn wir nach Hause kamen. Das ist vorbei. Überall. Wir sind überall fremd geworden. Und am fremdesten dort, wo wir am heimischsten waren.«[4]

Trotz aller Zweifel entschließt sich Fried Ende Februar, sein Büro mit den beiden Sekretärinnen nach München nachkommen zu lassen, während er noch einmal nach Berlin fährt. Bereitwillig, aber skeptisch schreibt Mundy Schwalb: »Also Sie gehen lustig weiter nach Berlin, und Ihre Frau bleibt in München, wenn sie nicht ausgewiesen wird? Wir kommen nächste Woche nach München und werden also dann nach acht Tagen ungefähr ersucht, die Stadt zu verlassen, und gehen dann wohin?«[5] Dennoch trifft sie mit ein paar Tagen Verzögerung Anfang März in München ein. Wie Fried ist sie erschüttert über die wirtschaftliche Situation: »Die Stadt selbst gefällt uns gut. Aber mager, mager und teuer! Wie ein Leben hier möglich ist, verstehe ich heute noch nicht.«[6] Ebenso wie ihre Schwester rechnet Mundy Schwalb schon zu diesem Zeitpunkt nicht mehr mit einer Zuzugsgenehmigung. »Ich schaue mutig vorwärts, weiß aber nicht, wohin.«[7]

Tatsächlich wird Frieds Gesuch Ende März 1920 von der Polizeidirektion München in erster Instanz abgelehnt. Gleichzeitig wird er aufgefordert, München bis zum 1. April zu verlassen; doch Fried ist zu diesem Zeitpunkt bereits längst nicht mehr in München. Nach einer Reise quer durch Deutschland geht er nach Konstanz, wo er seine Frau und die Sekretärinnen vorübergehend im Hotel Hecht zurücklässt, um für kurze Zeit noch einmal nach Bern zurückzukehren. Während Mundy Schwalb sich vergeblich bemüht, das Anfang März von Bern nach München gesandte Gepäck der Frieds in Lindau noch aufzuhalten, sucht Fried nach einer neuen, zumindest vorübergehenden Bleibe. Wieder versucht Elsbeth Friedrichs, ihn in der Schweiz zu halten: »Nun haben Sie zu Ihren schlechten Erfahrungen u. gewiss mehrfachen Leiden in Deutschland während dieses Monats auch noch so viel Geldverluste gehabt, und jetzt verbrauchen Sie wieder in Bern. Und dabei sind Sie verzweifelt. Ja, ich glaube es wohl, dass Sie Grund dazu haben mögen. Aber fassen Sie doch einmal den Gedanken ernstlich ins Auge, zusammen mit den Ihrigen sich an einem billigen Schweizer Ort ganz einfach u. sparsam einzurichten.«[8]

Fried aber will zurück nach Deutschland. Noch hofft er auf ein Berufungsverfahren, das sein Münchner Anwalt angestrengt hat. Bis Anfang Mai bleibt er im Ungewissen, dann teilt ihm der Anwalt mit, dass die Regierung von Oberbayern die Entscheidung der Polizeidirektion bestätigt habe. Gleichzeitig unternimmt er einen letzten Versuch und legt Beschwerde beim Staatsministerium des Inneren ein. In seiner Begründung weist der Anwalt nicht nur darauf hin, dass man in der Polizeidirektion fälschlich von zu vielen Personen ausgegangen sei, da Fried außer seiner Frau und seinen beiden Sekretärinnen kein Personal und keine Familie mitbringe, sondern er betont vor allem Frieds internationale Bedeutung: »Bei dem großen internationalen Ansehen, dessen sich Herr Dr. Fried als Politiker und Gelehrter erfreut, und das er namentlich auch als Publizist genießt, wäre es, wie ich mir schon erlaubte darzulegen, ein schwerer politischer Fehler, ihm das Arbeiten in Deutschland unmöglich zu machen. Man würde es innerhalb und außerhalb Deutschlands kaum verstehen [...].«[9]

Die endgültige Entscheidung lässt auf sich warten. Noch bevor sie erteilt wird, löst eine kurze Notiz in der »Münchener Post« vom 12. Juni über die Ausweisung Frieds aus München ein weltweites Presseecho aus. Das »Berliner Tagblatt« meldet: »Wenn Fried, der in der ganzen zivilisierten Welt bekannt und angesehen ist, wirklich ausgewiesen sein sollte, so würde das nur wieder zeigen, dass Reaktion und Dummheit gleichbedeutend sind. Die ›Sieger‹ vom 6. November wollen offenbar der Welt dartun, was man von ihnen zu erwarten hat [...].«[10]

Fried selbst nimmt in der »Friedens-Warte« zu den Pressemitteilungen und einem kurz darauf verbreiteten Dementi der Münchener Polizeidirektion Stellung. Entgegen der Ansicht seines Anwalts, dass die Ablehnung des Zuzugsgesuchs keine politischen Gründe habe, »sondern im schematischen Vollzug der bekannten Verordnungen«[11] erfolgt sei, geht Fried, wie auch viele andere Kommentatoren, von einer politischen Entscheidung aus: »Also, wer im heutigen Bayern eine Überzeugung hat und sie vertritt, wird, wenn sie dem herrschenden Regime nicht passt, mit Aufenthaltsverweigerung ›für die Dauer‹ bestraft und angewiesen, das Land per nächsten Donnerstag zu verlassen. Es lebe die Demokratie!«[12]

Nach der Ablehnung entschließt sich Fried zögernd, erst einmal in seine Heimatstadt zurückzukehren. An Georg Arnhold schreibt er: »Nachdem ich aus Valutagründen den Aufenthalt in der Schweiz aufgeben musste, irrte ich vier Monate lang in Deutschland herum, ohne einen Wohnsitz finden zu können. In München wurde ich trotz Dementi der Polizei ausgewiesen. [...] am Bodensee bekam ich nur befristeten Aufenthalt von einigen Wochen. So landete ich denn in Wien.«[13]

Doch noch hofft Fried, es werde letztlich nur ein vorübergehender Aufenthalt sein. So heißt es in der Wiener Freimaurer-Zeitung über eine Versammlung der Wiener Großloge im Mai: »Der für kurze Zeit aus dem Auslande nach Wien zurückgekehrte Nobelpreisträger Br. Dr. Alfred Herm. Fried hielt den Festvortrag.«[14]

Der Mangel an Alternativen zwingt Fried jedoch, vorerst in der Vaterstadt zu bleiben, die zumindest den Vorteil hat, dass sie ihn nicht ausweisen kann. An David Starr Jordan in Kalifornien berichtet er: »Ich bin nun seit Mai wieder in Österreich. Der Not gehorchend, nicht dem eigenen Triebe. In der Schweiz ist es bei der Wertlosigkeit unserer Valuta ganz unmöglich für mich zu leben. Aber hier in Wien, wie nirgends, ist eine Wohnung zu finden. Man hat mir vorübergehend in einem Schulhaus einige Räume zur Verfügung gestellt, sobald aber die Schule, im Januar ungefähr, eröffnet wird, muss ich wieder heraus. Wohin weiß ich nicht. [...] Man muss sich eben mit diesem unwürdigen Leben abfinden.«[15] Zugleich skizziert er die gefährliche politische

Lage, die mit dem Sieg der Reaktionären in Österreich eingetreten sei, »die dürften uns mit den barbarischen Horden des Generals Horty in Ungarn die Monarchie und mit ihr die Reaktion in vollstem Umfang wiederbringen«. Und resigniert fügt er hinzu: »Es sieht schlimm aus in der ganzen Welt.«

Nur wenige Wiener begrüßen seine Rückkehr so freudig wie Arthur Schnitzler, der Fried im Juni schreibt, er hoffe, dass nun keine sechsjährige Pause mehr in ihrer Bekanntschaft eintreten werde und sie sich jetzt häufiger sehen würden.[16] Auch im Kreise seine Loge wird Fried freudig wiederaufgenommen. Nach Gründung der Republik Österreich 1918 und Aufhebung des Versammlungsverbotes für Freimaurer, hatten sich die ehemaligen Grenzlogen zur Großloge von Wien zusammengeschlossen. Diese knüpfte das Band zum Pazifismus noch enger, als es schon die Grenzlogen getan hatten: »Die Großloge von Wien ist der Friedensgesellschaft, der Muttergesellschaft aller gleichstrebenden Vereinigungen, mit einem Gründeranteil beigetreten und hält die werktätige Unterstützung und Förderung dieser mustergültigen Kulturinstitution, an deren Spitze heute als Nachfolger der berühmten Gründerin und langjährigen ersten Präsidentin, Bertha Suttner, deren Vertrauensmann und getreuer Werkgenosse, unser Br. Alfred Hermann Fried, steht, auch durch ihre Logen und deren Mitglieder für erwünscht.«[17]

Der Präsident der ÖFG kann zu diesem Zeitpunkt jede Unterstützung brauchen. Lediglich einige wenige gruppierten sich noch um die Freimaurer Heinrich Glücksmann, Karl Barolin und Paul Kammerer, die mittlerweile zum Vorstand der ÖFG gehörten, und Rudolf Goldscheid, der während des Kriegs im Bund Neues Vaterland gewirkt hatte. Erst allmählich gelingt es der kleinen Gruppe, die Gesellschaft wieder zum Leben zu erwecken.

Nach einigen Wochen im Hotel, die in seinem Brief an Jordan erwähnten Schulräume hat er wohl nicht bezogen, findet Fried eine Unterkunft am Stadtrand Wiens in einem eigentlich für Frauen der Friedensbewegung reservierten Gartenhaus im Kaasgraben 6, wo er bis Jahresende bleiben kann.[18] Dennoch ist er nicht zufrieden, beklagt das Fehlen seiner Bibliothek, »die in

Wien, Bern, Konstanz in 46 Kisten verpackt steht«, das Fehlen eines Telefons und die mangelnden Postverbindungen.

Wie so viele Emigranten wird Fried nicht mehr heimisch in Wien. Obwohl man sicher davon ausgehen kann, dass es unter den Wiener Pazifisten und Freimaurern einige gegeben haben muss, die mit ihm im Wesentlichen konform gingen, schreibt er an René Schickele, er lebe in einem geistigen Vakuum: »Im Inneren Afrikas kann man nicht isolierter sein.« Es gäbe niemanden, mit dem er seine Probleme besprechen könne, »keine Spur von einem Kreis Gleichgesinnter, wie wir ihn in Bern hatten«. Auch an Otto Lehmann-Russbüldt in Berlin schreibt Fried im Juli 1920, er sei nur in Wien, da man ihn hier nicht ausweisen könne: »Aber bei aller Liebenswürdigkeit, die armen Österreicher sind taube Nüsse, die bewusstlos und mit einer karikierten Weltanschauung in den Tag hineinleben, so dass ich ohne gleichgesinnten Verkehr dastehe, alle Bewegung ist hier nur ›Geschaftelhuberei‹ mit dem Hintergrund der Sehnsucht, in der Zeitung genannt zu werden.«[19] Freudig greift er daher einen Vorschlag Lehmann-Russbüldts auf, der im Namen aller Friedensverbände eine Eingabe an die Regierung machen will, Fried als außerordentlichen Vertreter, Kontaktmann und Beobachter dauerhaft zum Völkerbund nach Genf zu senden.[20] Im August berichtet Lehmann-Russbüldt, man habe nun »einen Schritt eingeleitet, dessen Erfolg abzuwarten ist«.[21] Dann jedoch folgen keine weiteren Nachrichten mehr, so dass sich auch diese Hoffnung zerschlägt.

Durch die Erfahrungen der Emigration von den anderen getrennt, empfindet Fried einen besonderen Verlust noch viel deutlicher: Mundy Schwalb und ihre Schwester sind den Frieds nicht nach Wien gefolgt, sondern vom Bodensee aus in die Schweiz zurückgekehrt. Schickele klagt er: »Wenn man nun schon Jahre auf einen Menschen abgestimmt ist, der den ganzen Interessenkreis genau kennt, mit dem man über alle Dinge, Ereignisse, Menschen sprechen konnte, und wenn man dann plötzlich allein dasteht, denn meine gute Frau hat sich um solche Dinge nie gekümmert, so ist das einfach furchtbar. Nebenbei fehlt mir auch die technische Hilfe. Bei meiner Post und meinem Betrieb keine Kleinigkeit. So etwas ist wieder nur ein Weib imstande! Ein Mann würde das niemals zuwege bringen, einen so plötzlich und so kühl zu verlassen.«[22]

Auch als es ihm gelingt, die Schwalb-Schwestern im Sommer zu einem vorübergehenden Aufenthalt in Wien zu bewegen, ist er nicht zufrieden, an Schickele schreibt er: »Die Anwesenheit der Schwalb tut mir sehr wohl, ich glaube fast, dass ich ohne die überhaupt nicht mehr werde arbeiten können, aber sie hat es sich in den Kopf gesetzt, nicht bleiben zu wollen und wieder nach der Schweiz zurückzukehren, was ich ihr kaum werde verwehren können. Dann sitze ich hier wieder in der denkbar grässlichsten Isolierung. Furchtbar.«[23]

Tatsächlich kehren Mundy Schwalb und ihre Schwester Irene noch im August in die Schweiz zurück, von wo aus sie ihrerseits immer wieder versuchen, Fried zur Rückkehr zu bewegen.[24] Fried dagegen bemüht sich zur selben Zeit, Annette Kolb und René Schickele, die Freunde aus Bern, für einige Zeit nach Wien zu holen, um dem Gefühl der Heimatlosigkeit entgegenzuwirken. Sehnsüchtig schreibt er an Schickele: »Wir könnten hier die alten Berner Tage uns vorgaukeln und vielleicht Pläne schmieden für einen künftigen Halt irgendwo und irgendwie.«[25]

Noch vor der geplanten Abreise der »Schwalben« trifft Fried ein neuer Schlag: Am 8. August stirbt seine Mutter Berta Fried-Engel mit 77 Jahren in Bernburg. Der Tod der rüstigen Mutter, die noch Anfang Mai energisch einen baldigen Besuch eingefordert hatte, kommt für Fried überraschend. Trotz der räumlichen Entfernung hatte immer eine enge Bindung zwischen beiden bestanden.

Fried fährt zur Beerdigung nach Bernburg,[26] verbindet diese Reise aber ganz entgegen seiner sonstigen Gewohnheit nicht mit dem Besuch weiterer deutscher Städte. Stattdessen kommt er schon einen Monat später ein weiteres Mal nach Deutschland, diesmal nach Braunschweig, wo vom 30. September bis zum 3. Oktober der 9. deutsche Pazifistenkongress tagt. Es wird der letzte Friedenskongress sein, an dem Fried teilnimmt. In seinem Bericht hebt er die große Zahl und das Engagement der Teilnehmer aus zwölf pazifistischen Organisationen Deutschlands hervor, die im Gegensatz zu früher nicht mehr passiv alle Beschlüsse des Vorstandes gutheißen würden, sondern sich aktiv für ihre Ideen einsetzten. »Hier herrscht nicht mehr passive Gleichgültigkeit. Es macht sich eher ein Überwiegen nach der radikalen, jedem Kompromiss abholden Seite geltend. Wie folgerichtig und wie erfreulich ist das! Nichts wäre unangebrachter, als nach diesem erschreckenden Erlebnis des Weltkriegs, nach diesem furchtbaren Weltzusammenbruch noch mit Anpassung, Ausgleich, Paktierversuchen zu kommen und so nach der Methode der vor-augustischen Friedensbewegung arbeiten zu wollen.«[27]

Fried begrüßt diesen frischen Wind aus vollem Herzen, wenn er auch – so wie er früher von Bertha von Suttner gerügt wurde – jetzt selbst den manchmal rüden Ton bemängelt und betont, zur Durchsetzung einer Idee genüge die Wucht des Gedankens, der »Knall der Wörter« erübrige sich. Ort und Verlauf des Kongresses finden allerdings nicht seine volle Zustimmung, er kritisiert die Wahl Braunschweigs, die zu einem völligen Fehlen der internationalen Presse geführt habe. Ebenso bemängelt er das zu straffe Programm: »Die Arbeitskraft Quiddes ist ja bewundernswert. Er ist von morgens sieben bis nachts um zwei nur Kongress. Das hält nicht jeder aus. Außerdem ist es nicht das Wichtigste, dass man sich stundenlang um den Wortlaut einer Resolution herumrauft wie ein Rudel Wölfe um ein Lamm. Man benötigt auch etwas Aussprache von Mensch zu Mensch. Eine Gelegenheit, die einige hundert Gesinnungsgenossen aus allen Teilen des Landes zusammenführt, soll man nicht ungenützt vorübergehen lassen!« Fried, der unter der Isolation in Wien litt, empfand diesen Mangel vermutlich weit stärker als andere Pazifisten.

Am 1. Oktober spricht er in einer öffentlichen Versammlung vor 1500 Menschen und fordert dabei, wie schon so oft, »das deutsche Bekenntnis zur entschiedenen Schuld an der Auslösung des Krieges«. Während er aus den Reaktionen des Publikums nur eine schwache Opposition zu erkennen glaubt, reagiert die lokale Presse weit aggressiver. Noch immer ist die Kriegsschuldfrage eines der umstrittensten Themen in Deutschland, und nicht nur ein Großteil der Bevölkerung, sondern auch die Gruppe der gemäßigteren Pazifisten lehnen ein Schuldbekenntnis weiterhin ab.

Kurz nach seiner Rückkehr erreicht Fried eine weitere schlechte Nachricht. Am 30. September schickt ihm sein ehemaliger Schweizer Verlag Orell Füssli eine Abrechnung, die ein Defizit von 4150 Schweizer Franken für die Herstellung der »Friedens-Warte» aufweist, und fordert ihn auf, dieses zumindest teilweise auszugleichen. Für den nahezu mittellosen Fried eine Unmöglichkeit. »Die Summe, die Sie heute von mir fordern, erreicht nach den gegenwärtigen Verhältnissen unserer österreichischen Währung die schwindelhafte Höhe von über einer Drittel Million. Ich muss Ihnen leider ganz offen gestehen, dass ich als freier Schriftsteller [...] nicht in der Lage bin, diese Summe zu bezahlen, und auch mit Sicherheit annehmen kann, niemals dazu in die Lage kommen zu werden.«[28]

Fast 100000 Franken habe er dem Verlag zwischen 1915 und 1919 für die Herstellung und den Vertrieb der Zeitschrift gezahlt, schreibt Fried weiter, er appelliere daher an die Einsicht des Aufsichtsrates und bitte darum, das kleine Defizit, das »für mich aber von katastrophaler Wirkung wäre«, durch Abschreibung aus der Welt zu schaffen. Dabei verweist Fried zugleich auf noch im Lager befindliche 779 vollständige Kriegsjahrgänge, die einen nicht zu unterschätzenden Wert darstellten, da in England und den USA »einige hundert Bibliotheken und Gelehrte die ›Friedenswarte‹ vor dem Krieg jahrelange bezogen haben und wohl den Wunsch haben werden, die während des Krieges erschienenen Bände zu besitzen«.

Eine Antwort ist nicht erhalten, allerdings weist eine Anzeige des Verlages, die schon im Dezember 1919 in der »Friedens-Warte« erschien und die alte Kriegsjahrgänge anbot, darauf hin, dass man zumindest den Abverkauf der Lagerbestände bereits längere Zeit versuchte. Möglicherweise hat der Verlag, da ohnehin kaum Aussicht auf Erfüllung bestand, seine restlichen Ansprüche tatsächlich fallengelassen. Möglich ist aber auch, dass seine Forderungen mit zu dem Schuldenberg gehörten, den Therese Fried später von ihrem Mann erbte.

5.2 Letzte Arbeiten und Pläne

Um sich überhaupt über Wasser halten zu können, arbeitet Fried bis zur Erschöpfung. Vornehmlich sind es unzählige Zeitungsartikel, die er schreibt, aber er schmiedet auch Pläne für neue Großprojekte, die er in Angriff nehmen will, sobald ihm sein Archiv wieder zur Verfügung steht.

Schon im Januar 1920, noch in Bern, hatte Fried seinem amerikanischen Gönner David Starr Jordan dargelegt: »Ich schreibe zunächst ein Buch, worin ich die letzten dreißig Jahre der Friedensbewegung in Deutschland und deren Kampf gegen die deutsche Regierung schildere. Eine historische, aus meinen eigenen in diesem dreißigjährigen Kampf gesammelten Erlebnissen zusammengefasste Darstellung. Aus dem Nachlass Bertha v. Suttners besitze ich ihre Tagebücher von 1900 bis kurz vor ihrem Tod im Jahre 1914, mit sehr interessanten, zumeist nur aphoristischen Eintragungen über die politischen Ereignisse.[...] Ich habe aus dieser Niederschrift von fünfzehn Jahren [...] nur Auszüge zu machen und erläuternde Bemerkungen hinzuzufügen. [...] Als drittes größeres Unternehmen schwebt mir vor, eine Ausgabe meiner gesammelten Schriften zur Friedensfrage, die zum größten Teil in kleineren Broschüren und in vielen Tausenden von Zeitungsartikeln zerstreut sind, die aber zusammengefasst eine Enzyklopädie des pazifistischen Wissens und der pazifistisch-politischen Kritik abgeben würden.«[29]

Auch eine Neuausgabe des Handbuches schwebt ihm vor, aber ohne seine Bibliothek und sein Archiv glaubt Fried die Arbeiten nicht wirklich beginnen zu können. Zwar versucht er in Wien, alle drei Projekte zumindest ausführlicher zu planen, und bemüht sich auch schon um mögliche Verleger, sehr weit gedeihen die Arbeiten jedoch unter den widrigen Umständen nicht.

In einer im Nachlass erhaltenen handschriftlichen Kladde[30] entwirft Fried das Konzept seiner Autobiographie »Dreißig Jahre Pazifismus«, das aber, obwohl er bereits einen Verlag gefunden hatte,[31] nicht über die erste Grobstruktur hinauskommt und von der bis zu seinem Tod nur das erste Kapitel fertiggestellt sein wird. Zugleich versucht er in dieser Zeit, sein Archiv und den Nachlass Bertha von Suttners zu verkaufen; in einem nur fragmentarisch erhaltenen Angebot schreibt er von zehn bis fünfzehn Tausend Dollar, die er sich für beides zusammen vorstelle: »Diese Summe würde mich in die Lage setzen, endlich zu einem Wohnsitz zu gelangen und mich meinen Arbeiten sorgenlos widmen zu können. Da eine Wohnung nicht zu finden ist, möchte ich eben, am liebsten in der Schweiz, ein kleines Haus kaufen können. Dort würde ich auch das Archiv auspacken und katalogisieren können.« Auch dieses Projekt wird Fried zu Lebzeiten nicht mehr umsetzen können.[32] So bleibt er bis in den Winter hinein in seiner Sommerwohnung im Kaasgraben und widmet sich neben seinen schriftlichen Arbeiten dem Wiederaufbau der ÖFG.

Bertha von Suttner bleibt weiterhin für Fried ein Thema. Neben seinen Bemühungen um die Herausgabe-Erlaubnis ihres Tagebuches ist er zugleich die treibende Kraft des im Schoße der ÖFG gegründeten Suttner-Denkmal-Komitees, das eine würdige Beisetzung der Suttner-Urne in einem Ehrengrab in Gotha und die Errichtung eines Denkmals nach Entwürfen des Wiener Bildhauers Taglang betreibt,[33] der schon die Totenmaske der Verstorbenen angefertigt hatte und später auch Frieds anfertigen wird.[34]

Die meiste Energie in diesen letzten Monaten des Jahres 1920 verbraucht aber die immer verzweifelter werdende Suche nach einer neuen Bleibe. Obwohl längst feststeht, dass er seine Unterkunft spätestens zum Jahresende räumen muss, hat Fried noch im Dezember keine neue Wohnung in Aussicht. Verzweifelt wendet er sich an Bekannte und Freunde mit der Bitte um Hilfe, auch an den Schriftleiter der »Wiener Freimaurer-Zeitung« Heinrich Glücksmann, der im Dezember einen letzten Versuch macht, Frieds Situation in Freimaurer-Kreisen über seine eigene Loge hinaus bekannt zu machen, und, unter der Überschrift »Ein berühmter Bruder – obdachlos« einen Brief Frieds in seiner Zeitschrift veröffentlicht. Darin heißt es: »Ich bin im Mai nach Wien gekommen, in der Hoffnung, hier eine definitive Niederlassung finden zu können. Es wurden mir auch viel Versprechungen gemacht, gehalten ist bis jetzt keine worden.«[35] Bevor er gezwungen sei, Wien auf der Suche nach einer Wohnung anderswo wieder verlassen zu müssen, wolle er sich aber noch einmal an die Freimaurer-Brüder wenden und nachfragen, »ob ich vielleicht durch die Vermittlung einiger lieber Brüder zu einem Wohnsitz und zu einer Werkstätte gelangen könnte«.

Doch diesmal können scheinbar auch die Brüder nicht helfen. Noch am 21.12.1920 hat Fried keine neue Wohnung in Aussicht. Von diesem Tag datiert ein Bittbrief, der vermutlich an den Präsidenten des Journalisten- und Schriftstellervereins »Concordia«, Dr. Wengraf, gerichtet ist; er endet mit den Worten: »Wenn Sie für mich an die Öffentlichkeit appellieren wollen, so ist es vielleicht doch noch möglich, einen Menschen zu finden, der über zu große Wohnräume verfügt und mir einige abtreten möchte, oder eine Behörde zu interessieren, die mir hilft.«[36]

Das Gespenst der Obdachlosigkeit rückt immer näher. Schon zwei Tage später, am 23. Dezember, erkrankt Fried an einer Lungenentzündung, arbeitet aber zunächst weiter. Ein paar Tage später erscheint der erhoffte Aufruf des Schriftstellervereins in der Wiener Presse. Unter der Überschrift »Ein obdachloser Schriftsteller«[37] ruft der Präsident darin »in pflichtgemäßer Vertretung schriftstellerischer Interessen« die Wiener Haus- und Villenbesitzer auf, Fried eine Wohn- und Arbeitsstätte zur Verfügung zu stellen: »Man mag die politischen Anschauungen dieses unermüdlichen Friedensapostels teilen oder nicht, jedermann wird es wohl beklagenswert finden, wenn ein Schriftsteller von internationalem Rufe Wien verlassen und ins Ausland wandern müsste, weil er in seiner Heimat kein Heim finden kann.«

Anders als der Aufruf der Freimaurer bleibt dieser Artikel nicht ohne Echo. Während die Nachricht von der drohenden Obdachlosigkeit des Nobelpreisträgers nun sogar bis Bern und Paris dringt,[38] erhält Fried, beinahe in letzter Sekunde, Ende Dezember ein Angebot für eine Wohnung in der Praterstraße, eine der großen Durchgangsstraßen in der Leopoldstadt, nicht weit von der Weintraubschule, in der er sein letztes Grundschuljahr verbracht hat. Fried ist nicht eben begeistert über diese Lage, die mit nur wenig schönen Erinnerungen verbunden ist.[39] Mundy

Schwalb, die nun in Bern für das Schweizer Konsulat arbeitet, sich aber immer noch als Frieds Sekretärin fühlt und als Freundin zugleich tief beunruhigt über seine Krankheit ist, versucht, ihn zu trösten: »Praterstraße ist nicht so arg wie z.B. Mariahilferstraße oder Gumpendorferstraße. Wenn Sie nur wieder gesund sind, Sie werden sehen, wie schön alles noch wird.«[40]

Ganz glaubwürdig wirken diese Worte jedoch nicht, denn nur ein paar Tage zuvor hatte sie auf die erste Nachricht einer Wohnung in der Praterstraße noch verschiedene Pläne für die Rückkehr Frieds in die Schweiz entworfen und war dabei so in ihn gedrungen, wie es Elsbeth Friedrichs ein Jahr zuvor getan hatte: »Wenn Sie spüren, dass Lammasch recht hat und dass man nach diesen Schweizer Jahren in Wien nicht mehr leben kann, machen Sie einen raschen Sprung und kommen Sie doch noch her. Sie sollen sehen, es geht. Es geht vielleicht nicht reichlich, aber es geht. [...] Und weil man wirklich nur einmal lebt, muss es denn irgendwo sein, wo man sich nicht wohl fühlt?«[41] Und aufmunternd hatte sie hinzugefügt: »Wohin der Weg vom Kaasgraben führt, fragen Sie? Ins Leben, Alfred Fried, nur ins Leben.«

Doch der muntere Ton weicht schon im nächsten Brief der ernsten Sorge, wichtig sei nun einzig, dass Fried gesund werde: »Wir sind so bestürzt über Ihre Erkrankung, dass ich gar nichts zu sagen weiß. Ich habe heute an Sie telegraphiert, hoffe also morgen schon Bescheid zu haben und will – ehe nicht alles ganz gut ist – jeden zweiten Tag ungefähr telegraphischen Bescheid erbitten. [...] Sie sind wenig lieb, Alfred H., uns solche Sorgen zu machen. Ich bemerke überhaupt, dass Sie im letzten Jahr auf unangenehme Eindrücke mit Fieber und Krankheit reagieren. Sie werden furchtbar feminin.«[42]

Immer wieder versucht Mundy Schwalb Fried aufzumuntern, schreibt, er müsse nur wollen, dann werde noch alles gut und »wenn es nicht anders geht, kommen wir, Alfred H. Also, do your duty!« Doch Frieds schon lange geschwächte Widerstandskraft bricht nun endgültig zusammen. Am 14. Januar wird er ins Rudolfspital gebracht. Am Ende dieses Monats schreibt Therese Fried an Wehberg: »Leider können Sie in absehbarer Zeit keine Antwort auf Ihren heutigen Brief von meinem Mann erwarten. Er liegt seit Beginn des Jahres sehr schwer krank an einer typhösen Bronchitis mit Lungenentzündung. Es gab sehr sorgenvolle Tage – ein klein wenig geht es besser – aber die Ärzte stellen eine Krankheitsdauer von mindestens zwei Monaten in Aussicht – und dann müsse er sofort zur Erholung irgendwohin. Seine Arbeitsmöglichkeit wird demnach auf lange unterbrochen sein. Inzwischen hab ich eine neue Wohnung bezogen – einen Schwer-Kranken – und einen Umzug zur gleichen Zeit zu haben – das ist bei den Wiener Verhältnissen, um Kopf u. Kragen zu verlieren. Mein Mann liegt im Rudolfspital und ist in guter ärztlicher Pflege. Beste Grüße Ihre R. Fried.«[43]

Fried wird die neue Wohnung in der Praterstraße 25a niemals betreten. Bis Anfang Februar verschlechtert sich sein Zustand weiter, wie Therese Wehberg berichtet. Am 9. Februar schreibt sie ihm auf sein Angebot hin, die »Friedens-Warte« vorerst weiterzuführen: »Der Krankheitszustand meines Mannes ist leider noch sehr besorgniserregend – und hat sich nach dem neuerlichen Ausspruch des Prof. noch keineswegs gebessert – im Gegenteil, er ist inzwischen körperlich sehr arg heruntergekommen – da noch immer Fieber sich am Abend einstellt – und er gar nichts isst. Auch seine Psyche ist demgemäß beeindruckt. Es ist gar nicht möglich, dass ich ihm vorderhand Ihren freundlichen Vorschlag unterbreiten könnte, denn er versteht kaum den Inhalt einer einfachen Postkarte – wenn seine Schwester nach seinem Befinden fragt.«[44]

Auch Annette Kolb in Badenweiler zeigt sich überaus besorgt. Sie und Schickele seien »tief bestürzt« über die Krise, schreibt sie an Therese, und: »Wir können nichts anderes denken. Sie wissen ja, wie sehr wir Ihren Fried lieben und schätzen, diesen prachtvollen und so einzigen Menschen.« Zugleich bittet sie, ebenso wie Mundy Schwalb in Bern, um ständige Nachrichten.

Die weitere Korrespondenz zeigt einen Krankheitsverlauf in Schüben. Während sich im März eine Besserung einzustellen scheint, kommt es Anfang April zu einem neuerlichen Rückfall. Irgendwann im Laufe des März kehrt die besorgte Mundy Schwalb vorübergehend nach Wien zurück, um Therese bei der

Krankenpflege zu unterstützen. Mitte April geht es Fried deutlich besser, und er macht auch wieder Pläne für die Zukunft. Am 13. April schreibt Mundy Schwalb an Wehberg: »Dr. Fried lässt Sie bitten, den ihm zur Verfügung gestellten Beitrag für die FW zu reservieren. Er hat zwar vor ungefähr vierzehn Tagen einen neuen Rückfall erlitten, aber gerade in der letzten Zeit zeigt er sich viel interessierter für seine Um- und Außenwelt und ist dem Leben und – so hoffen wir – der Gesundheit auch dadurch zugewandt. Ihren Brief hat er gelesen und sich über die freundlichen Worte der Teilnahme sehr gefreut.«[45]

Ende April scheint die Krankheit endlich so gut wie überwunden zu sein. »Just the last weeks he was so full of ideas to realize, so enjoyed to begin again to work«, schreibt Therese später an David Starr Jordan in Stanford,[46] und vergisst nicht, sich für das Essenspaket zu bedanken, das Fried zu seiner großen Freude noch ein paar Tage vor seinem Tod erhalten habe. Auch Mundy Schwalb schreibt später, Fried habe sich in der letzten Zeit »mit allen seinen Wünschen, mit heiterer Freude, ja mit euphorischer Ekstase« wieder dem Leben zugewandt.[47] Doch es ist nur noch ein letztes Aufbäumen. Am Mittwoch, dem 4. Mai um halb zehn Uhr abends stirbt Fried plötzlich und für seine Umgebung völlig unerwartet an einer Lungenblutung.

Therese bleibt alleine in der neuen Wohnung zurück, in der sie noch die dreieinhalb Jahrzehnte bis zu ihrem eigenen Tod verbringen wird. Sie ist gerade 52 Jahre alt. Was sie fühlt, versucht sie in dem schon erwähnten Brief an David Starr Jordan so auszudrücken: »Dear Mr Jordan, all his friends tell me, what the movement and the world lost with him. I lost more: the containing of my live and now it seems to me that I have nothing more to do there.«[48]

Da Fried keine Kinder hat, ist Therese unbestrittene Universalerbin seines Nachlasses, der neben den schriftlichen Hinterlassenschaften Frieds und Bertha von Suttners, dem Archiv und der Bibliothek vor allem hohe Schulden umfasst. Der Antrag Emil Frankls beim Bezirksgericht Leopoldstadt[49] »um Überweisung des passiven Nachlasses nach Herrn Dr. Alfred Hermann Fried an die Gesuchstellerin als erblasserische Witwe und Universalerbin« vom

27. März 1923 [!] stellt daher auch, nach einer genauen Auflistung der Aktiva (vor allem österreichischer Wertpapiere) und Passiva (die ausschließlich in Schweizer Franken bestehen), einen Schuldenberg in Höhe von etwa 90 000 000.— Kronen fest.[50]

Das eigentliche Testament hatten die beiden Eheleute schon kurz nach der Hochzeit am 5. Februar 1909 bei einem Wiener Notar hinterlegt.[51] Darin war vor allem festgehalten worden, dass Therese sämtliche Einrichtungsgegenstände der Wohnung Widerhofergasse 5 in die Ehe mit eingebracht hatte und dass diese auch bei einer möglichen Trennung in ihrem alleinigen Besitz verbleiben würden. Daneben hatten sich die Eheleute gegenseitig als Universalerben eingesetzt. Am 5. Juli 1918 hatte Fried diese Vereinbarung in Bern noch einmal notariell bestätigt, am selben Tag aber unter der Überschrift »Wünsche und Ratschläge an meine geliebte Frau für den Fall meines Ablebens«[52] noch ein weiteres, viel privateres Testament verfasst, das ihr eine Richtschnur für ihre weiteren Handlungen geben sollte. Einige Punkte sind 1921 zwar nicht mehr aktuell, das meiste jedoch gilt noch immer. So der unbedingte Wunsch Frieds, verbrannt zu werden, für dessen Verwirklichung »keine Kosten gescheut« werden dürften, wogegen die Beisetzung einfach, ohne religiöses Zeremoniell und ohne große Kosten geregelt werden solle. »Keine Rabbinerreden. Ich sterbe als Freidenker.«

Schon 1911 waren die Eheleute Fried Mitglied des neugegründeten Wiener Vereins der Freunde der Feuerbestattung »Die Flamme« geworden.[53] Allerdings gab es in Wien bis 1923 kein Krematorium, so dass der Leichnam in eine andere Stadt überführt werden musste. Therese wählte dafür nicht Gotha, wo Bertha von Suttner eingeäschert worden war, sondern das nähere München, die Stadt, die Fried nicht hatte aufnehmen wollen.

Der Hauptteil des Testaments befasst sich mit Überlegungen zur finanziellen Absicherung Thereses. Dabei verweist Fried vor allem auf den Wert seines Briefarchivs, das er zusammen mit dem Nachlass Bertha von Suttners auf »fünf- bis zehntausend Dollar« schätzt und für das er hauptsächlich in den USA Interessenten sieht, sowie auf seine zahlreichen Zeitungs- und Zeitschriftenartikel, die »gesammelt herausgegeben werden könnten, eine reiche Einnahmequelle, wenn die Welt für die pazifistische Arbeit erst mehr Verständnis haben wird«.

Sollte es ihr dennoch einmal schlechtgehen, solle sich Therese an die Vorstände der Vereine Sokrates und Concordia wenden, aber auch an die Organisationen der Friedensbewegung in allen Ländern: »Ich habe der Friedensbewegung mein ganzes Leben gewidmet, habe dafür gelitten und gehungert, und ich rechne damit, dass man meiner von mir innig und einzig geliebten Frau, der ich das größte Glück meines Lebens danke, das Leben erleichtern wird, wenn ich einmal nicht mehr bin.« Und weiter unten heißt es: »Ich habe in der Welt doch etwas gegolten, meine Arbeit wird sicher einmal von den Menschen geschützt [!] werden, so dass ich annehmen kann, man wird die Frau, die mir das teuerste auf Erden war, sicher nicht vergessen und ihr freundschaftlich zur Seite stehen.« Ein Wunsch, der sich zumindest in seinem letzten Teil erfüllen sollte. Auch ihr selbst legt Fried die Verpflichtung auf, eine Person wenn irgend möglich finanziell so weiterzuunterstützen, wie er es getan hatte: seinen Bruder Leopold in Berlin, der neben seiner Krankheit seit 1915 auch den Verlust seiner Frau Marie zu beklagen hatte und mit den vier Kindern in schlechten Verhältnissen in Berlin lebte.

Im nächsten Absatz zieht Fried das Resümee seiner Beziehung zu Therese, und man fühlt sich fast an die leidenschaftlichen Briefe von 1903 erinnert, wenn es heißt: »Ich danke dem gütigen Geschick, das mich Dich finden ließ. Ich liebe Dich unaussprechlich und werde Dich lieben bis zu meinem letzten Atemzug. [...] Dein, für alle Ewigkeit, Dein Alfred.«

Auch wenn Frieds Rechtsanwalt Emil Frankl[54] Therese weiterhin in allen rechtlichen und finanziellen Angelegenheiten unterstützt, in der akuten Situation aber ist es Mundy Schwalb, die es in die Hand nimmt zu regeln, was zu regeln ist. Schon am nächsten Tag schickt sie ein Telegramm an Wehberg, das ihm zusammen mit der Nachricht von Frieds Tod auch mitteilt, dass er und Schücking laut Testament die Redaktion der »Friedens-Warte« übernehmen sollen. Vermutlich ist sie es auch, die die Presse unterrichtet.

5.3 Nachrufe und Gedenkblätter

Schon am übernächsten Tag geht die Nachricht vom Tode Frieds durch die Blätter im In- und Ausland. Den Anfang machen am 6. Mai die Wiener Zeitungen, allerdings mit deutlich unterschiedlichen Kenntnissen und Kommentaren. Einer der am besten informierten Artikel erscheint in der Wiener »Arbeiter-Zeitung«, die Frieds Lebenswerk uneingeschränkt würdigt und sich stolz darauf zeigt, dass der »bekannte und ausgezeichnete Vorkämpfer der Weltfriedensidee [...] während des Krieges und auch danach viele seiner wertvollen Aufsätze in unserem Blatte veröffentlicht hat.«[55] Frieds Werke seien keine utopischen Traktätlein gewesen, sondern hätten die Friedensidee im »Erdreich konkreter Tatsachen« verankern wollen: »Alfred H. Fried hat sein ganzes Leben einer tief sittlichen Idee gewidmet, hat tapfer für sie gekämpft, und in der Reihe derer, die den Krieg, diese letzte Explosion des Barbarischen im Menschen, aus dem Bewusstsein der Menschheit tilgen wollen, steht er mit an erster Stelle. Nun die Menschheit schaudernd erfahren hat, was der Krieg ist, wird sie seiner mit größerer Dankbarkeit und Treue gedenken.«

Etwas anders sieht es die marxistisch orientierte Wiener Zeitung »Der Abend«, die in einer ausführlichen, aber weit allgemeiner gehaltenen Stellungnahme Frieds »edles Herz« und »sein tiefgründiges Wissen« würdigt und ihm dafür dankt, dass er sich in einer Zeit des stärksten Eigennutzes der Friedenssache angenommen habe, dann aber zu dem Schluss kommt: »Der Pazifismus, wie Fried ihn auffasste, musste scheitern. Es war ein Pazifismus einer höchst edeln vergeistigten Bürgerlichkeit, der Marxismus aber hat längst gezeigt, dass der Krieg nur das Fieber, die wahre Krankheit aber der Kapitalismus ist. [...] Am Sarge Frieds wollen wir hoffen, dass er nicht in der Erkenntnis des tragischen Widerspruchs edlen Wollens und Unmöglichkeit des Erreichens gestorben ist.«[56] Wieder anders sieht es die »Neue Freie Zeitung«,[57] die besonders Frieds schriftstellerische Arbeiten detailreich hervorhebt und betont, dass der im »höchsten Sinne international« denkende Fried weit über die Grenzen Österreichs hinaus nicht nur als Pazifist und Herausgeber der »Friedens-Warte«, »sondern auch als Freund und Berater« geschätzt worden sei.

Auch das »Berliner Tageblatt« meldet als eine der ersten reichsdeutschen Zeitungen schon am 6. Mai Frieds Tod.[58] Der verantwortliche Autor zeigt sich aber weit weniger unterrichtet und datiert Frieds Nobelpreis auf 1910, während er aus Frieds Zeit in Bern besonders seine Teilnahme an der »Fürsorgetätigkeit zur Verbesserung der Lage der Kriegsgefangenen« hervorhebt, das Kriegstagebuch aber immerhin, obwohl es »von Einseitigkeiten und Entgleisungen nicht frei« sei, als »ein wichtiges Zeitdokument« und »das Vermächtnis des Toten« bezeichnet.

Für Carl von Ossietzky in der »Berliner Volkszeitung« ist Fried »ein echter Held des Geistes«,[59] der sich nie mit verschwommenen Redensarten begnügt habe, sondern dessen Streben es gewesen sei, mit seinem wissenschaftlichen Pazifismus die Ursachen des Krieges aus der Welt zu schaffen. Ossietzky glaubt sogar behaupten zu können, dass Frieds Name mit dem Zustandekommen der 1. Haager Konferenz »aufs engste verknüpft« sei. Zwar habe seine Übersiedelung in die Schweiz und Kritik an der deutschen Politik und Kriegsführung ihm Feinde geschaffen, »die ihm noch bis übers Grab hinaus treu bleiben werden«, Fried sei jedoch nie ein vaterlandsloser Geselle gewesen, sondern ein echter Bürger Europas. Selbst bei der »Welt am Montag« in Berlin erinnert man sich nun an Fried: »Unsere Leser wird es übrigens besonders interessieren, dass Fried in den ersten Jahren des Bestehens der W.a.M. in ihr tätig war.«[60]

Diesen ersten Meldungen folgen in den nächsten Tagen und Wochen unzählige weitere, in denen sich immer öfter auch Bekannte und Freunde Frieds zu Wort melden. Während beinahe alle seine Verlässlichkeit und menschliche Güte hervorheben und die Mehrheit Fried daneben als eher zurückgezogenen Gelehrtentyp beschreibt, sieht Rudolf Jeremias Kreutz in ihm die Persönlichkeit eines »Führers«: »Wer diesem, allen Menschfreunden viel zu früh entrissenen Manne jemals begegnete, der wurde sofort von einem äußerlichen gewissermaßen optischen Eindruck gepackt. Der Kopf eines Diktators mit den Augen eines

Träumers – der Führer. Wer Alfred H. Fried persönlich kannte, trat in den Bannkreis eines großen Menschen ein, dessen äußere Erscheinung in vollkommener Harmonie mit seinem Wesen blieb. In allem hatte er die Macht der suggestiven Persönlichkeit, die berufen ist, bei der Menge Erfolg zu haben.«[61]

Neben diesen unterschiedlichen Interpretationen entstehen auch ganz neue Geschichten. So berichtet etwa ein mit Dr. M. A. zeichnender Autor der »Süddeutschen Presse« am 13. Mai in dem Artikel »Tragödie eines Menschenfreundes«,[62] Fried sei im Rudolfspital gestorben, »nicht weil er krank war, sondern weil er kein Obdach hatte«. Der von Fried befehdete Krieg habe sich so an seinem Todfeind gerächt. Zudem habe man Fried in ein bayerisches Sanatorium bringen wollen, die Regierung von Kahr habe ihm aber die Einreise verweigert.

Am 18. Mai wird Frieds Leichnam ins Münchner Krematorium überführt. Einen Tag zuvor hatte die »Münchener Post« angekündigt: »Die Leichenfeier für den Pazifisten Dr. Fried, der von Wien nach München zur Verbrennung überführt wird, ist morgen Mittwochvormittag 11 Uhr im Ostfriedhof. Anhänger und Gesinnungsgenossen sind eingeladen, der Feier beizuwohnen.«[63] Zwei Tage später berichtet dieselbe Zeitung: »Einfach und schlicht wurde Prof. [!] Fried, der geistige Führer des deutschen Pazifismus, von einer kleinen Gemeinde seiner Freunde und Anhänger zur letzten Ruhe geleitet. Prof. Quidde hielt die Trauerrede, in der er die geistige Führerschaft Frieds [...] würdigte und ein lebendiges Charakterbild des Entschlafenen als Mensch und Politiker entrollte. Nach ihm sprachen Vertreter der Frauenliga für Frieden und Freiheit, des Kartells pazifistischer Organisationen, der pazifistischen Studentengruppe, des Bundes Neues Vaterland und Abgeordneter Gareis für die USP. Im Auftrag des Friedensbundes der Kriegsteilnehmer und des Republikanischen Reichsbundes widmete Hauptmann a.D. Schützinger dem Entschlafenen einen Nachruf. [...] Orgelspiel schloss die eindrucksvolle, schlichte Feier.«[64] Allerdings gibt es auch andere Kommentare zu dieser Totenfeier. Die Berliner Zeitung »Freiheit« beklagt etwa am 20. Mai,[65] dass »das gesamte ›geistige‹ München durch

Abwesenheit sich hervortat« und lediglich ein kleines Häuflein von 20 Personen Fried das letzte Geleit gegeben habe.

Einen Monat später wird man auch in Wien seiner gedenken. Am 9. Juli findet zum Auftakt eines Kongresses der Internationalen Frauenliga für Frieden und Freiheit eine zusammen mit der ÖFG veranstaltete Gedenkfeier für Fried und Bertha von Suttner statt. Auf der offenbar gut besuchten Veranstaltung sprechen, wie die Wiener Freimaurer-Zeitung berichtet,[66] sowohl in- als auch ausländische Pazifisten. Leider nennt die Zeitung keine Namen. Lediglich die Gedenkrede des Freimaurers Dr. Franz Jäger ist in Auszügen erhalten.[67] Darin beschreibt er die Grundzüge der Persönlichkeit Frieds, die erst seine spätere Entwicklung, »fast möchte man sagen, das Phänomen A. H. Fried«, ermöglicht hätten: »Der Grundzug seines Wesens war Güte, einfache, selbstverständliche Güte. Ferner Ehrlichkeit des Charakters und des Geistes; damit zusammenhängend eine seltene Klarheit des Denkens.« Bis zum Schluss sei Fried seinen Überzeugungen treu und an Geist und Seele unbesiegt geblieben, auch wenn sein Körper »den Verhältnissen der Nachkriegszeit« erlegen sei. Und Jäger endet mit dem Gelöbnis: »Br. A. H. Fried! Dein Körper weilt nicht mehr unter uns, aber dein Geist umschwebt uns und – mag man über die Unsterblichkeit der Seele denken, wie man will – deine Seele bleibt in uns unsterblich. Und so geloben wir dir, alle unsere Kräfte einsetzen zu wollen, um in deinem Sinne weiterzuwirken und vor allem auch unseren Nachwuchs in deinem Sinne zu erziehen. Das ist das Denkmal, dauerhafter als Erz, das dir die Loge ›Sokrates‹ für jetzt und immerdar in den Herzen ihrer Brüder errichtet hat.«

Während die Brüder Fried ein Denkmal in ihren Herzen errichten, plant Therese zusammen mit Mundy Schwalb und einigen wenigen Freunden eine Gedenkausgabe in der »Friedens-Warte«. Schon am 17. Mai 1921 hatte Frieds Rechtsanwalt Emil Frankl an den Besitzer des Verlages Der neue Geist appelliert, die Zeitschrift, »das Einzige, was von dem Lebenswerk unseres Freundes geblieben ist«, weiterzuführen, vor allem auch, um daraus »für seine Witwe, die in schlechten Verhältnissen zurückgeblieben ist – der

Nachlass ist überschuldet –, eine dauernde, wenn auch zunächst nur sehr bescheidene Einkommensquelle« zu schaffen.[68] Als der Verleger sich, mit Vorbehalten, weitgehend positiv äußert, entwirft Therese noch im Mai ein Rundschreiben an die wichtigsten Freunde und Gesinnungsgenossen, in dem sie ihnen mitteilt, dass eine Gedenkausgabe geplant sei: »In dieser sollen die bedeutendsten Kämpfer der Bewegung und alle Kameraden Alfred Frieds vereinigt werden mit dem Ausdruck dessen, was sie zum gemeinsamen Weg geführt hat. Ich hoffe, auch Sie unter den Mitarbeitern zu finden.«[69] Sie schließt mit der Bitte um sofortige Rückantwort und der Information, dass kein Artikel über zwei Druckspalten hinausgehen solle und alle Beiträge bis spätestens 20. Juni eingehen müssten.

An wie viele Pazifisten Therese den Aufruf versendet, ist nicht bekannt, ein Bleistiftvermerk am Rand des Briefentwurfs: »70 Stück, K 170« lässt jedoch die Zahl von 70 Adressaten wahrscheinlich erscheinen, zumal dies mit den späteren 57 tatsächlich geschriebenen Artikeln in einem realistischen Verhältnis steht. Als das Gedenkheft nach verschiedenen Verzögerungen im Frühjahr 1922 erscheint,[70] enthält es neben einer von Elsbeth Friedrichs verfassten »Biographischen Skizze« Artikel von Pazifisten der verschiedensten Nationen, darunter neben Holländern, Schweizern, Norwegern, Schweden und Dänen auch vier Franzosen,[71] sechs Engländer[72] und drei Amerikaner,[73] wobei die geringe Zahl vermutlich vor allem durch die Kürze der zunächst gesetzten Frist bedingt war, die zur Folge hatte, »dass manche Zuschriften knapper ausfielen, als es sonst wohl der Fall gewesen wäre, und dass einige treue Mitkämpfer überhaupt unvertreten blieben.«[74] Auch ein Belgier ist unter den Autoren, es ist jedoch nicht Henri La Fontaine, der ebenso fehlt wie zum Beispiel Otfried Nippold, Hellmut von Gerlach, Eduard de Neufville und Margarethe Selenka, die alle sicherlich das Rundschreiben erhalten hatten, sondern der Maler Paul Colin, der rückblickend Frieds, von den belgischen Pazifisten so oft kritisiertes Verhalten im Weltkrieg lobt und betont: »Aber während ihn seine französischen und belgischen Freunde in Bann taten, um sich ins Kriegerische zu verlieren, setzte Fried seine ohnmächtige Leidenschaft dem allgemeinen Irrsinn entgegen.«[75]

Die Mehrzahl der Artikel (28) kommt aus Deutschland und Österreich, darunter Erinnerungen langjähriger Freunde und Weggefährten wie Georg Arnhold, Eduard Bernstein, Richard Grelling, Adolf Heilberg, Ludwig Quidde, Hans Wehberg, Mundy Schwalb und Walther Schücking, und Freunde und Bekannte der Emigration, wie Ernst Bloch,[76] Annette Kolb und René Schickele. Zusammen ergeben sie ein recht anschauliches, facettenreiches Bild des Verstorbenen, wenn auch einige Autoren den Raum mehr zur Selbstdarstellung nutzen als zur Würdigung Frieds.

Während ein Beitrag Therese Frieds im Gedenkheft fehlt und Mundy Schwalb insbesondere über das letzte Jahrzehnt ihres Arbeitgebers berichtet, befasst sich Elsbeth Friedrichs einleitend mit einer kurzen Biographie des Verstorbenen und, in einem zusätzlichen Beitrag, mit seinem Verhältnis zu Bertha von Suttner.[77] Am Schluss spricht sie eine ganz besondere Würdigung aus: »Wer Fried persönlich nahestand, hat besonders viel verloren. Er war ein durch und durch treuer und zuverlässiger Freund, er war, außer einem tüchtigen Denker, ein Mensch! Damit ist alles gesagt.«[78]

Und sie verspricht, eine ausführlichere Biographie Frieds in einem Separatband folgen zu lassen. Tatsächlich macht Elsbeth Friedrichs, die sich nach dem Krieg dauerhaft in Locarno niederlässt, ihr Versprechen wahr und schreibt in den kommenden Jahren eine populäre Biographie Frieds, für die sie jedoch, nach einer späteren Angabe Wehbergs, keinen Verleger findet.[79] Das Manuskript ist seither verschollen; ein Nachlass der 1930 verstorbenen Pazifistin konnte trotz intensiver Suche nicht ermittelt werden.

Anfang 1925 bringt die »Friedens-Warte«, die zu diesem Zeitpunkt unter der Leitung Hans Wehbergs in Berlin erscheint, unter dem Titel »Jugenderinnerungen« den kleinen Teil der von Fried geplanten Autobiographie heraus, den er in der zweiten Hälfte des Jahres 1920 noch hatte schreiben können.[80]

Im selben Jahr, am 5. Dezember 1925 findet in Wien die feierliche Beisetzung der Asche Alfred Hermann Frieds in einer Ehrennische in den Arkaden des neu errichteten Krematoriums statt, »auf deren Marmortafel die Worte eingemeißelt sind: ›Dem großen Vorkämpfer der Friedensbewegung.‹ Davor lagen Lorbeerkränze mit Schleifen, die in goldenen Lettern die Inschriften trugen: ›Die Deutsche Friedensgesellschaft ihrem Gründer und großen Vorkämpfer.‹ – ›Das Deutsche Friedenskartell dem Führer des internationalen Pazifismus.‹ – ›Die Österreichische Friedensgesellschaft dem Begründer des organisatorischen Internationalismus.‹«[81]

Zum 10. Todestag Frieds 1931 berichtet die »Friedens-Warte« noch über eine weitere Ehrung in Wien: Man habe nun neben dem bereits längere Zeit existierenden Bertha-von-Suttner-Platz auch eine »Alfred-Hermann-Fried-Straße« benannt.[82] Diese Angabe ist allerdings nur teilweise richtig. Tatsächlich wird keine Straße, sondern einer der zahlreichen Plätze im 10. Wiener Gemeindebezirk »Favoriten« nach Fried (Friedplatz) benannt, allerdings auch nur vorübergehend, denn 1938 wird der Name in Engländerplatz geändert werden.[83]

Ehrengrab A. H. Frieds

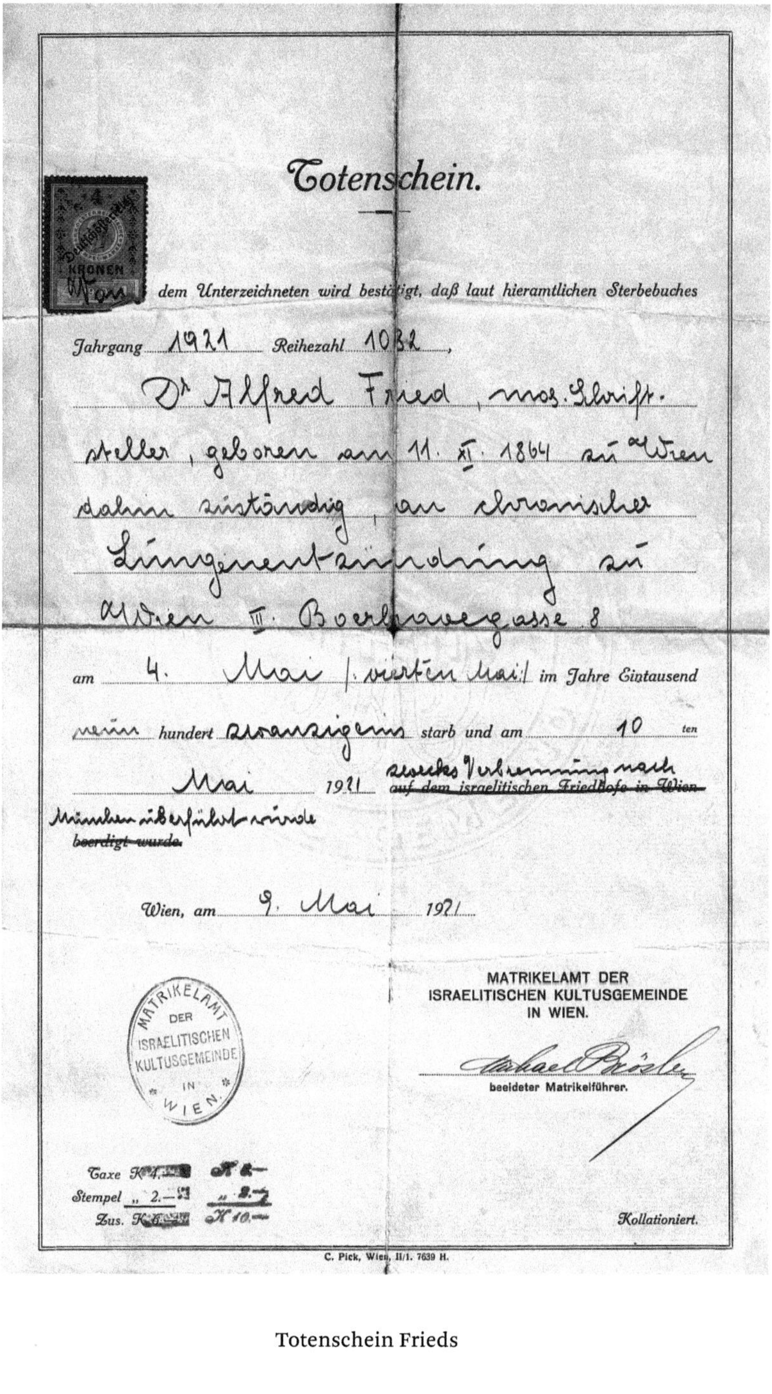

Totenschein.

Von dem Unterzeichneten wird bestätigt, daß laut hieramtlichen Sterbebuches

Jahrgang 1921 Reihezahl 1032,

Dr Alfred Fried, mos. Schriftsteller, geboren am 11. XI. 1864 zu Wien dahin zuständig, an chronischer Lungenentzündung zu Wien III. Boerhaavegasse 8

am 4. Mai (vierten Mai) im Jahre Eintausend neun hundert zwanzigeins starb und am 10ten Mai 1921 zwecks Verbrennung nach ~~auf dem israelitischen Friedhofe in Wien~~ München überführt wurde ~~beerdigt wurde.~~

Wien, am 9. Mai 1921.

MATRIKELAMT DER ISRAELITISCHEN KULTUSGEMEINDE IN WIEN.

Michael Prösler

beeideter Matrikelführer.

MATRIKELAMT DER ISRAELITISCHEN KULTUSGEMEINDE IN WIEN

Taxe K 4.— K 8.—
Stempel „ 2.— „ 2.—
Zus. K 6.— K 10.—

Kollationiert.

C. Pick, Wien, II/1. 7639 H.

Totenschein Frieds

6. Die Zeit danach – Hinterbliebene und Nachfolger

6.1 Therese Fried

Nach Frieds Tod bleibt Therese zunächst allein in der Praterstraße zurück. Später ziehen Frieds Bruder Otto[1] und seine Frau Marie aus Berlin zu ihr. Mundy Schwalb ist wieder in die Schweiz zurückgekehrt. Therese hält engen Kontakt mit Frieds Familie: mit Paulines Sohn Gordon Wyon in England, den vier Kindern Leopolds, der sich 1923 das Leben nimmt,[2] in Berlin und vor allem mit Sidonie und Frieds Lieblingsneffen Berthold, den sie mit den wenigen ihr verbliebenen Kontakten zu protegieren versucht. 1934 rät sie ihm, seine nur noch unter erschwerten Umständen überhaupt mögliche juristische Doktorarbeit an Hans Wehberg in Genf, Prof. Friedrich Harty in Wien und Mundy Schwalb, die zu diesem Zeitpunkt in London lebt, zu senden, und schickt ihm die entsprechenden Adressen gleich mit.

Über ihre sonstige Tätigkeit in diesen Jahren ist nichts bekannt, auch nicht, inwieweit sie in den 20er und 30er Jahren in der ÖFG, deren Mitglied sie bleibt, aktiv wird.[3] Es scheint, als ob Therese nach dem Tod ihres Mannes zunächst eher im Hintergrund bleibt, in der Erinnerung lebt und nicht aktiv an der pazifistischen Agitation mitwirkt. Eine Entscheidung, die sie vielleicht nach 1938 vor persönlichen Angriffen bewahrte.

Die finanzielle Not zwingt Therese schon bald, die umfangreiche Bibliothek ihres Mannes zu verkaufen. Als Interessent findet sich die Hoover War Library[4] der Universität Stanford in Kalifornien; die Bibliothek war 1919 vom späteren 31. Präsidenten der USA Herbert Clark Hoover ins Leben gerufen worden und hatte bereits zahlreiche Werke aus der Zeit des Weltkriegs erworben, darunter Bücher, Zeitungen, Broschüren, Korrespondenzen, Tagebücher und Propagandamaterial.[5] Im Dezember 1924 berichtet Hans Wehberg in der »Friedens-Warte« über den Verkauf: »Was in mehr als dreißigjährigem Streben von Fried mit Liebe zusammengetragen wurde und was ihm in seinem hingebenden Enthusiasmus für die Friedensidee als Rüstzeug diente, bleibt also ein geschlossenes Ganzes und wird nicht in alle Winde zerstreut.«[6] Und er gibt der Hoffnung Ausdruck, dass man (zumindest) in Amerika »Frieds große Bedeutung erkennen und ihm ein Denkmal setzen« werde.

Vom Nachlass ihres Mannes und Bertha von Suttners trennt sich Therese dagegen nicht so leicht. Zehn Jahre lang verwahrt sie beide in ihrer Wohnung, erst dann ist sie bereit, sich von ihnen zu trennen und nur die Werke ihres Mannes, einige Fotos und ihr persönlich wichtige Dokumente zu behalten.[7]

Vermutlich auf Empfehlung Wehbergs, der seit 1928 am Institut de Hautes Études Internationales in Genf lehrt, entschließt sie sich, an T.B. Sevensma zu schreiben, den Direktor der Bibliothek des Völkerbundes in Genf, der zu diesem Zeitpunkt gerade eine Art Friedensmuseum einrichtet, in dem er historische Dokumente der Friedensbewegung für spätere Generationen bewahren will.[8]

In Genf stößt das Angebot auf größtes Interesse. Sevensma reist persönlich nach Wien und berichtet später an seinen Vorgesetzten, er habe eine bemerkenswert vollständige Kollektion vorgefunden. Bevor er in die eigentlichen Verkaufsverhandlungen eintritt, gibt er ein Wertgutachten der beiden Nachlässe beim Direktor des Wiener Staatsarchivs Professor Bittner in Auftrag, das den Gesamtwert Mitte Mai 1931 auf 14 000 Schilling, etwa 10 000 Schweizer Franken, beziffert.[9]

Ein sehr käuferfreundlicher Schätzwert, weil – wie ein Mitarbeiter Bittners Sevensma erläutert – von »den im Autographenhandel üblichen Einkaufs-, nicht Verkaufspreisen ausgegangen wurde und diese recht niedrig angesetzt wurden«.[10] So habe man Briefe Bertha von Suttners mit einem Durchschnittspreis von 3 Mark, statt der handelsüblichen 8 Mark angesetzt und Briefe an sie oder Fried, mit wenigen Ausnahmen, mit einer Mark. »Die Tatsache, dass beide Nachlässe eine wichtige, geschlossene Quelle zur Geschichte der Friedensbewegung während dreier Jahrzehnte darstellen, wurde gar nicht in Rechnung gesetzt.«[11]

Therese und ihr Anwalt Emil Frankl sind über die niedrige Einschätzung nicht begeistert und bemühen sich um eine höhere Bewertung – aber vergeblich. Sevensma, der selbst noch über keine Kaufbewilligung seitens seiner Vorgesetzten verfügt, lässt sich auf einen höheren Preis ebenso wenig ein wie auf das von Frankl für Hans Wehberg erbetene Vorabdrucksrecht wichtiger Briefe und Dokumente. Stattdessen drängt er zur Eile und stellt bei weiteren Verzögerungen einen Ankauf seitens des Völkerbundes in Frage. Frankl muss nachgeben. Am 25. Juni 1931 bestätigt er das Verkaufsangebot für 10 000 Schweizer Franken. Nach einigem Hin und Her wird der Ankauf nun auch in Genf einstimmig beschlossen und Sevensma beauftragt, mit dem österreichischen Botschafter über einen möglichen Erlass der 10%-igen Ausfuhrsteuer zu verhandeln.

1931 ist die Ausfuhr von Archivalien aus Österreich bereits gesetzlich verboten und nur mit ausdrücklicher Sondergenehmigung des Archivamtes möglich, das die Genehmigung an zwei Bedingungen knüpft, die man in Genf bereitwillig akzeptiert: »1. den Nachlass Alfred Frieds einschließlich der in ihm befindlichen Nachlassteile Bertha von Suttners und Carneris jederzeit österreichischen Forschern in Genf einsehen zu lassen, bzw. jederzeit Teile dieser Nachlässe zwecks Benützung durch österreichische Forscher auf deren Kosten an das Haus-, Hof- und Staatsarchiv kostenlos zu entlehnen;[12] 2. nach Herstellung eines Inventars eine Gleichschrift desselben dem Haus-, Hof- und Staatsarchiv kostenlos zu überlassen.«[13] Damit gehen die Nachlässe Frieds und Bertha von Suttners endgültig in den Besitz der Völkerbundbibliothek über.

Als der Nachlass sorgfältig in Kisten verpackt wird, bleibt ein ausdrücklicher Wunsch Frieds unerfüllt: Die Sichtung des Materials durch Mundy Schwalb oder Hans Wehberg. »Die Familienbriefe, Rechnungen und sonstiges nicht allgemein interessierendes Material ist am besten zu vernichten.«[14] Doch diese Durchsicht geschieht nicht. So finden sich noch heute neben den Manuskripten, Zeitungsartikelsammlungen und der umfangreichen weltweiten Korrespondenz auch Familienbriefe, Rechnungen, Mahnungen, Tagebücher und Bleistiftnotizen im Nachlass in Genf. Selbst Frieds einzigartige Menükarten-Sammlung, die eine ganze Box umfasst, bleibt vollständig erhalten. Fried hatte sie, wohl in Erinnerung an die Hungerjahre seiner Kindheit, 1895 begonnen und bis 1913 fortgesetzt. Dabei sammelte er ausschließlich Karten von bedeutenden Banketten, an denen er selbst teilgenommen hatte, und deren wichtigste Teilnehmer er oftmals um Autogramme bat.[15]

Die Ausfuhr der Papiere aus Österreich bleibt von der Bevölkerung und der Presse weitgehend unbemerkt. Lediglich das Prager Tagblatt bringt am 12. November 1931 auf der dritten Seite einen Artikel darüber. Die weitere geschichtliche Entwicklung lässt es im Nachhinein als großes Glück erscheinen, dass der Nachlass gerade noch rechtzeitig in die Schweiz verbracht wurde und sowohl der Vernichtungswut der Nationalsozialisten als auch den Wirren des Krieges und der Nachkriegszeit entging.

Nach dem Anschluss Österreichs 1938 bleibt Therese als Nicht-Jüdin mit makellosem Ariernachweis[16] unbehelligt. Auch Frieds Bruder Otto, der als Weltkriegsveteran und durch seine Ehe mit der katholischen Marie geschützt ist, wird zunächst nicht behelligt, muss aber später die gemeinsame Wohnung verlassen und in eine zugewiesene Unterkunft ziehen. Nach Kriegsende kehrt er schwach und krank nur für wenige Monate in die Praterstraße zurück, wo er Ende November 1945 stirbt.

Weit schlechter ergeht es Frieds jüngster Schwester Sidonie in Bernburg, die am Ende einer immer weiter fortschreitenden Diskriminierung, über die sie Therese in vorsichtig formulierten Briefen[17] unterrichtet, mit ihren Kindern Inge und Berthold[18] nach Theresienstadt deportiert wird. Während Sidonie dort am 6. August 1944 im Alter von 64 Jahren stirbt, wird Berthold Simonsohn mit seiner Frau Trude aus dem tschechischen Olmütz, die er in Theresienstadt kennenlernt, nach Auschwitz deportiert.[19] Wie durch ein Wunder überleben beide das Vernichtungslager und finden sich nach dem Krieg am vereinbarten Treffpunkt, in Theresienstadt, wieder.[20]

Auch die Kinder Leopolds überstehen Krieg und Verfolgung und leben später in Hamburg und Berlin. Trude und Berthold Simonsohn ziehen nach einem Aufenthalt in der Schweiz über Hamburg nach Frankfurt. Lediglich das Schicksal Paulines konnte nicht aufgeklärt werden. Aus späterer Familienkorrespondenz geht lediglich hervor, dass Pauline 1945 bereits verstorben und in Wien beerdigt war. Ihr Sohn Gordon Wyon in England hielt aber den Kontakt zu Therese und anderen Familienmitgliedern über den Krieg hinaus aufrecht.

Nach dem Krieg steht Therese als Witwe Frieds noch einmal für kurze Zeit im Blickpunkt des Interesses, denn die Initiatoren der Neugründung der ÖFG rücken zusammen mit dem Andenken Bertha von Suttners auch Fried wieder in den Vordergrund. Egon Kieffer betont 1946 in einem längeren Zeitungsartikel über Fried: »Ein knappes Vierteljahrhundert nach seinem Tode steht die Welt am Ende eines noch gewaltigeren Zusammenbruches, den die zerstörenden Kräfte eines übersteigerten Nationalismus hervorgerufen haben. Zu einem solchen Zeitpunkt ist es gut, sich der sehr wirklichkeitsnahen, konstruktiven Friedensgedanken dieses energischen und rational eingestellten Wissenschaftlers der Verständigung zwischen den Völkern zu erinnern.«[21]

Schon auf den ersten Sitzungen ist auch Therese anwesend. An ihren Neffen Berthold Simonsohn schreibt sie darüber Anfang Februar 1946: »Die österreichische Friedensgesellschaft soll neu erstehen – gestern war die erste vorbereitende Sitzung. Ich hatte mich gleich als altes neues Mitglied gemeldet – und wurde als die Frau Alfred Fried sehr geehrt. Es wird ja einige Zeit dauern, bis alles reorganisiert ist – eigentlich sollte man gar keine Friedensgesellschaften mehr brauchen müssen – denn die Idee – ist über das Vereinsmäßige schon hinausgewachsen.«[22]

Unverkennbar ist Thereses Stolz auf die Anerkennungen, die ihr zu diesem Zeitpunkt und auch noch in den folgenden Jahren als Witwe des »Friedens-Frieds« entgegengebracht werden.[23] Sie wird Ehrenmitglied der ÖFG, und auch bei der Neugründung der Liga für Menschenrechte ist sie als Ehrengast geladen.[24]

1948 wird Frieds Leben und Werk zum Thema einer 20-minütigen Radiosendung, deren Manuskript sich heute im Nachlass befindet. Auch darin wird mit vielen Auszügen aus seinen Werken sein Einsatz für die Völkerverständigung gewürdigt, besonders aber seine Standhaftigkeit während des Krieges: »Fried ist ein Vorbild für unsere und alle Zeiten, denn er zeigte, wie man eine Gesinnung gegen den Wahn einer Welt verteidigt.«

Im Februar 1949 wird die Josef-Meise-Straße im 21. Gemeindebezirk Donaufeld, auf der Donauinsel, in Friedstraße umbenannt, wie sie noch heute heißt.[25] Die nicht ganz eindeutige Bezeichnung, die ebenso einem anderen großen Sohn der Stadt gewidmet sein könnte, dem Dichter Erich Fried,[26] führt aber dazu, dass die Namensgebung im Bewusstsein der Bürger nicht mit der Person Alfred H. Frieds verbunden wird. Nur so ist zu erklären, dass der Vorstand der Wiener Weltbürger noch 1956 eine dringende Eingabe an den Bürgermeister der Stadt Wien richtet, man möge endlich das Versäumnis nachholen und Fried ein Denkmal setzen oder einen Platz oder eine Straße nach ihm benennen.[27]

Therese kann sich im Sommer 1950 gleich zweimal großer Ehrungen erfreuen: Am 10. und 11. Juni 1950 tagt im großen Konzerthaussaal in Wien der erste Österreichische Friedenskongress, an dem 2100 Delegierte aus ganz Österreich und auch zahlreiche ausländische Vertreter teilnehmen. Der Kongress markiert einen ersten Höhepunkt der sich seit 1948 zur Massenbewegung ausweitenden Friedensbewegung in Österreich und bildet zugleich eine machtvolle Demonstration für den Stockholmer Appell für ein Verbot der Atomwaffen.[28] Begeistert berichtet Therese an ihren Neffen: »Wir – das heißt ich auch mit – haben am 10.–11. Juni den großen, ganz großen Friedenskongress mitgemacht. – Ich hatte mir vorgenommen, dass ich dabei sein müsse – trotz meines Leidens – und ich habe es geschafft, mit Unterstützung von allen Seiten. [...] Ich habe also zwei Tage hintereinander durchgehalten – und ich war sehr stolz, ich fühlte, dass Alfred fühlen würde, dass ich an seiner Stelle da war.«[29]

Therese bekommt von einer »prominenten Persönlichkeit« eine Ehrenkarte und für die Fahrten zum Tagungsort ein Auto zur Verfügung gestellt. »Ich musste auf dem Ehrenplatz der Delegierten Platz nehmen – und in vielen Reden u. Zeitungen wurde erwähnt, dass die Witwe Dr. Alfred Frieds anwesend sei – und so kam ich aus dem Händeschütteln nicht heraus u. Autogramme geben.« Ausführlich schildert die 81-Jährige dem Neffen, den sie noch immer als möglichen Nachfolger ihres Mannes sieht, den überwältigenden Eindruck, den besonders die Jugendstafetten und die öffentliche Schlussversammlung auf dem Rathausplatz auf sie machten: »[...] es war wie ein Schwur aus Millionen Kehlen: ›Nie wieder Krieg‹.«

Schon knapp einen Monat später findet das zweite große Ereignis statt: die Eröffnung der Suttner-Fried-Gedächtnisausstellung im Historischen Museum der Stadt Wien, eine Sonderausstellung mit dem offiziellen Titel »Bertha von Suttner und die Anfänge der österreichischen Friedensbewegung«. Wieder berichtet Therese Fried dem Neffen stolz: »Nach dem großartigen Friedenskongress im Juni nun gestern die zweite große Ehrung für unsren teuren Toten. – Es dürfte wohl die letzte sein, die ich noch erlebe. Ich wurde auch wieder mit einem Auto vom Rathaus abgeholt – und wieder nach Hause gebracht. Zu meiner Überraschung als Geschenk hing im Saal nach einer kleinen Fotografie – ein großes Bild ›Dr. Alfred H. Fried in seinem Arbeitszimmer‹ – was natürlich eine sehr große Freude für mich ist. Ich kam mir vor wie eine Opern-Diva von allen Seiten begrüßt.«[30]

Tatsächlich sind die beiden Veranstaltungen 1950 wohl die letzten, an denen die alte Dame, die an schmerzhafter Gefäßsklerose, grauem Star und schwerem Bluthochdruck leidet, teilnimmt. Zwar steht ihr Name noch 1954 auf der Liste des Zentralvorstandes des Österreichischen Friedensrates, doch zu diesem Zeitpunkt ist Therese schon längst mehr eine Symbolfigur, denn aktive Mitarbeiterin, wie aus dem Gratulationsbrief zu ihrem 85. Geburtstag deutlich wird: »Wir haben es in den vergangenen Jahren oftmals bedauert, dass es uns nicht möglich gewesen ist, mit Ihnen, sehr verehrte gnädige Frau, öfters zusammenzutreffen. Wir werden jedoch von Frau Dr. Glück über Ihren Gesundheitszustand auf dem Laufenden gehalten, so dass wir bei den Mühen unserer Arbeit immer eines gewusst haben: Auch wenn Frau Therese Fried, die Witwe des großen Vorkämpfers des Friedensgedankens, Alfred H. Fried, körperlich nicht mit uns ist, so ist sie doch im Geiste mit allen Bestrebungen verbunden, welche der Erhaltung des Friedens dienen.«[31]

Bis zuletzt hält Therese, der das Schreiben und Gehen immer schwerer fällt, Kontakt zu den wenigen noch lebenden alten pazifistischen Freunden und Bekannten wie Hans Wehberg, Mundy Schwalb, Annette Kolb und Rudolf Suttner, dem letzten Neffen Bertha von Suttners. Auch für die junge Generation der Wiener Pazifisten bleibt sie Ansprechpartnerin und Vermittlerin der Vorstellungen und Ideen ihres Mannes. So ist es noch heute beeindruckend, wie eine Gruppe junger Pazifisten einen Besuch bei Therese im November 1954 beschreibt[32] und die Armut, in der Therese lebt, »in diesen Räumen müssen leider nicht selten die allerselbstverständlichsten Bedürfnisse ungestillt bleiben«, ihrem unveränderten Interesse an der Welt, ihrem junggebliebenen Herzen und »der Wärme lebendigster Menschlichkeit« gegenüberstellt. Vor allem beeindruckt sie die Jugendlichen mit ihrem unbeirrbaren Glauben daran, »dass unsere Ideen einmal Wirklichkeit werden«, und propagiert, offenbar erfolgreich, die Lektüre der Werke ihres Mannes, die sie neben seinen Fotos in einem Bücherkasten in der Wohnung aufbewahrt.

Nach einem ersten leichten Schlaganfall einige Jahre zuvor erleidet Therese Anfang April 1957 einen schweren Schlaganfall und stirbt schon eine Woche später, am 11. April, im Krankenhaus Lainz. Nicht nur Wiener Zeitungen[33] ist ihr Tod eine Meldung wert, selbst Gordon Wyon in Oldham erfährt die Nachricht, wie er die Verwandten ärgerlich wissen lässt, aus der Zeitung.[34] Wie ihr Mann, so hat auch Therese ihre Verbrennung bestimmt und wird am 19. April im Ehrengrab Frieds mit beigesetzt.

Einige wertvolle Stücke ihres Nachlasses, wie die Nobelpreisurkunde und die Totenmaske Frieds sowie einige Fotos, übergibt ihre Schwägerin Marie an das Historische Museum in Wien, während die ÖFG die Bücher Frieds erhält. Die übrigen Dokumente gehen nach Maries Tod an Berthold und Trude Simonsohn in Frankfurt, und befinden sich heute überwiegend im Nachlass in Genf.

6.2 Fried und der deutsche Pazifismus nach 1921

Schon während des Krieges hatte der Pazifismus in Deutschland einen spürbaren Wandel durchgemacht.[35]

Reinhold Lütgemeier-Davin führt in seinem Werk über den Pazifismus in der Weimarer Zeit[36] allein 25 Organisationen an, die sich neben den bereits bestehenden Vereinigungen ausschließlich oder als Teilprogramm der pazifistischen Agitation widmeten. Dabei bildete die »Deutsche Liga für Völkerbund« den rechten, die »Gruppe Revolutionärer Pazifisten« den linken Rand des Spektrums. Unter all diesen, z.T. sehr kleinen Gruppen bildete die DFG, deren Mitgliederstand von 5000 im Krieg bis auf etwa 30 000 im Jahre 1926 anstieg, zwar noch immer die größte pazifistische Vereinigung, doch auch sie war insbesondere durch den Zustrom von Mitgliedern der Frontgeneration und linker Intellektueller bald in Flügelkämpfe verstrickt, die zu immer heftigeren Kontroversen führten.

Ab 1926 gewannen innerhalb der DFG die radikalen Pazifisten, die sich vor allem im mitgliederstarken Westdeutschen Landesverband unter Leitung Fritz Küsters und um die Zeitschrift »Das Andere Deutschland« sammelten, immer stärker die Oberhand. Mit ihren klaren, kompromisslosen Positionen zur Kriegsschuldfrage, zur Wiederaufrüstung, zur Fürstenenteignung und zum Versailler Vertrag, zusammen mit der Bereitschaft zu aktiver Agitation gelang es ihnen schließlich 1929 die bürgerlich-demokratischen Kräfte um Ludwig Quidde ganz aus der Führung der DFG zu verdrängen. Als geschäftsführender Vorsitzender versuchte Küster die DFG zu einem durchorganisierten geschlossenen Kampfverband gegen die wachsende radikale Rechte der Weimarer Republik zu formen, was jedoch zu einem Ende der Zusammenarbeit mit der SPD und einer zunehmenden Isolierung innerhalb des übrigen pazifistischen Lagers führte. Letztlich führte die Vereinzelung der pazifistischen Gruppen und ihr immer geringer werdender Rückhalt in der Bevölkerung dazu, dass sie von den Nationalsozialisten 1933 nur umso leichter zu vernichten waren.

Fried blieb bis zu seinem Tod wenig Zeit, sich mit den neuen Strömungen innerhalb der Friedensbewegung auseinanderzusetzen und seine Theorie des Pazifismus den veränderten Bedingungen anzupassen. Infolgedessen verwundert es nicht, dass sein ursächlicher/organisatorischer Pazifismus, der in den 20er Jahren vor allem von den Völkerrechtlern Schücking und Wehberg repräsentiert und weiterentwickelt wurde und dadurch eine immer mehr auf den Völkerbund zentrierte Ausrichtung bekam, als zu wenig zukunftsträchtig immer mehr in Vergessenheit geriet. Spätere Forscher haben dann diesen Pazifismus, zusammen mit dem demokratischen Pazifismus Quiddes und anderen ähnlich gelagerten Strömungen zu dem »gemäßigten Pazifismus« zusammengefasst, der dem Richtungskampf mit dem »radikalen Pazifismus« der antimilitaristischen Strömung schließlich unterlag und auch nach dem Ende des 2. Weltkrieges keine Weiterentwicklung mehr erfuhr.

Welche Position Fried selbst, wäre er nicht bereits 1921 gestorben, in der Bewegung eingenommen hätte, bleibt dabei offen. Seine Grundstruktur, neue Entwicklungen und Ideen in seine eigenen Gedankengänge zu integrieren, hätte sicherlich zu einer Überarbeitung seiner ohnehin immer nur als vorläufig bezeichneten Theorien geführt. Da er schon vor dem Krieg seine eigene Position links der DFG behauptet hatte und mit seiner Betonung der Kriegsschuld Deutschlands während und nach dem Krieg deutlich von der Position der gemäßigten Pazifisten um Ludwig Quidde, aber auch der Völkerrechtler Schücking und Wehberg abwich, ist es durchaus wahrscheinlich, dass er letztlich eine Position in der Mitte zwischen organisatorischem und radikalem Pazifismus eingenommen, vielleicht auch seinem eigenen »ursächlichen« Pazifismus eine neue, erweiterte Ausrichtung gegeben hätte. Schon in seinem Kommentar zum Braunschweiger Pazifistenkongress hatte er davon gesprochen, dass das Überwiegen der radikalen, jeden Kompromiss ablehnenden Haltung folgerichtig und erfreulich sei und die Methoden der »vor-augustischen Friedensbewegung«, durch Anpassung und Ausgleich zu wirken, ihre Daseinsberechtigung ebenso verloren habe wie der »verunglückte, einst aus taktischen Gründen ins Leben gerufene, heute aber nicht mehr daseinsberechtigte ›Verband für internationale Verständigung‹«.[37]

Um zumindest abzuschätzen, wo Fried kurz vor seinem Tod stand, lohnt sich ein Blick auf seine letzten Artikel in der »Friedens-Warte«. Darin befasst er sich mit den beiden zu diesem Zeitpunkt zentralen Themen der Friedensbewegung: der Entwicklung des Völkerbundes und dem radikalen Pazifismus Kurt Hillers. In »Die Enttäuschung von Genf«[38] rückt Fried bezeichnenderweise deutlich von allen früheren Hoffnungen auf den Völkerbund ab und erklärt, auch die ohnehin geringen Erwartungen der Pazifisten seien noch enttäuscht worden. Statt eines notwendigen radikalen Neuanfangs seien die alten Mechanismen der Geheimdiplomatie zum Schutz der egoistischen Einzelinteressen der Nationalstaaten weiterhin wirksam. Die Abrüstung werde blockiert, der Artikel 18, der den Abschluss von Geheimverträgen verbiete, umgangen, der Staatengerichtshof sei zwar permanent, aber nicht obligatorisch, und der ganze Völkerbund, durch die Einsetzung der Delegierten als Vertreter ihrer Regierungen, eben gar kein Völker-Bund, sondern ein Bund der Regierungen, der oft genug durch den Zwang zur Einstimmigkeit der Beschlüsse lahmgelegt sei. Zudem sei der Bund durch das Fernbleiben der USA ohnehin kaum lebensfähig. Anders als beispielsweise Wehberg und andere Vertreter des später als »gemäßigt« oder »organisatorisch« bezeichneten Pazifismus[39] setzt Fried bei dieser Kritik keine Hoffnung in die allmähliche Entwicklung und Verbesserung des Völkerbundes: »Heute ist für Allmählichkeiten, für Zukunftswünsche, für Hoffnungen und Versprechungen nicht mehr die Stunde. Heute können wir uns mit wohlwollendem Betrachten von Keimen, und wenn sie noch so entwicklungsversprechend wären, nicht mehr zufriedengeben.«[40] Zum gegenwärtigen Zeitpunkt sei nur der vollkommene Bruch mit dem Althergebrachten eine Lösung, und diesen Bruch habe der Völkerbund nicht vollzogen.

Seine Stellung zu der antimilitaristischen Forderung nach Kriegsdienstverweigerung legt Fried in dem anschließenden Artikel »Kurt Hillers neuer Pazifismus. Kriegsdienstverweigerung oder Kriegsvorbeugung« dar.[41] Darin stellt er zunächst klar, dass die Forderung nach der Unverletzbarkeit menschlichen Lebens, die von der neuen Richtung gestellt werde, schon seit Jahrzehnten ein integraler Bestandteil der Friedensbewegung sei.

Gleichzeitig betont er jedoch, dass der Antimilitarismus, »tief begründet in den furchtbaren Zuständen, die der Militarismus und der Kasernismus hervorgerufen haben«, mehr als berechtigt sei, und erklärt sogar: »Jeder überzeugte Pazifist muss heute Antimilitarist sein.« Allerdings könne der Antimilitarismus nur einen Teil des pazifistischen Wirkens ausmachen und werde allein einen möglichen neuen Krieg nicht verhindern können, was letztlich nur »durch eine Umwandlung der Geister, durch eine Revolutionierung des Denkens« möglich sei. Auf die Kriegsdienstverweigerung als Mittel zur Kriegsverhinderung zu vertrauen, hält er dagegen für einen Fehler, da sie nur dann wirksam sein könne, wenn die Kriegsgegner auf allen Seiten in der Mehrzahl seien. Vorausschauend fügt er dabei die Warnung hinzu: »Sind sie es nicht, so opfern sie, gewiss heldenhaft (aber darauf kommt es jetzt nicht an), ihr eigenes Leben und geben die andern, die ihnen nicht zu folgen wagten, erst recht gnadenlos in die Hände der durch den von ihnen angewandten Terror nur noch stärker werdenden Kriegsmacher.« Damit die »Bewegung gegen den Mord« nicht eine »Verleitung zum Mord« werde, sei nicht Kriegsdienstverweigerung anzustreben, sondern »die Verunmöglichung, Kriegsdienste zu fordern.«

Auch auf die Diskussion um eine mögliche Wiedereinführung der Wehrpflicht in Deutschland geht Fried an dieser Stelle ein, indem er zunächst Hillers Gleichsetzung von Wehrpflicht und Dienstpflicht bemängelt und betont, die allgemeine Dienstpflicht früherer Jahre sei als unwürdige Sklaverei, als »Kriegsknechtschaft« vollständig berechtigt abzulehnen, eine Wehrpflicht in anderer Gestalt jedoch nicht: »Die Dienstpflicht in einer demokratisch geleiteten Miliz unter voller Garantie des Menschentums der Verpflichteten und der lediglich auf Abwehr bestimmten Verwendung erscheint mir heute noch nicht möglich abzulehnen.«

Wehrpflicht sei unter diesen Voraussetzungen nicht Mord, sondern Abwehr von Mord, und notwendig für eine »gerechte Verteidigung«. Anders als Hiller und viele andere Antimilitaristen sieht Fried dabei durchaus Fälle für solch eine gerechte Verteidigung, wobei er den Kampf der Belgier gegen die deutschen Besatzer als Beispiel anführt.

Trotz dieser überwiegend ablehnenden Haltung zu seinen Vorschlägen stand Fried der Person Hiller, den er schon aus seiner Arbeit für die »Weißen Blätter« im Weltkrieg kannte, und dessen Versuch zur Gründung eines »Politischen Rates geistiger Arbeiter« im November 1918 er mit Sympathie verfolgt hatte, positiv gegenüber. Im Januar 1920 schreibt er: »Aber ich möchte unbedingt auf Ihre Mitarbeit rechnen. Sie könnten Ihre mir so sympathischen Ideen in Ihrer mir ebenfalls sehr zusagenden Art so oft Sie wollen in der ›Friedens-Warte‹ vertreten.«[42]

Wo auch immer er am Ende der Weimarer Republik im pazifistischen Lager gestanden haben würde, Verfolgung und Hass der Nationalsozialisten wären dem »Pazifisten-Juden« Fried[43] unbezweifelbar sicher gewesen. Selbst 12 Jahre nach seinem Tod erinnerten sich die Machthaber noch an den Führer des Pazifismus, verbrannten seine Bücher und schmähten sein Andenken, womit sich der Nachruf Carl von Ossietzkys, seine Gegner würden Fried bis übers Grab hinaus treu bleiben, bewahrheitet hatte.

Anders als in Österreich, wo man sich zumindest im Zusammenhang mit Bertha von Suttner noch an ihn erinnerte, spielte Fried im Bewusstsein der DFG nach dem Krieg keine Rolle mehr.

Die meisten seiner früheren, auch jüngeren Mitkämpfer waren tot oder lebten im Ausland. Hinzu kam die spezifische Situation der Friedensbewegung nach 1945, die, durch die mehr als ein Jahrzehnt andauernde völlige Zerschlagung ihrer Organisation und Verfolgung ihrer Mitglieder entwurzelt, nicht einmal mehr wirklich an die Weimarer Zeit anknüpfen konnte. Zudem ließ die moderne Weltlage eine Rückbesinnung auf den »Honoratioren-Pazifismus« des Kaiserreiches wenig sinnvoll erscheinen. Eine Welt, in der sich bald zwei hochgerüstete Machtblöcke gegenüberstanden, deren Frontlinie direkt durch Deutschland verlief und die mit neuen, die Existenz allen Lebens bedrohenden Massenvernichtungswaffen ausgerüstet waren, schien keine Anknüpfungspunkte mehr zu bieten.

Heute jedoch, hundert Jahre nachdem Alfred H. Fried der Friedensnobelpreis verliehen wurde, scheint eine konstruktive Auswertung seiner Ideen für die moderne Zeit möglich und eine Wiederentdeckung starker pazifistischer Persönlichkeiten als Leitbilder für künftige Generationen wichtig und sinnvoll.

7. Die Friedens-Warte

Die Zeitschrift »Die Friedens-Warte«, die Alfred H. Fried im Sommer 1899 zur Zeit der 1. Haager Konferenz gründete und 22 Jahre lang herausgab, um dem modernen Pazifismus ein Sprachrohr und den verschiedenen Strömungen innerhalb der Friedensbewegung ein Diskussionsforum zu geben, ist wohl das bedeutendste Zeugnis seines Schaffens.[1] Fried selbst sah sie als seine wichtigste Hinterlassenschaft an und verfügte in seinem Testament, sie möge weitergeführt werden und dauerhaft auf der Titelseite den Vermerk tragen: »Begründet von Alfred H. Fried während der Zeit der ersten Haager Konferenz.« Mehr noch als jedes andere seiner Werke war die »Friedens-Warte« mit Frieds Leben und Denken gleichermaßen verknüpft, spiegeln sich in ihr veränderte Lebensumstände ebenso wie veränderte Anschauungen des Pazifismus wider.

7.1 Die ersten Jahre 1899–1904

Im Dezember 1904 schreibt Fried über die Anfänge: »Der Rückblick schweift zu jenen Tagen im Haag, wo wir Friedensfreunde erwartungsvoll und siegesfreudig der Ereignisse lauschten, die sich in dem, profanen Seelen verschlossenen, Hause im Busche abspielten, wo jener ewig denkwürdige Nebenkongress der Pazifisten tagte, der niemals einberufen wurde, und doch einer der interessantesten und einer der wichtigsten zugleich gewesen ist. Damals im Salon Suttner im Zentral-Hotel, von dessen Dache die weiße Fahne flatterte, wo sich um die berühmte Friedenspionierin die besten Vertreter des Pazifismus scharten – Bloch, Stead, Novicow, Moscheles, Darby, Trueblood, Lafontaine, Türr, Richet, die Selenka und viele andere –, wo sich die Journalisten aller Länder trafen und die Delegierten aller Regierungen so mannigfache Anregungen empfingen, die auf das von ihnen dort geschaffene Werk nicht ohne Einfluss blieben, damals entstand dort, gewissermaßen an geweihter Stätte, der Plan zur Friedens-Warte.«[2]

Tatsächlich scheint für den Pazifismus mit dem Zusammentreten der Haager Konferenz eine neue Phase begonnen zu haben, in der seine Ideen nicht nur Widerhall in der Politik finden, sondern auch in breiten Bevölkerungsschichten diskutiert werden. Damit wird eine neue, politisch orientierte Friedenszeitschrift auch in Deutschland denkbar, die als Wochenschrift erscheinen und an weitere Kreise adressiert sein könnte. Gerade die von den Pazifisten vielbeklagte mangelhafte oder gar falsche Darstellung der Ereignisse im Haag und die in diesem Zusammenhang immer häufiger werdenden Angriffe gegen pazifistische Ideen in der Tagespresse scheinen eine Zeitschrift zu fordern, die schnell und prägnant Stellung beziehen kann. Erste Unterstützer und ein kleines Startkapital sind schnell gefunden.[3]

Als Fried am 2. Juni nach Berlin zurückkehrt, macht er sich gleich an die Arbeit, und noch während die Konferenz im Gange ist, erscheint am 1. Juli 1899[4] das erste Heft mit dem Untertitel »Wochenschrift für internationale Verständigung«. Fried steht noch ganz unter dem Eindruck des Erlebten: »Die Friedensbewegung ist in eine neue Phase getreten; aus dem Boden der Tatsachen hervorsprießend, hat sie nach mannigfaltigen Wandlungen reale Gestalt angenommen, und erscheint nunmehr berufen, im politischen Leben der Völker eine gewichtige Rolle zu spielen.«[5]

1899

Die Friedens-Warte

1904

Die Friedens-Warte

1906

Titelblatt der Friedens-Warte

Januar 1906.

Organisiert die Welt!

Die „Friedens-Warte" erscheint von jetzt ab mit einem Titelbild. — Das richtige Emblem zu finden, war nicht leicht. Wir mussten Abstand nehmen von dem Hergebrachten. Keine Oelzweige, keine Tauben, keine Engel, keine weissen Fahnen, keine zerbrochenen Schwerter, keine Pflugscharen! bol wählen und mit der Sentimentalität der bisherigen Symbolik auch die Sentimentalität des Pacifismus, die sich in einzelnen Köpfen noch immer aufrecht erhält, beseitigen.

* * *

1912

Logo der Friedens-Warte

1912

Titelblatt der Friedens-Warte

1915

Logo der Friedens-Warte

Und nachdem er versichert hat, die Zeitschrift werde auf diesem Boden stehen und sich bemühen, die verbindenden Momente zwischen den Völkers aufzudecken, fährt er fort: »Die Freunde sollen in dieser Wochenschrift zum ersten Male ein Forum finden, wo sie dem Entwicklungsgang der Bewegung rascher und aktueller werden folgen können, als dies in den bisherigen Monatspublikationen möglich war. Dass damit tatsächlich einem Bedürfnisse entgegengekommen wird, werden jene zu beurteilen wissen, die in der Bewegung stehen und die bei der ungeheuren Ansammlung von Stoff und Ereignissen der letzten Jahre mit Missmut den Mangel eines aktuellen Organs gefühlt hatten.« Zugleich macht Fried aber auch deutlich, dass er mit seinem neuen Organ durchaus eine Führungsrolle in der Bewegung anstrebt: »Sie wird ferner von der ›Friedens-Warte‹ aus zu den Ereignissen Stellung nehmen, die Fortschritte der Bewegung registrieren und dieser selbst unter Mithilfe der hervorragendsten Friedensarbeiter auf jenen Bahnen voranzugehen streben, die zum Wohle der Menschheit und des Volkes führen.« Damit ist der Rahmen zunächst abgesteckt. Die Zeitschrift soll, so heißt es im Kopfteil, jeden Sonnabend erscheinen und vierteljährlich 1.50 Mark kosten. Schon in der nächsten Ausgabe am 10. Juli ändert Fried den Ausgabetag aber auf Montag.

Die neue Zeitschrift umfasst zunächst acht Seiten und entwickelt bereits im ersten halben Jahr feststehende Rubriken, die jedoch nicht alle in jedem Heft vorhanden sind. Zumeist folgen einem größeren Leitartikel allgemeine politische, pazifistisch interessante Themen in der Rubrik »Aus der Zeit«. Danach wird in »Aus der Bewegung« über Versammlungen und Konferenzen der Friedensgesellschaften oder der IPU berichtet.[6] Was in beide Rubriken nicht passt, findet sich unter »Vermischtes«. Es folgen unter »Literatur und Presse« Buchbesprechungen und Hinweise auf Artikel in einzelnen Zeitschriften. Den Schluss bilden der »Briefkasten«, in dem Fried auf Fragen einzelner, meist nur mit Initialen gekennzeichneter Schreiber antwortet, und – so weit vorhanden – ein paar kleinere Anzeigen. Die »hervorragendsten Friedensarbeiter«, deren Mithilfe er beschworen hatte, finden sich zunächst nur spärlich ein. Die meisten Artikel schreibt

Fried selbst, und mehr als einmal kommt es, wenn er unterwegs oder mit anderen Dingen beschäftigt ist, vor, dass seine Zeitschrift statt acht nur vier Seiten umfasst.[7] Dennoch zieht er am Ende des Jahres eine positive Bilanz: »Ein halbes Jahr haben wir hinter uns, eine Frist voll Kämpfe und Widerwärtigkeiten, aber auch voll Genugtuung und Erfolgen. Das Blättchen hat sich in den Kreisen der Friedensfreunde rasch eingeführt. [...] Im Übrigen geben wir die Hoffnung nicht auf, dass [...] ein großes Blatt einmal aus dem kleinen Unternehmen hervorgehen werde.«[8]

Zur gleichen Zeit stellt die Revue »Die Waffen nieder!« im Dezember 1899 ihr Erscheinen ein. Mit dem Ende der Revue wechseln viele ihrer früheren Leser notgedrungen zur »Friedens-Warte«, die mittlerweile aus Kostengründen nur noch vier Seiten aufweist. Einige Autoren der Revue bieten, wie erhofft, dem neuen Blatt ihre Unterstützung an; triumphierend schreibt Fried am 8. Januar 1900 auf der Titelseite des 2. Heftes: »Die Friedenswarte hat zwar erst ein Halbjahr hinter sich, trotzdem ist sie bereits das führende Blatt der Bewegung geworden. Nicht nur das zunehmende Interesse der Leser und die wachsende Abonnentenzahl beweist dies, sondern in erster Linie die Reihe hervorragender Mitarbeiter, die dem Blatte ihre Unterstützung zuteil werden ließen.«[9]

Schon im Juli 1900, als die »Friedens-Warte« ihren ersten Geburtstag feiert, klingt der Herausgeber nicht mehr so optimistisch, wenn er »den wenigen Förderern des Unternehmens« dankt und davon spricht, dass der Bestand des Blattes »noch immer in Frage steht«, zugleich die »zahlreichen Gleichgültigen« um Unterstützung bittend. Und auch dessen Wirkung schätzt Fried nun weit bescheidener ein und spricht davon, dass »immerhin e t w a s damit g e w i r k t wurde«.[10]

Im Oktober vermerkt er stolz die erste Spende für sein Blatt: ein englisches Pfund, das ihm Felix Moscheles bei einer persönlichen Begegnung auf dem Friedenskongress in Paris übergeben hatte. Obwohl ein paar weitere Spenden eingehen, reicht die Menge bei weitem nicht aus. Am Ende des zweiten Jahrgangs heißt es: »Es ist die letzte Nummer des zweiten Jahrganges dieser Wochenschrift, die heute hinausgeht, ob es überhaupt die letzte sein wird, die erscheint, ist noch nicht entschieden. Die bisherigen Gönner und Stützen des Blattes haben mir noch nicht ihre Entscheidung zu Teil werden lassen, ob Sie es mir ermöglichen wollen, das Blatt auch im Jahre 1901 aufrecht zu erhalten.«[11]

Im ersten Heft des 3. Jahrgangs erklärt Fried die finanzielle Situation des Blattes genauer. »Freunde unserer Idee«,[12] heißt es, hätten ihm einen Fonds zur Verfügung gestellt, der in den ersten beiden Jahren das Defizit gedeckt habe, nun aber erschöpft sei. Andere, bereits zugesagte Zahlungen seien nicht eingetroffen. Fried ist also – wieder einmal – pleite. Dennoch gibt er am 14. Januar 1901 eine Doppelnummer heraus, einen *»Ballon d'essaie«*, wie er selbst schreibt, der zahlende Abonnenten und unterstützende Freunde sammeln soll. Man solle ihm zunächst kein Geld schicken, sondern nur mitteilen, wie weit man bereit sei, das Blatt zu unterstützen: »Reichen die zugesagten Unterstützungen aus, so werden die Beträge gelegentlich eingefordert werden, reichen sie nicht aus, dann möchte der Herausgeber den Freunden noch einmal an dieser Stelle seine Grüße übermitteln.«[13] Diesmal hat der Appell mehr Erfolg. Innerhalb weniger Tage gehen 181 Mark an Spendengeldern ein, die Fried für den »Deckungsfonds der Friedens-Warte« quittiert. Obwohl der Betrag bei weitem nicht ausreicht, fühlt er sich doch ermutigt weiterzumachen. Für die nächsten Hefte kündigt er an, das Blatt aus Kostengründen bis auf weiteres in 14-tägigen Doppelnummern herauszugeben. Trotz der weiterhin prekären pekuniären Situation gibt sich Fried schon wieder optimistisch: »Damit sind meine Pläne für die ›Friedens-Warte‹ noch nicht erschöpft, ich hoffe, dass ich einst in der Lage sein werde, eine große Wochenschrift in großem Format daraus zu machen, und dass vielleicht einmal aus dem kleinen Blättchen der Bewegung eine politische Tageszeitung erwächst. An mir soll's nicht liegen.«[14]

Erst einmal aber geht es um jede einzelne Spende: Bis Mitte Mai gehen etwa 430 Mark ein,[15] während des restlichen Jahres noch gerade 100 Mark. Das ist lange nicht genug, selbst für ein 14-tägiges Erscheinen benötigt Fried nach eigenen Angaben 1600 Mark.[16] Wieder droht die Einstellung – und wieder gelingt es, Spendenwillige zu finden. Das erste Heft des IV. Jahrgangs 1902 verzeichnet gleich 26 Spender mit einer Gesamtsumme von 321 Mark, darunter allerdings nur wenige neue Namen. Im nächsten Heft kommen noch weitere 217 Mark hinzu, vornehmlich durch größere Spenden Heinrich von Blochs, des Sohnes des verstorbenen Johann von Bloch, und Felix Moscheles. Dann aber reißt die Spendenbereitschaft erneut ab. Dennoch scheint Fried am Jahresende ein wenig besser dazustehen, denn er plant eine äußerliche Verschönerung – natürlich erst, nachdem die »nicht kleine Buchdruckerrechnung« des Jahres 1902 beglichen wäre.[17] »Alsdann möchte ich es gerne ermöglichen, das Blatt im neuen Jahre im verstärkten Umfange, wenn möglich jede Nummer geheftet, in einem farbigen Umschlage herauszugeben, um ihm ein besseres äußeres Ansehen zu verleihen. Das würde freilich die Kosten fast verdoppeln. Aber das Budget ist so lächerlich klein, dass es noch immer nicht groß wäre, wenn es sich verdoppeln würde.«[18]

Hier zeigt sich sehr deutlich eine Eigenschaft Frieds, die er auch in späterer Zeit, zum Ärger derer, die sich um eine Konsolidierung der Finanzen bemühen, beibehalten wird. Fried ist in keiner Weise ein ökonomisch denkender Mensch, statt abzuwarten, bis sich seine finanzielle Situation konsolidiert, nutzt er jede noch so kleine Chance, seine Pläne in die Tat umzusetzen. Trotz der finanziellen Schwierigkeiten des Blattes bleibt Fried auch stets bei seinem Grundsatz, Interessenten, die sich das Abonnement nicht leisten können, gratis zu versorgen.[19]

Bis März 1903 erscheint die Zeitschrift nun pünktlich Mitte und Ende jedes Monats. Dann jedoch hinterlässt Frieds persönliches Ehedrama, die Trennung von Martha und die Verbannung Thereses nach Wien, ihre Spuren: Von April bis Juni erscheint das Blatt nur Ende des Monats und umfasst lediglich zwölf, statt der für eine Doppelnummer zu erwartenden 16 Seiten.

Kaum einer seiner Leser dürfte ahnen, dass Fried zu dieser Zeit ständig zwischen Wien, wo er mit seiner Geliebten Therese Frankl eine Bleibe sucht, und Berlin pendelt. In der Juni-Ausgabe verkürzt er erstmals seine vollständige Adresse auf Berlin-Schöneberg, ohne weitere Angaben zu machen. Noch fühlt er sich mehr in Berlin als in Wien ansässig und hofft auf eine baldige Rückkehr in die Reichshauptstadt. Erst 1906, nachdem er sich schon längst in Wien niedergelassen hat, findet sich die Angabe: »Im Selbstverlag des Herausgebers Alfred H. Fried (z. Zt. Wien IX/4)«, dann aber bereits nicht mehr im veränderten Titelkopf, sondern am unteren Rand der letzten Heftseite.

Ende September 1903 erscheint die Zeitschrift plötzlich wieder monatlich. Im Dezemberheft lässt Fried seine Leser wissen, er habe vor, die »Friedens-Warte« im neuen Jahr mit einem Umfang von mindestens 40 Druckspalten (20 Seiten) und einem Umschlag herauszugeben, und zwar von diesem Zeitpunkt an nur noch einmal im Monat: »Es ist meine Absicht, aus der ›Friedens-Warte‹ im Laufe der Zeit eine führende Revue des politischen Pazifismus zu machen, die geeignet sein soll, den Friedensgedanken in Deutschland würdig zu vertreten, die Plattform zu bilden, auf der die Ereignisse des internationalen Lebens einer eingehenden Kritik vom pazifistischen Standpunkte aus unterzogen werden und wo die führenden Geister des internationalen Pazifismus zu Wort kommen sollen. Ich habe Abstand davon genommen, die Friedens-Warte in vierzehntägigen Zwischenräumen herauszugeben, da die Bewegung heute solche Dimensionen angenommen hat, dass ihr selbst ein vierzehntägiges Organ nicht mehr zu folgen vermag [...] gleichzeitig mit dem Bestreben, der Notwendigkeit gerecht zu werden, das Blatt nach und nach die Gestalt einer Revue annehmen zu lassen und sie dauernd zu erweitern.«[20]

Mit dieser Entscheidung schlägt Fried eine ganz neue Richtung ein. Wahrscheinlich spielten dabei eine Vielzahl von Überlegungen eine Rolle: die mangelnde finanzielle Unterstützung der deutschen Pazifisten, die alle Pläne für eine Tageszeitung zunichtemachten, die Kosten einer vierzehntägigen Erscheinungsweise, die doch keine Aktualität garantieren konnte, die Hoffnung, durch ein neues, imposanteres Erscheinungsbild auch ausländische Mitarbeiter zu gewinnen, und nicht zuletzt der Einfluss Bertha von Suttners, die in diesen Monaten überlegt, die »Friedens-Warte« zum neuen Mitgliederblatt der ÖFG zu erklären.

7.2 Konsolidierungsphase 1904–1909

Sicher ist, dass die »Friedens-Warte« Mitte Januar 1904 nicht nur in ihrer Erscheinungsform Neuerungen aufweist. Die jetzt tatsächlich fast durchgehend zwanzigseitige Zeitschrift bringt nun regelmäßig – und im Untertitel vermerkt – die Mitteilungen der ÖFG als eigenständige, von ihr selbst gestaltete Rubrik am Ende jedes Heftes. Da die ÖFG den größten Teil der Mehrkosten aus ihrem eigenen Budget bestreitet,[21] bekommt die Zeitschrift ein neues finanzielles Standbein und zugleich in Österreich weitere Verbreitung, was langfristig noch zu dem Nebenerfolg führt, dass es Fried gelingt, eine Reihe von mehr oder weniger festen Anzeigenkunden zu werben, darunter auch solche, die mit Pazifismus direkt nichts zu tun haben.

Ein weiterer Pluspunkt in dieselbe Richtung ist es, dass Fried im Frühjahr 1904 seine Zeitschrift auch zum »Publikations-Organ des Internationalen Kriegs- und Friedens-Museums in Luzern« machen kann, einer Stiftung des verstorbenen Johann von Bloch. Abgesehen von der Veröffentlichung eines Sachregisters zu Blochs Monumentalwerk »Der Krieg«, das Fried anfertigt und im Mai 1905 in der »Friedens-Warte« veröffentlicht, bleibt das »Publikationsorgan« zwar vom Museum weitgehend ungenutzt, bewirkt aber, dass ihm nun auch von Seiten der Bloch-Stiftung weitere Mittel zufließen.[22] Als Erscheinungsorte werden nun neben Berlin auch Wien und Leipzig genannt. Fried gibt seinen eigenen Wohnort allerdings noch immer mit Berlin-Schöneberg an und zeichnet auch als verantwortlicher Redakteur für das Deutsche Reich, während er für Österreich-Ungarn Vinzens Jerabek in Wien einsetzt.

Dieses Versteckspiel führt zu einigen Verwicklungen: So gehen Geldsendungen an Frieds Berliner Adresse, was, bedingt durch seine lange Abwesenheit, vor allem aber durch den Unterhaltsstreit und die Pfändungsversuche der Familie Holländer, für ihn äußerst ungünstig ist. Er muss seine Leser im Januar 1904 daher bitten, Abonnementsbeträge und Spenden für den Deckungsfonds nicht mehr an ihn selbst, sondern direkt an die Druckerei Pass & Garleb in Berlin zu senden.

Inhaltlich steht 1904 der russisch-japanische Krieg im Vordergrund. Interessanterweise beginnt Fried im März 1904 auch mit einer fortlaufenden Schilderung seiner Eindrücke von diesem »fernen« Krieg, die er »Kriegsbriefe eines Pazifisten« nennt und bis Oktober 1904 fortsetzt[23] – vielleicht ein früher Vorläufer seiner später so berühmten »Kriegs-Tagebücher« aus dem 1. Weltkrieg, deren »Bruchstücke« während des Krieges ebenfalls in der »Friedens-Warte« erscheinen werden.

Mit der monatlichen Erscheinungsform und dem vergrößerten Raum stellen sich nun auch die erhofften ersten festeren Mitarbeiter ein, darunter Anna B. Eckstein[24] aus Boston, Führungsmitglied der »American Peace Society«, und Richard Reuter, ein bedeutender Führer der DFG, der jedoch schon im Dezember 1904 stirbt,[25] so dass Fried 1905 nur noch Schriften aus seinem Nachlass veröffentlichen kann. Ab 1905 wird auch Bertha von Suttner wieder feste Mitarbeiterin des Blattes. Ihre »Zeitschau« erscheint nun bis zu ihrem Tode 1914 regelmäßig jeden Monat nach den Spezialartikeln unter dem Titel: »Randglossen zur Zeitgeschichte«.

Im August 1905 legt Fried in seinem Leitartikel »System des revolutionären Pazifismus« auch die programmatische Richtung der Zeitschrift eindeutig fest, indem er sich von jeder Form des »Reformpazifismus« abgrenzt und nur die Bekämpfung der tieferen Ursachen des Krieges, der zwischenstaatlichen Anarchie, als echten Pazifismus gelten lässt, dessen Aufgabe demzufolge die Förderung und Weiterentwicklung der zwischenstaatlichen Organisation sein muss. Diese inhaltliche Ausrichtung unterstreicht Fried 1906 mit einem Logo. Ganz bewusst wählt er ein in der Friedensbewegung bisher nicht gebräuchliches Symbol: ineinandergreifende Zahnräder über dem Motto »Organisiert die Welt!« Was er damit ausdrücken will, erklärt er seinen Lesern im Januarheft: »Die ›Friedens-Warte‹ erscheint von jetzt ab mit einem Titelbild. – Das richtige Emblem zu finden, war nicht leicht. Wir mussten Abstand nehmen von dem Hergebrachten. Keine Ölzweige, keine Tauben, keine Engel, keine weißen Fahnen, keine zerbrochenen Schwerter, keine Pflugscharen! [...] Eine Reihe ineinandergreifender Zahnräder erschien uns als das richtige

Symbol. Das zeigt das Zusammenwirken zu einem gemeinsamen Zweck, das zeigt den Teil im Zusammenhang mit dem Ganzen, das Ganze im Zusammenhang durch den Teil, die ruhige, sichere Fortwirkung durch Organisation. Das zeigt die Herrschaft des Geistes über die Materie, die Kraft der Ordnung durch den Geist, den Sieg des menschlichen Ingeniums über die Tierheit. Und just das ist das Wesen jenes Pazifismus, der in diesen Blättern vertreten wird, jenes ›revolutionären‹ Pazifismus […].«[26]

Der Versuch, damit ein neues, schärferes Profil zu gewinnen, gelingt. In den nächsten Jahren steigt die Zahl der nicht von Fried geschriebenen Artikel sprunghaft an. Häufig stehen dort nun etwa Artikel von Eugen Schlief neben Texten Novicows, Frederic Passys oder Otto Umfrids. Im Umfeld der 2. Haager Konferenz 1907 finden sich auch die Namen Otfried Nippolds und des russischen Völkerrechtlers Martens unter einzelnen Artikeln, allerdings meist als Zweitabdruck. Fester Mitarbeiter wird dagegen der Königsberger Journalist Oskar Schwonder,[27] der unter dem Namen Carl Ludwig Siemering zahlreiche Artikel veröffentlicht. Ein Honorar dürfte aber auch er nicht erhalten haben, denn die Zeitschrift bleibt weiterhin ein Defizitunternehmen.

1909 erscheint das Blatt erstmals mit einem neuen Untertitel. Statt »Zeitschrift für internationale Verständigung« nennt Fried sie jetzt »Zeitschrift für zwischenstaatliche Organisation«, was der seit Jahren eingeschlagenen Richtung mehr entspricht. Völkerrechtliche Themen nehmen zu, wobei Fried jedoch sorgsam darauf achtet, auch den Friedensgesellschaften und ihren Vertretern genügend Raum zu geben. Bertha von Suttner bleibt ständige Mitarbeiterin mit eigener Rubrik und auch Otto Umfrid, seit 1900 Vizepräsident der DFG, meldet sich häufig zu Wort. Daneben immer wieder auch Vertreter der Friedensvereine anderer Länder. Zugleich berichtet Fried stets ausführlich über die Weltfriedenskongresse, Versammlungen des Berner Friedensbüros, die ersten deutschen Friedenskongresse, die seit 1908 jährlich zusammentreten, Treffen der IPU etc. und informiert seine Leser in der Rubrik »Aus der Bewegung« über runde Geburtstage führender Pazifisten oder widmet Verstorbenen mehr oder weniger lange Nachrufe.

Einen allgemeinen Überblick über die Entwicklungen auf pazifistischem Gebiet bietet Fried ab 1909 mit der von ihm selbst erstellten »Pazifistischen Chronik«, die die für den Pazifismus wichtigsten Ereignisse chronologisch auflistet. Etwa ab 1908 dehnt Fried auch die Rubrik »Literatur und Presse« auf die internationale pazifistische Fachpresse aus, wobei die einzelnen Zeitschriften mit ihren Hauptartikeln aufgeführt werden; allein die Auflistung der Zeitungsartikel nimmt einen so großen Umfang an, dass Fried 1911 beginnt, sie in Themenbereichen wie: »Friedensbewegung im Allgemeinen«, »Internationale Politik«, »Völkerrecht«, »Internationales« und »Wirtschaftliches« zu untergliedern.

7.3 Wachstumsphase 1910–1914

Frieds Bestreben bleibt bei allem, die »Friedens-Warte« zu einem international angesehenen Blatt zu machen. 1911 gelingt es ihm, den monatlichen Umfang auf 32, ein Jahr später sogar auf 40 Seiten zu erhöhen. Dabei wartet er, wie früher, nicht erst die Mittel ab, sondern baut darauf, dass sich diese nachträglich schon einfinden werden. Gleichzeitig wird auch die Auflage erhöht, u.a. durch einen zusätzlichen Spendenfonds, den der junge Völkerrechtler Hans Wehberg, ein neuer, sehr aktiver Mitarbeiter, im Sommer 1910 ins Leben ruft.

Der »Aufruf für die Sammlung zur Verbreitung der ›Friedens-Warte‹«, den Hans Wehberg versendet und der dazu dienen soll, die Zeitschrift kostenlos an die Lesehallen deutscher und österreichischer Universitäten und Technischer Hochschulen zu verteilen, trägt neben Wehbergs noch elf weitere Unterschriften: neben den Reichstagsabgeordneten Dr. Bruno Ablaß, Bergrat Georg Gothein, Dr. med. Johannes Leonhart und Professor Richard Eickhoff unterzeichnen auch die Völkerrechtsprofessoren Christian Meurer, Karl Lamprecht, Paul Laband, Ludwig von Bar, Walther Schücking und Emanuel Ritter von Ullmann.[28] Bis Mitte Januar laufen bereits mehr als 860 Mark an Spenden ein, mehr, als die Initiatoren erhofft hatten. Nicht mitgerechnet ist dabei ein

Zuschuss von 400 norwegischen Kronen (etwa 443 Mark), den das Nobelkomitee des norwegischen Storthing für die »Friedens-Warte« bewilligt, unter der Voraussetzung, dass sie auch den Universitäten und Hochschulen der nordischen Länder zugestellt wird.[29] Diese offizielle Anerkennung für Frieds Zeitschrift verweist vielleicht schon indirekt auf seine ein Jahr später erfolgende Ernennung zum Friedensnobelpreisträger.

Viele der Spender sind Völkerrechtler; der größte Einzelbetrag in Höhe von 200 Mark stammt aber von Kommerzienrat Georg Arnhold aus Dresden, dessen Bankhaus den »Wehberg-Fonds« wie auch den »Deckungsfonds der Friedens-Warte« und noch einen weiteren Fonds verwaltet: 1908 hatte Georg Arnhold, Vorsitzender der Dresdner Ortsgruppe der DFG und einer der wichtigsten Mäzene Frieds,[30] noch einen zweiten Fonds für die Zeitschrift initiiert, der ihrer endgültigen Konsolidierung innerhalb von drei Jahren gewidmet sein sollte. Acht Personen aus der Friedensbewegung hatten dazu Garantien über 4000 Mark gezeichnet. Zugleich gelang es ihm zusammen mit Fried, die Friedensgesellschaften, die zusammen etwa 1500 Exemplare der Zeitschrift bezogen, zu einer Verdoppelung ihres jährlichen Abonnementpreises von einer auf zwei Mark zu überreden. Dafür verlangte Arnhold weitestgehende Einsicht in Frieds Buchführung und vertraute einem seiner eigenen Mitarbeiter die Überwachung der Ausgaben und die Entwicklung geeigneter Sparkonzepte an.

Obwohl auch Fried die Konsolidierung immer als sein erklärtes Ziel ausgab, stießen Arnholds Mahnungen und die seines Mitarbeiters Schulz bei ihm jedoch zumeist auf taube Ohren. Schulz und Arnhold setzten besonders auf eine verstärkte Anzeigenakquisition, aber auch auf eine kostenorientierte Geschäftsführung. Die Errichtung des von Wehberg initiierten Fonds, der nicht der Konsolidierung, sondern der weiteren Verbreitung dienen sollte, musste zwangsläufig Arnholds Misstrauen wecken, zumal er in die Planung nicht mit einbezogen worden war. Als er im Juli 1910 von dritter Seite von dem Aufruf erfährt, schreibt er empört an Fried: »Ich muss offen gestehen, dass es mich in hohem Maße befremdet, in dieser Angelegenheit vollständig umgangen worden zu sein, nachdem ich mich seinerzeit der Mühe unterzogen und es auch bis heute durchgeführt habe, die Friedenswarte gleichsam zu patronisieren.«[31]

Was Arnhold zu diesem Zeitpunkt am meisten befürchtet ist, dass sich die Sammlungen für beide Fonds überschneiden und damit bei den Spendern zu Unmut führen könnten – vor allem aber, dass Fried, durch das Ergebnis ermutigt, wieder neue Wagnisse eingehen könnte. Und er hat recht damit. Durch die Entwicklung bestärkt, beginnt sich Fried Ende 1910 gegen die ständigen Mahnungen und Kostenreduzierungspläne Schulzes zu wehren und verweigert ihm weitere Einsicht in seine Bücher. Stattdessen beschließt er, eine Spende von etwa 800 Mark – vermutlich aus den USA – für eine Umfangerweiterung von 20 auf 32 Seiten zu nutzen. Arnhold gefällt die Entwicklung nicht, dennoch unterstützt auch er schließlich den Wehberg-Fonds, denn das kühne Konzept scheint aufzugehen. Besonders im finanzkräftigen Amerika ist man auf die »Friedens-Warte« aufmerksam geworden. Im Jahresbericht 1911 der Carnegie-Stiftung heißt es bereits: »It is, on the whole, the most substantial and effective of the publications devoted to peace and arbitration.«[32] Dabei wird besonders betont, dass die in 2000 Exemplaren verbreitete Zeitschrift nicht nur in Deutschland und Österreich gelesen werde, sondern auch in den Balkan-Provinzen, Italien, Belgien, Holland und sogar in Russland.

Als Fried im Herbst 1911 die letzten Mittel aus dem Konsolidierungsfonds von Arnhold verlangt, um den Umfang noch weiter vergrößern zu können und sich gleichzeitig weitere Einmischungen des Herrn Schulz in sein Projekt verbietet, kommt es zur offenen Auseinandersetzung. Am 7. November 1911 wendet sich Arnhold persönlich an Fried: »Antwortlich Ihres geschätzten Schreibens möchte ich doch die Dinge nicht auf den Kopf gestellt sehen. Es drehte sich nicht um Verwaltung eines Fonds, der Ihnen auf 3 Jahre zur Verfügung gestellt wurde, sondern ich war an eine Anzahl von Personen mit der Bitte herangetreten, mir Geld zu dem Zwecke zur Verfügung zu stellen, das die Friedenswarte nach und nach – und dafür hatte ich 3 Jahre ins

Auge gefasst – auf eine gesunde Basis gestellt werden konnte. Sie scheinen freilich mit diesem Gedankengange nur so lange einig gewesen zu sein, als es sich um die Beschaffung des Geldes handelte, während Sie bald nachher andere Saiten aufzogen.«[33]

Arnhold ärgert sich vor allem über Frieds unvernünftigen Umgang mit Geldern. So erwähnt er als ein Beispiel die Herausgabe des Romans »Der Menschheit Hochgedanken« von Bertha von Suttner im Verlag der Friedens-Warte. »Dass der Suttner-Roman herausgegeben wird, freut mich gewisslich nicht zum wenigsten, aber dass das damit verknüpfte Risiko Ihrerseits bzw. vom Verlag der Friedenswarte übernommen wurde, die Sie beide dergl. Risiken nicht eingehen können, finde ich durchaus unkaufmännisch.« Er selbst, so schreibt Arnhold weiter, habe eben erst dem bisherigen Verleger Bertha von Suttners, Herrn Pierson, finanziell unter die Arme greifen müssen, da dieser durch die Herausgabe der gesamten Suttner-Werke hohes Defizit gemacht und ihn als Freund der Baronin persönlich um Hilfe gebeten habe.

Fried reagiert gekränkt,[34] er sei davon ausgegangen, dass das Blatt bereits Ende 1910 auf eigenen Füßen gestanden habe und die Sanierungsperiode – inklusive der Kontrolle – damit beendet gewesen sei. Zudem habe er keine »anderen Saiten« aufgezogen, sondern nur »den bürokratischen Vorschlägen des Herrn Schulz Widerstand entgegengesetzt«. Auch Arnholds Vorwurf den Suttner-Roman betreffend lässt Fried nicht gelten. Es habe sich schließlich in Deutschland kein einziger Verleger bereit erklärt, den Roman anzunehmen, und er habe es daher für seine Pflicht gehalten, der »schwergekränkten Frau eine Genugtuung zu gewähren«. Den Vorwurf des Unkaufmännischen bestreitet Fried allerdings nicht: »Aber wenn ich mich von kaufmännischen Gesichtspunkten leiten lassen würde, hätte ich mich vor 20 Jahren statt der Friedenspropaganda der Flottenpropaganda zugewendet.«

Entgegen Arnholds Befürchtungen verbessert sich die Situation kurze Zeit später grundlegend, da die Carnegie-Stiftung der »Friedens-Warte« ab Januar 1912 eine jährliche Unterstützung von $ 6000 gewährt, um die Auflage um weitere 4000 Exemplare zu erhöhen, die in Bibliotheken und Lesesälen kostenlos ausgelegt werden sollen. Dennoch kommt es zum Streit zwischen Fried und Arnhold, als Fried ihm von der gewährten Unterstützung durch die Carnegie-Stiftung berichtet, die noch im Konsolidierungsfonds liegenden Gelder aber dennoch abfordert, um Defizite aus dem Vorjahr zu decken. Arnhold dagegen schlägt vor, sie den Spendern zurückzusenden.[35] Da Fried sich jedoch mit der Begründung weigert, er müsse die neuen Mittel ab Januar 1912 genau abrechnen und brauche dafür dringend einen sauberen Abschluss, gibt Arnhold schließlich entnervt auf. Am 17. Januar schreibt er Fried, er habe die restlichen Gelder soeben an die Firma Pass & Garleb[36] überwiesen. Fried hat gesiegt. Ohne Schulden und mit Unterstützung der Carnegie-Stiftung kann er die Zeitschrift ab 1912 endlich ausbauen: Von Januar an erscheint sie monatlich mit 40 Seiten und einer Auflage von 6000 Exemplaren. Das gewachsene Ansehen der Zeitschrift und ihres Herausgebers, der soeben den Nobelpreis erhalten hatte, und wohl auch der Umstand, dass Fried eingesandte Artikel nun honorieren kann, führen schnell zu einem erheblichen Anstieg an Autoren.

Fried schreibt nur noch ein bis zwei Spezialartikel pro Monat, fast immer den Leitartikel. Daneben finden sich im Jahrgang 1912 neben den vertrauten Namen Artikel von Eduard Bernstein, Ludwig Quidde, David Starr Jordan, Richard Gädke, Ellen Key, Paolo Baccari, Norman Angell, Elsbeth Friedrichs, T. E. Burton, Hermann Fernau, Jong van Beek en Donk, Rudolf Kraus, Rudolf Goldscheid, Ludwig von Bar, Robert Piloty, Wilhelm Lamszus, Edouard de Neufville u. a. Auch die »Mitteilungen der Friedensgesellschaften« erfahren eine Erweiterung: Ab 1911 finden sich hier auch Mitteilungen aus Schweden, Großbritannien und den USA.

Fried kommt es vor allem darauf an, sein Blatt auch im meinungsführenden Bildungsbürgertum, unter Akademikern, Parlamentariern und Journalisten zu verbreiten, um über diese Multiplikatoren den größtmöglichen Einfluss auf die öffentliche Meinung ausüben zu können.[37] Die auch mit 6000 Exemplaren noch relativ geringe Auflage versucht er durch die Auslage in Bibliotheken und Lesehallen auszugleichen, wo ja von mehreren Lesern pro Exemplar ausgegangen werden konnte. Eine durchaus erfolgversprechende Taktik, wenn man, wie Fried, auf langfristige Wirkung und nicht auf schnelle Erfolge bedacht war. Im März 1912 schreibt er zufrieden an Wehberg: »Die Verbreitung der F. W. ist jetzt ausgezeichnet organisiert. Es erhalten sie sämtliche deutsche und österreichischen Parlaments- und Reichstags-Abgeordnete, 490 Universitätsprofessoren, hervorragende Persönlichkeiten in Amerika und England. Sämtliche Diplomaten in Europäischen Hauptstädten etc.«[38] Natürlich bedeutete die Zusendung noch nicht, dass damit auch die gewünschte Wirkung erzielt wurde, dennoch konnte Fried auf den errungenen Erfolg durchaus stolz sein. Bis zum Sommer 1914 erlebte seine Zeitschrift in Ansehen und Verbreitung eine stete Steigerung.

7.4 Kriegszensur und der Weg ins Exil

Eine erste unfreiwillige Wandlung erfährt die »Friedens-Warte« im Sommer 1914 durch den Tod Bertha von Suttners am 21. Juni. Im Juli erscheint ihr zu Ehren eine Sondernummer. Auf 20 der 40 Heftseiten widmen ihr Freunde wie Hedwig Pötting, Carl Hauptmann, Edwin Mead, Wilhelm Ostwald, Ellen Key, Walther Schücking, Baron d'Estournelles de Constant und Fried Erinnerungstexte. Bei all der Trauer geht ein weltpolitisch entscheidendes Ereignis beinahe unter. In der Rubrik »Aus der Zeit« unter »Verschiedenes« findet sich lediglich ein kleiner Artikel mit der Überschrift: »Die Bluttat von Sarajevo«. Von einer erhöhten Kriegsgefahr scheint er zu diesem Zeitpunkt nicht auszugehen. Stattdessen endet das Heft mit einem vierseitigen Informationsteil zum 21. Weltfriedenskongress. Fried steckt als Hauptorganisator des Kongresses noch mitten in den arbeitsintensiven Vorbereitungen und widmet der Politik gerade in diesem entscheidenden Monat wohl weniger Aufmerksamkeit als üblich.

Mit Ausbruch des Krieges ändert sich die Situation der »Friedens-Warte« unmittelbar. Der lange Weg zwischen dem Herausgeber in Wien und der Druckerei in Berlin wird zu einem Hindernis. Fried kann die Augustnummer, die er bereits vor

Kriegsausbruch Ende Juli fertiggestellt hatte, nicht mehr erscheinen lassen, da er die Korrekturbogen erst Ende August erhält und ihr Inhalt mittlerweile völlig veraltet ist.[39] In der ersten Enttäuschung beschließt er, die Zeitschrift vorübergehend einzustellen: »Was soll auch jetzt die ›Friedens-Warte‹? Die Theorie ist zu Ende. Kritik an den Geschehnissen zu üben, wäre jetzt in höchstem Maße unangebracht. Dafür wird sich später Zeit finden. Aktuell kann man nicht sein. Das Beste ist, das Erscheinen einzustellen. Im geeigneten Moment kann ich dann wieder mit einer Nummer hervortreten.«[40]

Doch diese Depression dauert nicht lange. Bald schon beginnt er eine neue Ausgabe zusammenzustellen, die als Doppelnummer August/September am 3. Oktober 1914 erscheint, jedoch nur 40 Seiten umfasst. Seinen Sinneswandel begründet Fried: »Es wurde vielfach verlangt, und die Notwendigkeit ergab sich auch, den zahlreichen in ihrer Weltanschauung erschütterten Pazifisten eine Direktive zu geben und auch den durch den Krieg erst zum Pazifismus Erwachenden einen Anhalt zu bieten. Ich wollte, ich könnte das Blatt in einer Million Exemplaren verbreiten. Es würde Leser finden.«[41] Mit Ausnahme des kurzen Artikels »Es war einmal« von Heinrich Lammasch, der sich mit den Chancen der Weiterentwicklung des Völkerrechts nach dem Krieg auseinandersetzt, und zwei noch vor dem Krieg eingereichten Texten schreibt Fried alle Artikel allein. Den Hauptteil der neuen Ausgabe nimmt mit 16 Seiten eine neue Serie ein, die Fried »Aus meinem Kriegstagebuch« nennt, und in der er nun die ersten »Bruchstücke« aus der Zeit vom 7. bis 27. August veröffentlicht, die Ereignisse und Entwicklungen vom pazifistischen Standpunkt her interpretierend. Abgedruckt finden sich aber auch das 2. Kriegsflugblatt der DFG vom 15. August 1914, die Resolution der ÖFG und Entschließungen englischer und amerikanischer Vereine.

Bis Mitte November 1914 bleibt die Zeitschrift unbehelligt, dann wird die Zensur, vermutlich durch einen kritischen Artikel in der »Kölnischen Zeitung«, auf die »Friedens-Warte« aufmerksam. Unter dem Titel »A. H. Fried und der Weltkrieg« weist ein Dr. iur. W. Schoenborn, Privatdozent in Heidelberg, auf die nicht zu unterschätzenden Gefahren für das Image Deutschlands im Ausland hin, die von dem Blatt ausgehe. Fried sei »ein Publizist von erheblichem Einfluss« und: »Die ›Friedenswarte‹ ist ein Organ von ausgesprochen internationalem Charakter. Sie wird im Ausland verhältnismäßig viel gelesen und m.W. gerade auch in den neutralen Staaten, deren wahrheitsgemäße Unterrichtung für Deutschland gegenwärtig von Wert ist, so in Holland und namentlich in den Vereinigten Staaten von Amerika.«[42] Es sei daher nicht möglich, über das seit August/September dort erscheinende Kriegs-Tagebuch einfach hinwegzugehen und darauf zu bauen, dass es ohnehin in Deutschland und Österreich kaum noch Leser finden werde. »Wir haben in diesem Krieg schon wiederholt zu unserm Schaden erfahren müssen, dass auch Geschosse von Phrasenkanonen giftige Gase zu verbreiten imstande sind. Batterien, die solche Geschosse schleudern, müssen zum Schweigen gebracht werden.« Schoenborn ist nicht der Einzige, auch andere Blätter stimmen nun in den Ruf ein.

Die Reaktion der Zensurbehörde lässt nicht lange auf sich warten. Das Oberkommando in den Marken lässt sich die Manuskripte der Novembernummer zur Vorzensur kommen und erklärt fast alles für unzulässig, selbst, wie Fried beklagt, Nachdrucke von bereits erschienenen Artikeln aus deutschen Zeitungen. Anfang Dezember erklärt sich die Zensurbehörde, vermutlich auf Intervention des sozialdemokratischen Reichstagsabgeordneten Eduard Bernstein,[43] der seit 1911 mit Fried in Kontakt steht, zu einer neuerlichen Prüfung bereit, ändert ihre Ansichten aber dann doch nicht. So kann zum Jahresende nur eine zehnseitige Notausgabe erscheinen, die als Leitartikel einen Feldpost-Brief des preußischen Landrats Freiherr Marschall von Biberstein »An die Völker germanischen Blutes« enthält, der für den Zusammenschluss der »germanischen Völker« eintritt und damit deutlich von Frieds Position abweicht. Den Schluss der Ausgabe bildet eine wie ein Flugblatt aufgemachte Seite, auf der Fried versucht, die Grundwerte des Pazifismus in zwölf kurzen Statements darzulegen und sie gegen Verleumdungen zu schützen. Zufall oder nicht, verwendet er dabei genau die Anfangsphrase, mit der auch die sechs Behauptungen in dem bekannten »Aufruf an die Kulturwelt« vom 4. Oktober 1914 beginnen, die, von 93 Gelehrten unterzeichnet, alle Vorwürfe gegen Deutschland zurückweisen und dabei die besondere Bedeutung des deutschen Militarismus für die deutsche Kultur hervorheben.[44]

Wieder überlegt Fried, die »Friedens-Warte« in die Schweiz zu verlegen,[45] wo er sich selbst bereits seit Mitte Oktober aufhält, scheut aber den großen Aufwand und die Kosten, die bereits wieder ein Problem sind. Mitte November 1914 schreibt er aus Bern an Hans Wehberg: »Dass die FW jetzt ein bisschen zerfahren redigiert ist, gebe ich zu. Das liegt so in den Verhältnissen. Die Hauptsache ist, dass sie erscheint. Wie lange noch, weiß ich nicht mehr, denn seit Juli bin ich durch das Endowment bis jetzt im Stich gelassen worden. Ich habe bereits 9000 Mark Schulden angehäuft. Wie das noch werden wird, weiß ich nicht. Überhaupt fürchte ich die neue Orientierung dort.«[46] Frieds Befürchtungen erweisen sich jedoch als unbegründet, das Carnegie-Endowment unterstützt ihn weiter. Auch 1915 und 1916 erhält er neben persönlichen Zuwendungen im ersten Jahr $ 6000, dann bis Sommer 1916 reduziert $ 4500 für den Erhalt der Zeitschrift.[47]

Die Probleme mit der Zensur bessern sich jedoch nicht, und auch die häufigen Postverzögerungen zwischen Berlin und Bern machen Fried immer stärker zu schaffen. Das erste Heft des neuen Jahrgangs erscheint Ende Februar 1915 als stark gekürzte Doppelnummer. Als Entschädigung kündigt Fried Sonderhefte an, deren erstes Mitte März unter dem Titel »Blätter für zwischenstaatliche Organisation« in Zürich erscheint. Statt der Zahnräder schmücken harmlose Blumenornamente das Titelblatt: Sonst jedoch sind die »Blätter« keineswegs harmlos, sondern enthalten fundierte Artikel von Lammasch, Wehberg, Umfrid und Nippold – und auch wieder die von der Zensur nicht genehmigten Auszüge aus dem Kriegs-Tagebuch. Fried notiert am 14. März: »Die erste Nummer der ›Blätter für zwischenstaatliche Organisation‹ ist heute hier erschienen. Sie enthält nur solche Beiträge, die die Zensur in Berlin zur Veröffentlichung in der ›Friedens-Warte‹ für nicht geeignet erachtete. Später wird diese Nummer ein prachtvolles Dokument für die Art der Handhabung dieser Zensur bilden. Es ist nichts darin enthalten, was jetzt nicht ohne jede Schädigung gesagt werden kann und nicht auch täglich in Deutschland gesagt wird.«[48] Weitere Sonderhefte erscheinen im April und Mai 1915. Schon Anfang April kann Fried Wehberg berichten, dass er »erfreulich viel warme Zustimmungen zu den ›Blättern‹ erhalte«, und knapp zwei Wochen später betont er noch einmal, wie groß die positive Resonanz sei, derer sich die »Blätter« erfreuen könnten.[49] Die eigentliche »Friedens-Warte« stößt dagegen in Berlin auf immer größere Hindernisse. Nachdem auch die Doppelnummer März/April nur 20 Seiten umfasst und erst verspätet erscheinen kann, entschließt sich Fried endlich, die Zeitschrift ganz in die Schweiz zu verlegen.

7.5 Die »Friedens-Warte« im Schweizer Exil

Im Juni 1915 erscheint die erste Ausgabe in Zürich, die nun wieder alle früheren Rubriken enthält[50] und bei monatlichem Erscheinen 40 Seiten umfasst. Die Sonderhefte sind damit nicht mehr nötig. Was von ihnen bleibt ist der Titel und das Blumendekor, dem das alte Zahnrad-Logo weichen musste.

Bis zum Frühling 1916 erscheint die Zeitschrift nun beim Verlag Orell Füssli in Zürich beinahe wieder in gewohnter Aufmachung. Noch ist sie in Deutschland auch nicht verboten, so dass zunächst nur einzelne Ausgaben, oft zeitlich verzögert, den deutschen Zensurbehörden zum Opfer fallen. Dann jedoch erscheint im Januar 1916 »Bismarcks Werk im Lichte der großdeutschen Kritik«[51] in der »Friedens-Warte«, ein Artikel Friedrich Wilhelm Foersters, der in Deutschland großes Aufsehen erregt und einen Sturm der Entrüstung in der nationalistischen Presse auslöst, der sich nicht nur gegen Foerster, sondern auch gegen die »Friedens-Warte« richtet. Anfang April 1916 wird die »Friedens-Warte« in Deutschland verboten. Fried erreicht diese Nachricht während eines Aufenthalts in Basel. Am 7. April notiert er: »Also doch! Längst gefürchtet. Mundtot! – So hat denn die Denunziation der ›Kreuz-zeitung‹ guten Erfolg gehabt. Ich tröste mich mit der Erkenntnis, dass noch niemals durch Verbot von Druckerzeugnissen die Verbreitung einer Idee gehemmt werden konnte.«[52] Der Verbleib der »Friedens-Warte« in der Schweiz wird damit endgültig besiegelt. Im Juli vermerkt Fried auch ein Verbot in Österreich-Ungarn.[53]

Um die »Friedens-Warte« trotzdem an ihre Abonnenten in Deutschland und Österreich liefern zu können, muss der Verlag sich einiges einfallen lassen: »Es wurden die Nummern mit Deckumschlägen versehen, die einen anderen Inhalt vermuten ließen. Etwa mit dem Titel ›Zeitschrift für die Finanzpolitik Mitteleuropas‹ oder ›Archiv für soziale Fürsorge‹ usw. [...] Auf diese Weise gelang es doch, das pazifistische ›Gift‹, wenn auch nur in kleinen Dosen, nach Deutschland hineingelangen zu lassen.«[54]

Noch schwieriger ist es, die Zeitschrift nach Österreich zu schmuggeln, was nur in Ausnahmefällen mit dem Umweg über Holland gelingt. Einige Exemplare gelangen scheinbar mit Hilfe der österreichisch-ungarischen Gesandtschaft in Bern nach Österreich und werden durch Gesandtschaftskuriere an einige bekannte Persönlichkeiten übermittelt.[55] Selbst die Versendung in die Ententestaaten ist schwierig, denn auch hier hat man, laut Fried: »Furcht vor dem Worte ›Frieden‹ am Umschlag und vor allen Dingen vor dem deutschen Text.«[56]

Wegen der anhaltenden Unsicherheit führt Fried im Sommer 1917 ein Rückmeldesystem ein. Jeder ins Ausland verschickten Ausgabe wird eine Postkarte beigelegt, die der Bezieher sofort nach Erhalt zurücksenden muss, da nur dann weitere Zusendungen erfolgen. Ob dieses System, das ja zugleich auch die Gefahr beinhaltete, dass die Postzensur auf die Empfänger der verbotenen Zeitschrift aufmerksam wurde, sich bewährte, ist nicht bekannt, zumindest wurde es aber bis nach Kriegsende beibehalten.

Für Fried wird es immer wichtiger zu wissen, ob die Zeitschrift ihre Adressaten erreicht, denn ihm schwinden die finanziellen Mittel. Mit Kriegseintritt der Amerikaner stellt die Carnegie-Stiftung jede weitere Unterstützung ein, was für Fried bedeutet, dass er die Herstellung nun weitgehend aus eigenen Mitteln finanzieren muss. Ende 1917 kommt es zusätzlich zu

Schwierigkeiten in der Papierbeschaffung, die mit einer deutlichen Erhöhung der Herstellungskosten verbunden sind, so dass er 1917 nur noch 10 statt der sonst üblichen 11 Hefte der Zeitschrift herausgeben kann, die ohnehin schon seit 1916 nur noch 32 Seiten umfassen. Zu Beginn des 20. Jahrgangs stellt er schließlich auch die Lieferung von Freiexemplaren ein.

Trotz alledem wird die »Friedens-Warte« in diesen Jahren immer mehr zum Sprachrohr und Diskussionsforum von Pazifisten und deutschen Emigranten der gemäßigten Richtung, die nicht oder nur partiell mit der radikaleren, ententefreundlichen Richtung der Kreise um die »Freie Zeitung« übereinstimmen. Von Anfang an geht es vor allem um die Notwendigkeit und die Möglichkeiten einer neuen Ordnung nach dem Krieg. Zuerst vor allem außenpolitisch auf die Gestaltung eines tragfähigen Friedensvertrages ausgerichtet, zeigt sich spätestens mit dem Kriegseintritt Amerikas auch die Hinwendung zu innenpolitischen Themen, namentlich der Forderung nach einer Demokratisierung des Deutschen Reiches. Fried selbst schreibt dazu in einem Artikel vom Juni 1918, den er »Die Pazidemokratie«[57] nennt, der Nachkriegspazifismus müsse sich vom Vorkriegspazifismus in diesem Punkt deutlich unterscheiden: »Er hat zu erkennen, dass Pazifismus und Demokratie nicht zwei verschiedene Erscheinungen sind, sondern dieselbe Erscheinung, jeweils von einem andern Gesichtspunkt ins Auge gefasst. [...] Es kann keine auswärtige Politik im pazifistischen Sinne geben, ohne Demokratie im Innern der Staaten.«[58]

Diese Haltung, zu der später noch seine Forderung nach einem eindeutigen Schuldbekenntnis Deutschlands am Krieg kommt, macht Fried in Deutschland wenig Freunde. So schreibt etwa die »Rheinische Zeitung« über »Dr. A. H. Fried und die Pazidemokraten«,[59] er missbrauche in übelster Weise die Gastfreundschaft der Schweiz, um der Entente »vergiftete Waffen für ihren geistigen Hetzfeldzug gegen Deutschland in die Hand zu drücken« und schlägt vor, es wäre *»eine* Zwangsbehandlung dieses für seine Mitmenschen so gefährlichen politischen Bazillenträgers, dieses kriegshetzenden Wolfes im pazifistischen Schafskleid in jeder Beziehung angebracht«. Trotz dieser Drohungen,

Ein Dutzend Wahrheiten.

Es ist nicht wahr,

daß der Pazifismus bankerott sei. *Wahr ist vielmehr*, daß das System der zwischenstaatlichen Anarchie bankerott ist, das einem geordneten Staatensystem Platz machen muß, um künftige Kriege vermeidbar zu machen.

Es ist nicht wahr,

daß das Völkerrecht sich als Chimäre erwiesen hat. *Wahr ist vielmehr*, daß gerade die aufflammende Empörung über seine häufige Verletzung in diesem Kriege seine Notwendigkeit erwies, wodurch die Mittel gezeitigt werden können, die es künftig in höherem Maße sichern werden.

Es ist nicht wahr,

daß die internationale Zusammenarbeit durch diesen Krieg für immer gestört ist. *Wahr ist vielmehr*, daß sich auf den Gebieten der Wissenschaft, des Handels, des Verkehrs, des sanitären Schutzes, der sozialen Fürsorge usw. kein Volk allein genügen kann und jedes die Zusammenwirkung mit den andern Völkern im eigensten Interesse suchen muß.

Es ist nicht wahr,

daß die Pazifisten auf einen vorzeitigen Friedensschluß hinarbeiten und die öffentliche Meinung dahin zu beeinflussen suchen. *Wahr ist vielmehr*, daß sie, so sehr sie den Krieg beklagen, sich der Tatsache bewußt sind, daß er bis zu jenem Ende geführt werden müsse, wo er allen Völkern eine dauernde Friedenssicherheit gewährt.

Es ist nicht wahr,

daß die bisherige Verständigungsarbeit von Volk zu Volk sich als Trug erwiesen hat. *Wahr ist vielmehr*, daß diese Arbeit, wäre sie nicht durch den Kriegsausbruch unterbrochen worden, den Krieg mit der Zeit vermeidbar gemacht hätte.

Es ist nicht wahr,

daß das im Haag geschaffene Werk eitle Spiegelfechterei sei. *Wahr ist vielmehr*, daß gerade der gegenwärtige Krieg zeigt, wie sehr die Staaten gezwungen sind, sich auf die von ihnen im Haag geschaffene Arbeit zu berufen und deren Beachtung zu fordern, so daß angenommen werden kann, die Völker werden künftig den in diesem Werke enthaltenen Friedensgarantien ein höheres Augenmerk widmen als bisher.

Es ist nicht wahr,

daß die Pazifisten den „ewigen Frieden" bereits gekommen wähnten und durch den Ausbruch des Weltkrieges widerlegt wurden. *Wahr ist vielmehr*, daß sie den Frieden nicht für gesichert angesehen haben, da sie sonst ihre Arbeit eingestellt hätten. Sie arbeiteten gerade, weil sie die drohende Gefahr erkannten, für deren Abwendung sie nur die Mittel zeigten.

Es ist nicht wahr,

daß die Pazifisten überhaupt einen „ewigen" Frieden erstreben. *Wahr ist vielmehr*, daß sie einem durch das Recht, durch gegenseitiges Entgegenkommen und wechselseitiges Vertrauen gesicherten — wenn auch nicht „ewigen" — Verhältnis der Kulturstaaten zustreben.

Es ist nicht wahr,

daß die Pazifisten ihrem Vaterlande die „Abrüstung" empfahlen, so daß dieses jetzt wehrlos wäre. *Wahr ist vielmehr*, daß sie überhaupt nie von „Abrüstung" sprachen, sondern zunächst nur von einem gleichmäßig von allen Staaten zu bewirkenden Stillstand des Rüstungswettbewerbes.

Es ist nicht wahr,

daß die Pazifisten ein Phantasiegebilde erstreben, das man als „Vereinigte Staaten von Europa" bezeichnet. *Wahr ist vielmehr*, daß sie an einen freiwilligen Zweckverband souveräner Staaten denken, wo der Austausch eigener Macht gegen Pflichten der anderen eine organisatorische Grundlage für die Völkerfamilie bildet.

Es ist nicht wahr,

daß die Pazifisten der Meinung leben, jeder Streit könne durch ein Schiedsgericht beigelegt werden. *Wahr ist vielmehr*, daß sie überzeugt sind, daß auch die schwersten Interessenkonflikte durch gegenseitiges Entgegenkommen, durch Vertagung des Streitfalles und dessen Untersuchung friedlich gelöst werden können, namentlich dann, wenn ein die gegenseitige Sicherheit garantierendes Staatensystem den Konflikten ihren bedrohlichen Charakter genommen haben wird.

Es ist nicht wahr,

daß die Rüstungen allein es sind, die den Frieden sichern. *Wahr ist vielmehr*, daß gerade das bis zur Unerträglichkeit gesteigerte Rüstungswesen diesen Weltkrieg, den kein Volk und keine Regierung wollte, letzten Endes selbsttätig entflammte.

A. H. F.

Verantwortlicher Redakteur: Carl Appold, Berlin W. 50. — Im Selbstverlag des Herausgebers Dr. Alfred H. Fried, Wien XVIII/3.
Druck von Paß & Garleb G. m. b. H., Berlin W. 57.

Rückseite der FW Nov./Dez.1914

die nichts Gutes für eine Rückkehr nach Deutschland erwarten lassen, glaubt Fried, dass sich nach Beendigung des Krieges der erhoffte Aufschwung des Pazifismus und die demokratische Erneuerung Deutschlands vollziehen wird und Pazifisten wie er dann in vorderster Linie gebraucht werden.

7.6 Die »Friedens-Warte« nach Kriegsende 1918–1920

Gleich nach Kriegsende setzt Fried alle Hebel in Bewegung, damit das Einfuhrverbot nach Deutschland aufgehoben wird: »Vorläufig bin ich mit verschiedenen Mitgliedern der neuen Regierung zwecks Zulassung der Zeitschrift nach Deutschland in Verbindung getreten.«[60] Auch über eine generelle Rückkehr nach Deutschland denkt er bereits nach, doch die rasante Entwicklung der politischen Verhältnisse lässt ihn zögern: »Ich bin mir über die Zukunft der Friedenswarte noch nicht im Klaren. Ich weiß nicht, ob ich sie in Berlin oder Wien oder weiter in Zürich werde erscheinen lassen. Die Verhältnisse sind ja augenblicklich außerordentlich ungeklärt.«[61]

Noch im Februar 1919 ist die Lage ungewiss. Fried entschuldigt das verzögerte Erscheinen der Januarnummer damit, dass er noch immer nicht wisse, wo er die »Friedens-Warte« künftig herausgeben werde.[62] Im Laufe des Jahres wird jedoch immer deutlicher, dass die steigenden Herstellungskosten in der Schweiz Frieds schwindende Mittel übersteigen. Der Verlag Orell Füssli mahnt nun immer häufiger fehlende Gelder an,[63] die Fried durch den Wertverfall seiner Anlagen in Österreich und die wenigen Geldsendungen von Abonnenten aus Deutschland und Österreich nicht decken kann. Anfang Juni schreibt er an Wehberg: »Ihr Wunsch, dass die ›Friedens-Warte‹ nächstens erweitert werden könnte, berührt mich sehr. Gewiss sollte sie heute umfangreicher und größer erscheinen, aber die Dinge liegen so, dass ich überhaupt nicht weiß, ob die nächsten Nummern noch erscheinen können.«[64]

Fried sucht ab Sommer 1919, verstärkt noch als Orell Füssli im September seine Preise um 5% erhöht,[65] nach einem möglichen Verleger in Deutschland. Seine Bemühungen richten sich dabei früh auf den Neuen Geist Verlag von Dr. Peter Reinhold in Leipzig. Allerdings verlangt der Verleger finanzielle Garantien. In der letzten Nummer des 21. Jahrgangs 1919[66] ruft Fried daher alte und neue Förderer zur Mithilfe auf. Wieder einmal betont er die Bedeutung der Zeitschrift als »das alte Kampfblatt des Pazifismus in den deutschsprechenden Ländern« und seine Leistungen für die Vertiefung der Friedenslehre und die Verbreitung des Völkerbundgedankens. Der Krieg habe Milliarden gefressen, und so sei in der jetzigen Zeit des Geldüberflusses diese geringe Summe doch sicherlich aufzubringen.

Bei der politischen und wirtschaftlichen Lage in Deutschland erscheint der auf Mitte November datierte Aufruf sehr optimistisch. Er basiert aber möglicherweise auf Vorgesprächen Frieds, der Ende Oktober an der Hauptversammlung der DFG in Kassel teilgenommen und dort sicher auch Gelegenheit gefunden hatte, mit Vertretern des deutschen Pazifismus über seine Situation zu sprechen und vielleicht auch erste Förderer zu finden. Dennoch kommt die geforderte Summe in den ersten Monaten nicht zusammen. Lediglich ein im Dezember 1919 vom norwegischen Nobel-Komitee bewilligter Sonderzuschuss von 2000 Kronen bietet einen Grundstock für den Neuanfang.[67] Im Februar 1920 trifft Fried, der inzwischen auch für sich selbst in Deutschland eine Bleibe sucht, persönlich mit Reinhold zusammen, um ihn trotz allem zur Herausgabe der »Friedens-Warte« zu bewegen. Doch der Verleger winkt angesichts der schwierigen Situation zunächst ab. Als Fried Mundy Schwalb darüber berichtet, antwortet sie: »Von allen Nachrichten Ihres Briefes hat mich am tiefsten getroffen, dass Reinhold abgesagt hat. Gewiss verliere ich deshalb nicht den Mut und weiß wohl, Sie werden schon einen andern Verleger finden, aber Neuer Geist Verlag war eben sehr gut angesehen, vornehm, rührig und sympathisch. Nun, man kann da nichts mehr ändern. Schade.«[68]

Nach weiteren Bemühungen gelingt es Fried aber doch, den Verleger zu überzeugen, so dass Anfang Mai 1920 dort das erste wieder in Deutschland verlegte Heft erscheinen kann. Das 32-seitige Heft, das die Monate Januar bis April abdecken soll, enthält, neben dem Leitartikel Frieds, Beiträge von Friedrich Wilhelm Foerster, Theodore Ruyssen, Lilli Jannasch, Alexander Hohenlohe-Schillingsfürst, einen posthum veröffentlichen Aufsatz Heinrich Lammaschs u.a. und beschäftigt sich neben dem zentralen Thema des Versailler Vertrages auch mit der Korruption in Deutschland und mit empfehlenswerten deutschen Zeitschriften pazifistischer Tendenz.

In »Die neuen Aufgaben« versucht Fried, die neuen Leitlinien des Pazifismus und damit auch der »Friedens-Warte« zu definieren: »Die Stellung Deutschlands ist nicht mehr die gleiche wie vor dem Krieg, und dementsprechend hat sich auch die Aufgabe des Pazifismus innerhalb und außerhalb des Staates verändert.«[69] Innenpolitisch sieht Fried die Aufgabe in einer Kräftigung und Unterstützung der Demokratie und einer Durchdringung aller Volksschichten mit dem pazifistischen Geist, außenpolitisch in einer Förderung der pazifistischen Tendenzen in den übrigen Nationen mit dem erklärten Ziel einer Revision des Versailler Vertrages und einer deutlichen Verbesserung des Völkerbundes. »Unsere Aufgaben sind, leider, noch groß. Wenn jeder, der sie erfasst hat, seine Pflicht tut, sind sie nicht unlösbar. Hier, an dieser Stätte soll der Kampf nicht aufgegeben werden. Möge es an Mitkämpfern nicht fehlen!«[70]

Zumindest was die Zahl der Mitarbeiter betrifft, geht Frieds Wunsch in den nächsten Monaten in Erfüllung. Wirft man einen Blick auf die Autorenliste, so finden sich neben altbekannten Mitkämpfern auch eine bemerkenswerte Liste neuer Namen. Ständige Mitarbeiterin wird Lilli Jannasch von der Internationalen Frauenliga für Frieden und Freiheit (IFFF), daneben schreiben Otto Lehmann-Russbüldt, Rudolf Jeremias Kreutz, Oscar Stillich, Kurt Lenz, Georg Grosch, Rosa Mayreder und Bertrand Russell für die Zeitschrift. Das Interesse scheint insgesamt so groß, dass die »Friedens-Warte« im August mit 48 und im Dezember sogar mit 60 Seiten erscheint. Die auf 48 Seiten geplante Oktober/November-Nummer (Heft 8/9) wird im November noch durch ein weiteres, 32 Seiten starkes Heft (Nr. 10) ergänzt. Die Themen umfassen neben Versailler Vertrag und Völkerbund vor allem auch die Entwicklung des Pazifismus in Deutschland und Europa – wobei sich Fried wie immer bemüht, die verschiedensten Strömungen zu Wort kommen zu lassen.

Fried selbst lebt seit Juni 1920 in einer Übergangswohnung in einem Wiener Außenbezirk. Eigentlich nur als Sommerunterkunft gedacht, ist es ihm gelungen, die Aufenthaltserlaubnis dort bis zum Jahresende zu verlängern. Dann jedoch muss er die kleine Wohnung endgültig verlassen, ohne zu wissen, wo er danach unterkommen kann. Erst Ende Dezember bietet sich in letzter Sekunde die Möglichkeit, in eine kleine Wohnung in der Praterstraße, eine der Hauptdurchgangsstraßen der Leopoldstadt, zu ziehen. Noch vor dem geplanten Umzugstermin im Januar erkrankt Fried jedoch schwer an typhöser Bronchitis, die mit einer Lungenentzündung einhergeht, und muss schon Anfang des neuen Jahres in ein Krankenhaus verlegt werden, das er nicht mehr verlassen wird.

Das Material für die Januarausgabe, das Fried noch bis Ende Dezember von verschiedenen Autoren angefordert hatte,[71] bleibt ungenutzt, da man zunächst auf seine Genesung wartet. In der ungewissen Situation zwischen Phasen scheinbarer Besserung und schweren Rückfällen zögert Frieds Umgebung, die Redaktion an eine andere Person abzugeben. Erst Ende April, als sich eine deutliche Besserung einstellt und er vorübergehend vom Krankenbett aus wieder zu arbeiten beginnt, beauftragt Fried offenbar selbst einen Vertreter für die lange überfällige erste Doppelnummer. Es ist jedoch nicht Hans Wehberg, sondern Frieds langjähriger Bekannter und Mitarbeiter Dr. John Mez, der aus den USA eben an die Universität Freiburg übersiedelt ist. Möglicherweise spielte die Freundschaft zwischen Frieds amerikanischem Gönner David Starr Jordan und John Mez eine Rolle,[72] und Fried hoffte, die Zeitschrift über die Verbindung mit den USA finanziell abzusichern. Während Mez das Material für die erste Nummer des Jahres 1921 zusammenstellt,[73] stirbt Fried am 4. Mai 1921 an einer Lungenblutung.

7.7 Der Nachfolgestreit 1921–1924

Für die »Friedens-Warte« ergibt sich eine ganz neue Situation. Sowohl John Mez als auch Hans Wehberg empfinden sich als berechtigte Nachfolger Frieds. Mez, da ihm Fried ja die letzte Ausgabe anvertraut hatte, Wehberg aufgrund seiner langjährigen Verbindung zu Fried, der ihn schon früh als Nachfolger angesprochen hatte. Auch in seinem Testament von 1918 hatte Fried geschrieben, dass Wehberg und Schücking nach seinem Tod über die Weiterführung der Zeitschrift beraten sollten.[74] Zudem schickt Mundy Schwalb schon am Tage nach Frieds Tod ein Telegramm an Wehberg, dass er zusammen mit Schücking die Redaktion übernehmen solle.

Selbst Otfried Nippold, zu dieser Zeit bereits Präsident des Obersten Gerichtshofes des Saargebietes, schreibt an Wehberg, er sähe in ihm »die Persönlichkeit, die die Herausgabe als Nachfolger Frieds an die Hand nehmen sollte«.[75] Während Wehberg schon zwei Tage nach Frieds Tod beim Neuen Geist Verlag anfragt, wie nun weiter zu verfahren sei, und Mez seinerseits zehn Tage später persönlich in Leipzig vorspricht, hat der Verleger zunächst ganz andere Sorgen. Er ist nicht mehr bereit, die Zeitschrift ohne Subventionen auf eigenes Risiko weiterzuführen. In einem Brief an Wehberg heißt es: »[…] dass wir die Fortführung der ›Friedens-Warte‹ in erster Linie von einer Subvention abhängig machen müssen, nachdem nicht einmal der Name und Einfluss Dr. Frieds es vermocht hat, die Zeitschrift zur Balance zwischen Einnahmen und Ausgaben zu bringen, so dass der erste in unserem Verlage herausgebrachte 22. Jahrgang mit einem Verluste für uns von etwa M 15 000.— abschließt.«[76]

Vor einer endgültigen Lösung dieses Problems sei der Verlag nicht bereit, das erste Heft des 23. Jahrgangs herauszugeben, obwohl das Material dafür bereits fertig vorliege. Zur strittigen Frage des Herausgebers, die der Verlag erst nach der Sicherung der Finanzierung für entscheidungsbedürftig hält, heißt es weiter: »Nach dem Vertrage, den wir mit Herrn Dr. Fried im März vor. Jahres schlossen, haben wir das Recht, den neuen Herausgeber unsererseits zu ernennen unter Zustimmung der Mehrheit eines aus Ihnen, Herrn Prof. Schücking und eines von der deutschen Friedensgesellschaft zu bestimmenden Herrn zusammengesetzten Ausschusses. Wir würden uns sehr freuen, wenn hierfür nach der Erledigung der obigen Voraussetzung Herr Dr. Mez in Aussicht genommen werden könnte, der nach den letzten ausdrücklichen Bestimmungen Dr. Frieds für die Herausgabe der nächsten Hefte der Zeitschrift, so lange seine Behinderung noch andauern würde, bestimmt war.«[77]

Am 25. Mai antwortet Wehberg,[78] Fried habe ihn schon vor zehn Jahren als seinen Nachfolger bezeichnet, und zudem »war es stets mein Wunsch, in den Mittelpunkt meiner Tätigkeit die Herausgabe einer Zeitschrift zu stellen«. In der Frage der Subventionierung bleibt Wehberg jedoch vage. Die »Friedens-Warte«, wie es der Verlag vorgeschlagen hatte, zu einem Vereinsorgan der DFG mit garantierter Abonnentenzahl zu machen, hält er wegen der desolaten Finanzen der Gesellschaft für nicht möglich, verspricht aber, sich um Subventionen Dritter zu bemühen. Zugleich drängt er jedoch, mit der Herausgabe der Zeitschrift nicht mehr länger zu warten.

Da die DFG die »Friedens-Warte« als Vereinsorgan aus finanziellen Gründen ablehnt[79] und man nicht daran glaubt, in Deutschland neue Förderer auftreiben zu können, bleibt ein Förderungsantrag bei der Carnegie-Stiftung die scheinbar einzige Hoffnung. Der Verlag erklärt sich daraufhin bis zu dessen Entscheid lediglich zur Herausgabe einer Gedenknummer für Fried bereit.

Irgendwann im November 1921 einigt man sich schließlich auf ein »Fünf-Männer-Kollegium« als Herausgeber,[80] bestehend aus Rudolf Goldscheid und Friedrich Hertz aus Wien, Ludwig Quidde, Hans Wehberg und Walther Schücking. Ein offizieller Vorschlag Ludwig Quiddes, auch Helene Stöcker als Vertreterin des Linkspazifismus mit aufzunehmen, um alle Strömungen des Pazifismus zu integrieren, wird von Walther Schücking rigoros abgelehnt und trotz scharfem Protest der Linken schließlich fallengelassen.[81] Als die Mitglieder endgültig feststehen, stellt Schücking am 3. Dezember im Namen des Herausgeber-Komitees einen Antrag auf Subventionen beim Carnegie Endowment for International Peace in Washington und bittet um eine jährliche Unterstützung von etwa 500 Dollar.

Während man noch auf die Antwort wartet, erscheint im Januar 1922, wie vom Verleger versprochen, das Erinnerungsheft für Fried im Neuen Geist Verlag.[82] Als Herausgeber zeichnet Rudolf Goldscheid in Gemeinschaft mit Therese Fried und Mundy Schwalb. Gleichzeitig wird in dieser »Sammlung von Gedenkblättern« auch das Wiedererscheinen der »Friedens-Warte« für Frühjahr 1922 angekündigt.

Mit Rudolf Goldscheid als leitendem Redakteur, der Frieds Platz im Internationalen Friedensbüro und auch in der ÖFG übernommen hatte, der mit Therese Fried persönlich befreundet und Frieds Gedankenwelt eng verbunden war, konnte der Verlag sicher zufrieden sein. Das erste Heft der »Friedens-Warte« ohne Alfred H. Fried erscheint im Februar 1923[83] als 64-seitige Doppelnummer. Nach einer kurzen Würdigung Frieds erklärt Goldscheid den Willen, die bisherige Linie der Zeitschrift beizubehalten: »Die neuen Herausgeber können nur das eine versprechen, dass sie ehrlich bemüht sein werden, die Friedens-Warte durchaus im Geiste Frieds weiterzuführen, beseelt vom strengsten Willen zur Objektivität nach außen wie nach innen und stets bereit, allen Richtungen innerhalb des Pazifismus selber freie Aussprache zu ermöglichen.«[84]

In den nächsten Monaten zeichnen sich die Hefte durch eine große Bandbreite an Autoren aus, darunter regelmäßig auch Romain Rolland, Hellmut von Gerlach, Frhr. von Schoenaich und, ab Juni 1923, auch John Mez, der sich u. a. für die Errichtung von Lehrstühlen der Friedenswissenschaft einsetzt[85] und die Diskussion mit Kurt Hiller ganz auf Frieds Argumentationslinie weiterführt.[86]

Der Aufbau der in diesem Jahr meist als Doppelnummer erscheinenden Zeitschrift gleicht im Wesentlichen dem früheren. Statt der Rubrik »Aus der Bewegung« finden sich nun allerdings die »Dokumente der Friedensbewegung«, in denen Beschlüsse, Reden, Aufrufe, Verträge und Bekanntmachungen im Wortlaut abgedruckt werden. Daneben lässt Goldscheid, der auch den

Leitartikel der Hefte verfasst, die ehemals von Bertha von Suttner geführte Rubrik »Randglossen zur Zeitgeschichte« als »Politische Glossen« unter seiner Feder wieder aufleben.

Glaubt man Verlag und Redaktion, so entwickeln sich die Abonnentenzahlen wunschgemäß. Lediglich die rasante Geldentwertung macht dem Verlag zu schaffen. So steigt der Preis für ein Einzelheft von 400 Mark im Februar 1923, über 1500 Mark im Mai, auf 150 Milliarden Mark im Oktober und verlangt dadurch ein kompliziertes ständiges Nachzahlen der Differenzbeträge von den Abonnenten, während es dem Verlag eine vernünftige Kostenkalkulation nahezu unmöglich macht. Erst die Einführung der Goldmark im November 1923 stabilisierte die Lage wieder.[87]

Trotz aller Erfolge gibt es jedoch im nächsten Jahr erhebliche Probleme. Das erste Heft des neuen Jahrgangs erscheint erst Ostern 1924 als 100-seitige Dreimonatsausgabe. Das nächste Heft, für die Zeit April bis Juli, erscheint im August. Es ist zugleich das letzte Heft, das von Rudolf Goldscheid redigiert wird.

7.8 Die »Friedens-Warte« unter Hans Wehberg 1924–1962

Schon im April hatte Goldscheid Wehberg, offenbar nach massiven Angriffen, die Übernahme der Redaktionsleitung angetragen,[88] im Juli zieht er sich dann endgültig zurück. Wehberg erklärt den Lesern Goldscheids Rückzug in der nächsten Nummer[89] mit seiner »Überlastung mit großen wissenschaftlichen Aufgaben« und spart nicht mit Lob für dessen Verdienste. Zugleich sieht er sich aber auch veranlasst, seine größere Zuverlässigkeit zu betonen: »Die Leser der ›Friedenswarte‹ dürfen überzeugt sein, dass, wenn sie Anfang November Heft 10/11 in Händen haben, von da ab für ein monatliches Erscheinen der Zeitschrift Sorge getragen und jegliche Unterbrechung fortan ausgeschlossen ist. Die ›Friedenswarte‹ wird wieder Monatsschrift werden.«[90]

Obwohl Rudolf Goldscheid offiziell mit im Redaktionsteam bleibt, erscheint bis Ende 1927 nur noch ein einziger Artikel von ihm.[91] Die Rubrik »Politische Glossen« verschwindet ganz, die

Leitartikel schreibt Wehberg nun selbst. Noch 1924 erweitert er das Redaktionsteam um Hellmut von Gerlach,[92] ein Jahr später um den Historiker Veit Valentin[93] und den Gewerkschaftsführer und Vorsitzenden der DFG-Berlin Albert Falkenberg.[94]

Wie dominant dabei Wehbergs Führungsstil innerhalb des Herausgeberkomitees ist, zeigt ein Brief vom Dezember 1925, worin er den »Herren Mitherausgebern« nicht nur mitteilt, dass die »Friedens-Warte« ab Januar 1926 im Verlag Hensel & Cie erscheinen werde, da der Verlag Schwetschke & Sohn ohne eine jährliche Subvention von 1000 Mark nicht weitermachen wolle, sondern auch seine Absicht kundtut, Falkenberg und Valentin in das Herausgeberkomitee aufzunehmen: »Die beiden Herren haben sich schon bereit erklärt, einer evtl. Aufforderung zu entsprechen. Beide werden in engster Verbindung an der Friedenswarte mitarbeiten. Wenn nicht sofortiger Widerspruch erfolgt, nehme ich das Einverständnis der Herausgeber in dieser Frage an.«[95]

Nicht überall stößt Wehberg mit seinem Stil auf Gegenliebe. 1925 gerät er mehrfach mit Otto Lehmann-Russbüldt aneinander, der ihm vorwirft, dass er absichtlich an dem brisanten Thema der geheimen Wiederaufrüstung Deutschlands vorübergehe. Um mit seinen Protesten durchzudringen, wendet sich Lehmann-Russbüldt dabei, zu Wehbergs großem Ärger,[96] in einem Rundschreiben an alle Herausgeber der Zeitschrift. Insgesamt gesehen, versucht Wehberg jedoch, »die Redaktion im Geiste des Mannes fortzuführen, der sie [...] zu der führenden Monatsschrift des Pazifismus gemacht hat.«[97]

Bis zur Zerschlagung der Friedensbewegung in Deutschland 1933 hält er engen Kontakt mit ihr und versucht die »Friedens-Warte« für alle Richtungen offen zu halten. So finden sich nicht nur Diskussionen zwischen Vertretern des rechten und des linken Flügels der DFG in der Zeitschrift, sondern auch Tätigkeits- und Kongressberichte der verschiedensten pazifistischen Organisationen, von der katholischen Friedensbewegung über die DFG und die Internationale Frauenliga für Frieden und Freiheit bis zur Deutschen Liga für Menschenrechte und der IPU. Daneben fügt Wehberg in die Rubrik »Aus der Zeit« jetzt die Unterrubrik »Persönliches« ein, in der er in der Tradition Frieds über runde Geburtstage und besondere Ereignisse im Leben einzelner Pazifisten berichtet oder ihnen warme Nachrufe widmet. Auch Fried selber widmet Wehberg immer wieder einzelne Artikel, druckt seine Artikel und Briefe ab und berichtet über mit ihm zusammenhängende Ereignisse, wie die Errichtung eines Ehrengrabes oder den Verkauf der Bibliothek und des Nachlasses.[98]

Die weiterhin enge Anbindung an die Friedensbewegung hatte auch finanzielle Gründe: Nach einem Beschluss der Generalversammlung der DFG von 1923 war jede ihrer Ortsgruppen verpflichtet, mindestens 5 Exemplare zu abonnieren. Auch die Entwicklungen auf dem Deutschen Friedenstag in Erfurt im Oktober 1927, auf dem die vornehmlich von dem starken Westdeutschen Landesverband vertretene radikale Richtung des Pazifismus bereits deutlich dominierte und eine Neuordnung der Zeitschriftenfrage erzwang, änderte daran zunächst nichts. Die beschlossene Wahlfreiheit zwischen den verschiedene pazifistische Richtungen repräsentierenden Zeitschriften »Das Andere Deutschland«, »Die Friedens-Warte« und »Die Menschheit« wurde dadurch ausgeglichen, dass jedes Mitglied verpflichtet wurde, eine dieser drei Zeitschriften zu abonnieren. Dadurch kam es sogar kurzfristig zu einem deutlichen Anstieg der Abonnemente.[99]

Obwohl Wehberg selbst und die meisten der Mitherausgeber persönlich zu der gemäßigten, völkerbundorientierten Strömung innerhalb der Friedensbewegung zählten, versuchte er doch, wie es auch schon Fried getan hatte, die Zeitschrift als Diskussionsforum aller Richtungen zu erhalten. Dennoch verlor sie an Attraktivität, je mehr die radikalen Strömungen an Boden gewannen, da die radikalen Pazifisten vor allem kritische Stellungnahmen zur deutschen Innenpolitik vermissten, wie sie sich etwa im »Anderen Deutschland« fanden.

Wehberg selbst lebte seit November 1928 in Genf, wo er eine Professur am Institut Universitaire de Hautes Etudes Internationales erhalten hatte. Sein zunehmender Kontakt zu Völkerrechtlern aller Nationen, die räumliche Distanz zu Deutschland, vor allem aber die Tatsache, dass es nach 1933 in Deutschland keine organisierte Friedensbewegung mehr gab, führten zwangsläufig dazu, dass die »Friedens-Warte« sich in diesen Jahren allmählich zu einer Fachzeitschrift entwickelte.[100] Allerdings blieb Wehberg weiter an jeder Neuigkeit über die verbliebenen Pazifisten in Deutschland interessiert.[101]

Nach Ausbruch des 2. Weltkrieges zog er häufig historische Vergleiche mit dem 1. Weltkrieg und versuchte vor allem, die Fehler des damaligen Friedensschlusses mit ihren Folgen für die Nachkriegsentwicklung zu analysieren, um diese beim nächsten Mal vermeiden zu helfen. Daneben gab er deutschen Emigranten die Möglichkeit, sich in der »Friedens-Warte« Gehör zu verschaffen. Wie stark Wehberg sich gerade in dieser Phase an das Vorbild Frieds anlehnte, zeigt auch die Tatsache, dass er noch 1944 einen Artikel Frieds über »Die Grundlagen der künftigen Völkerorganisation« nachdruckte und dabei betonte, er sei, obwohl vor 25 Jahren geschrieben, »noch heute von hohem aktuellen Interesse«.[102]

Nach 1945 widmete Wehberg einen großen Teil seiner Aufmerksamkeit dem Werden und Wachsen der Vereinten Nationen, das er ausführlich und kritisch kommentierte. Daneben versuchte er aber auch, den Kontakt mit den neu entstehenden pazifistischen Organisationen in Deutschland wiederherzustellen. 1946 berichtete die »Friedens-Warte« von Großkundgebungen der DFG und einzelner Landesverbände, über die Reorganisationsversuche des Internationalen Friedensbüros, gedachte in einer eigenen Reihe der Vorkämpfer der Völkerverständigung und Völkerrechtsgelehrten, die Opfer des Nationalsozialismus geworden waren, und veröffentlichte, scheinbar nach umfangreichen Recherchen, eine Liste der verstorbenen sowie eine Adressliste noch lebender deutscher Pazifisten der Vorkriegszeit.[103] Dennoch gelang ihr die Anbindung an die Friedensbewegung in Deutschland nicht mehr, die sich nun in der überwiegenden Mehrheit Themen wie der Kriegsdienstverweigerung, der zu verhindernden Remilitarisierung Ost- und Westdeutschlands und der atomaren Aufrüstung im Zeichen des Kalten Krieges zuwandte und für völkerrechtliche Themen kaum mehr Interesse zeigte. Da die »Friedens-Warte« in Wehbergs Augen keine reine Fachzeitschrift war und sein wollte, fand sie aber auch in Fachgelehrtenkreisen und Universitätsbibliotheken nicht genügend Verbreitung, um sich finanziell mehr als nur gerade über Wasser halten zu können. Eine andere Ursache lag wohl auch darin, dass sich in diesen Jahren der wissenschaftliche Schwerpunkt »von der bisherigen historischen und rechtlichen Kriegsursachenforschung hin zu einer stärker politikwissenschaftlich orientierten Friedens- und Konfliktforschung«[104] zu verschieben begann.

Bis zu Wehbergs Tod erschien die Zeitschrift immer unregelmäßiger. Vom 56. Jahrgang 1961 brachte Wehberg nur die ersten beiden Ausgaben noch selbst heraus, das dritte Heft des Jahrgangs, bei dessen Zusammenstellung er verstarb, wurde erst 1962 von seinen Mitherausgebern veröffentlicht. Zu den Mitherausgebern gehörten zu diesem Zeitpunkt 11 Wissenschaftler verschiedener Nationen, darunter die Deutschen Friedrich Siegmund-Schultze aus Münster i. W. und Friedrich August Frhr. von der Heydte aus Würzburg, der nun die Redaktionsleitung übernahm. Doch das vierte und letzte Heft des 56. Bandes erschien erst 1966 als Gedenknummer für Hans Wehberg. Danach gab es acht Jahre lang keine weiteren Ausgaben mehr.

7.9 Der Neuanfang 1974

Erst 1974 gelang es einem Schüler Hans Wehbergs, dem Verleger Arno Spitz, den 57. Band der »Friedens-Warte« herauszubringen und den Völkerrechtslehrer Jost Delbrück, Nachfolger Walther Schückings am Institut für Völkerrecht in Kiel, als Herausgeber zu gewinnen. Der ein Jahr zuvor stattgefundene Beitritt der Bundesrepublik Deutschland zur UNO und die damit verbundenen Diskussionen ließen Hoffnungen auf ein neu erwachendes Interesse an der Zeitschrift entstehen. Doch der Neuanfang gelang nur teilweise. Die Zeitschrift erschien nur unregelmäßig und schaffte es nicht, sich einen festen Leserkreis zu erobern.

Erst Anfang der 90er Jahre führten die Einigung Deutschlands und seine zunehmende internationale Rolle zu einem wiedererwachenden Interesse auch an der »Friedens-Warte«. Seit Anfang 1996 wird sie vierteljährlich in einem Umfang von etwa 100 Seiten von einem Gremium, bestehend aus dem Bochumer Völkerrechtslehrer Knut Ipsen (bis 2006), dem Tübinger Politikwissenschaftler Volker Rittberger und dem Berliner Professor für Völker- und Europarecht Christian Tomuschat herausgegeben, wobei sich jede Ausgabe einem Schwerpunktthema widmet. Noch immer bilden dabei die Förderung des Weltfriedens, die Funktion als Forum der (nun rein wissenschaftlichen) Auseinandersetzung und die internationale (und interdisziplinäre) Ausrichtung Leitlinien der Zeitschrift, die den Untertitel »Journal of International Peace and Organization« trägt und zwar nicht im Titel, wie von Fried vormals gewünscht, aber doch im Impressum auf ihren Gründer hinweist.

Epilog

Alfred Hermann Fried, der große Pionier der Friedenswissenschaft und der internationalen Friedensbewegung, dem Dr. Petra Schönemann-Behrens diese ausgezeichnete Biographie gewidmet hat, verdient es, viel besser bekannt zu werden – in seiner Heimatstadt Wien, aber auch im ganzen deutschsprachigen Raum. Darüber hinaus sollte er, der in den zwei Jahrzehnten vor dem 1. Weltkrieg als früher Befürworter einer Europäische Union auch für eine Weltorganisation plädiert hat, international die Anerkennung finden, die ihm gebührt.

Dieses Buch, das der komplexen Persönlichkeit Frieds und seinem reich erfüllten Leben und Streben im Dienst des Weltfriedens völlig gerecht wird, vermag wesentlich zu seiner Neuentdeckung und zeitgenössischen Würdigung beizutragen. Der Zeitpunkt der Veröffentlichung dieser Biographie im Jahr 2011 ist passend gewählt. War es doch genau vor hundert Jahren, dass Fried den Friedensnobelpreis bekam – als erster Mann in Österreich oder Deutschland. Erst 1926 bekam mit Gustav Stresemann, damals Außenminister, ein Deutscher diesen Preis.

Es ist bedauerlich, dass so viele Helden und Heldinnen des Friedens und auch die meisten Friedensnobelpreisträger so unbekannt sind und geringgeschätzt werden. Das hat hauptsächlich mit Erziehung und Themen im Unterricht zu tun und ist eine direkte Folge der Abwesenheit von Friedenspädagogik, einschließlich der Geschichte der Friedensgedanken und der Friedensbewegung in fast allen Gesellschaften der westlichen Welt. Auch spielen in deren Erinnerungskultur Ideen und Ideale wie Friede und Gewaltlosigkeit kaum eine Rolle – sei es auch, dass Friede vielfach noch immer als bewaffneter Friede gedeutet wird, sogar im Atomzeitalter. Es ist kaum zu fassen, dass das Schlagwort der Antike »Si vis pacem, para bellum« (»So du den Frieden willst, bereite den Krieg vor«) für viele Menschen noch immer maßgebend ist, obwohl es die Zukunft der ganzen Welt wie nie zuvor gefährdet.

Der Mangel an Hinweisen auf Friedensthemen, man kann sagen: die Unsichtbarkeit des Friedens, steht in starkem Kontrast zu den zahllosen Kriegs- und Soldatendenkmälern und sonstigen Erinnerungen und Symbolen der Kriegskultur – zum Beispiel in der Benennung von Straßen und Plätzen, und im Vorhandensein von vielen Armee- und Kriegsmuseen. Friedensmuseen gibt es hingegen nur wenige, und sie sind meistens – außer in Japan – bescheiden und versteckt. Damit wird eine große Chance verpasst, Friedenspädagogik auch außerhalb der Schulen und für ein breites Publikum zu pflegen. Besonders für Jugendliche kann der Besuch eines Museums oder einer Ausstellung ein lebensveränderndes Erlebnis darstellen – genauso, wie es Fried passierte, als er 1881 als 17-Jähriger eine Ausstellung von Bildern des russischen Malers Wassili Wereschagin besuchte.

Bedeutend ist auch, dass Fried erst zehn Jahre danach, damals in Berlin wohnend, entdeckte, dass er als Pazifist nicht allein war und dass es sogar in Österreich eine Friedensgesellschaft gab. In all diesen Jahren hegte er seine pazifistischen Anschauungen im Stillen und ahnte nichts von den Aktivitäten Gleichgesinnter. Später schrieb er dazu: »Mir, der ich mich für alle Vorgänge des öffentlichen Lebens interessierte, kam keinerlei Äußerung zur Kenntnis über das Denken, Wollen und Wirken jener Personen, die dem Kriege zu Leibe rücken wollten. Ich erfuhr nie etwas von den pazifistischen Vorstößen in den Parlamenten, von den [Friedens-] Vereinigungen und Kongressen.«

Diese Erfahrung Frieds ist leider noch immer aktuell. Auch heute sind Friede, Pazifismus, Gewaltlosigkeit und diesbezügliche Aktivitäten, Bewegungen und Organisationen kaum in den Medien zu finden, während Berichte und Bilder von Konfrontationen und Gewalt zahlreich erscheinen. Hier könnten Friedensmuseen eine große Lücke füllen, besonders auch, weil in Schulen und in Geschichtsbüchern solche positiven, hoffnungsvollen und inspirierenden Perspektiven, die so wichtig für die Entwicklung eines jungen Geistes sind, vernachlässigt werden. Kann es Zufall sein, dass in einer Gesellschaft, die noch immer weitgehend von Krieg und Gewalt geprägt ist, mögliche Instrumente, die einen wesentlichen Beitrag zur Beendigung von ebendieser Waffengewalt leisten könnten, nicht oder nur sehr unzulänglich vorhanden sind?

Fried selber widmete dem 1902 in Luzern vom russisch-polnischen Staatsrats Johann von Bloch gegründeten Internationalen Kriegs- und Friedensmuseum größte Aufmerksamkeit, wie auch schon ihrem Vorläufer, einer von Bloch unter Mitarbeit des Internationalen Friedensbüros in Bern für die Pariser Weltausstellung 1900 fertiggestellten Ausstellung. Nach langjährigen Recherchen hatte Bloch 1898 in St. Petersburg ein sechsbändiges Werk über den Krieg der Zukunft veröffentlicht, worin er, basierend auf streng wissenschaftlichen und empirischen Tatbeständen, zum Schluss kam, dass ein künftiger Krieg zwischen den Grossmächten Europa wie nie zuvor vernichten würde und deshalb um jeden Preis zu vermeiden sei. Anlässlich der feierlichen Einweihung des Museums in Luzern – zu der er als enger Freund und Mitarbeiter des Gründers eingeladen war – veröffentlichte Fried einen langen Aufsatz in der »Friedens-Warte«. Darin hieß es u.a.: »Mit der Schöpfung dieses Museums hat Bloch eine Art Anschauungsunterricht für seine Theorie geschaffen. Er neigte der richtigen Ansicht zu, dass diese Anschauung über das geschriebene Wort hinausragt, dass die Massen durch die greifbare Vorführung der Dinge für dieselben viel eher zu interessieren sind als durch die schönsten Worte, und wenn J. Novicow [...] den Mangel an Vorstellungsvermögen als eines der hauptsächlichsten psychischen Hindernisse der Pacifikation Europas bezeichnet, so hat v. Bloch durch dieses Museum das Mittel bezeichnet, wie man diesem Mangel am besten abhelfen kann.« (30.6.1902).

Es war für Fried eine große Genugtuung, dass das Aufsehen bei der Eröffnung des Museums die öffentliche Aufmerksamkeit in erhöhtem Maße auf die Friedensidee lenkte. Viele Zeitungen beschäftigten sich mit dem Museum und berichteten über den Fortschritt, den die Friedensbewegung sowohl in quantitativer wie qualitativer Hinsicht vorweisen konnte. In den Jahren bis zum Beginn des Weltkrieges in August 1914 hatte das Blochsche Museum auf viele Besucher dieselbe Wirkung, die Fried damals als Jugendlicher bei seinem Besuch im Wiener Künstlerhaus erlebt hatte: Sie wurden zu Pazifisten. Friedensmuseen heute – sowie die Friedenserziehung überhaupt – sollten sich auf zwei sich ergänzende Thesen richten: Der Krieg und alle damit zusammenhängenden Vorbereitungen sind – aus ökologischen, ökonomischen, ethischen, humanitären, vernünftigen und völkerrechtlichen Gründen – nicht länger zulässig. Ebenso wichtig ist die Kehrseite der Medaille: Der Weltfriede ist möglich und für das Überleben der Menschheit sogar ein Erfordernis! In beiden Bereichen ist der vom angesehenen russischen Soziologen und Pazifisten Jacques Novicow geprägte Begriff des »Mangels an Vorstellungsvermögen« zutreffend. Ein wichtiger Umstand zur Erklärung dieses Mangels in Sachen Krieg ist die stets und überall vorhandene Zensur, die das wahre Gesicht des Krieges, seine Kosten, Schäden und Verluste verschleiert. Als führender pazifistischer Schriftsteller und Herausgeber im deutschen Sprachraum war Frieds Arbeit häufig der Zensur unterworfen. Während des 1. Weltkrieges musste er deshalb ins Schweizer Exil flüchten. Wir täuschen uns, wenn wir glauben, dass es heute, auch in demokratisch gestalteten Gesellschaften, viel anders sei.

Ein jeder, der sich für die Gedanken, Entwicklungen und Errungenschaften im ausgehenden 19. Jahrhundert und während der ersten zwanzig Jahre des 20. Jahrhunderts interessiert, die der Herausforderung galten, den Krieg durch die Schaffung einer auf Recht und Friede gestützten politischen Weltordnung abzuschaffen, wird früh und zwangsläufig mit dem Namen Alfred Hermann Fried vertraut werden. Seine Begriffe, Theorien und Datensammlungen über Pazifismus und Internationalismus, den Europäischen Staatenbund und Pan-Amerika, die Friedensbewegung und Friedenswissenschaft, Völkerrecht und Weltorganisation hat er in unzähligen Publikationen erläutert und dokumentiert und dabei Pionierarbeit geleistet. Als langjähriger Herausgeber der »Friedens-Warte« mit zahllosen von ihm selbst verfassten Artikeln (manchmal unterzeichnend, manchmal anonym) schaffte er ein Diskussionsforum ohnegleichen. Jorgen G. Lovland, Vorsitzender des Osloer Nobelkomitees, behauptete, dass Fried die »Friedens-Warte« allmählich »zur besten Zeitschrift der Friedensbewegung« gemacht habe (10. Dezember 1911, Ankündigung des Nobelpreises für Fried).

Pionierarbeit leistete Fried auch mit einem enzyklopädischen Werk, für das er mehr als irgendjemand anderer befähigt war. Wie er im Vorwort zur ersten Auflage (1905) schrieb, konzipierte Fried sein »Handbuch der Friedensbewegung« als einen Wegweiser für »einen Außenstehenden, der sich über die Bewegung orientieren wollte [...] das aber auch gleichzeitig dem Anhänger und Eingeweihten bei der Propaganda als nützliches Nachschlagewerk« sein sollte. Besonders die stark erweiterte zweite Auflage (1911–1913) wird noch heute zu Recht hoch gelobt als ein vollständiges und zuverlässiges Vademecum der Friedensbewegung seiner Epoche, das, hundert Jahre später, für Friedenshistoriker noch immer eine äußerst wichtige Fundgrube darstellt. Hätte er nichts anders hervorgebracht als dieses eine Werk (und hätte er nie den Friedensnobelpreis bekommen und wäre er auch nicht engstens mit Bertha von Suttner verbunden gewesen), würden Fachleute von heute dennoch seinen Name kennen. Eine Bestätigung dafür findet man im vorzüglichen »Hermes Handlexikon: Die Friedensbewegung. Organisierter Pazifismus in Deutschland, Österreich und in der Schweiz«, das 70 Jahre nach Frieds Handbuch von Helmut Donat und Karl Holl 1983 herausgegeben wurde. In seiner Einführung schreibt Holl, dass das Lexikon »sich der Tradition der großen deutschsprachigen Handbücher der Friedensbewegung, jener von Alfred

Hermann Fried, von Kurt Lenz und Walter Fabian und von Franz Kobler, verpflichtet weiß«.

Karl Holl, der Doyen der Friedenshistoriker im deutschsprachigen Raum, verdeutlicht einen Aspekt, der die historische Friedensbewegung mit der jetzigen verbindet: »Die Gewissheit, auf den Schultern von Vorgängern zu stehen, die ungeachtet der Feindseligkeit oder der Gleichgültigkeit ihrer Zeitgenossen unbeirrbar an ihrer pazifistischen Überzeugung festhielten, mag die Friedensbewegung von heute manche Anfechtung von Mutlosigkeit besser bestehen lassen« (ebd.). Ebenso wichtig ist seine Bemerkung: »Den Skeptikern mag manche Information über die historische Friedensbewegung vor Augen führen, wie viel Leid Europa erspart geblieben wäre, wären die Warnungen der Pazifisten auf weniger taube Ohren gestoßen und hätten praktische Initiativen und Vorschläge des organisierten Pazifismus Eingang in die offizielle Politik und Diplomatie gefunden« (ebd.). Der Begriff der »Kompetenz der Pazifisten« wird von Dieter Lattmann hervorgehoben: »Bisher sind die Befürchtungen der Pazifisten, der Friedliebenden, immer eingetroffen, früher oder später. [... dennoch] wurden ihre Wortführer verlacht, verfolgt und verhaftet« (S. 7). Das Streben und Leiden der Pazifisten, wie es Holl und Lattmann in diesen Zitaten bündig zusammengefasst haben, trifft zuallererst und in vollem Ausmaß auf Fried zu.

Die Aktualität Frieds geht auch aus einem anderen, aber verwandten Bereich, in dem er Pionierarbeit leistete, hervor: der Friedensjournalistik, einem vermutlich von Fried geprägtem Ausdruck. Die Rolle der Medien in der Berichterstattung und Nachrichtendeutung ist für die öffentliche Meinungsbildung, vor allem in Sachen Krieg und Frieden, grundlegend. Fried erkannte diese Tatsache in einer Epoche, als nur die Presse, und besonders die Tageszeitung, als Massenmedium vorhanden war. Fast hundert Jahre, bevor der Begriff der Friedensjournalistik neuentdeckt wurde und der Friedensjournalismus als ein Teil der Friedenswissenschaft und wichtiger Aspekt einer Kultur des Friedens in den Vordergrund gerückt wurde (vor allem durch die Anregungen Johan Galtungs, »dem prominentesten Protagonisten des Friedensjournalismus unserer

Tage«, schreibt Andreas Landl in »100 Jahre Friedensnobelpreis an Alfred Herman Fried«, Hrsg. Willi Urbanek. Wien, 2011, S. 89), bezeichnete Fried sich selber ausdrücklich als einen Friedensjournalisten, zum Beispiel in seinem 1901 erschienenen Buch »Unter der weißen Fahne! Aus der Mappe eines Friedensjournalisten«. Es ist klar, dass der sogenannte »embedded journalism« weit von den Zielen des Friedensjournalismus entfernt ist.

Fried widmete sein Buch Albert Graf Apponyi, ungarischer Staatsmann und Mitglied des Haager Schiedsgerichtshofes. Auf dessen Anregung wurde auf der 10. Interparlamentarischen Konferenz von 1900 in Paris die Gründung einer Internationalen Presse-Union für Frieden und Schiedsgericht beschlossen. Außerdem gab es damals in Paris seit einigen Jahren eine Gesellschaft friedensfreundlicher Journalisten. Neun Jahre später (1909) wurde auf Vorschlag Frieds in Brüssel eine Internationale Union der Friedenspresse gegründet, nachdem ein diesbezüglicher Entwurf von der Generalversammlung des Berner Internationalen Friedensbüros gutgeheißen wurde. Die journalistischen Aktivitäten Frieds umfassten sowohl die Friedensfachblätter wie die generelle Tagespresse. Die große Herausforderung von damals trifft auch heute unvermindert zu, nämlich die Massenmedien allmählich so umzugestalten, dass ihre Berichte über das Zeitgeschehen von Friedensperspektiven durchdrungen werden. In seinem Buch schrieb Fried dazu: »Die Friedensfachblätter [...] mit ihnen wird die [Friedens] Idee nicht verbreitet, nicht gerechtfertigt, sondern nur dort gepflegt, wo sie schon vorhanden ist [...] Draußen in der Tagespresse muss das große Jagen abgehalten werden, die Presse zu erobern« (S. 13). »Die Hauptaufgabe der Friedensjournalistik«, so Fried, »wird immer darin bestehen müssen, in den Spalten der Presse [...] die Zeitereignisse vom Gesichtspunkte des Friedensjournalisten auszusprechen und darzulegen. Diese Aufgabe ist nicht leicht« (S. 15).

Vermutlich wird in den vor uns liegenden Jahren, wenn weltweit daran erinnert wird, dass vor 100 Jahren der 1. Weltkrieg stattgefunden hat, Frieds Name besser bekannt werden. Mehr als vier lange und schwierige Jahre dauerte der grausame Krieg, der die Welt, und vor allem Europa, zugrunde gerichtet hat. Wie es dazu gekommen ist, und wie es möglich gewesen wäre, dieses Unheil durch eine vernünftigere Politik der führenden Staaten Europas zu verhüten, ist ausgiebig dokumentiert in den »Randglossen zur Zeitgeschichte«, die Bertha von Suttner in den zwei Jahrzehnten vor den Krieg monatlich in der »Friedens-Warte« veröffentlichte. Es ist ein großes Verdienst Frieds, dass er diese äußerst reichen und wichtigen Kommentare gesammelt und, mit erläuternden Anmerkungen versehen, veröffentlicht hat. In der Einleitung des während des Schweizer Exils 1917 veröffentlichten 2-bändigen Werkes schreibt Fried, dass die Herausgabe dieser Sammlung der Erfüllung einer doppelten Pflicht diene: »Zunächst, um einen Lieblingswunsch der Verstorbenen zu erfüllen und einen Auftrag auszuführen, den sie mir bereits zu Lebzeiten erteilt hat. Ferner, um das viel verkannte Lebenswerk dieser großen Frau zu ehren, ihr ein Denkmal [...] zu setzen.« (»Der Kampf um die Vermeidung des Weltkriegs. Randglossen aus zwei Jahrzehnten zu den Zeitereignissen vor der Katastrophe 1892–1900 und 1907–1914«, Zürich 1917).

Auf der Titelseite des ersten Bandes zitierte er einen zentralen Gedanken von Suttners: »Mit der Ära der Sprengstoffe hat die Gewalt eine Form angenommen, in der ihr die Gewalt nicht mehr beikommen kann. Und das bedeutet – entweder das Ende des Menschengeschlechtes – oder das Ende der Gewalt. Wir hoffen das Letztere.« Die Einsichten und Kommentare Bertha von Suttners erwiesen sich oft als prophetisch. Aus der Romanschriftstellerin war eine Zeitkritikerin, eine Journalistin geworden, so Fried (S. IV). »Was Bertha von Suttner in diesem Zeitabschnitt von Woche zu Woche, von Monat zu Monat niedergeschrieben, bildet heute in der Zusammenfassung eine wertvolle Geschichte dieser denkwürdigsten Periode der Menschheit« (ebd.). Und ferner schreibt er: »Wenn man später nach der Vorgeschichte jenes Weltunheils suchen und seine Gründe zu erforschen trachten wird, wird man an einer Zeitkritik nicht vorübergehen können, in der ein großer Geist die Geschehnisse von dem Gesichtspunkt einer höheren Warte aus glossiert hat. Man hat Bertha von Suttner zu ihren Lebzeiten nicht gehört. Es erfüllte sich an ihr das Schicksal aller Seher und Wohltäter der Menschheit.« (S. V)

Als Fried Weihnachten 1915 diese Einleitung verfasste, führte er ein Kriegstagebuch (das auszugsweise in der »Friedens-Warte« veröffentlicht wurde). In einer Voranzeige am Ende des zweiten Bandes schrieb er: »Das vorliegendes Werk wird seine Fortsetzung finden in der zusammengefassten Veröffentlichung meines Kriegstagebuches« (S. 575). Eine besondere Bedeutung erhalten diese Werke Frieds auch dadurch, weil sie zu den wenigen Tagebücher eines pazifistischen Immigranten gehören, die publiziert wurden.

Als Fachmann im Verlagswesen und Gelehrter hat er auch für diese Bücher ausführliche Personen- und Sachregister zusammengestellt. Für die »Randglossen« gibt es zusätzlich ein detailliertes Inhaltsverzeichnis. In seiner Einleitung schreibt Fried: »Das Register soll nicht nur die Vorgänge und die Namen der hauptsächlichsten Personen, sondern auch die Ideen leichter auffindbar und so das Buch zu Nachschlagezwecken besonders geeignet machen« (S. VIII). Als einen weiteren Beleg seiner wissenschaftlichen und pädagogischen Gesinnung sowie seines Wunschs, historische Daten auch für die Gegenwart nutzbar zu machen, soll an dieser Stelle noch Frieds Sachregister zum sechsbändigen Werk »Der Krieg« von Johann von Bloch erwähnt werden. Als der eifrigste Schüler und zugleich engster Unterstützer Blochs im deutschsprachigen Raum war für Fried ein Sachregister zu der Studie ein klares Bedürfnis. Auch dieser Arbeit Frieds (zusammen mit dem Werk Blochs) sollte in den kommenen Jahren die ihnen gebührende Aufmerksamkeit gezollt werden.

Mehr als 25 Jahre, nachdem sie erstmals über das Projekt nachdachte, ist die Veröffentlichung von Petra Schönemann-Behrens Biographie über Alfred H. Fried wohl die schönste Würdigung, die sich Fried wie auch seine heutigen Bewunderer wünschen können. Die Autorin hat nicht nur eine grundlegende Biographie über einen der verdienstvollsten Friedensnobelpreisträger verfasst, sondern darüber hinaus, und als ein wichtiger Teil ihrer Untersuchungsarbeit, auch das bisher nur auf mit

Bleistift beschriebenen Karteikarten registrierte Fried-Material im Völkerbundarchiv der Bibliothek der Vereinten Nationen in Genf (Fried-Suttner-Archiv) durch ein etwa 100-seitiges Verzeichnis der Korrespondenzen Frieds datentechnisch erfasst und damit den Zugang für zukünftige Forscher beträchtlich erleichtert. Auch für diese Arbeit – übrigens ganz im Sinne Frieds! – gebührt ihr der Dank aller Friedenshistoriker, die sich mit demselben Zeitabschnitt befassen, in dem Fried aktiv war.

Die Enttäuschung der Verfasserin in ihrer Einleitung, dass es mehr als ein halbes Jahrhundert nach dem Tod Frieds noch immer keine Biographie dieses so wichtigen wie interessanten Friedensaktivisten (und Friedensnobelpreisträgers) gab, war auch für mich eine Frage, als ich mich vor fast 40 Jahren zum ersten Mal mit Fried als einem Pionier der Friedenswissenschaft beschäftigte. Das Fehlen einer Biographie schien umso verwunderlicher, als seine regen publizistischen Aktivitäten für jeden Biographen eine reiche Materialquelle darstellten – ganz zu schweigen vom reichen Nachlass im Fried-Suttner-Archiv. Es spricht für den Mut und die Ausdauer Petra Schönemann-Behrens, dass sie sich vor dieser Aufgabe nicht gescheut hat. Es scheint, als hätte sie alles, was Fried in seinen zahllosen Werken und als Herausgeber der »Friedens-Warte« geschrieben hat, gelesen. Nicht zuletzt auch durch die Auswertung der Fried-Suttner- (und sonstigen) Archive – und durch die Aufspürung noch unbekannter Archivalien in Privatbesitz – ist es der Verfasserin gelungen, den Leser eine eindrucksvolle Biographie vorzulegen.

Mein herzlicher Dank gebührt auch der Verlegerin Anne Rüffer für ihre Bereitwilligkeit, dieses Buch im Römerhof Verlag zu veröffentlichen. Als langjährige Bewunderin Bertha von Suttners war sie auch überzeugt, dass deren wichtigster Mitstreiter und Freund, der ihr mehr als 20 Jahre aktiv zur Seite stand, endlich eine Biographie verdiente. Nebst Wien, Berlin und Bern zählt Zürich wohl als die vierte Stadt im Leben Frieds. Während seines Schweizer Exils im 1. Weltkrieg wurde die »Friedens-Warte« unzensiert herausgegeben, und er war eng mit der »Neuen Zürcher Zeitung« verbunden. Auch verschiedene große Werke, die Fried in dieser Zeit fertiggestellt hat, sind in Zürich veröffentlicht worden, und nun auch diese Biographie. Auf dass sie auch außerhalb der Schweiz, vor allem in Deutschland und Österreich, viele Leser finden möge, die sich von Frieds großer Hingabe für den Frieden in ihren eigenen Bemühungen für eine friedlichere Welt inspirieren lassen.

Dr. Peter van den Dungen
Department of Peace Studies, University of Bradford, UK
General Coordinator, International Network of
Museums for Peace

Anhang

Anmerkungen

Einleitung

1. Wolf Zuelzer, Der Fall Nicolai, Frankfurt a.M. 1981
2. Utz-Friedebert Taube, Ludwig Quidde. Ein Beitrag zur Geschichte des demokratischen Gedankens in Deutschland, Kallmünz 1963
3. Adolf Wild, Baron d'Estournelles de Constant (1852–1924). Das Wirken eines Friedensnobelpreisträgers für die deutsch-französische Verständigung und europäische Einigung, Hamburg 1973
4. Brigitte Hamann, Bertha von Suttner. Ein Leben für den Frieden, München 1986. Später noch: Harald Steffahn, B. v. Suttner, Reinbek bei Hamburg 1998
5. Christof Mauch/Tobias Brenner, Für eine Welt ohne Krieg. Otto Umfrid und die Anfänge der Friedensbewegung. Mit einem Geleitwort von Walter Jens. Schönaich 1987
6. Peter Grupp, Harry Graf Kessler 1868–1937. Eine Biographie, München 1995
7. Hans Wehberg, Alfred H. Fried. In ders.: Die Führer der deutschen Friedensbewegung (1890 bis 1923), Leipzig 1923, S. 19–23
8. Doris Dauber, Alfred Hermann Fried und sein Pazifismus. Diss., Leipzig 1924
9. Dieter Riesenberger, Alfred Hermann Fried (1864–1921). Die Überwindung des Krieges durch zwischenstaatliche Organisation. In Christiane Rajewsky/Dieter Riesenberger (Hrsg.): Wider den Krieg. Große Pazifisten von Immanuel Kant bis Heinrich Böll, München 1987, S. 54ff.
10. Stenke, Wolfgang, Alfred Hermann Fried – ein Pazifist der Tat. In Michael Neumann (Hrsg.): Der Friedens-Nobelpreis von 1901 bis heute. Bd. 2: Der Friedens-Nobelpreis von 1905 bis 1916, Zug 1988, S. 168–179
11. Zwei Jahre nach Abschluss meiner Arbeit, die 2004 online über die Universität Bremen veröffentlicht wurde, erschien eine weitere Biographie: Walther Göhring, Verdrängt und vergessen. Friedensnobelpreisträger Alfred Hermann Fried, Wien 2006
12. Sandi E. Cooper, Patriotic Pacifism. Waging War on War in Europe 1815–1914, New York/Oxford 1991, S. 9
13. Dieser Meinung ist auch Friedrich-Karl Scheer, der eine Überprüfung des Fried oftmals gemachten Vorwurfs des »Methodensynkretismus« im Lichte der modernen interdisziplinären, zielorientierten Friedensforschung fordert. Vgl. Friedrich-Karl Scheer, Die Deutsche Friedensgesellschaft (1892–1933). 2., korrigierte Auflage, Frankfurt a.M. 1983, S. 133f.
14. Dieser möglicherweise von Orson Welles stammende Ausdruck wurde von Fried mehrfach in seinem Kriegs-Tagebuch benutzt, Kriegs-Tagebuch I, S. 217 und Band IV, S. 213, um die das Denken und Handeln der Menschen verwirrende Kriegs-Atmosphäre zu beschreiben.
15. Vgl. u.a. den Artikel »Streit in der Friedensbewegung: Frieden schaffen mit Waffen?« ZivilCourage. Nr. 1, Februar 2004, S. 4ff.
16. Fried, Kriegs-Tagebuch I, S. 471

1. Kindheit und Jugend

1. Berta Fried an Fried, 17. 4. 1896. NL Fried, Box 30
2. Dr. Ludwig Albert Ganghofer, (1855–1920). Noch heute viel gelesener Heimatdichter: Der Herrgottschnitzer von Ammergau, 1880, Der Klosterjäger, 1892, Das Schweigen im Walde, 1899. Zu Ganghofer vgl. Egon Guggemos (Hrsg.), Ludwig Ganghofer 1855–1920. Ein Symposium über Leben und Werk. Kaufbeurer Geschichtsblätter Sonderheft 8, Kaufbeuren 1996
3. Die Heirat fand am 7. Mai 1882 in der Augustinerkirche in Wien statt.
4. Vincenz Chiavacci, Ludwig Ganghofer. Ein Bild seines Lebens und Schaffens. Stuttgart 1905, S. 63
5. Weder in Ganghofers Autobiographie »Lebenslauf eines Optimisten« 3 Bde. 1909/1911 (München 1966) noch bei seinen Biographen gibt es bis heute einen Hinweis auf die Verbindung mit Alfred Hermann Fried. Katharina Engel wird nur als »echtes Wiener Mädel« beschrieben, ohne Hinweis darauf, dass sie eine ungarische Jüdin war. Nur dieses völlige Verdrängen macht es möglich, dass sich noch in jüngster Zeit Ganghofer-Forscher anerkennend über seinen scheinbar kaum ausgeprägten Antisemitismus Gedanken machten. Siehe etwa: Thomas Kraft, Ludwig Ganghofer – Politische Dimensionen eines Bestsellerautors. In Guggemos, Ganghofer, S. 39ff.
6. Wie auch Moriz/Moritz oder Gisela/Gisella, variiert in den erhaltenen Dokumenten die Schreibweise zwischen Sidonie und Sidonia. Sie selbst unterschrieb ihre Briefe mit Toni.
7. Die meisten Daten stammen aus den Geburts- und Sterbe-Matrikeln der Wiener Kultusgemeinde. Ergänzt wurden sie durch erhaltene Heimat- und Meldescheine sowie schriftliche Auskünfte der Matrikenführerin der Israelitischen Kultusgemeinde Wien, Frau Weiss.
8. Alfred H. Fried, Jugenderinnerungen, Berlin 1925. Der Völkerfriede. Beihefte zur »Friedens-Warte«, Heft 1
9. Paul Franken [d.i. Siegfried Frankl]: »Altes und Neues vom ›Friedens-Fried‹. Zum zehnten Todestag von Alfred H. Fried.« Berlin 1931. Manuskript im NL Fried, Box 92
10. Schreibmaschinen-Manuskript mit handschriftlichem Titel »Biographische Skizze Alfred H. Fried«, um 1918. Privatbesitz Trude Simonsohn – jetzt NL Fried.
11. Fried, Jugenderinnerungen, S. 5
12. Ebd., S. 6
13. Im NL Fried finden sich fast keine Dokumente von Mitgliedern der väterlichen Linie.
14. In seinen Jugenderinnerungen nennt Fried den Herbst 1871. Die Angabe Herbst 1870, die sich in der Biographischen Skizze findet, dürfte eher den Tatsachen entsprechen, da der Geburtsmatrikel der Schwester Betti im April 1871 die Hirschengasse 45 als Geburtsort ausweist.
15. Fried, Jugenderinnerungen, S. 7
16. Fried an Therese Frankl, 10. 3. 1903, NL Fried, Box 92
17. Fried, Biographische Skizze, S. 1
18. Marsha L. Rozenblit, Die Juden Wiens 1867–1914. Assimilation und Identität. Wien, Köln, Graz 1988, S. 20
19. Hierzu und im Folgenden vergleiche Rozenblit, Juden Wiens, S. 20ff.
20. Steven Beller, Wien und die Juden. 1867–1938. Wien, Köln, Weimar 1993, S. 181

21. Rozenblit, Juden Wiens, S. 42f.
22. Vgl. ebd., S. 84ff.
23. Fried an Otto Umfrid, 24. 5. 1909, NL Fried, Box 84
24. Von den 4 Kindern Moritz Engels wird nur eine Tochter mosaisch erzogen. Die 4 Kinder der Familie Ganghofer werden alle katholisch getauft.
25. Auch die Kinder dieser Ehen werden christlich getauft. Lediglich die jüngste Schwester, Sidonie Fried, hat mit Alfred Simonsohn einen jüdischen Ehemann und erzieht auch ihre Kinder im jüdischen Glauben.
26. Fried an Otto Umfrid, 24. 5. 1909. NL Fried, Box 84
27. Dort werden nach den Geburtsmatrikeln der Israelitischen Kultusgemeinde Wien 1876 und 1877 Carl und Leopold Fried geboren.
28. Nach Rozenblit lag der Anteil der jüdischen Gymnasiasten mehr als dreimal so hoch wie ihr Anteil an der Bevölkerung. Vgl. Rozenblit, Juden Wiens, S. 110f.
29. Vgl. Rozenblit, Juden Wiens, S. 108
30. Fried, Biographische Skizze, S. 3
31. Fried, Jugenderinnerungen, S. 8
32. Ebd., S. 10
33. Handschriftliches Tagebuch Alfred H. Frieds, Eintrag 23. 2. 1880. NL Fried, Box 13, file 259
34. Die Unterlagen befinden sich heute im Keller des Sigmund-Freud-Gymnasiums in Wien. Danach war Alfred Hermann Fried vom Schuljahr 1875/76 bis zum 20. Januar 1879 gemeldet und musste die 2. Klasse wiederholen.
35. Fried, Tagebuch. 9. 4. 1880: »Beim Durchsuchen der Schulbücher habe ich gefunden, dass zu ›Schenkels Übungsbuch‹ ein Prof. ein Vokabularum verfasst hat, um den Anfängern das Aufsuchen der griechischen Vokabeln zu erleichtern. Wenn ich das früher gewusst hätte, wäre ich vielleicht gar nicht aus der Schule ausgetreten [...].«
36. Fried, Biographische Skizze, S. 3
37. Ebd., S. 3
38. Vgl. die biographische Skizze Siegfried Frankls in: Richard Wrede, Hans von Reinsfeld, Hrsg., Das geistige Berlin. Erster Band. Berlin 1897, S. 111
39. NL Fried, Box 13, file 259
40. Ein Exemplar meiner maschinenschriftlichen Abschrift des schwer lesbaren Tagebuches befindet sich heute in Genf.
41. Die folgenden Zitate wurden orthographisch korrigiert. Die fehlenden Monatsangaben sind in Klammern eingefügt.
42. Deutscher Dichter-Freund, Journal zur Belehrung u. Unterhaltung. Bückeburg, Minden 1878–1880
43. Fried, Tagebuch, 11. 2. 1880
44. Fried, Tagebuch, 26. 2. 1880
45. Ludwig Anzengruber (1839–1889), Buchhändler, Schauspieler, Kanzlist bei der Wiener Polizei, seit 1871 freier Schriftsteller. Im österr. Kulturkampf stand er auf Seiten des Freisinns.
46. Fried, Tagebuch, 26. 3. 1880
47. Fried, Tagebuch, 28. 3. 1880
48. Ludwig August Ritter von Frankl-Hochwart (1810–1894), Arzt und liberaler Schriftsteller in Wien. Sekretär der Israelitischen Kultusgemeinde und Professor für Ästhetik.
49. Frankl, Friedens-Fried. Der Brief befindet sich, wie auch Unterlagen, aus denen Frankl zitiert, nicht im NL Fried in Genf. Über Frankls Schicksal nach 1931 ist nichts bekannt.
50. Fried, Tagebuch, 16. 5. 1880
51. Fried, Tagebuch, 9. 5. 1880
52. »Frostiger Lenz«, NL Fried, Box 8, file 94. Schreibmaschinen-MS mit handschr. Korr. o. D.

53. Leopold (Poldi) Fried an Fried, 3. 2. 1904. NL Fried, Box 31
54. Fried, Tagebuch, 25. 2. 1880
55. Fried, Tagebuch, 8. 3. 1880
56. Fried, Tagebuch, 28. 3. 1880: »Der Onkel Moriz hat die Tage beim Kronprinzen Audienz gehabt, und der Kronprinz hat ihm eigenhändig das Bild seiner Braut überreicht.«
57. Fried, Jugenderinnerungen, S. 12
58. Wassili Wassiljewitsch Wereschagin, Maler und Grafiker, geb. 1842 in Tscherepowez bei Nowgorod, nahm als Offizier und Maler an den russ. Kämpfen in Mittelasien teil. Besonders seine realistischen Kriegsbilder vom russ.-türkischen Krieg sind berühmt geworden. W. starb am 13. 4. 1904 beim Zeichnen von Kriegsbildern auf dem Schlachtschiff Petropawlowsk, das vor Port Arthur auf eine japanische Mine lief. Vgl. Nicole Gysemberg in Miodrag Jelesiijevic, Apotheose des Krieges. Leben und Werk des russischen Malers Wassili Wereschagin, Hamburg 2001
59. Fried, Jugenderinnerungen, S. 12
60. Schriftl. Auskunft Dr. Wladimir Aichelburg, Archivar des Künstlerhausarchivs Wien, 25. 6. 2001
61. Fried, Jugenderinnerungen, S. 12
62. Fried, Jugenderinnerungen, S. 13
63. Fried, Biographische Skizze, S. 4
64. Fried, Jugenderinnerungen, S. 13
65. Ebd., S. 13
66. Fried an Therese Frankl, 3. 3. 1903. NL Fried, Box 92
67. Fried an Therese Frankl, 28. 3. 1903, NL Fried, Box 92
68. Vgl. Siegfried Frankl an Fried, 16. 1. 1883. NL Fried, Box 12b, file 249
69. Ebd.
70. Sigismund Engel an Fried, 9. 10. 1883, NL Fried, Box 13, file 251
71. Victor Bloch an Fried, 22. 10. 1883, NL Fried, Box 13, file 251
72. Victor Bloch an Fried, 10. 12. 1883, NL Fried, Box 13, file 251
73. Victor Bloch an Fried, 10. 12. 1883, NL Fried, Box 13, file 251
74. Dies und das nachfolgende Zitat: Buchhandlung Prager an Fried, 16. 2. 1884. NL Fried, Box 13, file 251

2. Die Berliner Jahre 1884–1903

1. Eberhard Roters, Emporgekommen. In: Berlin um 1900. Ausstellung der Berlinischen Galerie in Verbindung mit der Akademie der Künste zu den Berliner Festwochen 1984, S. 49
2. Vgl. hierzu und zum Folgenden u.a.: Inka Bertz, Juden in Berlin in: Gert Mattenklott (Hrsg.), Jüdisches Städtebild Berlin. Frankfurt a.M. 1997, S. 15f.
3. Ebd., S. 19f.
4. Wilhelm Marr (1819–1904) schrieb ab 1862 antijüdische Artikel und wurde 1879 durch seine Schrift »Der Sieg des Judentums über das Germanentum«, die seinen rassisch motivierten Antisemitismus zum Ausdruck brachte, bekannt. Im selben Jahr gründete er die »Antisemitenliga«, die für die Ausweisung aller Juden nach Palästina eintrat, und prägte damit den Begriff »Antisemitismus«.
5. Adolf Stöcker (1835–1909), Dom- und Hofprediger in Berlin, mehrere Jahre Abgeordneter der Deutschkonservativen Partei. 1880 gründete er die »Berliner Bewegung«, die einen Zusammenschluss aller antisemitischen Gruppierungen bewirken sollte. Nach erfolglosen Versuchen, die Arbeiterschaft durch antisemitische Propaganda zu

beeinflussen, wandte sich Stöcker später an den kleinbürgerlichen Mittelstand und die Studentenschaft.

6. Heinrich von Treitschke (1834–1896) wurde durch den Satz »Die Juden sind unser Unglück« in den Preußischen Jahrbüchern bekannt, der 1879 den Berliner Antisemitismusstreit auslöste.
7. Hinweise auf die Namen und Orte finden sich in der Korrespondenz mit Siegfried Frankl im NL Fried, Box 12b, file 249
8. Pauline Fried an Fried, ohne Datum (1884). NL Fried, Box 13, file 251
9. Ebd.
10. Pauline Fried an Fried, 30.4.1884. NL Fried, Box 13, file 251
11. Georg Büchmann, Geflügelte Worte. Der Zitatenschatz des deutschen Volkes. Erste Ausgabe 1864. (München 2002) Die 5. Auflage erschien 1869, die 13. Auflage 1882. Zum Zeitpunkt des Erscheinens von Frieds Werk war »der Büchmann« längst zu einem festen Begriff geworden.
12. Der kleine Büchmann, Eine Sammlung der landläufigsten Zitate und berühmtesten Aussprüche deutscher, lateinischer, französischer, englischer und italienischer Sprache. Herausgegeben von Alfred Hermann Fried. 2. Auflage, Leipzig o.J., 1886
13. Fried, Der kleine Büchmann. Einleitung der 1. und 2. Auflage
14. Salomon Fried an Fried, 6.1.1887. NL Fried, Box 12b
15. Lexikon deutscher Zitate. Herausgegeben von Alfred Hermann Fried. Leipzig o.J. [1888]. Universal-Bibliothek Nr. 2461–2463
16. Lexikon fremdsprachlicher Zitate. Herausgegeben von Alfred Hermann Fried. Leipzig o.J. [1888]
17. Vgl. die Vorladung Frieds durch die k.u.k. Österreichisch-ungarische Gesandtschaft in Hamburg, datiert vom 10.1.1884. NL Fried, Box 14, file 267
18. Fried, Jugenderinnerungen, S. 13.
19. NL Fried, Box 25 file 358. So entspinnt sich 1897 ein langes Hin und Her über einen Einrückungsbefehl zu einer 13-tägigen Übung in Wien, an der er nicht teilnehmen will.
20. Fried, Jugenderinnerungen, S. 6
21. FW, Jg. 21, Heft 1 (Januar 1919), S. 26
22. Privatbesitz Trude Simonsohn, jetzt NL Fried
23. Alfred H. Fried Verlag, Berlin N.W.7, Unter den Linden 59a, II. Stock. Vgl. Gesamt-Verlags-Katalog des Deutschen Buchhandels 14. Ergänzungsband, Erste Abteilung. Münster o.J., S. 867ff. Adressbuch des Deutschen Buchhandels, Leipzig 51. Jg. (1889) und 54. Jg. (1892)
24. Vgl. gedruckte Zeitungsofferte Frieds, NL Fried, Box 14, file 271
25. NL Fried, Box 14,file 271: Doppelseitig gedrucktes Flugblatt, 1891
26. Mit der Teilhaberschaft Gnadenfelds geht auch der Umzug des Verlages einher, der nun als Adresse die Neustädter Kirchstraße 15 in Berlin NW 7 angibt.
27. Vgl. NL Fried, Box 14, file 271
28. Vgl. Fried, Biographische Skizze, S. 3. »Wie ich überhaupt in meiner Jugend ein Einsamer war, was mir auch im späteren Leben oft und lange zuteil wurde.«
29. »Ich gebe zu, Du hast ein unglückliches Naturell, auch ein Erbstück, das wir alle haben.« Fried an Pauline Wyon-Fried, 30.11.1908. NL Fried, Box 31
30. »Seien Sie versichert, lieber Alfred, dass von meiner Seite alles geschieht und geschehen wird, um unser Unternehmen zu fördern. Ihre Bemerkungen über meine literarischen Kenntnisse

muss ich zu meinem Bedauern mit Ihnen teilen, denn mir fehlt leider noch vieles, was ein gebildeter Mensch wissen muss.« Jacques Gnadenfeld an Fried, 7. 1. 1888. NL Fried, Box 14, file 271

31. Zu Richard Grelling vgl. Helmut Donat, »Richard Grelling«, in Helmut Donat/Karl Holl (Hrsg.): Die Friedensbewegung. Organisierter Pazifismus in Deutschland, Österreich und in der Schweiz. Düsseldorf 1983 S. 162f.
32. Goldscheid, Gedenkblätter, S. 31f.
33. Bruno Walden (Hrsg.), Fürst Bismarcks gesammelte Werke. Briefe, Reden und Aktenstücke. Erste Volksausgabe, Berlin o.J. [1890]. Band 1: Familienbriefe, Band 2: Politische Reden
34. Vgl. Fried, Flugblatt, 1891
35. Ausriss einer Zeitungsanzeige vom 18. 2. 1891. NL Fried, Box 14, file 271
36. Dies und das folgende Zitat: Fried, Flugblatt, 1891
37. Hans Land, Amor Thyrannus. Drama (1889); Die am Wege sterben (1889); Stiefkinder der Gesellschaft (1889).
38. Heinrich Zschokke, Ausgewählte Werke. 5 Bände. 1889
39. Dr. Carl von Gelsen, Die Hygiene der Flitterwochen, 1888 (5. Auflage 1892); Dr. Th. G. Kornig, Die Hygiene der Keuschheit, 1890 (2. Auflage 1891); Dr. E. F. Rain, Die Hygiene der Nahrungsmittel, 1890; Dr. Otto Dornblüth, Die Hygiene der geistigen Arbeit, 1890
40. G. v. Streitberg, Bd. 1: Die Erziehung der Töchter. Grausamkeiten im Familien- und gesell. Leben. Bd. 2: Die verehelichten und ehelosen Frauen. Bd. 3: Die falsche Moral im Leben des Weibes. Bd. 4: Die Enterbten, Gefallenen, Verlorenen. Ein Beitrag zur Kulturgeschichte des Weibes
41. NL Fried, Box 14, file 272
42. Wie die Gerichte entschieden haben, ist nicht bekannt; dem Plagiatszirkular Adolph Heins aus dem Gnadenfeld-Verlag, das sich im NL befindet, ist eine Zeitungsanzeige vom 15. Juni 1892 angeheftet, in der er das Zirkular »nach stattgefundener Einigung hiermit vollinhaltlich zurück [nimmt].«
43. In der Biographischen Skizze, S. 4, gibt Fried den 4. 11. an.
44. Dies und das Folgende: Fried, Jugenderinnerungen, S. 16f.
45. B. v. Suttner: Die Waffen nieder! Eine Lebensgeschichte. Dresden 1889. Bis 1896 erlebte das Werk 14 Auflagen.
46. Fried, Jugenderinnerungen, S. 19
47. B. v. Suttner an Fried, 22. 12. 1891. NL Fried, Box 25. Vgl. Hamann, B. v. Suttner. Ein Leben für den Frieden. München/Zürich 1991, S. 168 (Anm. 51, S. 525)
48. Hierzu und zum Folgenden vgl. ebd., S. 168ff.
49. B. v. Suttner an Fried, o. D. [Jan. 1892], zit. nach Hamann, B. v. Suttner, S. 169
50. Fried, Jugenderinnerungen, S. 22
51. B. v. Suttner an Fried, 2. 1. 1892, zit. nach Hamann, B. v. Suttner, S. 169
52. Vgl. ebd.
53. Fried, Jugenderinnerungen, S. 22
54. Ebd., S. 23
55. Fried an B. v. Suttner, 9. 6. 1893. NL B. v. Suttner, Box 19. Die folgenden Zitate aus diesem Brief.
56. Karl Ferdinand Reichel. Die pazifistische Presse. Würzburg 1938, S. 4
57. Fried, Jugenderinnerungen, S. 24
58. Zu Felix Moscheles (1833–1917) vgl. J.O. Baylen in Josephson, Biographical Dictionary, S. 669ff.
59. Zum weiteren Verlauf der Begegnung vgl. B. v. Suttner, Memoiren, Stuttgart u. Leipzig 1909, S. 190ff.

60. Vgl. hierzu und zum Folgenden Suttner, Memoiren, S. 204ff.
61. B. Ritter von Carneri, Geh. Rat Graf Carl Coronini, Graf Rudolf Hoyos, Prof. Freiherr v. Krafft-Ebing, Reichstagsabgeordneter Freiherr v. Pirquet, P. K. Rosegger, Dr. Carl Ritter v. Scherzer, A. G. Freiherr v. Suttner, Bertha Baronin v. Suttner-Kinsky, Fürst Alfred Wrede. Vgl. Suttner: Memoiren. S. 210
62. Diesen Anfangserfolgen folgte schnell die Ernüchterung. Die Rechenschaftsberichte der ÖFG weisen schon für 1892 und 1893 stagnierende Mitgliederzahlen und schwindende Geldmittel aus. Vgl. hierzu Josef Bauer, Die österreichische Friedensbewegung. Diss. Wien 1949 S. 45f.
63. Zu Wilhelm II. vgl.: Gerd Fesser, Kaiser Wilhelm II. und der Wilhelminismus. In: Karl Holl/Hans Kloft/Gerd Fesser. Caligula – Wilhelm II. und der Cäsarenwahnsinn. Bremen 2001, S. 117ff.
64. Vgl. u.a. Dieter Riesenberger, Geschichte der Friedensbewegung in Deutschland. Von den Anfängen bis 1933. Göttingen 1985. S. 59f. Zur Heeresrüstungspolitik des Dt. Reiches auch: Stig Förster. Alter und neuer Militarismus im Kaiserreich. In: Jost Dülffer/Karl Holl (Hrsg.). Bereit zum Krieg. Kriegsmentalität im wilhelminischen Deutschland 1890–1914. S. 122ff., hier besonders S. 125.
65. Eine Ablehnung, die zur Auflösung des Reichstags am 6. 5. 1893 und zur Spaltung der Deutsch-Freisinnigen Partei führte, durch die der Linksliberalismus und damit die Basis der Friedensbewegung weiter geschwächt wurde.
66. Zum Folgenden vgl. Scheer, Deutsche Friedensgesellschaft S. 24ff. Vgl. auch Dr. Alexander Dietz, Franz Wirth und der Frankfurter Friedensverein. Frankfurt a.M. 1911 S. 18ff.
67. Die beteiligten Parlamentarier waren Mitglieder des »Deutschen parlamentarischen Komitees für Schiedsgericht und Frieden«.
68. Vgl. Fried, Jugenderinnerungen, S. 27ff. Auch die folgenden Zitate stammen aus dieser Quelle.
69. Fried an Suttner, 26. 3. 1892. NL B. v. Suttner, Box 19
70. Vgl. Scheer, Deutsche Friedensgesellschaft, S. 43
71. Vgl. Hamann, B. v. Suttner. S. 91ff.
72. Vgl. Fried, Jugenderinnerungen, S. 30f.
73. In den Jugenderinnerungen (S. 31) benennt Fried Schlief irrtümlich mit dem Vornamen »Emil«, es gibt aber keinen Zweifel, dass es sich bei dem Genannten um Eugen Schlief handelt.
74. Eugen Schlief, Der Friede in Europa. Eine völkerrechtlich-politische Studie, Leipzig 1892
75. Fried, Jugenderinnerungen, S. 31
76. Auch abgedruckt in DWN, Jg. 3 (1894), S. 70, Brief Frieds an Suttner, 8. 2. 1894
77. Fried, Jugenderinnerungen., S. 33
78. Vgl. ebd. Allerdings zeigt das Beispiel Foersters, der auch zum Gründungskomitee der DFG gehörte, dass die Mitgliedschaft in dem einem Verband die Mitarbeit am anderen nicht ausschloss. Zu den Vor- und Nachteilen, die aus den personellen Verflechtungen mit anderen Reformbewegungen erwuchsen, vgl. Scheer, Deutsche Friedensgesellschaft, S. 69f.
79. Zu Christoph Moritz von Egidy vgl. u.a. Josephson, Biographical Dictionary, S. 246ff. Donat/Holl, Die Friedensbewegung, S. 95ff. Fried behielt zeitlebens ebenso wie B. v. Suttner, die Egidy in

ihren Memoiren einen »Mensch von Kristall« nennt (Suttner, Memoiren, S. 256), eine besondere Hochachtung und Bewunderung für den Menschen Egidy.

80. Fried, Jugenderinnerungen, S. 34
81. Die Humanisierung des Krieges in ihrer kulturgeschichtlichen Entwicklung: Eine Studie von H. Hetzel, Frankfurt a.d.O., Trowitzsch o.J. [1891]
82. 1893 bis 1894 fungierte er sogar als Vorsitzender der DFG.
83. Fried, Jugenderinnerungen, S. 36f.
84. Ebd., S. 37
85. Der provisorische Vorstand bestand aus: Graf A.v. Bothmer, Oberst a. D. (Wiesbaden), Dr. M. Brasch (Leipzig), Geheimrat Prof. Dr. Förster (Berlin), Verlagsbuchhändler Alfred H. Fried (Berlin), Oberst a.D. v. Gizicky (Berlin), Rechtsanwalt Dr. Richard Grelling (Berlin), Reichstagsabgeordneter Dr. Harmening (Jena), Pfarrer Hetzel (Fürstenwalde), Dr. Mühling (Berlin), Rechtsanwalt Nelson (Berlin), Professor Dr. Philippson (Berlin), Dr. Richter (Pforzheim), Richard Schmidt-Canabis (Berlin), Friedrich Spielhagen (Berlin), Franz Wirth (Frankfurt a.M.).
86. Dies und das folgende Zitat: Fried, Jugenderinnerungen, S. 37
87. Vgl. Scheer, Deutsche Friedensgesellschaft, S. 47f.
88. Vgl. Roger Chickering, Imperial Germany and a World Without War. The Peace Movement and German Society, 1892–1914. Princeton, 1975, S. 49. Während Chickering den erzwungenen Austritt auf Anfang Januar 1893 datiert, gibt Fried im Brief an Otto Umfrid den Dezember 1892 an. Vgl. Fried an Otto Umfrid, 2. 2. 1907. NL Fried, Box 84
89. Vgl. Scheer, Deutsche Friedensgesellschaft, S. 48. Der Aufruf »An das deutsche Volk!« findet sich abgedruckt in DWN, Jg. 1893, S. 402 und bei Guido Grünewald (Hrsg.), Nieder die Waffen! Hundert Jahre Deutsche Friedensgesellschaft (1892–1992), Bremen 1992, S. 20f.
90. Vorwort zur ersten Auflage des Friedens-Katechismus, 3. 6. 1894
91. Vgl. Fried, Friedens-Katechismus, S. 84ff.
92. Fried, Friedens-Katechismus. Ein Kompendium der Friedenslehre zur Einführung in die Friedensbewegung. Dresden, Leipzig, Wien. Pierson Verlag. 1. und 2. Auflage 1894, 3. Auflage 1896
93. Fried an Wehberg, 15. 12. 1911. NL Wehberg, Bd. 59a, BA Koblenz
94. Das fünf Punkte umfassende Programm abgedruckt in Grünewald, Nieder die Waffen, S. 21f.
95. Fried an Krisch, 24. 1. 1903. NL Fried, Box 32
96. Zeitungsausschnitt, der keine Rückschlüsse auf die Zeitung zulässt, im NL Fried, Box 30
97. Dr. Albert Südekum an Fried, 8. 4. 1898. NL Fried, Box 42
98. Vgl. NL Fried, Box 18, file 287
99. Vgl. Verzeichnis von 1000 Zeitungs-Artikeln Alfred H. Frieds zur Friedensbewegung (Bis März 1908). Berlin 1908, S. 4
100. Richard Grelling an Fried, 11. 10. 1894. NL Fried, Box 35 (DFG)
101. »Pro domo!« (anonym) In: Der Friede. Organ des akademischen Friedens-Vereines Zürich sowie des Allgemeinen Schweizerischen Friedens-Vereines. Wochenschrift für Friedensbestrebungen und für einheitliche Jugenderziehung und Volksbildung. Zürich und St. Gallen. Nr.7/8, 15. 2. 1895. S. 2–5
102. Zu Wirths Tätigkeit vgl. Dietz, Franz Wirth, S. 30ff, auch die folgenden Zitate stammen von hier
103. Vgl. Hamann, B. v. Suttner, S. 183

104. Fried, Pro domo, S. 5, im Original gesperrt gedruckt
105. Franz Wirth an Fried, 2. 3. 1895. NL Fried, Box 44
106. Dietz, Franz Wirth, S. 35
107. Richard Grelling an Fried, 26. 4. 1895, NL Fried, Box 35 (DFG)
108. Dies und nachf. Zitate aus dem Vereinsprogramm von Nov. 1895, NL Fried, Box 35 (DFG)
109. Zu Fredrik Bajer vgl. Fried, Handbuch der Friedensbewegung, 1913, S. 322f. Vgl. auch Peter van den Dungen in Josephson, Biographical Dictionary, S. 49f.
110. Fredrik Bajer an Fried, 15. 12. 1895. NL Fried, Box 33
111. Fried an Franz Wirth, 9. 11. 1895. NL Fried, Box 44. Die folgenden Zitate aus diesem Brief.
112. Michel Revon, Die Philosophie des Krieges. Autorisierte Übersetzung aus dem Französischen von Alfred H. Fried, München 1896. Original »Philosophie de la guerre«, 1896, Paris
113. Zu Revon vgl. Fried, Handbuch 1913, S. 396f. und den Artikel von Sandi E. Cooper in Josephson, Biographical Dictionary, S. 801ff.
114. Jacques Novicow, Der Krieg und seine angeblichen Wohltaten. Autorisierte dt. Übersetzung von Alfred Hermann Fried, Leipzig 1896. Original »La Guerre et ses prétendus bienfaits« 1894, Paris
115. Zu Novicow vgl. den Artikel von Sandi E. Cooper in Josephson, Biographical Dictionary, S. 705ff. Vgl. Fried, Handbuch 1905, S. 409f.
116. Grelling an Fried, 18. 3. 1896, NL Fried, Box 35 (DFG)
117. Grelling an Fried, 18. 3. 1896. NL Fried, Box 35 (DFG)
118. Briefe Loewenthals im NL Fried, Box 39
119. FW, Jg. 3, Nr.39/40 (23. 12. 1901), S. 159f.
120. FW, Jg. 19, Heft 4, 4. 1917, S. 127
121. DFG am Fried, 30. 9. 1897. NL Fried, Box 35 (DFG)
122. Fried, Rundbrief, Mai 1899
123. Zirkular Graf Bothmers, April 1898, der die Notwendigkeit eines aktuellen, jeden Monat pünktlich erscheinenden Blattes anmahnt: »›Die zwanglosen Mitteilungen‹ sind durchaus nicht geeignet, der Welt das Neueste in der Friedensbewegung zu bieten. Sie haben lediglich den Vorteil, es denjenigen, die sich mit deren Herausgabe befassen, die Sache möglichst bequem zu machen.« NL Fried, Box 20, file 344
124. Die Redaktion der erstmals im März erscheinenden Mitteilungen leitet Dr. Rudolph Penzig, Schriftführer der DFG, gedruckt werden sie in der Druckerei Ernst Bolls, der zugleich Kassenwart der DFG ist.
125. Dass diese Bestellung nur auf außerordentlichen Druck der anderen Delegierten zustande kommt, zeigt sich vor allem daran, dass die Berliner Ortsgruppe sich zunächst weigert, die 1000 an sie gesandten Exemplare anzunehmen. Da Georg Haberland von Frankfurt aus in Urlaub gereist war, ohne den Berliner Vorstand über die neue Entwicklung zu informieren, schloss man dort noch in der Vorstandssitzung vom 12. 4. 1898 eine stattgefundene Einigung aus. Mitteilungen der Deutschen Friedensgesellschaft, Nr. 2, April 1898. NL Fried, Box 35
126. Zu Hirsch vgl. Fried, Handbuch 1905, S. 397f.
127. Fried, Rundbrief, Mai 1899
128. Vgl. den genauen Inhalt des Artikels in MFK, 4. Jg., Nr. 4, April 1899
129. Fried rächt sich an Boll, indem er in der »Die Friedens-Warte« auf

mit der DFG unvereinbare Tätigkeiten Bolls aufmerksam macht. »Auch ein Friedensfreund«: (FW, Jg. 2, Nr. 43, 10. 1900, S. 172): »Herr Ernst Boll, [...] gibt seit 1. Oktober eine ›Armee und Marine‹ betitelte, reich illustrierte, vom kriegerischen Geiste durchtränkte Wochenschrift heraus. Nachdem die Berliner Ortsgruppe der D.F.G. seit Januar dieses Jahres überhaupt keine Versammlung oder Vorstandssitzung einberufen hat, wäre es doch angezeigt, wenn der Stuttgarter Vorstand den Herrn Boll auf den § 4 der Statuten aufmerksam und ihm klarmachen würde, dass seine Anwesenheit im Vorstande einer Friedensgesellschaft ihm bei seinen geschäftlichen Manipulationen wohl hinderlich sein könnte.«

130. Fried, Rundbrief, Mai 1899
131. Georg Arnhold an Fried, 6. 5. 1899, NL Fried, Box 33
132. Arnhold an Fried, 23. 5. 1899, NL Fried, Box 33
133. Auch Georg Arnhold bestellte die Exemplare der MFK für seine Dresdner Ortsgruppe weiter.
134. Vgl. hierzu: Scheer, Deutsche Friedensgesellschaft, S. 96f. und Reichel, Pazifistische Presse, S. 9f.
135. Vgl. Bericht über die GV vom 3. 12. 1899 in Friedensblätter, 12. 1899, S. 3ff.
136. Zu Richter vgl. Georg Grosch (Hrsg.), Dr. Adolf Richter-Pforzheim, Stuttgart o.J. [1920] und Karl Holl, Adolf Richter. In Donat/Holl, Friedensbewegung, S. 327
137. Zu Umfrid vgl. Wehberg, Führer der Friedensbewegung, S. 41ff. und Mauch, Chr./Brenner, T., Für eine Welt ohne Krieg. Otto Umfrid und die Anfänge der Friedensbewegung, Schönaich 1987
138. Fried, Handbuch 1913, S. 108. Vgl. Scheer, Deutsche Friedensgesellschaft, S. 101
139. Zu Felix Holländer und seinen Brüdern siehe: NDB, Bd. 9, Berlin 1972, S. 534ff; 1891 debütierte Holländer mit »Jesus und Judas«, der sich mit dem Elend der Arbeiterklasse beschäftigt, 1892 »Magdalena Dornis«
140. Fried an Therese Frankl, 28. 3. 1903. NL Fried, Box 92
141. Vgl. Fried an Therese Frankl, 24. 3. 1903. NL Fried Box 92
142. NL Fried, Box 32
143. MS »Experimantalehen« 1903, NL Fried, Box 8, file 58
144. Ebd.
145. Dies und das folgende Zitat: Dr. Martin Langen an Fried, 28. 6. 1896. NL Fried, Box 38
146. Dr. Martin Langen an Fried, 15. 3. 1897, NL Fried, Box 38
147. Separatdruck der »Illustrierten Zeitung«, NL Fried, Box 8, file 77
148. Carl Rudolf Bergmann an H. C. Bestehorn, 21. 10. 1897, NL Fried, Box 33
149. H.C. Bestehorn an Carl Rudolf Bergmann, 22. 10. 1897, NL Fried, Box 33
150. Berliner Packetfahrt-AG an Fried, 25. 9. 1897, NL Fried, Box 33
151. Fried an Freytag & Berndt, 18. Nov. 1897, NL Fried, Box 36
152. Freytag & Berndt an Fried vom 20. 11. 1897, NL Fried, Box 36
153. Fried an Kaiserliches Patentamt Berlin, 22. 10. 1901, NL Fried, Box 38
154. Elsass-Lothringen und der Krieg. Ein Friedenswort von A. H. Fried/ L´Alsace-Lorraine et la guerre. Une Parole de Paix par A. H. Fried. Leipzig/Paris 1895
155. Ebd., S. 136
156. Ebd., S. 157f.
157. Doppelseitiges Werbeflugblatt zur Gründung der »Deutsch-Französischen Jahrbücher«, Anfang

Juli 1895. NL Fried, Box 42. Dieses Konzept wurde erst nach dem 2. Weltkrieg weiterentwickelt und wird heute z. B. vom Fernsehsender »Arte« umgesetzt.

158. Bernard Lazare (1865–1903), Schriftsteller und Literaturkritiker. Sohn einer assimilierten jüdischen Familie aus Nimes, seit 1886 in Paris, beteiligte sich an der Bewegung des Symbolismus und des Anarchismus. Daneben beschäftigte er sich mit den Wurzeln des Antisemitismus und wurde durch seine frühe Stellungnahme in der Dreyfus-Affäre bekannt. Vgl. Briefwechsel zwischen Lazare und Fried von 1895 im NL Fried, Box 38
159. Fried, Elsass-Lothringen, S. 163f.
160. Mehr als 20 Jahre später weist Fried den russischen Schriftsteller und Publizisten Alexander Herzen (1812–1870) als Schöpfer dieses Titels aus. Vgl. Fried, Kriegs-Tagebuch IV, S. 439, 25. 6. 1919
161. »Das Maschinenzeitalter. Zukunftsvorlesungen über unsere Zeit«, 1889 Zürich. Suttner ließ einen Geschichtsprofessor des 21. Jahrhunderts in Vorlesungen zu Themen wie »Staatsformen«, »Die Frauen«, »Soziologie und Politik«, »Die Religionen« etc. über ihre Gegenwart dozieren. Grund für die Wahl eines Pseudonyms war dabei die berechtigte Befürchtung, dass man einer Frau die Behandlung derartiger Themen nicht zutrauen werde. Tatsächlich vermuteten die Zeitgenossen Max Nordau oder Karl Vogt als Autoren des Werkes. Vgl. Suttner, Memoiren, S. 170ff.
162. Dieser Eindruck bleibt bestehen, auch wenn Fried in seiner Einleitung betont, er wolle das Werk »um keinen Preis als eine Sammlung von Aphorismen betrachtet sehen«, sondern als ein Buch, das nur auf die »verbindenden Lücken« verzichte. Vgl. Fried, Dschingis-Khan, S. 2. Die nachfolgenden Zitate aus diesem Werk.
163. DWN, Jg. 4, Dez. 1895, S. 451, Rubrik: Literarisches
164. Einen umfassenden Überblick über die Entwicklung der Todesstrafe gibt Richard J. Evans, Rituale der Vergeltung. Die Todesstrafe in der deutschen Geschichte 1532–1987. Berlin/Hamburg 2001
165. Alle Materialien zu dieser Umfrage im NL Fried, Box 24, file 351
166. Wissentlich oder unwissentlich hält sich Fried inhaltlich eng an Victor Hugos Jugendwerk »Der letzte Tag eines Verurteilten«. Vgl. hierzu den Kommentar von Hans Wehberg zur Neuauflage dieses Werkes 1945, FW Jg. 46, 1946 S. 97f., in dem Frieds Schrift bezeichnenderweise nicht erwähnt wird.
167. Fried, Das Tagebuch eines zum Tode Verurteilten. Mit einer Einleitung über die Todesstrafe von Professor Dr. Ludwig Büchner. Berlin 1898. Die Todesstrafe, die im Deutschen Reich auf Mordfälle beschränkt war, wurde nach 1933 immer häufiger angewandt und auf weitere Vergehen ausgedehnt. Erst nach dem Krieg gelang ihre Abschaffung: In der Bundesrepublik Deutschland 1949 durch Art. 102 GG, 1951 in Westberlin, 1968 in Österreich und 1987 in der DDR.
168. Fried, »Das Tagebuch eines zum Tode Verurteilten.« In: Die Zukunft 24 (1898), S. 533. Deutsches Literaturarchiv, Marbach a. N.
169. Fried, Die Haager Konferenz, ihre Bedeutung und ihre Ergebnisse, Berlin 1900. S. 8f.

170. Georg Haberland an Fried, 10. 1. 1898. NL Fried, Box 35 (DFG). Auch das folgende Zitat stammt aus diesem Brief.
171. Fried an Suttner, 30. 7. 1898. NL Suttner, Box 19
172. Zum folgenden Themenkomplex vgl. Jost Dülffer, Regeln gegen den Krieg? Die Haager Friedenskonferenzen von 1899 und 1907 in der internationalen Politik, Berlin/Frankfurt a.M/Wien 1981.
173. Zitiert nach einem Abdruck des Manifests in Fried, Die Haager Konferenz, Berlin 1900, S. 1f.
174. Suttner, Memoiren, S. 399
175. Wortlaut in: Fried, Unter der weißen Fahne. Berlin 1901 S. 169ff. Erscheinungsort und Datum finden sich dagegen in dem »Verzeichnis von 1000 Zeitungs-Artikeln Alfred H. Frieds zur Friedensbewegung«, Berlin 1908, S. 9. Alle folgenden Zitate aus diesem Artikel.
176. Cooper, Patriotic Pacifism, S. 97
177. Vgl. Dülffer, Regeln, S. 26ff. Im September 1896 hatten der russische Generalkonsul Vasilij und sein Stellvertreter als Beobachter am Weltfriedenskongress und der folgenden Interparlamentarischen Konferenz teilgenommen und einen Bericht nach Petersburg gesandt. Vasilij war an den Vorarbeiten des Zarenmanifests beteiligt.
178. Vgl. Suttner, Memoiren, S. 402ff. Wörtlich: »Wenn es mich auch freute zu hören, dass der Zar mein Buch kurz vor dem Erscheinen des Manifestes gelesen, so war ich stets überzeugt, dass eine lange Kette vieler Einflüsse, unter welcher derjenige einer Romanlektüre nur ein ganz minimaler gewesen sein kann, einer solchen Aktion vorangegangen sein muss.« S. 403
179. Johann von Bloch, Der Krieg. Der zukünftige Krieg in seiner technischen, volkswirtschaftlichen und politischen Bedeutung, 6 Bände, Berlin 1899. Russ. Originalausgabe, Petersburg 1898
180. Vgl. Dülffer, Regeln, S. 31f.
181. Jacques Novicow an Suttner, 12. 9. 1898, zitiert nach Suttner, Memoiren, S. 405
182. Henry Dunant an Suttner, 21. 9. 1898, ebd.
183. Jacques Novicow an Suttner, 12. 9. 1898, ebd.
184. Vgl. Fried, Die Haager Konferenz, S. 13ff. Vgl. auch Dülffer, Regeln, S. 39ff.
185. Was kann die Petersburger Friedens-Konferenz erreichen? Ein Vorschlag zur Erreichung der vom Zaren angestrebten Ziele von Alfred H. Fried, Dresden und Leipzig 1899. 36 S. Alle folgenden Zitate aus diesem Werk.
186. Zitiert nach DWN, Jg.8, Nr. 4 (April 1899), S. 159
187. Vgl. ebd.
188. Vgl. Hamann, Bertha von Suttner, S. 255f.
189. Fried, Handbuch 1911, S. 206
190. Zum genaueren Ablauf vgl. Dülffer, Regeln, S. 39ff.
191. Die IPU tagte vom 29. 9. bis 1. 10. in Brüssel.
192. Vgl. Fried, Handbuch 1913, S. 137f.
193. Vgl. Fried, Handbuch 1913, S. 138f. und Suttner, Memoiren, S. 426ff.
194. Zu Margarethe Selenka vgl. u. a. Donat/Holl, Friedensbewegung, S. 352f.
195. MS Rundschreiben an die Ortsgruppen der DFG, Mai 1899. NL Fried, Box 20, file 343. Folgende Zitate aus diesem Schreiben.
196. Dülffer, Regeln, S. 70
197. Nach Frieds Erinnerungen, Kriegs-Tagebuch IV, S. 414, 18. 5. 1919

198. Fried, Haager Konferenz, S. 28. Zitat in der 1820–1822 von Goethe geschriebenen »Kampagne in Frankreich 1792«, 19. 9. 1792
199. Fried, »Unsere Freunde im Haag«, in: DWN Jg. 8.,1899, Nr. 6, S. 228ff.
200. »Der Salon der Baronin v. Suttner im Haag«. Pester Lloyd 27. 5. 1899, abgedruckt in Fried, Unter der weißen Fahne, S. 193ff.
201. Zu Bloch vgl. den Artikel von Michael Bloch in Josephson, Biographical Dictionary, S. 84f.
202. Vgl. Frieds Nachruf auf Bloch in FW, Jg. 4, Nr. 1 (15. 1. 1902), S. 1. Dort heißt es u.a.: »Gerade in diesen Blättern, die ihm in erster Linie ihr Dasein zu verdanken hatten, wurde eingehend über sein Wirken berichtet.« Hervorhebung nach Original.
203. Vgl. hierzu die Korrespondenz mit Bloch im NL Fried, Box 34
204. Jan Ten Kate an Fried, 8. 5. 1899: »Nebstbei schicke ich Dir dreihundert Mark für die Reise.« NL Fried, Box 38
205. Zu Ten Kate vgl. den Artikel von J. H. Rombach in Josephson, Biographical Dictionary, S. 933f.
206. Fried, »Der Maler der Friedens-Idee«, DWN, Jg. 8 (1899), S. 234f.
207. Ebd., S. 235
208. Fried, »Der Salon der Baronin v. Suttner im Haag«. In: Alfred H. Fried. Unter der weißen Fahne. S. 201. Vgl. auch den kürzeren, aber in weiten Passagen gleichlautenden Artikel »Unsere Freunde im Haag« in DWN, Jg. 8 (1899), S. 228ff.
209. Suttner, Friedenskonferenz, S. 53f.
210. Ebd., S. 91
211. Zum Verlauf der Haager Konferenz und ihren Ergebnissen vgl. Christian Meurer, Die Haager Friedenskonferenz. 2 Bände, München 1905. Und Dülffer, Regeln. Aufschlussreich ist auch Arthur Eyffinger, The 1899 Hague Peace Conference. The Parliament of Man, The Federation of the World. Hague, London, Boston 1999
212. Fried, »Das Werk der Haager Konferenz« in: FW, Jg. 1, Nr. 13 (25. 9. 1899). Auch in Fried, Unter der weißen Fahne, S. 189ff. Nachf. Zitate aus diesem Artikel.
213. Die Widmung lautet: »Sr. Excellenz Herrn Staatsrat Johann von Bloch dem Realpolitiker des Friedens ehrerbietigst gewidmet vom Verfasser.«
214. B. v. Suttner, Die Haager Friedenskonferenz, Tagebuchblätter. Dresden u. Leipzig 1900
215. Suttner im Vorwort: »Mit nachstehenden fotografisch-treuen Notizen aus jenen historischen Tagen hoffe ich den Wahrheitsforschern einige Anhaltspunkte und Dokumente gegeben zu haben.« Ebd., S.V
216. Dies und die folgenden Zitate Fried, Haager Konferenz
217. Zur Haltung der deutschen Presse vgl. Andreas Gestrich, Die Haager Friedenskonferenzen und die deutsche Presse. In Christof Dipper, Andreas Gestrich, Lutz Raphael (Hrsg.): Krieg, Frieden und Demokratie. Frankfurt a. M. 2001, S. 231ff.
218. Fried, Haager Friedenskonferenz, S. 25, folgende Zitate aus diesem Werk
219. Fried an Suttner, 2. 11. 1898. Collection de 17 lettres de Alfred H. Fried à Berthe de Suttner. Bibliothéque du Palais de la Paix, Haag, Sig. Y 3462.
220. Vgl. Fried an Suttner, 17. 11. 1898, ebd.
221. Fried an Bertha von Suttner, 17. 11. 1898, Collection de 17 lettres de Alfred H. Fried à Berthe de Suttner

222. Vgl. FW, Jg. 3, Heft 1/2 (14. 1. 1901), S. 1
223. FW, Jg. 1, Heft 1 (1. 7. 1899), S. 1f. Folgenden Zitate aus dem Artikel.
224. DWN, Jg. 8, Heft 12, 12. 1899, S. 440. Ganzseitige Werbeanzeige auf der letzten Seite.
225. Vgl. DWN, Jg. 8, Heft 10, 10. 1899, S. 406 Briefkasten
226. Vgl. Frieds offenen Brief an die Herausgeberin in DWN, Jg. 8, Heft 12 (Dezember 1899), S. 432
227. Belege im NL Fried z.T. in Box 24, file 349 und 350, z.T. auch in diversen Briefwechseln.
228. Brief Leopold, 3. 2. 1904: »Ich wollte seinerzeit studieren und habe fleißig gelernt. Papa aber hat sich mit aller Gewalt eingebildet, ich muss Kaufmann werden. Mit Widerwillen bin ich natürlich von einem Geschäft ins andere, bis mir selber der Kren in die Nase stieg, dass ich endlich was verdienen muss.« NL Fried, Box 31
229. Zeitungsartikel mit Visitenkarte der Nachwuchskünstlerin im NL Berthold Simonsohn, Privatbesitz Trude Simonsohn, jetzt BA Koblenz
230. Samuel Fried wurde auf dem jüdischen Friedhof Weißensee bestattet.
231. Fried an Suttner, 1. 11. 1901. NL Suttner, Box 19
232. Dr. Isidor Singer an Fried, 8. 8. 1902, NL Fried, Box 38
233. Richard Wrede, Hans v. Reinfels (Hrsg.), Das geistige Berlin. Eine Enzyklopädie des geistigen Lebens Berlins. Berlin 1897, S. 120
234. Ebd., S. V
235. Unter dem Namen Manfred Herald Frei erschien m. W. nur »Dschingis-Khan mit Telegraphen« 1895. Für das Pseudonym Leo Karassowitsch [!] ließ sich lediglich ein Artikel in der Zeitschrift »Die Waffen nieder!« Nr. 1, 1892, S. 17ff. mit dem Titel »Phantasien vom Schlachtfelde« ermitteln; auch in der Anthologie »Friedensstimmen« von Leopold Katscher, Esslingen o.J. [1894], S. 334–336
236. Erstaunlich, dass Fried für 1899, das Jahr der Haager Konferenz, bei der er als Korrespondent der Berliner Zeitung anwesend war, nur einen Verdienst von 874 Mark angibt.
237. Fried an die Berliner Zeitung, 18. 11. 1901 NL Fried, Box 33
238. Zur wachsenden Kriegsbereitschaft in Deutschland vgl. den Sammelband: Jost Dülffer/Karl Holl (Hrsg.), Bereit zum Krieg. Kriegsmentalität im wilhelminischen Deutschland 1890–1914. Göttingen 1986
239. Der Vorgang in den Akten konnte nicht mehr ausfindig gemacht werden, es gibt jedoch Hinweise auf mehrfache Versuche in der Korrespondenz im NL Fried sowie einen Überprüfungsbericht des Kriminal-Oberkommissars Schöne an das Auswärtige Amt vom 9. 10. 1902: »Alfred Fried, 11. 11. 64 in Wien geboren, Jude, ist österreichischer Staatsangehöriger und hatte im Laufe d.J. einen Naturalisationsantrag gestellt, der aber abgelehnt worden ist.« PA/AA, R 8774
240. Fried an Suttner, 1. 11. 1901, NL Suttner, Box 19
241. NL Fried, Box 25, file 362
242. Ebd.
243. Diese und andere Pläne Frieds im NL Fried, Box 14, file 270
244. Vgl. Janos Frecot, Literatur zwischen Betrieb und Einsamkeit. In Berlin um 1900. Ausstellung der Berlinischen Galerie in Verbindung mit der Akademie der Künste. Berlin 1984, S. 329ff.
245. Auszug aus dem Flugblatt »Unsere Feste«, zitiert nach ebd., S. 330

246. Heinrich Hart an Fried, undatiert [Sommer 1900]. NL Fried, Box 37
247. Fried an Felix Holländer, undatiert [Ende 1900], NL Fried, Box 37
248. Einem undatierten Brief Frieds an Felix Holländer [Anfang 1901] vorangestellt mit der Quellenangabe: »Hart, v. L. i. L. SS 81«. NL Fried, Box 32
249. Zamenhof selbst schrieb seinen Namen mit S, daher findet sich der Briefwechsel Frieds mit Zamenhof im NL Fried bis heute unter S, nicht unter Z.
250. Vgl. Fried, Lehrbuch der Internationalen Hilfssprache »Esperanto«. Mit Wörterbuch in Esperanto-Deutsch und Deutsch-Esperanto, Berlin 1903, S. 14f.
251. Dr. Ludwig Zamenhof an Fried, 11. 11. 1901. NL Fried, Box 26
252. Fried an A. Schmidt, 7. 5. 1902. NL Fried, Box 42
253. Fried an Adolf Schmidt, 7. 5. 1902. NL Fried, Box 42
254. A. Schmidt an Fried, 8. 5. 1902. NL Fried, Box 42
255. Fried, »Eine internationale Hilfssprache«. In: Die Woche. Moderne illustrierte Zeitschrift, Berlin 1902, Heft 26, S. 1197–1199
256. Ludwig Zamenhof an Fried, 16. 3. 1903. NL Fried, Box 26
257. Fried an Therese, 13. 3. 1903. NL Fried, Box 92
258. Fried an Therese, 14. 3. 1903. NL Fried, Box 92. Auch Therese lernt Esperanto, daher enthalten viele Briefe Frieds aus dieser Zeit Abschnitte in Esperanto.
259. Jean Borel an Fried, 28. 11. 1903. NL Fried, Box 49. Diese Nachricht ist im Original in Esperanto verfasst. Für die Übersetzung der Texte danke ich Ina Tautorat vom Esperant-Centro Berlin.
260. Fried an Adolf Mehlisch, undatiert [Dez. 1903]. NL Fried, Box 53
261. Leopold Fried an Fried, 18. 12. 1903. NL Fried, Box 31
262. Vgl. z.B. Leopold Fried an Fried, 4. 2. 1904, ebd.
263. Trotz dieses Erfolges hat Fried die Arbeit an seinem Übungsbuch nicht beendet und auch in dieser Richtung keine weiteren Werke veröffentlicht.
264. Unter der weißen Fahne. Aus der Mappe eines Friedensjournalisten. Gesammelte Artikel und Aufsätze von Alfred Hermann Fried. Berlin 1901
265. Ebd., Widmung
266. Vgl. dazu den ausführlichen Bericht in FW, Jg. 2, Nr.13/14 (2. 4. 1900), S. 52ff.
267. Vgl. FW, Jg. 2, Nr. 16, (16. 4. 1900), S. 61
268. Vgl. DWN, Jg. 4, S. 236.
269. Fried, Unter der weißen Fahne, S. 13.Nachfolgende Zitate aus diesem Werk.
270. Vgl. FW, Jg. 6, Heft 19/20 (31. 10. 1902), S. 145–160
271. Fried, Die Ausgestaltung der Friedensaktion in Deutschland. Eine Denkschrift zum zehnjährigen Bestande der Deutschen Friedens-Gesellschaft. November 1892 – November 1902, Berlin 1903.
272. Fried, Die hauptsächlichsten Missverständnisse über die Friedensbewegung. In: Der Türmer, Jg. 5, Heft 3. Als Separatdruck: Verlag der Friedens-Warte, Berlin 1903
273. Friedensblätter, Nr. 5, Mai 1902, S. 64
274. Vgl. hierzu und zum Folgenden: Fried an Adolf Mehlisch, 5. 12. 1902. NL Fried, Box 39
275. Ebd.
276. Fried an Gustav Holländer, 20. 1. 1903. NL Fried, Box 32
277. Gustav Holländer an Fried, 23. 1. 1903. NL Fried, Box 32
278. Fried an Krisch, 24. 1. 1903. NL Fried, Box 32

279. Verschiedene brieflichen Äußerungen im NL Fried deuten darauf hin, dass Josef Wiener, ein Bekannter beider Familien und wohl selbst in Therese verliebt, – ein Gedicht von ihm an Therese aus dieser Zeit findet sich noch im Nachlass –, Siegfried über ein intimes Treffen der beiden informiert hatte und sie mit ihm zusammen in flagranti ertappte.
280. Therese an Fried, 27. 2. 1903. NL Fried, Box 92
281. Albert I. Fürst von Monaco: Eine Seemannslaufbahn. Aus dem Französischen von Alfred H. Fried. Berlin 1903 (Neuauflage 1991, Berlin).
282. Hamann, B v. Suttner, S. 316
283. Vgl. ebd.
284. Das Buch erschien erst im Juni 1903
285. NL Fried, Box 92
286. Fried an Therese, 1. 3. 1903, NL Fried, Box 92, nachf. Zitat ebd.
287. Fried an Therese, 24. 3. 1903. NL Fried, Box 92
288. Fried an Therese, 14. 3. 1903. NL Fried, Box 92
289. Fried an Therese, 2. 4. 1903. NL Fried, Box 92
290. Vgl. den Bericht Frieds an Rechtsanwalt Moritz Leitersdorf in Pressburg, 28. 12. 1904. NL Fried, Box 67
291. Fried an Therese, 16. 3. 1903. NL Fried, Box 92
292. Fried an Therese, 10. 3. 1903. NL Fried, Box 92
293. Fried an Therese, 8. 4. 1903. NL Fried, Box 92
294. Über die Gründe für Paulines Verhalten gibt es keine klaren Aussagen. Vermutlich war vor allem die seit ihrer Kindheit enge Freundschaft mit Siegfried Frankl ausschlaggebend, möglicherweise aber auch die an vielen Stellen belegten Abgrenzungsbemühungen des englischen Ehemanns und seiner Mutter von der Familie Fried insgesamt.
295. Fried an Pauline Wyon, 30. 11. 1908. NL Fried, Box 31
296. FW Jg. 5, Nr. 7/8 (30. 4. 1903), S. 60
297. FW Jg. 5, Nr. 9/10 (31. 5. 1903), S. 72
298. Fried an Otto Antrick, 17. 12. 1903. IISG Amsterdam

3. Die Wiener Jahre 1903–1915

1. Zur Person Karl Luegers vgl. die sehr geschönte Darstellung von Kurt Skalnik: Dr. Karl Lueger. Der Mann zwischen den Zeiten.Wien, München 1954. Genauer und kritischer: Brigitte Hamann, Hitlers Wien. Lehrjahre eines Diktators, München, Zürich 1998, S. 393ff.
2. Diese Darstellung folgt im Wesentlichen Hamann, Hitlers Wien, S. 393ff.
3. Ebd., S. 398
4. Diese Vergrößerung kam nicht nur durch die stetige Zuwanderung zustande, sondern auch durch die Eingemeindung der Wiener Vororte 1890.
5. Dr. Karl Lueger, Rede gehalten in Wien am 20. 7. 1899, zitiert nach Hamann, Hitlers Wien, S. 411
6. Hamann, Hitlers Wien, S. 418
7. 1890 war in Berlin der gleichnamige »Verein zur Abwehr des Antisemitismus« gegründet worden, so dass man die österr. Gründung wohl als Zweig des Berliner Vereins bezeichnen kann. Beide Vereine operierten aber eigenständig. Zum deutschen Verein siehe die zweiteilige Studie von Barbara Suchy, The Verein zur Abwehr des Antisemitismus. In: LBI Year Book 28/1983 und 30/1985. Der Verein wurde von liberalen Abgeordneten wie Theodor Barth und Georg

Gothein getragen und existierte in Deutschland bis 1933.

8. Vgl. Hamann, B. v. Suttner, S. 203. Sicher ist, dass Ganghofer in dieser Zeit mit den Suttners in Kontakt stand und im Januar 1893 die Kurzgeschichte »Der Kamerad des Frühlings« in der Zeitschrift »Die Waffen nieder!« veröffentlichte. Vgl. DWN, Jg. 2, Heft 1 (1. 1893), S. 23ff.
9. »Das Freie Blatt«, 1894, Nr. 112, S. 2f., Hamann, B. v. Suttner, S. 214
10. Vgl. Hamann, B. v. Suttner, S. 214. Zu welch schmutzigen Mitteln die Antisemiten bei ihrer Propaganda griffen, zeigt ein von Brigitte Hamann angeführtes Beispiel (S. 211). Dort wird beschrieben, dass Schönerer in seiner Zeitschrift »Unverfälschte Deutsche Worte« Grundbuchauszüge von Gut Harmannsdorf abdruckte, um zu zeigen, wie verschuldet die Güter waren, und dann scheinheilig zu bedauern, dass die Familie Suttner dadurch gezwungen sei, den Juden Schutzdienste leisten zu müssen.
11. B. v. Suttner an Theodor Herzl, 1897, abged. in »Die Welt« 1897, Nr. 3, S. 6, zit. nach Hamann, B. v. Suttner, S. 219
12. 1908, als er in die Wiener Kultusgemeinde eintritt, liegt sein Einkommen noch so tief, dass er von der Bemessungskommission nur auf den Mindestbetrag von 20 Kronen jährlich eingestuft wird. Vgl. die Bescheide der Israelitischen Kultusgemeine Wien an Fried. NL Fried, Box 24, file 350
13. Am 21. 5. 1909 hatte Umfrid geschrieben: »Dürfte ich mir einen intimen Vorschlag erlauben? Sie sollten zum Christentum übertreten! Sie haben gewiss schon aufgrund vielseitiger Erfahrung bemerkt, dass das Judentum bei propagandistischer Arbeit als Hindernis wirkt. Das mag von Ihrem Standpunkt aus höchst unvernünftig sein; es ist aber begreiflich für die Friedensbewegung.« NL Fried, Box 84
14. Fried an Umfrid, 24. 5. 1909. NL Fried, Box 84
15. Mischehen zwischen Juden und Christen waren nicht erlaubt, wenn nicht ein Partner zur Religion des anderen übertrat oder sich konfessionslos erklärte. »Beides tat meist der jüdische Teil.« Hamann, Hitlers Wien, S. 471
16. Vgl. Rozenblit, Juden Wiens, S. 96
17. »Wien, das er über alles liebte, in dem seine Wiege stand und auch sein Grab.« Frankl, Friedens-Fried, S. 3
18. Fried an Otto Antrick, 17. 12. 03. IISG Amsterdam
19. Fried an Starcke & Co, 11. 11. 04. NL Fried, Box 48
20. Fried an Pauline Wyon, 7. 7. 1906. NL Fried, Box 31
21. Fried an Pauline Wyon, 11. 10. 1906. NL Fried, Box 31
22. Vertrag zwischen Therese Frankl und Pauline Wyon vom 14. 10. 1906. NL Fried Box 31
23. Otto Fried an Fried, 24. 8. 1907. NL Fried, Box 31
24. Pauline Wyon an Fried [ohne Datum]. NL Fried, Box 31
25. Krankenhaus der jüdischen Gemeinde Berlin an Fried, 17. 6. 1904. NL Fried, Box 31
26. Vgl. die zahlreichen Briefe Leopolds im NL Fried, Box 31
27. Therese Frankl an Fried, 9. 4. 03. NL Fried, Box 92
28. Belege dieser Tätigkeit im NL Fried, Box 25, file 364
29. Fried an Otto Antrick, 17. 12. 03, IISG Amsterdam
30. Neue Freie Presse Wien, 23. 8. 1909, B. v. Suttner, Offener Brief an Meister Adolph Wilbrandt. Hamann, B. v. Suttner, S. 436

31. Fried an Otto Antrick, 17.12.1903; IISG Amsterdam
32. Tassilo Engel an Fried, 7.2.1906. NL Fried, Box 31
33. Fried an Otto Antrick 17.12.03, IISG Amsterdam
34. Fried an Dr. Arnold Goldstein, 21.2.1907. NL Fried, Box 60
35. Dr. A. Goldstein an Fried, 24.2.1907. NL Fried, Box 60
36. Vgl. Rechtsanwalt Adolf Altmann an Fried, 23.5.1907. NL Fried, Box 46
37. Vgl. Korrespondenz mit Rechtsanwalt Moritz Leitersdorf im NL Fried, Box 67
38. Fried an Frau Frankl, 31.10. [1904?]. NL Fried, Box 25, file 364
39. Vgl. Hamann, B. v. Suttner, S. 308f.
40. Vgl. ebd., S. 320
41. Hamann, B. v. Suttner, S. 328
42. Insgesamt liegen im NL Fried, verteilt auf die Boxen 25–28, etwa 5000 Briefe Suttners an Fried verwahrt. Von den Briefen Frieds an Bertha von Suttner sind nur knapp ein Dutzend erhalten geblieben, die sich heute im NL Bertha von Suttner, Box 19 befinden. 17 weitere Briefe Frieds an Suttner von 1892–1908 in der Bibliothek des Haager Friedenspalastes (Collection de 17 lettres de Alfred H. Fried à Berthe de Suttner. Signatur Y 3462).
43. Vgl. FW, Jg. 5, Nr. 16 (31.8.1903), S. 170 und Nr. 23/24, 15.12.1903, S. 191
44. Der gegenwärtige Krieg und die Friedensbewegung, Wien 1904
45. Vgl. Fried an Wehberg, 25.2.1914. NL Wehberg, Bd. 59b, BA Koblenz
46. Protokoll der Vorstandssitzung vom 18.10.1906, in FW, Jg. 8, Heft 11 (11.1906), S. 219, Mitteilung: »Die Herren A. H. Fried und Johannes C. Barolin wurden in den Vorstand kooptiert«, die Anmerkung: »Mittlerweile erklärte Herr A. H. Fried, die Wahl in den Vorstand mit Rücksicht auf seine umfangreiche pazifistische Tätigkeit nicht annehmen zu können.«
47. Hierzu und zum Folgenden vgl. Hamann, B. v. Suttner, S. 324ff.
48. Suttner an Fried 13.6.1905, nach Hamann, B. v. Suttner, S. 326. Im selben Jahr verlangt sie von Fried, Italienisch zu lernen, da die Beherrschung aller drei Sprachen für einen Pazifisten notwendig sei. Ebenda, S. 326
49. Jacques Novicow, Die Föderation Europas. Autorisierte Übersetzung von Alfred H. Fried, Berlin/ Bern 1901, 738 Seiten
50. Fried an Suttner, 22.5.1901. Collection de 17 lettres de Alfred H. Fried à Berthe de Suttner. Bibliotheque du Palais de la Paix, Haag, Sig. Y 3462
51. Ebd.
52. Vgl. Hamann, B. v. Suttner S. 328f.
53. Suttner an Fried, 9.9.1908. NL Fried, Box 27
54. Suttner, Tagebuch 19.1.1908. NL Bertha von Suttner, Box 2
55. Suttner an Fried, 10.9.1912, nach Hamann, Bertha von Suttner, S. 485
56. Alfred H. Fried, Bertha von Suttner, Berlin o.J. [1908]. Die folgenden Zitate stammen aus dem Werk.
57. Vgl. Leopold Katscher, Bertha von Suttner, die »Schwärmerin« für Güte, Dresden 1903
58. Vgl. Hamann, B. v. Suttner, S. 328
59. Suttner an Fried, 29.8.1907, Hamann, B. v. Suttner, S. 328
60. Notizen Frieds über Gespräche mit Suttner, 11./12.1904, NL Fried, Box 20, file 342
61. Hierzu und zum Folgenden vgl. Hamann, B. v. Suttner, S. 369ff.
62. Suttner an Bartolomäus Carneri, 25.9.1890, Hamann, B. v. Suttner, S. 396
63. Andreas Gestrich, Die Haager Friedenskonferenzen und die

deutsche Presse. In: Christof Dipper/Andreas Gestrich / Lutz Raphael (Hrsg.), Krieg, Frieden und Demokratie.

64. Suttner an Fried, 21. 8. 1900, nach Hamann, B. v. Suttner, S. 275
65. Vgl. Hamann, B. v. Suttner, S. 378ff.
66. Fried, Kaiser werde modern, S. 5 und nachfolgend S. 9
67. Fried, Der Kaiser und der Weltfrieden, Berlin 1910, S.V
68. Zu Norman Angell, d.i. Ralph Norman Lane (1872–1967) vgl. die Kurzbiographie von Louis Bisceglia in Josephson, Biographical Dictionary, S. 27ff.
69. Fried, The German Emperor and the Peace of the World. With a Preface by Norman Angell. London, New York, Toronto 1912
70. Suttner 1896 an Henry Dunant: »Auch Sie haben mit Ihrem Werk Erfolg gehabt, weil Sie sich an die Großen der Welt gewendet haben. Das ist ja auch übrigens ganz natürlich: die Großen sind gleichzeitig die Mächtigen. Um von unten her Erfolg zu haben, muss man zunächst die Massen in Bewegung bringen, was ziemlich schwierig ist.« Hamann, B. v. Suttner, S. 399
71. Kaiser Franz Joseph spielte dabei keine Rolle, da man ihm weder den Willen noch den internationalen Einfluss zutraute, im Sinne des Pazifismus zu wirken.
72. Fried, Die moderne Schiedsgerichtsbewegung, Berlin, o.J. [1904]
73. Fried, Das Abrüstungs-Problem. Berlin, o.J. [1905]
74. Fried, Die Nobelstiftung. Ihre Einrichtungen und ihre Bestimmungen, Leipzig, 1906
75. Fried, Weder Sedan noch Jena, Berlin, o.J. [1904], 2. Auflage 1905
76. Fried, Die Friedensbewegung, was sie will und was sie erreicht hat, Leipzig 1905, 2. Auflage 1907
77. Franz Adam Beyerlein (1871–1949) gründete die »Literarische Gesellschaft« in Leipzig und machte sich als Verfasser realistischer Romane mit antimilitaristischer Tendenz einen Namen.
78. Erst drei Jahre zuvor hatte Fried »Die Armee der Demokratie« des französischen Pazifisten Gaston Moch übersetzt (Stuttgart 1900), das die Miliz-Diskussion innerhalb der Friedensbewegung entfacht hatte.
79. Fried, Weder Sedan noch Jena, S. 47f. Im Original teilweise gesperrt gedruckt.
80. Fried, Handbuch 1905, S.V, auch die nachfolgenden Zitate stammen aus diesem Werk.
81. Scheer, Deutsche Friedensgesellschaft, S. 133
82. Vgl. dazu FW, Jg. 5, S. 23, S. 32, S. 34 und S. 60
83. Mitgliederliste in FW, Jg. 5, Nr. 5 (15. 3. 1903), S. 37f. Für Österreich war Bertha von Suttner dabei.
84. Fried an Therese Frankl, Brieffragment [März 1903]. NL Fried, Box 92
85. Vgl. FW, Jg. 5, Nr. 5, 15. 3. 1903, S. 34
86. FW, Jg. 5, Nr. 7/8 (30. 4. 1903), S. 60
87. Alfred H. Fried (Hrsg.), Annuaire de la Vie Internationale. Monaco, Institut Internationale de la Paix, 1905
88. MS der Vorrede zum ersten Jahrgang 1905. NL Fried, Box 7, file 35
89. Ebd.
90. Aus Geldmangel kürzt das Institut Frieds Honorar für Übersetzungsarbeiten schon 1906 auf die Hälfte. Vgl. Hamann, B. v. Suttner, S. 384
91. Fried (Hrsg.), »Der Weg zum Weltfrieden im Jahr ...«, Berlin 1909–1913.
92. Vgl. NL Fried, Box 4, file 17
93. FW, Jg. 9, Heft 5 (5. 1907), S. 98

94. FW, Jg. 9, Heft 7, 7. 1907, S. 133
95. Ebd., S. 134
96. FW, Jg. 9, Heft 9, 9. 1907, S. 171
97. Vgl. NL Fried, Box 20
98. Vgl. Einladungskarte NL Fried, Box 74
99. Vgl. hierzu FW, Jg. 9, Heft 10, 10. 1907, S. 181ff., Heft 11, 11. 1907, S. 204ff., Heft 12, 12. 1907, S. 226ff.
100. Fried, Zweite Haager Konferenz, S. 185, das folgende Zitat S. 195
101. Fried, Pan-Amerika, Berlin 1910, S. IV
102. Vgl. FW, Jg. 11, Heft 10, 10. 1909, S. 181ff.
103. Vgl. Bericht »Die Brüsseler Generalversammlung« in FW, Jg. 11, Heft 10, 10. 1909, S. 186
104. FW, Jg. 11, Heft 11, 11. 1909, S. 203ff.
105. Vgl. FW. Jg. 13, Heft 9, 10. 1911, S. 292f.
106. Vgl. Dr. Richard Nikolaus Coudenhove-Kaergi, Die Europäische Frage. In FW, Jg. 23, Heft 1/2, S.9ff.
107. Einige Exemplare des Aufrufs befinden sich im NL Fried, Box 3. Wortlaut in FW, Jg. 6, Heft 5, Mitte Mai 1904, S. 90ff.
108. Ebd. Im Original fett und teilweise gesperrt gedruckt.
109. FW, Jg. 11, Heft 5, 5. 1909, S. 88f. So weit nicht anders gekennzeichnet, stammen alle Zitate dieses Abschnitts aus diesem Text.
110. Im Original hervorgehoben.
111. FW, Jg. 11, Heft 7, 7. 1909, S. 137
112. FW, Jg. 11, Heft 10, 10. 1909, S. 187 auch das folgende Zitat von hier.
113. Der organisatorische Aufbau zeigt große Ähnlichkeit mit Frieds Vorschlägen für die Umstrukturierung der DFG von 1902.
114. FW, Jg. 12, Heft 5, Mai 1910, S. 88
115. Vgl. Fried, Handbuch 1913. S. 351
116. Fried, Die Grundlagen des revolutionären Pazifismus, Tübingen 1908
117. Fried an Schlief, 3. 5. 1904. NL Fried, Box 81
118. Der gegenwärtige Krieg und die Friedensbewegung. Wien 1904, S. 3
119. Fried, »System des revolutionären Pazifismus«, FW, Jg. 7, Nr. 8, S. 145–149. Nachf. Zitate ebd.
120. »Im Leitartikel der ersten Nummer dieses Jahrganges wurde mitgeteilt, dass dieses Schlagwort zuerst in Amerika ausgegeben wurde. Heute kann diese Mitteilung dahin ergänzt werden, dass eine von Edwin D. Mead im vorigen Jahre veröffentlichte Broschüre den Titel ›Organize the World!‹ trägt.« FW, Jg. 8, Heft 3, März 1906, S. 56
121. Um 1908/1909 im NL Fried: Briefe süddeutscher Pazifisten, die auf Briefpapier mit Zahnrädern und dem Motto »Organisiert die Welt!« im Briefkopf geschrieben wurden. Vgl. NL Fried, Box 53
122. Vgl. NL Fried, Box 53. Die kreisrunde Marke zeigte in weißem Druck auf blauem Grund mittig mehrere Zahnräder, die vom Motto »Organisiert die Welt« in mehreren Sprachen speichenförmig angeordnet, begrenzt wurden.
123. Fried, Handbuch II, S. 16. Dass diese These nicht den Tatsachen entsprach, belegt Gross, S. 84
124. Fried, Grundlagen des rev. Pazifismus, S. 33
125. Ebd., S. 33f.
126. Dieter Senghaas betont mit Bezug auf Fried, Frieden müsse begriffen werden als »ein gewaltfreier, auf Verhütung von Gewaltanwendung gerichteter politischer Prozess.« Senghaas, Dimensionen, S. 156
127. Fried, Organisiert die Welt!, FW, Jg. 8, Nr. 1, 1. 1906, S. 1–3
128. Fried, »Neue Bahnen des Pazifismus«. Teil 1, FW, Jg. 10, Heft 1, 1. 1908, S. 2–4. Teil 2, FW, Jg. 10,

Heft 3, 3. 1908, S. 41–46. Nachfolgende Zitate aus diesen Artikeln.
129. Vgl. dazu die Angaben Frieds in FW, Jg. 10, Heft 8, 8. 1908, S. 158f.
130. Neu ist das Kapitel ab S. 42.
131. Fried, Revolutionärer Pazifismus, S. 42. Nachfolgende Zitate aus diesem Werk.
132. Vgl. Scheer, Deutsche Friedensgesellschaft, S. 134ff.
133. Dies und das nachfolgende Zitat: Dieter Senghaas, Zum irdischen Frieden. Erkenntnisse und Vermutungen, Frankfurt a. M. 2004, S. 26f.
134. Fried, System des revolutionären Pazifismus. FW, Jg. 7, Heft 7, Mitte August 1905, S. 145
135. Vgl. Fried, Organisiert die Welt! in FW, Jg. 8, Heft 1, Januar 1906, S. 1
136. Fried, Grundlagen des rev. Pazifismus, S. 2
137. Fried. Die Grundlagen des ursächlichen Pazifismus. Zweite, durch Zusätze vermehrte Auflage. Zürich 1916, S. 5, Anm. 1
138. Vgl. zum Folgenden u.a. Peter K. Keiner, Bürgerlicher Pazifismus und »neues« Völkerrecht. Hans Wehberg (1885–1962), Diss. Freiburg 1976, S. 145ff. Detlev Acker, Walther Schücking (1875–1935), Münster 1970, S. 34ff.
139. Zitiert nach Acker, S. 44, Anm. 44
140. Fried, Grundlagen des ursächlichen Pazifismus, Vorwort S. 3
141. Das Dokument wurde am 5. Juli 1918 in Bern aufgesetzt und befand sich bisher im Privatbesitz von Trude Simonsohn. 2003 konnte es dem NL Fried in Genf zugefügt werden.
142. Die Lammasch-Feier in Wien, FW, Jg. 12, Heft 12, 12. 1910, S. 223–227, hier S. 223
143. Fried, Wien-Berlin. Ein Vergleich, Wien/Leipzig o.J., 1908 Nachfolgende Zitate aus diesem Werk.
144. Internationales Freimaurer-Lexikon, Stichwort Antisemitismus: »Antisemitismus und Freimaurerei sind nach dem Sinn des Bundes miteinander unverträgliche Begriffe.« Lennhoff, Posner, Binder: Internationales Freimaurer-Lexikon. Überarbeitete und erweiterte Neuauflage der Ausgabe von 1932. München 2000, S. 82
145. Freimaurer-Logen gehörten u.a. an: Elie Ducommun (Friedensnobelpreis 1902), Leon Bourgeois (Friedensnobelpreis 1920), Charles Richet (Nobelpreis für Medizin 1913), Michael Georg Conrad, Franz Bucher-Heller, Friedrich Hertz, Henri Marie La Fontaine (Friedens-Nobelpreis 1913), Edouard Quartier-la Tente, Elihu Root (Friedensnobelpreis 1912), Carl von Ossietzky, (Friedensnobelpreis 1935).
146. Erst die Gründung der Republik Österreich ermöglichte 1918 die offizielle Rückkehr der Logen in ihre Heimatstädte.
147. Den 2. Grad erwarb er am 7. 4. 1909, den 3. am 22. 1. 1910. Die Logenausweise befinden sich im NL Fried.
148. Die Zeitschrift existierte von 1871 bis 1917 (Jahrgangszählung von September/Oktober bis August des Folgejahres, z.B. Heft 1, Jg. 36, 15. 10. 1905). Nach Aufhebung der Grenzlogen ab 1919 von Glücksmann als »Wiener Freimaurer-Zeitung« weitergeführt.
149. Vgl. Heinrich Glücksmann (Hrsg.), Der Zirkel, Wien, Jg.36, Heft 17, 4. 2. 1906, S. 257
150. FW, Jg. 10, Heft 6, 6. 1908, S. 118
151. Vgl. Der Zirkel, Jg. 41, Heft 17, 1910, S. 247ff.
152. Else Frankl, »In memoriam Br. Alfred Hermann Fried.« In: Wiener Freimaurer-Zeitung, 3. Jg, Heft 1/2, (6. 1921), S. 9–13, folgendes Zitat S. 13
153. Der Zirkel, Jg. 41, Heft 1/2, 1910, S. 10

154. Der Zirkel, Jg. 41, Heft 18, 2.1911, S. 266f.
155. NL Fried, Box 17
156. Einladungsschreiben an Fried. NL Fried, Box 80
157. Vgl. die Voranzeige des Werkes in FW, Jg. 9, Heft 5, 5.1907, S. 98
158. Statuten der Soziologischen Gesellschaft, § 2. NL Fried, Box 80
159. Zur Person Rudolf Goldscheids und seinem Wirken vgl. Donat / Holl, Handbuch S. 160f und FW, Jg. 30, 7./8. 1930, S. 193–202, auch: Josephson, Biographical Dictionary, S. 342f. Der Nachlass Rudolf Goldscheids gilt als verschollen.
160. Vgl. Rudolf Goldscheid, Entwicklungstheorie, Entwicklungsökonomie, Menschenökonomie. Leipzig 1908
161. Fried an Goldscheid, o.D. [Jahreswende 1912/13], NL Fried Box 60
162. Später wird die Reihe in »Internationale Organisation« umbenannt.
163. Goldscheid, Friedensbewegung und Menschenökonomie, S. 6. Nachfolgende Zitate aus diesem Werk.
164. »Krieg und Kultur. Die Lehren aus der Krise«. FW, Jg. 14, Heft 12, 12.1912, S. 441–446
165. FW, Jg. 15, Heft 7, 7.1913, S. 279
166. Fried an Wehberg 27.4.1910. NL Wehberg, Bd. 59a, BA Koblenz
167. Fried an Schlief, 27.2.1907. NL Fried, Box 81
168. Fried an Schlief, 8.1.1908. NL Fried, Box 81
169. FW, Jg. 11, Heft 2 (2.1909), S. 25ff., S. 27, nachfolgendes Zitat S. 25
170. Dies und folgendes Zitat: Fried an Nippold, 29.9.1907, NL Fried, Box 72
171. Nippold an Fried, 2.1.1908. NL Fried, Box 72
172. Im NL Fried findet sich über diesen Zeitraum wenig Korrespondenz, so dass sich diese Behauptung nicht zweifelsfrei belegen lässt.
173. Prof. Dr. Otfried Nippold, Meine Erlebnisse in Deutschland vor dem Weltkriege (1909–1914), Bern 1918
174. Ebd., S. 9. Namentlich erwähnt Nippold: Jellinek, Zorn, Schücking, von Bar, von Liszt, Kohler, Piloty und v. Ullmann.
175. Fried an Nippold, 5.4.1910, NL Fried, Box 72
176. Vgl. FW, Jg. 12, Heft 5, 5.1910, S. 84f.
177. Fried an Wehberg, 11.10.1910. NL Wehberg, Bd. 59a, BA Koblenz
178. Dies und das folgende Zitat: Fried an Wehberg, 31.5.1911, ebd.
179. Fried an Nippold, 29.5.1911. NL Fried, Box 72. Frieds Enttäuschung war umso größer, als er Nippold gegenüber schon im September 1910 betont hatte, er wäre zu einer direkten Mitarbeit im Verband bereit, und sich erkundigt hatte, welche Stellung Nippold ihm als geistigem Urheber einzuräumen bereit sei. Vgl. Fried an Nippold, 6.11.1910. NL Fried, Box 72
180. Vgl. Scheer, Deutsche Friedensgesellschaft, S. 148
181. Vgl. Detlev Acker, Walther Schücking (1875–1935), Münster 1970, S. 52
182. Fried an Nippold, 29.5.1911. NL Fried, Box 72
183. Scheer, Deutsche Friedensgesellschaft, S. 149
184. FW, Jg. 13, Heft 6, 6.1911, S. 171
185. In der Korrespondenz Fried / Nippold im NL Fried wird das Thema erst 1907 aufgenommen.
186. The Right Honourable Viscount Haldane, J. B. M. Staats-Sekretär des Krieges: »Deutschland und Großbritannien. Eine Studie über nationale Eigentümlichkeiten.« Autorisierte Übersetzung von Dr. Rudolf Eisler, Berlin / Leipzig

1911 (Internationale Verständigung, Heft 1). Die Kosten von $ 4000 der in 250000 Exemplaren verbreiteten Broschüre trug die Carnegie-Stiftung. Vgl. Carnegie Endowment for International Peace. Year Book for 1911, S. 60f.

187. Der Brief trägt das Datum 27.4.1912, aus den Zusammenhängen der Korrespondenz wird aber deutlich, dass es sich um einen Tippfehler handeln muss. Tatsächlich wurde der Brief am 17.4.1912 geschrieben. Fried an Wehberg, NL Wehberg, Bd. 59a, BA Koblenz
188. Fried an Wehberg, 29.4.1912. NL Wehberg, Bd. 59a, BA Koblenz
189. Heft 2/3, Goldscheid, Friedensbewegung und Menschenökonomie. Heft 4: Alfred H. Fried, Kurzgefasste Darstellung der pan-amerikanischen Bewegung. Heft 5: David Starr Jordan, Krieg und Mannheit. Heft 6: Bertha von Suttner, Die Barbarisierung der Luft.
190. Nippold an Fried, 1.7.1912, nach einer Kopie des Briefes in NL Wehberg, Bd. 59a, BA Koblenz
191. Fried an Wehberg (und Schücking), 3.7.1912. NL Wehberg, Bd. 59a, BA Koblenz
192. »Ich bin Generalsekretär der ›Conciliation internationale‹ für Zentraleuropa. Das ist auf allen Broschüren der französischen Gruppe im Innern des Umschlages zu lesen. Es ist auch im letzten Bericht über die Generalversammlung der französischen Conciliation, S. 11, über meine Tätigkeit als Generalsekretär für Zentraleuropa ein Bericht nachzulesen.« Ebd.
193. Fried an Wehberg (und Schücking), 3.7.1912. NL Wehberg, Bd. 59a, BA Koblenz. Abzüge schickt Fried daneben auch an Professor Ullmann und Nippold selbst.
194. Wehberg an Nippold, 7.7.1912, ebd. Nachfolgende Zitate aus diesem Brief.
195. Fried zitiert Butler: »From no fault of your own but rather from oversight on the part of baron d' Estournelles and myself.« Fried an Wehberg, 29.7.1912. NL Wehberg, Bd. 59a, BA Koblenz
196. Vgl. Carnegie Endowment for International Peace: Year Book for 1912, Washington 1913, S. 66ff.
197. Fried an Wehberg, 29. Juli 1912. NL Wehberg, Bd. 59a, BA Koblenz
198. FW, Jg. 14, S. 380
199. Diese Aussage d'Estournelles war für Fried im Hinblick auf seine Stellung im In- und Ausland wichtig, da nicht nur deutsche Pazifisten, wie sein Sponsor Georg Arnhold, Alexander Dietz, Wilhelm Foerster, Adolf Heilberg, Adolf Richter und Margarethe Selenka, auf dem Verbandstag anwesend waren, sondern auch bekannte ausländische Pazifisten wie Theodore Ruyssen, Henri La Fontaine und Franz Bucher-Heller, der Präsident des Schweizer Friedensvereins (Vgl. Teilnehmerliste im NL Wehberg, Bd. 67,1 (Nippold), BA Koblenz).
200. Fried an Wehberg, 7.10.1912. NL Wehberg Bd. 59a
201. FW, Jg. 14, Heft 10 (10.1912), S. 381, nachf. Zit. ebd.
202. FW, Jg. 15, Heft 10, 10.1913, S. 363–368, auch die nachfolgenden Zitate aus diesem Artikel.
203. Zu den Unterzeichnern gehörten u.a. Lujo Brentano, Wilhelm Foerster, Ludwig Fulda, Ernst Haeckel, Gerhart und Carl Hauptmann, Karl Lamprecht, Friedrich Naumann, Wilhelm Ostwald, Max Planci Wilhelm Röntgen und Max Reinhardt.
204. Fried verwendet den Begriff in einer Vorrede zu einem Artikel

Hans Wehbergs über den Verband in FW, Jg. 13, Heft 6, 6. 1911, S. 171

205. Fried an Wehberg, 20. 3. 1915. NL Wehberg, Bd. 59b, BA Koblenz

206. Zur Person Julius Meinls vgl. auch: Donat/Holl, Friedensbewegung, S. 267f.

207. Vgl. dazu Heinrich Benedikt (Hrsg.), Die Friedensaktion der Meinlgruppe 1917/18. Die Bemühungen um einen Verständigungsfrieden nach Dokumenten, Aktenstücken und Briefen. Graz/Köln, 1962

208. Fried, Handbuch der Friedensbewegung. Erster Teil. Grundlagen, Inhalt und Ziele der Friedensbewegung. Zweite, gänzlich umgearbeitete und erweiterte Auflage, Berlin und Leipzig 1911, S. Vff.

209. Fried, Handbuch der Friedensbewegung. Zweiter Teil. Geschichte, Umfang und Organisation der Friedensbewegung. Zweite, gänzlich umgearbeitete und erweiterte Auflage, Berlin und Leipzig 1913. Redaktionsschluss ist allerdings schon Herbst 1912.

210. Bajer schlägt Fried vor allem als Herausgeber der »Friedens-Warte« vor, aber auch, da er seit 1891 unermüdlich und ausschließlich der Friedenspropaganda diene. Zugleich mit Fried schlägt Bajer das Internationale Friedensbüro in Bern vor. Vgl. Bajer an Norske Stortings Nobel-Komite, 12. 1. 1909. Bibliothek des Nobelinstituts in Oslo, Pfl 7/09.

211. L. Oppenheim an den Präsidenten des Nobelinstituts, 27. 1. 1910, Bibliothek des Nobelinstituts in Oslo, Pfl 32/1910. Unterstreichungen nach Original.

212. Dr. W. Schücking an das Nobel-Institut, 7. 1. 1910, Bibliothek des Nobelinstituts in Oslo, Pfl 2/1910

213. Ebd.

214. Dr. F. Lentner an das Nobelpreis-Komitee, 5. 2. 1910. Bibliothek des Nobel-Instituts, Oslo, Pfl 47/1910

215. Anna Zipernowsky, u.a. Mitglied des Berner Büros, Vorstandsmitglied des ungarischen Friedensvereins und Präsidentin der Friedenssektion des Bundes ungarischer Frauenvereine. Vgl. Fried, Handbuch, 1913, S. 422

216. Suttner an das Nobel-Komitee, 21. 1. 1911. Bibliothek des Nobel-Instituts, Oslo, Pfl 30/1911

217. Telegramm Berta Frieds aus Bernburg vom 5. 12. 1911. NL Fried, Box 17

218. Suttner, Tagebuch-Eintrag, 9. 12. 1911, NL Bertha von Suttner, Box 3. Vgl. Hamann, B.v. Suttner, S. 485, dort ist allerdings das Datum 6. 12. angegeben.

219. Glückwunsch-Telegramme, Karten und Briefe mit vielen anderen im NL Fried, Box 17

220. Bericht der kaiserlichen dt. Gesandtschaft Kristiania vom 11. 12. 1911, Götz. PA/AA, R 8360 (IA, Norwegen Nr. 1).

221. Schon auf der vorherigen Seite hatte der Kaiser an den Satz, den Preisträgern würden große Verdienste nachgerühmt, geschrieben: »Man hat nie etwas von ihnen vernommen!«

222. Der Schock, den der italienische Friedensnobelpreisträger von 1907 Ernesto Teodoro Moneta während des italienisch-türkischen Konfliktes 1911 unter den Pazifisten ausgelöst hatte, als er sich zum überzeugten Kriegsbefürworter wandelte, war zu diesem Zeitpunkt noch frisch. Zu Moneta vgl. u.a. Verdiana Grossi, Ernesto Teodoro Moneta – Gebrochene Stimme des Friedens. In Michael Neumann (Hrsg.), Der Friedensnobelpreis von 1901 bis heute, Bd. 2, Zug 1988, S. 106ff.

223. Conrad von Hötzendorf, Generalstabschef der österr.-ungar. Armee seit 1906, wurde wegen seines öffentlichen Eintretens für einen Präventivkrieg gegen Serbien und Italien im November 1911 seines Postens enthoben. Ein Jahr später wurde er zurückberufen.
224. Vgl. Brigitte Hamann, Bertha von Suttner und Alfred Hermann Fried. In: Karl Holl/Anne C. Kjelling (Hrsg.), The Nobel Peace Prize and the Laureates. The Meaning and Acceptance of the Nobel Peace Prize in the Prize Winners' Countries. Frankfurt/M 1994. S. 83ff.
225. Fried an Wehberg, 15. 12. 1911. NL Wehberg, Bd. 59a, BA Koblenz
226. Vgl. Hamann, Suttner / Fried, S. 83ff.
227. Fried an Wehberg, 8. 1. 1912. NL Wehberg, Bd. 59a, BA Koblenz
228. FW, Jg. 13, Heft 12, 12. 1911, S. 365, nachfolgende Zitate S. 374
229. Relativ junge Preisträger, aber auch 10 Jahre älter als Fried, waren nur Albert Gobat (59) und Paul d'Estournelles de Constant (57), zwei Jahre nach Fried Henri La Fontaine (59).
230. Zum Folgenden vgl. die Korrespondenz mit dem Norske Stortings Nobelkomitee im NL Fried, Box 72
231. Ragnvald Moe, Nobelkomitee des norweg. Storthing, an Fried, 21. 1. 1914. NL Fried, Box 72
232. Bewerbungsschreiben von Leonore Mundy [Rosamunde/ Mundy Schwalb] an Fried, 11. 3. 1912. NL Fried, Box 82
233. Vgl. den Anstellungsvertrag Frieds für Mundy Schwalb, 18. 3. 1912. NL Fried, Box 82
234. Mundy Schwalb an Therese Fried, Pfingsten 1946. Privatbesitz Trude Simonsohn
235. Fried an Wehberg, 3. 7. 1913. NL Wehberg, Bd. 59b, BA Koblenz
236. Tagebucheintrag, 4. 7. 1913, zitiert nach Hamann, B. v. Suttner, S. 505
237. Kurbuch aus Dr. Lahmann's Sanatorium auf »Weißer Hirsch« bei Dresden, 14. 7. 1913 – 3. 9. 1913. NL Fried, Box 20, file 324
238. Vgl. Butler an Wehberg, 23. 1. 1912. NL Wehberg, Bd. 59a, BA Koblenz
239. Fried an Wehberg, 15. 2. 1912. NL Wehberg, Bd. 59a, BA Koblenz
240. Sieveking an Wehberg, NL Wehberg, Bd. 59a, BA Koblenz
241. Nach einer Abschrift des Telegramms im NL Wehberg, Nr. 59b, BA Koblenz
242. Fried an Wehberg, 19. 6. 1913. NL Wehberg, Bd. 59b, BA Koblenz
243. Dies und folgendes Zitat: Wehberg an Fried 20. 6. 1913, NL Fried, Box 85
244. Fried an Wehberg 25. 6. 1913. NL Wehberg, Bd. 59b, BA Koblenz
245. Ebd. Unterstreichung im Original handschriftlich.
246. FW, Jg. 15, Heft 7, Juli 1913, S. 279, Mitteilung der Ernennung, S. 268
247. Senaat der Rijks-Universiteit Leiden an Herrn Prof.[!] A. H. Fried, 10. 7. 1913. NL Fried, Box 57
248. Eysinga an Fried, 20. 8. 1913. NL Fried, Box 57
249. Ansprache-Manuskript von Prof. v. Eysinga bei der Promotion in Leiden, NL Fried, Box 57
250. FW, Jg. 15, Heft 9, 9. 1913, S. 335
251. Stadtanzeiger der Kölnischen Zeitung, 30. 8. 1913
252. Vgl. Korrespondenz mit dem Vermieter Josef Bauer im NL Fried, Box 48 und die Grundrisszeichnungen in Box 7, file 25
253. Vgl. Frieds Artikel »Der Krieg am Balkan« (FW, Jg. 14, Heft 11, 11. 1912, S. 401–403), »Krise« (FW, Jg. 15, Heft 1, 1. 1913, S. 1–2), »Die

Überwindung des Balkankonflikts« (FW, Jg. 15, Heft 5, 5. 1913, S. 161–163), »Der ›dritte‹ Balkankrieg« (FW, Jg. 15, Heft 7, 7. 1913, S. 241–242), »Der Balkankrieg als pazifistisches Dokument« (FW, Jg. 15, Heft 12, 12. 1913, S. 441–443)

254. FW, Jg. 14, Heft 10, 10. 1912, S. 363, das nachfolgende Zitat S. 364

255. »Der Krieg am Balkan«, FW, Jg. 14, Heft 11, November 1912, S. 401, nachfolgende Zitate ebd.

256. Vgl. Fried, »Im Namen Europas«, FW, Jg. 15 Heft 4, 4. 1913, S. 121ff.

257. »Die Überwindung des Balkankonflikts«, FW, Jg. 15, Heft 5, 5. 1913, S. 161

258. Vgl. Fried, »Der Balkankrieg als pazifistisches Dokument«, FW, Jg. 15, Heft 12 (12. 1913), S. 441ff.

259. Fried, Der Weg zum Weltfrieden im Jahre 1913. Pazifistische Chronik, Berlin/Wien/Leipzig o.J. [1913], S. 4. Nachfolgendes Zitat ebd.

260. Fried, »Der Dreibund und die Friedensfrage.« In: Siegfried Flesch (Hrsg.), Der Dreibund. Mit Beiträgen von A. H. Fried, G. Hildebrand, Timon, Prof. A. Ghisleri, Bernhard Stern, Leipzig 1912, S. 7–15

261. Den Begriff »Zweckverband Europa« führte Fried im März 1912 mit einem gleichlautenden Leitartikel in die Diskussion ein (FW, Jg. 14, Heft 3, 3. 1912, S. 81–84) und übernahm ihn später, in der zweiten Auflage der »Grundlagen des revolutionären (ursächlichen) Pazifismus« auch in sein Programm (S. 62, Punkt B3). Im Handbuch 1911/1913 taucht er dagegen noch nicht auf.

262. FW, Jg. 15, Heft 7, 7. 1913, S. 269

263. Vgl. Protokoll der Vorstandssitzung vom 14. 10. 1913. NL Fried, Box 12a, file 237

264. Wie umfangreich die vorbereitenden Arbeiten gewesen sein müssen, erschließt sich den Arbeitsunterlagen im NL Fried, Box 12a und 12b

265. Vgl. FW, Jg. 16, Heft 8, 8./9. 1914, S. 318

266. Vgl. FW, Jg. 16, Heft 2, 2. 1914

267. Vgl. FW, Jg. 16, Heft 3, 3. 1914, S. 120

268. FW, Jg. 16, Heft 5, 5. 1914, S. 199

269. Zu den folgenden Angaben vgl. FW, Jg. 16, Heft 6, 6. 1914, S. 235–240

270. Zur Geschichte des Films vgl. Andrew Kelly, Film as antiwar propaganda. Lay Down Your Arms, 1914. In: Peace & Change, Vol. 16, No. 1, January 1991, S. 97–112. Da die Filmpremiere in Wien durch den Ausbruch des Krieges verhindert wurde, sah Fried selbst ihn erst im Dezember 1916 im Schweizer Exil.

271. Vgl. Hamann, B. v. Suttner, S. 512ff. und den Artikel Frieds: »Die letzte Lebenszeit« in FW, Jg. 16, Heft 7, Juli 1914, S. 248ff.

272. Fried an Wehberg, 9. 7. 1914. NL Wehberg, Bd. 59b, BA Koblenz

273. FW, Jg. 16, Heft 7, Juli 1914, S. 242f., nachf. Zitat S. 243

274. Balduin Groller, eigentlich Adalbert Goldscheider (1848–1916) war ein bekannter Wiener Unterhaltungsschriftsteller und Vertrauter Bertha von Suttners.

275. Protokoll der Vorstandssitzung der ÖFG vom 24. Juni 1914, in: FW, Jg. 16, Heft 7, 7. 1914, S. 275f.

276. Ebd., S. 277

277. Ebd., S. 269

278. Ebd.

279. Fried an Wehberg, 9. 7. 1914. NL Wehberg, Bd. 59b, BA Koblenz

280. FW, Jg. 16, Heft 8, 8./9. 1914, S. 319. Im Original teilweise hervorgehoben. Die Haltung des Kriegsministeriums scheint zu belegen, dass man in Österreich ursprünglich nicht so rasch gegen Serbien vorgehen wollte,

wie es dann auf Druck Deutschlands tatsächlich geschah. (Vgl. Imanuel Geiss (Hrsg.), Juli 1914. Die europäische Krise und der Ausbruch des Ersten Weltkriegs. München, 2. Aufl. 1980, S. 211f.) Möglicherweise waren Teile des Ministeriums also am 27. Juli noch nicht über die bereits für den nächsten Tag beschlossene Kriegserklärung Österreich-Ungarns an Serbien informiert. Möglich ist jedoch auch, dass man die Pazifisten, wegen ihrer internationalen Verbindungen, bewusst über die eigenen Pläne im Unklaren ließ.

281. Vgl. ebd., S. 319. Nachfolgende Zitate S. 309

282. Da es – abgesehen von der Dissertation Josef Bauers, Die Österreichische Friedensbewegung, Wien 1949 – keine neueren Untersuchungen zur Geschichte der ÖFG oder ihrer Aktivitäten im Weltkrieg gibt, muss die Frage nach möglichen politischen Aktivitäten oder Treffen von Teilen der Mitglieder während des Krieges offenbleiben. Es scheint jedoch, als hätte es lediglich innerhalb des Vereins »Para Pacem« noch andere als humanitäre Aktivitäten gegeben.

283. Vgl. Helmut Mauermann, Das Internationale Friedensbüro 1892 bis 1950. Stuttgart 1990, S. 148. Vgl. auch den Bericht »Die außerordentliche Sitzung des Berner Büros« in FW, Jg. 16, Heft 8 (8./9. 1914), S. 310

284. Erstes Kriegsflugblatt der DFG. München und Stuttgart, 20. 7. 1914. Kriegsflugblätter ZSp. 1–29/13, BA Koblenz

285. Fried, Kriegs-Tagebuch I, Vorwort S. VIIf.

286. FW, Jg. 16, Heft 8, 8./9. 1914, S. 282. Text auch in Fried, Kriegs-Tagebuch. I, S. 2

287. Vgl. Fried, Kriegs-Tagebuch I, S. 19. Auch andere Pazifisten litten unter dieser Isolation. So schreibt Quidde in einem Telegramm an Fried vom 13. 8., das Fried vom Tode Adolf Richters unterrichten sollte, er selbst sei »ohne alle Nachricht von Wien, Bern und Brüssel«. NL Fried, Box 77

288. Privatbesitz Trude Simonsohn

289. Bernhard von Jacobi (1880–1949), Schauspieler. 1907 heiratete er Lucy Goldberg aus Wien, eine Tochter von Thereses Schwester. Vgl. auch NDB, Bd. 10, S. 221, Vgl. Fried, Kriegs-Tagebuch I, S. 142f., 27. 10. 1914

290. Eiserne Zither, Kriegslieder von Ludwig Ganghofer, Stuttgart 1914

291. Der Zirkel, Jg. 45, Nr. 5/6, 11. 1914, S. 64

292. Anzeige im Börsenblatt für den deutschen Buchhandel, Jg. 82, Nr. 96, 26. 4. 1915, in Klaus Gerhard Saur (Hrsg.), Aus alten Börsenblättern. München 1966, S. 164

293. Urkunde des k. k. Landsturmbezirkskommandos Nr. 1 zu Wien datiert vom 31. 12. 1906: »Alfred Hermann Fried, geboren im Jahre 1864 zu Wien, politischer Bezirk Magistrat, Land N.Ö., hat im Heere bei dem Infanterieregiment Nr. 44 und 4 durch 10 Jahre, 3 Monate als Infanterist, ferner bei dem Landwehr-Infanterieregiment Nr. 1 durch 2 Jahre als Infanterist gedient. Derselbe ist berechtigt die Jubiläums-Erinnerungs-Medaille zu tragen. Nachdem er auch der Landsturmpflicht mit 31. Dezember 1906 vollkommen genügt hat, wird ihm diese Urkunde zuteil.« Privatbesitz Trude Simonsohn, jetzt NL Fried

294. Fried, Kriegs-Tagebuch I, S. 1, 7. August 1914

295. Vgl. FW, Jg. 16, Heft 8, 8./9. 1914, S. 320 und 319
296. Dies und das folgende Zitat: Fried, Kriegs-Tagebuch I. S. VIII
297. Fried an Dr. John Mez, 1. 12. 1914. Wiener Stadt- und Landesbibliothek, Handschriftensammlung I.N. 225. 950
298. Prof. Dr. Benno Imendörffer, Aus dem Tagebuche eines »Pazifisten«, Süddeutsche Zeitung Nr. 46, 28. 10. 1914, Beilage »Aus großer Zeit«. Nachfolgende Zitate aus diesem Artikel.
299. Vgl. Hamann, B. v. Suttner, S. 156
300. Roseggers Heimgarten. Graz, Jg. 39, Heft 3, 12. 1914, S. 240
301. Vollmacht Frieds für Dr. Emil Frankl, August 1914. NL Fried, Box 91a
302. FW, Jg. 16, Heft 8, 8./9. 1914, S. 320
303. Fried, Kriegs-Tagebuch I, S. 111, 9. 9. 1914.

4. Im Schweizer Exil 1914/15–1919

1. Vgl. hierzu Fried, Kriegs-Tagebuch I, S. 137f., 25. 10. 1914
2. Fried an Dr. John Mez, 1. 12. 1914. Wiener Stadt- und Landesbibliothek, Handschriftensammlung I. N. 225. 950
3. Fried an Wehberg, 18. 11. 1914. NL Wehberg, Bd. 59b, BA Koblenz
4. Dieter Riesenberger, Deutsche Emigration und Schweizer Neutralität im Ersten Weltkrieg. In: Schweizerische Zeitschrift für Geschichte. Vol. 38, Basel 1988, S. 133
5. Der sozialdemokratische Wiener Politiker Franz Schumeier (1864–1913) wurde am 11. 2. 1913 in Wien ermordet.
6. Der französische Sozialist und Pazifist Jean Jaurés, der sich insbesondere für die deutsch-französische Verständigung einsetzte, wurde am 31. 7. 1914 in Paris ermordet.
7. Fried, Kriegs-Tagebuch I, S. 297, 13. 2. 1915
8. Vermutlich befanden sich Pauline Wyon-Fried und ihre Söhne Lionel und Gordon bei ihnen, die sich im Gegensatz zu Fried dauerhaft in Zürich niederließen.
9. Fried, Kriegs-Tagebuch I, S. 307, 3. 3. 1915
10. Romain Rolland, Das Gewissen Europas. Band I, Berlin 1963, S. 684, 1. 9. 1915
11. Ebd., S. 686 (2. 9. 1915)
12. Fried, Kriegs-Tagebuch II, S. 54, 17. 9. 1915
13. Fried an Georg Gothein, 1. 7. 1915. NL Gothein, Nr. 20, BA Koblenz
14. Vgl. Fried, Kriegs-Tagebuch I, S. 139 (25. 10. 1914)
15. Zur Person Gobats vgl. u.a. Karl Holl, Albert Gobat, in Donat/Holl, Friedensbewegung, S. 159f., auch Hermann Böschenstein, Albert Gobat – der unfriedliche Friedensförderer. In Michael Neumann (Hrsg.), Der Friedens-Nobelpreis von 1901 bis heute, Band 1: 1901–1904, Zug/Schweiz, 1987, S. 148ff.
16. Mauermann, Internat. Friedensbüro, S. 149
17. Vgl. ebd., S. 150
18. Dass die Initiative von Fried und Nippold ausging, findet sich in Ludwig Quidde, Der deutsche Pazifismus während des Weltkrieges 1914–1918. Aus dem Nachlass hrsg. von Karl Holl und Helmut Donat, Boppard 1979, S. 51
19. Vgl. dazu Mauermann, S. 152, S. 157ff.
20. FW, Jg. 17, Heft 1 (1./2. 1915), S. 3–9
21. »An die geistigen Führer aller Nationen!«, ebd., S. 3
22. »An die internationalen Organisationen!«, ebd., S. 4
23. »An die Friedensgesellschaften aller Länder«, ebd., S. 5–9. Die weiteren Forderungen betreffen

3. die Schaffung einer internationalen Staatenorganisation mit gemeinsamen permanenten Vertretungskörpern und Vollzugsorganen inkl. einer permanenten internat. Gerichtsbarkeit, 4. Rüstungskontrolle und -verminderung, 5. Kontrolle der Diplomatie durch die Parlamente und Verbot von Geheimverträgen, 6. Verbot aller Offensiv- und Defensivbündnisse, 7. Öffnung des Handels in allen Kolonien und Einleitung einer Entwicklung zum Freihandel, 8. Internat. Vereinbarungen zum Schutz der Eingeborenen in den Kolonien, 9. Strafrechtlicher gesicherter Schutz jedes Volkes vor Verleumdungen im Ausland, S. 7

24. Ebd., S. 17. Dass nicht alle Länder vertreten waren, verschweigt Fried an dieser Stelle bewusst.
25. Fried, Kriegs-Tagebuch I. (11. 1. 1915), S. 261f.
26. Vgl. Fried, Kriegs-Tagebuch I, S. 417, 2. 6. 1915
27. »Die Pazifisten« von Hermann Hesse, in »Die Zeit«, Wien, 7. 11. 1915
28. FW, Jg. 18, Heft 1 (1. 1916), S. 21
29. Nachdem er die humanitären Aktionen der Pazifisten in allen Ländern aufgezählt hat, betont Fried in seiner Replik an Hesse: »All diese von Pazifisten geleistete Kriegshilfe hat mit dem Pazifismus nichts zu tun. Es ist private Tätigkeit, die die Bewegung nicht im geringsten berührt.«
30. Artikelmanuskript »Die Angelegenheit Grelling« 1920, NL Fried, Box 9, file 124
31. Regierungsamtliche Dossiers in spezifischen Landesfarben. Die amtlichen Veröffentlichungen zur auswärtigen Politik und zur Diplomatie trugen im deutschen Auswärtigen Amt stets die Farbe Weiß.
32. Fried, MS »Grelling«, NL Fried, Box 9, file 124
33. Vgl. Richard Grelling in Goldscheid, Gedenkblätter, S. 33
34. Über die Wirkung des Werkes vgl. auch Hans Thimme, Weltkrieg ohne Waffen. Die Propaganda der Westmächte gegen Deutschland, ihre Wirkung und ihre Abwehr. Stuttgart/Berlin 1932, S. 69f. Thimme geht sogar davon aus, dass erst der enorme Erfolg von Grellings Buch die Entente dazu bewegt habe, die Kriegsschuldfrage zur Basis ihrer eigenen Propaganda zu machen.
35. Richard Grelling in Goldscheid, Gedenkblätter, S. 33
36. Fried, Kriegs-Tagebuch I, S. 381, Eintrag vom 7. 5. 1915
37. So berichtet Thimme, das Werk sei in einer Miniaturausgabe nach Vorbild der Taschenbibel in schwarz-weiß-roten Umschlägen mit der Aufschrift »Die Wahrheit« von französischen Fliegern in mehr als 20 000 Exemplaren über der deutschen Front abgeworfen worden. Vgl. Thimme, Weltkrieg ohne Waffen, S. 70
38. Fried, Kriegs-Tagebuch I, S. 262, Eintrag vom 11. Januar 1915
39. Vgl. Fried an Hans Wehberg, 6. 4. 1915. NL Wehberg, Nr. 59b, BA Koblenz
40. Vgl. Wehberg, »Die Zentralorganisation für einen dauernden Frieden«, FW, Jg. 44, 1944, S. 319
41. Vgl. Organisation Centrale Pour Une Paix Durable. »Développement de l'Oeuvre de la Haye. Organisation de la Conférence de la Paix.« Rapport présenté par une Commission. Composée de M. M. Fried (Autriche), La Fontaine (Belgique), Hull (Etats-Unis), De Louter (Pays-Bas), Schücking (Allemagne) et Lange (Norvège). La Haye, Mars 1917

42. Dr. h. c. Alfred H. Fried, Europäische Wiederherstellung, Zürich 1915, S. 76, nachf. Zitate ebd.
43. Zur Geschichte der Zeitung im 1. Weltkrieg vgl. die ausführliche Darstellung in Gustav A. Lang, Kampfplatz der Meinungen. Die Kontroverse um Kriegsursachen und Friedensmöglichkeiten 1914–1919 im Rahmen der »NZZ«, Zürich 1968.
44. Vgl. dazu Lang, Kampfplatz der Meinungen, S. 20
45. Ebd., S. 43
46. NZZ, Nr. 349 und 352, 25. März 1915. Der Artikel findet sich auch in den Blättern für zwischenstaatliche Organisation, April 1915, S. 41–46, aus dem die nachfolgenden Zitate entnommen sind.
47. Vgl. dazu das Kapitel »Die Auseinandersetzung um die pazifistischen Theorien« in Lang, Kampfplatz der Meinungen, S. 105ff.
48. Fried, Kriegs-Tagebuch 1, S. 28 (Eintrag vom 21. 8. 1914). Auch die nachfolgenden Zitate stammen aus diesem Eintrag.
49. Dr. Alfred H. Fried (Hrsg.), Der Kampf um die Vermeidung des Weltkriegs. Randglossen aus zwei Jahrzehnten zu den Zeitereignissen vor der Katastrophe. (1892–1900 und 1907–1914.) Von Bertha von Suttner. Bd. 1: Von der Caprivischen Heeresvermehrung bis zum Transvaalkrieg, Zürich 1917. Bd. 2: Von der zweiten Haager Konferenz bis zum Ausbruch des Weltkriegs, Zürich 1917
50. Leopold Katscher, Bertha von Suttner, die »Schwärmerin« für Güte, Dresden 1903
51. Fried/Suttner, Randglossen 1, S. IV
52. Tatsächlich sollte sich dieses Bild erst ab den 60er Jahren mit der bahnbrechenden Biographie Beatrix Kempfs, Bertha von Suttner. Das Lebensbild einer großen Frau, Wien 1964 (Neuausgabe: Freiburg i. Br. 1980) und den nachfolgenden Arbeiten von Giesela Brinker-Gabler u.a. bis zu Brigitte Hamann (Bertha von Suttner. Ein Leben für den Frieden, München 1986) langsam durchsetzen.
53. Vgl. etwa den Hetz-Artikel »Gerade weil ich ein Deutscher bin« der Norddeutschen Allgemeinen Zeitung, nachgedruckt in Neue Preußische (Kreuz-) Zeitung, Nr. 89 vom 28. 2. 1916, Abendausgabe, worin besonderer Wert darauf gelegt wird zu betonen, dass es sich bei Fernau um einen »polnischen Juden« handle.
54. Rheinisch-Westfälische Zeitung, 17. Februar 1916 auch abgedruckt in FW, Jg. 18, Heft 3, März 1916, S. 93f.
55. »Schleichendes Gift« in: Neue Preußische (Kreuz-) Zeitung, Nr. 157, 26. 3. 1916, Sonntagsbeilage. Die nachfolgenden Zitate sind diesem Artikel entnommen.
56. »Herr Fried bei der Verleumdungsarbeit« in: Neue Preußische (Kreuz-) Zeitung, Nr. 177, 6. 4. 1916, Morgenausgabe
57. Vgl. FW, Jg. 18, Heft 5, Mai 1916, S. 159
58. Ebd., S. 158
59. »Herr Dr. Fried will kein Verleumder sein.«, in: Neue Preußische (Kreuz-) Zeitung, Nr. 196, 16. 4. 1916, Sonntagsbeilage.
60. Vgl. FW, Jg. 18, Heft 5, Mai 1916, S. 161
61. Vgl. Kriegs-Tagebuch II, S. 253, Eintrag vom 7. April 1916. Unter dem entsprechenden Datum des Kriegs-Tagebuches in der »Friedens-Warte« fehlt der Absatz über ihr Verbot. Vgl. FW, Jg. 18, Heft 5, Mai 1916, S. 154
62. Vgl. Darstellung in: FW, Jg. 18, Heft 7, Juli 1916, S. 203–208

63. Zu F. W. Foerster vgl. u. a. Donat/Holl, Friedensbewegung, S. 118ff. und die Kurzbiographie von Hans Kühner-Wolfskehl in Josephson, Biographical Dictionary, S. 284ff.
64. FW, Jg. 18, Heft 1, Januar 1916, Leitartikel S. 1–9
65. Wehberg, Führer der Friedensbewegung, S. 57
66. Fried legt den direkten Zusammenhang des Generalverbotes der FW mit dem Fall Foerster in seinem Artikel »Die ›Friedens-Warte‹ und die Militärzensur« vom Dezember 1918 dar. Vgl. FW, Jg. 20, Heft 11 (November/Dezember 1918), S. 291f.
67. Vgl. FW, Jg. 18, Heft 7 (Juli 1916), S. 204f. Fried betont dagegen immer wieder, dass die »Friedens-Warte« ein deutsches Blatt mit überwiegend deutschen und österreichischen Lesern und Mitarbeitern sei. Der erzwungene vorübergehende Umzug nach Zürich habe daran nichts geändert. »Es ist daher eine Verdrehung und Fälschung, wenn man Prof. Foerster als erschwerend vorwirft, dass er seinen Bismarck-Aufsatz in einem ›ausländischen‹ Blatt erscheinen ließ.« S. 205
68. Vgl. dazu Fried: Kriegs-Tagebuch II, S. 322, Eintrag vom 14. Juni 1916
69. Fried, Kriegs-Tagebuch IV, S. 446, Eintrag vom 30. 6. 1919
70. Zu Oskar Schwonder vgl. Fried: Handbuch 1913, S. 405f.
71. Vgl. Fried, Handbuch 1905, Vorwort S. X. Dort bedankt sich Fried neben Elie Ducommun und dem Büro der ÖFG auch bei »Herrn Karl Ludwig Siemering in Königsberg in Preußen, der mir beim Lesen der Korrekturen behilflich war und das Register zusammenstellte«.
72. Sein letzter Artikel »Fichte und Wir. Zum 100. Todestag am 27. Januar« erschien 1914 im Februar-Heft der »Friedens-Warte«. Vgl. FW, Jg. 16, Heft 2, Februar 1914, S. 57ff.
73. Diese Darstellung folgt den Angaben Schwonders in Sebers Werk (s. u.). Kommentare Frieds in der FW oder Hinweise im NL Fried konnten nicht entdeckt werden.
74. Dr. Max Seber, Die Schicksalsstunde des Pazifismus. Eine Neu-Orientierung, Basel 1917. Nachfolgende Zitate aus diesem Werk.
75. Bericht des Konsuls von Stettin Carl René an das Auswärtige Amt vom 21. 11. 1915. R 20459, IA, Weltkrieg. WK Nr. 2 geh. Bd. 13, PA/AA Berlin, nachf. Zit. ebd.
76. Vgl. dazu den Schriftwechsel zwischen Carl René und Direktor Sobernheim in Berlin 6. 12. 1915 und 10. 12. 1915 in R 20460, IA, Weltkrieg, WK Nr. 2 geh. Bd. 14, PA/AA Berlin
77. Bericht Dernburgs, kaiserliche dt. Gesandtschaft Bern, an Reichskanzler Bethmann-Hollweg vom 24. 12. 1915. Vermerk: Ganz geheim. R 20460, IA, Weltkrieg, WK Nr. 2 geh. Bd. 14, PA/AA Berlin
78. Der Zirkel, Jg. 45, Heft 5/6, November 1914, S. 57. Allerdings macht dasselbe Heft (S. 64) auch Reklame für die »Eiserne Zither«, die kaum pazifistisch zu nennenden Kriegslieder von Frieds Onkel Ludwig Ganghofer.
79. Das Flugblatt findet sich auch auf der Umschlagseite der Dezemberausgabe der »Friedenswarte« 1914., FW, Jg. 16, Heft 12, S. 370
80. Der Zirkel, Jg. 45, Heft 15/16, April 1915, S. 162ff.
81. Ebd., S. 171
82. Vgl. Fried, Kriegs-Tagebuch II, S. 145, S. 272, S. 301 und S. 310f.
83. Fried, Kriegs-Tagebuch III, S. 143f.
84. Ernst Fraenkel, Das deutsche Wilsonbild. In: Jahrbuch für

Amerikastudien. Bd. 5, Heidelberg 1960, S. 73f.

85. Vgl. Fraenkel, Wilsonbild, S. 69ff.

86. Vgl. hierzu und zum Folgenden: FW, Jg. 20, Heft 1, Januar 1918, S. 19 u. S. 26

87. Ebd., S. 19

88. Über die Stellung der Regierung und des Auswärtigen Amtes in Deutschland und Österreich und den Versuch einer Steuerung der deutschen Teilnehmer durch das AA vgl. Zechlin, S. 471ff.

89. Auf Initiative des Zentrumsabgeordneten Matthias Erzberger hatte die Mehrheit des Reichstages, bestehend aus Zentrum, SPD und den Liberalen am 19. Juli 1917 in einer Friedensresolution einen baldigen Verständigungsfrieden gefordert.

90. Vgl. Fried, Kriegs-Tagebuch III, S. 293f. Eintrag vom 17. Juli 1917

91. FW, Jg. 20, Heft 1, Januar 1918, S. 19

92. Vgl. dazu auch: Dieter Riesenberger, Deutsche Emigration und Schweizer Neutralität im Ersten Weltkrieg. In: Schweizerische Zeitschrift für Geschichte, Vol. 38, Basel 1988, S. 127ff., hier S. 136f.

93. Ebd., S. 143

94. Allerdings besaß die »Freie Zeitung« über ihren Herausgeber Hans Schlieben, der Mitglied im Bund Neues Vaterland war, Kontakte zum linken Flügel der Deutschen Friedensgesellschaft und zum pazifistischen Flügel der USPD. Vgl. L. Wieland, Die »Freie Zeitung«. In Donat / Holl, Handbuch der Friedensbewegung, S. 133f.

95. Martin Korol, Deutsches Präexil in der Schweiz 1916–1918. Diss. Bremen, Tartu 1999, S. 291

96. Vgl. dazu den Artikel Otto Flakes »Die Aufgaben der deutschen Intellektuellen« in der Juni-Ausgabe der »Friedens-Warte«. FW, Jg. 20, Heft 6, Juni 1918, S. 153–156

97. Insgesamt schrieben mit Fried 34 Autoren einen Artikel. Vgl. die Autorenliste am Beginn des Heftes. FW, Jg. 20, Heft 7/8, Juli / August 1918, S. 176

98. Einen guten Überblick über die wechselseitigen Angriffe und Beschuldigungen gibt Korol, Präexil, S. 476ff.

99. Stefan Zweig an Romain Rolland, 20. 4. 1918. Zitiert nach Korol, Präexil, S. 297.

100. Zu den »Weißen Blättern« vgl. auch den Artikel von M. Rooney in Donat/Holl, Friedensbewegung, S. 416f.

101. Vgl. auch: Korol, Deutsches Präexil, S. 213

102. Zu Schickele vgl. u.a. die Kurzbiographie von A. v. Borries in Donat / Holl, Friedensbewegung, S. 333f; Dr. Friedrich Bentmann (Hrsg.), René Schickele. Leben und Werk in Dokumenten. Nürnberg 1974; Holger Seubert, Deutsch-französische Verständigung: René Schickele. München 1993

103. Vgl. dazu die kritische Darstellung von Seubert, Schickele, S. 94ff.

104. Vgl. NL Fried, Box 81

105. Zur Biographie Annette Kolbs vgl. u.a. Richard Lemp: Annette Kolb. Leben und Werk einer Europäerin, Mainz 1970

106. Fried, Kriegs-Tagebuch II, S. 202, Eintrag vom 8. Februar 1916

107. Annette Kolb, ZARASTRO – Westliche Tage, Berlin 1921

108. Ebd., S. 41

109. Ebd., S. 81f.

110. Goldscheid, Gedenkblätter, S. 45

111. Fried an Annette Kolb, 14. 6. 1919. NL Annette Kolb, 455/68, Münchner Stadtbibliothek

112. FW, Jg. 20, Heft 10 (Oktober 1918), S. 263

113. Vgl. Fried an Pauline Wyon, 30. 11. 1908. NL Fried, Box 31

114. Die obenerwähnten Einzelheiten sind einem Brief Frieds an den Internatsleiter vom 31. 3. 1908 entnommen, in dem er sich für ein Umgangsrecht seiner Schwester mit den Kindern einsetzt. NL Fried, Box 31

115. Vgl. Achter deutscher Pazifistenkongress. Verhandlungsbericht. Charlottenburg 1919. Darin findet sich der Name Leopold Frieds auf der Teilnehmerliste S. 174

116. Vgl. FW, Jg. 13, Heft 4 (April 1911), S. 122ff. Rubrik: Verschiedenes

117. Entschuldigend heißt es daher auch in einer Anmerkung der Redaktion: »Die ›Friedens-Warte‹ veröffentlicht grundsätzlich keine Gedichte. Aber dies hier ist die Arbeit eines vierzehnjährigen Schülers eines österreichischen Gymnasiums. Als solche ist sie ein Dokument dafür, dass der antikriegerische Geist auch von unserer patriotischen Schule mit ihrem kriegsverherrlichenden Lehrstoff nicht völlig unterdrückt werden kann.« Ebd., S. 122. Die Tatsache, dass der Verfasser sein Neffe ist, lässt Fried dabei unerwähnt.

118. Fried, Kriegs-Tagebuch IV, S. 362, Eintrag vom 11. 12. 1918

119. Fried, Kriegs-Tagebuch IV, S. 363, Eintrag vom 14. 12. 1918

120. Fried: Kriegs-Tagebuch IV, S. 367/368, Eintrag vom 31. 12. 1918

121. Dieser Eintrag vom 11. Januar 1919 wurde nicht in die Buchausgabe übernommen, findet sich aber in der FW, Jg. 21, Heft 1, Januar 1919, S. 23.

122. Ebd., S. 24f. Eintrag vom 28. 1. 1919, auch dieser Eintrag findet sich nicht in der Buchausgabe.

123. Fried, Kriegs-Tagebuch IV, S. 368, Eintrag vom 11. 1. 1919

124. Annette Kolb: »Unbeweglich, als wäre er nur eine Zimmerpalme, hielt sich unser aller A. H. Pax im Hintergrunde [...] « Annette Kolb, Zarastro. Westliche Tage, Berlin 1921, S. 196

125. FW, Jg. 21, Heft 1, Januar [!] 1919, S. 26. Eintrag vom 8. 2. 1919. Dieser Artikel wurde in die Buchform des Kriegs-Tagebuches nicht übernommen.

126. Ebd., S. 25. Eintrag vom 8. 2. 1919

127. Annette Kolb, Zarastro, Berlin 1921, S. 197

128. Zu Eisner vgl. den Artikel von L. Wieland in Donat/Holl, Friedensbewegung, S. 100f. Eisner, der sich schon im November 1914 als einer der Ersten dem Bund Neues Vaterland angeschlossen hatte, übernahm nach der Spaltung der SPD 1917 den Vorsitz der USPD in München und stürzte dort am 7. November 1918 die bisherige Regierung. Wie Fried sah er in der schonungslosen Aufdeckung der deutschen Kriegsschuld eine Voraussetzung für einen demokratischen Neuanfang und milde Friedensbedingungen der Alliierten. Auf dem Weg zum bayerischen Landtag wurde Eisner am 21. 2. 1919 erschossen.

129. Fried, Kriegs-Tagebuch IV, S. 380, Eintrag vom 23. 2. 1919

130. Vgl. hierzu die Einträge vom 11. und 16. Januar 1919 in Fried, Kriegs-Tagebuch IV, S. 368f. Zu Liebknechts Tod heißt es dort u. a.: »Er war sympathisch, solange er, der grundsätzliche Hasser des Krieges, duldete und litt, furchtbar, als er, die Verwirrung der Lage benützend, den Bürgerkrieg in die Hauptstadt und das Land trug.« S. 369

131. Wie die Pazifisten setzte auch Eisner für einen raschen und dauerhaften Frieden ganz auf Wilson. Schon am elften Novem-

ber 1918 hatte er in einem bayerischen Alleingang in der Außenpolitik eine Friedensinitiative zu starten versucht, die sich über die Schweiz an Wilson wandte, und Friedrich Wilhelm Foerster dafür zum Bayerischen Gesandten in Bern ernannt. Vgl. hierzu Andreas Kraus, Geschichte Bayerns. 1983, S. 634f.

132. Vgl. dazu Fried, Kriegs-Tagebuch IV, S. 378ff., 23. 2. 1919, hier S. 378

133. Ebd., S. 383, Eintrag vom 2. 3. 1919

134. Fried, Kriegs-Tagebuch IV, S. 385, 19. 3. 1919

135. Ebd., S. 386, 19. 3. 1919

136. Vgl. dazu u.a. Fraenkel, Wilsonbild, S. 81ff.

137. Fried, Kriegs-Tagebuch IV, S. 362, 11. 12. 1918

138. Ebd., S. 362, 14. 12. 1918

139. Ebd., S. 397, 18. 4. 1919

140. Vgl. dazu Fraenkel, Wilsonbild, S. 89

141. Ebd., S. 85

142. Fried, Kriegs-Tagebuch IV, S. 409f., 10. 5. 1919

143. Ebd., S. 413, 17. 5. 1919. Fried meint mit »Sozialismus« allerdings die Richtung der USPD, während er sowohl die Positionen der radikalen Linken um den Spartakus-Bund als auch die Theorien Lenins kategorisch ablehnt. S. 397

144. Vgl. ebd., S. 421

145. Vgl. dazu Günther Höhne, Zur Stellung führender Pazifisten zum Versailler Vertrag. In Jenaer Beiträge zur Parteiengeschichte, Bd. 26/27, Erfurt 1970, S. 124–136

146. Vgl. dazu auch Scheer: Friedensgesellschaft, S. 361f.

147. Dies und das folgende Zitat in Fried: Kriegs-Tagebuch IV, S. 433

148. Fried, Kriegs-Tagebuch IV, S. 432f. Diese Ansichten Frieds zeigen deutliche Parallelen zu der Einschätzung heutiger Historiker die den engen Zusammenhang beider Kriege mit dem Begriff des »zweiten Dreißigjährigen Krieges« kennzeichnen. Vgl. u.a. die Spiegel-Serie von Februar/März 2004 mit Beiträgen verschiedener Historiker zum Thema, u.a. den einleitenden Aufsatz von Hans-Ulrich Wehler: »Der Erste Weltkrieg als Auftakt und Vorbild für den Zweiten Weltkrieg«, Der Spiegel, Heft 8/2004, S. 82ff.

149. Der Weltprotest gegen den Versailler Frieden. Gesammelt, herausgegeben und eingeleitet von Dr. Alfred H. Fried. Leipzig 1920. Nachf. Zitate ebd.

150. Fried, Kriegs-Tagebuch IV, S. 417, Eintrag vom 27. Mai 1919

151. Vgl. Scheer, Deutsche Friedensgesellschaft, S. 367f.

152. Dr. Alfred H. Fried, Auf hartem Grund, Hamburg 1919, S. 13. Nachf. Zitat ebd.

153. Fried, »Die Desinfizierung der Gehirne«, in FW, Jg. 20, Heft 7/8, Juli / August 1918, S. 188f. Nachf. Zitate ebd.

154. Fried, Schweizer Geschichte. In: Arbeiter-Zeitung. Zentralorgan der Sozialdemokratie Deutschösterreichs. Wien. Jg. 32, Nr. 11, 11. 1. 1920. Das Manuskript befindet sich im NL Fried, Box 9, file 123. Nachf. Zitate ebd.

155. Fried, Kriegs-Tagebuch IV, S. 447 (letzter Eintrag vom 30. 6. 1919)

156. Vgl. dazu u.a. Scheer: Deutsche Friedensgesellschaft, S. 354f.

157. Fried an Wehberg, 2. 6. 1919. NL Wehberg, Bd. 59b, BA Koblenz

158. Fried an Annette Kolb, 14. 6. 1919. NL Annette Kolb, Stadtbibliothek München

159. Fried an Wehberg, 2. 6. 1919. NL Wehberg, Bd.59b, BA Koblenz

160. Noch im Oktober 1919 setzt Fritz Röttcher seinem Bericht über die Hauptversammlung der DFG die

Bemerkung voran, dass das Reisen »eine schwierige, unter Umständen gefährliche Sache geworden« sei. »Die Waggons sind ungeheizt, die Verbindungen mangelhaft und unregelmäßig, die Züge bis zur Lebensgefahr überfüllt und die Hotelzimmer mit Sicherheit bereits vergeben.« (FW, Jg. 21, Heft 9/10, S. 170). Zudem waren bekannte Pazifisten wie Fried auch vor direkten Anfeindungen nicht sicher.

161. Elsbeth Friedrichs an Fried, 27. 12. 1919. NL Fried, Box 88. Elsbeth Friedrichs Befürchtungen sollten sich schon im nächsten Winter bewahrheiten.

5. Überall fremd

1. FW, Jg. 22, Heft 3, Juni 1920, S. 95. Artikel: »Meine Ausweisung aus München.«
2. Kraus, Geschichte Bayerns, S. 672
3. Vgl. die zahlreichen Antwortbriefe Mundy Schwalbs vom Februar 1920 im NL Fried, Box 91
4. Mundy Schwalb an Fried, 17. 2. 1920. NL Fried, Box 91
5. Mundy Schwalb an Fried, 24. 2. 1920. NL Fried, Box 91
6. Mundy Schwalb an Fried, 11. 3. 1920. NL Fried, Box 91
7. Ebd.
8. Elsbeth Friedrichs an Fried, 26. 3. 1920. NL Fried, Box 88
9. Rheinstrom an Fried, Abschrift eines Beschwerdeantrags an das Staatsministerium des Inneren, 3. 5. 1920. NL Fried, Box 90
10. Berliner Tagblatt, Nr. 274, 13. Juni 1920
11. Rheinstrom an Fried, 13. 7. 1920. NL Fried, Box 90
12. »Nochmals meine Ausweisung aus München«, FW, Jg. 22, Heft 4 (Juli 1920), S. 125
13. Fried an Georg Arnhold, o.D. [Mai/Juni 1920]. NL Fried, Box 87
14. Wiener Freimaurer-Zeitung, Jg. 2, Nr. 6, Juni 1920, S. 4f.
15. Fried an David Starr Jordan, o.D. NL Fried, Box 88, nachf. Zitate ebd.
16. Arthur Schnitzler an Fried, 12. 6. 1920. NL Fried, Box 90
17. Wiener Freimaurer-Zeitung, Jg. 1, Nr. 8, August 1919, S. 17
18. Fried an René Schickele, Durchschlag ohne Datum (ca. Mai / Juni 1920). NL Fried, Box 91a. Fried schreibt, Frau Hertzka aus der Frauen-Friedensbewegung habe ihm darin für den Sommer vier Zimmer frei gemacht, die er zum Teil sogar mit eigenen Möbeln möbliert habe.
19. Fried an Lehmann-Russbüldt, 9. 7. 1920. NL Fried, Box 89
20. Vgl. Lehmann-Russbüldt an Fried, 3. 7. 1920. NL Fried, Box 89
21. Lehmann-Russbüldt an Fried, 2. 8. 1920. NL Fried, Box 89
22. Fried an René Schickele, Durchschlag ohne Datum (ca. Mai/Juni 1920). NL Fried, Box 91a
23. Fried an René Schickele, 3. 8. 1920. NL Fried, Box 91a
24. Vgl. die Briefe Mundy Schwalbs an Fried von 1920 und Januar 1921, NL Fried, Box 91
25. Fried an René Schickele, 3. 8. 1920. NL Fried, Box 91a
26. Das Grab Berta Fried-Engels ist bis heute auf dem jüdischen Friedhof in Bernburg erhalten.
27. FW, Jg. 22, Heft 8/9 [!], Oktober/November 1920, S. 218, nachf. Zitate ebd.
28. Fried an Aufsichtsrat des Art. Institutes Orell Füssli, 25. 11. 1920, NL Fried, Box 90. Die nachf. Zitate ebd.
29. Fried an David Starr Jordan, 22. 1. 1920. NL Fried, Box 88
30. Die handschriftliche Kladde mit etwa 20 Seiten ungeordneten Notizen befindet sich im NL

Fried, Box 9, file180. Die geplante Struktur des Werkes wurde hieraus zusammengestellt. Ebenso sind die nachfolgenden Zitate Transskriptionen aus dieser Kladde.

31. Schon am 23.10.1919 hatte Fried mit dem Neuen Geist Verlag in Leipzig einen Vertrag abgeschlossen, der dem Verlag die alleinigen Rechte an der geplanten Autobiographie sicherte. Als Honorar wurden 15% des Ladenpreises mit einem Vorschuss von 10000 Mark vereinbart, die ab Januar 1920 monatlich in Raten von 1000 Mark gezahlt werden sollten. Der Umfang des Werkes sollte zwischen 230000 und 340000 Silben betragen und die ersten 10 Druckbögen bis Juni 1920 fertiggestellt sein, der Rest bis zum Ende des Jahres. Da Fried diesen Teil der Vereinbarung nicht einhalten kann, wird der Vertrag jedoch im Juli 1920 aufgehoben. Vgl. Verlagsvertrag vom 23.10.1919 in NL Fried, Box 89 (Neuer Geist Verlag).
32. Handschriftliche Angebotsnotiz Frieds, undatiert. NL Fried, Box 92. Fried stellte sich vor, den Besitzanspruch des Käufers nach einer Anzahlung zu garantieren, Archiv und Nachlass aber bis zu seinem Tode bei sich zu behalten und für den neuen Eigentümer zu ordnen.
33. Vgl. hierzu Wiener Freimaurer-Zeitung, Jg. 2, Heft 9/12, Dezember 1920, S. 14
34. Die Totenmaske Frieds befindet sich heute im Historischen Museum der Stadt Wien.
35. Wiener Freimaurer-Zeitung, Jg. 2, Heft 9 / 12, Dezember 1920, S. 12
36. Fried an »Herr Präsident«, Briefdurchschlag vom 21. 12. 1920. NL Fried, Box 20, file 341
37. Aufruf des Journalisten- und Schriftstellervereines »Concordia«, o.D. Zeitungsausriss, NL Fried, Box 20. Nachfolgende Zitate aus diesem Zeitungsartikel.
38. Vgl. den Artikel »Un ›prix Nobel‹ sans logis« im Journal Paris vom 29. 12. 1920. Darin heißt es »Vienne, 28 décembre. La crise des logements continue à sévir à Vienne avec la méme intensité. Le club des journalistes, ›La Concordia‹, cherche actuellement pour le Dr. Fried, lauréat du prix Nobel.« Vgl. auch »Ein obdachloser Friedensfreund« in den Berner Nachrichten vom 4. 1. 1921. Beide NL Fried, Box 20
39. So wie er 1913 mit seiner Wohnung in der Bastiengasse zufällig oder gewollt dem Weg seiner Familie zum erhofften gesellschaftlichen Aufstieg gefolgt war, so findet sich hier am Ende seines Lebens mit der Rückkehr in die Leopoldstadt, die für Frieds Eltern die Phase des endgültigen Scheiterns markierte, eine weitere Parallele, die Fried nicht entgangen sein dürfte.
40. Mundy Schwalb an Fried, 10. 1. 1921. NL Fried, Box 91
41. Mundy Schwalb an Fried, 6. 1. 1921. NL Fried, Box 91. Folgendes Zitat aus d. Brief.
42. Mundy Schwalb an Fried, 10. 1. 1921. NL Fried, Box 91. Nachf. Zitate ebd.
43. Therese Fried an Wehberg, 28. 1. 1921. NL Wehberg Bd. 59b, BA Koblenz
44. Therese Fried an Wehberg, 9. 2. 1921. NL Wehberg, Bd. 59b, BA Koblenz
45. Mundy Schwalb an Wehberg, 13. 4. 1921. NL Wehberg, Bd. 59b, BA Koblenz
46. Therese Fried an David Starr Jordan, 9. 6. 1921. NL Fried, Box 25, file 366
47. Zum Folgenden: Mundy Schwalb in Goldscheid, Gedenkblättern, S. 68

48. Therese Fried an David Starr Jordan, 9. 6. 1921, NL Fried, Box 25, file 366
49. Verlassenschaftsakten Fried, Wiener Stadt- und Landesarchiv
50. Frankl vermerkt zudem, dass Therese an Gegenständen nur den Ehering, den Siegelring und eine Uhr ihres Mannes geerbt habe, da seine Bekleidung vollständig an seinen epileptischen, hilfsbedürftigen Bruder gemeint ist sicher Leopold in Berlin übergeben worden sei.
51. Eine beglaubigte Kopie dieses Testamentes findet sich zusammen mit einem Zusatz aus dem Jahre 1918 bei den Verlassenschaftsakten Fried im Wiener Stadt- und Landesarchiv.
52. Das von Fried am 5. Juli 1918 selbst geschriebene und unterzeichnete Testament ist im Anhang dieser Arbeit abgedruckt. Das Original aus dems Privatbesitz Trude Simonsohn konnte in den NL Fried überführt werden.
53. Die jährlich erneuerten Mitgliedskarten tragen die Mitgliedsnummern 2111 (Alfred Hermann Fried) und 2112 (Therese Fried). Vgl. NL Fried, Box 91a
54. Nach Angaben des Totenbuchs Theresienstadt wurde Dr. Emil Frankl 1942 zusammen mit seiner Frau Else von Wien nach Theresienstadt deportiert, traf dort jedoch nicht ein. Sein Schicksal ist ungeklärt. (Vgl. Mary Steinhauser (Hrsg.), Totenbuch Theresienstadt, Wien 1987, S. 32).
55. »Alfred H. Fried gestorben.« In: Arbeiter-Zeitung, Wien, Nr. 123, 6. 5. 1921. Nachf. Zitate ebd. Die folgenden Zeitungsartikel finden sich als Ausrisse auch in NL Fried, Box 11, file 235
56. »Alfred Hermann Fried« in: Der Abend, Wien, Nr. 102, 6. 5. 1921
57. »Dr. Alfred H. Fried gestorben« In: Neue Freie Presse, Wien, 6.5.1921
58. »Alfred H. Fried gest.« In: Berliner Tageblatt, Nr. 210, Ausgabe B (104), 6. 5. 1921
59. Carl v. Ossietzky: »Alfred H. Fried gest.« in: Berliner Volkszeitung, Abendausgabe, 6. 5. 1921
60. »Alfred H. Fried gest.« In: Die Welt am Montag, Berlin, 9. 5. 1921
61. Rudolf Jeremias Kreutz: »Zum Gedächtnis Alfred H. Frieds« in: Prager Tagblatt, Nr. 109, 11. 5. 1921
62. »Tragödie eines Menschenfreundes«, Süddeutsche Presse, Nr. 82, 13. 5. 1921
63. Münchener Post, 17. Mai 1921
64. »Einäscherungsfeier des Prof. Alfred H. Fried.« In: Münchener Post, 19. 5. 1921
65. »Alfred Frieds Beisetzung in München« in: Die Freiheit, Berlin, 20. 5. 1921. Zeitungsausriss im NL Fried, Box 11, file 235
66. Wiener Freimaurer-Zeitung, 3. Jg., Heft 3, September 1921, S. 12
67. Wiener Freimaurer-Zeitung, 3. Jg., Heft 4, Dezember 1921, S. 2f.
68. Emil Frankl an Der Neue Geist Verlag, 17. 5. 1921. NL Fried, Box 25, file 366
69. Briefentwurf vom 31. 5. 1921, NL Fried, Box 25, file 366
70. Als erstes Heft erschien Ende 1920, noch zu Frieds Lebzeiten, ein Sonderabdruck aus seinem 4. Kriegs-Tagebuch unter dem Titel: Alfred H. Fried, Mein Kampf gegen Versailles und St. Germain, Leipzig 1920.
71. Lucien Le Foyer, Charles Richet, Romain Rolland, Theodore Ruyssen
72. Norman Angell, H. N. Brailsford, Charles Roden Buxton, Joseph King, Lord Weardale, Israel Zangwill
73. Fannie Fern Andrews, David Starr Jordan, Lucia Ames Mead
74. Goldscheid, Gedenkblätter, S. 3

75. Paul Colin in Goldscheid, Gedenkblätter, S. 18
76. Erstaunlicherweise urteilt auch Ernst Bloch, der ja in der Schweiz durchaus nicht zu den engeren Freunden Frieds zählte und ihn auch häufig angriff, rückblickend völlig anders. Jetzt schreibt er ähnlich wie Annette Kolb über die Zeit in Bern: »Um Fried aber war jederzeit die reine Luft; seine kleine Stube in Bern war mehr als nur freundliche Zuflucht, man fühlte sich hier nochmals auf einer Insel gelandet, es war das Quartier der Anständigkeit schlechthin. Fried wirkte als der vollkommen sichere Mensch, unberührbar von allem Spekulantentum und aller Intrige, die um ihn horchten, aushorchten, das Ihre suchten.« Ernst Bloch in Goldscheid, Gedenkblätter, S. 16
77. Elsbeth Friedrichs in Goldscheid, Gedenkblätter, S. 25ff.
78. Ebd., S. 10
79. Vgl. dazu FW, Jg. 30, S. 230. Elsbeth Friedrichs zog sich in den letzten Jahren ihres Lebens von der Friedensbewegung weitgehend zurück und widmete sich nach einer schweren Augenerkrankung ganz der Förderung der Bates'schen Sehschulung, für die sie in Locarno ein eigenes Institut gründete.
80. Alfred H. Fried, Jugenderinnerungen. Berlin 1925
81. Zur Beisetzung Frieds vgl. auch den Artikel von Professor Hofrat Dr. Karl Brockhausen »Ein Ehrengrab für den Friedensapostel Alfred H. Fried. Anlässlich der Enthüllung am Samstag.« In: Neue Freie Presse, Wien, 6. 12. 1925. Als Separatdruck im NL Fried, Box 11, file 235. In Auszügen ist der Artikel auch abgedruckt in FW, Jg. 26, Heft 2 (Februar 1926), S. 51ff.
82. Vgl. FW, Jg. 31, 1931, S. 21
83. Nach schriftlicher Auskunft von Frau Dr. Brigitta Psarakis vom Wiener Stadt-und Landesarchiv.

6. Die Zeit danach – Hinterbliebene und Nachfolger

1. Vgl. NL Fried, Box 88
2. Vgl. Akten des Jüdischen Friedhofs Weißensee, Berlin
3. Nach Auskunft von Ernst Pecha, Neugründungsmitglied der ÖFG, wurden die erhaltenen Unterlagen der ÖFG von der letzten Schriftführerin in geistiger Verwirrung vernichtet. (Schriftliche Auskunft an die Verfasserin vom 10. 11. 2000, bestätigt von Prof. Ernst Schwarcz, ehemaliges Vorstandsmitglied der ÖFG).
4. Heute: The Hoover Institution on War, Revolution and Peace
5. Vgl. den Bericht von John Mez in FW, Jg. 27 (1927), S. 371
6. FW, Jg. 24, Heft 12 (Dezember 1924), S. 333f. Nachf. Zitate ebd.
7. Nach dem Tode Thereses gingen diese Dokumente an Berthold Simonsohn und seine Frau Trude, wo sie bis 2001 verwahrt wurden. Im Zuge dieser Arbeit konnten das Material in den Nachlass Frieds überführt werden.
8. Vgl. Wehberg: Alfred H. Frieds zehnter Todestag. In FW, Jg. 31 (1931), S. 130
9. Bittner, Archivamt Wien, an Sevensma, 15. 5. 1931, ebd.
10. Dr. Wilhelm, Archivamt Wien an Sevensma, 6. 6. 1931, ebd.
11. Ebd.
12. Diese bis heute gültige Vereinbarung ermöglichte z. B. Brigitte Hamann für die Arbeit an ihrer Biographie Bertha von Suttners die an andere Orte nicht mögliche Ausleihe von Teilen des Nachlasses Suttner/Fried nach

Wien. Vgl. Hamann, Bertha von Suttner, Vorwort S. 9

13. Bittner, Archivamt Wien, an Sevensma 15. 5. 1931. Verwaltungs-Akte 29570, VB Archiv. Diese Bestimmungen haben bis heute Gültigkeit. Da bisher jedoch ein Inventarsverzeichnis nur auf Karteikarten vorlag, gibt es noch keine Abschrift in Wien. Die Verfasserin hat jedoch im Rahmen dieser Arbeit die Karteikarten des Fried-Nachlasses datentechnisch erfasst, so dass eine Weitergabe nach Wien nun möglich sein wird.
14. Fried, Ratschläge und Wünsche
15. NL Box 12b, vergl. auch: Dr. Frieds »Esschronik« in »Prager Tagblatt«. Nr. 120, 25.5.1921, S. 3
16. NL Fried, Box 92.
17. Diese Briefe zusammen mit mehreren hundert anderen aus der Zeit zwischen 1935 und 1955, die sich in einem vergessenen Koffer im Privatbesitz Trude Simonsohns befanden und im Zuge dieser Arbeit im Keller wiederentdeckt wurden, bilden ein einzigartiges Zeitdokument, das den Ausgangspunkt einer eigenständigen Forschungsarbeit bilden könnte. Es umfasst vor allem Korrespondenz mit überwiegend jüdischen Verwandten und Freunden in Deutschland, Österreich, Israel und Südamerika.
18. Der ältere Sohn Carl war bereits zuvor aus Deutschland ausgewiesen worden.
19. Inge Simonsohn gelangte in einem von Himmler umgeleiteten Deportationszug nach Davos in der Schweiz und versuchte von dort Nachricht über das Schicksal der übrigen Familienmitglieder zu erhalten.
20. Vgl. hierzu ausführlicher den Lebensbericht Trude Simonsohns in Ingrid Wiltmann (Hrsg.), Jüdisches Leben in Deutschland. Siebzehn Gespräche, Frankfurt a.M. 1999, S. 100ff.
21. Egon Kieffer: »Rufer zum Weltfrieden. Alfred Hermann Fried und sein Werk. Zur Neugründung der Österreichischen Friedensgesellschaft.« Ausriss eines Zeitungsartikels [1946] Privatbesitz Trude Simonsohn, jetzt NL Fried.
22. Therese Fried an Berthold Simonsohn, 6. 2. 1946, Privatbesitz Trude Simonsohn
23. Diese Anerkennung hatte für Therese z.T. auch willkommene materielle Konsequenzen: so setzte sich etwa die ÖFG Anfang 1947 beim Stadtrat für eine Erhöhung des Fürsorgebeitrags für Therese ein. Vgl. Therese Fried an Berthold Simonsohn, 3. 1. 1947. Privatbesitz Trude Simonsohn
24. Therese Fried an Berthold Simonsohn, 14. 5. 1946. Privatbesitz Trude Simonsohn
25. Schriftliche Auskunft von Dr. B. Psarakis, Wiener Stadt- und Landesarchiv
26. Erich Fried, der zwei Tage nach dem Tod Alfred H. Frieds, am 6. 5. 1921 als Sohn einer wohlhabenden jüdischen Familie in Wien geboren wurde, war nicht mit Alfred H. Fried verwandt. 1938 emigrierte er, nach dem Tod seines Vaters bei einem Verhör der Gestapo, nach London und trat später als zeitkritischer und pazifistischer Schriftsteller und Lyriker hervor, der sich besonders gegen den Vietnamkrieg einsetzte, was bis heute, beispielsweise im Internet, zu Verwechslungen beider Personen führt. So werden namentlich einzelne Gedichte Erich Frieds, wie das Gedicht »Antwort«, fälschlich Alfred H. Fried zuge-

ordnet. E. Jessen, Erich Fried, eine Chronik. Leben und Werk, 1998; G. Lampe, Erich Fried. Biographie und Werk eines »deutschen Dichters«, 2. Auflage 1998.
27. Vgl. dazu den Artikel »Ein österr. Nobelpreisträger. Alfred H. Fried« von Dr. Stefan Matzenberger in Demokratie, Friedensgesinnung Völkerverständigung. Mitteilungen für Lehrer und Erzieher, Wien, Mai 1957, S. 4ff.
28. Aufruf des Ständigen Komitees der Weltfriedenskongresse vom März 1950
29. Therese Fried an Berthold Simonsohn, 13. 6. [1950]. Privatbesitz Trude Simonsohn. Nachf. Zitate ebd.
30. Therese Fried an Berthold Simonsohn, 7. 7 [1950]. Privatbesitz Trude Simonsohn
31. Österreichischer Friedensrat an Therese Fried, 20. 2. 1954. NL Fried, Box 92
32. Friedenszeitung Wien, 7. November 1954. »Ein Besuch bei Alfred H. Fried«. NL Fried, Box 92. Nachf. Zitate ebd.
33. Artikel brachten u.a.: »Neues Österreich. Organ der demokratischen Einigung.«, Wien. 13. Jahrgang (Nr. 88), Nummer 3637, Samstag, 13. April 1957, S. 5; »Arbeiter-Zeitung«, Wien. Nr. 89, Sonntag, 14. April 1957, S. 4; »Die Presse«, Wien. Nr. 2575, Sonntag, 14. April 1957, S. 11; »Volksstimme. Zentralorgan der Kommunistischen Partei Österreichs« Nr. 89, Wien, Sonntag, 14. April 1957 S. 2. Privatbesitz Trude Simonsohn, jetzt NL Fried
34. Telegramm Gordon Wyon an Marie Fried vom 17. 4. 1957: »Tiefbetrübt über Zeitungsnachricht vom Ableben unserer Tante. Unverständlich dass uns keine Nachricht gesandt wurde. Erbitten Aufklärung und Näheres.« Privatbesitz Trude Simonsohn, jetzt NL Fried
35. Zur Geschichte des Deutschen Pazifismus im Weltkrieg vgl. vor allem Wilfried Eisenbeiß, Die bürgerliche Friedensbewegung in Deutschland während des Ersten Weltkrieges. Organisation, Selbstverständnis und politische Praxis 1913/14–1919, Frankfurt 1980, aber auch die entsprechenden Abschnitte in Holl, Pazifismus in Deutschland, S. 103ff. und Riesenberger, Friedensbewegung, S. 98ff.
36. Vgl. Reinhold Lütgemeier-Davin, Pazifismus zwischen Kooperation und Konfrontation. Das Deutsche Friedenskartell in der Weimarer Republik, Köln 1982
37. Fried: »Braunschweig. Eindrücke vom IX. deutschen Pazifistenkongress«. In FW, Jg. 22, Heft 8/9 (Oktober/November 1920), S. 218
38. Fried: »Die Enttäuschung von Genf«. In FW, Jg. 22, Heft 11/12 (Dezember 1920), S. 289–293
39. Vgl. Scheer, Deutsche Friedensgesellschaft, S. 372ff.
40. Fried, »Die Enttäuschung von Genf«, S. 289
41. FW, Jg. 22, Heft 11/12 (Dezember 1920), S. 293–296. Nachf. Zitate ebd.
42. Fried an Hiller, 22. 1. 1920. NL Fried, Box 88
43. Vgl. Riesenberger, Friedensbewegung, S. 246

7. Die Friedens-Warte

1. Zur Geschichte der »Friedens-Warte« vgl. auch den Aufsatz von Daniel Porsch, Die Friedens-Warte zwischen Friedensbewegung und Wissenschaft, FW, Bd.74, Heft 1–2, Berlin 1999, 39ff.
2. FW, Jg. 6, Heft 12 (Dezember 1904), S. 225

3. Vgl. FW, Jg. 3, Heft 1/2, 14. 1. 1901, S. 1
4. Karl Ferdinand Reichel macht die Angabe 28. 8. 1899 und gibt den Untertitel fälschlich mit »Monatsschrift« an. Vgl. Karl Ferdinand Reichel, Die pazifistische Presse. Würzburg 1938, S. 7
5. FW, Jg. 1, Heft 1, 1. Juli 1899, S. 1. Nachf. Zitate ebd.
6. Dabei sind die Grenzen vorerst fließend: die Ankündigung der Generalversammlung der österr. Friedensfreunde findet sich in Heft 22, S. 144 in »Aus der Zeit«, während der Bericht über die Versammlung in Heft 24, S. 155 unter »Aus der Bewegung« zu finden ist.
7. Dies trifft 1899 für die Heft 5, 11, 18, 22, 23, 25 und 26 zu.
8. FW, Jg. 1, Heft 26 (25. 12. 1899), S. 164, ebenso das nächste Zitat.
9. FW, Jg. 2, Heft 2 (8. 1. 1900), S. 5
10. FW, Jg. 2, Heft 26 (2. 7. 1900), S. 101
11. FW, Jg. 2, Heft 50/51, S. 204
12. Lediglich die Förderung Johann von Blochs ist nachzuweisen, die von Felix Moscheles ist sehr wahrscheinlich.
13. FW, Jg. 3, Heft 1/2, 14. 1. 1901, S. 2
14. FW, Jg. 3, Heft 3/4, 28. 1. 1901, S. 9. Dieser Plan geht vermutlich auf Bertha von Suttner zurück, die im Schlusswort ihrer Revue im Dezember 1899 geschrieben hatte: »Der Friedenskampf, wie er heute sich entwickelt hat [...] müsste, um ein wirksames und würdiges publizistisches Kampfmittel zu besitzen, in jedem Lande ein großes Tagesblatt zur Verfügung haben [...]« DWN, Jg. 8, 12/1899, S. 439
15. FW, Jg. 2, Heft 17/18, 13. Mai 1901. Zu diesem Zeitpunkt gibt Fried die aufaddierte Spendensumme mit 429,46 Mark an.
16. Vgl. FW, Jg. 3, Heft 39/40, 23. 12. 1901, S. 153
17. Im Briefkasten der Ausgabe vom 15. 1. 1903 gibt Fried genauere Zahlen an. Danach haben die Einnahmen der FW 1 902 2200,88 Mark im Jahre 1 902 betragen, die Ausgaben 2932,59 Mark. Vgl. FW, Jg. 5, Heft 1, 15. 1. 1903, S. 8
18. FW, Jg. 4, Heft 24, 31. 12. 1902, S. 185
19. Vgl. dazu u.a. FW, Jg. 5, Heft 4, 28. 2. 1903, S. 32
20. FW, Jg. 5, Heft 23/24, 15. 12. 03, S. 192
21. Vgl. den Bericht zur Vorstandssitzung der ÖFG am 4. 1. 1904 in FW, Jg. 6, Heft 1, Januar 1904, S. 20. Dort heißt es u.a. man hoffe »die schon beträchtlichen Mehrauslagen« dadurch zu decken, dass jene Mitglieder, die den Jahresmindestbeitrag von 2 Kronen bezahlten, diesen um 1 Krone erhöhten.
22. Zusätzlich zeichnet das Museum auch für den Deckungsfonds der FW. Vgl. z.B. Frieds Angabe von Januar 1906 über eine Spende von 100 Mark. FW, Jg. 8, Heft 1, S. 19
23. FW, Jg. 4, Heft 3, S. 45–48; Heft 4, S. 69–71; Heft 5, S. 93–95; Heft 6, S. 106–108; Heft 7, S. 133–134; Heft 8, S. 152–155; Heft 9, S. 169–171; Heft 10, S. 190–191
24. Zu Anna B. Eckstein vgl. Fried, Handbuch 1913, S. 343
25. Vgl. auch den Nachruf Frieds in FW, Jg. 7, Heft 1, Januar 1905, S. 10f.
26. FW, Jg. 8, Heft 1 (Januar 1906), S. 2
27. Zu Oskar Schwonder vgl. Fried, Handbuch 1913, S. 405f.
28. Der genaue Wortlaut des Aufrufs und die vollständige Namensliste der Unterzeichner sowie der ersten Spender findet sich in FW, Jg. 13, Heft 1, Januar 1911, S. 1f.
29. Vgl. die Korrespondenz mit dem Nobelkomitee im NL Fried, Box 72
30. So finanziert Arnhold, der zugleich mit B. v. Suttner befreundet ist,

u.a. das »Handbuch der Friedensbewegung« 1905 sowie die Neuauflage 1911/1913 und gibt auch immer wieder großzügige Zuschüsse zu anderen Projekten Frieds.

31. Arnhold an Fried, 21.7.1910. NL Fried, Box 47
32. Carnegie Endowment for International Peace. Year Book for 1911, Washington 1912, S. 57
33. Arnhold an Fried, 7.11.1911. NL Fried, Box 47. Nachf. Zitate ebd.
34. Fried an Arnhold, 9.11.1911. NL Fried, Box 47
35. Arnhold an Fried, 10.1.1912. NL Fried, Box 47
36. Arnhold an Fried, 17.1.1912. NL Fried, Box 47
37. Bericht der Carnegie-Stiftung 1912: »Beginning of January 1, 1912, the number of pages of each issue was increased from 32 to 40, and 4,076 new addresses including students, teachers, university professors, organizations of students and teachers, societies of lawyers, editors, diplomats, members of the Reichstag and of the Austrian Parliament, libraries, reading rooms, newspapers and periodicals.« Carnegie Endowment for International Peace, Year Book 1912, Washington 1913, S. 66
38. Fried an Wehberg, 18.3.1912. NL Wehberg, Bd. 59a, BA Koblenz
39. Vgl. »An unsere Leser« in: FW, Jg. 16, Heft 8 (August/September 1914), S. 319
40. Fried, Kriegs-Tagebuch I, S. 33, 22.8.1914. Diese Aussagen finden sich nicht in dem in der FW, Jg. 16, Heft 8 (August/September 1914) veröffentlichen Auszug aus dem Kriegs-Tagebuch, S. 293f.
41. Fried, Kriegs-Tagebuch I, S. 120. Eintrag vom 3. Oktober 1914
42. Dr. iur. W. Schoenborn, Privatdozent in Heidelberg, »A. H. Fried und der Weltkrieg« in: Kölnische Zeitung, Mittags-Ausgabe, 17.11.1914. Nachf. Zitate ebd.
43. Vgl. Fried, Kriegs-Tagebuch I, S. 224
44. Wörtlich: »Es ist nicht wahr, dass der Kampf gegen unseren sogenannten Militarismus kein Kampf gegen unsere Kultur ist, wie unsere Feinde heuchlerisch vorgeben. Ohne den deutschen Militarismus wäre die deutsche Kultur längst vom Erdboden getilgt.« Rolland, Das Gewissen Europas. Bd. 1, S. 96ff. Ebenfalls in Georg Fr. Nicolai, Die Biologie des Krieges. Erste Originalausgabe 2. Auflage, Zürich 1919, S. 7ff.
45. Vgl. Fried, Kriegs-Tagebuch I, S. 224
46. Fried an Wehberg, 18.11.1914. NL Wehberg, Bd. 59b, BA Koblenz
47. Vgl. Carnegie Endowment for International Peace, Year Book for 1915, S. 63 und Year Book for 1916, S. 54
48. Fried, Kriegs-Tagebuch I, S. 321
49. Fried an Wehberg, 19.4.1915. NL Wehberg, Bd. 59b, BA Koblenz
50. Dies gilt abgesehen von der Rubrik »Aus der Bewegung«, die während des Krieges zum einen durch das Verbot der Friedensgesellschaften, zum anderen durch den gehemmten Informationsfluss keine Funktion mehr hatte.
51. F. W. Foerster: Bismarcks Werk im Lichte der großdeutschen Kritik. FW, Jg. 18, Heft 1, Januar 1916, S. 1–9
52. Fried, Kriegs-Tagebuch II, S. 253
53. Vgl. Fried, Kriegs-Tagebuch II, S. 367 (Eintrag vom 27. Juli 1916)
54. FW, Jg. 20, Heft 11/12, November/Dezember 1918, S. 291f.
55. Ebd., S. 292
56. Ebd.
57. FW, Jg. 16, Heft 6, Juni 1918, S. 157–161

58. Ebd., S. 160
59. »Dr. A. H. Fried und die Pazidemokraten«. Rheinische Zeitung, Nr. 676 vom 23. 8. 1918. Nachf. Zitate ebd.
60. Fried an Wehberg, 24. 10. 1918. NL Wehberg, Bd. 59b, BA Koblenz
61. Fried an Wehberg, 18. 11. 1918. NL Wehberg Bd. 59b, BA Koblenz
62. Fried an Wehberg, 3. 2. 1919. NL Wehberg Bd. 59b, BA Koblenz
63. Vgl. NL Fried, Box 90 (Orell Füssli)
64. Fried an Wehberg, 2. 6. 1919. NL Wehberg, Bd. 59b, BA Koblenz
65. Vgl. NL Fried, Box 90 (Orell Füssli)
66. FW, Jg. 21, Heft 9/10 (Oktober – Dezember 1919), S. 169
67. Vgl. das Bewilligungsschreiben des Nobelkomitees, unterzeichnet von Lovland/Moe vom 5. 12. 1919. NL Fried, Box 89
68. Mundy Schwalb an Fried, 17. 2. 1920. NL Fried, Box 91
69. FW, Jg. 22, Heft 1, Januar–April 1920, S. 1
70. Ebd., S. 4
71. So befindet sich im NL Wehberg noch eine Postkarte Frieds, datiert auf den 29. 12. 1920, auf welcher er Wehberg um einen »sachlichen Artikel zur Behandlung des Rüstungsproblems in der Genfer Versammlung« für die Januar-Ausgabe der »Friedens-Warte« bittet. NL Wehberg, Bd. 59b, BA Koblenz
72. Vgl. dazu den Artikel von Mez zu David Starr Jordans 80. Geburtstag in FW, Jg. 31, 1931, S. 142
73. »Herr Dr. Fried hat mich ersucht, die redaktionellen Arbeiten für die Herausgabe dieser Nummer, Doppelnummer von etwa 64 S., zu übernehmen.« Mez an Wehberg, 29. 4. 1921. NL Wehberg, Bd. 59b, BA Koblenz
74. Fried, Ratschläge und Wünsche
75. Nippold an Wehberg, 15. 5. 1921. NL Wehberg Bd. 67, BA Koblenz
76. F. Paetzel, Der Neue Geist Verlag an Wehberg, 18. 5. 1921, NL Wehberg, Bd. 59b, BA Koblenz
77. Ebd.
78. Die nachfolgenden Zitate alle aus: Hans Wehberg an Der Neue Geist Verlag, 25. Mai 1921, NL Wehberg, Bd. 59b, BA Koblenz
79. Die Deutsche Friedensgesellschaft besaß seit Januar 1920 in den »Mitteilungen der deutschen Friedensgesellschaft« bereits ein eigenes Organ, das kostenlos an die Mitglieder verteilt wurde.
80. Walther Schücking an Carnegie Endowment for International Peace, 3. 12. 1921, in NL Wehberg, Bd. 59b, BA Koblenz
81. Vgl. Helene Stöcker an Ludwig Quidde, 22. 10. 1921; Helene Stöcker an die Mitglieder der Geschäftsleitung der DFG 3. 11. 1921 – beide in NL Wehberg, Bd.59b, BA Koblenz
82. Alfred H. Fried, geb. 11. Nov. 1864, gest. 4. Mai 1921. Eine Sammlung von Gedenkblättern in Gemeinschaft mit Therese Fried und Mundy Schwalb herausgegeben von Rudolf Goldscheid. Leipzig 1922. Einzelschriften zur »Friedens-Warte«, Heft 2.
83. Nach der zweijährigen Pause 1921/1922 stimmt die Jahrgangszählung nun mit der Jahreszahl überein.
84. FW, Jg. 23, Heft 1, Januar/Februar 1923, S. 1
85. FW, Jg. 23, Heft 6, Juni 1923, S. 196
86. FW, Jg. 23, Heft 7/8, Juli/August 1923, S. 242ff.
87. Ein Einzelheft kostete von nun an 1 Goldmark, später 1.20 bzw. 1.50
88. Vgl. Goldscheid an Wehberg, 30. 4. 1924. NL Wehberg, Band 59b, BA Koblenz
89. Vgl. An die Leser der »Friedens-Warte«. FW, Jg. 24, Heft 8/9, August/September 1924, S. 232f.
90. Ebd., S. 233

91. Rudolf Goldscheid, Der Ausbau des Paktes von Locarno und der Zusammenschluss Europas. FW, Jg. 26, Heft 9, September 1926, S. 270ff. Auch von Romain Rolland und John Mez erscheinen keine Artikel mehr.
92. Gerlach war Korrespondent der Carnegie-Friedenstiftung für Deutschland und gehörte zu diesem Zeitpunkt dem Vorstand der DFG an, wo er eine Position zwischen dem linken Flügel und dem Zentrum einnahm. Um 1924 war er wegen seines Kampfes gegen die »schwarze Reichswehr« gerade gerichtlichen Verfolgungen ausgesetzt. Vgl. dazu Donat / Holl, Handbuch, S. 156ff.
93. Veit Valentin (1885–1947), Historiker, Schriftsteller und Publizist, war im politischen Beirat der Deutschen Liga für Menschenrechte und Mitarbeiter der »Weltbühne«, der »Vossischen Zeitung« und der »Frankfurter Zeitung«. Zur Person vgl. Donat/Holl, Handbuch, S. 296 und FW, Jg. 47 (1947), S. 274ff.
94. Albert Falkenberg (1871–1945), Gewerkschaftsführer und sozialdemokratischer Politiker, bekleidete zu diesem Zeitpunkt mehrere Ämter im Bundesvorstand der DFG und war Vorsitzender der Berliner Ortsgruppe. Falkenberg galt als Vermittler zwischen den verschiedenen Strömungen innerhalb der DFG. Zur Person Falkenbergs vgl. den Gedenkartikel Wehbergs in FW Jg. 46 (1946), S. 151f. und Donat/Holl, Handbuch, S. 108
95. Wehberg, Briefdurchschlag »An die Herren Mitherausgeber der Friedenswarte«, 29. 12. 1925. NL Wehberg, Bd. 59b, BA Koblenz.
96. In einem ebenfalls an alle Herausgeber adressierten Antwortrundschreiben vom 10. Juli 1925 betont Wehberg am Schluss: »Im übrigen würde ich es für richtig halten, wenn die Herrn Mitherausgeber Herrn Lehmann-Russbüldt andeuteten, dass er in Zukunft besser täte, sich bei mir vor einem ev. Rundschreiben an die Herausgeber zu informieren. »Die überstürzte Absendung von Rundschreiben gegen die Friedenswarte ist sicherlich der pazifistischen Sache nicht dienlich.« NL Wehberg, Bd. 59b, BA Koblenz
97. FW, Jg. 24, Heft 8/9, August/ September 1924, S. 233
98. Vgl. dazu u.a. FW Jg. 25 (1925) S. 25f., 47ff., S. 211, S. 357; Jg. 26 (1926), S. 19ff.; Jg. 31 (1931), S. 21, S. 129ff., S. 131ff., S. 321ff., S. 369
99. Vgl. Porsch, Friedens-Warte, S. 67f. Die »Friedens-Warte« verfügte in dieser Zeit über etwa 1800 Abonnenten. Bis 1940 sank diese Zahl auf etwa 1000.
100. Diesem Umstand verdankte sie es wohl auch, dass sie erst 1936 in Deutschland verboten wurde. Vgl. Porsch, Friedens-Warte, S. 71
101. So brachte er z.B. 1934 einen Artikel über das Sterben der pazifistischen Zeitschriften in Deutschland. Vgl. FW Jg. 34 (1934), S. 80–81
102. FW, Jg. 44 (1944), S. 399
103. FW, Jg. 46, 1946, Heft 3, S. 155ff. und Heft 6, S. 392f.
104. Porsch, Friedens-Warte, S. 76

Stammbaum der Familie Fried

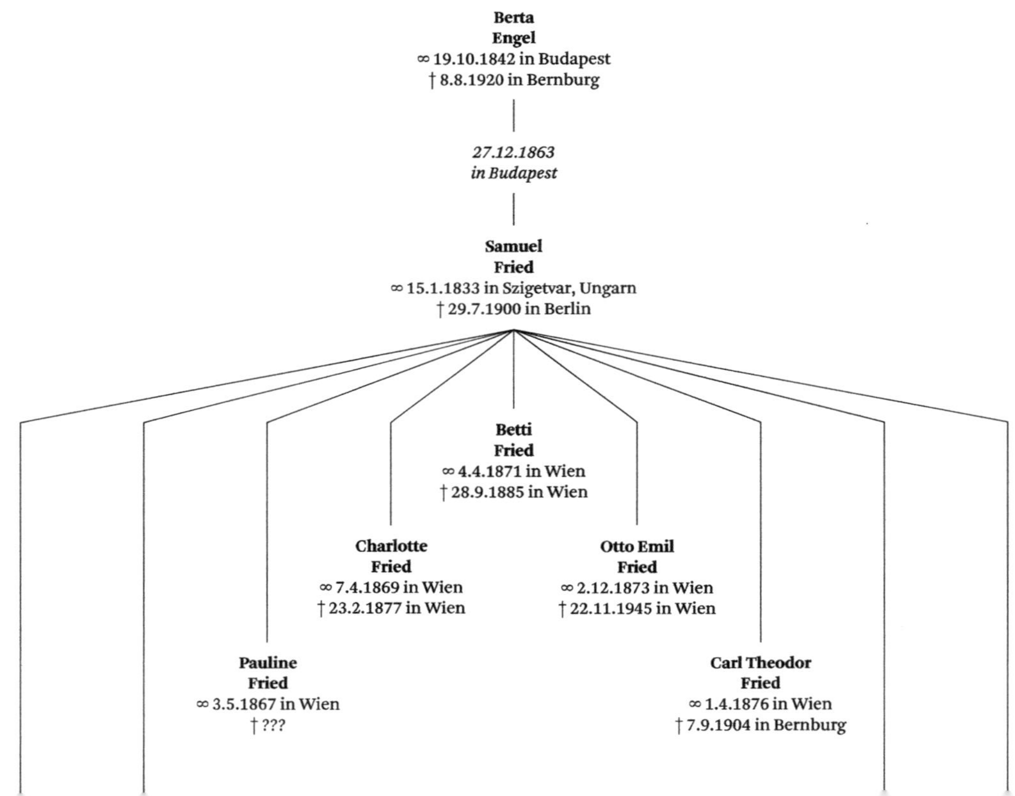

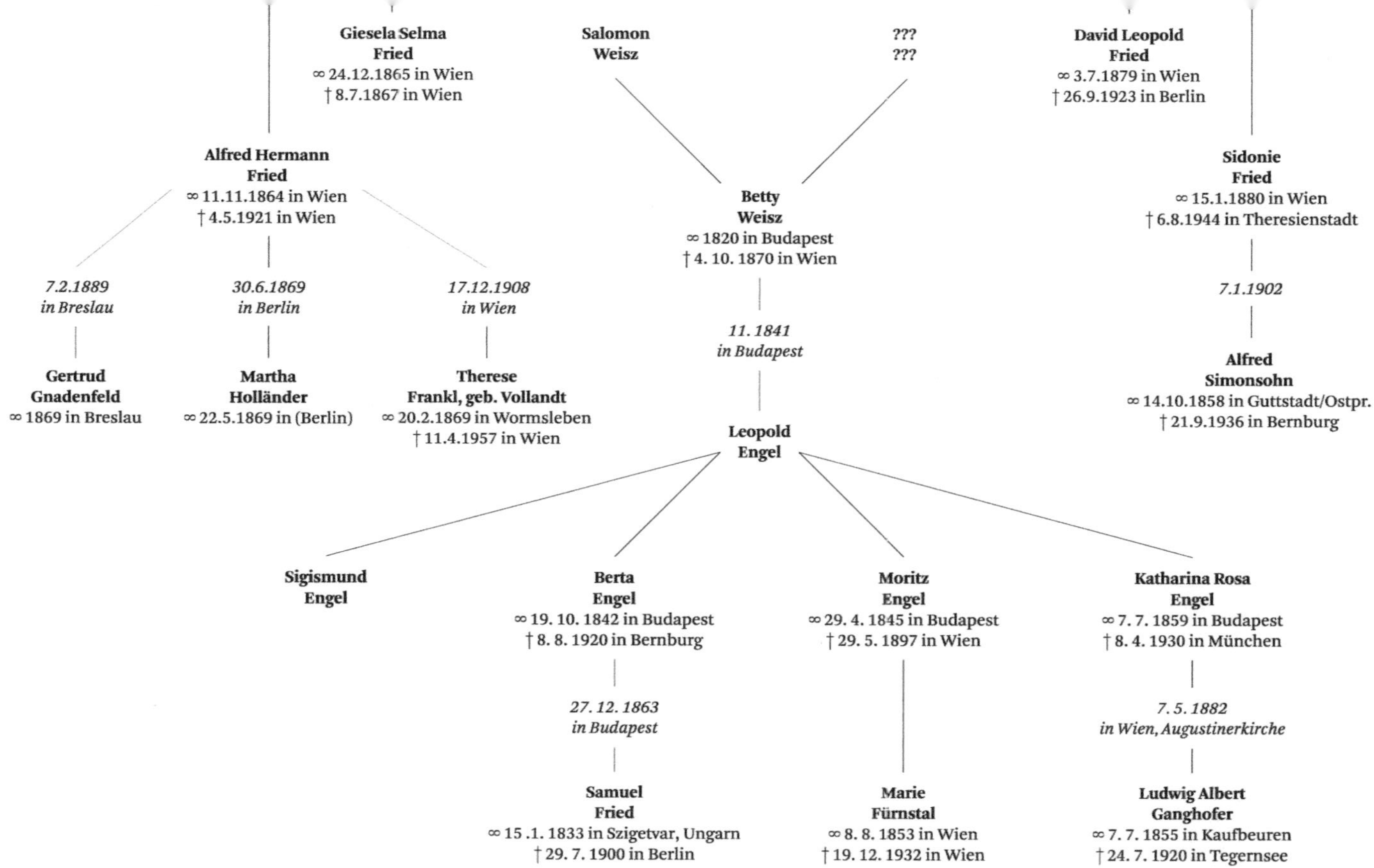

Giesela Selma Fried
∞ 24.12.1865 in Wien
† 8.7.1867 in Wien
Salomon Weisz
???
???
David Leopold Fried
∞ 3.7.1879 in Wien
† 26.9.1923 in Berlin
Alfred Hermann Fried
∞ 11.11.1864 in Wien
† 4.5.1921 in Wien
Betty Weisz
∞ 1820 in Budapest
† 4. 10. 1870 in Wien
Sidonie Fried
∞ 15.1.1880 in Wien
† 6.8.1944 in Theresienstadt
7.2.1889
in Breslau
30.6.1869
in Berlin
17.12.1908
in Wien
11. 1841
in Budapest
7.1.1902
Gertrud Gnadenfeld
∞ 1869 in Breslau
Martha Holländer
∞ 22.5.1869 in (Berlin)
Therese Frankl, geb. Vollandt
∞ 20.2.1869 in Wormsleben
† 11.4.1957 in Wien
Leopold Engel
Alfred Simonsohn
∞ 14.10.1858 in Guttstadt/Ostpr.
† 21.9.1936 in Bernburg
Sigismund Engel
Berta Engel
∞ 19. 10. 1842 in Budapest
† 8. 8. 1920 in Bernburg
Moritz Engel
∞ 29. 4. 1845 in Budapest
† 29. 5. 1897 in Wien
Katharina Rosa Engel
∞ 7. 7. 1859 in Budapest
† 8. 4. 1930 in München
27. 12. 1863
in Budapest
7. 5. 1882
in Wien, Augustinerkirche
Samuel Fried
∞ 15 .1. 1833 in Szigetvar, Ungarn
† 29. 7. 1900 in Berlin
Marie Fürnstal
∞ 8. 8. 1853 in Wien
† 19. 12. 1932 in Wien
Ludwig Albert Ganghofer
∞ 7. 7. 1855 in Kaufbeuren
† 24. 7. 1920 in Tegernsee

Programm des revolutionären Pazifismus 1908

A. Schutz des Organisationsprozesses gegen die hemmenden Einflüsse der Gegenwart.

Grundlage: Entwicklung der Volksbildung.

1. Immunisierung der Massen gegen kriegerische Beeinflussung.

Ziel: Zerstörung der nationalen Vorurteile.
Mittel: Förderung des persönlichen Verkehrs von Volk zu Volk.

a) Der persönliche Verkehr.
Korporative Besuche in fremden Ländern. | Austausch von Berufsangehörigen zur persönlichen Wirkung in fremden Ländern. | Bildungs- und Studienreisen. | Internat. Fachkongresse.

b) Der geistige Verkehr.
Int. Fach-Verbände, Zentralstellen, Fachzeitschriften. | Int. Ausstellungen und nationale Sonderausstellungen in fremden Ländern. | Int. Wettbewerb. Int. Hilfssprache, int. Briefwechsel etc.

2. Ausschaltung der Einwirkung kriegerisch erregter Massen.

| Ausbau der internat. Untersuchungskommissionen (obligatorisch, permanent und mobil). | Einführung der obligator. Vermittlung und ähnlicher Einrichtungen mit aufschiebender Wirkung.

B. Förderung des Organisationsprozesses.

Grundlage: Entwicklung der Technik.

1. Förderung des Verkehrs im Allgemeinen.

| Ausbau der Verkehrsmöglichkeiten. | Vermehrung, Beschleunigung und Verbilligung der Verkehrsmittel zu Wasser, zu Lande und in der Luft. | Befreiung des Handels von allen Hemmnissen. | Förderung der int. Kooperation. | Entwicklung des Nachrichtenwesens.

2. Entwicklung des internationalen Rechts.

| Anpassung des Rechtes an die Bedürfnisse des internat. Verkehrs. | Kodifikation des Rechtes. | Entwicklung des internat. Privat- und des Völkerrechtes. | Ausbau der Schiedsgerichtsbarkeit. | Schwächung der Gewaltfaktoren.

3. Wandlung der Politik.

| Anpassung der Politik an das Recht. | Förderung der Solidarpolitik, der internationalen Verwaltung. | Vermehrung und Ständigkeit der Staatenkongresse. | Öffentlichkeit der auswärtigen Politik und Modernisierung der Diplomatie.

An meine geliebte Frau

Sollte ich während des Kriegs und in der Schweiz sterben, so wünsche ich dennoch verbrannt zu werden. Es sollen keine Kosten gescheut werden, trotz des Kohlenmangels, die Verbrennung irgendwo in der Schweiz vorzunehmen, und wenn es nicht geht, zu versuchen, ob die Verbrennung nicht in einer in Deutschland oder in Frankreich gelegenen, nahen Stadt durchzuführen ist. Als Ratgeber in allen Verlassenschaftssachen und sonstigen durch meinen Tod akut werdenden Fragen empfehle ich Dir in der Schweiz unsern Freund Nationalrat Scherrer-Füllemann zuzuziehen und in Österreich unsern Freund Dr. Emil Frankl. Über mein bei der Bank (gegenwärtig eidgenössische Bank in Bern) liegendes Vermögen an Wertpapieren und barem Geld kannst Du ohne jede Formalität direkt verfügen, da Deine Unterschrift dort beglaubigt ist. Ebenso über das bei der Bank in Wien durch die hiesige Eidgenössische Bank errichtete Kronenkonto. Über den jeweiligen Stand meines Vermögens geben die in meinem Besitz befindlichen kleinen Geschäftsbücher (Anlagen-Übersicht und Kapital-Kassabuch) Aufschluss. Das gesamte in Wien bei Garde Meuble Lüftschütz befindliche Mobiliar (Inventar in meiner Dokumentenmappe No. 5) ist dort auf Deinen Namen hinterlegt.

Ich habe mich während des Kriegs mit 4000 Franken ungefähres Jahreseinkommen eingeschätzt, und diesem Betrag entsprechende Steuern bezahlt. Der Steuerbehörde habe ich mitgeteilt, dass ich durch den Krieg wenig verdiene und zum großen Teil auch vom Kapital lebe, was ja den Tatsachen entspricht. Über das in Deiner Gewalt befindliche Vermögen, das Du jederzeit abheben kannst, brauchst Du, wie ich glaube, der Steuerbehörde keinerlei Aufschluss zu geben.

Du wirst, sollte ich hier sterben, am besten tun, nach Wien zurückzugehen, da Du dort im Kreise von Freunden und Bekannten bist. Du wirst mit dem hinterlassenen Vermögen und mit den Zinsen vom Pensionsfonds der Concordia dort schlecht und recht leben können. Einen Teil der Möbel wirst Du zu verkaufen suchen, mit dem übrigen Dir eine kleine Wohnung einrichten. Ich stelle es Dir ganz anheim, ob Du von den Zinsen unseres kleinen Vermögens leben willst, oder ob Du Dir dafür eine Leibrente für Lebenszeit schaffst. Das Letztere wäre sicher gut, wenn die Verhältnisse wieder sicher sind.

Sollte es Dir, was ich mit Inbrunst verhütet sehen möchte, einmal im Leben schlechtgehen, so wendest Du Dich an den Vorstand des Vereins »Sokrates« oder an die »Concordia«, aber auch an die bestehenden Organisationen der Friedensbewegung in Österreich, Deutschland oder im Ausland. Namentlich wendest Du Dich an die Carnegie-Stiftung in Amerika. Ich habe der Friedensbewegung mein ganzes Leben gewidmet, habe dafür gelitten und gehungert, und ich rechne damit, dass man meiner von mir innig und einzig geliebten Frau, der ich das größte Glück meines Lebens danke, das Leben erleichtern wird, wenn ich einmal nicht mehr bin. In meinen Schriften befindet sich ein schätzbares Material. Ich meine in den von mir hinterlassenen Briefen, wie in den in meinem Besitz befindlichen Briefen der Suttner. Dieses sollte sachkundig ausgewählt werden. Man erhält dadurch die Briefe und Äußerungen fast aller Friedensarbeiter der Welt in den letzten Jahrzehnten. Auch die nicht gerade berühmten Personen sollte man in die Sammlung aufnehmen, weil auch sie das Bild der gesamten Friedensarbeit vervollständigen können. Auf diese Weise kann sich eine Sammlung ergeben, die für eine große Bibliothek oder für einen reichen Sammler von Wert ist. Ich unterschätze die Sache nicht, wenn ich den Wert dieses Materials mit fünf bis zehntausend Dollar annehme. Ich sage Dollars, weil ich glaube, dass man für die Sache in Amerika am ehesten Verständnis und Geld finden wird. Zur Sichtung dieses Materials wären Fräulein Mundy Schwalb und Assessor a. D. Dr. Hans Wehberg vielleicht die geeignetesten Personen. Die Familienbriefe, Rechnungen und sonstiges nicht allgemein interessierendes Material ist am besten zu vernichten, wenn meine Schwester Toni Simonsohn nicht etwas davon bewahren will. Vielleicht ergibt sich auch aus meinen Schriften, namentlich aus den in der Friedens-Warte und in Zeitschriften zerstreut erschienenen Artikeln, die gesammelt herausgegeben werden könnten, eine reiche Einnahmequelle, wenn die Welt für die pazifistische Arbeit erst mehr Verständnis haben wird. Zur Herausgabe dieser Schriften halte ich den Assessor Wehberg oder Professor Walther Schücking am geeignetsten. Diese lasse ich auch ersuchen, zu beraten, ob die von mir begründete und bis jetzt aufrechterhaltene Zeitschrift »Die Friedens-Warte« nicht fortgeführt werden könnte. Dann soll sie dauernd am Titel den Vermerk tragen »Begründet von Alfred H. Fried während der Zeit der ersten Haager Konferenz«.

Mein Bruder Poldi bezieht von mir eine monatliche Unterstützung. Diese magst Du, wenn es Dir nicht zu schwer wird, weiter bezahlen. Aber eine Verpflichtung kann ich Dir leider, nach dem Stand des Dir zufallenden niedrigen Einkommens, nicht auferlegen. Sonst habe ich keinerlei Verpflichtungen und keine Schulden. Über die Formalitäten bei meinem Leichenbegängnis habe ich nur den Wunsch, dass es ganz einfach und ohne große Kosten vor sich gehen soll. Keine Rabbinerreden. Ich sterbe als Freidenker. Die Urne mit meiner Asche soll in Wien beigesetzt werden, wenn die Umstände dies ermöglichen. Testament und sonstige Angaben, die von Wichtigkeit sein könnten, finden sich in meiner Dokumentenmappe. Dir, mein liebes Kind, will ich nur innigsten und herzlichsten Dank sagen für alles, was Du mir im Leben Gutes getan. Und das war viel. Du hast mich im vollen Umfang glücklich gemacht. Ich danke dem gütigen Geschick, das mich Dich finden ließ. Ich liebe Dich unaussprechlich und werde Dich lieben bis zu meinem letzten

Atemzug. Gib Dich nach meinem Tod keinem Schmerz hin. Ich fürchte das Sterben, aber nicht das Todsein. Wenn aber das Sterben einmal überwunden ist, dann liegt kein Grund zur Trauer und zum Klagen vor. Lebe in der Erinnerung an die glücklichen Jahre, die uns gemeinsam zu leben vergönnt waren, und suche die Jahre, die Dir noch zum Leben bleiben, so gut es geht zu genießen. Nimm Dich vor Schmeichlern und bösen Mensch in Acht. Schenke nur den Besten Vertrauen. Ich habe in der Welt doch etwas gegolten, meine Arbeit wird sicher einmal von den Menschen geschützt werden, so dass ich annehmen kann, man wird die Frau, die mir das Teuerste auf Erden war, sicher nicht vergessen und ihr freundschaftlich zur Seite stehen. Sollte meine teure Mutter mich überleben, so weiß ich, dass Du ihr als gute und treue Tochter immer zur Seite stehen wirst. Sie hat viel im Leben gelitten und erduldet. Wenn das Schicksal will, dass ihr der Schmerz nicht erspart bleibt, ihren ältesten Sohn zu überleben, so tröste sie so gut es geht und sage ihr, wie sehr ich sie geliebt habe.

Dies habe ich am fünften Juli neunzehnhunderachtzehn (5. VII. 1918) selbst mit meiner Maschine geschrieben und unterzeichne es hiermit eigenhändig

Dr. Alfred H. Fried
Dein, in alle Ewigkeit, Dein Alfred.

Von links: Alfred und Sidonie Simonsohn, Therese und Alfred H. Fried

Werkverzeichnis Alfred H. Frieds

Die nachfolgende Liste enthält eine Aufzählung aller in Buch- oder Broschürenform veröffentlichten Werke Frieds, die ihn als Autor oder Herausgeber verzeichnen, oder an denen er zumindest als Mitautor maßgeblich beteiligt war, in chronologischer Reihenfolge nach dem Ersterscheinungsjahr. Danach folgt eine Übersicht über seine Übersetzungsarbeiten.

Zwei Werke, die ihm manchmal fälschlich zugeordnet werden, wurden in dieses Verzeichnis nicht aufgenommen: der Schwank »Pele-mele«, der unter dem Namen Alfred Fried 1891 in Wien veröffentlicht wurde, und der »Katechismus des Friedensgedankens«, der 1914 unter dem Pseudonym Pacificus Winfried mit Unterstützung des Internationalen Friedensbüros in Bern erschien.

Bücher, Broschüren und Separatdrucke nach Ersterscheinungsjahr:

1887 ***Der kleine Büchmann.*** Eine Sammlung der landläufigsten Zitate und berühmtesten Aussprüche in deutscher, lateinischer, französischer, englischer und italienischer Sprache. In alphabetischer Reihenfolge. Herausgegeben von Alfred Hermann Fried, 1. und 2. Auflage, Leipzig 1887

1888 ***Lexikon deutscher Zitate.*** Hrsg. von Alfred Hermann Fried, Leipzig
Lexikon fremdsprachlicher Zitate. Herausgegeben von Alfred Hermann Fried, Leipzig 1888

1894 ***Friedens-Katechismus.*** Ein Kompendium der Friedenslehre zur Einführung in die Friedensbewegung. Dresden/Leipzig/Wien 1894, 2. und verb. und verm. Auflage, Dresden/Leipzig/Wien 1895, 3. verb. und verm. Auflage, Dresden/Leipzig/Wien 1896

1895 ***Elsass-Lothringen und der Krieg.*** Ein Friedenswort mit gegenüberstehender französischer Übersetzung, Leipzig/Paris 1895

1896 ***Dschingis-Khan mit Telegraphen.*** (Von Mannfred Herald Frei), 1. und 2. Auflage, Leipzig 1896

1898 ***Das Tagebuch eines zum Tode Verurteilten.*** Mit einer Einleitung über die Todesstrafe von Professor Dr. Ludwig Büchner, Berlin 1898

1899 ***Was kann die Petersburger Friedens-Konferenz erreichen?*** Ein Vorschlag zur Erreichung der vom Zaren angestrebten Ziele, Dresden/Leipzig 1899

1900 ***Die Haager Konferenz, ihre Bedeutung und ihre Ergebnisse.*** Auf Veranlassung des Berliner Comités für Kundgebungen zur Friedenskonferenz. Mit einem Vorwort von Baron d'Estournelles de Constant. Berlin 1900
Kleine Anzeigen: Soziale Streifbilder vom Jahrmarkt des Lebens, Berlin 1900

1901 ***Unter der weißen Fahne!*** Aus der Mappe eines Friedensjournalisten. Gesammelte Artikel und Aufsätze von Alfred Hermann Fried, Berlin 1901

1902 ***Der Theaterdusel.*** Eine Streitschrift gegen die Überschätzung des Theaters, Bamberg o.J. [1902]

1903 ***Lehrbuch der Internationalen Hilfsprache »Esperanto«.*** Mit Wörterbuch in Esperanto-Deutsch und Deutsch-Esperanto. 1. Auflage, Berlin 1903. 2. verb. u. verm. Aufl., Stuttgart 1905. 5. verb. u. verm. Aufl., Stuttgart 1908

Die Ausgestaltung der Friedensaktion in Deutschland. [Separatdruck] Berlin 1903

Die hauptsächlichsten Missverständnisse über die Friedensbewegung. Separatdruck aus dem »Türmer«, V. Jahrgang, Heft 3. Berlin 1903

Die Grundlage der modernen Wirtschaft und der Krieg. Veröffentlicht im Auftrag der Bloch-Stiftung in Bern. Esslingen o.J. [1903]

Die Lasten des bewaffneten Friedens und der Zukunftskrieg. Veröffentlicht im Auftrag der Bloch-Stiftung in Bern. Esslingen o.J. [1903]

1904 ***Weder Sedan noch Jena.*** 1. Auflage, Berlin o.J. [1904] 2. Auflage, Berlin 1905

Der gegenwärtige Krieg und die Friedensbewegung. Vortrag von Alfred H. Fried, Wien 1904

Deutschland und Frankreich. Ein Wort über die Notwendigkeit und Möglichkeit einer deutsch-französischen Verständigung, Berlin 1904

Die moderne Schiedsgerichtsbewegung. Berlin 1904

1905 ***Das Abrüstungs-Problem.*** Eine Untersuchung. Berlin 1905

Die Friedensbewegung, was sie will, und was sie erreicht hat. 1. Auflage, Leipzig 1905, 2. und 3. Auflage, Leipzig 1907

Kaiser werde modern! Berlin 1905

Sachregister zu Johann von Blochs »Der Krieg«, bearbeitet von Alfred H. Fried. [Separatdruck aus der FW, Mai 1905, S. 91ff.]. Internationales Friedensbüro, Bern o.J. [1905]

Kriegsmache und Kriegsgeschrei in den Denkwürdigkeiten des Fürsten Chlodwig zu Hohenlohe-Schillingsfürst. Flugblatt 1905

Handbuch der Friedensbewegung. Wien/Leipzig 1905

Annuaire de la Vie internationale. Jg. I. Monaco, Institut International de la Paix, 1905

1906 ***Die Nobelstiftung. Ihre Einrichtungen und ihre Bestimmungen.*** 1. Auflage und 2. Auflage, Leipzig 1906

Annuaire de la Vie internationale. Jg. II. Monaco, Institut International de la Paix, 1906

1907 ***Die moderne Friedensbewegung.*** (Aus Natur und Geisteswelt, Bd. 157). Leipzig 1907

Annuaire de la Vie internationale. Jg. III. Monaco, Institut International de la Paix, 1907

1908 ***Wien – Berlin. Ein Vergleich.*** Wien/Leipzig o.J. [1908]

Die moderne Friedensbewegung in Deutschland und Frankreich. (Kultur und Fortschritt, Nr. 143). Leipzig

Internationalismus und Patriotismus. (Kultur und Fortschritt, Nr. 160). Leipzig 1908

Die Grundlagen des revolutionären Pazifismus. 1. Auflage, Tübingen 1908. 2. durch zusätze vermehrte Auflage, Zürich. 1916 unter dem Titel: Die Grundlagen des ursächlichen Pazifismus. Ü: Les bases du pacifisme. Le pacifisme réformiste et le Pacifisme révolutionaire. 1. Auflage, A. Pedone, Paris 1909

Verzeichnis von 1000 Zeitungs-Artikeln Alfred H. Frieds zur Friedensbewegung (bis März 1908). Berlin 1908
Bertha von Suttner. Berlin 1908
Das internationale Leben der Gegenwart. (Aus Natur und Geisteswelt, Bd. 226). Leipzig 1908
Die zweite Haager Konferenz, ihre Arbeiten, ihre Ergebnisse und ihre Bedeutung. Leipzig o.J.[1908]

1909 ***Der kranke Krieg.*** [Aufsatzsammlung] Leipzig 1909
Der Weg zum Weltfrieden im Jahre 1909. Pazifistische Chronik. Berlin 1909

1910 ***Pan-Amerika.*** Entwickelung, Umfang und Bedeutung der pan-amerikanischen Bewegung (1810–1910), 1. Auflage, Berlin 1910. 2. vermehrte Auflage, 1918 unter dem Titel: Pan-Amerika. Entwicklung, Umfang und Bedeutung der zwischenstaatlichen Organisation in Amerika (1810–1916)
Der Kaiser und der Weltfrieden. Berlin 1910, Ü: The German Emperor and the Peace of the World. With a Preface by Norman Angell. London/New York/Toronto 1912
Der Weg zum Weltfrieden im Jahre 1910. Pazifistische Chronik. Berlin/Wien/Leipzig 1910

1911 ***Le développement récent du Pacifisme allemand.*** Paris 1911
Handbuch der Friedensbewegung. Erster Teil. Grundlagen, Inhalt und Ziele der Friedensbewegung. 2. gänzl. umgearb. und erweiterte Auflage, Berlin/Leipzig 1911
Der Weg zum Weltfrieden im Jahre 1911. Pazifistische Chronik. Berlin/Wien/Leipzig 1911

1912 ***Kurzgefasste Darstellung der pan-amerikanischen Bewegung.*** (Internationale Verständigung/Internationale Organisation, Heft 4). 1. Auflage, Berlin/Leipzig 1912. 2. Auflage, Zürich 1916
Der Dreibund und die Friedensfrage. In: Der Dreibund. Fünf Beiträge von Alfred H. Fried, Gerhard Hildebrand, Timon, Prof. A. Ghisleri, Bernhard Stern. Leipzig 1912
Der Weg zum Weltfrieden im Jahre 1912. Pazifistische Chronik. Berlin/Wien/Leipzig 1912

1913 ***Handbuch der Friedensbewegung.*** Zweiter Teil. Geschichte, Umfang und Organisation der Friedensbewegung. 2. gänzl. umgearb. und erweiterte Auflage, Berlin/Leipzig 1913
Friedensbewegung und Presse. Bern 1913. Ü: La Presse au service du Pacifisme. Bern 1913. The Peace Movement and the Press. IFB, Bern 1913
Die panamerikanische Bewegung. München/Leipzig 1913
Der Weg zum Weltfrieden im Jahre 1913. Pazifistische Chronik. Berlin/Wien/Leipzig 1913

1914 ***A few lessons taught by the Balkan war.*** New York 1914
Kurze Aufklärung über Wesen und Ziel des Pazifismus. Berlin/Leipzig 1914. Ü: A brief Outline of the Nature and Aims of Pacifism. New York 1915

1915 ***Europäische Wiederherstellung.*** Zürich 1915

1916 ***Gedankenaustausch über die Beendigung des Krieges seitens deutscher und französischer Pazifisten.*** Mit Beiträgen von Fr. Wilhelm Foerster, Alfred H. Fried, Ludwig Quidde, d'Estournelles de Constant und Theodore Ruyssen. 1. Auflage, Zürich 1916

Die internationale Kooperation als Grundlage einer internationalen Rechtspflege. M. Nijhoff, Haag 1916, Ü: International Co-operation. Richardson, New Castle and Tyne 1918
Vom Weltkrieg zum Weltfrieden. Zwanzig Kriegsaufsätze. Zürich 1916
Die Forderung des Pazifismus. Zürich 1916

1917 ***Die Bestrebungen der Vereinigten Staaten für Ausbau und Festigung einer Zwischenstaatlichen Ordnung*** (1794–1917). (Capita Selecta Nr. 2). Nederlandsche Anti-Oorlog Raad, Haag 1917
Zur Psychologie der Schuldbegründung. Zürich 1917
Bertha von Suttner: Der Kampf um die Vermeidung des Weltkriegs. Randglossen aus zwei Jahrzehnten zu den Zeitereignissen vor der Katastrophe (1892–1900 und 1907–1914). 2 Bände. Hrsg. von Dr. Alfred H. Fried. Zürich 1917

1918 ***Probleme der Friedenstechnik.*** [Aufsätze] Leipzig 1918
Mein Kriegs-Tagebuch. Band I. Das erste Kriegsjahr. (7. August 1914 bis 28. Juli 1915). Zürich 1918

1919 ***Auf hartem Grund.*** Offene Antwort auf den an mich gerichteten offenen Brief von Dr. jur. Hermann M. Popert im »Vortrupp« vom 1. März 1919 (Pfadweiser-Flugschrift, Nr. 1). Hamburg 1919
Der Völkerbund. Ein Sammelbuch. Herausgegeben und eingeleitet von Alfred H. Fried. Leipzig/Wien 1919
Mein Kriegs-Tagebuch. Band II. Das zweite Kriegsjahr (1. August 1915 bis 28. Juli 1916). Zürich 1919
Mein Kriegs-Tagebuch. Band III. Das dritte Kriegsjahr (1. August 1916 bis 28. Juli 1917). Zürich 1919

1920 ***Mein Kampf gegen Versailles und St. Germain vom Nov. 1918 bis Juni 1919*** [Sonderabdruck aus dem 4. Bd. des Kriegs-Tagebuchs]. Leipzig 1920
Der Weltprotest gegen den Versailler Frieden. Gesammelt, hrsg. und eingeleitet von Dr. Alfred H. Fried. Leipzig 1920
Mein Kriegs-Tagebuch. Band IV. Das vierte Kriegsjahr und der Friede von Versailles (1. August 1917 bis 30. Juni 1919). Zürich 1920

1925 ***Jugenderinnerungen [posthum].*** (Der Völkerfriede, Beihefte zur »Friedens-Warte«, Heft 1) Berlin 1925

Übersetzungen:

1896 ***Michel Revon:*** Die Philosophie des Krieges. München/Leipzig 1896
J. Novicow: Der Krieg und seine angeblichen Wohltaten. Leipzig 1896. 2. verbesserte Auflage, Zürich 1915

1897 ***Le Chevalier Descamps:*** Die Organisation eines Internationalen Schiedsgerichtes. Eine Denkschrift an die Mächte. München/Leipzig o.J. [1897]

1899 ***J. Novicow:*** Der ewige Krieg. Antwort auf die Schrift »Der ewige Friede« des Prof. Karl Fr. v. Stengel. Berlin 1899

1900 ***Gaston Moch:*** Die Armee der Demokratie. Stuttgart 1900
Johann von Bloch: Zur gegenwärtigen Lage in China. Eine politisch-wirtschaftliche Studie. Berlin/Bern 1900

1901 ***J. Novicow:*** Die Föderation Europas. Berlin/Bern 1901
Johann von Bloch: Die wahrscheinlichen politischen und wirtschaftlichen

Folgen eines Zukunftskrieges zwischen Großmächten. Berlin/Bern 1901
Jean Finot: Die Philosophie der Langlebigkeit. Berlin 1901

1903 ***Albert I., Fürst von Monaco:*** Eine Seemanns-Laufbahn. Berlin 1903, Berlin o.J. [1908]

1904 ***Paul Dubuisson:*** Die Warenhausdiebinnen. Leipzig 1903. 2. und 3. Auflage, Leipzig 1904

1905 ***D'Estournelles de Constant:*** Rede über eine frz.-engl. Entente zur Beschränkung der maritimen Rüstungen Berlin 1905
Reymond Recouly: Zehn Kriegsmonate in der Mandschurei. Eindrücke eines Augenzeugen. Bremerhaven 1905

1907 ***D'Estournelles de Constant:*** Bericht über die Beschränkung des Militärbudgets. Berlin 1907
J. Novicow: Die Gerechtigkeit und die Entfaltung des Lebens. Berlin 1907

1909 ***Carnegie, Butler, Jefferson:*** Amerika gegen die Rüstungen. Berlin 1909
J. Novicow: Das Problem des Elends. Leipzig 1909

Quellen- und Literaturverzeichnis

Ungedruckte Quellen

Akademie der Künste, Berlin: Sammlung Carl-Hauptmann Archiv, Sign. 22

Bibliothek des Haager Friedenspalastes, Den Haag: Y 3462 (17 Briefe A. H. Fried an Bertha von Suttner, 1892–1908)

Bibliothek des Nobelinstituts, Oslo: Redegjorelse for Nobels Fredspris IX–XI, 1909–1911, Kandidatenvorschläge der Jahre 1909–1911 (Pfl/x) 1909–1911

Bundesarchiv Berlin, Abt. Pressarchiv: R 8034–Reichslandbund/Band 133

Bundesarchiv Koblenz: N 1001, NL Lujo Brentano, Bd. 18, N 1006, NL Georg Gothein, Bd. 20, 28, 54, N 1008, NL Alexander Hohenlohe-Schillingsfürst, Bd. 65, 75, 76, 76a, N 1017, NL Hans Delbrück, Bd. 38, 48, 49, N 1136, NL Georg Jellinek, Bd. 8, N 1199, NL Hans Wehberg, Bd. 45, 59a/b, 65, 77. Kleine Erwerbungen 311, 753, ZSg. 1 (DFG), Nr. 29; ZSg. 103 (Lauterbach), Nr. 1298, 1333; ZSg. 2/140 (Pazifismus)

Hoover Institution Archivs, Stanford: NL Fried, Box 3 (Korrespondenz mit Oskar Fried, Heinrich Lammasch, Eduard Bernstein).

Internationales Institut für Sozialgeschichte, Amsterdam: Otto Antrick 4, Eduard Bernstein G 315, Karl Kautsky C 425, DX 475/476

Magistrat der Stadt Wien: Abt. 61: Heimatscheine der Familien Fried und Engel, Abt. 8: Meldeunterlagen der Familien Fried und Engel

Münchner Stadtbibliothek, Literaturarchiv: NL Annette Kolb

Politisches Archiv des Auswärtigen Amtes, Berlin: R 65 (IA Europa Generalia, IAAa 37, Bd. 5), R 68 (IA Europa Generalia, IAAa 37, Bd. 8), R 74 (IA Europa Generalia, IAAa, 37, Bd. 14), R 78 (IA Europa Generalia, IAAa, 37, Bd. 18), R 20341 (IA Weltkrieg, WK Nr. 1, Bd. 15), R 20343 (IA Weltkrieg, WK Nr. 1, Bd. 17), R 20459 (IA Weltkrieg, WK Nr. 2 geh., Bd. 13), R 20460 (IA Weltkrieg, WK Nr. 2 geh., Bd. 14), R 2576 (IA Deutschland, 175 secr., Bd. 1), R 2578 (IA Deutschland, 175 secr., Bd. 3)

Trude Simonsohn, Frankfurt: NL Therese und Marie Frieds, Familiendokumente Fried und Simonsohn (Privatbesitz), z.T. jetzt NL Fried, Völkerbundarchiv Genf. Dokumente und Unterlagen zur Familie Simonsohn, jetzt überwiegend im NL Berthold Simonsohn, BA Koblenz

Staatsbibliothek zu Berlin, Handschriftenabteilung: K 161, NL Delbrück, K 31, NL v. Harnack, Dokumentensammlung Darmstaedter

Völkerbundarchiv Genf: NL Fried (IPM/Fried/Suttner Papers, A. II. Fried): Box 1–29: file 1–408: Manuskripte, Notizen, Dokumente, Rechnungen etc., darunter in Box 26–28 die Korrespondenz mit B. v. Suttner. Box 30–32: Familienkorrespondenz Fried (u. Holländer), Box 33–44: Allgemeine Korrespondenz 1892–1903, Box 45–86: Allgemeine Korrespondenz 1903–1914, Box 87–91: Allgemeine Korrespondenz 1915–1921, Box 92 (geöffnet 7/2000): Papers of Alfred and Therese Fried. NL B. v. Suttner:

(IPM/Fried/Suttner Papers, B. v. Suttner): Box 2: Tagebücher 1907–1909, Box 3: Tagebücher 1909–1911 und 1912–1914, Box 19: Briefe Frieds an B. v. Suttner.Verwaltungsakten des Völkerbundes 29570

Wiener Stadt- und Landesarchiv: Verlassenschaftsakten nach Alfred H. Fried, Handschriftensammlung I. N. 225.950 (Mez), Matrikel der Jüdischen Kultusgemeinde Wien

Zentralbibliothek Zürich, Handschriftenabteilung: Ms Rascher 260.15

Gedruckte Quellen, auch Tagebücher und Memoiren

Alg. Ned. Bond »Vrede door Recht« (Hrsg.): Naar Weenen. XXI. Wereldcongres voor den Vrede, September 1914, o.O., o.J.

Angell, Norman: After All. The Autobiography of Norman Angell, London 1951.

Angell, Norman: Die falsche Rechnung. Was bringt der Krieg ein? Berlin o.J.

Appelius, Stefan (Hrsg.): Fritz Küster. Der Frieden muss erkämpft werden. Aufsätze eines deutschen Pazifisten, Oldenburg 1989

Auslandstelle des Kriegspresseamts (Hrsg.): Handbuch der Auslandpresse, Berlin 1918

Bender, Hans (Hrsg.): Annette Kolb – René Schickele. Briefe im Exil 1933–1940, Mainz 1987

Benedikt, Heinrich: Die Friedensaktion der Meinlgruppe 1917/18. Die Bemühungen um einen Verständigungsfrieden nach Dokumenten, Aktenstücken und Briefen, Graz/Köln 1962

Benz, Wolfgang (Hrsg.): Pazifismus in Deutschland. Dokumente zur Friedensbewegung 1890–1939, Frankfurt a.M. 1988

Benz, Wolfgang (Hrsg.): Wilhelm Muehlon. Ein Fremder im eigenen Land. Erinnerungen und Tagebuchaufzeichnungen eines Krupp-Direktors 1908–1914, Bremen 1989

Brinker-Gabler, Giesela (Hrsg.): Kämpferin für den Frieden: Bertha von Suttner. Lebenserinnerungen, Reden und Schriften. Eine Auswahl, Frankfurt a.M 1982

Bund »Neues Vaterland«: Sollen wir annektieren? Kritische Denkschrift zur Eingabe der sechs großen wirtschaftlichen Verbände vom 20. Mai 1915

Carnegie, Andrew: Geschichte meines Lebens. Zürich 1993

Christaller, P.: Die Geschichte der Esperanto-Bewegung 1887–1912. In: Germana Esperantisto/Der Deutsche Esperantist, Berlin, Jg. 9, Nr. 6B (Juni 1912)

Fabian, Walter/Kurt Lenz (Hrsg.): Die Friedensbewegung. Ein Handbuch der Weltfriedensströmungen der Gegenwart. (Reprint von 1922 mit einem Vorwort von W. Fabian), Köln 1985

Fried, Alfred H.: Bücher und Broschüren, siehe Werkverzeichnis im Anhang, und diverse Zeitungsartikel

Ganghofer, Ludwig: Lebenslauf eines Optimisten. Neubearbeitete Auflage, München 1966

Gerlach, Hellmut von: Die große Zeit der Lüge. Der Erste Weltkrieg und die deutsche Mentalität (1871–1821), hrsg. von Helmut Donat und Adolf Wild. Bremen 1994

Goldscheid, Rudolf: Friedensbewegung und Menschenökonomie, Berlin, Leipzig 1912

Grosch, Georg: Die Friedensorganisation der Staaten, 2. Auflage, Zürich o.J.

Hohenlohe, Alexander von: Aus meinem Leben, Frankfurt a.M. 1925

Jordan, David Starr: Krieg und Mannheit. Berlin, Leipzig 1912

Jordan, David Starr: The Days of a Man. Being Memories of a Naturalist, Teacher and minor Prophet of Democracy. 2 Bände. Band 2: 1900–1921, New York 1922

Kolb, Annette: Die Last. Sechs Aufsätze, Zürich 1918

Kolb, Annette: Zarastro-Westliche Tag, Berlin 1921

Lammasch, Heinrich: Die Fortbildung des Völkerrechts durch die Haager Konferenz. Stuttgart und Wien 1900

Lehmann-Russbüldt, Otto: Der Kampf der Deutschen Liga für Menschenrechte, vormals Bund Neues Vaterland für den Weltfrieden (1914–1927), Berlin 1927

Lenz, Kurt/Walter Fabian: Die Friedensbewegung. Ein Handbuch der Weltfriedensströmungen der Gegenwart. Berlin 1922

Loewenthal, Eduard: Mein Lebenswerk auf sozialpolitischem, neu-religiösem, philosophischem und naturwissenschaftlichem Gebiete. Memoiren, Berlin 1910

Meurer, Christian: Die Haager Friedenskonferenz. Bd. 1: Das Friedensrecht der Haager Konferenz, München 1905

Moch, Gaston: Die Armee der Demokratie. Stuttgart 1900.

Nicolai, Georg Friedrich: Die Biologie des Krieges. Erste Originalausgabe (2. Auflage), Zürich 1919

Nippold, Otfried: Meine Erlebnisse in Deutschland vor dem Weltkriege (1909–1914), Bern 1918

Nordau, Max: Die konventionellen Lügen der Kulturmenschheit, Leipzig, o.J.

Novicow, J.: Der Krieg und seine angeblichen Wohltaten. Leipzig 1896

Novicow, J.: Die Föderation Europas. Berlin/Bern 1901

Pfeiffer-Belli, Wolfgang (Hrsg.): Harry Graf Kessler. Tagebücher 1918–1937. 4. Auflage, Frankfurt 1979

Quidde, Ludwig: Der deutsche Pazifismus während des Weltkrieges 1914–1918. Aus dem Nachlass hrsg. von Karl Holl und Helmut Donat, Boppard 1979

Revon, Michel: Die Philosophie des Krieges. München/Leipzig 1896

Rolland, Romain: Das Gewissen Europas. Tagebuch der Kriegsjahre 1914–1919. 3 Bände, Berlin o.J. [1963]

Schlief, Eugen: Der Frieden in Europa. Eine völkerrechtlich-politische Studie, Leipzig 1892

Schücking, Walther: Der Dauerfriede. Kriegsaufsätze eines Pazifisten, Leipzig 1917

Schücking, Walther: Der Weltfriedensbund und die Wiedergeburt des Völkerrechts. Leipzig 1917

Seber, Max: Die Schicksalsstunde des Pazifismus. Basel 1917

Selenka, M. L. (Hrsg.): Die internationale Kundgebung der Frauen zur Friedens-Konferenz vom 15. Mai 1899, München 1900

Suttner, Bertha von: Das Maschinenzeitalter. Zukunftsvorlesung über unsere Zeit von »Jemand«, Dresden 1889

Suttner, Bertha von: Der Kampf um die Vermeidung des Weltkriegs. Randglossen aus zwei Jahrzehnten zu den Zeitereignissen vor der Katastrophe (1892–1900 und 1907–1914). 2 Bände, hrsg. von Alfred H. Fried, Zürich 1917

Suttner, Bertha von: Die Haager Friedenskonferenz. Tagebuchblätter, Dresden 1900. (Reprint Düsseldorf 1982)

Suttner, Bertha von: Memoiren, Stuttgart und Leipzig 1909

Suttner, Bertha von: Stimmen und Gestalten, Leipzig o.J. [1907]

Wehberg, Hans: Als Pazifist im Weltkrieg, Leipzig 1919

Wehberg, Hans: Die internationale Beschränkung der Rüstungen, Stuttgart und Berlin 1919

Wrede, Richard/ Hans von Reinfels (Hrsg.): Das geistige Berlin. Eine Enzyklopädie des geistigen Lebens Berlins. Band 1. Berlin 1897

Zweig, Stefan: Die Welt von gestern. Erinnerungen eines Europäers, Frankfurt 1955

Zeitschriften

Annuaire de la Vie Internationale. Hrsg. von Alfred H. Fried, Jg. 1–3, Monaco 1905–1907. Seconde Serie, hrsg. von Henri La Fontaine, Paul Otlet, Alfred H. Fried, Bd. 1–2, 1908/09, 1910/11

Der Zirkel. Hrsg. von Heinrich Glücksmann, Jg. 36–47, Wien 1905/06–1916/17. Danach fortgesetzt als Wiener Freimaurer Zeitung

Die Friedens-Warte. Hrsg. von Alfred H. Fried: Jg. 1–3 (7. 1899–12. 1901), Berlin, Wochenschrift für internationale Verständigung, Jg. 4–10 (1. 1902–12. 1908), Berlin, Zeitschrift für internationale Verständigung, Jg. 11–17 (1. 1909–3./4. 1915), Berlin, Zeitschrift f. zwischenstaatliche Organisation [März–Mai 1915, Zürich, Blätter für zwischenstaatliche Organisation.] Jg. 17–21 (6. 1915–12. 1919) Zürich, Blätter für zwischenstaatliche Organisation, Jg. 22 (1920), Leipzig, Blätter für zwischenstaatliche Organisation (Völkerbund), Hrsg. von Rudolf Goldscheid: Jg. 23–24 (1. 1923–7. 1924), Berlin, Blätter für internationale Verständigung und zwischenstaatliche Organisation. Begründet von Alfred H. Fried. Hrsg. von Hans Wehberg: Jg. 24–56 (8. 1924–1961), Berlin/ Schweidniz/Zürich/Basel, Blätter für internationale Verständigung und zwischenstaatliche Organisation

Die Waffen nieder! Monatsschrift zur Förderung der Friedens-Bewegung. Hrsg. von Bertha von Suttner. 1.–8. Jahrgang 1892–1899

Friedensblätter. Organ der Deutschen Friedensgesellschaft, Berlin 1899 (3 Ausgaben), dann Esslingen, 1.–10. Jg. 1900–1909

Monatliche Friedens-Korrespondenz. Hrsg. von der Deutschen Friedens-Gesellschaft, Berlin, 3.–6. Jahrgang, Dresden 1896–1899

Roseggers Heimgarten. Eine Monatsschrift geleitet von Hans Ludw. Rosegger, Graz, Jg. 38–40, 1914–1916

Wiener Freimaurer-Zeitung. Hrsg. von der Großloge von Wien, Red. Heinrich Glücksmann, Jg. 1–4, Wien 1919–1922

Biographische Literatur zu Alfred H. Fried

Abrams, Irwin: The Nobel Peace Prize and the Laureates. An Illustrated Biographical History 1901–1987, Boston 1988, S. 71ff.

Dauber, Doris: Alfred Hermann Fried und sein Pazifismus. Diss., Leipzig 1924

Friedrichs, Elsbeth: Alfred H. Fried, der Pazifist. In: Neue Wege. Blätter für religiöse Arbeit, Jg. 11, Basel 1917, S. 416–429

Friedrichs, Elsbeth: Biographische Skizze. In Rudolf Goldscheid (Hrsg.): Alfred H. Fried. Eine Sammlung von Gedenkblättern, Leipzig 1922, S. 5–10

Goldscheid, Rudolf (Hrsg.): Alfred H. Fried. Eine Sammlung von Gedenkblättern in Gemeinschaft mit Therese Fried und Mundy Schwalb hrsg., Leipzig 1922

Lovland, Jorgen G.: Presentation Alfred H. Fried, Biography and selected Bibliography. In Frederick W. Haberman: Nobel Lectures: Peace 1901–1925, vol. 1, Amsterdam/London/New York 1972, S. 238–242

Renate Heuer (Hrsg.): Lexikon deutsch-jüdischer Autoren, Archiv Bibliographica Judaica, Bd. 8, München 2000, S. 3–19

Reut-Nicolussi, Eduard: Drei österreichische Rufer zum Frieden. (Suttner, Fried, Lammasch). In: Gemeinschaft des Geistes. Ein Symposium. Wien 1957, S. 121–155

Riesenberger, Dieter: Alfred Hermann Fried (1864–1921). Die Überwindung des Krieges durch zwischenstaatliche Organisation. In Christiane Rajewsky/Dieter Riesenberger (Hrsg.): Wider den Krieg. Große Pazifisten von Immanuel Kant bis Heinrich Böll, München 1987, S. 54–60

Stenke, Wolfgang: Alfred Hermann Fried– »ein Pazifist der Tat«. In Michael Neumann (Hrsg.): Der Friedens-Nobelpreis von 1901 bis heute. Bd. 2

Wehberg, Hans: Alfred Fried. In: Deutsches Biographisches Jahrbuch, Berlin 1914–1929. Bd. 3, S. 105–106

Wehberg, Hans: Alfred H. Fried. In Hans Wehberg: Die Führer der deutschen Friedensbewegung (1890 bis 1923), Leipzig 1923, S. 19–23

Wehberg, Hans: Alfred Hermann Fried. In: Neue Deutsche Biographie. Bd. 5, Berlin 1961, S. 441–442

Wolbe, Eugen: Alfred H. Fried. In Herlitz/Kirschner: Jüdisches Lexikon. Bd. 2, Berlin 1928, S. 809–810

Darstellungen

Acker, Detlev: Walther Schücking (1875–1935), Münster 1970

Appelius, Stefan: Zur Geschichte des kämpferischen Pazifismus. Die programmatische Entwicklung der Deutschen Friedensgesellschaft 192–1959, Oldenburg 1988

Ash, Mitchell G./Christian H. Stifter (Hrsg.): Wissenschaft, Politik und Öffentlichkeit. Von der Wiener Moderne bis zur Gegenwart, Wien 2002

Bariéty, Jacques / Antonie Fleury (Hrsg.): Friedens-Bewegung und -Anregungen in der internationalen Politik 1867–1928, Bern 1987

Barkeley, Richard: Die deutsche Friedensbewegung 1870–1933, Hamburg 1948

Bauer, Josef: Die österreichische Friedensbewegung, Diss. Wien 1949

Belke, Ingrid: Die sozialreformerischen Ideen von Josef Popper-Lynkeus 1838–1921, Diss., Tübingen 1978

Beller, Steven: Wien und die Juden 1867–1938, Wien/Köln/Weimar 1993

Bentmann, Friedrich (Hrsg.): René Schickele. Leben und Werk in Dokumenten, Nürnberg 1974

Berlin um 1900. Ausstellung der Berlinischen Galerie in Verbindung mit der Akademie der Künste zu den Berliner Festwochen, Berlin 1984

Bodendiek, Frank: Walther Schückings Konzeption der internationalen Ordnung. Dogmatische Strukturen und ideengeschichtliche Bedeutung, Berlin 2001

Boll, Friedhelm: Frieden ohne Revolution? Friedensstrategien der deutschen Sozialdemokratie vom Erfurter Programm 1891 bis zur Revolution 1918, Bonn 1980

Brink, Marianne: Deutschlands Stellung zum Völkerbund in den Jahren 1918/1919–1922 unter besonderer Berücksichtigung der politischen Parteien und der paz. Vereinigungen. Diss., Berlin 1968

Carnegie Endowment for International Peace (Hrsg.): Year Book, Nr. 1–17, Washington 1911–1928

Chickering, Roger: A Voice of Moderation in Imperial Germany. The »Verband für internat. Verständigung«, 1911–1914. In: Journal of Contemporary History, Vol. 8, No. 1 (1973), S. 147–164

Chickering, Roger: Imperial Germany and a World Without War. The Peace Movement and German Society, 1892–1914, Princeton 1975

Cooper, Sandi E. (Hrsg.): Internationalism in Nineteenth Century Europe: The Crisis of Ideas and Purpose, NY 1976

Cooper, Sandi E.: Liberal Internationalists before World War I. In: Peace and Change 1 (1973), S. 11–19

Cooper, Sandi E.: Patriotic Pacifism. Waging War on War in Europe 1815–1914, NY/Oxford 1991

Csendes, Peter: Geschichte Wiens, München 1981

Deubert, Holger: Deutsch-französische Verständigung: René Schickele, München 1993

Dickmann, Fritz: Friedensrecht und Friedenssicherung. Studien zum Friedensproblem in der neueren Geschichte, Göttingen1971

Dietz, Alexander: Franz Wirth und der Frankfurter Friedensverein. Zur Feier seines 25-jährigen Bestehens 1886–1911, Frankfurt a.M. 1911

Dipper, Christof/Andreas Gestrich/Lutz Raphael (Hrsg.): Krieg, Frieden und Demokratie. Festschrift für Martin Vogel zum 65. Geburtstag, Frankfurt 2001

Doerry, Martin: Übergangsmenschen. Die Mentalität der Wilhelminer und die Krise des Kaiserreichs, Weinheim und München 1986

Donat, H./J. P. Tammen (Hrsg.): Friedenszeichen, Lebenszeichen, Bremerhaven 1982

Donat, Helmut/Karl Holl (Hrsg.): Die Friedensbewegung. Organisierter Pazifismus in Deutschland, Österreich und in der Schweiz, Düsseldorf 1983

Dülffer, Jost/Karl Holl (Hrsg.): Bereit zum Krieg. Kriegsmentalität im wilhelminischen Deutschland 1890–1914, Göttingen 1986

Dülffer, Jost/Gerd Krumeich (Hrsg.): Der verlorene Frieden. Politik und Kriegskultur nach 1918, Essen 2002

Dülffer, Jost/Martin Kröger/Rolf-Harald Wippich: Vermiedene Kriege. Deeskalation von Konflikten der Großmächte zwischen Krimkrieg und Erstem Weltkrieg 1865–1914, München 1997

Dülffer, Jost: Regeln gegen den Krieg? Die Haager Friedenskonferenzen von 1899 und 1907 in der internationalen Politik, Berlin/Frankfurt/Wien 1981

Eyffinger, Arthur: The 1899 Hague Peace Conference. The Hague/London/Boston, o.J.

Eisenbeiß, Wilfried: Die bürgerliche Friedensbewegung in Deutschland während des 1. Weltkrieg

Ermert, Karl (Hrsg.): Surgery strike. Über Zusammenhänge von Sprache, Krieg und Frieden, Loccum 1992

Fischer, Fritz: Griff nach der Weltmacht, Kronberg 1977

Fischer, Fritz: Krieg der Illusionen. Die deutsche Politik von 1911–1914, Düsseldorf 1969

Fischer, Heinz-Dietrich: Handbuch der politischen Presse in Deutschland 1480–1980. Düsseldorf 1981

Fischer-Baling, Eugen: Der Untersuchungsausschuss für die Schuldfragen des ersten Weltkrieges. In Alfred Herrmann (Hrsg.): Düsseldorf 1954, S. 117–137

Foerster, Friedrich Wilhelm: Erlebte Weltgeschichte 1869–1953. Memoiren, Nürnberg 1953

Fortuna, Ursula: Der Völkerbundsgedanke in Deutschland während des Ersten Weltkrieges, Zürich 1974

Fraenkel, Ernst: Das deutsche Wilsonbild. In: Jahrbuch für Amerikastudien, Bd. 5, Heidelberg 1960, S. 66–120

Fraenkel, Ernst: Idee und Realität des Völkerbundes im deutschen. politischen Denken. In: VfZG, Jg. 16, Heft 1 (1968), S. 1–14

Fricke, Dieter (Hrsg.): Die bürgerlichen Parteien in Deutschland. Handbuch der Geschichte der bürgerlichen Parteien und anderer bürgerlicher Interessenorganisationen vom Vormärz bis zum Jahre 1945. Zwei Bände, Berlin 1968/70

Fuchs, Albert: Geistige Strömungen in Österreich 1867–1918. (Erstauflage 1946), Wien 1996

Geiss, Imanuel: Das Deutsche Reich und die Vorgeschichte des 1. Weltkriegs, München/Wien 1978

Geyer, Michael: Deutsche Rüstungspolitik 1860–1980, Frankfurt 1984

Gilg, Peter: Die Erneuerung des demokratischen Denkens im Wilhelminischen Deutschland. Wiesbaden 1965

Gold, Hugo: Geschichte der Juden in Wien. Ein Gedenkbuch, Tel Aviv 1966

Gollwitzer, Heinz: Europabild und Europagedanke. 2. neubearb. Aufl., München 1964

Gollwitzer, Heinz: Geschichte des weltpolitischen Denkens. Band 2: Zeitalter des Imperialismus und der Weltkriege, Göttingen 1982

Grappin, Pierre: Le Bund Neues Vaterland (1914–1916) ses Rapports avec Romain Rolland. Lyon, Paris 1952

Gross, Leo: Pazifismus und Imperialismus. Eine kritische Untersuchung ihrer theoretischen Begründungen, Leipzig, Wien 1931

Grossi, Verdiana: Le Pacifisme Européen 1889–1914, Bruxelles 1994

Grünewald, Guido (Hrsg.): Nieder die Waffen! Hundert Jahre deutsche Friedensgesellschaft (1892–1992), Bremen 1992

Grünewald, Guido: Jahrgang 1892. Zur Geschichte der ältesten deutschen Friedensorganisation, Velbert 1999

Gülzow, Erwin: Der Bund Neues Vaterland: Probleme der bürgerlich-paz. Demokratie im Ersten Weltkrieg. Diss., Berlin 1969

Gumbel, Emil J.: Verräter verfallen der Feme. 1919–1929, Berlin 1929

Hagemann, Walter: Die Europaidee bei Briand und Coudenhove-Kalergi. Ein Vergleich. In: Alfred Herrmann (Hrsg.): Aus Geschichte und Politik., Düsseldorf 1954, S. 153–166

Hamann, Brigitte: Bertha von Suttner. Ein Leben für den Frieden, München 1986

Hamann, Brigitte: Hitlers Wien. Lehrjahre eines Diktators; München/Zürich 1996

Harth, Dietrich/Dietrich Schubert/Ronald Michael Schmidt (Hrsg.): Pazifismus zwischen den Weltkriegen. Deutsche Schriftsteller und Künstler gegen Krieg und Militarismus 1918–1933, Heidelberg 1985

Heinemann, Gottfried/Wolf-Dietrich Schmied-Kowarzik (Hrsg.): Sabotage des Schicksals. Tübingen 1982

Herz, Heinz: Alleingang wider die Mächtigen. Ein Bild vom Leben und Kämpfen Moritz von Egidys, Leipzig 1970

Hiller, Kurt: Pazifismus der Tat – Revolutionärer Pazifismus, Berlin 1981

Höhne, Günther: Zur Stellung führender Pazifisten zum Versailler Vertrag. In: Jenaer Beiträge zur Parteiengeschichte Nr. 26/27, Jena 1970

Holl, Karl/Hans Kloft/Gerd Fesser: Caligula – Wilhelm II. und der Cäsarenwahnsinn. Antikenrezeption und wilhelminische Politik am Beispiel des »Caligula« von Ludwig Quidde, Bremen 2001

Holl, Karl/Anne C. Kjelling (Hrsg.): The Nobel Peace Prize and the Laureates. The Meaning and Acceptance of the Nobel Peace Prize in the Prize Winners Countries, Frankfurt a.M. 1994

Holl, Karl: Die Vereinigung Gleichgesinnter: Ein Berliner Kreis pazifistischer Intellektueller im 1. Weltkrieg. In: Archiv f. Kulturgeschichte , Bd. 54 (1972) S. 364–384

Holl, Karl: Europapolitik im Vorfeld der deutschen Regierungspolitik. Zur Tätigkeit proeuropäischer Organisationen in der Weimarer Republik. In: HZ, Bd. 219 (1974) S. 33–94

Holl, Karl: Pazifismus in Deutschland, Frankfurt a.M. 1988

Hoover Institution on War, Revolution, and Peace (Hrsg.): Catalog of The Western Language Collection, Volume 63, Special Collections. Boston 1969

Hürten, Heinz: Friedenssicherung und Abrüstung. Erfahrungen aus der Geschichte, Graz/Wien/Köln 1983

Johnston, William M.: Österreichische Kultur- und Geistesgeschichte. Gesellschaft und Ideen im Donauraum 1848 bis 1938, Wien/Köln/Graz 1974

Josephson, Harold (Hrsg.): Biographical Dictionary of Modern Peace Leaders, Westport/London 1985

Kaut, Hubert (Bearbeiter): Bertha von Suttner und die Anfänge der Österreichischen Friedensbewegung. Katalog der Sonderausstellung des Historischen Museums der Stadt Wien und der österreichischen Friedensgesellschaft, Wien 1950

Keil, Martha (Hrsg.): Jüdisches Städtebild Wien, Frankfurt a.M. 1995

Keiner, Peter K.: Bürgerlicher Pazifismus und »Neues Völkerrecht.« Hans Wehberg (1885–1962), Freiburg 1976

Kelly, Andrew: Film as Antiwar Propaganda: Lay Down Your Arms (1914) In: Peace and Change 16 (1991) S. 97–112

Kempf, Beatrix: Bertha von Suttner. Das Lebensbild einer großen Frau, Wien 1964

Kobler, Franz (Hrsg.): Gewalt und Gewaltlosigkeit. Handbuch des aktiven Pazifismus. Zürich/ Leipzig 1928

Köhler, Fritz: DFG seit 1892. In Dieter Fricke: Die bürgerlichen Parteien in Deutschland. Handbuch der Geschichte der bürgerlichen Parteien. 2 Bde. Band 1, S. 191– 240; Leipzig 1968–70

Korol, Martin: Deutsches Präexil in der Schweiz 1916–1918. Diss., Bremen 1999

Koszyk, Kurt: Deutsche Presse im 19. Jahrhundert. Geschichte der deutschen Presse, Teil II, Berlin 1966

Koszyk, Kurt: Deutsche Pressepolitik im 1. Weltkrieg, Düsseldorf 1968

Kraus, Andreas: Geschichte Bayerns. Von den Anfängen bis zur Gegenwart, München 1983

Kruck, Alfred: Geschichte des Alldeutschen Verbandes 1890–1939, Wiesbaden 1954

Kuehl, Warren F. (Hrsg.): Biographical Dictionary of Internationalists, Westport/London 1983

Lang, Gustav A.: Kampfplatz der Meinungen. Zürich 1968

Laurence, Richard R.: The Viennese Press and the Peace Movement 1899–1914. In: Michigan Academician 13 (1980). S. 155–163

Lebedev, Andrej Konstantinovich: V.V. Vereshchagin, Moskau 1988

Lemp, Richard: Annette Kolb. Leben und Werk einer Europäerin, Mainz 1970

Lennhoff, Eugen/Oskar Posner/Dieter A. Binder: Internationales Freimaurer-Lexikon, überarbeitete und erweiterte Neuauflage der Ausgabe 1932, München 2000

Lennhoff, Eugen: Die Freimaurer. Nachdruck der Ausgabe von 1929, Wien/München 1981

Lichtblau, Albert: Antisemitismus und soziale Spannung in Berlin und Wien 1867–1914, Berlin 1994

Liedtke, Marianne: Die Entwicklung des Pazifismus von der 1. zur 2. Haager Konferenz, Köln 1953

Lütgemeier-Davin, Reinhold: Pazifismus zwischen Kooperation und Konfrontation. Das Deutsche Friedenskartell in der Weimarer Republik, Köln 1982

Markl, Hans: Berühmte Ruhestätten auf Wiener Friedhöfen. Bd. 1, Zentralfriedhof und Krematorium, Wien 1961

Mattenklott, Gert (Hrsg.): Jüdisches Städtebild Berlin. Frankfurt a.M. 1997

Mauch, Christof/Tobias Brenner: Für eine Welt ohne Krieg. Otto Umfrid und die Anfänge der Friedensbewegung, Schönaich 1987

Mauermann, Helmut: Das Internationale Friedensbüro 1892–1950, Stuttgart 1990

Mendelssohn, Peter de: Zeitungsstadt Berlin. Menschen und Mächte in der Geschichte der deutschen Presse, erweiterte Neuauflage, Frankfurt/Berlin/Wien 1982

Meulen, Jacob ter: Der Gedanke der internationalen Organisation in seiner Entwicklung. 2 Bände, Haag 1929–1940

Neumann, Michael (Hrsg.): Der Friedens-Nobelpreis von 1901 bis heute. Bd. 2: Der Friedens-Nobelpreis von 1905 bis 1916, Zug 1988

Niedhart, Gottfried/Dieter Riesenberger (Hrsg.): Lernen aus dem Krieg? Deutsche Nachkriegszeiten 1918 und 1945. München 1992

Nielsen, Erika (Hrsg.): Focus on Vienna 1900. Change and Continuity in Literature, Music, Art and Intellectual History, München 1982

Pasiersbsky, Fritz: Krieg und Frieden in der Sprache. Eine sprachwissenschaftliche Textanalyse. Frankfurt a.M. 1983

Pfeil, Alfred: Der Völkerbund. Darmstadt 1976

Potter, Pitman B.: Origin of the Term International Organization. In: The American Journal of international law, Washington 1945, S. 803–806

Rajewski, Christiane/Dieter Riesenberger (Hrsg.): Wider den Krieg. Große Pazifisten von Kant bis Böll, München 1987

Raschke, Joachim: Soziale Bewegungen. Ein historisch-systematischer Grundriss, Frankfurt/New York 1985

Reichel, Karl Ferdinand: Die pazifistische Presse. Würzburg 1938

Rieger, Isolde: Die wilhelminische Presse im Überblick 1888–1918, München 1957

Riesenberger, Dieter: Geschichte der Friedensbewegung in Deutschland. Von den Anfängen bis 1933, Göttingen 1985

Riesenberger, Dieter: Deutsche Emigration und Schweizer Neutralität im Ersten Weltkrieg. In: Schweizerische Zeitschrift für

Geschichte. Vol. 38, Basel 1988, S. 127 ff.
Rogge, Heinrich: Nationale Friedenspolitik. Handbuch des Friedensproblems und seiner Wissenschaft. Berlin 1934
Rozenblit, Marsha L.: Die Juden Wiens 1867–1914. Assimilation und Identität, Wien/Köln/Graz 1988
Saur, Klaus Gerhard (Hrsg.): Aus alten Börsenblättern. München 1966
Scheer, Friedrich-Karl: Die Deutsche Friedensgesellschaft (1892–1933). Organisation, Ideologie, politische Ziele. 2 korr. Auflage, Frankfurt/M. 1983
Schlochauer, Hans-Jürgen: Die Idee des ewigen Friedens. Frankfurt/M. 1953
Schmutzer, Ernst (Hrsg.): Sprache des Friedens. Jena 1990
Schoeps, Hans-Joachim: Zeitgeist im Wandel. Das Wilhelminische Zeitalter, Stuttgart 1967
Seubert, Holger: Deutsch-französische Verständigung. René Schickele, München 1993
Skalnik, Kurt: Dr. Karl Lueger. Der Mann zwischen den Zeiten, Wien/München 1954
Smekal, Ferdinand G.: Österreichs Nobelpreisträger, Wien/Stuttgart/Zürich 1961
Sösemann, Bernd: Theodor Wolff. Der Chronist. Krieg, Revolution und Frieden im Tagebuch 1914–1919, München 1997
Spalt, K. H. (Hrsg.): Der weite Weg. Ein Handbuch über den Pazifismus, Aachen 1946
Starker, Gerda: Die geschichtliche Entwicklung des deutschen Pazifismus seit 1900. Ein Beitrag zum Zusammenbruch Deutschlands im Weltkrieg. Diss., Heidelberg 1935
Steffahn, Harald: Bertha von Suttner, Reinbek 1998
Steinhauser, Mary/Dokumentationsarchiv des österreichischen Widerstandes (Hrsg.): Totenbuch Theresienstadt. Wien 1987
Stiewe, Dorothee: Die bürgerliche deutsche Friedensbewegung als soziale Bewegung bis zum Ende des Ersten Weltkriegs. Diss., Freiburg 1972
Stürmer, Michael: Das Deutsche Reich 1870–1919, Berlin 2002
Suchy, Barbara: The Verein zur Abwehr des Antisemitismus. I. From ist Beginnings to the First World War. In: LBI Year Book 28 (1983), S. 205–238. II. From the First World War to its Dissolution in 1933. LBI Year Book XXX (1985), S. 67–103
Tetzlaff, Walter: 2000 Kurzbiographien bedeutender deutscher Juden des 20. Jahrhunderts, Lindhorst 1982
Thimme, Hans: Weltkrieg ohne Waffen. Die Propaganda der Westmächte gegen Deutschland, ihre Wirkung und ihre Abwehr, Stuttgart/Berlin 1932
Toury, Jacob: Die jüdische Presse im Österreichischen Kaiserreich. Tübingen 1983
Toury, Jacob: Die politische Orientierung der Juden in Deutschland. Von Jena bis Weimar, Tübingen 1966
Toury, Jacob: Traum und Wirklichkeit. Wien 1870–1930. Katalog zur Sonderausstellung des Historischen Museums der Stadt Wien, Wien 1985
Uhlig, Ralph: Die Interparlamentarische Union 1889–1914. Stuttgart 1988
Völkerbundarchiv Genf (Hrsg.): Bertha von Suttner. Katalog zur Ausstellung, Geneve 1993
Vondung, Klaus (Hrsg.): Das wilhelminische Bildungsbürgertum, Göttingen 1976
Wagner, Hermann: Die Welthilfssprache Esperanto, Stuttgart 1946

Walther, Rudolf: Friede und Nicht-Krieg. Ideologie, regulative Idee oder Realziel? Zur Geschichte des Pazifismus. Frankfurter Rundschau, Nr. 98, 27. 4. 2002, S. 21

Wank, Solomon (Hrsg.): Doves and Diplomats. Foreign Offices and Peace Movements in Europe and America in the Twentieth Century, Westport/London 1978

Wehberg, Hans: Die deutsche Friedensbewegung 1870–1933. In: Friedens-Warte 1948, S. 247–251

Wehberg, Hans: Die Führer der deutschen Friedensbewegung (1890–1923), Leipzig 1923

Wehberg, Hans: Ideen und Projekte betr. die Vereinigten Staaten von Europa in den letzten 100 Jahren. Bremen 1984. (Nachdruck aus Heft 2/3 der FW 1941)

Wehberg, Hans: Ludwig Quidde. Ein deutscher Demokrat und Vorkämpfer der Völkerverständigung, Offenbach a.M. 1948

Wehler, Hans-Ulrich: Das Deutsche Kaiserreich 1871–1918, Göttingen 1983

Wette, Wolfram: Militarismus und Pazifismus. Auseinandersetzung mit den deutschen Kriegen. Bremen 1991

Wieland, Lothar: »Diese Lebensauffassung ist undeutsch.« Zur Bekämpfung und Verfolgung des Pazifismus in Deutschland von 1914 bis 1933. In: Donat/Tammen: Friedenszeichen, Lebenszeichen, Bremerhaven 1982, S. 241–257

Wiener Beiträge zur Geschichte der Neuzeit. Bd. 11., München 1981

Wild, Adolf: Baron d'Estournelles de Constant (1852–1924). Hamburg 1973

Wistrich, Robert S.: The Jews of Vienna in the Age of Franz Joseph, Oxford 1990

Young, Nigel: Why Peace Movements Fail: An historical and social overview. In: Social Alternatives 4 (1984), S. 9–16

Zechlin, Egmont: Die »Zentralorganisation für einen dauernden Frieden« und die Mittelmächte. Ein Beitrag zur politischen Tätigkeit Rudolf Launs im ersten Weltkrieg. In: Jahrbuch für internationales Recht 11, 1962, S. 448–511

Zechlin, Egmont: Die deutsche Politik und die Juden im Ersten Weltkrieg, Göttingen 1969

Ziemann, Benjamin (Hrsg.): Perspektiven der Historischen Friedensforschung; Essen 2002

Zirkel und Winkelmaß, 200 Jahre Große Landesloge der Freimaurer, Wien 1984

Zuelzer, Wolf: Der Fall Nicolai, Frankfurt a.M. 1981

Zweig, Stefan: Die Welt von gestern. Erinnerungen eines Europäers, Frankfurt a.M. 1955

Zweig, Stefan: Die schlaflose Welt. Aufsätze und Vorträge aus den Jahren 1909–1941, Frankfurt 1990

Bildnachweis

Cover: Privatbesitz

S. 34: Wereschagin: Am Schipkapass alles ruhig! Aus: Andrei Konstantinovich Lebedev: V. V. Vereshchagin, Moskau 1988, S. 96/97

S. 36: Wereschagin: Apotheose des Krieges. Aus: Schrecken und Hoffnung. Künstler sehen Frieden und Krieg. Ausstellungskatalog Hamburg/München/Moskau/Leningrad 1987/88, S. 252

S. 50: Verlagslogo Fried & Cie. Aus: Gesamt-Verlags-Katalog des Deutschen Buchhandels. 16. Ergänzungs-Band, erste Abteilung, Münster o. J., S. 867

S. 87: Zeitungsartikel »Müllentsorgungssystem«. Zeitungsausriss aus der »Illustrierten Zeitung«. NL Fried, Box 8, file 77, © UNOG Library, League of Nations

S. 108: »Krieg dem Krieg« 1899, von Jan Ten Kate. Aus Arthur Eyffinger: The 1899 Hague Peace Conference. »The Parliament of Man, The Federation of the World«. The Hague/London/Boston, o.J., S. 339

S. 129: Original-Titelblatt des Buches Alfred H. Fried: Lehrbuch der Internationalen Hilfssprache »Esperanto«. Mit Wörterbuch in Esperanto-Deutsch und Deutsch-Esperanto. 1. Auflage, Esperanto-Verlag, Berlin 1903

S. 136: Therese Frankl-Vollandt (spätere Fried) ca. 1908. Privatbesitz Trude Simonsohn, jetzt im Besitz der Verfasserin

S. 151: Eheschein Therese und Alfred Frieds, Dez. 1908. Privatbesitz Trude Simonsohn, jetzt NL Fried, © UNOG Library, League of Nations

S. 217: Mitteilung der Nobelstiftung über die Geldanweisung von 70. 347 Kronen an Fried vom 13. 12. 1911. NL Fried, Box 72, © UNOG Library, League of Nations

S. 233: Werbeanzeige des Buches »Reise zur deutschen Front« von Ludwig Ganghofer 1915. Aus: Klaus Gerhard Saur (Hrsg.): Aus alten Börsenblättern. Ein Anzeigen-Querschnitt durch die Börsenblätter für den Dt. Buchhandel 1834–1945. München 1966, S. 164

S. 302: Foto Ehrengrab Frieds in den Arkaden des Krematoriums, Wien. Privatbesitz Verfasserin

S. 303: Totenschein Alfred H. Fried. Privatbesitz Trude Simonsohn, jetzt NL Fried, © UNOG Library, League of Nations

S. 320: Kopf der »Friedens-Warte«, Jg. 1, Heft 1 (Juli 1899)

S. 320: Kopf der »Friedens-Warte«, Jg. 6, Heft 5 (Mai 1904)

S. 320: Titelblatt der »Friedens-Warte«, Jg. 8, Heft 1 (Januar 1906)

S. 320: Logo der »Friedens-Warte« 1912–1915

S. 320: Titelblatt der »Friedens-Warte«, Jg. 14, Heft 11 (November 1912)

S. 320: Übergangslogo der vereinigten Blätter für zw. Organisation und der »Friedens-Warte«, Juni 1915

S. 341: »Ein Dutzend Wahrheiten«, »Friedens-Warte«, Jg. 16, Heft 10 (Nov./Dez. 1914), S. 370

S. 417: Familie Fried, Privatbesitz

Personenregister

Dank

An dieser Stelle möchte ich mich noch einmal bei all denen bedanken, die mir von 1999–2004 bei meinen Recherchen in Archiven und Bibliotheken geholfen haben, namentlich bei Bernadine Pejovic (Völkerbundarchiv Genf), Gregor Pickro (Bundesarchiv Koblenz), Anne C. Kjelling (Nobelarchiv Oslo) und Peter Grupp (Politisches Archiv des Auswärtigen Amtes).

Mein besonderer Dank gilt meinem Doktorvater Karl Holl und Dieter Senghaas, der mir den Kontakt zur Berghof-Stiftung vermittelte, ohne deren großzügige Reiseunterstützung mir viele wichtige Archivreisen nicht möglich gewesen wären.

Dass meine Arbeit nun doch noch als gedrucktes Buch in die Welt geht, verdanke ich in erster Linie zwei Menschen: Peter van den Dungen, der mich mit viel Begeisterung immer wieder drängte, einen Verleger zu suchen und sich am Ende persönlich auf die Suche machte; und Anne Rüffer, die sich des Werkes schließlich annahm und die Wandlung der Dissertation zur Biographie mit unglaublicher Sorgfalt und Hingabe begleitet, geformt und vorangetrieben hat.

Autorenbiografie

Petra Schönemann-Behrens, 1962, studierte Germanistik und Geschichte. 1999 begann sie mit den Forschungen über Alfred H. Fried, die 2004 in eine historisch-biographische Dissertation an der Universität Bremen mündeten. Heute leitet sie historische Projekte an Schulen und arbeitet als freie Lektorin und Qigong-Lehrerin in Oldenburg.

Anne Cuneo

Anne-Marie Blanc

Gespräche im Hause Blanc

»Ein ergreifendes Dokument über den ersten Filmstar der Schweiz und eine wahrhaft große Künstlerin.«

BERNER ZEITUNG

»Wir lernen in diesen Gesprächen eine zupackende, aber äußerst warmherzige Frau kennen, die besonders stolz darauf war, dass sie ihr Leben als Schauspielerin und als Ehefrau und Mutter dreier Söhne unter einen Hut brachte.«

TAGES-ANZEIGER

Inkl. DVD »Savannah Bay« (A.-M. Blancs Abschiedsvorstellung)

Leseprobe unter: www.roemerhof-verlag.ch

ISBN 978-3-905894-04-2

Nicola Bardola
John Lennon
Wendepunkte

30 Jahre nach seinem tragischen Tod haben Lennons Werk und sein Leben nichts von ihrer Faszination verloren. In seiner Biographie ergründet Nicola Bardola das Phänomen John Lennon und deckt die komplexe Persönlichkeit des begnadeten Musikers auf. John Lennon hat auf den unterschiedlichsten Wegen versucht, die Menschheit dazu zu bewegen, seine Visionen zu verwirklichen: musikalisch, literarisch und politisch, durch Charme, Witz und Provokation.

»Aus den Veröffentlichungsfluten ragt ›John Lennon. Wendepunkte‹ von Nicola Bardola heraus. Mit einer Liebe zu den Songs von John Lennon [...]; mit einem klaren Verstand [...]; mit Sinn für den Wert und die Grenzen psychologischer Erklärungen nähert sich Bardola den Punkten, an denen der Lebenslauf des Musikers in eine neue Richtung führte.«
NEUE ZÜRCHER ZEITUNG

Leseprobe unter: www.roemerhof-verlag.ch
ISBN 978-3-905894-07-3

Susanne Giger
Hans Vontobel
Bankier Patron Zeitzeuge

Der Wirtschaftsjournalistin Susanne Giger gelingt es in ihren Gesprächen, den bedeutenden Bankier von einer ganz persönlichen Seite zu zeigen: ein wertvoller Einblick in den Erfahrungsschatz eines Mannes, der nahezu ein ganzes Jahrhundert überblickt. Es ist eine unterhaltsame Lektüre über Historisches, Fachliches, Weisheiten, Menschen, Geld und Zahlen.

»Diesem Herrn überlässt man sein Vermögen unbesehen.«
DIE ZEIT

Leseprobe unter: www.roemerhof-verlag.ch

ISBN 978-3-905894-01-1

»Sieben lange Hintergrundgespräche hat Giger mit dem Mann, der über fast ein Jahrhundert auch sieben Börsenkrisen erlebt hat, geführt und aufgeschrieben. Dass die Gespräche hauptsächlich letztes Jahr [2008] stattfanden und dadurch mit dem Fortschreiten der Finanzkrise einen aktuellen Bezug erhalten, ist ein Glücksfall für das Buch.«
NEUE ZÜRCHER ZEITUNG

»Die Ausgangslage ist faszinierend. Der Zürcher Bankier Hans Vontobel gehört zweifelsohne zu den größten noch lebenden Zeitzeugen der Schweizer Finanzbranche. [...] Entstanden ist ein liebevolles Buch voller Respekt und Wärme.«
FINEWS

Mary Lavater-Sloman

Lucrezia Borgia und ihr Schatten

Welchen Preis musste eine Frau im 16. Jahrhundert zahlen, um wirklich frei zu sein? Lucrezia Borgia (1480–1519), Tochter des späteren Papstes Alexander VI., wurde bereits im Alter von 13 Jahren zum Spielball der großen Politik und der Intrigen ihres Vaters und ihres Bruders. Bewundert und gefürchtet, beneidet und als Mitglied des berüchtigten Borgia-Clans übelsten Verleumdungen ausgesetzt, wurde Lucrezia Borgia den Ruf einer Giftmischerin und Geliebten des eigenen Vaters bis heute nicht los.

Mary Lavater-Sloman zeichnet ein facettenreiches Bild dieser außergewöhnlichen Frau. Die Biographie beruht auf sorgfältig recherchierten Fakten, die aus der Sicht einer fiktiven Figur erzählt werden.

Mit einem kommentierenden Essay von Prof. Dr. Bernd Roeck

Leseprobe unter: www.roemerhof-verlag.ch

ISBN 978-3-905894-00-4

August Forel
Rückblick auf mein Leben

August Forel (1848–1931), Schweizer Mediziner und Insektenkundler, war zeitlebens von unermüdlichem Forschungsdrang getrieben: Er gilt als Vater der Schweizer Psychiatrie und als Vorreiter auf dem Gebiet der Sexualforschung. Als einer der ersten Wissenschaftler setzte er sich intensiv mit Alkoholkonsum und dessen verheerenden Konsequenzen auseinander.

In seiner sehr persönlichen Autobiographie beschreibt Forel zahlreiche seiner thematisch breit gefächerten Studien, etwa die Hirnforschung, seine Sexualreform oder die Untersuchungen über Ameisen, die ihn sein Leben lang begeistern sollten. Eingebettet werden diese Erinnerungen in den Kontext seines Privatlebens.

Mit einem kommentierenden Essay von Richard Müller

Leseprobe unter: www.roemerhof-verlag.ch
ISBN 978-3-905894-05-9

Wilhelm Uhde

Von Bismarck bis Picasso
Erinnerungen
und Bekenntnisse

Wilhelm Uhde (1874–1947) war zu Beginn des 20. Jahrhunderts eine der schillerndsten Figuren des Kunsthandels. Der Wahlfranzose entdeckte in Paris Künstler wie Henri Rousseau und wurde so zum Geburtshelfer der künstlerischen Moderne. 1928 organisierte der enge Freund und Förderer Picassos für Bauchant, Bombois, Rousseau, Louis und Vivin die erste Gemeinschaftsausstellung unter dem Titel »Maler des Heiligen Herzens«.

Neben verschiedenen Büchern zu Kunst und Kultur verfasste Uhde autobiographische Reflexionen. In zahlreichen Anekdoten und mit selbstironischem Blick erzählt er von den Begegnungen mit herausragenden Künstlern in einer Zeit, in der sich die Kunst der Moderne ihren Weg bahnt.

Mit einem kommentierenden Essay von Prof. Dr. Bernd Roeck

Leseprobe unter: www.roemerhof-verlag.ch

ISBN 978-3-905894-06-6